THE CULTURAL DNA

OF

WESTERN CIVILIZATION

西方文明的文化基因

[加拿大] 梁鹤年 著

Hok-Lin Leung

生活·讀書·新知 三联书店

写在前面

三十多年前我远走欧美，想学些东西，希望有一天中国发展，自己可以有点贡献，是典型的"洋为中用"想法。不同者是总觉得"洋为中用"之前，要先知"洋为洋用"是怎么一回事。中国人穿洋服往往觉得袖子长，但洋服既是来自发达国家，袖子怎会过长？只恨自己的手太短！于是千方百计把自己的手拉长。如果是为要时髦，吃点苦也还值得。但如果是为求实用，就要明白洋人的身材与自己有别。研究洋人怎样设计或选择衣服去配合他们的身材就是研究"洋为洋用"。

我决定投身他们的社会，以水为法。水是没有形状的，它的形状就是容器的形状，西方就是我的容器。我要研究它的形状是方是圆，材料是刚是柔，质地是粗是滑。我要做的不是外面的观察，而是里面的体验。

在研究洋为洋用时，我特别留意洋现象和洋理论之间的关系。某个理论是否真的能够解释某个现象、真的能够支持某个政策？它是从哪个角度去观察、哪个层面上去分析？更重要的是，这个理论是怎样出现的，它的社会、经济、政治背景是什么？只有这样才能够认清洋东西的真面貌，才可以考虑洋为中用。

很多研究洋为中用的学者、专家，特别是研究有关软科技如经济和管理的，往往在观察和推理上有如下两个特点。第一，他们把研究范围放在"现在"：研究西方先进国家的现行政策、结构和模式去找其可用之处。这其实是方法上的错误。先撇开"西方国家是否先进"这个问题不说，现行的政策、结构和模式的作用和影响一定要在将来才有分晓，因此不可能科学地研究，也就是说，只可以臆测，不能做因果分析。如果西方国家的先进不是出于意外或偶然，它们现在的成就只可能来自过往的耕耘。因此，值得研究和可以研究的是过往的政策、结构和模式及其演变。

第二，他们把研究焦点放在"成功"：研究西方国家的成功经验去找其可用之理。这个是着眼上的偏差。一个政策、结构和模式的成功是相对于它的目的、成本和正/负影响。我们是否跟西方国家追求同样的目的、拥有同等的本钱、可以承受同样的影响？不然，就只能羡慕人家的成功，不得模仿。其实，研究它们"不成功"之处，包括它们曾经考虑却放弃不用，或曾经成功而未能持续的东西，更有收益。成功的条件往往是独特的，不能抄袭；失败的原因则往往是共通的，可供参考。

"用"有多种，虽然洋东西不可以做样板，但可以做借鉴（看清自己）、启发（打开思路）和教训（免入歧途）。这些，我要认真研究。

首先，我发现中、西的观察与思考方式大有分别。我的第一站是在美国念书，交的第一篇功课就被老师退回不改，他说："这不是学术性的文章，是演说。"再写，他仍不改。写了三次才过关。从那时开始，我才知道自己的脑袋什么时候用中文思考，什么时候用英文思考。我的中文思路来自小学启蒙老师的"起、承、转、合"。一开头就要"点题"，而且是"夫天地者、万物者"之类的大道理，然后绕着这题目作多方面、多层次的探索，峰回路转，但结论总是与前面的大道理相呼应，是大道理的肯定。这种思路下的讨论是多样和活泼的，但结论是注定的，很符合中国人"万变不离其宗"和"文以载道"的儒家思想。英文的思路是直线的（linear）——假设、论证、分析与结论，按部就班、平铺直叙，结论是论证与逻辑的产品。这种思路下的讨论是单线和稳健的，但结论是不可预测的，很符合西方实证求真的思想。当然，我大多用中文思考，然后用英文写出来；或者是用英文思考，用中文写出来，这些都是不自觉的。可以说，我的思考方式是"混合体"（hybrid），坏处是两不像，好处是双兼收。这是我的挑战，也是我的际遇。

多年的体验和反思下,我发觉西方人是一只眼睛看世界,就像射击瞄准,看得比较"清"。他们是"追求目标"的文化。我们是两只眼睛看世界,就像引线穿针,看得比较"全"。我们是"处理关系"的文化。但一只眼睛不能穿针,两只眼睛也不能瞄准,我们要"清"且"全",才可得"真"。

我们常说,"一目了然"。既然"一目"可以"了然",为什么我们还是有两只眼睛?两只眼睛就是两个不同的视角,创造出视差,使我们看出立体。大家可能都玩过这样的游戏:两个人各拿着一支笔,其中一人闭上一只眼用手上的笔尖去碰上另一个笔尖。难极了。因为单一只眼睛看不出深度。看世界也是如此,要同时从不同的角度去看,才是真人看真世界。凡理论都利用单线逻辑,只有一只眼。它使你看得清,但不全。这是理论性东西的强处和弱处,也是搞理论的人的最大挑战。无懈可击的逻辑、透彻精细的演绎,怎可能会错?不是错,是不全。有时,看不全比看不清要危险。它给了你一目了然的错觉,但你其实未窥全豹。看不清,你会小心;看不全,你倒会大意。"清"是技术性的东西,如摄影的曝光、焦距;"全"是艺术性的东西,如取景、构图。"清"与"全"是构成"真"的两个层面,既分开,也相连。如果想看得清楚些,用逻辑;如果想看得全面些,用想象。逻辑使人有信心但容易变得刚愎自用,想象要人有虚心但容易变得优柔寡断。这可能也是东西文化之别。

这本书不是写给专家的,是写给大家。我写的只是我个人的体验、反思和我对前人所见所述的咀嚼、解读。我相信读者的智慧——不在雄辩或巧词,而在辨是非、分善恶。我希望把自己的眼睛睁大、视线放远、视野开广,看看洋东西的真面貌、本来面貌。是为大家,也是为自己。

"基因"一词是作隐喻之用。在遗传学上,基因是生物体的最基本的组成因子,是遗传的,也就是说我们可以由此追根溯源。基因支配而不决定,人类仍可掌握自己的命运。它们是潜在的,但可以被触发,因此人类或可创造自己的命运。它们会在个别生物体上突变,也就是说每个人的言行对整体的生存都有价值。

西方文明就是他们的宇宙观、伦理观和社会观的实质体现。西方人对天地、对自己、对别人的看法决定了西方文明。但是，他们"为什么"有这些看法？这些"为什么"就是本书的主题，也就是西方文明的"所以然"。我叫它们"文化基因"（有别于生理、生态、环境、偶然等因素），因为它们是支配西方人思想和行为的因素。在西方历史过程的不同阶段，它们与不同的时代心态、民族性格、历史背景与契机相结合，决定了西方文明的演化。

我对西方的认识非但有限，而且局限于英语世界，因此也受英语文化的影响。我尽量提醒自己要中肯，多读多看非英语的西方世界。西方世界并不是一个单体，每个人、每一族、每一国、每一代都有自己的故事。但是要谈"所以然"就必须归纳众多的故事和经验。我尽可能地警觉，多留意它们之间的同异。

我的本行是建筑与城市规划，范围比较拉杂，经常要兼顾经济、社会、文化等诸层面。这迫使我，也诱使我去接触、了解和思考这些东西。但驱使我去系统地整理自己的思路，并把它写出来的，是这样一件事情。机缘巧合，我在2003年创办了大使论坛，召集亚太地区驻加拿大的大使（东起日本，西达伊拉克；北起蒙古，南达新西兰，共20国），每三个月叙会一次，谈谈有关世界或加拿大的大事和热题。此外，我也会每两三个月拜访一位大使，聊聊两个题目：你的国家与加拿大未来关系的展望、你的国家在所在地区的定位。2008年，我走访当时澳大利亚驻加拿大大使，谈到澳大利亚在亚太地区的定位时，他认为美国应多关注该地区的安全。我说现今各国都谈经济开放、自由贸易，还有什么安全问题要担心。他说："你以为中国谈经济开发、自由贸易就是这么简单？"我说："难道你担心中国不像你们的自由、民主、法治、人权、资本……"他的回答令我震撼："这些不是问题！"（他用的字眼意味着中国迟早要走上西式的自由、民主……）"那还有什么问题？"他说："地理。""什么地理？""你们（指加拿大）没有经过1942。"我马上明白过来——"二战"期间，日本军队迫近澳大利亚，于 1942 年空袭达尔文港。我突然灵机一触："假如当年不是日军，是美军，你有什么问题？"他答："当然没有问题！"这又是一个震撼。假如他可以接受美国，但不能接受一个像他们一样的自由、民主中国，那么他不能接受的只可以是皮肤不同！我回家想了很多。他当然不可能代表所有澳大利亚人，但他是澳大利亚的精英，他的看法是有分量的。为什么他对中国、中国人有这些看法？或者，为什么中国、中国人给别人这样的看法？他们（西方人）是怎样看世界的、怎样定位自己、怎样衡量别人？这激起了我写这本书的决心。一方面要使自己明白这些道理，一方面想帮助中国人看清楚人家，同时，还想帮助中国人看清楚被人家"同化"了百多年的自己。

中国在世界舞台上的角色日益重要，中、西的互动将是未来世界的祸福所依。世事无常，未来难测，但是如果对过去有所认识，对现在有所警觉，未来就会遇变不惊、处之泰然。本书是我以水为法，体验西方文明的所得，写给自己，献给大家。

梁鹤年，于加拿大女王大学
2013 年 4 月 28 日

目 录

写在前面 ——— 5
前言 ——— 15

第一篇　源头 ——— 17

20　第一章　基督信仰成为崩溃中的罗马帝国的国教
31　第二章　基督信仰与希腊理性首次结合：奥古斯丁与柏拉图
47　第三章　"基督太平"：政治宗教化下的欧洲大一统
60　第四章　基督信仰与希腊理性二度结合：阿奎纳与亚里士多德
73　第五章　西方第一组文化基因："真"与"唯一"
84　第六章　灾难来临：西方人心理失衡
96　第七章　大变前夕：腐化的教会面对涌现的民族意识和人文思想

第二篇　物竞 ——— 111

114　第八章　充满犯罪感的宗教改革
127　第九章　宗教政治化的欧洲大混乱：西班牙帝国的盛衰与国家理念的抬头
143　第十章　迷惘、无奈的时代：命蹇的伽利略
156　第十一章　绝无原则的法国内争产出乐观、悯人的理性主义
167　第十二章　做梦的笛卡尔带出"天赋理念"
179　第十三章　绝对原则的英国内争产出悲观、功利的经验主义
194　第十四章　做官的洛克带出"天赋自由"

210	第十五章	理性主义与经验主义之争
220	第十六章	西方第二组文化基因:"人"与"个人"

第三篇 天择 —— 227

230	第十七章	理性主义与经验主义从和解有望到和解绝望
246	第十八章	法国从盛到衰:理性主义藏身于浪漫卢梭的"天赋平等"
260	第十九章	大英崛起:斯密的"追求私利可达公益"
278	第二十章	资本成形:达尔文的"自由竞争"是天演原则
293	第二十一章	英、美交替:自由、资本交棒

第四篇 适者? —— 311

314	第二十二章	资本世界:功利文明全球化
326	第二十三章	自由、功利压倒平等意识:资本主义腐蚀共产主义
343	第二十四章	自由、功利战胜民族意识:资本主义击败国家主义
355	第二十五章	自由、功利取代生命意识:资本主义吸纳存在主义

第五篇 生存? —— 371

374	第二十六章	个人:小我与大我、公众与公共
383	第二十七章	"不损害别人自由的个人自由"是不可能的
403	第二十八章	自由与平等
411	第二十九章	民主:"是人民的、由人民的、为人民的政府"可能吗?
426	第三十章	资本主义与自由经济
438	第三十一章	资本主义是以钱赚钱
456	第三十二章	法治、人权是资本主义之盾

469　第三十三章　"唯一、真"、"人、个人"两组文化基因的纠缠：
　　　　　　　　民族性格、时代心态、历史背景与契机的互动
483　第三十四章　大国盛衰的逻辑

后记——— *495*

附录——— *497*

498　1. 神圣罗马帝国
500　2. 雇佣兵
502　3. 宗教改革时代各教派教义的分别
503　4. 荷兰崛起
506　5. 理性主义三杰与经验主义三杰的主要思路
508　6. 英式自由贸易，粮食法案为例
511　7. 天定命运
515　8. 德国统一
519　9. 康德的先验
523　10. 英国大宪章

前　言

生得无意义又活得不好是沉沦；生得有意义但活得不好是苦差；生得无意义但活得好是行尸；生得有意义而活得又好才是幸福。西方人怎样定义和追求生命意义？怎样定义和提升生活品质？

现代西方以自由、民主、法治、人权、资本等理念定义自己、衡量别人。这些西方文明的变量来自哪里？将会把西方文明带到何处？有没有更深层次的文化基因衍生它们、驱使它们？本书通过历史背景、时代心态、民族性格和历史契机去探索西方文化基因的来源、演变以及它们对西方文明的影响。

全书分五篇。第一篇"源头"，聚焦于"现代前"千多年间希腊、罗马的理性与犹太、基督信仰的交叉。第二篇"物竞"，追索开启现代文明的理性主义和经验主义的成形过程。第三篇"天择"，讨论现代西方文明发展的历史背景。第四篇"适者？"，追踪现代西方主流文化的成功因素。第五篇"生存？"，思考西方的未来。

第一篇

源头

要了解西方文明就得了解西方人对生命与生活的看法。本篇探索"现代前"（16世纪宗教改革之前）西方人的宇宙观、伦理观和社会观，归纳出两条：犹太之神的权威与基督之神的慈爱使西方人有了超越个人的生命意义，希腊的理性和罗马的秩序为西方人对个人生活与社会生活的苦与乐立下了标准。这些思维的发展，与其相应的社会、经济、政治的背景一起，产生了西方文明的第一组文化基因："唯一、真"，也就是对真的追求，对真的唯一。

第一章　基督信仰成为崩溃中的罗马帝国的国教

被罗马帝国迫害的基督信仰迅速在帝国底层扩散，终成为国教。从被迫害突然变成被尊崇，引发出信徒心理、教义演绎和教会组织的危机。教会初期，奥古斯丁建立基督信仰的道统，支配西方文明迄今。

应该是公元 64 年的事吧。仲夏 7 月 18 日的晚上，罗马城失火。尼禄（Nero）皇帝疯了，罗马在烧，他在弄琴。烧了七夜，罗马城变废墟，总得有人要负责任，基督徒遭殃了。

帝国边陲的犹太省（Judea）是犹太人的聚居之地。在庞大帝国千万子民中，只有他们崇拜"唯一真神"，拒绝参与罗马众神的祭奠，包括对皇帝的效忠祭奠。犹太人很刁顽，多次拒抗帝国的压力。他们既自骄也封闭，认为自己是真神的"选民"（Chosen People），等待真神的救赎，既不往外传教，也不接纳外人入教，更不与外族通婚。虽然帝国对他们的效忠存疑，但因其地远人少，也只算是癣疥之患。

三十多年前出了变化。有一个叫耶稣的犹太人，自称是真神的儿子、拯救世人的"基督"（Christ，也称弥赛亚 [Messiah]，是救赎者的意思），吸引了不少追随者。犹太的长老和经师们认为这是大逆不道，妖言惑众，征得罗马总督的默许后，把他钉死在十字架上，并严禁其门徒宣扬他的教义。还在犹太省到处搜捕，并让各地的犹太人举报，务求肃清这些离经背道的

"基督之徒"[1]。在族人的排斥之下，这些基督徒决定向外邦人传教。

犹太人对真神崇拜，出于敬和畏，他们有"创世记"的故事。神做了"人"，一男一女，分别叫亚当、夏娃。神本想他们快快乐乐地住在伊甸园，开枝散叶，与神为伴。但人既好奇，也不安分，偏要尝尝神说不能吃的禁果，犯了"不听命"之罪，即"原罪"（Original Sin）。非但他俩被赶出了伊甸园，受生老病死之苦、七情六欲之困，他们的子孙，也就是所有的世人，都背上了这"原罪"，都要受这些苦困。但是神也慈悲，答应将来会有救赎的一天。这个救赎者会是神的儿子，他会出生于神的"选民"之中。

犹太族被挑作选民，不是因为他们特别精英。他们的祖先亚伯拉罕是个普通的小族长。神挑选了他，是为了显示神的威德可使顽石开花，为了启示世人神的意旨是不可用人的尺度去推测的，他可以把一个寂寂无名的小民族提升为他的选民。神的唯一要求是犹太人对他绝对信赖。亚伯拉罕被选中后，带了他的族人，到处流徙，途中多少危难困境，都是经神的眷顾而安然度过，最终在犹太地区落根。千多年来虽内忧外患，却是依赖神的指示去应付。但犹太民族也是个顽固刁蛮的民族，屡次背叛神、试探神，神对他们总是原谅多于处罚。因此，他们对神是既敬且畏。敬，是因为这个全能的、唯一的真神选了他们做救赎的工具；畏，是因为他们知道自己屡犯不改，罪该万死，靠真神慈悲才得超生。因此，他们立了一套巨细无遗的法典，谨慎遵守，以免神怒。为此，犹太人也被称为"法的民族"（People of the Law）。这是犹太教（古教）的故事，记载于旧约圣经。

接下来是基督徒的故事，记载在新约圣经中。亚伯拉罕被选中后，过了千多年，神的救赎终于来了。神的儿子降生为人，取名耶稣。他牺牲自己，代人类赎了原祖父母的罪。从此，人再次回到神的怀抱。耶稣传道三年，归纳出的只有两条：爱神和爱人。爱神，因为神爱你；爱人，因为神爱人，所以你要爱神之所爱。这个以爱为本的基督道德，跟以畏为本的犹太法规发生冲突。犹太人有613条守则，严格规定了人的起居作息和与外邦人的关系，作用是把神的诫命法律化，兢兢业业地谨守着，以免神怒。从这角度去看，耶稣的言行就是离经背道——守安息之日他却动手脚去治病，偏要与不洁的外邦人交好，更批评犹太当权者的伪善。耶稣爱人的行为触犯了犹太畏神的法典。加上他自称是神的儿子，更是万死之罪。

耶稣救赎之功和以爱为本之道，基督徒称之为"福音"。犹太主流非但不接受，更加之排斥和迫害。于是，基督徒（最初的基督徒都是犹太人）就向外邦人传道。外邦就是罗马帝国的千万子民。犹太人在宗教与文化上是闭关自守的，但在经济上却很活跃，旅居各地的很多。于是基督徒就从这些众多的小核心向外邦人宣扬福音。福音的字义是"好消息"，外邦人听到的好消息是这样的：耶稣救赎不限于选民之列，谁信谁得救，不分犹太人和外邦人；爱是新的诫命，特别是爱人如己。外邦人，特别是妇女和底层阶级如奴隶、士兵，很快就被这个爱的宗教吸引，耶稣被钉、基督徒被歧视，更引起他们的共鸣。有些人找到了慰藉，有些人找到了解放，于是信徒越来越多。帝国，尤其是帝国的当权者，开始感到威胁。他们的理解是：如果神是唯一，那么罗马众神，包括了神圣的皇帝的地位何在？如果爱是一切，那么帝国权力的基础何在？而且，妇女们、奴隶们、士卒们也开始反思。在统治者眼中，这些都是危险信号。

大火是个好借口。尼禄皇帝指责基督徒纵火，下令镇压。大的理由是基督徒拒绝参与罗马众神的公开祭奠，亵渎了神明。（很反讽地，犹太人也不参与罗马众神的祭奠，帝国虽然不满，但因犹太地远人少，并未有认真对待。假如犹太人接受了耶稣，基督宗教也许就传不出犹太区，教徒会少得多，也就不会招帝国之忌，犹太人也不会被镇压，遭散流离失所近两千年了。）从公元64年到311年，前后有十个皇帝镇压，基督徒殉道者用血滋润着这个爱的宗教不断成长。

直到君士坦丁大帝即位。他母亲是教徒,对他有很大的影响。他的士卒中基督徒也很多，他答应他们在十字架旗帜下作战，功成之日就对基督信仰解禁。公元313年，他履行诺言，颁布"米兰赦令"（Edict of Milan），基督徒从此就可以在帝国内自由活动和传教。380年，狄奥多西一世（Theodosius

Ⅰ）更将其定为国教，也就是现今的天主教 ²。与此同时，帝国也发生了大变化。

狄奥多西一世是一统的罗马帝国的最后一个皇帝。他死后（395），帝国就永远地分为东西两半。情形是这样的。罗马原是个王国，公元前 509 年改共和体制；几百年不断扩张，到了公元前 1 世纪末，恺撒大帝（Julius Caesar，虽然他并未曾称帝）和奥古斯都大帝（Augustus）时才建成帝国，版图差不多覆盖了当时全部的西方文明世界。帝国的黄金年代，是从奥古斯都大帝于公元前 27 年登位，到马可·奥勒留皇帝（Marcus Aurelius，著名的恬淡寡欲的皇帝，《沉思录》的作者）于公元 180 年去世的两百年。

但是，盛极必衰——道德败坏、生活奢靡、宫廷内讧；外面蛮族觊觎，北面的哥特众族与日耳曼各族不断入侵。罗马人逸乐过久，斗志消失，遂招募蛮族，以夷制夷。当然，这些蛮族也看穿了帝国的弱点，先是诈财，继是侵地。美其名曰做帝国的屏障，实在是据地称王。君士坦丁大帝有鉴于此，于 330 年把帝国主力东迁，建都于君士坦丁堡（现今的伊斯坦布尔），成东罗马（拜占庭）。从此东、西罗马各自为政。但东罗马自命正统，视西罗马落后。西罗马的最后崩溃是哥特人的大入侵（376—382）。452 年，塞尔柱突厥部落（Seljuk Turks）更直取罗马城，教皇在城外为民求情，这才免受灭城之难。476 年，西罗马皇帝罗慕路斯·奥古斯都（Romulus Augustus）被迫退位。西罗马从此湮没，欧洲也进入了所谓的"黑暗时代"。

帝国崩溃。无远弗届的帝国司法制度和基础设施没有了，贸易、工业马上停顿下来。一统的文化和教育中断了，愚昧文盲就成为普遍现象（高级官员有的也是文盲）。政治混乱，地方不靖，人民自然不能安居乐业。农田变森林，农奴到处流窜，农业生产仅供糊口，自然不能支撑工商业的发展。小块地盘由小头目割据，西方人的眼界也变得小了。公元 400 年到 600 年，欧洲人口少了百分之三十。

天主教会，也称罗马天主教会或拉丁教会（与东迁后的东正教会同出一源，但彼此如同陌路；教义分别不大，但系统与体制有很大分别）是唯一亮点。教堂、寺院（特别是大的修道院）成为乱世中的避难所，它保存、延续甚至发展了西方的文化和教育，还提供了一套平行的司法和管理机制去维持社会的基本稳定；它开发出一套具体而微的工、农生产和贸易运作模式去维持经济的基本活力。于是，教会逐渐承担了教育、社会与经济的核心任务。更突出的是，蛮族（凡是离开地中海的都称蛮族，其实就是现在的东欧、西欧、北欧）的入侵，却成为传教的大好机会。唯一的真神和以爱为本的教义感化了各蛮族。于是，天主教从罗马帝国转衰时期的国教成为全欧的正统宗教，宣扬神的爱又同时维持人间的秩序。

这个以罪为经、以爱为纬的宗教是西方文明的基础。它对神、人和世界的演绎，支配着中古欧洲的社会、经济与政治达近千年。其中，圣奥古斯丁（St. Augustine, 354—430）是最具影响力的思想家；甚至可以说，今天西方人的人生观，不是顺他的，就是反他的，但都是以他的为参照。他生活的时代，正是基督信仰终于得到帝国允许（313）、成为国教（380），以至帝国开始崩溃到灭亡（476）的时代。他的思想反映了这个时代，也反映了他传奇的一生。

年轻的时候，他任性放纵，但也同时着意找寻人生的方向。他才华横溢，30岁就当上了帝国米兰皇廷的修辞学教授，拥有当时最高的学术地位。他对声色情欲的追求也是人所共知的。他的名句是："神，请赐我贞洁、寡欲，但不是现在。"虽然他的母亲是虔诚的教徒，很想儿子信教，但他倾心摩尼教（Manicheanism），相信世界是个旗鼓相当的神与魔的战场，双方无分胜负。后来找得高僧，一辩之下，大失所望，才放弃这信仰。米兰主教安布罗斯（Ambrose）是有名的智者，开始打动他的心。一天，他听见一个小孩子的声音不断地在说，"打开书看看，打开书看看"。他遂打开手边的《圣经》，刚好是保罗致罗马人书第13章，13—14节。"我们该脱去黑暗的行为，佩带光明的武器。行动要端庄好像在白天一样。不可狂妄豪饮，不可淫乱放荡，不可争斗嫉妒。但该穿上主耶稣基督，不应只挂肉性的事。"这段话触动了他心灵深处，他马上改变生活态度，领洗入教。这些，在他的《忏悔录》(*Confessions*)里都一一记了下来。这本真挚感人的剖心之作，至今仍是自传的典范。

奥古斯丁的时代距离耶稣在世时逾三百年。逐渐成形的教会遭遇到一些心理上、思想上和组织上的严重危机。教会的生死存亡有赖于它能否从被歧视和被迫害的社会边缘转成为被尊崇和被显扬的社会主流，而又不丧失它的宗旨、活力和感召力。奥古斯丁提出了应对这些危机的思维和理念，奠立了西方正统人生观的核心。如下：

1、早期的教徒认为复活升天的耶稣很快会再度降临，审判生、死者。这叫"第二来临"(Second Coming)。因此，许多教徒放弃家财，全心修行，以期在审判之日获得永生。这也是早期教徒急剧增长、舍身殉道的主要原因。但三百年过去了，"第二来临"好像遥遥无期，构成了严重的信心危机。

奥古斯丁指出，何时"第二来临"是神的意旨，不是人可以揣测的。但不管何时，人总是可以在世上建设"神的国度"(City of God，是奥古斯丁的另一名著；有人译作"上帝之城"是不大贴切的，因为这个城不是城市，是个政治团体)。教会就是这个"神的国度"在世间的演绎者和代理人。它以爱来统治神的儿女，远胜于任何以追求自我满足和自我荣耀为中心的俗世王国。这理念演变成为中古欧洲人（特别是十字军时代前后）"基督之国"(Christendom)理想的哲学依据。

2、公元3世纪左右，来自波斯的摩尼教（摩尼[Mani]，210—276，自认是耶稣信徒）的善、恶二元论很流行。这与基督徒对神的理念有冲突。假如全善的神是全能，怎会善、恶势力相等？奥古斯丁认为恶行不应该归咎于某些附在人身上的恶魔。他离开摩尼教、尚未成为基督徒之前，提出一个折中的思路，可以翻译为"缺善论"(absence of good)：善恶不是二元的对立；恶是没有独立的存在，它只是善的不足，因此，恶是一种"不完美"(imperfection)。后来他做了基督徒，再把这思路往前推，用"原罪"的理念去解释善恶："原罪"之前只有善；"原罪"使人类堕落，丧失了为善的意志，只有通过神的爱（love，神差遣基督来救赎人类）和神的恩（grace，神使人类能够明白和接受基督的救赎），人类才可以重新走向善。

3、伯拉纠主义（Pelagianism）盛行于 4 世纪末 5 世纪初，它否定"原罪"，认为人类原祖父母亚当与夏娃不听神命，是犯大罪。但对于人类来说这只是一个坏榜样，并未使后人负上"原罪"，也未使人性完全堕落。人仍有足够的意志力去选择善、恶。因此，人对自己得救与否，是应该并且有能力负责的，无需神恩（除了神赐给人类意志力之恩），也无需耶稣的救赎。耶稣只不过是给我们做了个好榜样，去抵消原祖父母的坏榜样而已。这理论完全否定耶稣的救赎之功。也就是说，人只要选择做好事就足够了。可是，如果无需耶稣的救赎，以延续耶稣救赎工程为己任的教会的合法性就被架空了。

奥古斯丁力排这理论。他对"原罪"的演绎对西方历史和文明影响深远。他认为"原罪"使人性完全堕落，必需神恩才能得救。而且，得救之恩并不能靠做好事"赚"来，而是神按他的意旨无条件赐予的，不能要求，不能赚取，也不能推却。从 416 年到 431 年，教会屡次谴责这派的理论，其中最坚持的就是奥古斯丁。到了 6 世纪，这派消失，但神恩与善行的关系，至今仍是教义的争论点，也是后来 16 世纪宗教改革的焦点。非但如此，这甚至可以演绎为人性是"先天决定"（天赋）还是"后天培养"（经验）的争论点。这些争论是观察西方文明的一个窗口。

4、公元 3 世纪末到差不多整个 4 世纪，教会内部有阿里乌教派（Arianism）的分裂。在正统教义中，神是"三位一体"的：圣父、圣子（耶稣）和圣神（圣灵）。这也叫"圣三一论"。三位是同性、同体、同等的。阿里乌派认为耶稣地位略低于圣父，而且他的神性也不是完全的（虽然是差不多完全）。派中甚至有人认为耶稣是"受造"的，而不是"自生"的。这争议是教会被帝国认许之后的第一次严重分裂。在以后的几个世纪中，经阿里乌派传教士皈依的日耳曼族领导层与教会对抗也是为了这一点。11 世纪，东、西教会的分裂，部分也是为了这一点。这次分裂的严重性，比得上

16世纪的宗教改革。君士坦丁大帝于325年召开尼西亚（Nicaea）"大公会议"，立下"尼西信经"（Nicene Creed）为教徒信仰的基础。现今差不多所有基督徒（天主教、东正教和大部分基督新教）都接纳"圣三一"的教义。君士坦丁大帝以信徒身份召开"大公会议"，是首次俗世政权干预教义，也是后来西方政与教的分与合、和与争的滥觞。奥古斯丁用了十六年（400—416）写《圣三一论》（*On the Trinity*）驳斥阿里乌的论点，澄清和演绎教会对圣三一的解释。这本书被认为是西方最伟大的神学著作之一[3]。

自此以后，教义有正统与异端之别。发展下去，西方任何的意识形态（政治、经济、社会、学术等等）之争都蒙上了"正统"与"异端"的形式。异端之争往往比敌我之争更为惨烈。敌我之争还有和解之望，异端是叛徒，必须铲除。

5、教会内部出现多纳图派（Donatists），坚持反对教会宽容处理曾经背教的人。教会武力镇压多纳图派，引发出教徒自相残杀。事情是这样的。

公元303年，也就是基督徒被帝国认许之前，戴克里先皇帝（Diocletian）下令帝国内全面禁止基督徒集会，拆毁所有教堂。这历时八年的教难（也称"大教难"）是帝国历史上最后的一次（君士坦丁大帝的"米兰赦令"是313年颁布的，但当时他只控制帝国的西部，到342年才统治全帝国）。教难中，有很多基督徒，包括神职人员，为了保存性命、地位或财产，否认是信徒，背了教。

到了君士坦丁时代，教徒非但没有受迫害，而且还有地位、有体面（特别是在君士坦丁大帝以信徒身份大力支持教会之后），新入教的唯恐不及。以前"背教"的自然想返回来，特别是神职人员（神父、主教）。这牵涉到教会的两件"圣事"（sacraments，天主教共有七件圣事）："告解"（Penance）和"神品"（Holy Order）。"告解"是忏悔：教徒犯了罪，向神父"辩告解"（把犯了的罪清楚告诉神父，神父是"听告解"），神父代表神赦罪（《圣经》中的依据是耶稣升天前，把赦罪之权交给了门徒），被赦的人做了足够的补赎之后，就是重新做人（在世被教会接纳，在天得救）。"神品"是神职人员的资格认可：教徒想做神父，经培训后由主教（一般是资深神父升上去的高级神职）祝圣（《圣经》中的依据是耶稣派遣门徒传教之前，祝圣了他们），教徒"领神品"后，就是神父，可以行使神职，包括"听告解"。

当时的问题是，教难时背教的神父、主教可否通过"辩告解"忏悔，重新执行神职？还有，这些背教的神父、主教在教难时行使的神职，如"祝圣"和"听告解"是否有效？当时教会认为凡悔罪的，经"告解"圣事，仍可重回教会怀抱。以前背教的主教、神父可恢复神职。而且，"圣事"是看事，不看人。一个背教的主教、神父如果他仍是按教规去"听告解"、"立神品"，这些"告解"和"神品"仍有效。也就是说，向他"辩告解"和"领神品"的教徒都会得到赦罪和神职。但是，当时的多纳图派持相反意见，认为神职人员背教是十恶不赦，不能超生。

这里还有一个微妙的政治背景。多纳图派的据点主要在帝国的北非洲属地（北非迦太基 [Carthage]，即现今的突尼斯，曾经与罗马抗衡逾百年，甚至曾入侵意大利。公元前 3 世纪被罗马击败）。这些被帝国以武力征服的子民，本来就对罗马反感。公元后的多次教难，使当地基督徒视罗马皇帝为魔鬼化身。而如今，在短短几年内，罗马皇帝变了基督徒，他们就算不怀疑，起码是不消化。叫他们重新接纳那些在教难时背教，甚至助纣为虐的叛徒，他们怎能服气？

那时，奥古斯丁是 Hippo 地区（在现今阿尔及利亚 [Algeria]）的主教。他力排众议，为的是尽早恢复教会元气，才可以在这个大时代有大作为。让这些背教的人（在奥古斯丁眼中，他们都是被迫的）重返教会是壮大教会队伍的上策。而且，以不嫌旧恶的心态去宽恕背教之徒，更能吸引千千万万的教外人去皈依天主教。

多纳图派坚持己见，与罗马闹分裂。君士坦丁大帝以教徒身份于 317 年发兵讨伐，铩羽而归。这是基督徒之间第一次诉之武力。北非多纳图派与罗马教会的水火不容，导致日后天主教会无力抗拒伊斯兰教势力从阿拉伯半岛直捣北非。

当时，奥古斯丁支持帝国出兵，提出"正义之战"（just war）的理论："当她的迷了途的儿女强迫其他人走向灭亡之路的时候，教会怎能不以武力去强制这些迷途儿女回归教会？"但是，"正义之战"有三个条件：有正义和善良的目的，而不是为私利或权力而战；由依法成立的权力去发动；在暴力中，"爱"是唯一的动机。人类的权力野心和暴力倾向是无可置疑的，但正如中国的孔孟之说，奥古斯丁（其实是来自基督教义）提出战争的仁义目的和慈爱动机，在若干程度上约束了或缓和了赤裸裸的权力斗争和暴力行为。"义战"理念深远地影响了西方中古的政治权力和国际关系的理性，直到今天。

总结以上，奥古斯丁对西方人生观的贡献如下：

1、"基督之国"超越俗世王国。这是欧洲中古政治的主流观点，是天主教会支配欧洲政治的权威基础，也间接成为16世纪反天主教的宗教改革的理由。

2、"原罪"是人类堕落的理由，得救全赖神恩。这是16世纪宗教改革者的理论基础，影响着大部分新教"基督徒"的人生观。今天也如是。

3、信仰重于善行，信者得救。这也是16世纪宗教改革者的理论基础。也是现今"宗教是私人的事"的政、教分家的理论依据。

4、耶稣同时是真神和真人。"圣三一"成为正统教义。确定耶稣的神性就是确定教会的合法性。这也是教义与俗世政治权力的首次结合，也是日后宗教"正统"与"异端"之争政治化的开始。

5、以恕为本，为爱而战。这是第一次以武力解决宗教问题，也是日后俗世间"正义之战"的理论基础。

奥古斯丁化解了信徒的疑惑，统一了教义上的分歧，稳定了教会的组织，使天主教会成为人类历史上最长久的宗教团体。这些，都是因为他成功地把希腊理性与基督信仰结合了起来。

注：

1. "基督之徒"（Christians）中的"基督"（Christ）就是"救赎者"（也可称"救主"）的意思。耶稣自称是基督，因此，凡信耶稣是救主的人都是"基督之徒"。公元初，基督之徒受罗马帝国迫害，他们的组织是地下性的。直到4世纪时，基督信仰被帝国认可，基督宗教成为罗马帝国的国教，教会组织也开始模仿帝国的组织，特别是教皇一职（追溯到耶稣的首席门徒彼得）。公元330年君士坦丁大帝东迁，帝国分裂东西两半，教会组织也起了变化。东罗马（拜占庭，Byzantium）的叫东正教会（Eastern Church），后来又分裂出很多不同的"正教"，如叙利亚正教、希腊正教、俄罗斯正教等等。西罗马的叫罗马教会，也叫拉丁教会（Latin Church，因为它以拉丁文为官方文字），也叫罗马天主教会（Roman Catholic，即现在的天主教）。中古欧洲的基督之徒全属罗马天主教会。

16世纪的宗教改革是反天主教的改革。改革派纷纷从天主教脱离，通称"誓反派"（Protestants）。"誓反派"派别繁多，16世纪以来又不断分裂、创设，现在都叫"基督教"（也称"新教"，以别于"旧教"的天主教）。"基督教"教派数以千计，比较有代表性的包括圣公会、循道会、路德会、浸信会、长老会、摩门、宣道会、末世宗徒会等。

简单来说，现今基督之徒的教派分为三类：天主教（或称旧教，是最早的）、正教（罗马帝国东迁之后的各种正教）和基督教（或称新教，是宗教改革之后的众多非天主教和非正教的教派）。三类教徒都是"基督之徒"，"新教"与"旧教"都是"基督宗教"，但"基督教"这名称现在已被新教占用，"基督徒"一名也被新教徒占用。这些混淆都是中文翻译的问题，因为现今常用的译词是来自英国（新教）传教士按英语发音创造的。在西方社会里不存在这些混淆。

此外，对神的称呼也要澄清。神只有一个，可称天主、上帝、耶和华或神。但神是三位一体：圣父，也称天主圣父，也可称上帝或神；圣子，也称天主圣子、耶稣或基督；圣神，也称天主圣神或圣灵。

2. 原先的"基督徒"组织分五个"教区"：罗马、君士坦丁堡、耶路撒冷、安提诺和亚历山大。4世纪末帝国东西分裂，西面就成为罗马天主教，或拉丁天主教（以拉丁文字为官方语言），至今。东面虽然有四个"教区"，但以君士坦丁堡"教区"为主，称东方天主教（以希腊文字为官方语言）。其他三个"教区"日渐式微，但仍称正教。到了7世纪，伊斯兰教兴起，更被摧残。1054年，东、西教会大分裂，东方天主教改称为东正教。东正教后来再分裂出希腊正教与俄罗斯正教。

3. 奥古斯丁写这本书时有个小故事，反映了他的心态。一天，他沿着海边漫步，满脑子里想着圣三一的道理。突然，出现一个小孩子。他在沙滩上挖了个小洞，然后跑到海边，用两只小手合起来做个小杯子，装满了海水再跑回来把水倒进小洞里。奥古斯丁上前问他，"孩子，你在干什么？"小孩子神色庄重地回答，"我想把这海里的水全放进这洞里。"奥古斯丁笑笑问他，"你真的想用你小小的手杯子把整个大海灌到这小洞去？"孩子回答说，"那你是不是真的想用你小小的脑袋去完全明白神的所有奥秘？"说完，刹那不见了。

第二章　基督信仰与希腊理性首次结合：
　　　　奥古斯丁与柏拉图

在罗马帝国走向衰亡的时刻，奥古斯丁怀着对人性悲观的心态和对昔日"罗马太平"的向往，把基督信仰与柏拉图理性结合起来，建立了一套静态、悲观、乱中求稳的宇宙观、伦理观和政治观。

奥古斯丁被公认为"中古的第一人，古典的最后一人"。他承前启后，以基督教义过滤希腊思维（但主要是柏拉图的，而不是在 13 世纪再度登台的亚里士多德[1]），建立欧洲的文化传统。

西方思想史以苏格拉底（Socrates，前 469—前 399）为分水岭。公元前 6 世纪，有"哲学之父"之称的泰勒斯（Thales，前 624—前 546）开始理性地探讨天地起源和人生终向。但都是小撮人的追求，未成文化气候。经近二百年的滋润，到苏格拉底时代进入成熟期。有趣的是，西方思想史各主要流派都可以追溯到苏格拉底。

苏格拉底的学生阿瑞斯提普斯（Aristippus of Cyrene，前 435—前 356）提出唯物宇宙观。由此而生的伦理观就是"只有今生，没有来世"，因此人生的至善是最直接、最激烈的官能享受。这就是"纵欲派"（Cyrenaicism）。传到伊壁鸠鲁（Epicurus，前 341—前 270）就演变为"享乐派"（Epicureanism，也称"伊壁鸠鲁派"）。那时代是希腊转衰、罗马趋盛的改朝换代乱世。这套倾向唯物、享乐和自我中心的思维成为主流。到了罗马帝国成立（前 27），这派开始不合潮流，很快就湮没了——不过这派却隐身千余年，到宗教改革后，重现西方，化身为经验主义、个人主义、自由主义，经盎格鲁－撒克逊文明的扩张，支配现代西方，这是后话了。

取代享乐派的是"克制派"（Stoicism，又称"斯多葛派"或"寡欲派"）。这派的前身是"禁欲派"（Cynicism，又称"犬儒派"），创始人安提西尼（Antisthenes，前445—前365）也是苏格拉底的学生。他提出"唯一自然之神"（one natural god）的理念，认为身体像个监狱，必须通过苦修，人才可战胜情欲。传到（季蒂昂的）芝诺（Zeno of Citium，前334—前362）演变成克制派。这派认为宇宙就是神，神就是理性。"宇宙之至理"（Universal Reason）统治万物，人违背它就会有"不安"之感。德行就是按"宇宙之至理"生活，简单和克制的生活使我们有"平安"之感。那时是罗马帝国初立。共和后期的混乱不安一扫而空，代之是庞大和安定的帝国。这个新时代激发了罗马子民的优越感和责任感。一统的帝国带出一统的伦理观和政治观，重点在秩序与和谐。以天道为网、自制为纬、服务为用的克制派思维刚好配合时代，成为主流。但二百年过后，也就是克制派典范的罗马帝国圣皇马可·奥勒留（Marcus Aurelius，在位时期为161—180）去世后，帝国内部开始腐化，斗争重现，外面的蛮族蠢蠢欲动。克制派的悲天悯人和享乐派的功利现实都不足应付这个内忧外患、暴力诡诈的时代。应运而生的是"形而上"又略带神秘的"新柏拉图派"（Neoplatonism）。当然这也离不开苏格拉底。

柏拉图是苏格拉底的学生，人所共知。他的宇宙观源于他观察到的宇宙之美和秩序。宇宙万物好像都有其目的，因此他认为宇宙不可能成于偶然，总有一个归宿。他称之为"一"（The One）。他的伦理观也出于此：人要走向宇宙之真，也就是与宇宙建立和谐关系，才能快乐。早在享乐派与克制派相继成为西方主流时，柏拉图思维就已香火不绝；到了公元3世纪，经传人柏罗丁（Plotinus，204—270）的努力，终于大放光彩。此时，帝国进入衰退期。面临危机四伏的未来，新柏拉图派，乃至来自东方的各种信仰如摩尼教,如雨后春笋般出现,为惶恐的罗马人带来暂时的慰藉。此刻,基督信仰脱颖而出。基督宗教的伦理观与柏拉图及克制派的伦理观很相近,也反映了它们相似的宇宙观。奥古斯丁也在这一刻登场。

其实,在奥古斯丁之前,若干基督徒学者已经被柏拉图哲学吸引,例如亚历山大的克雷芒(Clement of Alexandria,150—215)和他的学生奥利金(Origen,185—254)。但那时仍是地下教会时代。奥古斯丁所接触到的柏拉图主要是新柏拉图派,虽然这派有浓厚的神秘气氛,但除了它超灵仪式外,在哲学和政治思路上仍是源自柏拉图。

我想谈谈四个柏拉图/奥古斯丁的思路:格物(真)、致知(求真)、修身(伦理)和治国(政治)[2]。

格物(真)

柏拉图认为物质世界不是真的"真"(real)。"真"是独立存在的、先于和超于物质世界的,是永恒的、不变的。他划分开"永不改变、永远存在"的东西,称之为"形"(Form,也就是"真",也可称为"理",Idea)和"永在改变、永不存在"的东西,称之为"物"(Matter,也可称"现象"或"象")。他认为"形"才是真,"物"只是象("象"不是假,是虚)。"物"(象)是"形"(真)的一种显示。每一种"物"(象)都显示着一个"形"(真),但并非每一个"形"(真)都一定有显示它的"物"(象)。也就是说,有些"真"的存在是我们无从知晓的。最真的"真"是"至善"(The Good)。它是唯一的,万物是由它而生的。

奥古斯丁把"至善"演绎为"神",把"形"演绎为"神的思想"(Forms are God's thoughts,也可译为"神的理念")。也就是说,神是"真",而且是唯一的"真"。在教义上,这有很重要的意义。首先,人不能完全知晓神的思想,更不能完全知晓神的本质。为此,需要信仰,而信仰是种神恩。这些,奥古斯丁在"圣三一"的大辩论中,是非常强调的。其次,人既是由神"按他的肖像创造的",每个人都得到一点神的本质(特别是人的灵魂)。

演绎到社会层面上（人与人的关系），这就是"爱人如己"的基础。因为如果人人都是神按祂自己的肖像创造出来的，那么人人都是"神的儿女"，怎能不彼此相爱。演绎到政治层面上（人与权的关系），这就是人人平等的基础，因为人人平等是"爱人如己"的最起码表现。演绎到经济层面上（人与物的关系），这就是"共有、共享"的基础，因为共有、共享是"爱人如己"的最基本的行为。

致知（求真）

求真就是去清楚认识上面谈到的那些永恒、不变的"形"（真）及其之间的关系。柏拉图著名的"山洞隐喻"（Parable of the Cave）就指出世人往往把当前看见的影子当真相。他强调，我们的官能只能掌握"象"。因此，对真的认识不可能来自官能，也就是不能通过观察外界而得的，而是要将"理解力"（reason）加诸于"早存在于我们之内的理念"（innate ideas）。

求真就好像一种"回想"（recollection）。他说过，"我们出生的那一刻，灵魂忘记了真和美的理念；通过教育，我们可以把这些再找回来。"为此，"理性"（柏拉图的理性主要是逻辑演绎；教育就是开发理性）是求真的唯一工具。奥古斯丁虽然继承了柏拉图的"真"，但他把一切的"真"都归于唯一真神。求真就是要认识"神的思想"，这需要理性也需要信仰（接受神的启示）。这个理性与信仰的结合就是奥古斯丁神学的基础。

柏拉图认为并非每一个"形"（真）都一定有相关的"物"（象）。同样地，奥古斯丁认为神的本质也不是人类能够全知的（例如圣三一的真相）。因此，信仰虽不应违背理性，但理性也不足以建立信仰，要靠神恩。按柏拉图的思路，如果求真是通过把"理性"加诸于"早存于我们之内的理念"，那么，求真就是种"发掘性"的工程。应用到奥古斯丁的宇宙观里，这些"早存于我们之内的理念"只可以来自创造我们的神。因此，求真也可以说是从内心去"发掘"神早种植在我们内心的真理。

修身（伦理）

柏拉图认为人与其灵魂是不可分割的，但肉身却把灵魂禁锢着。他重灵魂、轻肉身，把灵魂与肉身的关系比喻为一辆双马战车的御者和马的关系。灵魂是御者。那两匹血气方刚的雄马，驰跑中遇上了使它们血脉沸腾的雌马，开始不能自制地发汗和咆哮。这与奥古斯丁个人的人生经验完全相符。因此，自制，尤其是性欲上的自制，是修身的一大挑战。他对人性（意志力）的相对悲观影响整个西方至今。就是因为西方人对人性不大信任，才要依赖法治、民主去约束。

对奥古斯丁来说，整部人类的历史是一项"救赎的工程"。一切始于"原罪"。人类的原祖父母，亚当和夏娃，犯下了不服从神命之罪，被赶出伊甸园。他俩的子孙（也就是全人类）都感染了"原罪"的效应。奥古斯丁特别关注"原罪"对人性的影响，他认为：神创造人，给了他"意志自由"（free will），"原罪"的效应是这个意志的完全堕落。也就是说，人类的意志完全受肉身和私欲偏情支配，再没有自由了。其中，以性欲为最（这大大影响了西方的性道德观。这事上，奥古斯丁有点受摩尼教和柏拉图的影响）。他强调人性丧失了"不犯罪的意志"（the will not to sin），论据如下：

"（亚当和夏娃吃了禁果之后）……他们用无花果叶掩盖身体上那些从前没有什么可耻，但现在却变得可耻的部位……吃了禁果，犯了越轨之罪之后，他们为什么把目光投视到这些器官？……这是因为他们的'眼睛开了'……可是他们从前每天都看见这些器官……为什么突然地对赤身裸体感到羞耻，对这些器官的裸露感到羞耻，要马上把它们遮盖？是不是因为他们看到了这些器官——他的在明处，她的在暗处——已不再服从他们的意志控制？这是他们应得的苦，因为他们同样地不服从神。他们不服从神的意志，他们生儿育女的器官不再服从他们的意志控制……"

奥古斯丁认为"原罪"使人性完全堕落（depraved），再没有"向善的自由"。因此，除非靠神恩，人是不能回应神的呼召的。也就是说，除非靠神，人不会懂得真正的自由。可是，原祖冒犯了神之罪，必须由神来赦免。

神就派圣子耶稣来世。他服从神之命，牺牲了自己，被钉死在十字架上。这听命之功，补赎了人类原祖的违命之罪。这过程中，救赎完全是神恩，不是人类的功劳。教会是耶稣在世时建立的组织，去传播"福音"，继续这项救赎工程。因此，救赎与神恩的联结就是教会权威和信徒服从的教义基础。

治国（政治）

柏拉图的"国"是"城邦"。他的政治思想是"明君"（philosopher-king，可译为"哲学家君王"；但要注意，柏拉图的"哲学"是对"真"的追求）。他认为国民可分三类：百姓、战士和领导。正如一个人的灵魂也有三个层次：欲望、意志和理性。百姓生产，他们受欲望支配；战士保护，他们受意志支配；领导治理，他们受理性支配。柏拉图同时认为一个城邦的政治会每况愈下——先是明君（治理者追求理性），继而权贵（治理者追求名声），继而寡头（治理者追求金钱），继而民主（治理者追求爱戴），最后是暴君（治理者追求权力）。

他甚至认为暴君胜于坏民主，因为暴君只是一个人做坏事，而坏民主是全国人民做坏事。明君以哲理治国，把国民灵魂中的欲望、意志和理性，与国民阶级中的百姓、战士和领导和谐地统一起来。这需要同时考虑个体的需要和整体的利益。关键在"适度"（moderation），也就是"慎重"（prudence）与"自制"（temperance）的整合。他认为只有智者才可以统治。一个有智慧的民族应知道怎样选择一个好的主人；一个哲人应接受做主人的统治权力。"除非哲人成为君王，或现今的君王能够真诚地充分地哲理化，也就是说，除非政治权力与哲学理性能够完全相应……否则邪恶会使城邦永无宁日，也会使人类永无宁日。"

奥古斯丁的政治理想有一点与柏拉图很相像，就是治国的目的是"为民"——替人民谋福利。只有这样的统治者，才值得服从。对柏拉图来说，统治者是协助人民向往"真"；但对奥古斯丁来说，这个"真"只有一条，就是"神"。

这里有一个很重要的政治背景。公元410年高卢人入侵，焚烧罗马城。那时，天主教刚成为国教不久（380）。有人说，罗马失陷，是因为人民对罗马众神不敬，未有恭奉，招了众神之怒。这对刚成正统的天主教会是很有挑战性的。从413年开始，奥古斯丁为教会辩护，十三年内断断续续地写了长达二十二章的哲学巨著《神的国度》。奥古斯丁首先驳斥这些外教的罗马众神非但不能保护罗马，更重要的是它们不会拯救众生。他提出两个国度的概念："神的国度"和"人的国度"。神的国度是建立在神对人类无限的爱的基础上；人的国度是建立在满足物欲和追求荣耀的基础上。它们既是宗教信仰的理念也是政治组织的理念。他从"原罪"出发，把人类的宗教史（主要是犹太教和基督教）与政治史配合，去说明人类历史过程完全反映了神的旨意（主要是神的救赎工程）。他演绎了"人的国度"与"神的国度"的起源、发展与终向，指出罗马帝国的崩溃其实是神的旨意。神要借着罗马帝国（人的国度）的崩溃去使基督的教义（神的国度）可以在蛮族宣扬。

奥古斯丁虽然没有说明，但很清楚，"神的国度"的代理者就是天主教会。他认为虽然"神的国度"与"人的国度"的终向不同，而且只有"神的国度"里才有真正的幸福，但它们可以有相同的、过渡式的目标，就是世上的和平。因此，基督徒虽然是"神的国度"的子民，但也可以在"人的国度"里为和平与秩序做政治工作。

和平是奥古斯丁政治思想的中心。他既承继了柏拉图的理性秩序，也向往罗马帝国下的社会秩序。理性上，他认为"正义"（justice）是政治权力的基础。（"没有了正义，政治主权只不过是有组织的抢夺。""没有正义的和平，不配称为和平。"）和平与正义的基础是秩序（order）。秩序越差，和平与正义越难得到。秩序有两种：上下有别，需要有服从；先后有序，需要作牺牲。

秩序与服从首先来自奥古斯丁对"原罪"的演绎。"原罪"使人性（意志力）堕落。人犯了不服从神的罪，受到的处罚就是我们的七情六欲不服从我们的意志。这个私人的不秩序也同时制造了社会的不秩序。为此，奥古斯丁认为真正的快乐只可以在"神的国度"里找到，俗世政治（人的国度）里不可能有真正的快乐。可是，虽然俗世上不会有完全的和平与秩序，但仍是值得我们去追求的，因为俗世的和平与秩序可以帮助矫正因人性堕落带来的不秩序的倾向。奥古斯丁肯定受到"罗马太平"理念的影响。"罗马太平"实际是建立在"罗马秩序"之上，这自然是处于乱世中的奥古斯丁向往的。

当然，奥古斯丁不可能知道"罗马太平"这名词，这是英国史家吉本（Edward Gibben）在《罗马帝国衰亡史》（*The History of the Decline and Fall of the Roman Empire*，1776—1788年期间出版，共6卷）一书提出的。但是，生于4世纪的奥古斯丁对罗马太平的认识肯定比吉本清楚，对罗马一统的向往肯定比吉本强烈。且看这个黄金时代是怎个样子的。

罗马共和（前509—前27）时代[3]，国土日增，两百年左右便囊括当时整个地中海世界。又过一百年，势力延伸到北非、伊比利亚半岛、法国南部，以至希腊。到了共和末期，更占有现今整个法国，以及东面的土耳其及巴勒斯坦。但随着疆土扩张，有军功的强人拥兵自重，专横跋扈。共和的非明文宪法是行政与立法互相制衡、贵族与平民分权而治。但实行了几百年的制度已没法适应这个庞然大国。

最尖锐的矛盾存于共和宪制中代表贵族的元老院（Senate）与代表平民的护民官（Tribune）。设立元老院原本是使德高望重的贵族可以成为国王的智囊团。但罗马进入共和后，元老院成为政权核心。罗马最高的行政和军事长官叫执政官（Consul），都是由元老院委任的。相对的，护民官是民选的（当初是全国两名，日后增至十名，任期一年，但往往是接续下去的）。他们的职责是保护罗马公民的人身安全和财产安全。按罗马宪法，这官位是神圣不可侵的而且可以否决元老院的决定。政治利益的冲突终于在公元前88年引发了内战[4]。

公元前45年，内战结束。以护民为己任的恺撒（Julius Caesar，前110—

前44）的地位达至最高峰，上一年他刚被委为任期十年的独裁官（Dictator，按宪法任期只有6个月），这是罗马史上从来未有的事情。恺撒现在大权独揽了，元老院的贵族也怕极了。当时，恺撒立下遗嘱，把全部财产和姓氏留给侄孙屋大维（Octavius，前63—14，也是日后的奥古斯都大帝），但如屋大维早他去世，则转留给布鲁图（Brutus，前85—前42，母亲是恺撒的情妇）。公元前44年3月15日，恺撒在元老院被刺杀，身中23刀，致命的一刀来自布鲁图。莎翁名剧《恺撒大帝》按史实写恺撒最后一句话，"是你，布鲁图！恺撒休矣！"。

恺撒生前很得罗马城老百姓的爱戴。他亲委的副手、侄儿马克·安东尼（Mark Anthony，前82—前30）想利用这点从元老院的贵族手中夺权，声称要替恺撒报仇。他以为恺撒的遗嘱里会有他的份儿，他特别觊觎那显赫高贵并且对民众有极大号召力的"恺撒之名"。但他发现恺撒在遗嘱中把财产与姓氏留给了屋大维。那时屋大维只18岁，羽翼未丰，只好虚与委蛇，跟安东尼及另一支持者于公元前43年结成一个"三人之盟"，举兵替恺撒复仇。击败布鲁图之后，安东尼就不顾罗马法律，娶了埃及艳后克丽奥佩特拉（Cleopatra，曾是恺撒的"外室"），准备以埃及为基地去支配罗马。屋大维与安东尼从此拆伙。这时候，屋大维知道要成大事就得靠自己了。

其实，他早已经开始部署。当时，他凭"三人之盟"的名分已经间接拥有执政官的权力，也就是掌握最高行政权和军事权。但"三人之盟"为期十年，在公元前32年就要结束。于是，他作出安排，在公元前36年当选为护民官。按罗马宪法，护民官是人民代表，是神圣不可侵犯的（包括他的人身、他的命令），并拥有对元老院的否决权，以及主持民众立法议会的召集权。公元前32年，他更兼任普查官（Censor），有权审核元老院成员的资格，也就是控制了元老院。至此，屋大维实质上已完全支配罗马的政权和军权。

而此时，安东尼和克丽奥佩特拉却在埃及享福。公元前31年，亚历山大港外亚克兴（Actium）一役，屋大维大胜，安东尼和克丽奥佩特拉自杀。屋大维大权到手，开始大力整顿整个罗马的政治、军事和财政。他保留了元老院和执政官制度，但却主使元老院把他委任为终身护民官，并要了一个新职位叫"帝国统帅"（Proconsul Imperium），有权调度罗马各省的统帅（Proconsuls）。他把罗马的省份分为局势紧张的边陲省份（也称"帝国省份"）和相安无事的"元老省份"，前者由他直接管理，后者由元老院管辖。还把因内战而增加到高达50团的罗马兵团（Legions，一般是5000人为一团）削减为28团，并主要驻扎在边陲的帝国省份。他又创了9队（Cohorts）禁卫军（Praetorian Guards，日后成为皇帝的直属卫队，并干预政治），保卫罗马城和意大利。

公元前27年，一切就绪之后，屋大维把所有职务移交给"罗马的元老和人民"（The Senate and People of Rome，这是罗马共和和罗马帝国的正式称呼）。元老院拒绝接收。此举使屋大维的一切权力合法化。同时，元老院赐他"奥古斯都"的称号（Augustus，英文形容词"品位极高"august即出于此；历法中"八月"August也出于此）和"第一公民"（Princeps，英文是first citizen）。屋大维本人希望沿袭恺撒的名字，于是定名奥古斯都·恺撒（Augustus Caesar，也有称奥古斯都大帝），即尊贵恺撒之意。过了几代，原本是家族姓氏的"恺撒"变成罗马帝皇的代称（德国的"Kaiser"、俄国的"沙皇"都源出于此，也都是以追溯罗马帝国为荣）。一般史学家就以这一年作为划时代的一年：罗马帝国正式开始，"罗马太平"也由此计算。

罗马太平是指统一与秩序，但这并不代表没有动乱与权争。帝国边陲仍是征战不断，但帝国内部则是相对和平；皇帝继位之争不断，但牵涉的范围只在皇廷，不影响老百姓的安居乐业。那时，罗马帝国就是整个西方，同一的政权、同一的法律、同一的语言（拉丁语是官方语言）、同一的度量衡、同一的车轨辙，是"条条大路通罗马"的大一统。

奥古斯都为保边境安宁，建立了常备军制度，并在各地设军事统帅。这有点像中国的藩镇。慢慢地，军队的中心从皇帝转移到直属长官。分裂的因子形成，皇廷一发生变化就爆发出来。所以，两百年的所谓罗马太平，也不全是风调雨顺、国泰民安。但总的来说，罗马的法律、艺术、文化、军事、经济等等都在发展，不同的民族、文化、宗教，在罗马法治之下共存、共荣（唯一例外是基督教仍受迫害，而且迫害程度因它的迅速扩散而变本加厉）。

奥古斯都于公元14年去世，下来就是提贝里乌斯（Tiberius，在位期14—37）、盖乌斯（Gaius，但更多叫卡里古拉[Caligula]，在位期37—41）、克劳狄乌斯（Claudius，在位期41—54）、尼禄（Nero，在位期54—68）。他们都属同一宗系。奥古斯都时代当然是太平，提贝里乌斯的前半段也不错，后期他疑心转重，开始宫廷内斗。跟着的三人，一人被刺杀（盖乌斯），一人被谋杀（克劳狄乌斯，传被妻子毒死），一人自杀（尼禄，是被迫的[5]）。盖乌斯与尼禄更患上癫狂。但是，除了基督徒因尼禄焚城嫁祸而被全面镇压外（见第一章），老百姓的生活倒没有太大的影响。

尼禄一死，边陲拥兵的蜂起抢位。一年半的时间（公元68年6月到69年12月）就出了四个皇帝。尘埃落定，维斯帕西亚努斯（Vespasianus）登位，是为弗拉维（Flavian）王朝，历三帝，一共只有28年。到公元96年，新局面出现，带来近百年罗马太平的黄金时代，历经五个皇帝，都不是世袭的，是"义子"身份，甚至可以说有点禅让的味道。他们被吉本称为"五个好皇帝"（Five Good Emperors，有点中国的"三皇五帝"的味道）：涅尔瓦（Nerva，在位期96—98）、图拉真（Trajan，在位期98—117）、哈德良（Hadrian，在位期117—138）、安托尼乌斯·披乌斯（Antoninus Pius，在位期138—161）、马可·奥勒留（Marcus Aurelius，在位期161—180）。帝位的继承安泰，帝国的声威日盛。

"五帝"之首的涅尔瓦在位只有两年，一般史学家指他做事中肯，虽然未能完全恢复秩序，但把帝位继承稳定下来，特别是选了禁卫军拥戴的图拉真为义子（他本人无所出）和帝位继承人。图拉真在位近二十年。他不是贵族出身，因军功而晋升。他大兴土木，重建罗马城；到处征讨，远达现今的伊朗;还拿下 Dacia(现今罗马尼亚一带),那里盛产黄金,使帝国的版图扩大、财富增加。此后,凡帝王登基之日,元老院的贺词就有这一句,"望他比奥古斯都更幸运,比图拉真更成功"。就连日后的基督欧洲,都把他看成一个富有德行的非基督徒。他本人也没有儿子,临死前把帝位传给姑姐的儿子哈德良。哈德良把罗马疆土扩展到英格兰北部,筑起横跨东西 117 公里的哈德良墙(是英国人的"长城")。他兴建了罗马的众神庙(Pantheon),在位期间巡视过帝国的每一个省份。他一生戎马,不断练军去保卫庞大的帝国。他与军士们同食同宿,有时甚至假传敌人来犯的消息,以考验军队的备战状态。不知是因为他积极备战还是因为幸运,他在位的二十多年,未遇到大规模的军事行动。他又是哲学家与诗人,大力支持艺术、建筑、文学的发展。他也没有儿子,但他收义子安托尼乌斯·披乌斯时立下条件,要安托尼乌斯收奥勒留为义子。奥勒留是"五帝"之中最好的一个。可见哈德良独具慧眼。

安托尼乌斯在位二十多年,天下太平。他个人生活朴素、待人和蔼,也爱民。最令人称赞的是,他总是把大事化小,拒绝把小小的批评弄成国家大事,予人叛国之罪。他认为皇帝出巡往往劳民伤财,所以一生都驻在罗马与周围地区。他没有很多史籍记载的盛事、大事。他最后的一句话也就是他一生为人的象征——当时他驻在罗马近郊,生病快死,当值的护民官入帐请示当晚的口令,他说"慈悲"(aequanimitas,英文是 equinimity)。

奥勒留更是西方历史中最接近柏拉图理想的哲学家君王。当他知道哈德良要安托尼乌斯收他为义子时,很不开心,他特别不想离开从小抚养他的母亲。他想过哲人的生活,以追求真知为事业,不想当皇帝。后来他为自己解释,"哪里可以生活,在哪里就一定可以活得合理、适度。皇宫里可以生活,在皇宫里也就一定可以生活得合理、适度。"他登位时,各方蛮族,特别是日耳曼族,对帝国的威胁日增,他被迫得东征西讨。在世时已被人称为"哲学家君王"、慈善家,他的《沉思录》更被奉为西方哲学经典。他对人的宽恕,即使是当时仍不合法的基督徒也对他尊敬有加。有史学家称,

"在所有皇帝之中……他以无瑕的品德和节制的生活，证明了他的学问不仅是哲学理论"。他十三个儿女中只有一男四女没有比他早死。他在公元177年（死前三年）立儿子康茂德（Commodus，在位期177—192）为继承人。此人无才无勇，兼自大与神经质（虽然奥勒留找尽良师去教导他，甚至于177年立他为"共帝"[Co-emperor] 去增加他的经验）。"五帝"的"禅让"之制实在是历史现实使然（各帝无子），而非刻意设计。因此，假若奥勒留有子不传，在当时的体制下，一定会引发内战。所以奥勒留的确也是不得已。这样的贤父，那样的劣子，实使人慨叹！[6]

公元180年，奥勒留去世，罗马太平告终。康茂德在位期间帝国的军事局面相对稳定，但内部政治已走下坡路。他重用宠臣，挑战元老，生活越来越放纵。"物先腐然后虫生"，帝国内部的腐败使外敌可以放肆，一消一长，终至崩溃。但从公元前27年至公元180年这段时间，特别是"五帝"时期，确是黄金时代：一统与秩序，安定与繁荣。

罗马太平在奥古斯丁以至中古时代的基督信仰中还有一个非常特别的意义：罗马帝国虽然屡次迫害基督徒，但罗马帝国的一统与秩序却使基督信仰可以在当时的西方世界广泛传播。基督徒认为帝国一统与秩序其实是神的刻意安排，以使泛世的基督之国可以在罗马帝国的政治基础上得以建立。所以罗马太平（Pax Romana）就是基督太平（Pax Christi）的基础。基督降生刚好是奥古斯都把天下不同民族、文化、国家融在一个一统的帝国之下之际，便于基督"福音"的传播，也为基督王国（Christendom）的来临做好了准备。

早在3世纪基督信徒仍被迫害之时，已有圣经学者提出罗马太平是神的意旨，是基督信仰传播的工具。神学家奥利金（Origen of Alexandria, 185—254）如是说："为使耶稣的门徒在接受了耶稣'前往教导天下万国'的命令之后，不会因为国与国之间的纷争而没法达成使命，神就先把天下万国纳入一个君王——罗马的君王之下，准备好让它们去接受耶稣的教训……在奥古斯都之前，以至更远古，各族之间不断互相攻伐。那么，除非在耶稣来临之前，人与人之间的戾气稍有收敛，否则耶稣教导的和平，甚至对敌人的和平，会很难在世上实现……"

4世纪初，也就是君士坦丁大帝对基督信仰解禁之际，基督与罗马从敌对变成伙伴。难怪当时最有名的神学家优西比乌（Eusebius of Caesarea，263—339）说，"当唯一真神、唯一宗教、唯一得救向全人类显示之际，整个罗马帝国正在一个君王之下，享受太平。神给世人两个福佑：罗马的帝国、基督徒的虔诚……"奥古斯丁，以至整个中世纪的西方人，对罗马太平的一统与秩序的向往，是完全可以理解的。

奥古斯丁的结论是，教会既是耶稣亲自委任从而延续他的救赎工程，它就是"神的国度"在俗世的演绎者和代理者。它既有责任去实现神的旨意，也值得俗世君王（特别是基督徒君王）去服从。基督徒既是教会的子女，也是君王的子民。他们既要服从拥有俗世权力的君王，也要服从代理"神的国度"的教会。奥古斯丁清楚地把"神的国度"放在"人的国度"之上，把教权放在君权之上。这就是奥古斯丁向往的秩序。这种政治原则带来政与教的互相补充和互相冲突，影响西方政治至今。

"神的国度"的理念演变出一个"基督王国"的理想——一个以教权与君权组成的、以神爱世人为本、以罗马太平为用的理想社会。下一章要谈谈西方人在这个方向上走出了一条什么样的路。

注：

1. 这里，我们碰上了一个差不多可以说是改写历史的小环节。希腊两大哲人的柏拉图（前427—前347）与亚里士多德（前384—前322）差不多是同一时期的人物，而且还是师徒。亚里士多德大部分著作在身后失踪，到公元前1世纪才重现，并流行一时。但在罗马帝国崩溃后再度失踪，辗转滞留在东罗马，然后再被一些穆斯林学者研究和采用。十字军时代初期转回到欧洲，与其他古希腊哲学典籍被翻成拉丁文，揭开了文艺复兴的序幕。这是12—13世纪的事了。因此，奥古斯丁接触到的亚里士多德是经普罗提诺（Plotinus, 205—270）与其学生波菲利（Porphyry, 234—304）搜集到的有关逻辑学的一部分。可以说，亚里士多德的逻辑学一早就影响着西方人的思维，但亚里士多德的伦理学则还要等到阿奎那时代。还有，波菲利是出名反感基督徒的。他曾说过，"众神都承认基督是最虔诚的，但基督徒却是迷惘和狠毒的。"有史学家认为这是虔诚的奥古斯丁没有更多采用亚里士多德的理由之一。柏拉图和亚里士多德虽是师徒，但思路差不多相反。在宇宙观上，柏拉图重"真"，亚里士多德尚"实"；在推理上，柏拉图是演绎（deductive），亚里士多德是兼容演绎与归纳（inductive）；在求知上，柏拉图讲"洞识"（insight），亚里士多德讲"体验"；在政治上，柏拉图落点在"君"，亚里士多德落点在"民"。这些互相补充同时也互相冲突的思路，奥古斯丁只得到一半。柏拉图／奥古斯丁的思维影响中古欧洲近千年，到13世纪，亚里士多德的经典重回欧洲，由阿奎那（Thomas Aquinas）带头反思。从此，亚里士多德／阿奎那与柏拉图／奥古斯丁两条思路的纠缠，在一些地方相得益彰，但在另一些地方却水火不容，支配着西方社会、政治与经济的取向与演化，直到今天。

2. 这几个纲目来自《大学》。《大学》也称"大人之学"，是儒家思想的经典。虽然是封建时代的产物，但也珍藏了人类对理想人生与理想社会的憧憬，有着对真、善、美追求的内涵。三纲八目是《大学》的主题。"大学之道，在明明德，在亲民，在止于至善"，是"大人"（理想的政治家）的描述。要达到这境界需要八个方面的努力:格物、致知、诚意、正心、修身、齐家、治国、平天下。我认为其中有几条与西方古今哲人所强调的很相像。中西文化基因当然有别，但我相信仍有一层更基础的、泛文化的、全人类的追求，就是宇宙的解释和人生的真谛（格物与致知）、个人生活的理想（修身）、群体生活的理想（治国）。我用这四个"目"去组织对西方文化的讨论，希望可以方便中西对照。

3. 罗马原本是个王国，它成为共和的故事叫"路克瑞莎受辱记"（The Rape of Lucretia），在西方历史上耳熟能详。很多名画和小说都以它为素材，包括乔叟与莎士比亚。这故事有几个版本，以下是其中之一。路克瑞莎的父亲是京官，丈夫是国王的侄孙，是个地方官。太子到访，丈夫不在家，她奉父命和夫命款待太子。太子见她生得美貌，夜间潜入她寝室要奸污她。她力抗。太子要挟，说如她不就范就会杀了她和一个奴隶，并把尸首放在一起，扬言撞破她与奴隶的奸情。太子又答应，如她就范，将来就娶她为后。奸污她之后，太子回京。翌日，她身穿黑衣，上京城见她的父亲，哭倒在地，诉说冤情，请父亲与在场者替她雪冤。大家相议之际，她突然拿出匕首，往胸前一插，死在父亲跟前。当时在场有男有女，女的痛哭，男的痛恨，一致认为太子借着王权身份无法无天。各人拿起匕首宣誓，不推翻王朝不罢休。他们把路克瑞莎的尸体抬到广场，沿途不少民众跟着。他们也把若干贵族的族长召来了。在广场上，各人发言，声讨王室的专权和暴政。在场的平民与贵族讨论新体制，决定放逐王室，以选举方式重新委任官员，特别是以两名任期一年的最高执政官（Consul）去执行元老院的政令（差不多所有官职都是两名，可以互相否决，以收权力制衡之效）。共和政治遂启。路克瑞莎的丈夫被委为执政官之一。自此，罗马共和的历法是按最高执政官的名字，一年一年计算的。

4. 罗马内战于公元前88年爆发。恺撒的姑父是平民派的首领。战败后恺撒被迫逃离罗马城，政敌去世后重返。他东征西讨，军功渐著。恺撒走平民路线，很得民心。公元前59年，他当选执政官（Consul，任期一年），是罗马最高行政长官。他与另外两个强人，包括庞培（Pompey，前106—前48,恺撒日后招他为婿）结"三人之盟"，实质统治罗马。恺撒卸任执政官后庞培帮他外调，统军四团。他大展雄风，打下高卢（Gaul，现今法国），再陷不列颠。到公元前50年，恺撒可以按宪法再参选为执政官。那时，庞培与他闹翻（因为恺撒女儿难产死后，他娶了恺撒政敌之女），劝动元老院命恺撒解散军队才可回京参选。恺撒知道若是只身进京，定成阶下囚。但是，按罗马规矩，武将不能带兵入京。他最后还是孤注一掷，于公元前49年1月10日越过京城界线，内战再起。庞培兵力虽比恺撒大几倍，但知仍敌不过恺撒，于是到处逃。恺撒被任独裁官（Dictator）。按罗马宪法，这是非常时期的官位，任期不超过六个月。恺撒到处追杀庞培。他逃到埃及。当时埃及正在内战，是国王与他妹妹兼妻子的克丽奥佩特拉（Cleopatra）之争。国王杀了庞培原想讨好恺撒，希望他出兵相助。当恺撒看见庞培的人头时，想起昔日之情，哭了起来，一怒之下，反过来支持克丽奥佩特拉。她献身相委。恺撒在中东与非洲用兵，捷报频传。公元前46年，被破例委任十年期的独裁官。公元前45年，他消灭庞培的残部。

5. 罗马焚城之后，尼禄越来越疯癫，越来越独裁。众叛亲离，藩镇造反，禁卫军离弃。他投降敌人，但没有人收留；他想自杀，但又怕死。他想投河，但半路折回；他叫一名角斗士杀他，但被拒绝。最后，他逃离皇宫，藏在一个侍从的家里。传来消息，元老院第二天要来捉他，准备将他杖死。他害怕极了，想自杀，叫一名侍从先引剑自裁，为他壮胆，当然没有人理会。到天亮，远处蹄声传至，尼禄拿着匕首，叫他的私人秘书捉着他的手，插入颈处。尼禄就是这样"半自杀"而死。

6. 电影《角斗士》（*Gladiator*）的历史背景就是奥勒留帝位被康茂德继承的故事。虽然大部分是虚构，但也反映了西方人对父子两人不同的评价。

第三章 "基督太平":政治宗教化下的欧洲大一统

> 罗马灭亡后西方进入黑暗时代,天主教会维持西方文明香火。蛮族的皈依提升了教会的政治地位。在教会引导下,封建制度与庄园经济带来欧洲大一统。但教权高涨导致教会腐化,并引发政、教冲突。十字军东征与希腊古籍重现冲击西方人的反思。

奥古斯丁在世时,罗马帝国已进入无可救药的后期。跟着就是黑暗时代。当天主教会承担起延续欧洲文明香火的使命时,世界的另一端发生了大变化——伊斯兰教兴起。穆罕默德先知于632年去世。随后的百多年里,伊斯兰教势力迅速膨胀,向西占领了西班牙,向东威胁着君士坦丁堡。欧洲两面受敌。

先说东面。公元717年,阿拉伯穆斯林大军来犯君士坦丁堡:陆军18万,海军船只2560艘。那时的君士坦丁堡已今非昔比,人口只有几万(全盛时有50万),守军只3万。但它有地利优势,是个半岛。早在408年,狄奥多西二世(Theodosius Ⅱ,在位期408—450,也就是制定狄奥多西大法典的那一位)建了一座长达6.5公里的墙,把君士坦丁堡与大陆隔离。这是它陆上的唯一屏障。墙分内、外两层,相隔不过20米,内高(5米厚、12米高)外低(2米厚、8.5米高),外墙之外还有护城河。阿拉伯军队久攻不下,期待海上援军。东罗马船队不大,但有秘密武器,称为"希腊火"(Greek fire)。这武器的配方早已失传,今人揣测是某种硫磺、汽油和沥青的混合物。据传非但水灭不了它，甚至是见水才着火，只可以用沙、强醋或陈尿去灭熄。它可以用喷筒洒，用短炮射，作榴弹掷，声响、烟浓，烧掉的阿拉伯船只过半。

秋天，保加人（Bulgars，现今保加利亚人）援军赶至——这也是意外，保加人早窥觑君士坦丁堡的财宝，但见阿拉伯军队势强，恐君士坦丁堡落入其手，继而威胁保加人，于是决定帮东罗马一把。他们派军5万从阿拉伯军队背后杀来。此时，阿军被困中间，东面是君士坦丁堡，西面是保加军，北面、南面都是海。保加军新到，一鼓作气冲入阿军阵地，阿军措手不及，保加军大开杀戒，阿军伤亡惨重。城里守军见援军已到，也从城门杀出来，但被阿军的战壕挡住。阿军跟着反攻，守军退入城里。阿军于是又在西面掘壕去挡住保加军。战情进入拉锯，互有损伤，但都没有突破。

717年到718年的冬天奇寒。最苦是阿拉伯军队，因为海、陆两路的补给线都被切断。营中又发生瘟疫，死人无数，海军元帅也在其中。饥寒交迫，先把骡、马、骆驼吃掉，挺不住的吃小石头、死尸、粪便。但又不敢撤退，因为怕自己的皇帝、怕无情的海、怕凶残的保加人。寒冬过后，援军仍未出现。到了718年8月，知道没法攻陷君士坦丁堡，决定从海上撤兵。怎料狂风扫至，全部船只吹沉，回家的只有五艘。从此，再没有派重兵来犯，有的只是小小的刺探。到9世纪末10世纪初，东罗马重振威风，再占领中东一带。塞尔柱突厥（Seljuk Turks）于11世纪崛起，伊斯兰教才能再度威胁欧洲，并且于1453年终于攻陷君士坦丁堡。但这是后来的事了。718年君士坦丁堡解围之后，东罗马（拜占庭）享受了三百年的安定，是欧洲文明的东面屏障。东面局势站稳，但西面出事了。

早在710年左右，伊斯兰教的势力已在伊比利亚半岛（Iberia Peninsula）膨胀，然后北上法国，直插欧洲心脏。721年，阿基坦大公（Aquitaine，辖地在现今法国西南，大公名字叫Odo）于图卢兹（Toulouse，法国南部）一役，先败后胜。虽然暂时挡住阿拉伯穆斯林大军，但局势仍很不稳定。这一仗使法兰克族（Franks，现今法国人）的强人查理·马特（Charles Martel，

688—741)寒心。他知道法兰克地区是穆斯林军向欧洲扩张的必经之路（另一条是东面的君士坦丁堡，但在公元717—718年被挡住了），于是，他积极练兵，甚至把教会的经费也挪用了，准备与穆斯林大军决一死战。

十一年后，也就是732年秋，阿拉伯穆斯林大军终于杀到，沿途抢掠，箭头直指重镇图尔（Tours，法国西部）。马特决定在此应战。阿军所向无敌，但行军缓慢，理由是粮草。阿军主力是骑兵，骑兵要战马；人可以吃肉，但马要吃谷（如果放马吃草更费时失事），因此要等收割（当然还可以吃存粮，但阿军与当地人言语不通，侦察存粮很不成功）；越是北上，收割越迟，于是大军行得慢。马特利用这机会向全国召集兵马（那时没有常备军）。行军也不择官道，人人绕道而来，以免被敌人觉察。大军集结在图尔稍南的丘陵地带，人数只有对方的一半。马特知道阿军重装甲骑兵的厉害，决定以重装甲步兵对之。这是军事史上的奇策。他的步兵的铠甲与武器（长矛、短剑）重达30公斤。他布出自己精心设计的希腊方阵（Phalanx）：三角式阵势，向前的两边五排人，靠后的一边三排人，各执长矛，一排紧贴一排，就像刺猬一样，中间是骑兵团与统帅部。他先占了高地，并倚近丛林，一方面隐藏实力，一方面抵消阿军骑兵的冲势。然后，他耐心地等待。

10月初，阿军开到，也不敢大意，只是不断派轻骑试探。阿军弓箭手的杀伤力很强。他们的战术是"先后箭"：先向天空放射，箭的轨迹如抛物线，到敌人阵地时箭如雨下，但弓箭手向天发射以后，马上跟着平射，这才是致命之击。当敌人将盾牌遮住头部时，中门大开，平射箭的力度特别猛，穿破护身甲，直取胸膛。马特的士兵经多年训练（不是常备，只在农闲时才受训），纪律极好。见敌箭从上面来，也不会用盾牌遮头，只是蹲着身缩小目标而已。因此，阿军的箭攻并未真正损毁马特的兵力。双方就这样僵持着。

10月的寒风使南方来的阿军冷得发抖。马特的部队既习惯冷，更准备了御寒衣服。到了第七天，阿军耐不住了，发动大攻势。正如马特所料，他的重装甲步兵顶住了重装甲骑兵的冲刺。虽然有几次方阵被冲破，阿军直逼马特，但他的骑兵将士在方阵内把冲入的少数穆斯林军队逐个歼灭。站稳阵脚后，他出动骑兵，绕过敌人去后面袭击敌军的辎重并释放被俘的奴隶。有些阿军听到后军被袭，也就不再厮杀，回身去抢救辛苦得来的胜利品。最初只有几个人掉头，但很快就变成势不可当的大撤退。阿军元帅要挡也挡不住，反被马特的追兵围至战死。但马特也小心翼翼，唯恐有诈，主力还是按兵不动。第二天，探子回报，敌人已走光，连帐幕也来不及拆除。这一仗，马特的伤亡是1100，阿军十倍于他[1]。之后，穆斯林军队仍有北上，但已不成气候。此后欧洲开始了三百年的相对稳定期。

经此一役，马特建立起群雄之首的地位，被称为"铁锤"（Hammer）。他的儿子"矮子丕平"（Pepin the Short，714—768）更把伊斯兰教势力驱出法境。到了孙子查理曼，开始收复伊比利亚半岛。

查理·马特是法兰克人，是皈依了基督的蛮族[2]。他在当时群雄中最具雄才伟略，东征西讨，开始统一法兰克族。他的孙子，就是有名的查理曼大帝，于公元800年圣诞节正位，正式开始了加洛林王朝（Carolingian 来自他的名字 Charles 或 Karl），版图覆盖今天所有说德语和法语的地方。

查理曼大帝（742—814，在位期768—814）是个传奇人物。他创立了中古西方人梦寐以求的基督王国——以基督信仰为基础的全欧大一统。很多史学家对他的人品与行为几近崇拜。他是"铁锤马特"的孙子，"矮子丕平"的儿子（原本与哥哥共治，兄弟不和气，哥哥于771年早死）。他属日耳曼血统，身高六呎四吋，孔武有力，集祖父的威猛、父亲的谨慎于一身。一生经历53场大小战役，国土版图广大，南面是比利牛斯山和意大利，北面是波罗的海，西面是大西洋，东面是维斯瓦河（Vistula），即现今的波兰中部。在当时西方人眼中，可以媲美罗马帝国。到他晚年，天下太平，经济发达，文化复兴（即加洛林王朝文艺复兴期，Carolingian Renaissance）。他以武力建立大业，以宗教维持统一。

他致力于传播基督宗教，甚至以武力强加于被征服者，对顽抗的撒克逊族特别凶狠。在西方，基督宗教（指天主教）是先从意大利传入西北的爱尔兰，然后转东到英格兰，然后再回过头来东传到现今的法、德，也就是查理曼的根据地，最后经他传往德国东面（包括撒克逊）、东欧、北欧。

他糅合了庄园经济和封建政治的元素（虽然封建制度的普及仍要等到他的帝国结束、欧洲再度分裂之后）。在查理曼建功立业的时代，欧洲经济低迷，贸易呆滞，因为欧洲四周的海域都是海盗横行，地中海有来自北非的撒拉森人（Saracens），英吉利海峡与北海有挪威人（Norwegians）和维京人（Vikings）。查理曼的大本营法国就像个孤岛。只有农业不受威胁，因此以商业为基础的中产阶级衰微，以农业为基础的庄园经济一枝独秀。封建制度的扩散源于两个因素：一是伊斯兰教成功地限制了欧洲的商业发展，使商业中产阶级无法成形[3]；二是查理曼的疆土扩张和分封使庄园与封地合二为一，促成了以土地为基础的经济模式。

他对教会的慷慨近乎过度，但他对教会的世俗倾向则绝不容忍。他很不满意教士敛财和不守清规，但他又允许教会设立宗教法庭和抽税（大概十分之一的农业税）。他甚至在遗嘱上把个人财产的三分之二留给他所属的教区。查理曼大帝的个人信仰是绝无疑问，但他也很懂得宗教与政治的关系。他建立帝国是完全可以理解的。他的王国包括了众多的民族、文化、制度。虽然他尽量包容，但也知道内部的张力会跟着国土的扩张而增加，终会失控。假如他可以把千秋万载的罗马帝国与神之代理的罗马教廷糅合在他打下来的世俗王国之内，他将会获得历史和信仰的权威性，他的俗世王国也会变成一个"神圣帝国"。这对内部的统一和秩序会大有帮助。称帝的主意是来自查理曼本人还是他的智囊们，至今还未有定论。

称帝最大的问题是当时已经有了帝国——东罗马。如果查理曼的帝国也叫罗马帝国，定会引出大战（况且查理曼还得靠东罗马顶住伊斯兰教向欧洲发展）。查理曼称帝的历史时刻有着强烈的宗教之争与政教互惠的味道。罗马天主教会与东罗马的东正教因教义的争吵而分裂[4]。历代罗马教皇都不满东罗马以老大哥自居[5]，而且这个老大哥并没帮助西罗马（其实它也自顾不暇）。加上东正教的教长们对东罗马皇帝越来越卑躬屈膝，从西面天主教教皇的角度去看，这是很丢人的，他们不想像东正教会那样要看皇帝的脸色。这些，都是罗马教廷想在查理曼称帝一事上先采取主动的背景。

机会来了。797 年，东罗马帝位被艾琳（Irene of Athens）坐了上去（在位期 797—802，她本是以太后身份摄政，但僭称帝号）。女皇帝是史无前例的，因此她的合法性被质疑。那岂不就是帝位悬空？假如西面有个合法的皇帝，此人岂不也是东罗马的合法皇帝？若是如此，罗马天主教会自然是合法地站上了更高的台阶。这对全欧基督徒的统一是个大好良机。况且，提高罗马天主教会的声望也有助对蛮族宣教。但话得说回来，当时的罗马天主教教皇是利奥三世（Leo Ⅲ，在位期 795—818），他身处弱势，要仰查理曼的鼻息。为了扭转政高于教的局面，利奥三世采取主动也是可以理解的。

这个政与教的微妙局面是怎样出现的？早些时，795 年，利奥三世被选为教皇。他不是贵族出身，罗马城的贵族敌视他，指控他奸淫与发假誓。紧张的关系维持数年之后，终于在 799 年，教皇的人身被袭击，更被幽禁于一个寺院之内。他逃脱了，投奔了查理曼。查理曼善待他，派兵护送他返回罗马，并命令当事各方于翌年在他面前对质，澄清事件。800 年 11 月，他大排仪仗进入罗马城，召集所有人到会。反对教皇的罗马贵族撤销控诉，皆大欢喜。查理曼也决定留在罗马城过圣诞。12 月 25 日圣诞日，他在圣彼得教堂祈祷，在祭台前下跪。突然，利奥三世拿出宝冠，往他头上一放。信众们齐声高呼，"向品位极高[6]的查理曼欢呼，神圣伟大的和热爱和平的罗马人之皇戴上帝冠！"如是三次。这是上古罗马人在帝皇加冕礼用的仪式。跟着，利奥三世为查理曼在额上傅油，并以臣下身份向他宣誓效忠。

查理曼后来告诉人说，如果他早知此事就不会进入教堂。后来他也不常用帝号。当然，他不可能全不知情。但他的保留也是可以理解的。称帝一事非但使东、西罗马的关系马上紧张起来，更严重的是教皇加冕成了先例。从此，俗世王权要有教会认可才算合法，创下了各国君主要由教廷承认的传统。政与教的关系向教权倾斜。这个问题到日后教皇格里高利七世（Gregory Ⅶ，在位期1073—1085)和英诺森三世(Innocent Ⅲ,在位期1198—1216),教权与王权发生冲突时就完全暴露出来了(详见后文)。但话又说回来,教皇加冕使查理曼在对付贵族时有了一个神圣的光环,这也是日后君权神授理念的源头。至于东罗马的问题,则循着弧线发展。首先,查理曼于802年向艾琳求婚(查理曼本人有四个妻子、五个妾侍、十八个儿女,其中八个是不合法的,有犯教规之虞,教会也视而不见),意图通过两人共治而统一东西。但因艾琳同年被迫退位而作罢。不过,东罗马终承认查理曼为"共帝"(co-emperor),但查理曼则要送上威尼斯与意大利南部为礼。

其实,王国也好,帝国也好,查理曼治国是军事、政治与宗教互用的。他把服兵役的义务推到极致。虽然理论上是有产之人才需服役,但查理曼把资产的定义和门槛定得极低,结果差不多所有适龄男丁都要服役(奴隶除外)。动员令一下,人人都要自备器械报到。所有地方贵族都有责任去保证当地百姓体壮力健。他更以雄壮的军事操演、严肃的宗教仪式去鼓舞军心,制造帝国的凝聚力。这既是他的军事本钱,也是西方"骑士精神"(chivalry)之肇始。他每年两次在各地召集地方贵族和主教出席"议会"(通常是露天举行),咨询他们对立法的建议,之后向群众宣读,以群众的喝彩或嘘声表决,然后由他颁布为"律章"(capitulus,也就是英文chapters)。这些"律章"的范围很广,从军事、民事到宗教、道德都有。他又把帝国分成许多郡(Counties),设有掌宗教事务的主教和掌世俗事务的伯爵(count,来自拉丁文comes,即国王的伙伴,Companion of the King)。边境地方则由他直接委任总督。他还建立了一个"钦差大臣"制度(拉丁文是Miss di Dominici,英文是Emissaries of the Master)去传达他的意思、审核地方政绩、聆听地方疾苦。在建立这项制度的"律章"中,他强调其目的是"保护教会、穷人、孤儿、寡妇以及老百姓"。这比英国的大宪章早了四百年。

商业虽停滞不前,他仍极力支持。他保护市集,管制度量衡,减轻赋税,控制投机,修桥建路,稳定货币。他会读不会写,但对艺术的关注与推广不遗余力。他自己出钱办学校,也鼓励各地贵族与教会办学。他甚至从别处招来有学问的人去提升帝国的文化。他出钱给各地寺院去收集和誊写古籍，鼓励科学、音乐、文学、神学的发展，想把他疆土里的野蛮人（他自己也有可能包括在内）提升为文明人。

查理曼大帝的最后一战在 805 年结束，翌年就把庞大的帝国按三个儿子分成三份。但两个儿子先他而死，813 年他唯一的儿子路易升为皇帝。第二年，查理曼去世。路易天性淳厚，敬神爱人，有"虔王"之称（Louis the Pius），但治国就远不如父亲。经过马特到查理曼三代人努力建立的帝国，欧洲的基督化完成，但罗马太平的理想则未能长久。

843 年，帝国分裂为三（虽然帝国之名继续维持到 888 年）：东法兰克日后演变成神圣罗马帝国 [附录 1: 神圣罗马帝国]，四分五裂，但最终统一为德国；西法兰克就成为现今的法国；中法兰克，也就是勃艮第（Burgundy）大公国，日后被左右撕开，成为法德之间无休止的你争我夺之地。这些都是后话了。

帝国分裂后，地方势力（主要是旧势力、新封贵族、各地主教）既你争我夺，也相互结盟。总的来说，西法兰克（如今的法国）的政治形势比较稳定，东法兰克（现今的德、奥）就乱得一团糟。直到奥托大帝（Otto the Great，在位期 962—973）崛起，统一了东法兰克，更往外扩张，南面入侵意大利，甚至支配当时软弱的罗马教廷，任意废立教皇（罗马教廷本是宗教组织，但查理曼大帝的父亲把罗马城和附近土地赠与教皇。从此，教廷俨如一个国家）。到了 962 年，奥托大帝由教皇加冕，是为神圣罗马帝国之始，版图包括现今的德国、奥地利、瑞士、捷克、前南斯拉夫、荷兰、比利时，以及部分的法国、意大利和冰岛。这个帝国一直存在到 1806 年拿破仑时代，但大部分时间只是以某大国为首、集结千百个小国的虚衔。帝位的继承是中世纪欧洲的乱根之一。

中古教会处于特殊和尴尬的地位。当时，欧洲宗教情绪炽热，特别是新皈依的蛮族贵权，对教会更是敬而重之。从前，它们之间的领土争执全诉诸武力，内部的承继就按各族特有的传统和宗法。皈依教会后，他们就转用教会的认可作为领土和王位合法性的依据（当然仍有征伐，但也要找个符合教规的名堂）。这大大提升了教会的影响力。加上教会在"黑暗时代"维持社会和经济秩序的成就，使它成为当时政治和道德的支柱。

在老百姓心中，教会是尊贵而权威的；在执政者的心中，教会既可以是敌人也可以是伙伴。教会既是人的组织，自然有人性的弱点，难免被权与利腐化，也难免被利用。多世纪来，君主、权贵的捐赠与委托，以及教会对君主、权贵废立的影响，使教廷有若朝廷，教皇有若君王，主教与方丈有如贵族，自然吸引了有野心的出家人与俗世权贵。于是，教廷参与俗世权贵的废立，俗世权贵也干预教皇（以至主教、神父）的选举和委任。这些都是中古欧洲的主要政治游戏。其实，说中古欧洲的政治纷争产生于政教的合一，倒不如说是产生于政教的不合一。

神圣罗马帝国的皇帝要由教皇加冕，在若干程序上显示了教会的势力，但也埋下很多日后大混乱的伏笔。其中最关键是神职的委任。这与中古时代的封建制度和庄园经济很有关系。

"封建制度"（feudalism），与其表达在土地权益与使用模式上的"庄园制度"（manorialism），是法国大革命前才出现的名词，是孟德斯鸠（Montesquieu，1689—1755）所使用的意识形态很重的贬义词。其实，它是一种战士贵族（尤其是蛮族前身的战士贵族）之间的法律与军事的权与利的相应关系，起源于加洛林王朝之后，也就是10世纪左右，是当时教会为消解这些贵族战士的好斗精力而斡旋出来的一套以土地为中心的经济与社会结构。制度中有"主"（lord）与"属"（vassel）。主是土地拥有者，他有义务去维持土地的完整，保护属的安全。土地的使用权是由主授予属的。属的义务是为主打仗、献谋，并贡献部分土地生产所出，以及有偿使用主的磨房、烘房等。授予典礼是由教会主持的隆重仪式，包括属对主的敬礼仪式（act of homage）和效忠宣誓（oath of fealty）。这项制度在西欧到15世纪开始式微，在东欧则延续到19世纪。在这种制度下，主与属的权利关系介乎父与子和兄与弟之间。这种以家庭为蓝本的权力与责任分配就是欧洲"骑士精神"的典范——父亲与兄长为权力中心,正义(justice)与仁爱(charity)为行为准则。这反映了中古教会的理想——基督宗教的敬神和爱人是一切社会道德的指导,罗马帝国的法制和组织是一切社会秩序的基础。

蛮族入侵(尤其是日耳曼民族)带来了自己的风俗与制度,但中古欧洲仍是用罗马帝国的法律。鉴于法律的疏松,东罗马皇帝狄奥多西二世于公元429年开始编制法典,438年完成颁布。翌年,西罗马瓦伦提尼安三世(Valentinian Ⅲ,在位期425—455)也宣布采用。这法典收集自君士坦丁即位(313)以来颁布的所有法律,共16卷,超过2500条,是公元前449年罗马共和初期从古希腊取经回来制成的十二铜表法(Twelve Tables,见第五篇第三十二章)之后的首次大整理,内容包括政治、社会、经济、文化和宗教,特别是对宗教异端的处理。新入主西方的蛮族逐渐被同化和基督化,对罗马文明的法律极感兴趣。公元529—534年间,东罗马皇帝查士丁尼一世(Justinian I,在位期527—565)又把君士坦丁之前的罗马古法也收集起来,包罗了远至罗马太平时代哈德良皇帝的法律,颁布了查士丁尼法典,成为中古欧洲的法治典范。这些俗世的法律直接影响了教会的法律,当时的说法是,"教会在罗马法律下生活"[7]。

西罗马灭亡后(476),教会承担了延续欧洲文明香火的任务将近三百年,深得民心。加洛林王朝的兴衰、神圣罗马帝国的始创,又经过三百多年的光景,封建制度渐趋成熟。虽然政与教、国与国[8]、家族与家族之间斗争不断,但大致来说,欧洲人的世界观、人生观和政治理想可以说是走上了"基督之国"的方向。跟着发生的惊世大事,种下了现代西方文明的第一粒种子。

中古欧洲人对宗教是很热情的。1009年消息传来,耶路撒冷的朝圣者被穆斯林杀害,耶稣圣墓被毁。欧洲人心沸扬,同仇敌忾。但还要到1095年十字军才正式出发,战事持续两百多年,促成东征的几个理由都源自罗马天主教会:

1、加洛林王朝衰落后,欧洲再度解体。虽有神圣罗马帝国,但它未能在诸国纷争中承担起一匡天下之任。也就是说，欧洲要成为真正的"基督之国"，仍要努力。

2、东罗马被塞尔柱突厥威胁，喘不过气，哪有能力保护过境去耶路撒冷的朝圣者。东正教虽与天主教有分歧，但仍是基督兄弟。兄弟有难去相救也是道义的。况且如事成，天主教会更可名正言顺地坐上首席。

3、欧洲封建制度仍未能完全控制那些已皈依天主教会，但又是斗志旺盛、精力过剩的蛮族贵族战士。让他们去东征，既给了他们的宗教情绪和战斗精力宣泄的渠道，更可提升教会的威望，推广教义的传播。

4、那时，教皇格里高利七世正与神圣罗马皇帝亨利四世（Henry IV）为神职的委任争得火热[9]。以宗教名义东征正好显示教皇的威望和号召力。

第一次东征是1095年成行，先后十一次，到1272年才结束（到16世纪还有东征，但规模小得多）。这是天主教会威望的高峰期，号令整个欧洲。11世纪到13世纪的欧洲，人口迅速增长、贸易发达、文化复苏、科技跃进，但也埋下了日后欧洲现代化的种子——

1、各地的君主、贵族（尤其是法国、英国、葡萄牙和西班牙）组织东征，开始了现代政府官僚分工制度的雏形，特别是在税收和军事方面。而且，大大小小的封建辖区开始凝聚，大的君主国如英、法开始出现。这是现代国家意识和组织的滥觞。

2、欧洲首次直接接触伊斯兰文化，特别是科学、医学和建筑。这是欧洲文艺复兴的伏笔。

3、欧洲首次向世界开放，特别是基督教义和骑士精神。这是欧洲文化向外扩张的开始。

4、贸易发达（部分是东征，部分是蒙古帝国带来中亚的稳定。马可·波罗东游返欧是1295年）推动了大规模的海陆基建，催生了富有和开放的城邦共和国，如威尼斯和佛罗伦萨，使之成为日后文艺复兴的基地。

5、东征是为了讨伐欺凌基督徒的伊斯兰教和曾经谋害基督的犹太教。天主教从被迫害者逐渐变成迫害者。这是欧洲宗教仇恨与战争的成因之一。

6、天主教会势力日涨，压倒其他各基督教派（如东正教和中东与北非的基督教派），宗教的容忍意识（无论是天主教会还是其他教派）普遍下降。这也是日后欧洲宗教改革诉诸战争的理由之一。

天主教会俗世权势的最高峰是教皇英诺森三世在1198年为神圣罗马帝国的选帝做主。但权势也在不断腐化教会。封建制度下的"主"除了是贵族之外，往往是主教、方丈之类。主教教堂或大修道院都拥有大大的庄园，工、农、贸易的税捐也有他们的份。因此，神职也可看作财路。神职的委任（investiture）就成了教会与俗世统治者的争端。从教会角度出发，这些职位应由教廷按教会的需要来委派，也就是说，被委派的不一定是当地人或当地统治者的亲信。从君主、贵族的角度出发，这些是来自他们辖区的收入和财富，他们应有一定的支配权。神职委任的问题随着教会在俗世的影响和财富的增加渐趋尖锐化。

信仰虽然是神，但教会是由人组成。人很难斗得过权势。就算不惑于权势带来的酒色财气，也往往不自觉地在追求崇高理想之中贪恋权势。于是，信仰被权势利用，教会被权势颠覆。神职变成官职，爱人变成了爱财。结党营私，清规荡然。

当然，教会也在改革，虽然有表面的成就，但也间接地提高了人们对教会的期望。期望达不到，失望就会加深人们对教会的不信任，从而加速从改革到革命的转向。还有，改革运动引进了新的理念和思路，使人们对从前绝无怀疑的教义和教规作出全面反思。改革的范围不断扩大，已得权力者和欲得权力者之间的矛盾越来越尖锐。

此时的西方，宗教是一统的，但教义开始僵化；教会是尊贵的，但内部开始腐化。封建制度是稳固的，但民族意识开始浮现；庄园经济是蓬勃的，但商业经济开始抬头。新的思想、新的信息、新的视野冲击着西方固有的文化，有谁来维持道统、更新腐朽、过滤新知？

注：

1. 这是西方人首次在军事上用上马镫(stirrup)。从此,重装甲骑兵成为主要兵种。但只有少数有钱、有训练的武士才可担任。很多史学家认为这是军事技术的彻底改变,是欧洲封建制度形成的主要因素。

2. 这里有一个奇怪的现象。法兰克的族人皈依天主教,包括马特本人。但很多贵族则属于被天主教视为异端的阿里乌派(Arianism,见第一篇第一章)。这导致了日后统治阶层与教廷的纷争,人民处于夹缝中,影响中古欧洲的"国际"关系,直到宗教改革。

3. 唯一的例外是犹太商人。他们是查理曼的西方世界与东面的拜占庭、甚至更远的东方的唯一联系。查理曼是虔诚天主教徒,却对这些被欧洲人普遍鄙视的犹太人极力保护,可见他的政治家风范。

4. 天主教认为在三位一体中,圣父、圣子(耶稣)、圣灵同等不同位。公元589年的第三次托莱多(Toledo,在西班牙)宗教会议上决定把圣子耶稣与圣父同等列为基本教义。但东正教方面不承认这决议。分歧逐渐恶化,终导致1054年的大分裂,互相把对方驱逐出教(excommunicate)。这是双方在教义、神学、语言、政治、地理的差别所导致的结果。

5. 君士坦丁大帝奉教时并没有天主教与东正教之分。他本人认为罗马地区多神教(也就是罗马以前的宗教)的味道太重,加上蛮族威胁,决定东迁。因此,理论上君士坦丁堡才是罗马帝国的首都,而西罗马于公元476年被灭之后,君士坦丁堡更是罗马帝国唯一的首都。

6. "品位极高"(Augustus)是当年罗马帝国第一个皇帝奥古斯都的帝号,详见第一篇第二章。

7. 公元9世纪之前的西罗马属"黑暗时代",查士丁尼法典并没有起用,因为处处都是各自为政。到了11世纪,教皇格里高利七世是有名的教权至上者。他一方面与神圣罗马皇帝亨利四世争权夺利,一方面改革教会内部,禁止教士们结婚和买卖职位,于是把查士丁尼法典"重新整理"去巩固教权。加上那时欧洲的商业恢复繁荣,尤其是意大利的商业城市,因此罗马法中的"私法"(民事,特别是有关商业)很有作用。这也是法典被重新重视的原因。

8. 这是中古封建制度下的"国",不是现在的"国家"(nation-state)的理念。

9. 早于11世纪,教皇格里高利七世进行了大规模的改革。当时,很多教士不守清规,他要清理,但神圣罗马帝国境内的主教们给他很大的阻力。他认为解决这问题先要摆脱俗世君主(也就是帝国皇帝亨利四世)对神职委任的干预。但是在封建制度下,主教是皇帝的"属",也就是皇帝的财赋和政策工具,当然不轻易放弃。但皇帝与教皇之争也使帝国内的其他贵族和领主唯恐皇帝的权力会因此增加,遂支持教皇。为此打了两场仗,扰攘多时,到教皇死时也没有解决这关键的委任权力。但经他的坚持,教权高于君权成为以后几百年的教会原则,政教之争更加尖锐化。

第一篇　源头

第四章 基督信仰与希腊理性二度结合：阿奎那与亚里士多德

教会腐化，新思涌现。在人心思变的大气候下，阿奎那结合基督信仰与亚里士多德的理性，创造了一套动态、乐观、稳中求变的宇宙观、伦理观和政治观，以过滤新思、更新教规、维持秩序、调解政教。

欧洲从中古踏入现代之际，又出现了一个大思想家，圣托马斯·阿奎那（St. Thomas Aquinas，1225—1274）。正如奥古斯丁被喻为"中古的第一人，古典的最后一人"，阿奎那也可算是"现代的第一人，中古的最后一人"。他的思想承继了奥古斯丁，但有一个重要分别：他对人性比较乐观，对理性比较信赖。他对西方文明的影响也是极深远的。阿奎那出生于意大利南部的贵族家庭。他不是长男，不能承继父业。按当时风气，一般是出家。他叔父是天主教会最古老、最高贵的本笃修会（Benedictines，创立于529年）总部蒙特·卡西诺修道院（Monte Cassino）的主持。阿奎那的母亲很希望他加入这修会。阿奎那5岁进修道院，但几年后，因战乱家人把他送往那不勒斯。在那里，他认识了刚成立几年的多明我修会[1]的教士，对他们的学问修养和求知态度景仰得不得了，决定加入。那时他19岁，家里头（特别是母亲）很不愿意，认为阿奎那不进入与家庭有深切关系、在社会有高贵地位的本笃会，反而去参加刚冒出来的新派多明我修会是很丢脸的事。

阿奎那决定离家出走，但路上被兄弟们追上，捉回家并严密监管，不得外出。当时，连教皇也被牵入，但教皇不愿干预。阿奎那留在家里，做姊妹们的导师，但仍与多明我修会保持通信。母亲甚至招来两个妓女去引诱他，但被他用火棒赶走。这样过了两年，家里终于没有办法，便叫他假装扒窗溜走去出家，为家人保留一点面子。阿奎那的绰号叫"笨牛子"（Dumb Ox），主要指他体胖寡言，但他的坚持也确是少见。

亚里士多德的学说在中古欧洲消沉（甚至可以说湮没）了近千年，终于在此时被阿奎那重新发掘了。十字军和商人从阿拉伯把亚里士多德（以及其他希腊先哲）的真迹，以及伊斯兰教和犹太教学者对这些经典的演绎和评估带回欧洲，冲击着欧洲人的宇宙观和人生观。阿奎那对亚里士多德的研究不可说是后无来者，但肯定是前无古人。

阿奎那与奥古斯丁同是希腊思维的过滤者，但产生出来的结果完全两样。他俩都是想把希腊的理性带进基督的信仰里头，以理性作为信仰的支持。奥古斯丁成功了，阿奎那的成果就比较复杂。原因不在理性与信仰之间的真正的或假想的矛盾，而在时代有别。

这里我们要了解两样事情：亚里士多德与柏拉图的思路有别，阿奎那与奥古斯丁的时代不同。文艺复兴时期画家拉斐尔（Raphael）的名作《雅典哲学家》描绘得很贴切：画中几十位历史上最有地位的哲人，柏拉图与亚里士多德在中央；年老的柏拉图左手拿着《提马亚斯宇宙论》(*Timaeus*)，右手伸出食指，作势向上，意味他关注的是天上、永恒、灵性、顿悟、君主；年壮的亚里士多德左手拿着《尼各马可伦理学》(*Nicomachean Ethics*)，右手掌心向下，作势向前，意味着他关注人间、变化、官能、逻辑、百姓。

奥古斯丁的时代，天主教经过了三百多年的磨练，终于从被迫害到受尊崇，信徒们对信仰是充满信心的。但千百个的地下教会、几百年的各自为政，一旦都变成帝国的国教，自然对教义的演绎和教会的使命有许多分歧和混淆，有待澄清和统一。同时，帝国子民享受了几百年的罗马太平终于崩溃，人民对政治充满忧虑，自然向往稳定和统一。此其时也，柏拉图对"真"的演绎和"求真"的途径给了奥古斯丁一个哲学基础去解释神的本质和神恩的莫测。奥古斯丁的"神的国度"实在是经基督教义过滤后的罗马太平和希腊理性的结合。他以此树立了教会的俗世政治使命。在教义分歧中他应允正统；在社会动荡中他应允稳定。因此，他被时代接纳了，他的思路也从此深植在西方人的心底。经奥古斯丁的过滤，柏拉图的理性非但没有挑战信仰，反成为信仰的仆人。

阿奎那的时代可不同，亚里士多德的学说也不一样。这个时代，天主教经过好几百年的政、教互相利用，外面是气势如虹，里面是各怀鬼胎。教义虽仍是奥古斯丁时代传下来的，但已经没有当年的朴素。"赎罪券"就是个典型例子。

前面说过，信徒相信犯了罪（这是宗教上的罪，一般都是有关道德、伦理上的事情）就不能升上天堂，但是如果信徒向神父"辩告解"就会得到神的赦免。但还得要做"补赎"才会被教会再度接纳为"正规"信徒。问题就出在此。教会初期（就是仍是被迫害时期），这些补赎是很重、很公开的，例如，要在教堂门口哭三年，跟着跪三年。但是，教会允许"听告解"的神父，或者已被罗马帝国定罪处死的殉道者（这些都是对教会有功的人）去为这个教徒说情，减轻补赎。当天主教成为国教后，6世纪左右教会开始放宽，准许以祈祷、斋戒、布施、甚至罚款替代。到10世纪更可以用朝圣、捐款等善功当作补赎。到了11、12世纪，参加十字军也算是补赎。13世纪，有人提出一个新的理论说，耶稣救赎之功是由教会去延续（这也是神父可以代神赦罪的教义依据），因此，教会就是这救赎之功的"库房"。救赎之功是神恩、教会的祈祷、诸圣人与殉道者的功劳结合的善果，是无限量的。因此，教会可以无限量地按需要发放给信徒。这就是教会发"赎罪券"的依据。"赎罪券"就是已做足补赎的证据，也可以说是升天堂的证据[2]。这券非单为个人赎罪，更可以为亲人、朋友赎罪，特别是已去世的亲友。

中古西方人宗教情绪炽热，再加上教会鼓吹，人人想得"赎罪券"，遂出现卖券现象。许多教区、修院、社团为了起教堂、办学校、开医院、修桥整路、救贫赈灾都开始靠发券筹款。有些是诚意,更多是敛财。于是,职业化的"卖券者"利用信徒的愚昧,鼓其如簧之舌,把"赎罪券"的功效尽量夸张,甚至起死回生,就算下了地狱的都可以救出来。当年十字军东征费用庞大,教会允许出兵的王侯抽取其辖区内发售"赎罪券"的大部分所得作为军费,"赎罪券"遂变成统治者勒索人民的工具。教会的高层领导者曾企图清理这些弊病,但积习已成,而且诱人的财路怎容易放弃。最后,连教皇兴建罗马圣彼得大教堂也以"赎罪券"筹款。这是中古教会最大的败笔,也是日后宗教改革的导火线。

回过头来再说阿奎那。他把亚里士多德的理性与基督信仰结合,建立了一套立论清晰、理据渊博、辩证彻底的神学理论去演绎生命的意义和目的。他是首个以科学态度去结合神学与哲学的思想家,被公认是12—15世纪盛极一时的"经院派"哲学(Scholastics, Schoolmen)的宗师[3]。他的两本巨著《神学大全》和《反异教大全》(主要反伊斯兰教思想)至今仍被认为是西方思想史上伟大的经典。他继承了奥古斯丁和经奥古斯丁过滤了的柏拉图。如今,又加上了亚里士多德。这是基督信仰过滤希腊思维的第二次,也是最后一次。

亚里士多德是亘古以来唯一的哲学完人。他通晓他时代的所有学问,从天文、物理、生物,到哲学、修辞、诗歌无一不精。阿奎那只选了合他用的亚里士多德。但经他的力捧(在阿奎那介绍的古往今来的众多哲人中,只有亚里士多德是不称名的,只叫"哲学家"),亚里士多德在西方人眼中的地位无与伦比。亚里士多德的智慧宝库从此打开。可是,结果却是阿奎那意料不到的。先来看看阿奎那如何用上亚里士多德来"格物、致知"、"修身"、"治国"。

格物、致知

柏拉图从"真"开始。他的"真"是独立于物质世界的、先于和超于物质世界的,是永恒的、不变的。他用"真"去解释和印证所有物质世界的现象。他的求知重洞识与回想；用的推理逻辑是"演绎"(deduction)，也就是从原理（"真"、"形"）到实际（"象"、"物"）。亚里士多德从"实"开始。他的"实"是物质世界。他的物质世界是无常的。他要从"变"中去找寻恒理。他的求知重观察与体验；用的推理逻辑既有演绎，但更重归纳（induction），也就是从实际（"象"、"物"）到原理（"真"、"形"）。他把这两种推理方法分开使用：要认识存在的本质就得用演绎法，要认识物质世界就得用归纳法。

这些分别是关键。柏拉图的"真"（包括"善"）都有其独立的存在。也就是说，就算没有任何可以在物质世界显示出来的物象，"真"仍是存在。亚里士多德则认为，如果某个"真"是存在，它就一定会有其在物质世界显示出来的物象（如果现在没有，那么过去或未来一定有）。为此，亚里士多德的宇宙不是漫无目的的，更不是偶然的。阿奎那的神学就是利用亚里士多德的宇宙观中这两个相关层面：目的论与因果关系。

亚里士多德与柏拉图都谈"形"与"物"。不同之处是：柏拉图的"形"与"物"之间的关系是平行的、静态的，亚里士多德的是有机的、动态的。在亚里士多德的宇宙里，万物是"物"与"形"的组合，不断在"变"，而这个"变"是有特别哲学意义的。它不是"动"（空间的变）、"改"（质的变）或"增"（量的变），而是由"潜质"（potentiality）走向"实现"（actuality），也就是"物"（Matter，与柏拉图的同义）去向"形"（Form，与柏拉图的同义）。这过程就是"变"（coming to be）。

因此，在亚里士多德的宇宙里，万物的"变"都是有目的的（有动机的、有理由的）[4]。他认为这些目的（或动机、或理由）是有意识的（intellectual-purpose）。这些意识是由"形"带引着的。跟柏拉图不一样，亚里士多德的"形"与"物"之间的关系不是先与后，而是因与果。"目的"就是果，但又是"变"的因，因为它是"变"的动机或理由，决定"变"的方向。也就是说，"实现"决定"潜质"——当"潜质"发挥到最高水平、最完全阶段时就是它的"实现"。为此，因果只是个逻辑理念，没有时间性的。也可以说，因果关系是代表万物向着最好、最美的路向来"变"（成形）。求知就是去追寻这些"果"或"实现"的意义。求知的工具是观察与逻辑。

阿奎那利用这个思路去"证明"神的存在，追寻神的本质。他有名的"五个证明"全是亚里士多德的"变"与"目的"的思路：神是第一个"因"、第一个"动"（动与静的动）、第一个"存在"、最高的"完美"、最终的"目的"。

柏拉图和亚里士多德同样相信理解力（reason）是人类所独有、也是人类所共有的特征，而真理是可以通过理解去掌获的。但柏拉图的求知是内向的："把理解力加诸早存于我们之内的理念。"阿奎那采纳亚里士多德的思路，认为"求知"（求真）需要首先观察和体验物质世界，然后理解力才可以发挥作用。阿奎那的名句是："没有任何知识不先来自于知觉"，也就是说，都来自于外在的物质世界。他建议观察万物的"变"，思考这些"变"的方向，从而认识到神乃最终的目的和一切存在的动机与理由。他建议我们可以通过观察神创造的世界，以类推（analogy）的方法去认识它。为此，他的宇宙观是乐观的——如果万物的终向是至真至美的神，怎能不乐观？同时，他的求知态度和手段——万事质疑，独立观察，严谨逻辑——影响了整个西方的现代思维至今。但是,阿奎那的努力——综合信仰与理性——却会因种种天然和人为的理由没有成功。

相对于奥古斯丁对"原罪"的讨厌和对人类丧失意志力的恐惧，阿奎那的取向是积极多了。奥古斯丁有一个难解的逻辑矛盾：如果神是全知全能，人类怎可能有"意志自由"，因此，人怎能对善、恶负责？他只能用"神恩莫测"来解。但阿奎那却有以下论点。对人类来说，未来是相对于现在；对永恒的神来说，只有现在。祂知道我们的未来，但这不是因为祂决定了我们的未来，而是祂视我们认为的未来如同祂的现在。这个解释为意志自由提供了逻辑上的空间。也就是说，神是全知全能，但祂仍可容许我们自由选择是否接受祂的神恩。因此，我们对善、恶仍需负责，对得救仍可积极。阿奎那的乐观和奥古斯丁的悲观将是天主教与基督新教（改革派）

的主要分别。这也对西方人的人生观和社会观产生了很大的影响。奥古斯丁的《神的国度》的思路是寄托于天堂,实现于人间。他以这种思路建立和巩固当时仍是雏形的教会在俗世的地位。阿奎那则在教义僵化和教会腐化之际阐明教义、整顿教规,借此更新教会的颓弊。他俩在"格物"、"致知"上的分别与这些不同的动机不无关系。

修身

亚里士多德的伦理学基础是他的格物与致知:世上万物都有目的,因此,好与坏是以目的(功用)来衡量的。他举例说,眼睛的目的是视觉,因此,眼的好或坏是以它看得清楚与否来衡量。人的目的是"生活得充满喜悦"(a happiness or joy that pervades the good life),为达到这目的,亚里士多德的处方是在过度与不足之间的"执中"。人类行为的好与坏就是以此来衡量。

阿奎那把这套思路用在神学上,把"生活得充满喜悦"演绎为"与神为伴"(union and eternal fellowship with God)。他提出"洞察真福"(beatific vision)的境界,也就是"通过对神的本质的深切认识,使我们亲身体验完美和无尽的快乐",即"天堂"。神恩是不可缺的,但人在世的责任是"以善为导"(ordered toward the right things)。阿奎那提出两种善。一种是来自自然的,是通过理解力,无论什么人都能懂,都要遵守。这种善也就是一般希腊古哲包括亚里士多德所崇尚的四枢德(four cardinal virtues):正义、慎重、勇毅、自制。另外一种善是超自然的(对象是神),是通过神的启示或通过对神所创造的世界去理解和推论出来的信、望、爱三德。他以此去阐明教义中的"爱人如己"——"真正的明白和了解神就一定要爱神之所爱"。也就是说,如果你明白神爱世人,你就得跟祂去爱世人。

亚里士多德认为伦理学是种"实用科学",不能单靠思考,而必须通过实际行动才可掌获。因此,他强调"经验"。阿奎那把这套思路用在神学上。他指出,真理虽然可以通过正确的理解(当然也包括观察)去掌获,但信仰却需要神的启示。而这些启示是来自《圣经》和先知，也就是前人的"经验"。神通过《圣经》和先知给人类的启示是需要教会来鉴辨和演绎的。这些鉴辨和演绎的累积就是"传统"。阿奎那强调前人经验的重要性和教会传统的合法性。为此，他的修身之道是既保守又乐观。

治国

亚里士多德的政治重心在"民"。他的名句是："人天生是政治动物。"他的政治团体是"城邦"，城邦是个有机性的整体，各部分相互依赖，有尊卑上下之序。他认为一个城邦的政治基础，是各人按自己的社会地位和身份去参与政治，包括政治的决定与分工。他观察他的当代和历史，然后按统治的形式鉴认出三类政府：一人统治（君王 [monarchy]，但变质就是暴君 [tyranny]），少数人统治（英杰 [aristocracy]，但变质就成寡头 [oligarchy]），众人统治（群体之治 [polity]，但变质就成民主 [democracy]，或乱民 [mob rule]）。

好的政府追求共同利益，坏的政府追求统治者的利益。共同利益是什么？亚里士多德认为人类结邦不是为了安全或富裕，而是希望活得更高贵（noble）。因此，城邦的政治目的只有一个：整体人民高贵的政治生活。他说："当人达到完美，他是最好的动物。但若是离开了法理（law）与正义（justice），他是最劣的动物，因为有武力的不义是更危险的。"因此，高贵的政治生活的基础是法理与正义，也就是"行义"。

阿奎那的兴趣在政治的理性，也就是亚里士多德的"行义"中的"义"是什么。阿奎那的"义"来自"法"，有点中国的"道"的意味。这个"义"的理念是现代西方人权的理论基础。阿奎那提出四种"法"，也可以说是四种理性、四种义、四种道。

1、永恒之法（eternal law，也可译为永恒之道）就是神的意旨，支配所有的受造物。

2、自然之法（natural law，也可译为自然之道，是西方人权的基础）是永恒之法中有关人类的部分，由人类通过理解发现出来的，也是所谓"第一原则"，例如趋善避恶、生存、生育等。

3、人为之法（human law）是自然之法中可以通过人类政府施诸于人类社会的。这也就是我们一般所谓的法律、法制。

4、神圣之法（divine law）是神通过《圣经》给人类的启示。

奥古斯丁提出"神的国度"与"人的国度"之别，制造了西方政与教之间的纷争，纠缠至今。对此，阿奎那的自然之法意义重大，因为它在"神的国度"与"人的国度"之间，也就是神圣之法和人为之法之间找到一条出路——自然之法。更重要的是，自然之法既来自永恒之法，它就是普世价值，而且是可以经理性去发现的普世价值。其中，阿奎那特别强调"自我保存"和"与人共存"。西方的天赋人权理念都以此为理据。

永恒之法来自神。它直接衍生出自然之法和神圣之法。神圣之法是神的启示，是信仰。自然之法是人的理解，是理性。两者可以重叠，也可以分开，但不会有矛盾，因为同来自永恒之法。但人为之法怎样定位？它来自理性的自然之法，但它是经过政治过滤的理性。如果这个经过政治过滤的理性没有违反自然之法的理性，它就不应该会与神圣之法有矛盾。相对地，如果政治的过滤有违自然之法的理性，就必然与神圣之法有矛盾。也就是说，理性是关键。合乎理性的政治一定不会与信仰发生矛盾；违反理性的政治一定会与信仰发生矛盾。从此，西方政、教之争，就有了理性做裁判。奥古斯丁肯定了信仰大于政治，阿奎那则把信仰与政治放上理性的天平上。他信任理性（观察和理解），但更重要的，他对人类会做出理性的选择（意志力）是乐观的。这种心态，影响政教关系至今。

现代西方人的宇宙观（格物、致知）、人生观（伦理）与社会观（政治）从此有了两条思路——柏拉图／奥古斯丁、亚里士多德／阿奎那。这两条思路有共同之处：追求永恒的真理、强调宇宙的秩序、重人类的灵性、轻物欲的满足（特别强调性道德）、超越个人的价值观。不同之处是前者认为真理独立于物质世界，有其独立的存在价值；在求知上重洞识与内省；在伦理上对人的意志力悲观，犯罪感重，认为神恩重于一切；在政治上强调统治者的素质。后者则认为真理是相应于物质世界，是物质世界里的价值标准和追求目的；在求知上重观察经验和因果逻辑；在伦理上对人的理性比较信任，认为神恩虽重要，但善行也有价值；在政治上强调群体和参与。

阿奎那的学说，甚至亚里士多德的著作，起初被视为不符合正统教义而被禁。阿奎那死后，重要人物如巴黎与坎特伯雷的主教在1277年仍把他的学说视为异端。但鉴于教会的疲乏和流弊过多，改革是不可避免的，而阿奎那把理性与信仰结合，正合当时需要。因此，不久后，阿奎那被封为圣人（1323），阿奎那学说被纳入正统，最后更定为各大学的必修（1567）。

阿奎那生在盛世。11世纪到13世纪是"后中古期"（High Middle Ages）。王侯、贵族、教会之间的争吵，甚至战争虽有，但规模不大，时间不长，人民倒能安居乐业。两百多年来欧洲气候温和、粮产上升、人口增加、商业繁荣。这带来三个相关联的变化。

1．人口增加与商业发达带来大量的人口流动和相应的社会阶级的变动。以土地和农业为基础的庄园经济开始被金钱化的商业和科技化的工业冲击。封建与庄园制度下的阶级开始与经济和社会现实脱节。

2．十字军时代，东西交往增加。来自阿拉伯的新科学知识和来自希腊的古哲学思想冲击僵化的教义。13世纪，教会相继在欧洲各地创办"大学"。教授、学子周游讲学、听课，刺激思想开放，尤其是独立思考。

3．欧洲开始城市化。11—12世纪，上等耕地已开垦完，13世纪开始开垦的都是次一等的土地。由于耕种技术提升、粮食增产、粮价下降，次一等地耕种的农民难以维生，遂拥入城镇，加速城市化。当然主要还是因为工商业发达。为求安全保障和活动自由，商人和手工业生产者开始组社（guilds），要求王侯们（或大地主）批准建立半自治的城市。城市居民希望王侯保障他们的财产和人身自由，免受权贵、地主干预。对王侯们来说，这些本来是下属的权贵、地主，很多时候都不听号令、不上交税捐。这下，王侯们可以与城市的工商社团直接交往、直接抽税并且摆脱这些刁难的权贵、地主了。稍后,有些城市更是雇用军队做自卫和保安。这些带来了三个相关联的后果:地方权贵的势力下降;王侯的势力上升;城市成为新的政治力量(逐渐瓦解中古的封建制度)并提出新的政治要求(逐渐突出工商利益)。到了13世纪末,大城市已有英国的伦敦和约克、法国的巴黎、里昂和马赛、意大利的佛罗伦萨、东欧的巴格达、法兰克福、但泽、科隆、纽伦堡和克拉科夫,以及伊比利亚半岛的巴塞罗那和里斯本。

文艺复兴起于意大利,经百多年成长兴旺,到15世纪末,北上法国(法王查理八世,在位期1483—1496,于1494年入侵意大利,无功而返,但把意大利的文艺复兴带回了西欧),然后到荷兰、德国,16世纪后期再传到英国、斯堪的纳维亚与中欧。文艺复兴为什么发自佛罗伦萨?有以下的理论。

1、意大利城市化最高。城市集中了人口和劳动力。加上意大利的城市就是建筑在罗马帝国的古城旧址上,本就是古意盎然。古文化在此"复兴"是很自然的事。

2、意大利的"商人共和国"(Merchant Republics)是中古欧洲自治性最强的城邦。佛罗伦萨是丝绸与首饰之都,由富豪家族统治,没有王侯贵族的繁文缛节,但有点暴发户的意味。政治上可能不大自由,但学术和艺术却自由得很。

3、这个商业城市同时也是文化聚集点,包括从远地带来的古籍和新思想。政府和富豪家族又有余钱和闲情去资助艺术,风雅一番。这种情况下,佛罗伦萨人才辈出。达·芬奇、波提切利、米开朗琪罗都生于附近,统治者美第奇(Medici)豪族带头不遗余力去发展艺术。其实在意大利其他城市共和国,如威尼斯等,文艺复兴也很快开始。

首先要指出,文艺复兴并未反宗教。相反地,大多数的文艺作品都是以宗教为主题。"理性"的醒觉才是真正的改变,比如:在艺术上利用透视、自然光线和人体结构;在政治上强调政治的实际运作;在文学上强调通俗言语(相对于教会用的拉丁文);在科学上重观察、实证、数据和机械逻辑。文艺复兴的重心是"人文思想"——以古籍作启发、以理性为导航、以人为中心的人生观和社会观。

在文艺复兴的初期，阿奎那好像成功地把理性吸纳到信仰里，并以理性去平衡宗教与政治。这套思路看起来有足够的说服力、包容力和凝聚力去过滤新思维和新科技、维持社会过渡期的秩序、更新教会和教义、调解政与教之间的纷争。但是，事与愿违。阿奎那之后的两个世纪，欧洲发生了天翻地覆的变化，改变了西方文明的轨迹。这是后话了。

柏拉图／奥古斯丁与亚里士多德／阿奎那的共同之处是追求永恒的真理，强调宇宙的秩序，重人类的灵性，轻物欲的向往，超越个人的价值观。奥古斯丁与阿奎那更把这些宇宙观和伦理观结合到神的本质、神的意旨上。他们四人不谋而合地把我们的视线带向西方的第一组文化基因——"唯一真"。

注：

1. Dominicans，又译"道明会"，创立于 1216 年，与 1209 年创立的方济各修会（Franciscans）都是针对时弊而开创的宗教团体。

2. 教义中有"炼狱"理念。凡人死时，如没有负上重罪必升天堂，但不是立刻，因为生前总会有大大小小的罪，因此要到"炼狱"去补赎一下，才能上天堂。留在"炼狱"多久，就要看需要做多少补赎。

3. "经院派"（Scholastics，Schoolmen）是 12—15 世纪西方学术主流。十字军东征以来，希腊古籍流入欧洲，引发希腊哲学与基督神学的对峙。"经院方法论"（Scholastic Method）是当时用来协调哲学与神学矛盾的方法，重点放在辩证。辩证分两类。第一类是字义的辩证，即研究作者用的字是否可能有多层意义，研究重点就是在同样的字里找不同的解释，或不同的字里找同样的意义，以求统一或解决典籍之间的不同与矛盾。第二类是逻辑的辩证，是以逻辑（特别是亚里士多德的逻辑学）的规律去"证明"典籍之间的不同与矛盾实在是不存在的，只是读者被个人主观所蒙蔽。

    经院派的作品有两类：针对个别问题的"问答"（例如"自卫杀人合法吗"）和概括性的"大全"（例如阿奎那的《神学大全》）。主要的治学方法是引经据典的问与答，综合了逻辑、形而上学和文字学，确实是一个以理性去演绎信仰的新尝试。到了 13 世纪中期，研究的范围已从神学扩展到自然科学、心理学、经济学等。但是章句上的学问，文字上的功夫，再加上了先入为主的心态（圣经不能改，古哲不会错），不久就变成了僵化和形式化的八股。研究的题目也越来越脱离实际，荒谬的例子如："一只针的尖顶上可站立多少个天使？"

4. 这叫"四因论"。"质料因"（material cause）是指什么东西在变，例如盖房用的砖头石块。"形式因"（formal cause）是指这东西怎样变，例如按房子的设计图去变。"动力因"（efficient cause）是指这东西怎样开始和停止变，例如由建造者去开始或停止。"目的因"（final cause）是指这东西为什么要变，例如是因为要变成房子。

第五章　西方第一组文化基因："真"与"唯一"

经过两度结合、千年净化，基督宗教的唯一真神与希腊的唯一真理互相支撑着维持了多个世纪的罗马太平式的欧洲大一统。"真是值得追求的"、"真是唯一的"成了西方人不自觉的自明之理。"唯一真"的文化基因造成西方人的排他性、扩张性与不接受模棱两可及矛盾并存。

"我信唯一的天主，……我信唯一的主，耶稣基督，……我信唯一、至圣、至公、从宗徒传下来的教会……"这是公元325年天主教会刚被罗马帝国认可时君士坦丁大帝在尼西亚宗教大会（Council of Nicea）上立下的"尼西信经"（Nicene Creed）。千年以来，大部分基督徒（包括新教、旧教）都以此为信仰基础：真神是唯一的、真救世主是唯一的、真教会也是唯一的。"唯一"代表真神的权威，也代表真理的本质。对基督信徒来说，唯一真神才值得信仰；对希腊古哲来说，唯一真理才值得追求。

"唯一真"的理念绝大部分来自亚里士多德的逻辑，而亚里士多德的逻辑是两千多年来一直支配着西方人的思想范式。在《形而上学》里，亚里士多德毫无保留地做出以下定论："存在"（being，existence，也有译作"存有"）是哲学的核心问题，是所有知识（亚里士多德称为科学，sciences）的基础。研究"存在"就是求真，研究"存在"所用的逻辑原则可用来研究所有的知识。这些逻辑原则中最肯定的一条是"无矛盾"（non-contradiction），

"同一东西不能在同一方面同时属于和不属于某件东西"(It is impossible for the same thing to belong and not belong simultaneously to the same thing in the same respect.)，亚里士多德认为这是不可能有错的原则。这就是说，真与不真不能共存。因此，凡是真都是唯一的。

亚里士多德的逻辑理论是分散在不同著作里。上古的学者把它们组织在一起，称之为《工具学》[1]（Organon）。亚里士多德的逻辑不是从推理开始，而是以"定义"（definition）开始——推理是一种思考和表达的模式，但思考和表达要靠言语（language），而言语的构成是字或词（words）[2]，每个字都是代表一个理念。字义不明就是理念不清，怎能用来推理？于是，亚里士多德就从这入手（他把这工作追溯到柏拉图和苏格拉底）。

亚里士多德关注的是存在。因此，替一件东西"定义"就是描述它的"存在是什么"（what-it-is-to-be）。后来罗马学者译为"本质"（essentia，或英文的 essence）。这是亚里士多德逻辑的核心，也是他的形而上学的基础——怎样去定义本质？每"种"东西（species）有其所"属"（genus，也就是其同类）和有其所"差"（differentia，也就是与其同类的差异之处，也称"种差"）。物的"种"是以其所"属"和所"差"而定义的。"属"与"差"就是描述该物种的"本质"。举例说，人，作为"种"，是"属"于动物，但他的思考能力使他"异"于其他动物。因此，人的定义是"有思考能力的动物"，这也是人的本质[3]。

有了定义，就可以作出"命题"（propositions），就可以逻辑推理。但是，在这之前，还要做两件事：(1) 本质的描述系统；(2) 推理的法则。

亚里士多德关注的是存在，而存在是以本质来定义和衡量的，因此，他需要一套用来描述本质的系统。这就是他有名的"范畴"（categories）。他提出十个：实体（substance，如人、马——这些和以下的例子都是亚里士多德举的）、数量（quantity，4尺、5尺）、性质（quality，白色、聪明）、关系（relation，双倍、一半、较大）、地点（where，在学院、在市集）、时间（when，昨日、去年）、姿态（being-in-a-position，卧着、坐着）、状态（having，穿了鞋、披了甲)、活动(doing, 在割、在烧)、遭受(undergoing, 在被割中、在被烧中)。有了明确而清晰的范畴就可以精准地描述事物的性质。

进一步就是用"句子"(sentences)去揭示相关事物之间的关系。这就是推理,而推理是求真的不二法门。亚里士多德创造了他著名的"三段论"(syllogism)推理法则——亚里士多德逻辑学的中心是演绎法(deduction);方式是"三段式"。"假如 a 等于 b, b 等于 c, a 也等于 c"。这是个典型的三段式推理。现在看来很普通和浅显,人人都晓。但不要忘记,这是两千多年来西方人,以至这几百年受西方文化影响的全世界人类根深蒂固的推理范式。

古代学者用以下一个典型例子去示范亚里士多德的三段论:所有人都是会死的;苏格拉底是人;因此苏格拉底是会死的。亚里士多德最大的贡献是把实际抽象化、把思考形式化、把推理系统化。他引入有逻辑意义的"符号"(称之为"词项", terms)去代替日常用的言语(language),然后用这些符号去写出推理公式。例如把上述"苏格拉底"的例子重新写,就会得出如下:如果所有 b 是 a;并所有 c 是 b;那么所有 c 是 a。这里包含三个句子:"b 是 a","c 是 b","c 是 a"。

三段式的妙处就是通过前面两个句子(大前提"b 是 a"和小前提"c 是 b"),以一个连贯性的词,这里是 b,就可以去建立 a 和 c 之间的正确关系,得出第三个句子(结论"c 是 a")。亚里士多德系统地研究 a、b、c 在大前提、小前提、结论里可产生的种种不同的排列和组合,又研究 a、b、c 本身的特性,例如它们是代表普遍性现象(如所有、任何)或是特殊性现象(如有些、某些),以及这些特性在逻辑推理上的意义。他得出两条最坚固的"必然"公理:(1)假如 a 属于所有 b, b 属于所有 c, 则 a 属于所有 c;(2)假如 a 不属于任何 b, 所有 c 属于 a, 则 c 不属于任何 b。他认为宇宙之大,所有推理都在其中。其实这两条"必然"公理就是"真是唯一"的逻辑基础。

可见,亚里士多德建立了一套用来描述真(事物本质)的言语和范畴,又发明了一套推理(逻辑方法)的思路和系统,于是他有了求真(求知)的工具。

亚里士多德认为真的知识必须由三段式演绎法去"证明"(demonstration)出来才算。但他又指出他想追求的知识应具两个特征:"必然之事"才是真知;求真知是"知其所以然"[4]。三段式逻辑是用来证明"必然之事"和求"知其所以然"的工具。

我们必须了解亚里士多德以他的逻辑去求取的不是"大多数人同意"、"可能性很高"的现代科学知识(见第二篇第十四章有关经验主义)。对他来说,这些不算是"知识",只可以算是应付日常生活和物质追求的科技,并不能使我们明白什么是"必然之事"和"知其所以然",也就是人生和宇宙的奥秘。很奇怪的是,现代人的思维,无论是科学家或哲学家,还是贩夫走卒、政客商贾,都深深被亚里士多德的逻辑支配。亚里士多德是想以它窥探真知,而现代人则一方面完全接受了亚里士多德的逻辑,不自觉把它应用在一切的生活里,但另一方面却遗忘了亚里士多德的本意,只会用他的逻辑去演绎人生和宇宙的物质现象,而未用它去追寻人生和宇宙的本质真谛。也许,这种不自觉的应用和不自觉的遗忘就是文化基因的特征。

亚里士多德当然明白三段式推理只是种逻辑方法。用它来求真就一定先要保证前提(premises)是真的(true)、基本的(primary)、直接的(immediate)[5]、先于结论的(prior)、结论是由它们产生的(cause)[6]、比结论较通常(known)和惯见的(familiar)。在这七个要求中,除了第一个要求是无可异议(真知当然要来自真的前提,但这有点像套套逻辑)之外,其他六个要求都有麻烦。最关键是"后退问题"(The Regress Problem)[7]。三段式其实是因果的推理:前提是因,结论是果(非但是推理上头的因果,也是事物本身"本质"上的因果,因为大、小前提与结论所用的词项全是有关事物本质的描述)。但是,每个前提也可以是一种果,是比它更基本、更直接、更先于它的前提的果。如此下来只有两种可能。1、找到了最原始的前提(最先的因)。但是,这个前提又是凭什么来证明?亚里士多德岂不是违反了他自己定下的原则——只有通过三段式演绎才可证明真知。2、原始前提不存在，后退不断。若是如此，什么也不可以证明了，什么真的知识也不存在了。

其实，这些考虑原本就是亚里士多德自己提出来的。上述第二种可能性是一种"不可知论"（agnosticism）。一个解决办法是假想某些基本原则是可以"互相"演绎而不是"前后"演绎。亚里士多德并没有详细说明这如何运作[8]，而且他也没有采取这立场[9]。他选择"终会停止"的立场，并提出"第一原则"（First Principle）的理念。这有极大的逻辑和伦理意义。首先，他否决圆线因果，因为在圆线证明里每一前提都终成为自身的前提。他认为后退一定会停止的。但是，止在哪里？他不能违反他自己定下的"真知识只能建立于证明"。在《后分析论》（*Posterior Analytics*）他提出一个"认知状态"（cognitive state）的理念。他称它为"Nous"，一般音译为"奴斯"，可意译做"洞悉"（insight）、"直觉"（intuition）、"悟性"（intelligence）。亚里士多德认为这个认知状态会使我们"知道"（know）不可证明的"第一原则"（也就是最基础、最原始的前提）。

当然，这给后世带来很大的争议。但是，如果我们参照亚里士多德的整套哲学和知识学思路，也许能看出些端倪。首先，亚里士多德在提出"认知状态会使我们知道第一原则"时，他用的"知道"一词含有"熟悉"（familiar，希腊文是 gnôrimos）的意思，意味着当我们碰到这些第一原则的时候，我们会觉得它们是"熟悉"的。因此，他的认知状态不是一种求知的方法，而是一个智慧的成长。第二，这种"熟悉"不可能来自曾经碰过，只可能来自一种内在的、自然的辨别能力或力量（capacity 或 power，希腊文是 dunamis），类似我们的视觉在未曾见过任何颜色之前就有辨别颜色的能力，无需学习怎样使用这能力。同样地，我们思想的内在能力使我们认得知识的起点。这跟他的形而上学的"潜质"（potentiality）与"实现"（actuality）的理论完全吻合（见第一篇第四章）。在官能上，视觉器官的视觉"潜质"（鉴别颜色）就是通过接触有颜色的事物而"实现"了。同样地，思想的认知"潜质"（鉴别第一原则）就是通过接触包含第一原则的事物而

"实现"了。也就是说，虽然我们不可能通过经验去认知第一原则，我们思想的内在结构使我们认得什么是第一原则。这跟日后笛卡尔的"天赋理念"（innate ideas）和康德的"先验"（a priori）极为相似。

亚里士多德的逻辑既是他求真的工具，也是他对真的本质的认识。对他来说，真一定是逻辑的，而通过逻辑我们可以辨认真。他求真有两个主题：一、知识的第一原则是不能证明的；二、没有包罗所有知识的普世知识（universal science），因为"世上所有事物不能是同一个'属'（genus）……就算是同一个'属'也不受同一的原则支配"。但是，他在《形而上学》中则挑选出一种"第一知识"（first philosophy）——一种以"存在"为其所"属"的知识（science that takes being as its genus），并坚持第一知识里有些第一原则，而在这些第一原则中最靠得住的是"无矛盾"（non-contradiction）。这就是本章开头说的"同一东西不能在同一方面同时属于和不属于某件东西"。因此，真的真是唯一的。亚里士多德说这是"不可能有错"。它既是第一原则，自然不能证明。亚里士多德说，任何不同意的人都是"没有受过分析学教育"。

亚里士多德的伦理学失传几百年，再由阿奎那引用，但他的逻辑学自古已传，是两千年来西方人的思想范式。康德认为亚里士多德已发明所有有关逻辑学的知识。19世纪末以来，亚里士多德以"是或非"去求"真"的逻辑逐渐被其他逻辑范式挑战。但直到今天，它的主流地位仍未有动摇。更有史学家认为亚里士多德之后的任何"新"的逻辑理论都是糊涂、愚昧或荒谬。自从中世纪阿奎那的经院派把亚里士多德的形而上学与神学综合以来，亚里士多德就被捧上了千古"第一哲学家"的地位。发自亚里士多德逻辑与基督宗教的"唯一真"理念成为西方文化的基因。两千多年来，"唯一真"深深烙在西方人的文化中，使他们在理性上不能接受矛盾——矛盾的理论一定是错误，在感情上也不能忍受矛盾——矛盾的事情一定要解决。

唯一真的意义就是只有一个真。"唯一真神"就是只有这位神才是真的；"唯一真理"就是只有这条道理才是真的；"唯一真科学"就是只有这套科学才是真的；"唯一真主义"就是只有这个意识形态才是真的。

"唯一真"的文化基因产生三种现象。

1、信服

既是唯一真，怎能不完全拜倒？当然，你或许会觉得有责任去看清楚、想清楚、研究清楚这是不是真。当你还在看、还在想、还在研究之际，这个神、理、科学、主义对你来说还是存疑、还未是真。但当你看、想、研究清楚后，认定它是真，那时你一定会完全信服，这个神、理、科学、主义会完全支配你。甚至可以说，你会成为它的奴隶。正因如此，西方人对真是绝不随便的，对求真是非常认真的。他们会质疑，但一旦相信就信到底。当然，更多的人是没有看、想或研究清楚就信了。无论这是出于自发还是从众、是自觉还是懵懂，西方人对他们相信的东西总是全信的、坚持的。他们会改变信念、信仰，但在信的一刻，他们是绝不怀疑，绝对信服。"唯一真"的文化基因产生的正面倾向是忠贞，负面倾向是极端。

2、捍卫

基督宗教"十诫"的第一条就是，"我是你的主、你的神，除了我以外，你不可有别的神"。这个神是非常非常妒忌的，祂对以色列（犹太）民族爱护备至，只是对以色列（犹太）的不忠绝不原谅。"唯一真"的文化基因使西方人对其所信非常专一。既是唯一真，其他的就是不真；让不真（别的神）存在，就是亵渎。因此，真主（神、理、科学、主义等）的信徒定要捍卫真主，不让别人亵渎。从文人笔战到十字军东征，都是为了唯一真。捍卫有两种：对抗敌人、打击异端。前者是外侮，后者是内奸。敌人不接受你的唯一真，有时还情有可原，因为他们无知或者愚昧。异端是出卖真主、亵渎真主，罪无可赦。异端的理念出自对唯一真的绝对信服，对出卖唯一真的绝对鄙视。"唯一真"的文化基因产生的正面倾向是刚毅，负面倾向是霸道。

3、宣扬

真既是唯一，别的就都不是真。见别人信的是不真，你怎能见死不救？

唯一真神，加上基督的博爱，使西方人充满普度众生的热忱。你有责任去宣扬你的神、理、科学、主义，去使众人得救，去为众人启蒙。这并不是源自利益的追求，很大部分是源自宣扬真神、真理的情怀。远在基督徒还受罗马帝国压制之际，就已经有千万的殉道者为宣扬（或捍卫）信仰而牺牲。可以说，殉道与烈士都是天真的不识时务者，但这也只有在西方唯一真文化下才会涌现。"唯一真"的文化基因产生的正面倾向是慷慨，负面倾向是扩张。

是与非不能共存的思维支配着西方人的思想与行为[10]。法庭作供、律师盘问，你只可答"是"或"不是"。电脑设计，你只可用 0 或 1。但是，人类思想与行为充满矛盾，怎可能只是"是"或"不是"？人生问题的答案往往不是简单的"是或不是"（yes-or-no），而是"既是，又不是；既不是，又是"（yes-and-no）。无论是信念、感情或态度，都是纵横交错在一起；是剪不断，理还乱。鱼与熊掌，怎会不想兼得？又爱又恨，有谁未曾尝过？最后的"决定"往往是现实与环境加诸我们的：依依不舍，但船已离岸；欲战欲和，敌人已杀进来；欲迎欲拒，人家已别有怀抱。这样的"命运的决定"其实比"人的决定"多得多！

不自觉地被亚里士多德的逻辑支配的现代政治、现代知识、现代生活时时刻刻要求透明、一贯和肯定。在社会层面上，政府组织、法律体系、商业关系通通如是。由此推之，也要求每个市民、商人、工人都如是。这也构成了制度与人之间的矛盾。

制度虽是人发明的、由人构成的，但一旦组成，制度本身就有了自己的生命。制度的生命逻辑与人的不同。制度生命的最基本原则是"秩序"（order）——每一个成员有一定的位置，事物的安排有一定的条理，办事的原则有一定的轻重，取舍的选择有一定的先后。凡制度都要依赖一个无可争论的权威（这权威可以是宗教或世俗的，也可以是政治或科学的）去建立和维持秩序，否则，这制度就会失控，推而言之，世界将陷入混乱。秩序象征着理性和控制，秩序也保证了一贯和肯定。现代西方社会制度的逻辑都不能容忍矛盾。矛盾是个"问题",必须"解决"。

但人的生命里会时时刻刻遭遇到无法纳入套路中的人、事和感情;还会面对不明、混乱和矛盾的信息,会有合理但互相冲突的做人原则。这当然会令人情绪矛盾、不安和困窘。感情矛盾不是人生无奈的消极,而是面对人生的真实感觉。做官员的既要尽力为个别市民服务,但又要考虑一视同仁的公正原则;做医生的既想安慰病人,但又要客观断症;做父母的既要有纪律,又要有弹性。这些都是积极的。但是,这些人性的矛盾使现代人和他所创造出来的现代社会制度发生冲突:社会制度的逻辑需要行为透明、一贯和肯定,但人的生命现实往往使自己犹豫和模棱两可。这有点暧昧——想的和做的不能一致,或者是在性质相反的行为中摇摆不定。若干年前,美国参议院讨论应否用按键表决来替代点名投票,有一位资深的参议员反对。他说按键就是迫使他做出清楚和不变的决定。他自认当点名未叫到他时,他的决定往往不断改变,很多时候他要看看人家怎样投票,看看票数的差距,再决定他应该怎样做。甚至当他看到他支持的方案已有足够的票数通过时,他会故意投反对票以抗议其他的事情。这就是我们说的"又吃又拿"。但这也是人性。现代社会的制度不能容忍矛盾,包括感情的矛盾,因为现代社会追求秩序,讲究效率。无论是政府行政、商业运作或科技分析都要把人、事、物清楚准确地分门别类。感情矛盾是人性的实质,但与现代社会制度的逻辑格格不入。现代人要孤独地面对他们的矛盾。

现代社会开的玩笑是:秩序是不能达到但又是不能缺少的。人、事、物的变化永无休止,而人类想把它们按秩序安排和处理的愿望也是永不休止的。感情矛盾只不过是这个现实的反映。它非但反映人性矛盾,还反映物理现实和心理现实之间的矛盾——无论是爱与恨的斗争、恩与仇的纠缠,或鱼与熊掌的选择。认识个人的矛盾会使我们对别人宽容些。如果我知道自己是自私、虚伪、贪心、脏乱、鲁莽和矛盾的,但同时又是关怀、谅解、信赖、宽恕,甚至慷慨的,我怎会要求我的同类有所不同?这样,在整个社会上大家就较能和平共处。

  阿奎那时代，教义与教会走上僵化和腐化，政治与经济开始发生变化。但经过阿奎那将唯一真神与唯一真理再度糅合，应该有足够的凝聚力去维持西方的大一统。可是，天心不可测，西方人遇上了千古未有的剧变，西方人的心态完全改变。"唯一真"的文化基因非但没有发挥维持一统的作用，反成为分裂的动机和动力。

注：

1. 这也反映了那时代对哲学的理解。有些人认为逻辑本身就是一种哲学，也有人认为它是研究哲学的工具。亚里士多德本人并没有清楚地分开这些，对他来说，这些都是求真。

2. 当然，人类可以用图案来思考和表达，而且图案往往比字与词更精练。亚里士多德的老师柏拉图的"学院"（Academy）门口就写着"不懂几何不得进内"。在这方面，中国的象形文字特别吸引西方人。莱布尼兹更认为中文可能包含了他醉心的"思想的字母"。言语是约定俗成的东西，本身有很多模糊笼统的地方。亚里士多德以言语为逻辑推理的工具，自然引出很多在文字演绎上的争议。到20世纪初，数学逻辑成形，若干哲学家想用数学符号的"理想言语"（ideal language）去取代文字的"自然言语"（natural language）。但亚里士多德的逻辑理念已深烙在西方人的脑子里。在学府以外，数学的"理想言语"没有被大众接纳和应用。

3. 其实，这也可以说是"正名"，与中国的名家的"合同异"有异曲同工之处。荀子、墨子，以至惠施与公孙龙等都有点逻辑的东西，但没有亚里士多德的严谨系统。

4. 1、必须是"必然之事"（真知）才可以用科学方法（三段式逻辑）去求取。（"Only what is necessarily the case can be known scientifically."）2、科学知识（真）是"知其所以然"。（"Scientific knowledge is knowledge of causes."）"真"的意思是存在。存在的本质之一是必然性。因此，"必然之事"才是"存在之事"，才是真。亚里士多德认为存在有四个因：质料因（material cause）、动力因（efficient cause）、形式因（formal cause）、目的因（final cause）。"知其所以然"就是明白这些因。

5. 这前三条是针对大、小前提所描述的事物的"本质"而言。

6. 这后两条是推理的定义。

7. 其实还有很多别的问题和争议。比较常听到的有三个。1、"说谎者问题"（liar paradox）。假若说谎者说他在说谎，可信不可信，是真不是真？这不是逻辑问题，是修辞学上的辩论。亚里士多德把三段式演绎用在修辞学上才产生这类的诡辩，但不影响他的逻辑构架。2、"粒与堆的问题"（sorites paradox）。一粒米肯定不是一堆米，但从一粒米开始，一粒一粒地加上去，哪一粒米会使这些放在一起的米变成一堆米？这是个关系到"本质"的问题，有重要的意义。问题是出在"堆"的定义。因此，这一类问题仍可以通过精确的数学定义去处理。3、"海战问题"（The Sea Battle）。"明天会有海战。""明天不会有海战。"按亚里士多德逻辑，只可以有一句是对，只一句是错。但如果头一句在此刻是对，那么明天一定有海战。若是如此，则"可能发生"是一个不可能成立的理念。发生的就是发生，不发生的就是不发生。"可能发生"是不存在。但这与亚里士多德的"从潜质到实现"的思路会有冲突。他未有处理。这要等到笛卡尔的"息息相关"与莱布尼兹的"前定和谐"。（见第二篇第十二章）

8. 这种处理办法有点像现代的"知识连贯论"（coherence theory of knowledge，根据各命题之间的连贯性去检验真理）和"圆线证明"（circular demonstration，假设因与果是沿着圆线部署，因此，因与果是有限，因为圆线的长度是有限，但又是无穷，因为圆线是没有起点和终点的）。这些辩法可以避开"原始前提"的难题。

9. 这些穷追的求真是西方典型。他们不像陶渊明的"不求甚解"，而是像剥洋葱一层层剥下去，如果不知哪里应该停止，结果就是一切皆空。懂得圆线推理的有限、无穷是学者本色；懂得什么时候应该停止才是亚里士多德的大智慧。

10. 是与非、真与伪、对与错、实与虚等等在逻辑上与伦理上有不同的意义，不应混淆。但关键是，作为文化基因，这种"不两立"的意识支配着西方人的思想。

第六章　灾难来临：西方人心理失衡

　　14世纪的饥荒与瘟疫使西方人充满死亡感和悲观的情绪。教会的腐败无能使人对它丧失信心与尊重，政治均势渐向俗世君主倾斜。15世纪中，英法百年战争结束，以民族为中心的国家理念浮现；君士坦丁堡的失陷奇妙地开阔了西方人的眼界，提高了他们开发世界的机会；活字印刷的发明打破了教会与权贵对政治讨论的垄断。此刻，新思想带来的改革冲动已具备启动条件，待机而发。

　　是1315年。那年春天的雨水特别多，遍地泥泞，耙子也拉不动，怎还能播种？就算种下去的也因为大雨而腐烂，发不了芽。夏天也比往年湿冷，早秋还有风暴，收成自然很差。经过百多年人口的不断增加，人口与粮食的危机一下子出现了。存粮很快就吃光，牲口也缺草料，用来保存肉类的海盐也因阳光不足、海水不能蒸发而短缺。情况一下子就变得很严重。英王爱德华二世10月出巡，在路上竟然找不到面包充饥；有人要吃草根、野果和树皮；饿死的人虽不多，但大部分人营养不良。

　　翌年，雨仍是不断下。占欧洲人口95%的农民已无粮可吃，唯有吃谷种。犁田、拉车的牲口也宰了。年老的自动绝食等死，刚出生的婴儿弃于荒野，更有传人吃人的。1317年的夏天，气候开始回转，但饥荒更加严重。疾病致死的估计占欧洲人口10%—25%，其中城镇受害最惨。这就是14世纪的"大饥荒"（Great Famine）。

"大饥荒"的后遗症有四。一、在绝对依赖宗教的社会里,天气失调被视为教会的无能,更有人认为天灾是对教会腐败的天谴。维持社会安定的教会威信下降。二、衣食不足哪还知荣辱?暴力和犯罪剧增。从贵族到庶民,人心变得凶残、自私。贵族的骑士精神和庶民的顺民心态开始动摇。三、分散式的封建与庄园制度无法应付大规模、大范围的天灾。这提出权力和组织集中的诉求。四、自11世纪初以来,欧洲人口急剧增长[1],"大饥荒"是转折点,人口过多的危险信号出现。"大饥荒"过后,直到1325年,粮食生产才恢复过来。但权贵们依然要重享奢华的生活,加重了田租、赋捐,于是粮价上涨。本来只是仅足糊口,现更是捉襟见肘了。就在此时此刻,更大的灾难降临了。

1347年10月,一队意大利热那亚的商船悄悄地驶进西西里的墨西拿(Messina)港。有几艘搁浅在岸边,船上全是死人;其他的则在港内漂流,船上的非死则病。岸上有人见财心起,上船搜掠一番。就这样,"黑死病"(Black Death)登陆欧洲,最后笼罩整个西方世界。两三个月内,热那亚和威尼斯垮了。翌年,法国、西班牙、葡萄牙、英国相继染上了黑死病。从1348年到1350年,德国、斯堪的纳维亚也被蹂躏。1351年再传入波兰、俄罗斯,波及全欧洲。死的人连埋葬都来不及,要火化,临死也没有神父为他们做祷告(对虔诚的中古欧洲人来说,这是极可怕的事)。四年内欧洲人口减少差不多一半,沿地中海诸国的死亡率更高达75%—80%。世界末日好像要来临。

大难过后,人口仍继续下降,到1470年才稳定下来。瘟疫还在不断复发,从1350年到1400年,起码爆发了六次。17世纪稍敛,到19世纪才算熄灭。这场瘟疫中,非但死的人多,而且死得极恐怖。这对西方人的心态和政治的影响是深刻和深远的。

有些地方全死光。农村、庄园荒废,侥幸生还的跑到城市。城市人口密,卫生差,疫病传得更快。佛罗伦萨在1338年有12万人,到1351年只剩下5万。瘟疫不分上下尊卑,无一幸免,但教会首当其冲。修道院、大教堂是避难之所、病人集中之地，照顾病人的神父、修士、修女就死得更多。从此教会神职人员大大不足，补充上去的都是匆匆招来、草草训练的素质不佳、经验不足的人，神职人员的愚昧无知和不守清规更是变本加厉。改革的压力越来越大，但难度却越来越高。

中古人是虔诚的，但经过大饥荒，又遇上黑死病，宗教心态大大不平衡，大部分人变得悲观。有些人渐渐放弃信仰或变得犬儒，认为宗教是人为的欺神骗鬼把戏。有些人认为天灾是人类的罪恶，为要补偿就变得宗教狂热。那时出现了"自伤派"（flagellants），他们到处在街上自我鞭打，遍体鳞伤的要为自己、为人类做补赎，以息神怒。但稍后又变成"纵欲派"，认为世界末日将临，还不尽情享乐？（结果只助长了瘟疫的扩散）有些人从恐慌变得迷信，认为瘟疫是反基督的奸人和邪魔作祟，他们迫害犹太人（由于犹太人爱洁、不与外界交往，瘟疫传播得比较慢，但人们却指是他们阴谋在井水中下毒去害基督徒）、搜捕巫师、打击异端。更有些大难不死的幸存者，继承了亡者的遗产，发了横财。但周围都是死亡的阴影，于是今朝有酒今朝醉，尽情挥霍享乐。这种奢豪风气弥漫了整个社会。1350年后的欧洲人充满了悲观情绪和死亡感，使他们开始怀疑宗教和权贵的威信和能力。一种"个人化"的宗教信仰开始在他们心中萌芽。同时，执政者企图以控制"奢侈品"的享用去维护阶级等别。这制造了中产阶级与农民的不满（这是英国1381年的"农民革命"主因）。

但是在社会与经济层面上，黑死病带来意想不到的结果。在西欧，人口锐减，因此可分配的耕地增加，于是造成劳动力短缺。地主急需劳工，很多从前的佃农都变成合约农工，到处流动，追逐高工资。执政者企图控制工资上升（维持在瘟疫前的水平）、限制农民流动。但地主们因人手短缺，想以提高工资和改善工作环境去争取劳工，所以政府政策未见成效，反造成农民不满。社会动乱有增无减。

人手短缺、大量耕地变牧地后，肉食、毛革生产增加，贸易也增加。再加上人均粮食增加，农民与城市中产的生活水平提高。同时，人口的流动带来了语言和风俗的流动,开始撩动欧洲人的民族意识甚至国家意识。

相对的,东欧仍是地广人稀,农村的动荡也较少,封建制度仍在规范社会,控制农民的流动,对执政者的"开明"要求也不那么强烈(英国在 16 世纪中已取消佃农,俄罗斯却要等到 19 世纪中)。这也是东欧现代化较慢起步的原因之一。但也是因为同样理由,东欧成为西欧现代化过程中的粮食和资源供应地,直到 19 世纪。

总的来说,从前在教会维护下的封建和庄园制度(主、属各安其位,各尽其责)已不能配合物质经济的发展和社会大众的心态。西方开始走向按供、求而定的经济关系(而非按对等、互给)和按贫、富而定的阶级制度(而非按出生贵贱)。为此,黑死病带来的人口变动是西方走向现代的催化剂。

14 世纪是西方的灾难世纪,有天灾,也有人祸。11 世纪以来,政、教的互相利用削弱了教会的威信,加深了教会的腐化,但仍不时有英明教皇的改革和卫道之士的更新,加上修道院对经济、民生、教育、文化和社会秩序的贡献,仍是人心所向的。但 14 世纪开始,教会高层的腐败令信徒大失所望。

英、法于 12 世纪末开战。为筹战费,英王爱德华一世和法王腓力四世要向神职人员抽税(其实,中古的高级神职往往都是由王侯委派,由贵族充当。因此,王侯与贵族之间的争执就往往蒙上政、教争执的面貌)。教皇反对,认为教会不应当向俗世王侯纳税。法国截留法国境内教会向罗马教廷上交的税捐,教皇威胁要把法王"驱逐教会"(excommunication)。在理论上,凡被逐出教会的,其他教徒不能与他有任何交往,甚至不能提供起居饮食。在全欧都是教徒的情况下,这就等于逐出欧洲。对被逐的王侯来说,这就代表下属可以不听号令、不纳粮、不交税,甚至可以造反。法王当然不会就范。1303 年,他反控教皇是异端分子,派兵到罗马去捕捉。年迈的教皇被救出后,不到一个月就死了。1305 年,法王发动法籍的枢机主教团选出法籍教皇克雷芒五世(Clement V)。罗马居民暴动。法王主使教皇把教廷搬到法国势力范围内，但仍属教廷领土的阿维尼翁城（Avignon）。这是教会高层腐坏的首次大曝光。

到了阿维尼翁之后，克雷芒五世把大批法籍神职人员提升为枢机主教（因为只有枢机主教才有资格参与教皇的选举）。阿维尼翁教廷只有一条规矩：什么都可以卖——神职、赎罪、圣物。当时几乎所有的文人都把僧侣清规（贞洁、清贫）形容成"笑话"。教廷虽在法境，但意大利中部仍是教廷属土。可是教廷号令不达，那里的人民也不满负重税和阿维尼翁教廷的生活糜烂，因此常常暴乱。意大利北部的独立城邦如威尼斯、佛罗伦萨，既害怕法国势力在意大利扩张，又希望浑水摸鱼，拿到点教廷在意大利的属土，于是就在其中煽动罗马的居民骚乱。为了不失掉这块土地，教廷在1377年搬回罗马，而且选出了一个意大利籍教皇乌尔班六世（Urban VI）。但不到几年，法籍枢机主教团又另外选出一个法籍教皇驻在阿维尼翁。于是出了两个教皇，直到1447年。这不但是权力之争，而且触动了教会的"合法性"基础。在教义上，教皇是圣彼得（天主教叫圣伯多禄）的继承人，而彼得是耶稣亲自委派做教会之首的。如今，教皇就像"妓女"（Harlot of Babylon，这名词到今天还有人用），没有廉耻，价高者得。

教会固然腐败，俗世政治也不清平。大饥荒过后刚复原，就在黑死病的前夕，西欧战火爆发，也就是英法的"百年战争"（1337—1453），断断续续打了116年。除了中间有短暂的休战，真正打的也有81年之多，影响就更长远了。

威廉大帝征服英国是1066年的事。威廉本身是诺曼底公爵，而诺曼底是法国的属国。因此，这实际是法国的诺曼族征服英国的撒克逊族，也就是法国人统治英国人。经过诺曼人两百年的经营，撒克逊人心虽不服，但总算臣服[2]。但诺曼人却没忘自己是法国人，法文是官方的语言、法国人是高官的首选，甚至认为法国王位他们是有资格坐上的。法王当然不同意，反认为诺曼人既是法人，应受法王统治，所以英国应是法国的属国。英、法经常争夺沿英吉利海峡东岸的土地。13世纪时，英王在法国占有的土地比法王拥有的还多。但到了 14 世纪初，英国在欧洲大陆的势力仅是小小的加斯科涅（Gascony），连诺曼底也回到法王手中。收复法境失地成了 14 世纪的英国国策。

英法百年战争的开端也正是以英、法王位的正统为借口[3]。这是场"消耗战"，英国先胜后败，人多地广、以守为攻的法国终于胜利。但战事加上大饥荒和黑死病，法国人口减少了三分之二。

百年战争有重大历史意义——军事改变了政治。自查理曼大帝以来，重甲骑兵是军队的主干，对应了中古封建制度的社会和经济。军事动员是"勤王"式——主有事就召集属，属本身就是武士，向主效忠。重甲武士是军队的骨干；步兵是主与属治下的农民；工人不是战斗的主力。这种动员有两个特征。1、属对主的义务是保护疆土，不是对外战争。当然如果自己也有利益（如扩充疆土和分享战利品），属也不一定坚持原则。但对主来说，这是不大可靠的动员。2、农忙时不能用兵，因此不能有持久的战事。百年战争打破了这些成规。

英国首设"常备军"——政府雇用短期的、职业性的军官，再由他们招聘兵员。这样，封建的主与属关系中最重要的一环——军事动员——就失效了。再有，因为常备军的军费需要高效率的税收制度去保证，而封建制度搭架式的税收既不方便也不可靠，于是军事和税收开始向国王集中。这就是国家制度的开始。但国王也要有权贵、地主们支持，要向他们咨询，而这是议会制度的开始。

英国早有的大宪章（1215）其实是强势贵族对弱势国王的要挟，目的在限制王室的税权（必要先咨询贵族、取得贵族同意）和法权（不得侵犯人身、不得侵犯私产）。在百年战争中，法王被俘（1356），法国也曾召开议会（Estates General，这是法国国王咨询人民的传统做法，参加的包括教会、贵族和城镇的代表），并颁布"大规则"（Great Ordinance），授予议会权力去监督税收和税用，及若干立法权。跟英国一样，这些议会都是为既得利益的贵族服务，因为开会的结果总是加税。这种议会制度对百姓来说是苦不堪言。1358年，法国农民因税苛和役苦叛乱，杀死议会召集人。1381年，英国农民也因税苛和贵族镇压而起义，十万人进入伦敦，杀人纵火。国王理查二世要亲身安抚农民，又暗地里派人暗杀农民领袖，动乱才息。

　　常备军也同时大大提升国王的权力。它不单可以用来保卫国家，更可用来对付内部威胁和控制百姓。这是从权力分散的封建和庄园制度走向权力集中的国家制度的一大步。当然，常备军与雇佣兵（包括招募来充当常备军的外国人）只是一线之差。为此，以后的三四百年，欧洲老百姓要吃尽凶残的雇佣兵的苦头。[附录2：雇佣兵]

　　武器的改变也有政治的意义。从前重甲骑兵的战争以武士为主。他们身属贵族，经过严格的训练，也需要多人服侍（穿了重甲要用滑轮才上得马，战马昂贵并需要保养），因此人数不多。但冲锋陷阵的确是锐不可当。可是，百年战争改变这模式，英国使用长弓——高两米、射程远、杀伤强，农民百姓只要力大，稍经训练就可上阵。而且，射人射马同样有效。这是英军大胜的理由。百年战争末期开始出现大炮。炮轰之下，无论拥有何种装甲的武士都挡不住。这是法国大胜的理由。从此，武士不再是主力。中古为荣誉、为忠义而战的骑士精神理想渐被"实用"替代，而"实用"就是杀伤力。从前几百武士、几千士兵的战役逐渐演变为死伤数以万计的阵地战和大屠杀，武士在战场上的失效也意味着武士贵族在政治上的失势。

　　百年战争不是英王与法王之战，而是民族之战。在英国，自诺曼人入主以来，宫廷和商业都用法语。但百年战争开始以后，民间不断传出"如果法人占领英国就会完全禁止英语"，结果是"说英语"成为英国内部统一的因和果。

　　百年战争最后结果是法胜英败。英国在法境的属地差不多全失，英国放弃从前在法境的子民和属地。为此，丧失了土地和收入的贵族们对王室心怀怨恨，这成为日后英国内战——玫瑰之战（War of the Roses, 1455—1485，见下章）——的伏线。

　　中古战争是争土地（经济利益的基础），是为血缘（政治权力的基础）。

这也是封建的意义。西罗马帝国灭亡，欧洲进入黑暗时代，蛮族赤裸的暴力是政治现实。随后，因着蛮族皈依天主教，全欧基督化。宗教外衣装饰了暴力也约束了暴力。这就是中古政教交叉的封建。它是一个奇妙的武装权力与基督理想的组合，使欧洲安定了好几百年。可是，外衣穿得久了，开始破旧，教会因被权贵利用而开始腐化。暴力被约束得太久了，开始蠢动，权贵因被教会约束而开始政治不满。有权者和想得权者终于脱衣而出。这就是教廷分裂和百年战争暴露出来的封建制度的败象。暴力的冲动怎样发泄？新的外衣怎样成形？这就是西方走上现代的历程。

百年战争是1453年结束的。这一年是西方历史的关键年，发生了三件改变世界的大事。百年战争带来了民族意识和国家观念；民族自决和国家独立将会冲击封建制度。这些刚在上面谈过。另外的两件大事是君士坦丁堡的失陷和活字印刷的改进。

君士坦丁堡失陷是这样子的。东罗马帝国始建于君士坦丁大帝在330年把罗马帝都东迁至君士坦丁堡（拜占庭是旧名），成为帝国的政治、文化中心。以罗马为中心的西罗马帝国日趋下坡，蛮族不断入侵，直到最后灭亡（476），西方进入黑暗时代。东罗马却因城池坚固（蛮族攻不进来）和国库充实（出钱安抚蛮族）而幸免于难。6世纪上半叶，在查士丁尼大帝的统治下，更收复了北非和意大利南部的失地。著名的圣索菲亚大教堂也是他建的。他死后，突厥（Turks）与斯拉夫蛮族入侵，跟着伊斯兰教势力兴起，后更有内部宗教纠纷（偶像崇拜之争）扰攘三个世纪。这过程中，在公元717—718年顶住了阿拉伯穆斯林大军的围城（详见第三章），局势才稳定下来。到了9世纪，进入达百年的中兴。全盛时，西达多瑙河，东至亚美尼亚，南到耶路撒冷。意大利南部也重入版图。东罗马成为西欧东面的屏障，使西欧的封建制度有了成长空间。

好景不长，塞尔柱突厥（Seljuk Turks）再崛起于小亚细亚，加上帝国内争，东罗马帝国再陷低潮。1095年，阿历克塞一世（Alexius I，在位期1081—1118）想恢复帝国在小亚细亚的势力，在罗马教皇乌尔班二世（Urban

Ⅱ，在位期 1088—1099）召开的皮亚琴察（Piacenza）宗教会议上[4]，通过他的使者，向教皇诉说基督徒在伊斯兰教势力下受到迫害，想借此博取西欧诸国的同情与协助。乌尔班二世马上号召欧洲诸国以武力收复耶路撒冷。全欧反应狂热，十字军东征遂启。

那时，东罗马帝国刚好遇上两个英明皇帝，阿历克塞一世的儿子约翰二世（John Ⅱ，在位期 1118—1143，有"东罗马的马可·奥勒留"之称）和孙子曼努埃尔一世（Manuel Ⅰ，在位期 1143—1180）。他们都能驾驭和利用过境的十字军，成功地扩大东罗马版图并发展商业。12 世纪是东罗马和西罗马人口、经济的迅速增长期。1180 年，曼努埃尔一世去世，后继者都是无能之辈。此时，刚好罗马教皇英诺森三世号召十字军第四次东征。但东征军费不足，就由东罗马担保，向威尼斯商人贷款租船。不过由于宫廷内斗，东罗马无力还债。天主教的十字军本来就是宗教狂热分子，视穆斯林为敌人但更视东正教为异端，于是改变东征路线，转攻没有设防的君士坦丁堡。1204 年 4 月攻陷，屠城洗劫三天。英诺森教皇大怒，但事情已发生了，无法改变。东罗马从此一蹶不振，但仍勉强支持两百多年。随后，新兴的奥斯曼帝国蚕食鲸吞，于 14 世纪中绕过东罗马，踏上欧洲大陆的巴尔干半岛。欧洲那时"黑死病"刚过，法国和意大利有两个教廷在争，英法百年战争正酣，哪有余力东援？君士坦丁堡于 1453 年失陷前，早已是个荒凉的废墟了。

东罗马的盛衰对西方社会有极大的影响。

1、在西方的黑暗时代，东罗马保存了古希腊、古罗马的文明，甚至加以延续。举例来说，柏拉图创立的"学院"（Academy）直到 529 年才被东罗马的查士丁尼大帝关闭（大帝力禁宗教异端，柏拉图是被殃及的池鱼）。这些古籍及其评述，在十字军时代和君士坦丁堡失陷后大量流入西欧，是文艺复兴的素材（包括阿奎那的学说）。

2、东罗马是欧洲东面的屏障。它本身不断承受来自更远的东面的压力，如波斯、阿拉伯、突厥，甚至后来的奥斯曼。正因如此，欧洲的封建制度和经济自足才有成长的空间。东罗马灭亡,屏障从此消灭,欧洲文明从此暴露,与其他文明的竞赛(起码从西方角度去看是这样)也从此开始。

3、东罗马灭亡,奥斯曼帝国堵塞了通往东方的陆路交通。西方人被迫开发海路。这是西方殖民帝国的开端,也是西方诸国为竞争海外属地、资源和市场而战的伏线。

4、东罗马帝国是真正的政教合一,皇帝就是东正教会的保护者。帝国灭亡后,莫斯科大公伊凡三世(Ivan Ⅲ)以姻亲关系为据,继承东正教保护者之职。他的孙子终成俄罗斯沙皇(斯拉夫民族传统称东罗马皇帝做"沙皇"。"沙",Tsar 或 Czar 来自"恺撒",Caesar)。从此,俄国沙皇总认为莫斯科是罗马与君士坦丁堡的后继者,俄帝国就是第三个罗马帝国。这思想影响着俄罗斯与欧洲诸国的国际关系,直到"十月革命"。

第三件大事是谷登堡圣经(Gutenberg Bible)刊行。活字印刷来自中国,欧洲在 15 世纪初已尝试使用。德国人谷登堡用铅版(从前是木和铜)和压机改良了印刷技术,改变了欧洲文明的轨迹。

1、印刷方便了文化和科学工作者之间的交流,他们互相声援、标榜和约束。慢慢地,科学理念在社会扩散;文学家、科学家与他们的支持者成为政治力量。

2、印刷把文化和知识的传播从口述式变成阅读式,大大增加了传播的范围和速度。欧洲人的识字率遽升。

3、印刷普及文化。人民开始要求比较通俗的读物和易懂的文字。中古用的拉丁文被地方性文字替代,而地方性的文字又引发出民族和国家意识。其中特别是《圣经》的翻译。

15 世纪初,教会已有人酝酿要把《圣经》从拉丁文翻译成地方文字。代表者有英国的威克里夫(John Wycliffe,1330—1384)和捷克的胡斯(Jan Hus,1369—1415),但都被教廷镇压,打成异端(其实主要原因是他们反对赎罪券和批评教会腐败)。1415 年,胡斯被火刑处死;1428 年,威克里夫的尸骨被发掘、焚烧。他们可以算是宗教改革的"先烈",但都是活字印刷之前的事。活字印刷流行后,出现一个新的"知识分子"阶层(intellectuals),对社会、政治与经济的观察、评述和建议不再是贵族、官员与教士的专利。通过印刷品的传播,中产阶级以至贩夫走卒的识字率快速增长,对时事、时政的兴趣也快速上升。文字市场出现,知识分子自愿地或非自愿地变成社会各方面和各阶层的代言人。这就是西方"舆论"的开始。但是,由于他们是从权贵阶级的政治垄断下解放出来的新阶级,所以对权贵阶级有先天性的抗拒,对政治自由有先天性的拥护。总而言之,印刷技术使信息和思想能够迅速传播,打破当权的贵族和教会在文化和政治讨论上的垄断,为改革提供了新的滋养和空间。

14世纪的黑死病瘟疫使原本安分、虔诚的西方人变得犬儒、极端。15世纪中叶,百年战争结束、君士坦丁堡失陷、活字印刷改进,使西方人的欧洲视野一下子提升为全球视野。继灾难而来的暴富使西方人从悲观变得亢奋。在失衡的心态下西方人开始质疑一切,包括宗教道统与政治一统。下一章要探讨的是:现代前夕的社会、经济与政治是怎样的局面。

注：

1. 据估计，在 9 世纪查理曼大帝时代，欧洲人口是 2500 万到 3000 万。到了 14 世纪初是 7 千万到 1 亿，也就是 3 倍。增长的主要原因是气候温和使农产增加；蛮族皈依教会，入侵减少，人民可以安居；以修道院庄园带动的生产技术提升，耕地面积增加；教会在 11 世纪的改革增加政治稳定，促进人口的流动。

2. 1215 年英国大宪章也是撒克逊贵族强迫诺曼王朝摄政的约翰王签订的。那时，英王理查一世（有名的"狮心王"）正参加十字军第二次东征（见附录 10：英国大宪章）。

3. 法王查理四世于 1328 年去世，无男丁继承，王位悬空。英王爱德华三世是查理妹妹的儿子，按英国宗法，应可以继承法王之位。法国贵族当然不会按英国的宗法办事，他们选了查理叔父的儿子，是为腓力六世。腓力要爱德华放弃继位，代价是谷计英国保存加斯科涅。1331 年，爱德华宫廷内斗，王位刚稳，暂时答允。腓力却乘机干预英国与苏格兰之争，并指爱德华未有履行臣属的义务。1337 年，腓力派舰艇刺探英吉利海峡沿岸，爱德华乘机反称他才是法国王位的合法继承人，战端遂起。

   开战时，英国人口是 400 万，法国人口是 1700 万。但英国先胜。1347—1951 年，黑死病泛滥欧洲。英国经济较早复原，再胜法国。1356 年，更俘虏法国约翰二世，法国政府崩溃。英国收复法境失地。法国经济解体（尤其是农村），农民暴动，爱德华第三次进军，大胜。1360 年战事暂停。

   十年后的 1369 年，法国卷土重来。那时爱德华垂垂老矣，法国开始占上风。苏格兰蠢蠢欲动，英国两面受敌。1389 年，双方休战达二十多年。期间，法国王室争位内斗，英国则要应付苏格兰、爱尔兰和威尔士的动乱。

   1415 年，战事再起。前半段，英王亨利五世大胜，于 1420 年进攻巴黎，与法国定城下之盟，指定法国未来王位将由亨利五世后裔坐上。但是战局突变，苏格兰派兵助法，力挫英军。过几年，英国再来，1429 年包围法国重镇奥尔良（Orleans），法军士气低沉。此时"圣女贞德"出现。这农家少女以"神命抗英"唤起法军斗志。奥尔良解围，法军气势如虹，追击英军。但不几个月，贞德被勃艮第（Burgundy，这是法国东面的侯国，反复无常，有时助英，有时助法）军队俘虏，卖给英国，1431 年以妖众之罪被处死。之后，英法双方处于拉锯之势。战事在法国境内，英军供应线较长，法军又往往避战，英军日趋疲惫。1453 年最后一战，英军撤回到最初的加斯科涅，法军用炮轰取胜。百年战争终于结束。这也是欧洲历史上第一次大规模用炮轰。军事现代化也就此展开。

4. 早在 1054 年，罗马天主教与东正教已正式分裂，史称"大分裂"。其后，有多次企图复合，Piacenza 会议便是其中一次。

第七章　大变前夕：腐化的教会面对涌现的民族意识和人文思想

16世纪的欧洲非变不可。法国恢复百年战争所失的元气，在欧洲舞台上蠢蠢欲动。神圣罗马帝国（德国）是由多个小国组成，民族意识开始抬头，是欧洲的火药库。西班牙帝国成形，威胁各国，它想吞人，人想堵它。意大利各小邦钱多兵少，各大国都想染指，是另一个火药库。只有英国例外，百年战争失败后，韬光养晦，形成岛国特色。它避开了16世纪的大乱，反造就了它日后的崛起。最后，教会腐败乃是大变的远因与近因。

有些史学家把1453年定为现代的揭幕，但更多的则把划时代的一年放在宗教改革的1517年。但无可否认，15世纪下半叶和16世纪初确是西方历史的转捩点。我们先从百年战争险胜的法国开始，看看那时的世界是个什么样子。

百年战争中，法国元气大伤，昔日的光辉不再。更严重的是，国内贵族战士的封邑使政权四分五裂，国外又有勃艮第大公国盘踞东北与东南[1]。路易九世（在位期1461—1483）用兵、用计、用贿，再用两个女儿的婚嫁，终于稳定了内部，建立了稳定的税收和强大的常备军及对他效忠的官僚系统，控制了武士贵族的蠢动，并削减了教会的影响。跟着，他要和勃艮第"算旧账"。勃艮第在英法百年战争期间左右逢迎，有做一等强国的野心，这早使它的邻国恐惧。法王成功地与瑞士、神圣罗马帝国等结盟,最后击败并瓜分了勃艮第。东南归法国,东北却被神圣罗马帝国皇帝所属的哈布斯堡家族(Habsburg)吞并。这是哈布斯堡家族王朝与法国结怨的开始。跟着,哈布斯堡家族通过姻亲关系统治了西班牙,使法国感到东西受敌。这也是日后欧洲宗教分裂,引发法国与神圣罗马帝国战争的伏线。法国与勃艮第的仗虽然只打了几年(1474—1477),但来自瑞士联邦的军队却打出一个"常胜军"的名堂。从此,瑞士雇佣军成了欧洲战场上的"常客",其勇猛与残暴齐名。

法国恢复了昔日的光辉,但西面有旧仇的英国,东面与南面有新怨的哈布斯堡王朝。为生存、为扩充,便需要与这些强邻搞结盟或对抗,有时更要独行独断。法国的动向,尤其是法国对教廷的态度,影响着整个欧洲迈向现代的过程。文艺复兴在15世纪末从意大利北上,带来新思维和新气息,催生了法国的民族和国家意识,对欧洲的现代化也有关键的影响。

另外一个强国是西班牙。其实,伊比利亚半岛出现了两个在欧洲现代化过程中担任重要角色的国家:葡萄牙和西班牙。君士坦丁堡失陷,奥斯曼帝国挡住了以威尼斯为起点通往亚洲的陆路,海路就迅速发展起来。首先,远在欧洲西陲的葡萄牙因地理方便,往西探路。开发商路固然是目的,但传播宗教也是重要理由,包括对抗伊斯兰教的扩张[2]。葡人早在1415年就越过直布罗陀海峡,但在北非受阻,于是考虑绕道,逐步向南。15世纪中,葡萄牙在西非立足(1441年首批非洲奴隶被带到里斯本,开始了几百年的奴隶贸易),殖民开始。过去的除了葡萄牙人之外,还有法国人、弗拉芒人(Flander,即现今荷兰、比利时)、热那亚人(Genoa,意大利北部)。随后,在几内亚发现黄金,移民更多。从此,海外殖民比开发航路更重要。帝国殖民地的竞争也在此时开始。1488年,迪亚士(Bartolomeu Dias)绕过好望角;1498年,达伽马(Vasco da Gama)到达印度;1500年,卡布拉尔(Pedro Alvares Cabral)登陆巴西。到16世纪中,葡帝国东西横跨整个地球,从里斯本到日本长崎。西方诸国竞争欧洲以外的土地和资源,影响了欧洲现代文明的发展[3]。

西班牙[4]殖民帝国比葡萄牙起步稍迟,但若干地方却捷足先登。它的海权扩张是由进占大西洋的加那利(Canary)群岛开始的。1492年,哥伦布"发现"新大陆,西班牙海外帝国版图遽增。一时间,欧洲人俨然是世界主人。1493年,经教皇批准,又经1494年西、葡互相约法,把地球划为东西两半,以非洲西岸为界。东半球(非洲和亚洲)属葡萄牙势力,西半球(南、北美洲,除了巴西)属西班牙。虽然如此,西班牙仍不放弃在非洲发展。另一方面,西班牙探险队伍于1513年越过巴拿马,到达太平洋,把太平洋和沿岸土地全部纳入西班牙帝国的版图。16世纪40年代开始,来自墨西哥和秘鲁的金银使西班牙成为欧洲最富有的国家。16—17世纪,西班牙拥有欧洲最强的海军和陆军,号称"日不落"帝国。

这里要提到哈布斯堡家族王朝[5]。在现代欧洲的头两个世纪(16—17世纪),所有的大事或大战都有这家的份儿。出自哈布斯堡家族的西班牙国王卡洛斯一世(在位期1516—1556)在1519年后兼任神圣罗马帝国皇帝,称查理五世。他以欧洲盟主自居,全盛时的统治范围包括神圣罗马帝国、西班牙帝国、葡萄牙帝国、南意大利、荷兰和比利时。他的政治目标(包括他的儿子,也就是在英、西之战中发动西班牙大舰队的腓力二世)是:一、垄断来自美洲的金、银、糖,以及来自亚洲的香料、瓷器、丝绸;二、削弱法国在欧洲的势力,特别是阻止法国向东扩张;三、保障信奉罗马天主教的哈布斯堡王朝在德国(神圣罗马帝国的主要部分)的势力,为此力阻宗教改革;四、保护欧洲免受奥斯曼帝国(信仰伊斯兰教)入侵。

来自海外帝国的金银给了西班牙富强和野心,但也种下日后没落的种子,即:一、国内工、农业的发展和经济、社会的改革慢下来(相对于英、法、荷);二、财大气粗,树敌众多,征战多年;三、过度依赖海外资源,要花费庞大军费去维持海外的帝国;四、过度依赖外国入口,国家财富外流。奢侈浪费和庞大军费引发了多次通胀,国家濒临破产,要靠富商、富城和外债去支持。这些,都使得宫廷的权力下降、帝国中央与帝国人民之间的张力增加。

这个泛欧的王朝要跟刚冒出来的以民族、语言、宗教和历史作为基础的现代国家理念对抗。这个以宗教道统自居的王朝要跟反特权、反腐败、反僵化的宗教改革对抗。结果当然是败下去，但也同时改变了国家理念和宗教改革的走向。"现代国家"走向了极端的国家主义（帝国主义、种族主义、法西斯主义）；宗教改革走向了彻底的宗教革命（反教权、反宗教、反信仰）。在欧洲事务上它属保守，但在向全球扩张（包括文化扩张）上它属先驱。西、葡殖民帝国与日后的荷、法、英、德、意殖民帝国，在欧洲走向现代过程中扮演了主要角色，推动了西方文明的全球化，以及与其相连的经济全球化。

法国与西班牙是两强之争。它们争什么？神圣罗马帝国是第一争，意大利是第二争。

神圣罗马帝国是由 1800 多个大大小小的国与邦组成的"帝国"，没有稳定的制度和组织，可以说是一盘散沙。以后几个世纪的欧洲动乱，绝对与此有关。帝国皇帝的选举是欧洲大事，牵涉到教会（罗马教廷和当地教区）、泛欧洲的权贵家族以及当地的世袭王侯和好战武士。其实，帝国内部的权力斗争具体而微地反映了整个欧洲的权力关系。

神圣罗马帝国来自加洛林帝国在 9 世纪（843）分裂出来的东面一半（西面演变成法国），即现今的德国、奥国、荷兰、比利时一带。初时也不叫帝国，只叫东法兰西亚（Francia East）。帝位是由"选帝侯"（Electors），也就是有势力的公侯们推选的，并由教皇加冕。这是帝位合法性需要由教皇认许的政治传统。帝国境内大大小小的公侯国和半独立的城镇各自为政。因此，皇帝、公侯国、城镇与教会之间经常因土地、赋税、公职与神职的委任，以至皇帝的选取等争得头崩额裂。

13 世纪中开始，帝国再没有英明的皇帝。选帝侯之间又明争暗斗，甚至同时选出两个皇帝。帝国皇帝与帝国统治越来越是两回事。皇帝的实权有限，但地位高贵，是欧洲权贵的攀附对象，特别是通过姻亲关系去影响局势。帝国制度松散，公侯们你争我夺，地区性的战争不断。帝国成为欧洲的火药库。到了15世纪，帝国的统治更加不稳，宗教的凝聚力也在下降，改革之声日涨。皇帝腓特烈三世（Frederich Ⅲ，在位期1440—1493）对匈牙利用兵，要筹军费，公侯们（选帝侯、其他公侯以及"自由城市"[Free Cities]）乘机要求召开"帝国议会"（Imperial Court）。腓特烈虽不应允，但他的儿子马克西米利安一世（Maximilian Ⅰ）终于在1495年召开大会，决议"帝国改革"（Imperial Reform）方案，包括改革帝国的参政方式。但公侯们与皇帝之间已势成水火。

16世纪初，帝国皇帝查理五世是由西班牙的卡洛斯一世兼任。他来自泛欧洲的哈布斯堡家族。这家族王朝的大本营那时在西班牙，与帝国相距千百里。帝国的权贵和人民都把皇帝当作"外人"，早存异心，叛乱伺机而发。帝国的封建制度和教会组织交错，政与教纠缠不清。人民对宗教狂热，但不一定是对教会信服。这些政与教的矛盾最终成为帝国分裂和欧洲分裂的导火线。

意大利的情况更复杂。既有大大小小的城邦，也有与俗世纠缠不清的罗马教廷，还有外国（英、法、德、奥、西）的直接统治和间接支配。意大利北部的城邦原是共和理想，但演变成为寡头统治。一个城邦能否维持自治要看它的经济实力。为此，它要有足够的土地在周围做军事缓冲，提供粮食与税收。从12世纪开始到14世纪，有几个比较成功的城邦。佛罗伦萨是由几个豪族统治。1434年，美第奇家族掌实权，但在名义上仍叫共和。最辉煌时代是洛伦素（Lorenzo）当政（在位期1469—1492），他利用他家族的银行网络和公职委任权，以及他和欧洲权贵的关系，维持了意大利半岛的稳定。有人说"如果真的要有独裁者，洛伦素倒是不错的"。米兰却是由斯福尔扎（Sforza）家族独裁统治。他们自称米兰公爵，其实是1395年用钱买来的衔头。全盛期是14世纪后半叶。此后，这家族就是平平无奇，直到1499年，米兰落入法国手里。威尼斯的全盛期是14世纪，它利用造船的优势和12—13世纪经十字军东征开发出来的商路，创造了一个跨欧亚的商业网络。它避开了独裁统治,采取选举制。领导人称"总督"(Doge),是终身制。它的世界商路网因君士坦丁堡失陷而被堵住。葡萄牙和西班牙登上了"经济环球化"的舞台,威尼斯被挤了下来。意大利北部的城邦大部分都是独立小国,它们之间的互争是意大利未能成功拒抗外国入侵的主因。意大利是欧洲的火药库,但与神圣罗马帝国的火药库有很大区别。意大利半岛自罗马帝国崩溃后,从来没有一统,本身四分五裂,各自为政。统治者不是贵族,而是豪族,因此没有封建的枷锁也没有封建的制约。它们自由而功利,活泼而任性。起源于这里的义艺复兴也染此特性。

意大利南部以农为主,在 13 世纪中叶,属神圣罗马帝国。教廷想摆脱神圣罗马帝国的支配,想把它"送"给法国(当然要法国出兵去拿)。西西里人反抗,遭法国血腥镇压,西西里自动献身给西班牙,造成那不勒斯属法国、西西里属西班牙的局面,到 1435 年才统一为西西里王国。法国当然不高兴,要收复。日后西、法交恶多年,这也是原因之一。更关键的是法国与教廷关系的变化影响了整个欧洲。法国以教廷保护者自居,教廷也逐渐依赖法国的势力。在 1305—1377 年间,更搬出罗马,移驻到法国势力范围内的阿维尼翁。意大利人对教廷就有了疏远的感觉,更加不满教廷受法国的支配。最强烈的反应来自教皇国(Papal States)的人民。

横跨意大利中部的教皇国是法兰克王朝在 8 世纪时送给教会的土地,包括了很多城邦,是用来供给罗马教廷粮食和税收的。这片土地民风凶悍、文化复杂,原本就很难管理。先是黑死病,跟着是教廷移往阿维尼翁,罗马城全破坏了,街上甚至有狼群出现。教皇国全无法纪,完全由当地的小贵族任意宰割,城邦之间也是互相攻伐、吞食(有点像中国的春秋时代)。各城邦内部又分为拥教廷派和拥神圣罗马帝国派,经常武斗。老百姓生活在水深火热中,经常闹暴动。

阿维尼翁时期的教廷极其腐败。搬回罗马之后,法国(通过法籍的枢机主教团)在阿维尼翁另立教皇。于是出现双教皇(这情况持续到 1447 年)。两位教皇拉拢各国的王侯们,王侯们也利用教皇去追求他们的政治目标。枢机主教团成为关键，因为他们是唯一有权选举教皇的主教，但又是只有教皇才可以委任的（教皇和枢机主教都是终身制的）。因此，各国都想教皇多委任他们国籍的枢机主教，借此去增加他们选下一任教皇时的影响力。教皇也利用这委任权去换取金钱和权力。枢机主教团的势力越来越大，甚至可以废立教皇。有几年（1409—1414）更有三个教皇。这些教会的"内部"纠纷，扰攘了四十多年，大大影响了欧洲的政局，也大大削减了教会的威望。

1420年（这是法国在百年战争中最低潮的时刻，巴黎被英军攻陷，法国无力左右教廷），教皇马丁五世（Martin V，在位期1417—1431）终于把教廷统一在罗马，开始了文艺复兴期的教廷。这是教廷最世俗和最腐败，同时又是最文化和最光芒的一段日子。其实，这也透彻地反映了文艺复兴的真面貌——极度的自由产生了最好的和最坏的东西。这时期的教皇差不多每一个都是爱好文化的。他们贪钱，但也愿意和懂得在艺术上花钱。他们不像精神领袖，倒像俗世君王。是好君王还是坏君王，就要看你的观点与角度了。单看罗马城的治理和教皇国的扩张，他们比欧洲诸国的君王们更厉害、更成功。15世纪初，罗马城只有25000人（公元1世纪时是100万人），破烂、荒凉得很，到处是流氓盗贼。但到了16世纪初，罗马是欧洲的文化中心。教皇国的领土有增无减。但这些教皇是什么样子的人？举几个例子。

西克斯图斯四世（Sixtus IV，在位期1471—1481）是典型。他鼓励最高艺术，容忍最低道德。他本人是学者，但他的徇私是惊人的。他把大批族人委任神职，六个侄儿（那时代，侄儿往往是私生子的代称）做了枢机主教，包括日后的尤利乌斯二世（Julius II）。他甚至企图暗杀佛罗伦萨美第奇家族的成员，以让他的侄儿们拿到职位。这些是典型的文艺复兴期教皇的政治手段，目的在于巩固自己家族的势力，增加家族的财富。他的"卖神职"（simony）也是惊人的。上至枢机主教，下至教堂执事，都是待价而沽。当然，敛财是上下一样的。花钱买了主教职位，自然就想利用这职位去挣一笔。因此，从教皇到教廷、教区、教堂都在敛财。还有，这些神职往往有其相连的土地、属国、城邦。主教同时是一镇、一郡之主。因此，为扩充土地、争取利益，就会与俗世王侯冲突。更复杂的是，一个教皇委任亲人，他会想，这个亲人拿了实权、领了土地之后会不会反复；这个亲人也会想，拿到的权和地是不是稳当。双方都想自保。教皇当初的徇私反变成日后的树敌。再有，一个教皇死了，新教皇登位，上一任教皇委任的职位怎么办？新的教皇当然想把它们作废。但坐在这些职位上的怎么肯？于是"世袭"教职的念头出现。教廷就变得更像俗世朝廷一样。但是，从另一个角度去看，西克斯图斯大兴土木，重建和改建罗马，扩宽街道。今天罗马城的面貌是他搞出来的，著名的西斯廷小教堂（Sistine Chapel）也是他建起来的。

亚历山大六世（Alexander VI，在位期 1492—1503）是坏蛋中的坏蛋。他是典型的文艺复兴人物。一方面，他精明能干，一登位，马上镇压罗马城中帮会的武斗，恢复治安；马上发放公职和神职人员的工资，收买人心。教皇国中的地方霸权被他一一驱逐或摧毁。另一方面，他既贪又淫，卖官敛财不在话下，杀人越货是常事。任何阻他发财甚至使他发财的人，他与他的儿子博吉亚（Cesare Borgia，马基雅维利在《君主论》中推崇备至的大恶人）[6]都会想办法把他们干掉。高级神职人员是特别目标，因为人死了，教皇可以接收其财产；缺空了，职位上的收入归教皇；缺卖了，教皇又赚一笔。1500 年，威尼斯驻教廷大使有此报告，"每晚都有四五百人被谋杀，有枢机主教、主教等等。整个罗马城在战栗，不知何时会被公爵（即是博吉亚）杀害"。身为教皇，亚历山大六世有几个情妇。其中一个被他安排嫁给三个丈夫，但仍和她住在一起，生了四个孩子，包括博吉亚。登位后又收了一个 14 岁的情妇，但为安抚这女人的哥哥，把他委任为枢机主教（日后是教皇保罗三世）。罗马人背后叫这女人做"基督的新娘"（传统上，教会解释耶稣与教会的关系像夫妇，教会自视为"基督的新娘"）。他于 1503 年暴卒，传说是误中了自己下给别人的毒。

尤利乌斯二世（在位期 1503—1513）也称"战士教皇"（Warrior Pope）。在这个精力充沛、道德沦丧的时代，特别是在意大利，如果你不是锤（打人），就是钻（人打）。无论治国或治军都是靠威信。他是出名的"有恩不忘，有仇必报"，东征西讨，罗马城和教皇国进入黄金时代。他鼓励文化和艺术，继续了西克斯图斯四世开始的罗马重建。他请米开朗琪罗绘制西斯廷小教堂的天花板，请布拉曼特（Bramante）建圣彼得大殿。他被选时没有卖神职的丑闻。这可能因为他是意大利人，而当时教廷是被法国和西班牙的枢机主教把持的，再加上他的家族本身富有，所以既没有机会也没有动机去卖神职。他的征战所获全献给教会。他一登位就大大整顿卖神职，得到当时欧洲社会的高度评价。尤利乌斯二世本身虽然不贪财，但是教会内部的腐败已到了无可救药的地步。而且，他的作为，在教会的神圣外衣下已与俗世君皇无异。他死时的 1513 年，宗教改革已是如箭在弦。

当时欧洲诸国摩拳擦掌，只等引线点起。稍为例外的是英国。

英国在百年战争之后的半个世纪里韬光养晦。国内打了一场内战，但也培养了它的岛国文化——国民团结、自力更生。在百年战争中，英国失掉了差不多全部在欧洲大陆的领土，人人归罪于国王亨利六世。他来自兰开斯特（Lancaster）家族，1422 年即位时只有九个月大，左右亲信都是族人，把权的是王后。代表约克（York）家族的约克公爵原本就不满，认为按英国宗法，王位应属他。百年战争末期，他属主战派，但国王不给军费，因此更加不满。战事结束那年（1453），国王突然精神失常，连刚出世的亲生子也不认得。深得民望的约克公爵摄政，遂趁机驱逐兰开斯特族人，并强迫亨利答应他继承王位。稍后，国王略康复，王后连同兰开斯特族人赶走约克公爵。公爵带兵入伦敦，声言"清君侧"，战事遂起。这是 1455 年的事，也就是百年战争结束后的两年。兰开斯特与约克两族的纹章图案是红玫瑰和白玫瑰，故名"玫瑰之战"（War of the Roses，1455—1485）[7]。这场内战对英国有很重大的意义。这位神经失常的亨利六世在位前后四十年（1422—1461，1470—1471），使得贵族们，尤其是基层的武士贵族（barons，可译男爵，是贵族最低的一级，多数是因军功或财富而被册封的）对王权的尊重全失。1215 年的大宪章本来就是这批武士贵族对王权的勒索。如今，王权的尊严更被破坏。

还有，百年战争后，"退役"军士到处流浪，成为雇佣兵，大大增强了地方贵族和城市商绅的武装力量。这带来两个后果。一是王室的内讧和大贵族之间的互争常常需要拉拢这些地方武装。这提升了他们的政治地位，后果是权力从中央分散出去。二是地方有了武装，他们之间的争执就常常诉之武力。为避免两败俱伤或被殃及池鱼，地方也希望具有权威的中央去替他们讼裁纠纷或保护他们的权益。后果是权力向中央集中。同时，国与国之间的大规模和长时间的战事，却使军事与税收向中央集中。这些复杂错综的因素促成了国王（包括大贵族）与基层贵族之间互相依赖和互相制衡——王权下降，但不至于崩溃；地方权力上升，但不至于夺主。这是很典型的英国式政治。

英国开先河地创造出以宪章去约束王权（相对以武力推倒王权）的政制，一方面约束了独断独行的王权，另一方面肯定了依法行使的王权。这一个子民（其实是基层贵族）与君王的约法完全违反了中古欧洲政教关联的封建思想。早在 1215 年的大宪章就被当时的教皇否定，理由是王权是神赋的权，必须经教会的认可才可生效。因此，子民约束王权，君王让权于子民，必得通过教会为中介，不能由君王或子民自作主张。所以，大宪章就是逾越，因为它间接承认了王权独立于教会。大宪章削弱了王权（独行独断的王权），但又肯定了王权（依法行使的王权）。这是英国独有的政治历史。再加上百年战争与玫瑰之战引出的各种推力和拉力，催生了英国特色的"君主立宪"制度。

与欧洲大陆诸国不同，从 11 世纪（1066）来自法国的诺曼人征服撒克逊人（他们本身也非英国土人，而是来自现今德国北部），到百年战争开启（1337）只不过两百多年，诺曼人并没有"根"在英国（这是相对于欧洲大陆诸国的"老封建"），他们仍念念不忘法国故土，要坐上法王宝座。百年战争的失败使诺曼人放弃了他们是法国人的幻想。加上在战时因为要拉拢撒克逊人，诺曼人放弃了法语，接受了"英国人说英语"的现实。这些都加速了诺曼人与撒克逊人的"同化"。

英吉利海峡的阻隔（对想"亲"欧陆的人而言）与天险（对想"拒"欧陆的人而言），更有助产生岛国的团结和独立。英语文化与欧洲文化从此分道扬镳，养成英国特性的岛国民族和国家观念，成为最早行宪的国家。从此，英国的心态、行为往往有别于欧洲诸国，包括日后的"大英帝国"和"英语文化"，在欧洲现代化过程中提供着独特的模式和典范（国立宗教、资本主义、君主立宪、法治、人权等理念）。

我们再来总结一下宗教改革前夕的西方世界。

11—13世纪是"基督——封建"下的太平。欧洲人口锐升，经济增长，商业发达，城市增加，文化兴旺，是全盛时期。但政教矛盾和教会腐坏也是有增无减。十字军把旧的典籍、新的思想带回欧洲，引发14世纪的文艺复兴。但14世纪同时也是个黑暗时期。大饥荒、黑死病瘟疫与战争的蹂躏，使欧洲人充满悲观和死亡感，对生命意义和个人价值有了比较极端的看法，对宗教和权贵的威信和能力起了怀疑。人口少了一半，封建制度开始解体，教会凝聚力开始消失。15世纪，百年战争带出国家理念，加速了封建与教会的凋谢。君士坦丁堡之失既孤立了欧洲（往东陆路被堵，东方屏障失落），也解放了欧洲（往西海路渐开，东方文物西来）。欧洲人开始与世界交往，继而支配世界。活字印刷的改进，使信息和思想传播加速，壮大了改革的力量。

16世纪开始是这样的。一方面经济发达，人均收入普遍提高，生活水平上升，人口增加。西方人开始从14—15世纪的阴影中解放出来。但经济基础也在改变，繁荣中暗藏危机。新大陆的发现开始了环球经济，环球金融创造了殖民大帝国。商业兴旺，城市繁荣，以金钱为基础的资本经济出现。资产阶级抬头，开始与贵族阶级对抗。另一方面，盛极的文艺复兴由意大利北上。古文明、新思维开始散播到整个欧洲。在尚未有民主意识的情况下，国家观念与民族观念抬头，政治和军事权力集中到一国君王身上，加深君权与教权的矛盾，也削弱了封建制度和骑士精神对君主们的制约。再有科技发达。在军事上，科技（大炮、巨舰、雇佣军等）改变了战争的形式，也就是改变了以武士阶级为基础的封建社会组织；在文化上，科技（特别是印刷）改变了信息和思想的传播，削弱了权贵和僧侣的垄断。特别是通过《圣经》文字的口语化，文化开始普及。知识分子阶级出现，对旧思想和当下制度开始质疑，成为西方走向现代的中坚。

阿奎那绝不可能想到在两百多年里，世界会变成这么极端，这么混乱。无论是亚里士多德／阿奎那，还是更早的柏拉图／奥古斯丁，都强调永恒的真理、宇宙的秩序和超越个人的价值观。但经历 14 世纪的大灾难、15 世纪的大动乱，西方人变得无所适从。永恒变成虚无，真理变成虚伪；宇宙也许有秩序，但社会绝无秩序；个人大于一切，哪还有超越。个人有点价值观还好，恐怕很多人连任何价值观都没有。希腊古哲的理性本来是用来追求真理的，现在变成用来质疑真理，甚至否定任何真理的客观存在。理性非但不被用来平衡信仰与政治，反被用来加剧和加深信仰与政治的矛盾和冲突。亚里士多德／阿奎那世界的中心被撕裂了。原意是理性与信仰互相启发、互相印证，去过滤新思维和新科技，现变成理性是信仰的敌人，新思维、新科技是攻击信仰的武器。"龙凤配"变成了"生死斗"。失掉了重心的亚里士多德／阿奎那思路哪还有凝聚力去维持大混乱中的秩序？哪还有包容力去更新上层极腐败、下层极不满的教会？哪还有说服力去调解完全基于私利和私欲的政与教之间的纷争？

西方人何去何从？他们坚持了上千年的宇宙观、伦理观、政治观，经历两个世纪的不断质疑和摧残后会发生什么变化？变化中有没有新的文化基因出现？第二篇会深入探讨。

注：

1. 勃艮第原是查理曼大帝死后，帝国三分，处于东面的神圣罗马帝国和西面的法国中间的一部分，包括了法国东南面的一大块。它与意大利和瑞士接壤，是北欧通意大利的要道。14 世纪中，更经姻亲关系吞并了北欧一大块，即现今的荷兰、比利时和卢森堡，全都是土沃人茂或地当要冲的地方。

2. 中古有"祭司王约翰"(Prester John) 的传说：一名叫约翰的教士 (Prester 来自 presbyter 或 priest, 即教士的意思) 在波斯以东建立了一个富无伦比的王国，如果欧洲可以与它联手，基督徒的势力就可以围堵伊斯兰教的扩散。这王国据传是在印度。13 世纪末，马可·波罗以为是在戈壁沙漠之南。到 14 世纪，又传是在非洲。1492 年，葡萄牙探险家 Pedro de Covilhao 到达埃塞俄比亚时，还呈上葡王向这个"祭司王约翰"问好的函件！

3. 这里也有一个足可改写历史的小环节。1485 年，热那亚航海家哥伦布向葡王申请资助打算向西探路到印度。葡王交"专家"们研究，未果——其实，这期间葡人迪亚士已于 1488 年绕过了好望角，葡王知道大西洋与印度洋是互通的，往东走也可到印度（这时代的海路探险都是高度保密的，以防泄露了商机和军机，再加上领土权的争议，很多"发现"都是事成才公开的）。因此，葡萄牙拒绝了哥伦布。哥伦布就转向西班牙求助。西班牙原本无意（西班牙的"专家"们都同意地圆之说，但认为哥伦布算出的圆周太小，日后也证实确是如此），但又不想哥伦布为别国探路，于是作出最低限度的支持，其实也不存厚望。可是往西路上，哥伦布"无意"发现了美洲 (1492)。西班牙捷足先登新大陆，其海外帝国从此开始，帝国之间的竞争以至战争接踵而至，改写了西方历史。

4. 西班牙原先是三个独立的家族王朝——东面的阿拉贡 (Aragon, 它兼有意大利南部和科西嘉、西西里等几个地中海岛国)、南面的卡斯蒂利亚 (Castila)、北面的纳瓦拉 (Navarre)。1479 年，阿拉贡与卡斯蒂利亚合并。这里有段浪漫的爱情故事。卡斯蒂利亚的伊莎贝拉公主对阿拉贡的费迪南德王子情有独钟，违背父命，私订终身，父王死后才正式成亲。两人共同执政，创造了西班牙的辉煌时期。1513 年吞并纳瓦拉，成为西班牙王国。纳瓦拉就是西、法交界的巴斯克 (Basque) 地区，身属西班牙，但心存独立，加上法国为保护南部边境，背后煽动巴斯克独立，到今天仍是不靖。

5. 哈布斯堡家族王朝在 12 世纪初 (1108) 发源自瑞士，最擅长"结亲"。欧洲各国 (除英、法外) 的王室都与他们有血缘关系。他们的根据地在奥地利，家族成员历任神圣罗马帝国皇帝。1477 年，因协助法国战胜勃艮第，分得法国东南的勃艮第旧地。1516 年，继承了西班牙、南意大利、荷兰、比利时等王位。1521 年，家族一分为二：东面的以奥地利为基地，加上匈牙利和波西米亚；西面的以西班牙为基地，加上荷兰和意大利南部，有段时间更加上葡萄牙和匈牙利。西班牙国王卡洛斯一世成为欧洲强人。

6. 这位枭雄被马基雅维利拿来做《君主论》中的理想君主。他长得俊美非凡，后人叫美男子做"华伦天奴"(Valentino) 就是来自他的别名 (他从法国拿到一个以瓦伦蒂诺 [Valentinois] 地名为名的公爵衔)。他有才干、有狠心，但没有道德、没有良心。亚历山大原想他的长子继承家族王朝，但他被人谋杀，证据指向博吉亚，但没有人敢出声。跟着，博吉亚辞掉了父亲委任他的枢机主教神职，以方便自己建立俗世的王国。他借法国军力铲除了家族中的异己分子，巩固了他在教皇国的控制权。他野心勃勃，想征服整个意大利。他有意大利最善战的军队，有达·芬奇做他的总工程师。但他治军阴险。最臭名昭著的是在 1502 年，他怀疑几个与他共生死的战将有异心，假意宴请，席上把他们全部绞杀。他治国更阴险——曾委任一名酷吏以严刑峻法去清理地方上的不靖，成功后，他假做罪名，斩杀这名酷吏。地方既得安宁，他又有美名。这个以为被他器重的酷吏,死难瞑目。

作为儿子,博吉亚不仅为虎作伥,对父亲也不放过。亚历山大畏他如虎。他谋害亚历山大心爱的大儿子(也就是他的哥哥)和亚历山大所有的亲信。甚至教廷的侍卫都被他一一"解决"。他留着亚历山大的命只是因为还有利用价值。1503 年,亚历山大突然去世,博吉亚的靠山倒了。当时他在病中,但他的军队还能左右枢机主教团选出一个支持他的新教皇。可是这新教皇只当了 26 天就死了。下一个选出的是死对头尤利乌斯二世。不久,博吉亚就被捕。他逃脱,跑到法国当雇佣兵。1507 年死时才 31 岁。

博吉亚固然阴险,但看了《三国演义》就会知道,枭雄作为,中外一样。第十七回,曹操与袁术战,军中缺粮,借粮未遂,仓官王垕入禀,"兵多粮少,当如之何?"操曰:"可将小斛散之,权且救一时之急。"垕曰:"兵士倘怨,如何?"操曰:"吾自有策。"垕依命,以小斛分散。操暗使人各寨探听,无不嗟怨,皆言丞相欺众。操乃密召王垕入曰:"吾欲问汝借一物,以压众心,汝必勿吝。"垕曰:"丞相欲用何物?"操曰:"欲借汝头以示众耳。"垕大惊曰:"某实无罪!"操曰:"吾亦知汝无罪,但不杀汝,军必变矣。汝死后,汝妻子吾自养之,汝勿虑也。"垕再欲言时,操早呼刀斧手推出门外,一刀斩讫,悬头高竿,出榜晓示曰:"王垕故行小斛,盗窃官粮,谨按军法。"于是众怨始解。由此看来,还是咱们的曹阿瞒厉害些!

7. 这原本是贵族之争、血缘之战。但因百年战争带来的苛捐重税和海盗大患,伦敦商人早已对国王不满。刚好约克族赞同他们,所以得到他们的拥戴。国王只好放弃伦敦,但又被约克族捉着。兰开斯特族组兵去保王。就这样打了三十多年。其中法国左右煽动、结盟,目的当然是英国越乱,法国越好。经历四个国王,一个兰开斯特族,两个约克族,最后,渔人得利的是都铎族(Tudor)的亨利七世。他有点兰开斯特的血统,但又娶了属约克族的公主。都铎王朝遂起。日后出了改写英国历史的亨利八世和为大英帝国打下基础的伊丽莎白一世。

第二篇

物竞

宗教改革打断了西方人信仰与理性的统一。封建崩溃，多年战乱，那是个迷茫、无奈的时代。在绝无原则的法国内乱中产生了乐观、悯人的"理性主义"；在绝对原则的英国内争中却产生了悲观、功利的"经验主义"。前者以心法、内省求真，有泛人的意识。后者以观察、反思求真，有个人的意识。西方第二组文化基因是"泛人"与"个人"。泛人意味平等；个人意味自由。但两者都坚持是唯一真。西方文明出现性格与思维的分裂。

第八章　充满犯罪感的宗教改革

　　宗教改革是反对当时的教会腐化、教义僵化。它是复古，而且带着对人性的极度悲观。但因为教权与政权的纠缠，改革很快被政治化。宗教教义、政治利益、民族意识纠缠在一起。这个西方现代文明初生的时代有三个代表性的立场：现实功利、悲天悯人、犬儒冷漠。宗教改革也突出了西方人"动"、"反"、"极端"的性格。这种性格的形成与立场的选择影响西方现代文明的发展至今。

　　盛夏，大雨，官道上几匹马正在疾跑，几个少年正在赶路。突然，电光一闪，一个大雷从平地响起，差不多击中了其中一匹马。马上的少年害怕极了，惊呼："圣安娜保佑我！我愿出家做僧人。"（圣安娜是圣母玛丽亚的母亲）。回到大学，他跟朋友们说这是他向神立过的誓，决意进修道院。朋友们力劝无效，两周后成行。朋友们送他到修道院门口，他回过头说："今天一别，后会无期。"这少年就是马丁·路德（Martin Luther, 1483—1546）；这事情发生在1505年7月2日，那年他22岁。路德终有一天反悔了他的誓言，但整个西方世界就因为他出家的选择而面目全非了。

　　其实，路德出家，并不意外。他生在一个非常虔诚、严谨的家庭。父亲想他念法律，他改念哲学，越念越觉得宗教只是教人畏神，并没有显示一个爱人的神。他恐惧死亡，更恐惧神的审判。可以说，他出家是要解决他个人的信仰危机。他很积极地祈祷、守齐、忏悔、朝圣，但得到的总是沮丧、失望。"我未有接触到救世和慰藉的基督,我把他当作我的监狱长和行刑官。"他越努力修行,越觉得自己罪孽深重。院长认为他过于内省和自责,命他再进大学修读,以分散他极度低劣的心情。他 1507 年重回学府,1512 年获教席,驻威登堡(Wittenberg)。

他对教义的僵化和教会的腐化很失望。1517 年,罗马教皇利奥十世(Leo X,在位期 1513—1521)要修圣彼得大教堂,卖"赎罪券"筹钱(见第一篇第四章),派往路德所属教区募捐的推销人提出,"赎罪钱箱当当响,亲朋好友上天堂"。路德怒了,写信给大主教抗议(大主教当时也想借卖券去偿还他行贿买职位的债),并附上"马丁·路德对赎罪券的质疑",也就是有名的"九十五条论纲"(*95 Theses*),同时把抄本钉在大学教堂的门上(等于现今的告示板)。其中第 86 条提到:"现今教皇,富甲天下,为什么不用他自己的钱去建圣彼得大教堂,反而去拿贫穷信徒的钱?"那天是 10 月 31 日,"万圣节"的前夕。通过刚发明的印刷技术,那"九十五条论纲"(原本是拉丁文,但马上翻译成德文)很快在两个星期内传遍德国,两个月内传遍欧洲。改变世界、走向"现代"的宗教改革运动就在那天揭幕。

欧洲各地的学生涌到威登堡听路德讲学。他写了多篇动人的文章:《致德国的基督徒贵族》、《被俘房的教会》和《一个基督徒应有的自由》。1519 年,教皇召他到罗马去答辩。路德所在的萨克森公国(Saxony,属神圣罗马帝国范围)的选帝侯(其实就是该国的君主)表态要庇护他。这位选帝侯叫腓特烈三世(在位期 1486—1525),早就要和神圣罗马帝国皇帝查理五世搞对抗,因为他不满意帝国干预属下的众侯国,不满查理五世是外人(西班牙哈布斯堡家族王朝的人,见第一篇第七章),更不满身为德国人的马丁·路德要到罗马受意大利人的审判。帝国内有不少君侯与他同感。宗教改革开始染上了政治色彩。

1521 年 5 月,路德被逐出教会。神圣罗马皇帝裁定路德为逃犯,要把他逮捕,凡协助他的便是从犯。腓特烈三世助他化装逃脱,躲了起来。在这几个月中(1521 年 5 月到 1522 年 3 月),路德翻译了德文的新约圣经(这对普及德文、唤起德国民族意识，以至催化欧洲诸国的国家意识有极重大的意义），并定下了新教义。

路德对自己的人性是悲观的，具强烈的犯罪感。他对日后悔誓、娶妻的解释是：他的誓言是"被迫的"，是当时环境下的一种反应，应属无效；他更认为进修道院后晋升神职所立的贞洁之愿，也属无效。他反对神职的誓言是终生性的，他反对神职人员不娶（这是新教牧师与天主教神父的一个大分别）。他力图"征服"自己堕落的人性，但终觉有心无力，只能期待神恩。改革运动和日后的基督新教，以至整个西方文化都深深受着这犯罪感和人性悲观的感染。

宗教改革不是政治改革，但它带出了政治改革的诉求和可能。宗教改革产生出新的宗教（但大家都自称是基督之教、基督之徒）和新的宗教地图（宗教在地理上的分布）。宗教地图有其政治的意义，也就是权力与利益分配。当初是世族王朝之间的争夺，但这些争夺不能不动员小贵族、大商人和老百姓。渐渐，小贵族、大商人、老百姓也想多些权、多些利，宗教热忱被利益替代。世族王朝与小贵族、大商人、老百姓的妥协、互利，慢慢产生以民族为中心的国家意识，也渐渐出现统治者与被统治者之间的权力制衡。

宗教改革带出了17—18世纪的启蒙运动。宗教自主（君侯们的自主）引发绝对君权，然后是社会契约。但这些都离不开西方人对"真"的定义和追求。西方从"现代前"的精神文明统一走上"现代"的精神文明分裂。宗教改革产生了保守（天主教）和改革（新教）两面，双方都坚持自己是唯一真。改革又分裂为温和与激进两大阵营，以及其中千百个不同的派别，各自坚持是唯一真，互视为异端。跟着政治介入，引出百多年的说不清的欧洲大混乱。我们从头来看。

宗教改革的头一炮由马丁·路德打出。两个星期后消息传遍德国（德国当时是神圣罗马帝国的一部分，约有两百个大小侯国和封地）。与此同时，瑞士也在蠢动，领头的是茨温利（Ulrich Zwingli, 1484—1531）。这些改革分子在当时通称为"誓反派"(Protestants，也是现今所有新教教派的英文通称，中文翻为"基督教"，以别于"天主教"；但其实两者都是"基督之教"，在西方是很分明，在中国就经常混淆)。但他们当时的身份仍是天主教徒。茨温利派的部分信徒认为路德的改革太保守，因此他们改而走上激进的"再洗礼派"(Anabaptist，认为婴儿时受洗无效，成年时应再受洗)[1]。从此，改革又分为温和派(如路德派)和激进派(如茨温利派、加尔文派)。

茨温利生于瑞士民族意识开始抬头之时。他是教士，但不满天主教会的腐败，反对当时的崇拜偶像倾向[2]，并主张教士可以结婚。"再洗礼派"是从他的教派分裂出来的更激进分子。最后更弄出茨温利带头迫害分出去的异端"再洗礼派"。

一般来说，宗教改革其实是种宗教复古。温和改革派想回到中古前奥古斯丁时代的天主教会，也就是着重原罪，强调人的堕落。这包括两个层面：人要上天堂(得救，也就是得神的原谅)只可靠神恩，绝不可能只靠自己的努力；人不能控制私欲偏情，是自甘堕落，要神恩才可克服，因此神恩就是一切。激进派认为还不够彻底，他们要回到比奥古斯丁更原始的教义。他们认为得救既是要靠神恩，那就是人与神之间的事了，哪还需要教会？温和派如路德派都保持教会组织和系统，只是脱离罗马教廷，由当地君侯自任教会的领导。激进派则主张自发式的、像天主教未被罗马帝国承认以前的地下教徒聚会，再没有什么神职的阶级或教区的组织。在激进改革中最具影响的是法国的加尔文(John Calvin，1509—1564，但主要基地在瑞士)。他的理想是一个朴素的教会，特别反对当时的奢华风气和偶像崇拜倾向。其实，加尔文派的教义与路德派相当接近。但很快两派信徒反目，温和的路德派和相对较激进的加尔文派之间的斗争往往比他们与天主教的冲突更尖锐。这也是西方人对"唯一真"的坚持而产生出正统与异端的分别。[附录3：宗教改革时代各教派教义的分别]

再回到路德。再洗礼派想得到他的支持，他秘密返回威登堡会见他们的代表，很不认可他们的见解，把他们赶走了，并在路德派势力范围内驱逐该派的信徒。1521年底,路德写了"马丁·路德劝谕所有基督徒严防叛乱者"。但情况并没有稳定下来,暴力事件不断。1522年3月,路德再度潜返威登堡,八天内八次讲道,强调基督徒的基本价值是爱心、耐心和自由,恳请人民依赖神的话(圣经),而不是魔鬼(暴力)。

由于路德派的排斥,激进改革派没有教堂可用,就转到私人家里做仪式。他们不能在城镇立足就涌到农村去。他们的首领闵采尔(Thomas Muntzer,1489—1525,曾追随路德)在德国中南部和瑞士到处宣传。他的政治和宗教言论越来越激烈,信徒(特别是平民和农民)越聚越多。他们反对所有旧制度,要建立一个完全平等、完全公产的基督国度,并宣布基督的"第二来临"(也就是"末日审判")马上就要发生。他们的口号是"以血去温暖你的剑"。农民战争遂起(1524—1525),战事弥漫到德国中、南、西部,以及部分奥地利和瑞士。参与"农民"约30万,死亡人数约10万,是法国大革命之前最大一次平民起义。

这次起义是宗教情绪撩动的阶级战争。事情是这样的。宗教改革在神圣罗马帝国辖下的德国地区开始,当时,德国社会上的六个阶层(王侯、低级贵族、教士、豪族、中产、平民)按宗教分为三派。1、以教士、保守豪族为核心的天主教会。2、以中产和王侯为核心的路德温和改革派。中产阶层想夺得市政权力,因为路德建议的新教会是以城镇为核心并高度集权,谴责豪族按家族利益操纵市政。王侯们则想从神圣罗马皇帝和罗马教廷多拿自主权。3、以平民、农民和他们的同情者(包括低级贵族)为核心的激进改革派。他们想打开枷锁,重新建立一个神的国度。1524年,战斗在德国西南部斯瓦比亚(Swabia)揭起,很快就蔓延到德国各地。各城邦和小国的统治者纷纷向大的王侯求救。路德支持统治者镇压暴乱。他支持"君权神授"的论点,认为所有俗世权力是神授的,子民不应反抗。王侯们以武力很快就恢复旧秩序(1525年5月)。平息叛乱大大增加了他们的权威,也大大激发了他们日后以宗教战争去扬威争利的野心。反讽的是,众城邦和小国发觉来自这些王侯们的威胁往往比神圣罗马皇帝难受得多。另一方面，战事虽然平息，激进改革却并没有被压制，并继续蔓延和加强。

路德被天主教会指控为异端。1529年他在德国的议事会（Reichstag）上为自己辩护。但由于他提出的改革很容易被演绎为推翻传统宗教和教会体制，神圣罗马皇帝和天主教会势难接受。这点，路德也是清楚的。他想保持自己是天主教改革者、而不是异端革命者的姿态，而且他支持德国的王侯们镇压农民起义。但这些保守态度与行为却挑起了更多的激进改革派。1529年，路德与茨温利派进行谈判。路德拒绝两派合一，终与茨温利派反目。

以上这些平民与农民层面上的宗教改革，主要发生在德国的中南部。德国北部的改革则主要在中产和知识分子的层面上展开，中产阶层与王侯站在同一战线，反对教会（教士）非但不向国家纳税更把他们在当地征收的税款转交罗马教廷。那时，德国的民族意识开始出现。对中产人士和知识分子来说，路德批评教廷干涉德国人的宗教自由和政治自决很中听。他的"两个王国"[3]更受王侯欢迎，可以用作他们镇压农民起义和没收天主教会财产的依据。当然，不是所有王侯都是如此想法。有些认为路德派教义是挑起农民起义的祸首。但总的来说，路德教义和德国民族意识很自然地互相结合起来。

随着宗教改革往其他国家扩散，宗教与政治的纠缠越来越复杂。在宗教上，有天主教对抗改革派，有温和改革派对抗激进改革派，甚至有天主教对抗天主教。无论是大国小邦，统治者可以数度改变信仰。这当然大大影响了下面的臣子、贵族和百姓。老百姓之间争，高级贵族之间争，高级贵族与低级贵族争，改革派统治者与其国内的天主教会争，天主教统治者与其国内天主教会争，教廷与地方教会争。形形色色，不可胜数。

面对改革派势力的扩张，天主教会也决定加速自身的改革，可惜结果只是加深了宗教与政治的分歧，最后还是诉诸战争。在更深的层次上，宗教改革不仅是宗教甚至信仰的问题，更是西方人对宇宙、人生与政治的全盘反思。基督宗教的"唯一真神"因为教会的腐败而失去原貌，需要重新发现；希腊古哲的"唯一真理"因为依附了腐败的教会而被扭曲了本质，需要重新演绎。当然，唯一真的文化基因已是根深蒂固。因此，经宗教改革启动的西方现代文明也离不开这个基因。他们重新发现的神和重新演绎的理都会被他们奉为"唯一真"的。那么，他们发现出怎样的神，演绎出怎样的理？这就要看当时的心态、民族的性格、当时的历史了。

吹响现代文明的三个号角手，在三十年间，出了三本经典之作，代表了西方人的三种心态。

先说马基雅维利（Niccolo Machiavelli, 1469—1527）。这位《君主论》（*The Prince*，写于1513年，但到1532年死后才出版）作者的名字代表着"为求目的，不择手段"的政治阴谋家，其实对他有点不公平。他固然对枭雄政治推崇得很，但也只是个共和政治的推崇者[4]。马基雅维利是典型的文艺复兴后期的知识分子，多才多艺。他是佛罗伦萨高级行政官，历任驻法、西和教廷大使。1502—1503年间，是佛罗伦萨派往教皇亚历山大六世的儿子、大枭雄博吉亚的随军大使。1513年被免职，更以谋反罪被捕、受刑。释放后退归家园，开始著作。因此，他对政治自然比较悲观。他把自己的观点归纳如下："所有的城邦，无论是由君主、贵族或人民统治，都要同时依靠武力（force）与权谋（prudence，字面译是'谨慎'，但按马基雅维利的思路，'权谋'比较合适）去保存，因为单靠后者不成，而前者又不会带来成果，就算带来成果也不能持久。因此，武力与权谋是过去、现在与未来所有政权的权威所在。"有异于柏拉图和亚里士多德的"政治理想"，他关心的是"政治现实"，当然也只是那个时代的政治现实。《君主论》的内容包括很多不同种类的政权（从世袭到民选、到掠夺），但焦点放在一个有野心的人如何去建立/夺取和保有一个城邦。所以，它可以看作"成者为王"的手册。总结起来只有一个词：权力；而要夺取和保有权力就要靠武力和权谋。权谋的要求是："最好是同时令人害怕和被人爱戴，但如果不能两者兼得，令人害怕比被人爱戴重要"，但"一定不要被人憎恨"。权谋的实践是阳面一切为公，阴面一切为君（权）。有权谋的君主应有以下认识：

武力自足（不靠外援，不用雇佣），城池巩固，治军要严，治民要诈。在人民眼中，一个君主必须是仁慈、老实、信义和虔诚，但实际上他不可能完全做得到，有时还要因为国事的需要而背道而驰。因此，他只要表面做到就可以了。"……你事事做好人就会被毁灭，因为不好的人实在太多。"西方很多英雄和想做英雄的，都以此为鉴。普鲁士的腓特烈大帝、法国的拿破仑、意大利的墨索里尼都写了很多的评论。《君主论》代表了西方人现实功利的一面。

圣莫尔（St. Thomas More, 1478—1535）是当时著名的"人文主义者"、作家，也是政治家，历任高官，曾是英皇亨利八世的首相。他对皇室尽职，对家庭爱护，对信仰忠贞。在亨利八世离婚另娶的案件上，为要维护教皇尊严，开罪皇帝，诬以叛国被杀。要注意的是，他所忠于的教会也是他不遗余力去批评的教会，他要维护的教皇也包括了腐败至极的魔王。因他的真诚、勇气和在受审、受刑、受死时的尊严，被尊为"千古完人"（A Man for All Seasons，也是1967年奥斯卡金像奖电影片名）。他的名著《乌托邦》（*Utopia*）于1516年出版。书名中的"乌"（u）音在希腊文中有相关意义：可以是"虚无"（ou），可以是"美好"（eu）。所以，《乌托邦》可以是"虚无之国"，也可以是"美好之国"。莫尔有感于当时欧洲国家之间的混乱和纷争，刻意描绘了一个有秩序、有理性的社会：没有私人财产，没有宗教争执。他的理想社会是古代基督徒的团体和柏拉图的"理想国"的组合。书中批评了那个时代君主的好战、法律的残酷和贫富的不均。莫尔喜欢柏拉图的"哲学家君王"——研究哲学的君王，但不一定是"与哲学家交往的君王"，因为莫尔不满很多哲学家的腐坏、不经和邪恶的意见。他的理想国是没有财产，各取所需；务农为主，人人工作；生活朴素，金钱真的如粪土（金子只用来做枷锁、粪桶或与外人交易）；福利人人有，宗教各自选；鼓励教育，不鼓励赌、猎、装扮和星相。莫尔的时代，欧洲诸国在"宗教自由"口号之下互相攻伐，权贵与资产阶级在"经济自由"下巧取豪夺。在动乱和混乱之中，莫尔提出理性与容忍，强调纪律与秩序。他的思想对康德、黑格尔和马克思都很有影响。他是唯一在克里姆林宫里被安放了雕像的罗马天主教的"圣人"。《乌托邦》代表了西方人悲天悯人的一面。

伊拉斯谟（Desiderius Erasmus，1466—1536）可算是那时代最具盛名的"人文主义者"。他生于荷兰，长大后周游列国。他的著作占了欧洲当时总出版量的10%—20%。虽是僧人，但从未认真过过僧侣的清苦生活，也从未接受过高职厚禄。他以"独立思想家"的姿态去观察和批判社会，特别是僧院制度和经院派哲学。他认为当时的哲学与神学代表着教义的僵化和形式，主张重新回到《圣经》的原文（特别是希腊文）去重新演绎和净化教义。他的作品以讽刺教会和权贵出名，但他的才华又被当时的教皇利奥十世赏识并加以保护。整个西方世界的知识界和权贵都爱看他的讽刺作品（这是很典型的文艺复兴后期和现代初期的现象——道德与文化、行为与言辞完全脱开）。他和莫尔是好朋友，《乌托邦》的出版也是他的主意。在欧洲的宗教大辩论中（当然也是政治辩论）他取"中立"——同意改革，但又希望改革可以在现制度下进行。但左右逢迎变成了左右受敌，双方都当他是"骑墙"和"懦夫"。对个人来说这是个悲剧，但他的"推波助澜"确实扩大和加深了改革与保守的壕沟。他的作品很多。《基督兵士的手册》(*Handbook of a Christian Soldier*)批评教会与社会的形式化掩盖了教义的真谛；《基督君主的教育》(*Education of A Christian Prince*，1516年出版，比马基雅维利的《君主论》早了16年）强调君主应以"人民的仆人"自居，以正义、仁慈治国。但最有名的是《愚人颂》(*The Praise of Folly*)，这书写于1509年，出版于1511年，并献给好友莫尔（书的初稿是在莫尔家写的，只用了一个星期）。书中的"愚人"（Folly）其实是个神，一个自欺和狂妄的神。她的双亲是"富豪"与"放肆"，保姆是"酗酒"与"无知"，为伴的有"自怜"、"奉承"、"空白"、"懒惰"、"享乐"、"狂妄"、"挥霍"、"放纵"与"瞌睡"。伊拉斯谟通过"愚人"（"愚神"）的自白去讽刺那些教义上虔敬但又迷信的恶习和教会中那些金玉其外的极端腐败。这是当时的畅销书，连教皇也觉得有趣，在西方文学史上极有影响力，更被公认是宗教改革催化剂之一。《愚人颂》代表了西方人犬儒冷漠的一面。

宗教改革之初,路德反的对象是罗马天主教会的腐败和僵化,不是基本的教义。事实上,他的改革是要回到基本教义。在这点上,他不是第一个。早在 15 世纪就有英国的威克里夫(John Wycliffe,约 1328—1384)和捷克的胡斯(Jan Hus,约 1369—1415)提出类似的论点,但他们都被打成异端,被镇压。路德回复到奥古斯丁的"得救全赖神恩",认为得救完全是个人与神的关系。没有神恩,人做什么善功、办什么告解、做什么补赎(包括买赎罪券)都没用。他指出,信仰(接受神恩)使人行善,但行善却不会产生信仰;有关神的东西可以完全在《圣经》里找到,不用教士解释、演绎(为此他以通俗的德文词句翻译了《圣经》)。因此,得救无须教会,更无须教廷和教皇。宗教改革不是创新。"改革"(Reform)一词是"再次"(Re)和"成形"(form)两个字的组合。"再次"的灵感来自"过去",用意是返璞归真——从《圣经》的原文和教会的原始去寻找生命的意义,从希腊和罗马古哲的思想去再造生活的模式。

在教义上,天主教与各改革派的基本分别(见附录 3:宗教改革时代各教派教义的分别)其实就是阿奎那对人性乐观与奥古斯丁对人性悲观的分别。所谓"改革"其实是"恢复"。改革派要恢复奥古斯丁的"原罪使人性完全堕落"和"得救全赖神恩"的基本教义。但是,这基本教义与教会权威有什么关系?奥古斯丁时代,罗马教会刚从被歧视、被迫害的社会边缘转成为被尊崇和被弘扬的主流。但由于几百年来分散在各地的地下教会各有特色、各有分别,要成为正统和一统,又要保存活力和感召力,这就需要有权威的教会组织。奥古斯丁把教会看作神(耶稣)的"救赎工程"的延续。教会就是"神的国度"在俗世的演绎者和代理者。这是教会权威和信徒服从的教义基础。奥古斯丁时代也是罗马帝国内忧外患、开始崩溃的时期。他向往帝国昔日光辉的罗马太平,但又认识到俗世权势往往只是追求荣耀和物欲。于是,他把"神的国度"放在"人的国度"之上,把教权放在王权之上,为的要在乱世中以爱和正义去维持社会的秩序与和平。可是，宗教改革的时代与奥古斯丁的时代不同。改革派看到的是僵化的教义（特别是经院派）和腐坏的教会（特别是教廷）。他们用上了奥古斯丁的"原罪"和"救赎"的理念，但作出不同的演绎。他们否定教会是神的唯一代理。他们认为既然"得救全赖神恩"，哪还需要代理？他们更否定教会是神的"救赎工程"的延续，特别是否定教皇是耶稣门徒圣彼得的正统继承人。他们甚至称教皇是异端，是"反基督"（Anti-Christ）。他们认为不需要教会去演绎神恩，因为《圣经》既是神对人的直接启示，而且明白（相信）也是靠神恩，何需演绎？唯一要的是正本清源（改革派很看重早于拉丁文的希腊文《圣经》）和普及大众（改革派很看重把《圣经》翻译成当地语文）。

改革派更视万宗一统的天主教会是信仰的最大敌人。这个组织严谨、权力集中的教会非但窒息一切新思想，而且往往把批评者打成异端，加以迫害和摧残。改革派的"先烈"，如捷克的胡斯被烧死、英国的威克里夫被鞭尸，就是前车之鉴。因此，改革派对正统和一统的教会非但反感，而且害怕。他们不是不要秩序与和平，而是要新秩序、真和平。因此，他们是革命、是造反。这也就是为什么宗教改革被历史学家定为现代前与现代的分界。

改革运动突出了西方人"动"的性格。西方文化本来就有"动"的倾向。现代前的"格物、致知"（柏拉图／奥古斯丁的"发掘"，亚里士多德／阿奎那的"观察"），"修身"（柏拉图／奥古斯丁的"自制"，亚里士多德／阿奎那的"择善"）和"治国"（柏拉图／奥古斯丁的"为民"，亚里士多德／阿奎那的"行义"）都是动态的。凡事都要找答案、寻解决。在现代前，他们追求的生命意义来自敬神与爱人；追求的生活素质来自理性与秩序。现代过程中，他们追求生命意义的新演绎和生活素质的新模式，但却没有得到满意的答案和彻底的解决（这些都会在以后一一讨论）。因此，他们的追求变得焦躁、不耐。这些都将是西方现代文明的性格之一。

宗教改革也突出了"反"的性格。宗教改革是反僵化的教义、反腐坏的教会。但是与"动"的性格结合起来，就往往流于什么都反，特别是反传统、反权威。这个"反"的性格支配整个西方的现代进程。改革派的英文是"抗议者"（Protestants），天主教翻译为"誓反派"或"誓反教"。在政治上，"反"已经是被制度化了。现今西方议会制度里就有"官方反对党"（Official Opposition），它是多党政制中执政党以外的最大党。它的使命是"忠诚地反对"（loyally oppose）执政党所有的政纲、政策。西方的民主思想就是以"反"为民主的保证。与上面的动态文化综合起来，西方现代文明的过程就是一浪浪的"反"。

宗教改革的历史背景加深了西方人性格"极端"的倾向。历史学家形容这是一个充满矛盾的时代，既悲观，也乐观；既高贵，也腐败。这些现象不足以解释西方现代文明的成因、过程和结果。关键是这个时代非但矛盾百出，而且这些矛盾特别尖锐：事事极端，人人极端；悲观得极端，乐观得极端；开明与反动如是，高贵与腐败也如是。西方第一组文化基因是唯一真，本来就有极端的倾向。在这个宗教改革的极端时代，极端的人、极端的事，带出极端的矛盾，才释放了这么庞大的动力，开启了这么庞大的动员，绵绵几百年至今不绝。

迎接现代来临的三个号角手表达了三种心态：马基雅维利《君主论》的现实功利，莫尔《乌托邦》的悲天悯人，伊拉斯谟《愚人颂》的犬儒冷漠。在一浪浪的"反"里头，这些心态表现得淋漓尽致：有些是为己，有些是为人，有些只是想捣蛋。

现代的意义是，西方人需要重新找他们的真神和真理，但这个寻找的过程会被他们"动"、"反"、"极端"的性格支配，被他们的现实功利、悲天悯人或是犬儒冷漠的时代心态左右。当然，从几百年后的今天去回顾这些性格和心态会看得很清晰，但当初确是乱得很。直到以西班牙为代表的中古封建制度与庄园经济被取代，新的真神、真理才开始浮现。下一章就是要谈这个过程中举足轻重的西班牙帝国的兴衰过程与历史意义。

注：

1. 路德派跟当时的天主教会一样，主张婴儿一出生就可以并必须受洗。从茨温利派分裂出来的激进"再洗礼派"认为这不合《圣经》和原始教会的教义。他们指出耶稣和他的门徒都是成人后才在施洗者约翰处受洗的，因此他们反对婴儿受洗。

2. 改革派认为天主教对圣人的崇敬，特别是对圣母玛丽亚的崇敬，几近崇拜偶像。到今天，我们还可以在"偶像"的演绎上分辨出新教（基督教）和旧教（天主教）。基督教的十字架上一般没有悬挂耶稣，但天主教的十字架上一定有耶稣在上面，称之为"苦像"。

3. 神是全世界的统治者，但他用两种方法去治理世界。他左手是"俗世王国"：神通过处于俗世但有宗教意识的政府（secular and also churchly），以法律（武力和强制）去治理。神的右手是天上的"精神王国"（spiritual）：神通过《圣经》和神恩去治理，基督徒自愿自发地服从。

4. 他的另一部名著《论李维》（*Discourses on the First Ten Books of Titus Livy*，是谈罗马历史家李维写的罗马史）被公认为现代初期有关共和政制的最重要作品。它讨论以民主、民治为基础的"共和国"制度与其优点。卢梭在《社会契约论》卷三中提出这本书才真正代表了马基雅维利的政治哲学。

第九章　宗教政治化的欧洲大混乱：
　　　　西班牙帝国的盛衰与国家理念的抬头

封建的西班牙帝国以维护道统自居，既要维持宗教一统，也要保护它泛全欧的家族利益。欧洲诸国对它先是围堵，继是围攻。庞大的西班牙帝国既要应付内部的宗教改革派，也要应付既是世仇又同属天主教的法国。西班牙是被改革派的荷兰拖垮的，但最后一击还是由天主教的法国出手。可见这百多年中，利益立场与宗教原则纠缠不清，经过了上千年大一统的西方人失措了。

马丁·路德的一纸文告引出了一场泛欧的动荡。从1517年宗教改革开始到1648年三十年战争结束，欧洲战乱总离不开西班牙和哈布斯堡世族。

西班牙的崛起源于1479年的阿拉贡与卡斯蒂利的合并，由斐迪南与伊莎贝拉一王一后合治。16、17世纪的西班牙与法国之争是西方第一场龙虎斗。也是历史异数，这个被史书形容为宗教战争的时代，作为主角的西班牙和法国却同属天主教。到时代结束，这两个国家也没有脱离天主教。西、法之争，其实是国家（世族王朝）利益之争，甚至连宗教改革的外衣也没有披上。

两国结怨起于13—15世纪争夺意大利南部那不勒斯与西西里一带。在第一篇第七章也说了，13世纪，罗马教廷想摆脱神圣罗马帝国的支配（那时的神圣罗马帝国和西班牙尚未同属于哈布斯堡世族），把应属神圣罗马帝国的意大利南部地区"送"给法国。但当地人则想投向西班牙。西、法打了一仗，西胜法败，造成那不勒斯归法、西西里属西的局面。15世纪后期，法国在英法百年战争结束后，逐渐恢复国力，念念不忘收复这块"失地"。从1494年到1516年，西班牙步兵屡次击败法国以武士为主的骑兵，建立起压倒性的军事力量。

刚好这时，欧洲两位新王出现。他俩之争决定了欧洲从中古去向现代的途径。1515年，法国的弗朗索瓦一世登位（Francis I，在位期1515—1547）。1516年，西班牙的卡洛斯一世登位，并于1519年被举为神圣罗马帝国的皇帝查理五世（Charles V，1556年因病退位，1558年去世）。这两个新王刚好在宗教改革前夕登位，他们对宗教改革的态度，再加上他们在位时间比较长，关键性地影响了整个16世纪的欧洲。两人都"竞选"神圣罗马帝位，卡洛斯拿到了，弗朗索瓦很不服气。两人的私人关系也极差。卡洛斯数次向弗朗索瓦挑战比武，一决雌雄。弗朗索瓦一世治下的法国稍后再谈，先看看这位查理五世[1]的功过。

查理身上有四个欧洲世族的血统。他出生于荷兰（当时叫"西班牙的尼德兰"，包括现今的尼德兰、比利时、卢森堡、法国北部一大片和西部一小片），对荷兰很有感情。还未登上王位之前，年轻的他以勃艮第公爵的身份，把荷兰十七个省份统一起来治理——因此可以想象日后他对其中七个省（现今的尼德兰）要结成"联合省份"去搞独立是何等抗拒。后来西班牙的衰落很大程度上是荷兰把它拖垮的，后面会详谈。1519年，查理继承了哈布斯堡世族的奥地利领土，同年被选为神圣罗马帝国的皇帝。他发觉宗教改革已在帝国中心的德国各王侯国中急剧发展，很多王侯已改奉改革派，而帝国的辖区主要是德国。查理出生在荷兰，而世族的祖业在奥地利，德国就在两者之间。因此，他视保存德国属天主教为己任。

弗朗索瓦要打西班牙，收复在意大利的失地；查理也认为有法国的牵制他就不能集中精力去对付神圣罗马帝国的改革派。虽然弗朗索瓦在1525年战败被西班牙俘虏，但他并从未放弃与西班牙为敌。1542年，他再来犯，战情胶着，直到 1546 年。弗朗索瓦一世于 1547 年去世，亨利二世继位。此君能力有限，未能给查理构成威胁。于是查理就一心一意以神圣罗马帝国皇帝的身份去处理德国境内的宗教改革了。

要注意的是，身兼西班牙国王和神圣罗马帝国皇帝的查理的军事和财政基础是西班牙。神圣罗马帝国的皇帝虽然不是虚衔，但实质利益有限。查理把大量精力放进去有三个理由。1、他是虔诚天主教徒，认为宗教统一是帝国统一的保证。2、他要保卫哈布斯堡世族的利益，而哈布斯堡的祖业在奥地利，与德国唇齿相关。3、他是西班牙国王，而西班牙国力雄厚，对外扩张势力是世界盟主的使命（他的王室座右铭是"向外"）。因此，他以维持神圣罗马帝国在天主教下的一统为己任，为西班牙国策。为此他真是鞠躬尽瘁，可惜事与愿违。不过由于查理的坚持，宗教改革变得一发不可收拾，彻底改变了西方文明的轨迹。

1531 年，德国改革派诸国结为"施马尔卡尔登联盟"（Schmalkaldic League，以结盟地点德国中部一个小城命名）。十多年后，除了部分地区，德国差不多全属改革派（至少是各国的王侯改奉了改革派）。法国大力支持这个联盟。1544 年，查理刚击退法国的弗朗索瓦一世，遂乘胜追击"施马尔卡尔登联盟"。此刻，刚好天主教自身也发动改革，于 1545 年召开特兰托宗教会议，处理教义和教会组织问题（见第二篇第十章）。查理原想利用这个机会以谈判方式解决宗教纷争，恢复帝国的政治秩序。但改革派认为天主教会没有诚意，有受骗的感觉，战事遂启。德国改革派由萨克森侯国（也就是当年庇护路德的侯国）选帝侯莫里茨（Mauritz，在位期 1547—1553）带领。1547 年萨克森侯国境内的米尔贝格（Muhlberg）战役，查理取得决定性的胜利。

翌年，也就是 1548 年，他颁布奥格斯堡御诏（Augsburg Interim），下令全面恢复天主教。但很多人反对，甚至天主教的王侯们也反感皇帝的权力太大。连罗马教廷也反对，认为皇帝侵犯教义演绎权。因此，查理未能把诸国镇压下去。到 1552 年，诸国又在莫里茨领导下取得法国帮助，把查理军队逐出。同年，查理无奈地定下《帕绍和约》（以德国南部小城 Passau 命名），保证宗教自由，取消先前的奥格斯堡御诏，查理的宗教一统理想破灭。1555 年，他与诸国再度定下奥格斯堡和约（*Peace of Augsburg*），建立一个原则："王侯信什么教侯国就信什么教，不想跟从的子民可以带同财产移居别的侯国"[2]。当然，这也就是承认既成事实，但查理希望借此维持德国政局的稳定。王侯们（无论是天主教或改革派）终于得偿所愿——他们可以决定子民的宗教。这其实就是一种绝对君权，将引出日后子民对它的抗拒，继而变成从"子民服从君主"走向"人民追求自由"的动力。

奥格斯堡和约增加了诸王侯国的权力。1、改革派王侯们取得原本属于天主教会的土地、财产。每个王侯都成了侯国的"国教"之主。2、天主教的王侯也得到好处，因为罗马教廷唯恐他们叛教，下放给他们很多权力。3、当地的天主教会为求自保，也要收买这些王侯，免得他们见异思迁，投向改革派阵营。更严重的是，奥格斯堡和约只是处理天主教和路德派之争，并没有承认其他改革派，尤其是激进的加尔文派和再洗礼派。和约之后，激进的加尔文派在路德派的地盘里迅速增长，彼此冲突使情况更趋复杂。因此奥格斯堡和约并没有把德国局势稳定下来，反使德国更加不统一，宗教之争有加无减。查理打了胜仗，更作了让步，但宗教之争却变得更政治化，更复杂。但 1547 年的米尔伯格一役也确实将西班牙定了位，成为神圣罗马帝国与天主教的哈布斯堡世族的保护者。这样，就种下了差不多一个世纪长的乱根。

查理于 1556 年因病退位，1558 年去世。继位的腓力二世（Philip Ⅱ，在位期 1556—1598）秉承父志。他也是长命的君王，统治西班牙四十多年（他没有像父亲兼职神圣罗马帝国皇帝）。首先，他于 1558 年与 1559 年两胜法国[3]，法国被迫承认西班牙在意大利的主权。1559 年，弗朗索瓦二世去世，由王太后摄政。法国政治进入混乱时代，爆发了持续三十多年的"宗教内战"，（1562—1598，见第二篇第十一章），再无力与西班牙争雄。这时开始，西班牙进入全盛期。此时也是天主教会自身革新最积极的时期。宗教分歧带来的对新知识的探索和开拓也是这时期发芽的(见第二篇第十章)。

西班牙的辉煌和没落种子也是在这时候播下的[4]。1546 年,在墨西哥和秘鲁发现了大量金银,这是西班牙辉煌的"资本"。但过度依赖海外金银,也造成了忽视国内生产、国际贸易、国家投资。加上又以霸主自居,战火频频,结果多次破产。国不泰,民不安。

虽然法国在 16 世纪上半期不断牵制西班牙,最后拖垮西班牙的是 16 世纪下半叶的荷兰战事,断断续续八十年,把西班牙弄得筋疲力尽。最后被法国一击而溃。1556 年,腓力二世刚继位,远离西班牙本土,但属西班牙帝国的荷兰出现不稳,加尔文改革派的激进分子暴动。当时的荷兰虽是西班牙帝国的一部分,但主要是商人自治的城邦,自由风气很盛,很不服气外人的统治,而且收容了很多从法国和德国逃来的激进改革派,所以乱得很。1566 年,腓力派大将阿尔瓦公爵(Duke of Alba)领兵入荷兰镇压。荷兰诸省中势力最强的奥兰治世族(House of Orange)的领导人"沉默威廉"(William the Silent,1533—1584,有别于日后英国"光荣革命"被迎入为王的威廉三世),拒抗西班牙失败。这位有"铁血公爵"之称的阿尔瓦既是名将也是酷吏,为筹军饷就抽荷兰人重税。民心不服(他们习惯了自由的工商业城邦),他就以严刑对待,卒酿成全荷兰脱离西班牙运动的借口[5]。这是西、荷"八十年战争"(1568—1648)的启幕 [附录 4: 荷兰崛起]。

本来,荷兰之乱是可以马上平定的。但突然,奥斯曼进犯欧洲,作为西方霸主的西班牙不得不全力去应付[6],癣疥之疾的荷兰慢慢地终成为西班牙的致命伤。1571 年,奥斯曼被挡住了,西班牙又回来处理荷兰。1574 年,西班牙军队包围莱顿(Leiden,现今荷兰之西)。荷兰人决堤抗敌,双方僵持着。驻荷的西班牙占领军 8 万人,开支浩大。加上与奥斯曼之战的军费,以及由美洲运回金银的船只被海盗劫去(其实都是英、荷、法的半正规海军干的),西班牙终于支持不住,在 1576 年破产。驻荷军队军饷不足,不久就叛变,洗劫安特卫普(Antwerp,在今比利时),并抢掠荷兰南部各省份。这驱使从前中立的南部省份决定加盟叛变的北部省份,对抗共同敌人西班牙。西班牙这次只能以谈判来解决。南部各省于1579年稳定下来（Union of Arras, 1579），但这反加强北部各省脱离西班牙的决心，结盟抗西（Union of Utrecht, 1579）。

正在此时，西班牙的国力突然倍增，也是事出偶然。1578年，葡萄牙以十字军名义入侵北非的摩洛哥，葡王塞巴斯蒂安（Sebastian）在战场失踪（有称被杀），王位落于王叔亨利之手。亨利是个天主教的枢机主教，于1580年去世。枢机主教哪来儿子，于是王位悬空。刚好在前一年，荷兰南部各省为表对西班牙的贞忠，接受了腓力派来的总督，这让腓力稍有喘息的空间。他遂趁机去拿葡萄牙的王位，借口是他的血统最接近。葡萄牙很多人反对，但腓力还是派兵进驻里斯本，葡国"议会"（Cortes）宣立他为葡王。西班牙与葡萄牙两国，包括它们的海外帝国，遂归腓力一人统治，直到他死后才再分开。这叫做"一人之内的统一"（personal union）。当然，这也不是没有成本的。驻葡的占领军人数不少，军费也不菲。腓力王廷在1580—1582年间还搬到里斯本呢。

腓力吞掉葡萄牙，但荷兰的"叛省"（北部的七个"联合省份"）却要把他踢走。叛省于1581年誓盟抗西，正式宣称腓力不是它们的皇帝。这可以说是荷兰的独立宣言。这些省份主要是独立的城市，如鹿特丹、阿姆斯特丹等。帝国的税收中，它们的贡献占很大的比重，这些由商家、豪族组成的自治式政府多信奉加尔文派。那时，西班牙还未从1576年的破产中恢复过来，加上占领葡萄牙的军费也吃力，所以没有出兵镇压。1584年，叛省公举的领袖"沉默威廉"被刺，腓力希望叛乱就此平息[7]。但事与愿违，因为英国介入了。

英女王伊丽莎白一世看见西班牙势力强大，很受威胁，虽然未诉诸战争，但凡与西班牙对抗的国家她都暗中支持和资助。她更支持英国"海盗"抢掠西班牙舰队。1580年，德雷克（Francis Drake, 1540—1596）攻击西班牙海外属地，回国后被女王欢迎和册封。这惹得腓力光火，就把所有在西班牙海港停泊的英国船只禁锢，还引发了他兴建海军去攻英国的念头。

1585年，伊丽莎白一世秘密支援荷兰与法国的宗教改革派分子，又派德雷克去攻打太平洋和加勒比海的西班牙船队和海港。这场英、西之战持续了二十年（1585—1604）。1588年腓力发动"西班牙大舰队"（Great Armada）进攻英国。天气、战略和情报救了英国。但翌年"英国大舰队"的反攻也大大受挫。那时，西班牙的海陆军力还是无人能及的，但西班牙盛极而衰由此开始。"西班牙大舰队"的断翼而返使诸国的胆子壮起来。在心理上，它们不再被"西班牙无敌"吓窒。但西班牙仍相信自己无敌，那时，荷兰、德国乱事未平，英国处处滋扰，但它又去打法国了。

法国是西班牙的世仇，当时正在内战（见第二篇第十一章）。腓力当然希望它越乱越好。1590年，来自荷兰和英国的压力稍松，腓力就把驻荷兰的军队分兵去打法国，帮助法国国内的天主教联盟。当时，法国的宗教内战正处于最后决战阶段，而且又加上世族夺位。腓力趁机提名他的女儿为法国女王。这位腓力也确实胃口大，他想像吃葡萄牙一样把法国也吃掉。他异想天开地以他的王后有法国世族血统为借口去染指刚悬空的法国王位。但这一招一出，反惹得法国上上下下的反感，自然未能成功。到了1594年，法国新王亨利四世正式加冕（他是1589年登位，但法国宗教内战要到1594年才真正结束，他才进入巴黎加冕），历时三十多年的宗教内战算是了结。欧洲进入英、法、荷共同围攻西班牙的时代。

西班牙在腓力登位之后，1557年破产，1576年与荷兰之战中再破产，到了1596年，因大西洋船队屡次被劫，加上维持海外帝国的费用庞大，又破产了。腓力二世于1598年去世，由腓力三世继位（Philip Ⅲ，在位期1598—1621）。那时，西班牙军力仍是欧洲最强，但国外多树敌，国内多灾难[8]，遂先后与英、法媾和（1598年与法，1604年与英）。

跟着，西班牙的注意力又转回到荷兰。其实，在1590年西班牙与法国纠缠之际，荷兰在"沉默威廉"的儿子莫里斯的领导下，已逐个击破西班牙在荷境城市的驻军。但西班牙与英、法媾和后，就全力对付荷兰，屡战屡胜。到了1609年，眼看要完全摧毁荷兰的战斗力了，但国库亏空，又破产了,只得收兵,进入"十二年休战"(Twelve Years' Truce, 1609—1621)。实质上,这等于承认荷兰独立,西班牙也得了几年的安静。荷兰的海外商业帝国和海军也趁机扩张。

休养生息了几年,西班牙国力逐渐恢复。腓力三世本人才干有限,对国际政治又兴趣不大,帝国的管理都交由宰相代劳。1618年,他换了宰相。新上任的巴尔塔萨(Don Balthasar,在任期1618—1622)从前是驻维也纳大使,他的见解是,与同属哈布斯堡世族的奥地利作更紧密的结合是阻止法国卷土重来和彻底消灭荷兰叛乱的上策。刚好,1618年,身为神圣罗马皇帝但以奥地利为基地的斐迪南二世(当然也是哈布斯堡世族)在布拉格发动战争,要肃清波西米亚地区的宗教改革派联盟。巴尔塔萨唆使腓力三世参战,把驻荷兰的西班牙兵东调。三十年战争(Thirty-Year War)遂启。西班牙的没落、法国的兴起就以这场战争为转折点。

三十年战争是无可避免的。这是神圣罗马帝国与其领受的德国地区诸王侯国之间,以及哈布斯堡世族与欧洲诸国之间[9],张力到达了极限而爆发的全欧大战。

三十年战争的前夕,德国地区已是战云密布[10]。其实,西班牙并未发动三十年战争,而是被牵入的;当然,也是它愿意的。牵线的是同属哈布斯堡世族的神圣罗马帝国[11]。说来可笑,触发这场大战的事件既琐碎又滑稽。神圣罗马皇帝马提亚斯(Matthias,在位期1612—1619)无嗣,想传位给同室族人斐迪南(Ferdinand)。但按规矩斐迪南需有自己的辖国才有资格被选为帝国皇帝。马提亚斯就决定先把他辖国之一的波西米亚(Bohemia,现今捷克地区)王位传给斐迪南。这是1617年的事。这位斐迪南是天主教的坚持者,波西米亚的改革派贵族们自然不想他为王。1618年,他们把斐迪南在波西米亚首府布拉格的代办抓起来从窗口抛出去,落在一堆马粪上,史称"布拉格抛窗事件"(Defenestration of Prague),也是三十年战争的导火索。

当时还是马提亚斯当皇帝。波西米亚之乱原可以用谈判处理,但他在翌年(1619)就去世,斐迪南正式继承波西米亚王位,他掌握大权,态度强硬。乱事迅速从波西米亚扩散到德国。斐迪南向他的表亲，西班牙的腓力三世求救。腓力三世的宰相巴尔塔萨力主参战。西班牙一介入就引发全欧大战。一开始，波西米亚改革派贵族废黜了斐迪南，迎入当时德国"誓反派联盟"的盟主、巴拉丁（Palatine）选帝侯腓特烈五世（Frederick V）为国王。初时，改革派以为胜券在握。稍后，斐迪南（那时已被选上为神圣罗马皇帝斐迪南二世，在位期 1619—1637）与德国的天主教众侯国和属路德派的萨克森侯国[12]联手，再加上西班牙援军，大败波西米亚改革派。在西面，西班牙军更攻占腓特烈五世的巴拉丁领地（莱茵河两岸），打通连贯西班牙在意大利和南荷兰（现今比利时）属土的走廊。

脓包的腓力三世点起火头后，就在 1621 年去世。腓力四世登位（Philip IV，在位期 1621—1665，也就是经历整个三十年战争、西班牙转衰的过程）。他比较能干，但他对天主教非常虔诚，很想根除改革派。他免了巴尔塔萨，改委能干的奥利瓦雷斯公爵为相（Olivares，在任期 1621—1643）。奥利瓦雷斯认为一切坏事都与荷兰有关。他明白西班牙的经济与社会问题很多，需要改革，但改革需要安定的环境。他认识到所有反哈布斯堡世族的联盟中都有荷兰的份儿，尤其是荷兰的钱。

荷兰经济主力原先在南部（现今比利时），特别是安特卫普一带。西班牙在荷兰的八十年战争始于 1568 年。到了 1585 年，西班牙攻占了南部的安特卫普，大部分商人与技工北迁，带来资本、技术和商机。北部七省（当时称"联合省份"，United Provinces）经济起飞，西班牙对它们的禁运反而促使它们向海外发展。由于它们的政府机制简单、商人活力强盛，马上富起来。它们同属激进改革派（包括从法国、德国逃难而来的），政治立场比其他与西班牙抗衡的国家明朗得多（例如，不像英国，既要对付西班牙但又想利用西班牙去制衡法国）。但有趣的是，荷兰商人做生意却不分彼此，有钱可赚，不管是朋友还是敌人。西班牙的仗要打，但西班牙的生意照做。荷兰的全球性的金融网络、商人、殖民地，处处威胁着西班牙的霸主地位，但荷兰财团照样做西班牙在东印度商人的后台老板。荷兰被称为现代资本主义的创始，不无道理。

在奥利瓦雷斯的主持下，西班牙的国策从联合奥地利去应付法国和荷兰转到集中摧毁荷兰。那时，波西米亚的战情好转，特别是在 1621—1623 年间，西班牙打了两场胜仗，于是决定转攻荷兰。上文说了，早在 1609 年，荷兰看来要全面崩溃之际，西班牙面临破产，双方进入十二年休战期（1609—1621），这时，荷兰积极建设海军。如今发挥作用了：陆战虽然失利，但在海上则处处截断西班牙的海外输送。西班牙非但要应付犀利的荷兰舰队和日益强大的法国舰队，还要应付地中海的奥斯曼势力和在北非埃及西沿岸肆虐的巴巴利海盗（Barbary pirates）。全球各地的西、葡属地都被英、荷军舰劫掠（台湾也是那时被荷兰从西班牙手中抢走的），庞大的战场大大考验着西班牙的军力。虽然如此，西班牙在荷兰的战场上仍是处处得利。1625 年，丹麦参战，但帝国军队（西班牙和奥地利）于 1626 年把丹麦赶跑。德国改革派面临崩溃。神圣罗马皇帝斐迪南二世趁机下"归还令"（*Edict of Restitution*，1629），要恢复天主教。看起来西班牙胜定了。

但是，历史重演。1627 年，西班牙再度破产（正如在 1609 年正要完全摧毁荷兰残军之际的破产）。为要支付波西米亚、荷兰、丹麦战事的军费，西班牙币值大贬，物价狂升，市场变成以物易物（直到 1631 年才转好），国家无法收税，完全依靠殖民地来"照顾"。在德、荷的驻军要在当地筹军饷，这使当地人更反感，纷纷反抗。

1630 年，瑞典加入战圈，法国大力资助。瑞典军在德国北部登陆，替在德国孤军作战的改革派解围。瑞典王领军南下，一路胜仗，改革派都涌到他的旗下。1632 年与西、奥联军决战，仗虽然打赢，但瑞典王阵亡。群龙无首，改革派终在 1634 年再被击溃。1635 年，神圣罗马皇帝斐迪南二世以强势姿态与德国诸国签布拉格和约（*Peace of Prague*）。蛰伏多时的法国终于忍耐不住了。

那时，法王路易十三（Louis XIII，在位期 1610—1643）的宰相是黎塞留（Cardinal Richelieu，在任期 1624—1642），他是天主教的枢机主教，而法国又是以天主教为国教,但他却把法国国家利益放在首位。他怕哈布斯堡世族的势力包围法国,因此,虽然哈布斯堡世族是天主教的保护者,他还是支持任何与哈布斯堡为敌的行动。布拉格和约之后几个月(1635),法国就向神圣罗马帝国和西班牙宣战。西班牙的奥利瓦雷斯宰相发动了闪电攻势,由荷兰袭击法国北部。西班牙军队身经百战,一开始就打了几场胜仗,1636年已威胁巴黎。但奥利瓦雷斯却停止进攻,他害怕西班牙会再破产。这个致命的犹疑,使法国得到喘息的机会,重整旗鼓然后反攻,把西班牙军队推回边境之外。从此,西班牙再没有力量真正打击法国。

1639年,荷兰舰队在唐斯战役(史称Battle of the Downs)中摧毁了西班牙的运兵舰队,西班牙驻荷兰军队的供应线被切断。1643年,在法国北部的罗克鲁亚(Rocroi),西班牙精锐的步兵军团被法国骑兵完全歼灭。[13] 一般史学家认为这一役结束了西班牙的欧洲霸权。三十年战争虽然要到1648年才结束,但西班牙已是强弩之末。

那时,在法国支持下,意大利(那不勒斯)、加泰罗尼亚、葡萄牙都加入反西行列。最后,在1648年,法、瑞联军再败帝国(奥地利的哈布斯堡世族)军队。西班牙只好求和,签下威斯特伐利亚和约(*Peace of Westphalia*)。瑞典拿得大笔赔偿赎金和沿波罗的海的德国土地,法国拿得阿尔萨斯(Alsace,现今法国东北,但当时属德国,这也是20世纪法德之争的导火线)。神圣罗马皇帝在德国的势力差不多减少到零。德国诸侯国是最大的得益者。各国之内宗教自由,政府不会干预。改革派保留1624年之前(也就是战事在德国刚开始的时候)从天主教手中拿到的土地。但在哈布斯堡世族仍拥有的奥地利和波西米亚地区内神圣罗马皇帝可以强行恢复天主教。

威斯特伐利亚和约同时结束西班牙与荷兰的八十年战争和与德国诸国的三十年战争。最重要的结果是承认神圣罗马帝国内各侯国的宗教自主权,即承认荷兰(联合省份)和德国诸邦国的独立。但战区的破坏是前所未见的,参战国的破产也是空前的。战争与其带来的疾病和饥荒使德国人口少了三分之一,勃兰登堡(现今柏林周围)的伤亡人数达人口半数,有些地区甚至达三分之二。三十年战争结束后，西班牙与法国战事再持续 11 年，法军消灭西班牙在荷兰残部，定比利牛斯条约（*Treaty of the Pyrenees*, 1659）。从此，法国称霸，西班牙没落，全欧封建制度开始瓦解，民族和国家理念抬头。

宗教战争虽是信仰之战，但其实是种种的利益冲突，既有原则的东西，也有功利的东西；因人、地、时而易的利益立场被蒙上一层神圣不可侵犯的宗教光环。敌我可以修好，但在唯一真文化基因之下，异端与正统就绝不能妥协。上千年大一统的西方人突然脱了锚，在漩涡中打转。

虔诚、敦厚的中古西方人被弄昏了。世界好像没有真理，也没有真神。荷兰国父"沉默威廉"（William the Silent, 1533—1584）是个典型。他父亲是个德国小侯爵，封邑在拿骚（Nassau，现德国西北的一个小城）。他 11 岁那年，也就是西班牙查理五世击败法国的弗朗索瓦一世后乘胜追击德国诸国改革派组成的"施马尔卡尔登联盟"的一年（1544），他的伯父在西班牙被围城炮火击中阵亡。伯父没有儿子，威廉继承他的产业，也就是荷兰的一大片土地和现今法国南部的奥兰治。此后，他被称为"奥兰治威廉"（William of Orange，是日后英国光荣革命从荷兰迎过来的奥兰治威廉，英王威廉三世的曾祖）。伯父之死使他从一个籍籍无名的德国小侯一跃而为举足轻重的欧洲大户。查理把他从祖居调到自己的荷兰行宫作为近身，要培养他成为一个好的天主教统治者。威廉生于德国路德派的家庭，慢慢演变成一个说法语（查理也是以法语为主）的勃艮第高级贵族。查理对威廉特别钟爱，把很多官位名衔赏赐给他。1551 年，他与荷兰一个贵族的女儿结婚，从此成为荷兰首富和权贵，既有实权也有实位。1558 年丧妻，1561 年再娶德国萨克森侯国选帝侯莫里斯的女儿安娜为妻。

这完全是政治婚姻。这位安娜郡主既丑又跛，但萨克森侯国是有钱有面的侯国。可是此举大大开罪了西班牙。威廉在 1561 年娶安娜时，她的父亲已去世，但此人正是在 1552 年领导改革派引进法国军击退查理并迫他立下丢脸的帕绍条约去保证德国路德派宗教自由的那位莫里斯！他虽然在

1553 年去世，但被荷兰人视为抗西班牙的英雄。威廉娶他的女儿西班牙怎会开心！

威廉的后台是查理五世。查理 1556 年因病让位给儿子腓力二世。腓力的性格比父亲更固执。初时，他与威廉的关系还不错，1559 年委他为荷兰全权总督。但腓力感到荷兰逐渐走上改革派，很不稳定，同年就派亲信去监督。这自然招来威廉的不满。1561 年与安娜的婚事更使虔诚的天主教徒腓力二世怀疑威廉对天主教的忠诚。威廉为了讨好安娜的路德派家族，开始批评腓力的强硬镇压改革派政策（其实，荷兰当时最有势力的改革派不是路德派，而是激进的加尔文派，加尔文派与路德派也是不和的），1564 年 12 月，他更在荷兰议会上公开抨击荷兰各地统治者（特别是南部的天主教省份）对宗教异己的不容忍。

1566 年，从德国与法国逃来的激进改革派在荷兰各地作乱，腓力派大将阿尔瓦公爵血腥镇压。威廉想两面讨好，一方面支持改革，一方面谴责暴力。结果两面不讨好，双方都不信任他。1567 年，阿尔瓦把暴乱压下去。威廉只好逃返德国的祖居避风头。但发觉祖业已被神圣罗马帝国没收了，大儿子更被解到西班牙做人质，他实质是被流放了。于是威廉把心一横，组军对抗腓力，1568 年起兵。他的军队以反"西班牙的残酷"和恢复自由为口号，并强调威廉个人的英勇和对荷兰的忠心。他的乌合之众怎敌得过阿尔瓦的精锐西班牙军队？但这也是荷兰正式以武装对抗西班牙的开始，即八十年战争的开始。

威廉屡败屡战。但关键是，荷兰人开始视他为全荷（起码是改革派的北部七省）的领导人。早些时，在 1567 年他仍在逃跑之际，那些未被西班牙控制的地区把他推为全荷的"保护者"（Protector）。1573 年，威廉改奉加尔文派。1576 年，西班牙破产，驻荷西班牙军队无粮无饷，发生叛变，洗劫安特卫普，抢掠各省。南、北省份联合抗西，推威廉为首领。威廉于 1577 年凯旋返回布鲁塞尔，被视为"救主"。他想趁机独立，但又恐西班牙重兵来犯，就想效法过世岳父莫里斯当年的招数，引入法国军来联手对付西班牙。为表诚意，他迎娶法国胡格诺派（加尔文派的法国分支）海军上将科利尼（Gaspard de Coligny）的女儿为妻。这是1582年的事。1583年，法王之弟（天主教）引兵到安特卫普，扮援军去骗守军开门，但被识破，损兵折将（安特卫普居民对七年前的洗劫仍记忆犹新，当然不易被骗）。荷兰人对法国很气愤，这回威廉弄巧反拙。荷兰人对威廉向法国靠拢很不满，引出政治危机和军队叛变。1584年7月10日，一名狂热天主教徒刺杀威廉。腓力二世原想趁机扫平荷兰之乱，但英国马上介入，跟着是法国，最后是全欧围攻西班牙。但这些都是威廉死后的事情了。

　　回顾威廉的一生，宗教信仰与政治归属不断改变，唯一不变的是他的野心。宗教上，先是温和路德派，继是天主教，最后是激进加尔文派。政治上，先是追求查理五世的封赠，继是追求查理对头萨克森侯国的产业，终是兴兵对抗查理儿子腓力二世，还想引入荷兰的世仇法国。史家指出"沉默威廉"的外号取自他的三缄其口，不露形色。他的反复跟同一个时代的法国波旁王朝开国之君亨利四世（1553—1610）很相像（见第二篇第十一章），而且他们两个都是被刺杀的。宗教改革之后的一个多世纪，就是这样犬儒和反复。且看看在这个混乱的时代里，西方人的文化与精神发生了什么变化。

注：

1. 由于神圣罗马帝国在宗教改革和宗教战争中的巨变是西方历史的分水岭，一般史学家都用他神圣罗马皇帝"查理五世"的称号，而不用西班牙国王"卡洛斯一世"的称号。

2. 奥格斯堡和约条款包括以下：
   - 诸国王侯（约 225）可选择奉天主教或路德派。
   - 在天主教主教辖区内，路德派有宗教自由。
   - 路德派可以保留自 1552 年帕绍和约以来从天主教会抢来的土地。
   - 从天主教转到路德派的主教们要放弃他们的辖区。
   - 居住在天主教或路德派辖区的人不能选择与国教不同的宗教。

3. 法王弗朗索瓦一世已于 1547 年去世，继位先是亨利二世（在位期 1547—1559），跟着是短命的弗朗索瓦二世，在位只有一年。

4. 一开始，腓力把卡斯蒂利作为西班牙帝国的基地，这实在很不明智。西班牙实际上是三个封建国家的结合。在封建制度下，阿拉贡、纳瓦拉和卡斯蒂都是半自主的，尤其是税收和司法。卡斯蒂利人口只有法国的三分之一，庞大帝国所需兵源经常不足。稍后他与英国玛利女王缔婚，意图结合英、西实力。他想借着玛利是英国女王的关系，按宗法两人共同统治英国，那就可以利用英国的国力去争取西班牙的利益。但是这只是他的如意算盘。英国是顶不可靠的盟友，最后还是个难缠的敌人呢！

5. 有点像多年后美国脱离英国的理由：纳税者必须有政治发言权，没有政治发言的权利就没有缴税的义务。现今的西方，人的定位也如是：在政治层面上他是纳税人，在经济层面上他是消费者。

6. 1565 年，奥斯曼海军登陆地中海的马耳他岛，被岛上的"圣约翰武士团"（天主教）击退。翌年，奥斯曼的苏莱曼大帝（Suleiman the Magnificent）驾崩，儿子继位，是个庸才。腓力认为有机可乘，转守为攻，与威尼斯船舰会兵，联合全欧的"志愿军"，于 1571 年，在希腊西岸的 Lepanto 港外毁灭了奥斯曼舰队。从此，奥斯曼的海军在地中海再没有作为。

7. 威廉的儿子莫里斯（Maurice，在位期 1548—1625）是当时名战略家，在荷兰独立的战事中，虽以寡敌众，但也使西班牙疲于奔命。

8. 从 1596 年到 1602 年，西班牙根基之地的卡斯蒂利地区多次遭受瘟疫，死掉 50 多万人。

9. 德国四周的国家早就对德国的局势极为关注。首先是法国。它看见哈布斯堡世族拥有德国、荷兰、意大利、西班牙，早就感到被包围的威胁。同时，法国也想扩张自己的势力去控制神圣罗马帝国德国境内的各小王侯国。这个特殊的动机驱使天主教的法国站在改革派一方。北方的瑞典和丹麦则想控制德国地区北面沿波罗的海的诸王侯国。加上 16 世纪下半叶的天主教本身改革运动，也助长了西班牙天主教保护者和欧洲霸主的心态，东征西讨。这早已令欧洲诸国大大不安，现今从围堵走上围攻的局面。

10. 天主教势力组织了天主教同盟（Catholic League），举巴伐利亚（Bavaria）的马克西米利安一世公爵为首领。以激进的加尔文派为主的改革派则组织了誓反派联盟（Protectant Union），举巴拉丁（Palatinate）的腓特烈五世公爵（Frederick V）为首领。

11. 神圣罗马帝国一系列的皇帝都是来自哈布斯堡世族：马克西米利安二世（Maximilian Ⅱ，在位期 1564—1576）、鲁道夫二世（Rudolf Ⅱ，在位期 1576—1612）和马提斯（Matthias，在位期 1612—1619）。他们虽信奉天主教，但对宗教自由的容忍度都比较高。为保帝国安宁，他们都支持帝国内诸国自由选择宗教,并容许改革派(主要是路德和加尔文)传扩。但到了皇帝斐迪南二世 1619 登位情况有变。他对天主教非常坚持。刚好西班牙的腓力三世也于 1621 年去世,继位的腓力四世(在位期 1621—1665)对天主教也是非常虔诚。于是,在宗教上和政治上,哈布斯堡世族与欧洲诸国之战是无可避免了。

12. 萨克森侯国虽是改革派,但属路德派,在教义上比波西米亚温和,但在政治上也较保守。改革派中温和与激进两派经常互斗。但这个萨克森侯国也很反复。它当初曾庇护过马丁·路德,在 1552 年曾引来法国击退哈布斯堡世族的西班牙,但如今又转来支持哈布斯堡世族的神圣罗马帝国。

13. 西班牙从东面开入法国北部,兵力 2.7 万,直指瓦兹河谷(Oise Valley,塞纳河支流,可达巴黎)重地。罗克鲁亚城挡着要道。西班牙兵围罗克鲁亚,另外 6000 生力军马上要开到。法军 2.3 万人暗度陈仓,小道急行军先占了罗克鲁亚对面山头。西班牙军被迫转身。双方都是以步兵为主,两翼骑兵,唯一分别是西班牙步兵采方阵,法国步兵采长蛇阵。这是 1643 年 5 月 18 日。第二天早上,法军发动总攻势。中军与左翼都被西班牙军挫败,但右翼骑兵则攻陷西班牙的左翼,西班牙步兵失去左边屏障。法步兵乘虚而入,但西班牙骑兵反攻成功,挡住缺口,正要乘胜进击,却被法国后备步兵挡着,双方混战。此时,当初冲破西班牙左翼的法骑兵绕了一个大圈子转过头来,从西班牙的后面攻回来。西班牙骑兵两面受敌,前面是法国后备步兵,后面是转回头的法骑兵。他们抵挡不住,落荒而逃。西班牙步兵唯有单独作战,发挥方阵优势,力拒法军。法军以大炮猛轰,西班牙死伤累累,但阵势不散。最后,西班牙军兵尽弹绝,答应在法军最礼遇的条件下投降;在军旗飘扬、军容齐整的情况下,迈步退出战场。西班牙的死、伤与被俘人数是 1.5 万,法方是 4,000。

此役有两个重大意义。1、这是一个多世纪以来西班牙首遭败绩。2、战败的是西班牙最精锐部队(当时西班牙军中有不少雇佣军,他们首先投降)。从此,西班牙不败的神话破灭,精锐被歼。日后战事虽是有胜有败,但崩溃只待时日而已。

第十章　迷惘、无奈的时代：命蹇的伽利略

宗教正邪难分，政治反复无常，西方人对真理有失落的感觉。但是反天主教的宗教改革与天主教自身的改革产生了一种奇妙的大气候：思想开明，政治保守。开明使人对理性与信仰的再度结合感到亢奋和乐观；保守则又使人对此感到苦恼和悲观。伽利略的"日心论"一案使人体会到他们的迷惘和无奈。

假如宗教改革只有改革派提倡，而天主教坚持它的一贯行为，西方人的选择会是非常清楚和容易，因为天主教会的僵化和腐化是有目共睹的，所以它被排弃以至消灭是必然的。但是，天主教本身也自知缺陷和罪过，也发起了大规模的、彻底的改革，史称"反改革"（Counter-Reformation）或"天主教改革"（Catholic Reformation）。对当时的西方人来说，天主教自身改革使他们有了真正的选择：改革派（新教）还是改革后的天主教（旧教）？有些人想新欢，有些人不想抛弃旧爱，更有些人想重拾改过自新的故人。这些选择使本来已是复杂的宗教与政治纠缠变得更茫然。

天主教自身改革是全面性的，非单是教义和教规的改革，还有宗教文化的更新。改革双管齐下：重科学（强调哲学、实验），也重神修（强调默想、内省）。宗教艺术从文艺复兴式的灿烂甚至放纵，回复到平淡、庄重。宗教音乐也从复杂到简单。一般史学家都把特兰托宗教会议（Council of Trent）视为天主教回应改革派的挑战而发动的大规模内部调整的序幕。这是天主

教会中历时最长、颁布文件最多的会议,前后十八年(1545—1563),历经五任教皇。会议的决议有:谴责改革派的教义,重申天主教的教义;改革天主教会的管制和纪律(管制赎罪券出售、整理寺院的清规、加强神职人员的教育等等);强调教会传统的重要性;重申善功(相对于神恩)的重要;禁止"偶像式"的崇拜。这是强硬的反宗教改革的姿态,从此双方和解无望。这个会议的结果是天主教与改革派划清界限,并展开自身的改革。

天主教会的实质改革运动于1560年左右正式开展,带来了意想不到的后果。教会栽培出大批的"开明分子",结果他们却挑战权贵;教会推广艺术去吸引教徒们的虔敬,结果引出"崇拜偶像"的争议,增强了改革派的号召力;教会引入科学,特别是修历,结果招来哥白尼、伽利略的太阳中心论,然后又以宗教法庭去控制,制造出信仰与理性势不两立的"虚象"。

在会议近尾声之际,法国刚开始三十多年的宗教内战(Wars of Religion, 1562—1598,见下章),主要是天主教对抗声势日大的激进胡格诺派;在英国,天主教的对手是英王亨利八世脱离(被逐)天主教后创立的英国国教[1],稍后是支持国王的国教和支持国会的激进清教徒之争,最终爆发内战(见第二篇第十三章);在德国,情形就更加复杂——那时,改革运动已蔓延到整个神圣罗马帝国。特兰托会议1563年刚结束,神圣罗马皇帝斐迪南一世就去世了(1564)。他是发起特兰托会议的查理五世的弟弟,替哥哥治理帝国多年。查理1556年因病退位,把帝位让给他。他俩都属当时欧洲最尊贵和权威的哈布斯堡世族,当然照顾家族利益。世族之争将是宗教改革最重要的一个环节。整个16世纪和半个17世纪征战连年,民为刍狗,实在是反映了世族之间因宗教改革引来的利益重新分配,最终毁掉了庇荫它们的封建制度。

这百多年中,到处是战与乱。虽有流离颠沛之苦,但思想、文化和知识都在加速流动。传统破坏了,但新意识和观点却获得发展空间。文艺复兴和人文主义在全欧扩散。西方人既苦恼悲观,又同时亢奋乐观。这两种心态交织,产生了迷惘和无奈。

这个时代里，什么都不可靠。改革派发自反对天主教的僵化、腐化，要回到爱神、爱人的原来面目；但改革过程中，温和派和激进派互相指摘对方是异端，异端不是敌人，是比敌人还要可怕的叛徒。改革派之间的杀戮，无论是在英国或德国，比天主教与改革派之间的攻伐有过之而无不及。这怎不使人迷惘？究竟改革了什么？为的是什么？真是正邪难分。政治更是一团糟。中古时代，政治纷争是在一个共同的宗教意识下，通过教会来仲裁或协调。就算是诉之武力，也有一套大家认许的游戏规则。如今，统一的宗教意识没了，共守的游戏规则也没了，怎样才算"合法"？人民经历了多次政权和产权的波动，今天属你的，明天属人家，但后天又可能再属于你（如上章讲到的神圣罗马帝国中德国诸国人民经历的多次政权、产权变动）。英国的情况如此，法国也如此。这怎能不使人无奈。究竟改革了什么？为的是什么？真是反复无定。

　　在这个正邪难分、反复无定的时代里，欧洲人自然要重新建立他们的宇宙观：这究竟是一个什么样的世界？

　　一千多年前的奥古斯丁时代，年轻的天主教会是乱世中的明灯。"在教义分歧中它应允正统，在社会动荡中他应允稳定。因此，它被时代接纳了"。到了几百年前的阿奎那时代，腐败的天主教会是盛世中的寄生虫。阿奎那希望教会有所振作，发挥"足够的说服力、包涵力和凝聚力去过滤新思维和新科技，维持社会过渡期的秩序，更新教会和教义，与及调节政与教之间的纷争"。在奥古斯丁的思维中理性是信仰的仆人，在阿奎那的思维中理性是信仰的伙伴。但世事突变，先有旷世的大灾难，继有空前的大横财。11—13世纪的太平盛世刹那间变成14世纪的悲惨世界，到了15—16世纪恢复过来，渐入佳境之际，维持欧洲千多年稳定的宗教和政治体制卒因内部腐败和新思维冲击而全盘崩溃。从宗教改革（1517）到宗教战争结束（1648）的一百多年是欧洲的大抽搐，造成西方人一种极端和不妥协的心态。宗教（无论天主教或改革派）放弃了说服、包涵和凝聚，代之以暴力、欺凌和排挤。在这种气候下，理性与信仰怎能互相滋养？两者非但成不了伙伴，而且开始背道而驰，由同路人变陌路人，终成敌人。这些，我们从伽利略的案件中可看出端倪。

伽利略案是宗教与科学关系的历史性事件，也是信仰萎缩为宗教、理性萎缩为科学的开始。在此之前，科学叫"自然哲学"，也就是自然界，特别是物理的知识。这些知识的探索与宗教改革是相连的。16世纪上半期，为对付宗教改革，天主教会加强自身改革的力度，16世纪中叶更正式推行天主教改革运动。为提高教会对一般信徒的吸引力，教会除了提升神职人员的教育水平外，还改革教堂的装饰，增加宗教节日的庆典。但是安排节日要有准确的日历。有史学家认为这无意中引发了科学革命。

教会中最重要的节日是复活节，纪念耶稣死后复活，证明他是神，因此是基督信仰的基础。它是没有一定的日子的。公元325年的"尼西亚宗教会议"把它定在南回归日第一个月圆14天后的星期日，所以在日历上年年不同。公元前45年开始，罗马用朱利安历（Julian Calendar，又译"儒略历"，以恺撒大帝Julius Caesar定名）。南回归日理应是3月21日前后，但因朱利安历是按每年365.25天，与确实的每年365.2425天相差11分钟，加上当初闰年的计算又是逢三年一闰（是历官们误算，应是四年一闰），到了16世纪中，日历上的3月21日与真正的南回归日差了10天之多。1563年，天主教改革的特兰托宗教会议决议修历[2]。

早在1543年，哥白尼（Nicolaus Copernicus，1473—1543）在《天体运行论》（*Revolution of the Celestial Orbs*）中就指出改历需要正确计算一年的长短。他主张以太阳为中心去替代托勒密（Ptolemy，约90—168）以地球为中心的算法。当时，并没有太多的反对，大家认为这只是个用来计算一年长短的数学理念。但这理念到底还是抵触当时对《圣经》的解释。争论的焦点不是理论，而是证据。

伽利略（Galileo Galilei，1562—1642，与莎士比亚同年出生）从小就对自然界感兴趣，25岁就当教授，不到30岁就誉满欧洲。早在他三十多岁时，就已认定哥白尼说得对。1609年，他用当时新发明的望远镜看见了银河系，又看见了月亮的山谷，更看见木星周围四个小月亮，好像一套小型的行星系统。其实，这些既没有"证明"地球在移动，也没有与《圣经》发生直接矛盾。但与当时正统的亚里士多德学说有所冲突，亚里士多德学说则是当时教会神学的基础。

亚里士多德的《有关天文》(*On the Heavens*) 是中古天文学的"圣经"。在亚里士多德的宇宙里，所有东西都是由四种元素组成的：土（earth）、水（water）、气（air）、火（fire）。土最重，所以下坠；火最轻，所以上升。但在最高与最低之间浮游的万物则是由各元素按不同的比例组合而成。例如一条虫，它有火与土的元素，但它的火元素和土元素互相牵制，以至在它身上的火不能升，土不能坠，所以它不是完美之物。天下万物皆如是。再者，在亚里士多德的宇宙里，"动"是来自万物的本质，也就是它的元素组合，而不是外力所加。有些东西原地不动，有些直线移动，更有些圆线移动。这些都是出自那东西的本质，是自然而然的。亚里士多德认为天体的组成元素比地上万物的组成元素更完美。因此，地是圆形，并按圆线移动，因为圆是完美的。宇宙万物的分配都是如此：圆形的地球在中央，日、月、星辰按圆线轨迹环绕地球运行，整个系统的启动是由一个"原始动者"(Prime Mover) 推动最外围的恒星组成的球环，进而一层层地牵动整个系统。他更认为我们的宇宙是独一无二的[3]。伽利略的发现并没有证明日心论，只是颠覆了亚里士多德的天文理论：月球表面的山谷证明了天体不是完美的球体；木星的月亮系统证明宇宙天体的运行多过一个中心；要解释在地球上看到金星的圆与缺就需要假设它和水星都是绕着太阳运行。

1610年，伽利略出版了《星际信使》(*The Starry Messenger*)，并开始在学术讨论和社交场合中宣传自己的发现。伽利略这人很有"表现欲"，而且发言往往流于倔强和讽刺。这些虽然是当时学术界的风气，但也加深别人的抗拒。

伽利略原以为望远镜会使别人接受哥白尼理论，但他失望了。很多人连望远镜也不去望一眼。他首先的反应是韬光养晦，不再企图说服别人，只与同道中人共同研究。但他的"表现欲"驱使他积极争取"开明人士"的支持。当时是宗教改革如火如荼之际，社会上充斥着"开明人士"，如商人、绅士、王侯，甚至天主教改革尖兵的耶稣会会士[4]。伽利略以简单和直接的语调，通过小册子、书信和讲演，大肆宣传。

当初，耶稣会的天文学专家们对他的理念是存疑，甚至敌视。但他们用望远镜重复伽利略的观察后，开始同意。耶稣会会长要求这些专家调解伽利略的观察与亚里士多德学说之间的矛盾。但伽利略的倔强和讽刺，使他不断树敌，与某些耶稣会中人闹得很不愉快。

有时，很偶然和简单的事情会莫名其妙地变得复杂和严重。1613年某天，伽利略的"大老板"兼旧学生，佛罗伦萨的统治者科西莫二世（Cosimo II de Medici，在位期1609—1621）与一位哲学教授闲谈，谈到古圣经（旧约）中的约书亚（Joshua）使太阳在半空中停下来。那位教授指出这与伽利略的太阳不动、地球动的理论有冲突，言下之意就是把伽利略（连同哥白尼）的理论打成宗教异端。这是很严重的事情。当场一位叫卡斯泰利(Benedetto Castelli) 的僧人就站出来替伽利略辩护，事后还写信把事情告诉伽利略。伽利略也回信自辩（这封信日后成了他的"罪证"）。同年，佛罗伦萨大学一位神学教授洛里尼神父（Niccolo Lorini）攻击伽利略，说他的论点有违《圣经》。但由于伽利略的声名，攻击者最终还是道歉。这里要说明，当时的争论不是一面倒的。伽利略代表了"科学"，有一定的支持者，而且支持者不少是教会中人。

1615年，洛里尼把伽利略写给卡斯泰利的自辩信的抄本送交罗马宗教法庭（Inquisition）[5]，最基本的攻击是伽利略曾说，"《圣经》的真义不是它看上去的字义"。洛里尼的一个盟友，卡奇尼神父（Thomaso Caccini），还亲到罗马宗教法庭作供，说佛罗兰萨全是伽利略的人，说这些人公开宣称神迹是种"偶然现象"（accident）[6]，怀疑《圣经》上所载的神迹。

伽利略知道有人要整他，就写信给一个朋友，求他转给教廷的最高神学家、枢机主教贝拉明（Robert Bellarmine，1542—1621）[7]，并要求如果有可能就转给教皇保罗五世（Paul V，在位期 1605—1621）。贝拉明的立场很清楚。在 1615 年，也就是伽利略案稍前，有一个叫福斯卡里尼的神学家（Paolo Antonio Foscarini，1565—1616，意大利数学家和神学家）曾向他请示"日心说"，他回信（副本也发给伽利略）指出，如果此人要与伽利略谈"日心论"，就要审慎地当作一种假设而不是真实，不然就会"损害信仰"。他还说，如果有不可置疑的证据，"就需要审慎地解释与《圣经》的矛盾，并应该说我们不明白《圣经》，而不是《圣经》有错"。如果不能完全肯定，就不能抛弃《圣经》的传统演绎。

1616 年，宗教法庭把伽利略的理论交给十一位神学家评估，他们全体一致认为这些理论是"愚昧和荒谬"，而且是"真正的异端"。保罗五世教皇认可了这些结论，并嘱谕贝拉明枢机主教召伽利略到来，当面谴责，并告诫他放弃这些理论。伽利略应召去见贝拉明。当时有在场者说伽利略对他的科学理论保持缄默，并说他没有拒绝服从；伽利略本人也如是说。若是如此，贝拉明理应无需下正式的"禁制令"，因为伽利略并未表示抗议。但这跟宗教法庭的记录却有所出入。官方记录是贝拉明当面谴责并告诫伽利略，法庭专员随即以教廷的名义"命令和制令"他放弃他的理论，并不准他以任何方式持有、教授或辩护这理论，否则教廷会正式追究。记录还显示，伽利略同意并答应遵守这"禁制令"。这个出入是十七年后案情恶化的关键[8]。

伽利略被谴责，哥白尼学说的讨论马上停止。伽利略个人保持沉默，把精神放在其他方面。伽利略活动范围是意大利——16 世纪上半期，西、法之争的战场是意大利，但到了 16 世纪下半期，意大利再没有被牵入欧洲战事；到了伽利略时代，可以说是繁荣和安全之地。而且，总的来说，这段时间也是欧洲比较安静的几年，刚好是西班牙与荷兰的十二年休战期间。

1623 年，新教皇乌尔班八世（Urban Ⅷ，在位期 1623—1644）上任。这位教皇对文艺和科学的发展比较宽容，他的私人秘书鼓励伽利略恢复出版他的理论，说教皇器重他的学问，教皇还多次亲自接见伽利略。有了这些鼓舞，伽利略开始写《有关两个主要宇宙系统的对话》（*Dialogue Concerning the Two Chief World Systems*，下简称《对话》）。这本书长达 500 页，于 1629 年完成。书是写给一般的知识分子读者，以三人对话的形式去解释和辩护哥白尼的学说。一人代表伽利略，一人代表谨慎而又愿意接受新见解的开明人士，一人代表顽固、执著于字眼的保守分子。

罗马教廷的初步反应使伽利略非常乐观。审核书籍出版的主管官员答应帮忙，并说有关神学上的问题可以解决。伽利略于 1630 年再去罗马，教皇重复他的立场，说假如这本书把有争议的观点当作一种"假设"而非"绝对"就可以出版。但审核主管读完稿子后，却认为不像"假设"，遂要求伽利略把"前言"和"结论"部分修改，使其比较接近教皇的立场。此际，伽利略的朋友来信说罗马方面有人阻扰该书出版，敦促他尽早在佛罗伦萨印行。那位答应帮忙的审核主管也举棋不定，迟迟未批。伽利略越来越悲观。最后，审核主管很勉强地批准出版。这书于 1632 年 2 月面世，马上卖光，成为知识分子们的谈话中心。

要注意，该书面世之际，正是西班牙与神圣罗马帝国在三十年战争中处处得胜之际。改革派在德国与荷兰虽然已经生根，但往外发展却被阻止，若干地方有恢复天主教之势。因此，教廷在维护教义权威上采取较强硬的姿态：在科学意识上趋开明，在政治意识上趋保守。这就是伽利略当时所处的大气候。

势力庞大的耶稣会士们，也就是天主教赖以对抗新教改革的尖兵，早与伽利略不和，认定这书全是哥白尼理论，要教皇加以禁止。同时，教皇也有所不满，认为伽利略和他的私人秘书蒙骗了他，阳奉阴违。使教皇最为恼怒的是，他认为伽利略书中那一个顽固保守分子的说话影射了他，伽利略有意嘲弄他。于是，下令成立特别委员会彻查。那位审核主管首先被责难，教皇私人秘书也被外调，永离罗马。

伽利略也恼火了。他认为他高贵的科学使命被这班气量小、要保护自己权势的官僚而阻挠。他自认没有犯错：他是按审核官员的指示修改，而且又是拿了批准,那么应是合理合法的。但特别委员会却不这样想。他们给教皇的报告中列举了多条罪状。1632年9月15日,教皇把案件转交宗教法庭,法庭宣布伽利略违反了1616年禁止他持有、教授和出版哥白尼理论的"禁制令"。10月1日,教廷驻佛罗伦萨的官员登门,传召伽利略于一个月内到罗马受审。伽利略失望之余,说:"我诅咒我研究这些东西所花的时间;我后悔把我的写作交付给这世界;我想把剩下的文稿烧掉,好平息敌人对我的深仇大恨。"有人建议他逃到教廷势力范围以外的威尼斯去,将近70岁的伽利略已不想逃避,只想留在佛罗伦萨受审。但教皇连这个人情也不应允。于是,年老、体弱和染病的伽利略在寒冬时节上路,走上三百多公里,到罗马受审。

1633年2月到了罗马,伽利略拖着疲惫的身躯,怀着差极的心情,准备自辩。4月12日,伽利略正式往法庭专员处投案,被收押。事关重大,案情由十名枢机主教主审。开审时,法庭重提1616年的旧事(当时的枢机主教贝拉明已于1621年过世,死无对证),伽利略对当时的细节,尤其是有关"禁制令"的事情已不复记忆了。跟着,法庭的三人法律顾问团(也是由敌视伽利略的人带头)提出对《对话》一书的评估报告,指证伽利略把哥白尼的理论当作事实。宗教法庭内部也是议论纷纷。如何处置这位德高望重但又触犯大忌的老科学家?一些比较温和的枢机主教建议法庭专员去说服伽利略认罪,然后从轻发落。法庭专员遵议,结果伽利略认错。

有些史学家认为这是伽利略大大的屈辱,但也有人认为这是理智的做法。伽利略不是宗教家,他不想去争议重大的教义问题,他只想为他自己的信仰(天主教)去做点理性的事。事与愿违,只有收手。科学真理终会得到证实的。虽然十位枢机主教意见不一致,但最后结果是《对话》要禁,伽利略要坐牢。教皇也要求严办。伽利略还要在庭上正式认错:"我依然承认托勒密的理论是真实和正确的……我凭良心说,自从当局决议后,我并没有、也将不会持有那被谴责的理论……我把自己委托在你们手中,遵从你们的处置。"

1633 年 6 月 12 日，伽利略身穿白衣，步入法庭，跪在地上，听读长达 17 段的判词。"你，伽利略，文森佐·伽利略的儿子，佛罗伦萨人，70 岁，于 1615 年在本庭被人投诉……为使你将来更加要审慎，为使别人以此为鉴……我们下令禁止《对话》一书。我们判你正式入狱……我们规定你今后三年每星期诵念悔罪圣咏……我们保留减轻、赦免，或取消全部或部分以上的刑罚与补赎的权……"听判词后，伽利略诵念悔罪誓词。有人说，伽利略最后还喃喃地加了一句："它（地球）还是动的。"

两天后，法庭把伽利略移交佛罗伦萨驻罗马大使。随后，大使把他转到锡耶纳（Sienna，在佛罗伦萨附近）。1633 年底，他重返佛罗伦萨，住在自己的小农庄，健康每况愈下。到了 1638 年，眼睛完全看不见东西。1642 年病逝。

伽利略案的关键之一是伽利略被指攻击教义，尤其是《圣经》，"《圣经》的真义不是它看上去的字义"，借此掩护他的日心论。在宗教改革与天主教自身改革的百多年里，圣经字义和圣经真义之辩可以说是改革的核心讨论，关系到整个宗教改革的本质。我们可以分改革派与天主教两方面去探讨。

改革派，也就是现今的新教（基督教），认为当时的旧教（天主教）在教义上的解释已脱离了《圣经》原来的意义。他们反对当时天主教会用历史传统和神的启示去演绎、解读《圣经》，坚持一定要回到原文去找原义。它们要返璞归真，要完全按字面解读《圣经》，走上"原教旨主义"（fundamentalism）之路。可以说，伽利略走的科学方法之路与新教的"原教旨主意"文化是背道而驰的。但禁制他的却不是新教，而是伽利略意图效忠的天主教会。天主教那时的主流思路是亚里士多德学说。按理亚里士多德以观察和反思万物去领会真理是很合教会思想，也很合科学原则。但问题出在当时天主教会在教义上的僵化和学问上的惰性。的确，亚里士多德赞同"地心"之说，但他更坚持的是以观察和反思去求真。天主教会对亚里士多德的盲目崇拜以至把他所有的理论当作金科玉律就是忘掉了亚里士多德对求真的坚持，以及他赖以求真的科学方法。天主教会的"舍本逐末"使其在处理伽利略案上严重失误。

伽利略时代,或称科学的萌芽时代,"科学家"是用自然现象的科学解释去演绎《圣经》的意义,这使科学在保守的宗教与政治环境中有了生存和发展的空间。相应地,天主教会(主要是耶稣会训练出来的神学家)则对《圣经》做弹性的演绎(不完全按字面的意义)去容纳自然现象的科学解释。这使教会可以在科学冲击下维持权威和地位。这是阿奎那理想中的理性与信仰共存、互补的意义。但因为改革派坚持《圣经》解读的纯化(原始教旨)和天主教会对亚里士多德的盲从(舍本逐末),使信仰与理性变得分歧和对立。宗教和科学背道而驰,走上不可化解的极端。

本章的开头已说过,宗教改革的百多年中,在宗教上正邪难分,在政治上反复无定,西方人要重新建立自己的宇宙观。正邪怎样分?反复怎能止?从伽利略案的发展过程中我们就可看出当时西方思想界的迷惘和无奈。天主教改革、科学修历使思想界对理性与信仰的结合感到亢奋和乐观,但是教会对哥白尼"日心论"的保留态度使思想界对理性与信仰的结合感到苦恼与悲观[9]。

伽利略可以说是当时思想界的先驱。但作为先驱就会受到考验。他的苦恼与悲观只是他的亢奋与乐观的背面。望远镜的发现使他亢奋,证据仍未足使他苦恼;同行的赞赏使他乐观,教会的存疑使他悲观。亢奋、苦恼、乐观、悲观的交互冲击使他迷惘,使他失措。他的《对话》一书生于亢奋(教皇私人秘书的鼓励、教皇接见的鼓励),终于失度(不自觉或不明智中嘲讽教皇)。教会的反应使他无奈。伽利略的信仰极强、理性极高,面对着固执的教会,而又自知所拿的证据仍未达到科学的最高标准,这种无能为力的无奈是可理解的。

伽利略的际遇代表着当时思想界的处境,但激发出两种不同的理性发展方向。追求"真知"是思想界共同的目的,不同之处是在"真"的定义和"求真"的方法。两个不同方向催生了欧陆的"理性主义"和英国的"经验主义",构成了现代西方人的宇宙观,同时直接地、紧密地影响西方人的人生观和社会观。宗教改革百多年的大气候（天时）弥漫整个西方，但不同的泥土（地利）生长出了不同的果实。

先谈"天时"。西班牙的盛衰反映哈布斯堡世族的盛衰，也反映了欧洲开始从世族政治转向民族政治的走势。哈布斯堡世族王朝从瑞士开始发展到奥地利，然后在这基础上建成泛欧的大帝国。除英、法和北欧外，差不多都成了它的直辖或附庸。宗教改革百多年以卫道自居，但是内部有荷兰与德国的叛乱，外部有英、法、瑞典、丹麦的围攻。看上去都是天主教与改革派之争。假若仅是如此，就是宗教的意识形态之争。但实际上，西班牙势力范围内的诸属国谋独立，西班牙势力范围外的欧洲诸国求自保。它们共通的地方不在宗教（德国境内属天主教的侯国仍想独立，同属天主教的法国与西班牙仍要斗争），而在民族意识。自英法百年战争以来，欧洲的民族意识开始涌现。马丁·路德的号召力是他把《圣经》翻成通俗德文。从西班牙盛衰中我们看到欧洲民族意识以至国家理念的抬头。民族意识和国家理念来自"血缘"，是感情多于理性的东西，是群体的同文、同种归属，是超越意识形态，也就是超越政治计量的人类本性。这是西方现代思维发芽时期的"天时"因素。

英、法是例外。当德、荷还在找寻并建立民族自主之际，英、法的民族身份早已鲜明。英、法之乱主要是内部之乱。英、法内乱各有特殊之处，产生出不同的现代思维。这是西方现代思维分为欧陆与英国两派的"地利"因素。下面分开来讨论。

注：

1. Church of England，在英国之外称"圣公会"（Anglican），在美国称 Episcopalian，教义基本与天主教一样，只是不承认教皇，独尊国王为教主而已。

2. 修历的结果就是在 1582 年开始启用格利高里历（Gregorian Calendar，又译"格里历"，以当时教皇格利高里十三世为名）。现在差不多全球使用。

3. 推理是这样的：假如这宇宙不是独一无二，它会有多过一个中心。土元素是向中心走的，但如果宇宙多过一个中心，土怎知往哪个中心走？但我们观察到凡属土的东西都往下坠，也就是往地球的中心方向走。那么地球就是宇宙的唯一中心。其他天体就是永不休竭地环绕着地球运转。

4. Jesuits，是天主教会于 1532 年批准成立的修会，主力在教育与传教，属教会中开明派，但以保卫教会的正统和教皇的权威为使命。

5. 当时有几个宗教法庭，如罗马、西班牙、葡萄牙。现在最多人提及的是西班牙宗教法庭，是西班牙政府设立的，管宗教也管政治，而且被利用为政治工具。罗马的宗教法庭只管教义。

6. "偶然现象"是相对于"本质"（essence）的。在这里的意思是说神迹只是一个官能所感觉到的"现象"，而非真正的"存在"。当时整个西方正争议在宗教仪式中被祝圣了的面饼和酒是否真的变成了耶稣的"圣体"、"圣血"，还只是"象征"耶稣。天主教的教义肯定是前者，改革派（特别是激进改革派）认为这些都只是"象征"。因此，如果伽利略是这种说法就一定会被天主教会打为异端。

7. 贝拉明是耶稣会会士，很有学问，在天主教改革中担任重要角色。1930 年被天主教会尊为圣人。

8. 大部分史学家认为这"禁制令"是伽利略的敌人伪做的。"证据"是（1）法庭记录内找不到这"禁制令"；（2）法庭记录本身有疑点，因为一般案件的记录都是每天开一新页，记录当天的事，但对伽利略下"禁制令"的一段则异常地记录在前一天的页尾。

9. 教会保留的理由是要等待无可置疑的证据。其实，这是很理性的保守，与今天科学发展的公认标准无异。"科技"只需要相对的可靠性，"科学"则需要绝对的可靠性。但伽利略的反应也是可理解的。他对他的信念是绝对的坚持，但他拥有的证据只是相对的可靠。

第十一章　绝无原则的法国内争
　　　　　产出乐观、悯人的理性主义

　　法国并未投入全欧的宗教战争，因为宗教改革内化于法国王权的争夺，成了保权和夺权工具。正因如此，法国并没有遭受当时全欧宗教战争的破坏。内战结束后，它还得到了休养生息的机会。三十年战争后期，各参战国（英国除外）都筋疲力尽之际，它一跃而为第一强国。但是，绝无原则的权力之争也驱使法国人对"真"进行反思，走上法国特色的浪漫，追求纯、确、稳的真理。

　　在宗教改革的百多年中，法国的宗教取向可谓多姿多彩。16世纪宗教改革初期，它坚忠天主教（虽然不一定是服从罗马教廷）；16世纪中期，变成了改革派，而且是激进的胡格诺派；16世纪末，勉强回归天主教；17世纪稍后，又不遗余力地镇压改革派。表面上，它在国内打了三十多年的宗教之战（Wars of Religion 1562—1598），其实这些都是内部世族之战，包括名义上属天主教、但为了保存王位什么都肯干的瓦卢瓦世族（Valois）；声望高、强硬改革派的波旁世族（Bourbon）；新发迹、强硬天主教的吉斯家族（Guise）[1]。为建立与巩固世族王朝，法国对内的宗教政策和对外的国际立场总是出尔反尔。名义上是为宗教而战，但事实上，摇摆的宗教立场、政治态度、对外政策，完全都是没有原则的权术。这种环境，也就是在毫无原则的社会中寻求真理，是法国思想界走上"理性主义"的背景。

宗教改革刚开始时，法国的天主教差不多是个自主的国教。国王（而不是教皇）是教会之首，国家（而不是教廷）征收教会税、委任高级神职、管辖教士。这是非常具有法国特色的。在别处，教皇（教廷）的权力可大得多。因此，从法国国王的角度去看，在政治上和钱财上与罗马教廷分离没有实质的好处。相对的，改革派的活动对王权实在是种挑战。接受改革非但不会分到天主教会的土地、财产，还要把王室已有的权力下放给新兴的改革派分子。可是，在没有君主的支持或赞助下（不如当时的英国和德国），改革派的势力仍在不断扩大，终引发宗教内战，可见改革派当时的吸引力。

弗朗索瓦一世于 1515 年登位时，宗教改革仍未正式开始，他的注意力完全集中在国际层面。1515—1516 年在意对战教皇军打了大胜仗；1519 年与西班牙争夺神圣罗马帝位败落；1520 年与英国亨利八世结盟去对付西班牙。神圣罗马的帝位被西班牙的查理五世夺得，他耿耿于怀。得到英国的支持后（其实只是口惠），他于 1521 年发动法、西战事，略有战绩。此时财政紧张，他就想没收法国另一大世族，波旁世族[2]的土地去筹饷。这就是弗朗索瓦的瓦卢瓦世族与波旁世族结怨之始，遗祸差不多整个世纪。波旁世族认为瓦卢瓦世族欺侮他们，决定造反，1524 年与西班牙联手占领法国南部。1525 年，弗朗索瓦率军进攻西班牙在意大利的附庸米兰，初小胜，后大败，被俘囚于西班牙。被释后不过数周，又与神圣罗马帝国冲突。这一仗有英国和意大利诸国加盟，打了五年（1526—1530）。

这十多年间，改革派传到法国，同时，意大利的战事也把文艺复兴的人文思想带到法国。1525 年，弗朗索瓦被释回国时，仍不大在意宗教改革引发的政治与社会动荡（虽然那时在德国已爆发农民战争，1524—1525）。还有，当时的国际局势很复杂，如果他要对付改革派就得站在神圣罗马帝国（其实是西班牙）和教廷的一边。但是，在政治上，他当然不想西班牙过强；在宗教上，他正想把法国天主教会弄得更独立于罗马教廷。权衡轻重，结果他还是选择支持德国的路德派。

当然，这并不代表他欣赏，甚至仅是容忍宗教改革。从 1525 年开始，他禁止路德派刊物在法国境内流传，而且禁令越来越严。他的主要注意力仍是西班牙。1536 年，他与奥斯曼结盟合攻西班牙，1542 年又再来一次，并夺得尼斯（Nice）。但他于 1547 年去世，那时法国的文艺复兴达到高峰，法文是国际语言。连世仇的西班牙查理五世也说："我跟神讲西班牙文，跟女人讲意大利文，跟男人讲法文，跟我的马讲德文。"

弗朗索瓦死后，亨利二世登位（Henri Ⅱ，在位期 1547—1559）。此君行动力十足，能力有限。那时，法国人加尔文（John Calvin, 1509—1564）创的改革派，也称胡格诺派（Huguenots），在法国已经很流行了。在政治上，胡格诺派与路德派有所不同。路德派比较保守，支持王权；胡格诺派则主张教义大于政治、教徒团体大于国家群体。因此，亨利二世对胡格诺派很不留情。但历史上更令人瞩目的是他的王后，来自意大利的凯瑟琳·德·美第奇（Catherine de Medici, 1519—1589）。亨利 1559 年死后，她以太后身份干预政事，历三个国王（都是她的儿子）。她参政的三十年（至 1589 年死时为止）对法国影响极深远。她的政治目的是不顾一切去保持瓦卢瓦世族的王朝。她出身于意大利的美第奇家族，并把人文思想和文艺复兴艺术在法国推广，但法国人总视她为外人干政。她对法国历史的影响，下面会谈到。

亨利二世野心不小。1548 年，他让年仅 4 岁的太子弗朗索瓦娶年仅 6 岁的苏格兰女王玛丽，并把她接到法国，在 1558 年正式成亲。亨利二世的目的是夺取苏格兰的王位，并通过苏格兰玛丽女王的曾祖父与英国亨利七世的关系，染指英国王位。要注意，弗朗索瓦太子与苏格兰玛丽女王在 1558 年 4 月正式成亲时，恰是属天主教的英国女王玛丽一世去世之前几个月；随后就是属改革派的英女王伊丽莎白一世登位。伊丽莎白怕苏格兰玛丽女王想要坐英国的宝座，于是派兵北上，支持苏格兰宗教改革派的叛乱，以图颠覆苏格兰的天主教王朝（这段复杂的英、法、苏关系会在下面第十三章谈到）。苏格兰玛丽女王逃到法国暂避。可见宗教改革的背面，是王朝世族之间、国与国之间的斗争。但在法国的历史上，更关键的是这位苏格兰玛丽女王与法国世族的特殊关系。

亨利二世于 1559 年去世，太子登位，是为弗朗索瓦二世（Francis Ⅱ）。他短命，翌年就死了。但在短短的时间内却为法国制造了大大的麻烦。他登位时仅有 15 岁，出现政治真空。比他年长两岁的王后玛丽，她的母亲来自法国的吉斯家族，于是吉斯家族的人把持了军事、政治和宗教，属天主教的吉斯家族成了法国新贵[3]。

法国的宗法是王位一定要传给开国祖先卡佩世族的男嗣。卡佩世族分为两支：瓦卢瓦世族和波旁世族。那时，掌王权的是瓦卢瓦世族，属天主教；"在野"的是波旁世族，属激进胡格诺派。两大世族都视暴发的吉斯家族当权是一场政变，对他们将来继承王位是一种威胁。加上吉斯家族来自洛林（Lorrain，现今法国东北）地区，当时仍被视为外地人，更令他们不满。最反对的是波旁世族的孔代亲王（Prince of Condé）。

短命的弗朗索瓦二世死后，弟弟查理九世登位（Charles Ⅸ，在位期 1560—1574），太后摄政。此时，宗教改革在法国已成熟，天主教自身改革也积极开始。天主教与改革派互相对垒，法国差不多马上进入宗教内战期。太后凯瑟琳·德·美第奇以保护属天主教的瓦卢瓦世族王朝的千秋万载为己任。她有四个儿子，应该是很安全的。但他们都没有子嗣，结果王位最后还是被敌对的、属改革派的波旁世族坐上。这是后话。

那时，激进的胡格诺派的势力逐渐超过温和的路德改革派。到 1560 年左右，人数达全法 1800 万人口的十分之一。从瑞士来的教士与信众建教堂，夺取天主教的财产，并开始练兵备战。同时，波旁世族也由天主教逐渐转为胡格诺派。这个世族的首领，也就是上述那位激烈反对吉斯世族夺权的孔代亲王，提议成立正式摄政体制，扶助幼君查理九世，但未能成事。当权的吉斯家族趁机大力镇压胡格诺派。太后凯瑟琳·德·美第奇则想采取较温和的姿态，安抚越来越趋向胡格诺派的波旁世族，借此平衡吉斯家族的势力。

宗教战争的前夕，胡格诺派方面的主力当然是波旁世族的孔代亲王主持军事。另一位领导人是法国南部纳瓦拉的国王安托万（Antoine de Bourbon, King of Navarre）[4]。他的宗教态度受政治影响，摇摆不定：时奉天主教，时奉胡格诺派。但他的妻子，纳瓦拉女王珍妮三世，则是激进中的激进，是胡格诺派在法国的主力支持者。此外，还有沙泰勒家族（Chatillon）的海军上将科利尼（Gaspard de Coligny）。

在天主教方面，主要是吉斯家族。坐王位的瓦卢瓦世族虽是天主教，但太后凯瑟琳·德·美第奇的立场很暧昧。她的唯一原则是要儿子们当国王。她当然要对抗胡格诺派，但还要小心防范吉斯家族。相对的，吉斯家族看不起她是外人，而且吉斯家族对王位又有野心。因此对她来说，胡格诺派是宗教威胁，吉斯家族是政治威胁。

宗教之战是这样开始的。1562 年，也就是查理九世登位后的两年，王太后凯瑟琳·德·美第奇颁布"宗教容忍令"，容许胡格诺派宗教自由。天主教的吉斯公爵拒绝接受约束，并攻击胡格诺派在瓦西（Vassy，法国中部）的集会，屠杀 400 人，跟着还挟持了才 12 岁的查理九世，声称保王。法国大权遂落在吉斯家族手里。胡格诺派要报复，找波旁世族的孔代亲王出头。他开始组织胡格诺军，并号召其他国家的改革派支持。那时，巴黎已开始感到威胁。但由于王室军队大部分驻在法国东部（因为一直以来法国的外敌是南面的西班牙和东面的神圣罗马帝国），凯瑟琳·德·美第奇被迫转向她原想约束的吉斯家族求助，战事遂启。宗教之战前后八仗，打了三十六年，到 1598 年颁布宗教容忍的"南特敕令"（*Edict of Nantes*）才告结束。

法国宗教之战的特色是"混战"。第一仗，双方的将领都被对方俘虏。另一特色是"暗杀"。首先是 1563 年吉斯公爵遇刺，传是波旁世族所为。那时，天主教自身改革的特兰托宗教会议刚刚结束，决定维持天主教为全欧正统，并把所有改革派看作异端。看来，双方和解无望了。但由于天主教的吉斯公爵跟着被刺，而胡格诺派的纳瓦拉王安托万也阵亡了，群龙无首，双方在 1563 年同意休战。到 1567 年又接着来打，但双方缺钱，打了几个月就了事。下来就是一场混战与暗杀的大组合，很多小说与电影都以此为题材。事情是这样的。

凯瑟琳·德·美第奇真正担心的是吉斯家族，于是她拉拢 1572 年刚即位的纳瓦拉国王亨利加盟（Henri of Navarve，以下简称纳瓦拉亨利，他将来会坐上法国王位，开启波旁王朝），要把女儿许给他。这位亨利就是波旁世族领导人、1562 年宗教之战刚开始就战死的纳瓦拉王安托万的儿子。他受母亲珍妮女王三世的影响很大，因此也是极激进的改革派。婚礼定于 1572 年 8 月在巴黎举行，参加的宾客们都带兵入城，战云密布。8 月 22 日，胡格诺派的海军上将科利尼在街上被枪击受伤，胡格诺派要求国王查理九世处理。当晚，太后凯瑟琳·德·美第奇警告儿子说，满城胡格诺派马上要作乱。查理决定先下手为强，要把胡格诺派一网打尽，当晚就派人到科利尼住所，把他杀掉，弃尸街头。跟着传言国王要铲除胡格诺派，于是巴黎市民群起袭击胡格诺派，数以千计的人被杀。纳瓦拉亨利被捕，囚了四年，并被迫背教，改奉天主教。跟着，全国各处捕杀胡格诺派。六个月内遇难者估计达三万人。余下的胡格诺派就变得更死硬。历史上称之为"圣巴泰勒米大屠杀"（St. Bartholomew's Day Massacre）。

查理九世于 1574 年去世，亨利三世继位（在位期 1574—1589，是凯瑟琳·德·美第奇的第三个儿子）。1576 年，在圣巴泰勒米大屠杀被囚的纳瓦拉亨利终于逃脱，回国兴兵。各路兵马向巴黎推进，法王亨利三世无奈签约。胡格诺派大有所获，包括在若干城市可以驻兵、接管土地，以及宗教自由（巴黎除外）。天主教徒感觉被亨利三世出卖了，于是巴黎市议会拒绝议和。贵族们对亨利三世的奢华和追求享乐也非常不满，各地开始组织天主教同盟（Catholic League）。与以往不同，这些同盟不仅是贵族们，也包括教士、市民，甚至农民，因为亨利三世重税苛捐，怨声载道。此时，除了南部胡格诺派的根据地外，到处是天主教势力，而且若干改奉胡格诺派的也有再转回天主教的趋势。1584 年，凯瑟琳·德·美第奇的幼子去世。看来，亨利三世之后瓦卢瓦世族已经后继无人，王位要落在波旁世族的纳瓦拉亨利手中了。

纳瓦拉亨利是胡格诺派，天主教方面当然不想他当王。它们一方面寄望于吉斯家族的吉斯公爵亨利，另一方面决定重组天主教同盟以备战。此时，外国势力也介入法国内战，西班牙的腓力二世暗中与吉斯家族密约，准备承认由吉斯派系和天主教同盟共同支持的、属波旁世族但仍是天主教的枢机主教查理（Charles de Bourbon）为下一任国王，并支持法国肃清胡格诺派，条件是西班牙可以得到纳瓦拉王国，也就是纳瓦拉亨利的根据地。

西班牙腓力二世的密约是与法国的吉斯家族（代表天主教同盟）定的，没有法王亨利三世的份儿。亨利三世要争取国内天主教的支持，于是决定跟风，下诏镇压胡格诺派，要所有人在六个月内回归天主教，并取消纳瓦拉亨利承继法国王位的资格。亨利三世想与吉斯家族共同商讨继位的妥协办法，吉斯家族当然不愿，因为他们想趁机摧毁胡格诺派的波旁世族，夺取他们的财产。到此地步，既属波旁世族又奉胡格诺派的纳瓦拉亨利决定诉诸武力，并邀请德国改革派和英国伊丽莎白一世女王助阵[5]。"三个亨利之战"[6]遂启（War of the Three Henrys）。1587年，吉斯公爵亨利击退德军入侵，但纳瓦拉亨利却击败国王亨利所派南下的军队，国内形势大乱。巴黎市民绝大部分是天主教徒，不满国王亨利三世的督战不力，于1588年5月在市内筑起路障，成立护市委员会，邀请吉斯公爵亨利入城。国王亨利三世出走。

当年8月，西班牙大舰队进犯英国。吉斯家族原本准备协助西班牙舰队在法国北面的布伦港（Boulogne）与西班牙驻荷兰陆军集结，入侵英国。但吉斯军未能攻陷布伦港，以至大舰队失去中途容身之所，遂被英国火舰冲乱，最后被击退。这是西班牙开始走向下坡的转折点。法国内部世族的钩心斗角影响了整个西方的历史轨迹，也是异数。法国国王亨利三世乘机疏远吉斯家族，他的考虑是：部分法国人认为吉斯家族与外人西班牙勾结侵犯法国是个羞耻，如果他仍与吉斯家族共同进退，国人肯定不满。他决定用他哥哥查理九世在1572年"圣巴泰勒米大屠杀"铲除胡格诺派的谋略——

先下手为强。他不回吉斯公爵进驻的巴黎,而在行宫召开"议会"。1588年12月圣诞前夕,他调虎离山,召吉斯公爵亨利与其弟弟进宫议事,击杀之,并囚禁公爵之子。但是弄巧成拙,他的反复和辣手使国人大愤。天主教同盟向国王宣战。1589年1月,太后凯瑟琳·德·美第奇去世,亨利三世成孤家寡人。他转与纳瓦拉亨利合兵包围巴黎。1589年,一名僧人诈称有密事上奏,近身刺杀他。临死前,亨利三世指名纳瓦拉亨利为承继人,并恳求他改奉天主教,以避免生灵涂炭。

纳瓦拉亨利即位为亨利四世(在位期1589—1610),但战事延续。1589—1590年,他击退天主教同盟。但越来越多人站出来说自己有资格坐上王位,甚至包括西班牙的腓力二世(他的借口是妻子是瓦卢瓦世族,有王室血统,见第二篇第九章)。1590年,亨利四世围攻巴黎,西班牙从荷兰移师替天主教同盟解围(这却使背叛西班牙的荷兰各省有了翻身的机会)。1590—1592年,亨利四世与天主教同盟和吉斯家族在各处开战,但总攻不下巴黎。他最后决定釜底抽薪,从胡格诺派改奉天主教。这是一次很大的赌博——他因奉胡格诺派而被天主教驱逐出教,"驱逐令"会不会因他再返奉天主教而被教廷收回,仍是未知之数;他手下的兵大部分是胡格诺派,他们会不会仍跟着他,也是个疑问。他的名言是,"为取得巴黎,做一台弥撒是顶值得的"("Paris is well worth a Mass!")。这些族与族、教与教的反反复复,怎能不令当时的人对宗教和政治感到迷惘?

亨利四世于1594年正式加冕,差不多是兵不刃血地进入巴黎,开启波旁王朝直至法国大革命。教皇克雷芒八世(Clement Ⅷ)赦免了他背教之罪,其他城市陆续归顺。部分天主教同盟仍反抗,但这些都是与西班牙共通声气的。于是,亨利四世于1595年向西班牙宣战;一方面是向法国天主教徒显示西班牙只是利用他们来干扰法国,一方面向改革派显示他不是西班牙的傀儡。战事在法境进行,互有胜负。但当时的看法是,与全欧最精锐的西班牙陆军作战,只要不败就算赢了。西班牙的军威如此,要多年后才被法国取而代之。

亨利四世知道国家元气大伤，急需休养生息，于是在 1598 年颁布"南特敕令"，胡格诺派取得宗教自由，但必须容许天主教徒在他们的辖区内也有宗教自由。宗教之战算是结束，但仇恨仍是不绝。亨利四世多次遭暗算，1610 年 5 月终于遇刺身亡。他是波旁世族的第一个国王，精明果断，也有远见。各世族之间之争，他不采镇压，采怀柔和收买。他注意民生，很受爱戴。"如果神许我治理国家，我会保证国内没有一个勤劳的人每星期不会有一只鸡下锅"。这跟奢华的瓦卢瓦世族主政的时代很有分别。他重渔林，开道路，办教育，推广艺术，开拓海外殖民，为法国 17 世纪的富强打下基础。

继之是路易十三。他于 1610 年登位（在位期 1610—1643），只有 8 岁，但却是法国登上西方霸主地位的起步者。他并不超卓，但懂得用人，于 1624 年选了黎塞留枢机主教为首相（Cardinal Richelieu，被称为现代首相第一人；大仲马的《三剑客》就是以他为题材，把他渲染成大阴谋家），开启了法国的霸业。两人都以王室权威和法国光荣为中心，无论宗教、敌人、盟友，都以此来评价和衡量，也就是"国家利益为重"的原则（raison d'Etat，直译是"国家的理由"）。路易十三真正掌权时期是 1617 年到 1643 年，黎塞留在任时间是 1624 年到 1642 年去世为止。两人合作无间，对内是摧毁宗教改革派，对外是抑制哈布斯堡世族王朝（西班牙、神圣罗马帝国）。这两个目的有时也会冲突：抑制哈布斯堡有赖支持改革派，但宽待改革派又会威胁法国内部稳定。为此，法国要控制国内与国外改革派的互动，要利用激进改革派和温和改革派的互争。

全欧的三十年战争是 1618 年开启的，法国则在 1635 年才正式加入。那时，参战各国都疲惫万分，但法国在亨利四世和路易十三近五十年的积极经营下养精蓄锐。1643 年，罗克鲁瓦一役彻底击溃西班牙，1648 年订立威斯特伐利亚条约，三十年战争结束。黎塞留在 1642 年去世，路易十三则于 1643 年去世。他俩的接班人就是年仅 5 岁的路易十四（在位期 1643—1715）和黎塞留培养出的另一位枢机主教马萨林（Mazarin，在任期 1643—1661）。法国走上称霸之路。

从弗朗索瓦一世因筹饷而要没收波旁世族的土地（1521）开始的瓦卢瓦与波旁两族结怨，到吉斯家族借姻亲关系崛起（1559）而引发的三族之争，从凯瑟琳·德·美第奇宗教容忍令（1562）开始的宗教屠杀，到亨利四世"南特赦令"（1598）才告终的宗教之战，法国的动乱实在是赤裸裸的争权夺利。继是路易十三与黎塞留的权谋政治，一切都以利益为目的。在这个绝无原则的历史时代中，"理性主义"开山祖师笛卡尔现身，开始在暧昧与功利的世界里找寻绝对和稳定的真理。

注：

1. 本文中，家族与世族之别，在于只有世族才有王室血统，才有资格继承王位。当然，家族经婚姻或篡夺也可变世族。

2. 波旁世族属改革派，在法南。法王是瓦卢瓦世族（Valois），属天主教，在法北。法国的国王的原祖是卡佩世族（Capet），是欧洲最古老的王朝世族，源于加洛林王朝。加洛林帝国于887年分裂为东、中、西三部分。东部成为神圣罗马帝国的前身；中部是勃艮第大公国的前身；西部是法国的前身，叫西法兰西亚(West Francia)。当初，西法兰克仍是由加洛林王朝血统的国王统治，直到路易五世（Louis V）。他987年去世时只有20岁，无嗣。法国教会和贵族们"推举"卡佩公爵（Hugh Capet）为王，加洛林王朝血统从此消失，卡佩世族及它的两个分支，瓦卢瓦世族和波旁世族，一直统治法国，直到法国大革命。但两个分支各成一党，斗争不绝。其中关键是因为法国的"萨利宗法"（Salic Law）只容许开国国王卡佩公爵的父系男丁承继王位。卡佩直系传到查理四世为止。他于1328年去世，无男嗣。这也是英法百年战争的主因（见第一篇第六章）。王位就传给由卡佩分支出来的瓦卢瓦世族的腓力六世（查理四世叔父的儿子）。瓦卢瓦世族统治直到1589年，再传给卡佩世族的另一个分支，波旁世族的亨利四世。从瓦卢瓦世族转到波旁世族的过程就是法国的"宗教之战"。

3. 吉斯家族是洛林世族（Lorraine，祖籍法国东北）的支派，而洛林世族是欧洲最古老的世族之一，要上溯到8世纪的巴黎侯爵。但吉斯家族的显赫就晚得多。首任吉斯公爵克劳德（Claude，1496—1550）是弗朗索瓦一世因军功而封赠的。他的女儿嫁给苏格兰国王詹姆斯五世，也就是苏格兰玛丽女王的母亲。弗朗索瓦二世马上委任玛丽的两位舅舅为政事的代理：一是吉斯公爵（首任吉斯公爵的大儿子弗朗索瓦），一是洛林枢机主教（Cardinal of Lorraine），两人主管了军事、政治和宗教。由于吉斯家族是强硬的天主教，天主教与胡格诺派的冲突日趋尖锐。

4. 他是"夫凭妻贵"，妻子是纳瓦拉女王珍妮三世。纳瓦拉是法国与西班牙在比利牛斯山脉接壤的小国，其南面大部分于1513年被西班牙占有，北面仍是独立。他的儿子将来是法国的亨利四世，兼领纳瓦拉。安托万在生时念念不忘收复被西班牙占领的失地，日后亨利也如此。

5. 英国的伊丽莎白一世女王得知西班牙腓力二世与吉斯家族的密约，震惊极了，因为她看出腓力二世的真正目的是联手法国的天主教同盟去对付她，因此她愿意支持纳瓦拉亨利。更关键的是，她决定支持反西班牙的荷兰去牵制腓力。这是一个大的转折点。在此之前，她从没有支持任何国家内部造反，因为她深知英国国内的天主教也想造反。但西班牙与法国天主教同盟的密约使她心寒。1585年，她与荷兰的叛省签约，派遣远征军。这就是英、西战事的开端，引发出1588年的西班牙大舰队一役（见第二篇第九章）。

6. 即法国国王亨利三世、纳瓦拉国王亨利、吉斯公爵亨利。

第十二章　做梦的笛卡尔带出"天赋理念"

法国的笛卡尔开创理性主义，以找寻纯、确、稳的真知为己任。理性主义着重心法，认为对真（存在）的认识要靠开发早已存在于人的思想里的天赋理念；求真是个发掘性的工程。"理性主义"三杰——笛卡尔、斯宾诺莎和莱布尼兹——对世界的秩序与和谐都是乐观的。

在法国，内乱是宗教为名，世族争权为实，是一场赤裸裸的权力斗争：没有立场，只有利益；没有原则，只有权术。这无奈的环境却刺激出一种乐观的思维，在暧昧和功利的世界里找寻纯、确、稳的"真"。笛卡尔两本经典面世——1637 年的《论方法》（Discourse on the Method）和 1641 年的《第一哲学沉思》（Meditations on First Philosophy，下文简称《沉思》），把西方人的思维带入"现代"。

笛卡尔（René Descartes，1596—1650）是现代哲学的第一人："我思，故我在"是现代哲学的第一炮；"笛卡尔方法"是现代科学分析方法的蓝本；解析几何是现代数学摆脱古典数学的开始。他来自哪里？他要把我们带向哪里？

笛卡尔少年上学时就已不满当时喋喋不休的经院派的论证和争辩（见第一篇第四章），决定"读社会的书"。他最大的苦恼是认识到自己知识不统一、不稳定。他最推崇数学知识的纯（necessary，必然）、确（precise，精准)、稳（certain，肯定），特别是几何。他希望有一天会找到一种可以跟数学一样纯、确、稳，并可以统一所有学问的放之四海而皆准的"知识"。他最大的困扰是官能（senses）的不可靠。他认为我们对外在世界的认识不是直接的，而是通过这外在世界在我们的思想中产生的"形象"。官能不能保证我思想中的形象与外在的世界是完全吻合的。他以蜡为例，把蜡靠近火，它的形状、大小、颜色、气味都完全改变，但仍是蜡。所以他认为官能不能掌握蜡的真义（nature 或 essence），要靠思想（mind）。

1619 年，欧洲三十年战争刚开始。23 岁的笛卡尔投身哈布斯堡世族领导下的神圣罗马帝国的巴伐利亚（Bavaria，德国南部）大公旗帜之下，当了个小军官。他的部队驻在乌尔姆（Ulm）过冬。11 月 11 日是圣马丁节——在天主教传统里，圣马丁被崇为护佑法国、护佑军人的主保圣人，因此是宗教大节，节前要斋戒。笛卡尔空着肚子，独自一个人睡着了，做起梦来。他做了三个梦。第三个梦中所见，影响了他一生，也影响了整个西方文明。

梦中，他冒着风前往教堂。路上正要与一人打招呼，一阵狂风把他刮到教堂的墙边。有人喊他的名字，他害怕极了。接着是电闪和雷鸣，黑暗房间里火花噼啪。他看见两本书。一本是字典——他打开一看，觉得平平无奇，也好像没有大用；一本是诗集——这里，他看到了哲学与智慧的结合！他是这样解梦的：字典是枯燥的、没有活力的知识杂烩，诗人比哲学家更有分量，更有意义，更能表达；诗人的智慧来自灵感与想象，比起哲学家的说理，这些灵感与想象就像燧石中的火种，更能轻易地直接击出智慧的火花。他认为这是神给他的使命，也使他对他的推理充满信心。极端严谨的笛卡尔理性，却是来自一个梦境的追求。难道这也是人类思想史的异数？

他从数学出发，特别是数学的"方法"。他认为，如果精确地运用数学的演绎法，我们就不会在追求真知识上迷失方向。这一点绝对是亚里士多德的推理思路，是真理"唯一"的逻辑基础。笛卡尔把知识形容成一棵树，它的根是基础，干是支柱，枝蔓是生存与繁殖的工具。根是形而上学（metaphysics），也就是有关我（人）、神、世界的真义。干是物理学（physics），也称自然科学，是有关宇宙万物的数量与活动的规律。枝蔓是实用科学，主要是伦理学、动力学和医学，是有关人类主宰万物的工具[1]。

史学家一般认为理性主义三杰是笛卡尔、斯宾诺莎（Baruch Spinoza，1632—1677）和莱布尼兹（Gottfried Leibniz，1646—1716）。在历史上他们是前后相继的：笛卡尔是欧洲三十年战争期内，封建崩溃、绝对君权未兴的青黄不接时代；斯宾诺莎是三十年战争之后，传统宗教（包括新教与旧教）再不能凝聚人心的时代；莱布尼兹是封建被绝对君权取代的时代，也是科学与宗教的竞赛趋向白热化的时代。因此，他们对真与求真的演绎并不完全一致，他们的伦理观和政治观也有不同。但是，他们对理性的向往与追求是一致的。最突出的是，三人的命运都是坎坷的；但最难得的是，三人对宇宙、对人性都是乐观的。

笛卡尔一生当教书匠，在学校被排挤，出版的书在世时都被禁。斯宾诺莎被称"哲学家的哲学家"，情操高尚，不求名利，靠磨玻璃镜片谋生。疑因吸入玻璃末，44岁就去世。他生为犹太人，但被逐出犹太团体。他的著作也是在世时被禁[2]。莱布尼兹是个通才，既理论又实际，但仕途多蹇，做了大事，未能做到大官。虽然著作等身，但都要等到身后才能出版。他生前出版的"微积分"论文，竟然引出与牛顿相争的大风波，结果含冤而终。

以下把理性主义的思维分为格物与致知、修身、治国几个方面来讨论，以笛卡尔为主，再补充上斯宾诺莎和莱布尼兹的贡献。

格物、致知

在三十年战争世界大乱的环境中，笛卡尔目睹战场上的杀戮，政坛上的反复，他怎能不向往安宁和稳定，怎能不向往超越官能的真知？他追求一套包罗、统一所有知识的"科学"（在当时，"科学"就是知识的代名词）。他为自己"发明"了一套求知（求真）的方法，就是有名的"笛卡尔方法"。

这方法有两个思考的规则："直觉"（intuition）是纯理性之光，透过一个清晰而留心（uncluttered and attentive）的思维而产生的一种清楚而分明（clear and distinct）、无可置疑的理念（ideas）[3]；"演绎"是从已确定的真去推理（inference）。他又发明了"分析法"：把要处理的问题按需要尽量细分，逐个解答。在《论方法》（第二部）中他提出四条守则。1、"任何不是我清楚知道是真的东西，我不会接受。就是说，我小心避开鲁妄和偏见。除非在我思想中这东西是清楚而分明地显示出来、无可置疑，否则我不能肯定我是真的明白了"；2、"把我要思考的每一个难题尽可能去细分，以期更好解答"；3、"有秩序地思考。即使看起来不相干的事物都具它们之间的秩序。从最简单的、最容易知道的开始，一步一步地攀登上最复杂的知识"；4、"用最完全的计算、最广泛的检验，来保证我不遗漏任何东西"。

他用的手法是"怀疑"——以不断提出怀疑去达到"不可置疑"的真知。他的起点是：既然官能是可疑的，我们就不可以依赖官能去追求"不可置疑"的真知。他把怀疑推倒极限——假如有这样的一个"万能妖魔"（evil genius），它创造我，但又要欺骗我，于是，它刻意塑造我的官能和理智，使任何我以为是真的东西其实都是假的。在这个极度怀疑的假设下，笛卡尔推理出"我思，故我在"是唯一"不可置疑"的真知——当我思想"我存在"这理念的一刻，我的思想肯定存在。那么，这个可以思想的我就肯定存在，因此，我肯定是存在。笛卡尔给"思"的定义是"思想就是在我意识中我可以马上意识到的理念"。就算这个万能妖魔要骗我，也得需要我的存在，才可以骗我。因此，我的存在就由我可以思想证实了。笛卡尔不只要证明"我"的存在。"我思，故我在"更重要的意义是"我思"的存在。在这前提下，"我思"固然是"我在"，但所有的"存在"都是要由"我思"去证明。因此，内在的"我思"是求真（求知）的唯一途径。

从此，西方文化加上了一个新的基因——人的意识（human consciousness）。这个新基因有两个层面："我思"的"我"，肯定了"个人"的地位；"我思"的"思"建立了"意识"的重要。这个"个人意识"是现代哲学与上古哲学和中古神学的分水岭。"个人的所思"决定一切就是"个人主义"的基础之一（另一个基础是"个人的经验"决定一切，下面第十四章会谈到）。

我们不要混淆笛卡尔的求真方法和他的求真目的。他的极度怀疑的求真方法绝不是消极的否定。他是要用这方法来建立不可置疑的真知——一个确定的、稳定的知识基础去解释世界。因此，"我思，故我在"既是极度怀疑的终点，但也是理性世界的起点。

笛卡尔为自己证实了"我"存在。但物质世界是否存在？为此，笛卡尔要建立一个独立于笛卡尔个人的"存在"，而这个"存在"要有足够的分量去支撑整个物质世界的存在。于是，他用"我思"来推理"神"的存在——当我思神的时候，我思的神是无限的和完美的。但是，"有限的和有缺陷的我"怎能思想出一个"无限和完美的神"？除非这个神早已存在，而且把"无限和完美"的"理念"烙印在我的思想里。为此，神一定是已存在，而且是独立于我的。

接下来，笛卡尔推理出物质世界的存在——神既存在，神既完美，因此，祂不会骗我，不可能是那个万能恶魔。那么，作为神的受造物，由我的思想"直觉"地、"清楚而分明"地鉴辨出来的东西，一定是真实和肯定的。我的思想"直觉"地告诉我，我对物质世界的认识完全来自我之外。那么，我的结论就是一个独立于我的物质世界肯定存在。

笛卡尔的《沉思》开场白是这样的："这几年来，我开始明白我年轻时接受了多少似是而非的知识，在这些知识上我建造了多少不尽不实的意见。我知道如果我要建立任何确实和稳定的道理，就一定要把这些知识一扫而清，从头再来。"《沉思》最后则是："我再不担心那些通过我的官能所接触的事物是虚假的。相反的，我这几天的极端怀疑实在是荒谬。这些我要抛弃了。"他的"直觉辨真法"使他对官能所接触的东西有了可靠的方法去辨别虚实。他认识到物质世界中，万物皆因果相关、息息相关。

笛卡尔追求的"理念"，并不是随便想想而得出来的东西，而是经过他要求极高的"直觉"鉴辨出来的东西。这些也是笛卡尔有名的"天赋理念"（innate ideas）——不是外来的，而是内在的、与生俱来的。这些可以说是我们认识世界的天赋范式：对真或存在的一种直觉式的认识。再推理下去就是这些天赋理念应该是人人都有、人人都同。这些，上继承了亚里士多德的"认知状态"，下开启了康德的"先验"。其实，这也回应了他求真的梦境：这些天赋理念就像他梦中看见的诗篇，"灵感与想象就像燧石中的火种……直接击出智慧的火花"。

斯诺宾沙跟笛卡尔一样，问的是"存在的是什么？"（what is？）。他的答案是，"质"（substance；也就是"真"，reality）。质有其属性（attributes），即质的内涵（essence of substance）；质有其形态（modes），即质的变化。就是说，质可以存在于或寄生于不同的形态。他认为宇宙万物（包括人类）是同一个质，受同一套因果关系支配。也可以称之为万物一真。神和自然（nature）是我们给这个的质所起的两个不同的名字。祂（它）是宇宙的"基础"（that which stands beneath）。万物只不过是祂的某一种形态或变化而已（modifications，与形态的 modes 字是同一字源，也可译作变形）。祂（它）决定万物的存在和万物之间的因果关系。斯宾诺莎的神不是传统宗教所信仰的、按祂自己的旨意去支配宇宙的神。而是一个由万物组成，没有个性（without personality）、没有自决（without deterministic）的"系统"（有点天人合一的意味，但没有天人合一的诗味）。但他坚信宇宙是完全"秩序和统一"的（order and unity）。这些理念构成日后"泛神主义"（Pantheism）的基础。

斯诺宾莎是个绝对的"决定论者"（determinist），认为所有发生的事情都是必然的、无可避免的。这必然性来自因果制约性。单凭经验，我们的科学不能掌获无限复杂的宇宙。来自官能的知识有实用，但不足暴露"真"相。理性才可帮助我们认识宇宙的因果链锁。

至于莱布尼兹，他的最大补充是"充分理由"（sufficient reason）：任何事情的发生都有其充分的理由，而且往往只有神才晓得这些理由。他的神是个数学家，以"最优化"的理念（optimization）来创造和维持这世界——在无数的、可能存在的世界之中，这个世界里的"不可避免的恶事"（necessary evil）的总和是最低的。

莱布尼兹相信人类的理性可以数学化，而数学化的理性可以解决很多意见上的分歧。罗素形容他是亚里士多德以来最重要的逻辑学家[4]。他的哲学原则归纳起来只有两条：人类所有的理念（ideas）都是由很小一撮的简单理念组合而成的，这些简单理念是人类"思想的字母"（alphabet of thoughts）[5]；在我们思想中这些简单理念会按着一致性和对等性（uniform and symmetrical）的原则不断组合，产生复杂理念，有如算术中的乘数原则。

综合三人的思路，可以得出的结论是，古典理性主义的宇宙观是乐观的。宇宙是美好的，有秩序、有规律。纯、确、稳的真是存在的，是可以寻找的。寻找的方法是内省和演绎，寻找的方向是内在的天赋理念，人人都有。

修身

笛卡尔虽然没有系统的伦理学，但他的修身心法紧随他的宇宙观，而且很鲜明、很古典，尤其是在灵性与肉欲的关系上，很像希腊古哲柏拉图。作为虔诚的天主教徒[6]，他的宗教信念是：最终的快乐是依赖神恩去思考神的伟大。他强调此生也可得快乐。因此，他的伦理原则是："爱生命，但不怕死亡。""罪恶"（vice）来自"生病的思想"，但我们从未有过"真正健康的思想"。求知就是"指导我们的思想在任何事情上会作出真实和正确（true and sound）的判断"。求知的果实是"舒适的生命"，因为"从思考真理而得来的享受是此生中唯一绝无痛苦的完全快乐"。因此，栽培"思考真理和正确判断"以求达到"真正健康的思想"就是哲学（求知）的使命。

笛卡尔的修身原则可归纳如下："快乐"就是灵魂（思想）的安宁和满足。这安宁和满足牵涉到理性和意志之间的关系。我们应该尽力去求知来肯定正确的行动方针，如有需要，就应参考既定的法律和风俗。在方法上，他有以下建议：1、在分辨真、伪的时候一定要完全依靠理性。在清楚和分明的鉴辨下，意志一定会同意理性。但有限的理性不足辨明一切，在未辨明之前，意志无须下判断。我们可以无限期地不作出决定，直到有充分和肯定的真知。2、在分辨善、恶的时候，理性一定不够用，但行动仍要进行。

在此情况下，应有的立场就是在实际生活中不坚持要有清楚真理才做出行动。从此引申出的最高德行就是，"我们的理性无须完全无误，只需我们的良心知道在最佳判断之下，果断地做出行动"。果断和坚定才是关键。

"德行"（virtue）会保证我们的目标正确；"智慧"（wisdom），特别是处世的智慧（practical wisdom）会保证我们的方法正确。最高的道德是"慷慨"（generosity）。一个慷慨的人知道什么原因（因为他有智慧）和什么行为（因为他有德行）会使他觉得自豪或自惭。最高的智慧会使他"知道"没有什么东西是真正属于他的，他真正拥有的只是"自由"去使用他所拥有的东西；最高的德行会使他"感觉"到自己内在的坚强和一贯的决心去慷慨地运用他拥有的东西。

斯宾诺莎有不同的见解，他绝对否定理性（斯宾诺莎用 reason 一词，也可译作理知）可以克制情绪（passion）。理性使我们渴求真相，但官能与经验不能满足这渴求，于是，我们就有了情绪。他认为任何情绪只可以用另一种更强的情绪去替代或克服。他提出"主动性情绪"（active passion）和"被动性情绪"（passive passion）之别：前者是通过了理性而明白过来的，后者则不然。他还认为，通过理性我们可以认识被动性情绪的真正成因，进而把它提升为主动性情绪。人也就更"自由"了。

笛卡尔把意志放在理性之下，认为意志会随着理性走。只要理性的辨别是清楚，意志"必然"会同意，有点像"知难行易"的道理。但斯宾诺莎就断然地否定意志自由。他认为，由于我们不可能完全明白"存在"的复杂因果链锁，因此人类有意志自由的虚像，因为人类能够感觉到自己的欲念，但又不会知道这些欲念和带出的行为实在是由于某些无可避免的因果链锁。因此，我们误会我们有自由去选择[7]。斯宾诺莎认为人类的自然倾向是保存他的基本本质（essential being），在他的伦理观里，"德行"（virtue）被定义为一个人如何理性地去成功保存"人"的本质。追求最高德行的秘诀是：对神/自然/宇宙越认识就越不受情绪的困扰，这也就是越完美和越幸福（blessed）的存在，因为我们明白了情绪的成因。

莱布尼兹的伦理观则完全是来自他乐观的宇宙观。他的"充分理由"理念使他认定这世界有"前定和谐"（pre-established harmony）：每件东西都拥有合适它的本性（appropriate nature），不同的东西都会按其不同本性在适当的时与地各自做出适当的行为。它们之间没有互相左右、牵引、影响、作用。玻璃杯掉在地上会破碎是因为这个杯"知道"它碰到了地应该裂开，而不是因为它与地的碰撞"迫使"它破裂。前定和谐引出两个理念，"乐观"（optimism）和"丰富"（plenitude），因为神永远会作出最好的选择。世上好像有很多不完美（apparent imperfection），但这世界仍是所有可能存在的世界中最佳（optimal）的一个。这世界一定是完美的，因为它是由一个完美的神创造的，因此"我们生存在最佳的世界"（We live in the best of possible worlds）。

莱布尼兹的神是个创造者，以理性去维持宇宙的秩序，并不停地把祂的创造物推向完美。这点差不多全是亚里士多德的"成形"思路（见第一篇第四章）。他的伦理观是人应该融洽地（coherent）生活在天然之法之中，在实践上，这就是叫人以理性去创造一个有秩序的社会。这完全是宗教上"神以自己的肖像去创造人"的意思。莱布尼兹认为人类最高的权利，也就是快乐的泉源，就是对神的"虔敬"（piety）——按神的完美去生活得完美。次之，就是公平（equality）：不损人（commutative justice）、公平分配（distributive justice）。前者可避灾难，后者使人快乐。从低的道德台阶走向更高的道德台阶就是从对别人好是为了自己的利益走向对别人好就等于对自己好。

综合以上，古典理性主义伦理观的特色就是乐观，先是对神、对宇宙的乐观，继而是对自己、对人类的乐观。

治国

笛卡尔多次表示"不谈政治"，因此，他的政见只有在他的《论方法》、《沉思》和与人交往（特别是波西米亚的伊丽莎白公主）的书信中看到一鳞半爪。对他来说,政治的事情,不是他求真的对象,因为政治主要是"经验"的东西。但他也有一些"政见",如接受已建立的权威;只有君主和他委任的人才可规范人民的道德——这里他有点"君权神授"的倾向;一个明智的统治者比民主好,简单法律比繁杂法律好;就算"最轻微的改革都是复杂和危险的,政治习惯比政治智慧更有助避开和纠正错误"。

笛卡尔的最高政治理想来自他伦理观中最主要的一条:慷慨,一种出于理性的自由与民主。慷慨不但是个人道德的理想,也是社会道德的理想。在笛卡尔的定义之下,一个慷慨的人会相信其他人都可以有跟他一样有智慧与德行,也就是都可以跟他一样的慷慨。这点,笛卡尔在早于康德的两百多年就已找到了最高政治道德的端倪——理性的意志、自由的意志是泛人类的。

莱布尼兹也是保守的,但他跟笛卡尔的时代不同。他生于路易十四的年代,亲眼看见绝对君权产生出的"开明独裁"(enlightened despot)是什么样子的。他当然不赞成绝对君权,但他也不提倡君主立宪。他的时代已远离三十年战争,但宗教镇压和宗教之争不绝。他痛恨宗教家煽动人民暴力。他的伦理观是对神虔敬、对人公平,后者是他政治观的基础:国家的责任就是把公平演绎成法律。但他认为普世公平(universal justice)就只可以从敬神中找到。他更把理性用在政治上,建议创立一套包罗所有的科学资料库,用他的"思想的字母"和他发明的演算机去促成政治与宗教的统一。

综合以上,古典理性主义政治观的特色是保守中带浪漫。保守是出于理性——破旧立新往往得不偿失;浪漫也是理性的——个人慷慨会驱动全社会慷慨。

"我思"是17世纪下半叶和18世纪上半叶的西方主流,是"思想自主"的基础。它有两方面:肯定个人、否定经验。前者是拒抗权势(别人的思想),后者是抗拒传统(前人的经验)。这瓦解了中古亚里士多德/阿奎那的哲学与神学的统一。阿奎那时代,文艺复兴带来的古籍、引发的新思使人发现在神学上和教义上有许多矛盾的地方。阿奎那努力想以哲学（科学，包括逻辑）去诠释和支持一套统一的神学，这需要一套统一的哲学思路为先决条件。但笛卡尔的"我思"动摇了哲学思路的统一性。

笛卡尔的哲学是建立在"有思的个人"（thinking-self）的理念上。他的极度质疑是用来追寻个人的存在，开启了以"意识"（consciousness）为基础的现代思路。不同的我有不同的思，每个思都有同等的理性地位和价值。那么，思怎能统一？当然，他的天赋理念意味着人人可有，他的息息相关意味着凡事必然。也就是说，不同的我虽有不同的思，但对真的认识总会殊途同归。

随着法国称霸欧洲，整个17世纪都以理性主义为主流。但一道暗流悄悄地在对岸的英伦凝聚，终产生出英国特色的经验主义。

注：

1. 这与日后经验主义（Empiricism）的思路刚好相反。经验主义从实用科学出发，观察万物，以归纳法推理，找出万物的定律；然后思量我、神、世界的真义。

2. 斯宾诺莎稍后于笛卡尔，祖籍葡萄牙，犹太人，父亲年幼时举家移居荷兰。他学问高，但不求名利，拒绝高等学府或政府职位，父母遗产全数留给妹妹。年轻时因对犹太教有异见，被驱逐出当地犹太团体，开始对笛卡尔理论感兴趣。他生前只出版过两本书，其中之一就叫《笛卡尔哲学原理》(1663)。他的"神—政论"(*Theological-Political Treatise*, 1670) 引起大争议（甚至被另一位"理性主义"大师莱布尼兹严厉批判），被迫停止发表。但当时的阿姆斯特丹（与鹿特丹）已经是个富有、自由和国际化的大都会，替代了较早文艺复兴时期的地中海的商埠，斯宾诺莎的圈子更都是当时的"开明分子"。可是他的其他作品（包括名著《伦理》[*Ethics*]）还要到死后才经朋友偷偷出版。

3. 有人批评说这只不过是笛卡尔为哲学理解不能到达的知识源头起个名字而已。但笛卡尔关注的并不是名字，而是一种思想的"自律心法"，让人们尝试走他走过的道路。"清晰"、"留心"、"清楚"、"分明"都没有，也不可能有绝对的定义。正确的演绎是"越清晰"、"越留心"、"越清楚"、"越分明"就会"越无可置疑"，也即是"越真的知识"。因此，笛卡尔的"真"是相对（人人不同）的绝对（每个人自己都可以绝对肯定）。但他又提出"天赋理念"(innate ideas) 的理论，暗示不同的人会得出相同的"真"。

4. 莱布尼兹说："确定我们理解对与错的唯一办法是把它弄得像数学一样的确实。这样，我们可以马上发现我们的错误。如果各人持不同意见，我们可以简单地指出：无须争辩，让我们核算出来，看谁对。"那时他已开始考虑"思维代数"(algebra of thoughts)。他的笔记要到19世纪后才"被发现"，已晚于19世纪中的"形式逻辑"(formal logic) 的布尔（George Boole）和德·摩根（De Morgan），甚至19世纪末实用主义的创始人皮尔斯（Charles Peirce）。

5. 莱布尼兹可能是欧洲第一个对中国文化真有兴趣的大思想家。他的认识主要来自传教士的著作，以及与他们来往的书信。他认为儒家的伦理传统大可供欧洲人学习。他曾研究中国字是否不自觉地包含了他的"思想的字母"。他着迷于《易经》，认为它与他的"二进数字"(binary numbers) 不谋而合，包含着高深的、数学化的理性。

6. 他对宗教的虔诚，学问上的修养，做人的谦逊，感动过很多人。瑞典的克里斯蒂娜女王请他做她的导师，他悉心指导两年，特别探讨意志是否自由和神的无限完美。他在瑞典去世后，女王决心改奉天主教，并因此放弃了王位。

7. 斯宾诺莎是个彻底的"决定论"者，认为我们所谓的"自由"只不过是我们对自己行为的"无自决"和"不自主"的认识多少而已。如果我们能够提升这些认识，我们会更"自由"，更像神。其实，这思路跟大乘佛教有点相似。大乘有"缘起性空"的思想，任何事物的存在与出现，都是有因由（因缘）的。认识因缘使人对万变世事更坦然，生活得更"自由"。这是佛家智慧（般若）的基础。

第十三章　绝对原则的英国内争
　　　　　产出悲观、功利的经验主义

　　　英国在欧洲的宗教战争之中大部分时间置身事外,但国内的政局则因宗教改革变得极为复杂。亨利八世因个人私事和国家大事脱离罗马天主教,另组英国国教,属温和改革。从此,英国内部有天主教、国教(温和改革派)与清教(激进改革派)三个宗教派别。政治上,国王与国会之间因权力的分配(特别是税收)斗得很剧烈,产生保王派与国会派之争。三个宗教派别、两个政治团体,再加上历任国王都坚持自己的原则、坚持本身政权的合法性,还有苏格兰与爱尔兰的介入,引发出一场残酷的内战。英国人害怕了。对人性悲观、对原则恐惧驱使英国人对"真"进行反思,走上英国特色的现实、功利,以妥协去调解对原则的坚持。

在欧洲动荡的百年中,大部分时间英国好像置身事外。其实,当时它的内部是乱得不得了的。从亨利八世脱离罗马天主教开始,王位的继承与各宗教派别之争就是英国一切政治的背景。但与法国和欧洲诸国的继位之争不同,英国没有世族与世族之间的斗争(玫瑰战争是最后一次,见第一篇第七章)。但是,如果在同一个世族中,有人奉天主教,有人是改革派,谁应坐上王位?为此,王位的继承就有了争议。从前,合法与否由教会做主,但现今国王就是教主,独行独断怎会令人心服。因此,以国会来平衡国王的权力逐渐成为英国的政治方向。这引发出国会与国王孰轻孰重的意识形态之争。欧洲在三十年战争结束而稍有喘息之时（1648），英国的内战正打得惨烈（1642—1660）。这是国会与国王之战，但又渗进了天主教、国教（温和改革）和清教（激进改革）之争。内战前的混乱、内战中的残酷、两败俱伤的惨痛使大家向往稳定、接受妥协，在国王与国会之间、在各宗教之间找平衡。这个大环境，也就是在互不相让的原则冲突中寻求妥协，驱使英国走上经验主义。

第一篇的第六章与第七章，分别讨论了英国在百年战争（1337—1453）和玫瑰战争（War of the Rose，1455—1487）中的成长过程。现在我们往前看看英国的原貌，再往后看看英国在宗教改革之后的发展，这样才可以看到英国民族特性的成形历程和走向现代的轨迹。

恺撒大帝于公元前 55—前 54 年攻打不列颠（Britain）南部。退兵后，不列颠回到不列颠人（Britons）手里[1]。到了 5 世纪，罗马帝国崩溃，原住不列颠人失去罗马的保护，要自己应付外敌入侵，包括来自爱尔兰的盖尔人（Gaels）、苏格兰的皮克特人（Picts）和德国西北的盎格鲁-撒克逊人（Anglo-Saxons）。其中，盎格鲁-撒克逊人的入侵最成功。虽然不列颠人力拒，但到了 6 世纪末，盎格鲁-撒克逊人已占有现今英国东部，不列颠人退到西部。对峙一直维持到 9 世纪。至此，不列颠人与撒克逊人同化。

七、八世纪的英国（那时只是英格兰）有很多大大小小的王国，互有讨伐。其中有七个较大王国，因此又称"七国时代"（Heptarchy），那时英国人开始皈依天主教[2]。8 世纪末，维京人（Vikings，来自挪威、丹麦）开始入侵，在盎格鲁-撒克逊人地区占城（包括大的修道院）、夺地、建国。原有的诸国结盟拒抗，促成日后英国的统一。又经过世族之间的姻亲、继承和武力兼并，英国开始成形。10 世纪末，丹麦维京人大举来犯，击败英格兰诸国而称王。11 世纪中，属盎格鲁-撒克逊种族的"忏悔者爱德华"（Edward the Confessor，在位期 1042—1066）继承王位，英国回归盎格鲁-撒克逊人的统治。为要巩固王位，爱德华要与其他的盎格鲁-撒克逊世族周旋,遂邀请西法兰西亚的诺曼人[3]来支持他。他死后无嗣,王位悬空,想争夺王位的包括丹麦、挪威、诺曼和盎格鲁－撒克逊的世族们。诺曼大公威廉兴兵进犯英国,在英国东南部的黑斯廷斯(Hastings)一役大捷。1066年圣诞日加冕为王,称"征服者威廉"(William the Conqueror)。现今的英国就是从那时开始的。不到二十年,传统统治阶层和地主全被诺曼人,特别是有军功的诺曼武士贵族(barons)取代,教会高级神职人员也全是诺曼人。法文成为官方语言。

在如此复杂的权力分布和民族组合下,中世纪的英国不断内争、外战,间有民变。世族(monarchic)、贵族(aristocratic)的争权和争位从没有停止。但与欧陆诸国不同,这些都发生在一个海岛之上。所以与其他国家相比,英国国内的争、战、变都显得更尖锐和切身。外来入侵者带来新的文化,但同时也逐渐被同化。这些因素产创造了它独有的岛国多元文化和制衡制度。

威廉王位二传之后到了亨利一世(在位期1110—1135)。他致力改善撒克逊民族与诺曼人的关系,从而去稳定政治局面。亨利的儿子沉船丧生,遂开始了几百年绵绵不绝的英国特色的继位问题。亨利死后,他的女儿和外甥争位,内战近二十年。诺曼世族王朝后继无人,王位移过别支。来自法国安茹世族(Anjou)的亨利二世登位(在位期1154—1189),开始安茹王朝,又称金雀花(Plantagenet)王朝。这王朝要到1487年(也就是玫瑰战争结束)才告终,是英国最长的王朝。对外,亨利二世的势力扩张到爱尔兰、苏格兰、威尔士、弗兰德和法国的一大片。对内,他慑服武士贵族和教会的权力。英国开始从封建转向君权。他也制造了英国化的阿基坦(Aquitaine,是亨利二世未称王之前在法国的属地之一)贵族阶层和安茹贵族阶层,与原来的盎格鲁－撒克逊贵族共处。上一朝代的诺曼贵族则倾向法国。这些英、法贵族与世族之间的错纵关系是两世纪后英法百年战争的伏线(见第一篇第六章)。

亨利二世之后的两个多世纪,强势与弱势国王轮转[4]。强势国王,外有战功,内得名望；弱势国王则反之。国王势强,武士贵族蛰伏；国王势弱,武士贵族嚣张。长久以来,导致了国王与武士贵族之间的约法,成为不明文的君主立宪,又过渡成为议会民主。但是,也不是和平过渡,总有杀戮,包括内战和阴谋。有说这是英式民主雏形时期,其实也不尽然。因为所谓大宪章、选举代议,都是弱势国王向贵族的低头妥协,一旦强势国王上台就恢复原状。所以,只可说是国王与贵族之间的拉锯而已。尽管这些"形式性"的立宪只是为贵族（包括低级武士贵族）的利益服务,而且贵族们的利益非但不能代表老百姓的利益,甚至是对立于老百姓的利益,英国人总觉得是他们"发明"了民主。其实,英国最独裁的国王还要等到16世纪的亨利八世才现世呢！

英法百年战争在1453年结束。法惨胜,英惨败,但培养了"英国民族"的成长。从此,诺曼人、阿基坦人、安茹人都是"英国人"。而玫瑰战争也马上开启（1455）。约克世族与兰卡斯特世族互争王位,都铎世族的亨利七世（在位期1485—1509）渔人得利,开启了都铎王朝。但他仍要不断应付觊觎王位者,还要处理威尔士的叛乱。晚年他倒清静了几年,英国也得到休养生息。他为都铎王朝的昌盛打下了基础,这时也正是宗教改革前夕。以下就是宗教改革在英国引发的大变。

亨利七世的儿子亨利八世于1509年登位（在位期1509—1547）,是英国历史上的关键人物,也是宗教改革的关键人物[5]。他很大程度上决定了英国走往现代的取向。盎格鲁-撒克逊文化就是在他的时代开始逐渐形成的。

亨利的哥哥早死,他成为太子,并娶了嫂嫂阿拉贡的凯瑟琳（Catherine of Aragon）。这完全是政治婚姻。凯瑟琳的母亲是西班牙查理五世的外祖母,也就是西班牙帝国创始人夫妇之一的卡斯蒂利的伊莎贝拉一世。后来亨利想休妻别娶,未获教皇批准[6],其中一个更重要理由就是查理五世反对,而教皇又不敢开罪这位欧洲第一强国的国王。最终,亨利脱离罗马天主教会。亨利自命为神学家,在教义和教规上（除了有关他的离婚和教士可婚外,也就是除性道德外）他绝不是改革派。但英国是在宗教改革中第一个脱离罗马天主教的大国，在国际上产生了莫大的激荡，使改革派的声势大振。

亨利八世脱离罗马天主教后，进行了"英国的宗教改革"（English Reformation），包括解散天主教寺院，没收它们的财产与土地，重新分配（封赠给亨利八世的支持者）。这"改革"制造了大批的平民地主，也就是英国特色的乡绅（gentry）。这批新的既得利益者成为国王和以国王为代表的宗教改革的积极支持者。他们支持的是英国国教[7]，有别于激进改革派（如清教徒）。他们也是日后百多年宗教/世族内战的积极参与者。

亨利废立凯瑟琳的解释是她未能替他生子继嗣，因此，离婚别娶是国家利益的无私行为。凯瑟琳虽未能生子，但为亨利产下一女，叫玛丽，亨利对她很钟爱。但凯瑟琳被废后，玛丽被贬为不合法女儿，被放逐[8]。随后，亨利立安妮·博林（Anne Boleyn）为后，生下伊丽莎白。博林终与亨利失和，被控通奸、乱伦和叛国，被杀。安妮·博林被杀不过两周，亨利再娶简·西摩（Jane Seymour），终于得了男孩，就是日后的爱德华六世（Edward VI）。西摩于1537年去世。亨利先后六娶，连同正室所出，共有三个孩子，一男两女。他们的宗教信仰不一，三人都先后为王，外战、内乱都是因此而生，把英国政局弄得一团糟，断送了都铎王朝（反讽的是亨利以为他的所为完全是为了延续都铎王朝）。最后，还埋下英国17世纪凄厉内战的种子。

1544年，也就是亨利死前三年，他（国会在他掌握中）终定下"继承法"，指定次序是爱德华（男，属改革派，倾向激进）、玛丽（长女，属天主教）和伊丽莎白（幼女，属改革派，倾向温和）相继为王。可见他仍是血缘重于信仰。1547年，亨利八世去世，10岁稚儿爱德华六世登位（在位期1547—1553），由舅父摄政。摄政团绝大多数是宗教改革派，其中以激进分子居多。他们趁机巩固和扩张改革派，特别是由加尔文派衍生出的"清教徒"和"不顺从国教者"（Dissenters）的势力。这些激进派日后会与温和的英国国教发生冲突，激烈程度远大于天主教与改革派之间的冲突。当时，玛丽公主虽是天主教，爱德华也不容许她私下做天主教仪式。这对她是个大打击（她邀请表兄，身兼神圣罗马皇帝及西班牙国王的查理五世出面，才获批准），可能也埋下她严重敌视改革派的心态。

1553年，不足16岁的爱德华六世因肝病去世，但他不想让天主教的姐姐玛丽登上王位，临死前下诏取消她的继承资格。但因亨利八世早有"继承法"，他不得不把信奉改革派的伊丽莎白的资格也同时取消。他召玛丽进京，玛丽恐有变，迟迟不出发。摄政大臣遵爱德华六世的遗命，推出一位格雷郡主（Lady Jean Grey，是亨利七世的曾孙女）继位。她在位只九天，政权崩溃。玛丽凯旋进京。

玛丽女王即位（在位期1553—1558），初时很受欢迎。但她是虔诚的天主教徒，并与保护天主教的西班牙国王和神圣罗马皇帝查理五世关系密切。稍后，她还跟查理五世的儿子腓力成婚。在名义上，她与丈夫西班牙国王腓力二世同时是英国国王。她力图恢复天主教，迫害改革派，被英国人称为"血腥玛丽"（Bloody Mary）[9]。

虽然国人反感，玛丽仍维持女王地位至终。这也是英国特色。英国人把王室视为英国国脉，虽然在位者往往很不受欢迎，而且反对者往往也可能有改朝换代的力量，但仍是"忠于王室"。这不等于是忠于"某某国王"，他们有"国王已死，国王万岁"的政治文化（The King is dead, long live the King）。这种把王朝世族和国家意识清楚分开的政治文化不可能发生在欧陆诸国。到了17世纪的"共和"时代，英国人甚至弑君，但这不是出自世族间的篡夺或争权，而是为了宗教理想和政治原则。

1558年，玛丽去世，伊丽莎白一世即位（在位期1558—1603），励精图治，谋求国家稳定。她正式成立国教（Church of England），并企图平衡国教与天主教、清教和不追随英国国教的激进改革派，如"不信奉国教者"（Non-Conformists）、"不顺从国教者"（Dissenters）之间的权益。这些非国教甚至反国教的改革派认为国教仍然太接近罗马天主教教义、太像罗马天主教系统，因此他们从国教中分裂出来。他们可以说是国教中的异端分子[10]。

英国国教是改革中的温和派。它的"改革"冒犯了保守的天主教；它的"温和"冒犯了激进的改革派。伊丽莎白的政策是坚持英国国教为英国一统的基础，但又以对各方冒犯得最少为政治原则。从此，英国政治的特色就是"妥协"。

伊丽莎白主政期间，国内比较平静。虽仍有天主教和非国教改革派的叛乱，她还是成功地扩张了王室的权力，收紧了贵族的权力。1588年击退西班牙舰队，对英国人是很大的鼓舞，形成很强的民族凝聚力。但英国与西班牙的战争并未停止，而且军费浩大。战事要到她死后才结束。她在位四十五年，政治长期稳定，人口大增（1564年是300万，1616年是500万）。

从亨利七世到伊丽莎白的百多年（1485—1603）是都铎王朝时代。与诺曼王朝不同种族的贵族之争、安茹王朝国王与武士贵族之争、玫瑰战争的世族与世族之争不同，都铎王朝较少权贵之争。由于权力集中在国王身上，政争之中的权贵因素降低，但阶级因素却提高。国王与国会之间的权力分配将是17世纪英国内战的主因，还产生出英国特色的君主立宪。与17、18世纪欧陆的绝对君权相比，英国率先走了几步。

伊丽莎白于1603年去世，都铎王朝后继无人。她最亲的，而又是属改革派的就只有苏格兰国王詹姆士六世。于是他继承了英国王位，成为詹姆士一世（在位期1603—1625），开启了斯图亚特（Stuart）王朝。他个人同时是英格兰与苏格兰的国王，但这不代表英、苏两国统一。统一还要等上一百年（1707）。天主教仍想复辟，屡次企图暗杀詹姆士，最出名的一次是1605年11月5日的炸药案（Gun Power Plot）。这些阴谋虽然发生在英国，但主使都来自欧洲，尤其是法国与西班牙。这反使英国人更向心于英国国教。一般来说，外侮会带来内部团结。但英国的岛国民族性对外侮特别敏感，特别团结。平时纷纷攘攘的政治，一旦有外侮，无论是拿破仑或希特勒，英国全国合力抗外。

詹姆士的儿子查理一世（Charles I，在位期1625—1649）于1625年继位，欧陆的三十年战争正如火如荼。英国置身事外，其实是休养生息的好时机。但这位查理一世却引发了英国内战（1642—1651—1660），把国家弄得天翻地覆，最后以"暴君、叛徒、杀人犯和国家公敌"罪名被处死。这场内战和它产生的后果彻底影响了英国人的人生观和政治观。源自对人性和政治悲观的哲学经验主义（Empiricism）、政治实效主义（Political Pragmatism）和经济自由主义（Economic Liberalism）都可以追溯到这场乱事。

查理一世跟他父亲一样，主张"君权神授"，也就是国王不能由人来废立，但与他的父亲不同，查理比较顽固，自以为是。他认为无须为自己的行为向国人解释，只要向神交代就够了，这在英国人听起来就像欧陆的"绝对君权"（那时是法国路易十三和路易十四时代，"绝对君权"正在成形）。当然，还有宗教因素。查理一登位就娶了法王路易十三的妹妹为后（这亲事是一早由詹姆士定下的），她是虔诚的天主教徒，曾经因为查理一世加冕典礼未在天主教教堂举行而拒绝参加。查理娶她时应允国会不会修改英国国教教规，但又暗中与路易十三密约会议。加上查理本人也有天主教的倾向，又支持反加尔文理论的神学家，这些都使英国国会和激进的清教徒对他满怀戒心。

三十年战争早期，查理的姐夫是神圣罗马帝国中巴拉丁（莱茵河西岸）的选帝侯腓特烈五世，他的属地被西班牙夺去（见第二篇第九章）。查理想帮他一把，就向西班牙宣战。他的天真想法是向西班牙施压，驱使西班牙向盟国神圣罗马帝国[11]讨回这土地，然后交还给他的姐夫。但国会批的军费有限。查理要筹募军费，未经国会同意就征税，主要是进口税。国会当然不悦。他在西班牙的战事失利，同时又因王后（法国路易十三的妹妹）的私事以及法国扩充海军而跟法国闹翻，决定军援法国的胡格诺派造反。国会很不满意他多生事端，要求他把亲信免职。查理不允，反把国会解散（召集和解散国会是国王的特权）。1628年，国会向国王提交《权利要求》（*Petition of Rights*），要求国王不能未经国会同意而征税、戒严和实施军法统治，未经审判而囚禁政治犯，未得同意驻军于民居。这些都是英式人权的基础理念，回应了英国内战前夕的王权滥用。

1629年，查理重新召开国会。但国会再提出反对他的进口税时，他马上又将国会解散。随后十一年,由国王"亲自统治"。英国人认为这是非法。他虽然终止了对法国和西班牙的战事,但财政紧张迫使他想尽办法去征税,包括利用古老法律去增加税种(因为这样就不用征得国会同意)。国王的取巧和税荷的沉重使国民的不满日增。

在宗教上,查理倾向传统,甚至有点天主教的味道。当时英国国教在名义上是以加尔文派的理论为基础,其中特别有两条:神恩是得救的唯一途径,但神恩又是无从揣测的。查理对这些理念持比较保留的立场,招来清教徒的反感。同时,查理设立不受国会控制、又可进行严刑逼供的宗教法庭(也称"星室",Star Chamber),更使清教徒们寒心。苏格兰方面也出现问题。那时它虽然与英国是同一个国王,但仍未是同一个国家。苏格兰人怀疑查理想把英国国教强加于苏格兰,以替代苏格兰的国教。1637年,查理下令苏格兰改用与英格兰相像的祈祷手册,苏格兰教会反抗,并于1638年把教会组织更改为比较平等化的长老制度,以替代比较阶级化的英格兰式主教制度。这些宗教因素导致苏格兰教会和苏格兰议会联手反抗查理。由此产生的1639年"主教战争"(Bishops' War)是英国内战的前兆。

查理北上镇压,断翼而归。苏格兰反抗者更意气风发。王权威望骤降,查理被迫结束他十一年的"亲自统治",于1640年重召国会议征税事。议会同意征税,但要查理查办"亲自统治"期间若干滥权事件,秋后算账。双方遂僵持起来。于是查理又解散国会。跟着,"主教战争"再起,查理再败,并要赔偿苏格兰军费。他无奈地又再召开国会[12]。查理被迫应允最低限度三年一会,如果国王不召开,议员们可自动召集。并且,国王不得未经国会同意解散国会。从此,国王召集和解散国会的权力就等于被取消。这些都是英式议会制度的重要特征和发展过程。

此时,查理与苏格兰达成和议,允许苏格兰教会实行长老制度,苏格兰也支持他对抗英国国会。英国国会列举查理的官员们多年来的劣迹,要求处置。国王与国会间的张力大增。又遇上爱尔兰反英叛变,查理组军镇压。国会害怕查理回过头来以此军来对付他们,于是提出剥夺国王军权的动议;

但又同时发动全国向国王宣誓效忠,以舒缓国王与国会间的紧张[13]。在这多事之秋,谣传国会将弹劾王后,因为她坚拒放弃天主教信仰。一得到消息,查理马上采取行动,准备亲自逮捕国会领导人物。但风声泄露。1642 年 1 月 4 日,武装进入国会,但有关人等早已逃之夭夭。政局大乱。查理知道伦敦留不住了,遂北上组军。王后则留在欧陆筹募军费。内战要开始了。

查理驻在牛津,国会派留在伦敦。战事在 1642 年 10 月开始,保王军与国会军互有胜负。但到了 1645 年,战事逆转,保王军每况愈下,牛津被围。1646 年 4 月,查理逃脱,北上向苏格兰军投降。1647 年,苏格兰把查理交给国会派,查理被囚禁。1647 年 6 月,国会军从国会派手中把他劫走。

这里,要说说"国会派"与"国会军"之别。国会派包括了国会议员和他们的支持者。事实上,国会中仍有很多人是站在国王一方的,内战期中有一段时间他们还占了多数。但他们对国王任用的官员就有很大的不满。这些保守分子参战的理由是想维持国王与国会之间权力分配的传统。国会军则是国会派发起的军队,也称"新模范军"(New Model Army),成立于 1645 年。这支军队与当时绝大部分的武装部队有别,它是常备军而不是地方部队,可以调动到任何地方作战。还有,军官们是职业性的,不是由任何国会议员来担任,而且与国会内的政治和宗教派别无关。这支军队部分来自清教徒的退伍军人,部分是从同声同气的宗教会社征来的。士兵们之间的宗教信仰和政治意识很相类;而军官们与士兵们也有共同的宗教和政治信念。因此,在宗教信仰和政治意识上,这支军队独立于国会,而且有抗拒权势的倾向,无论是来自国王还是国会的权势。这也是英国日后产生出"共和"(Commonwealth)和军法统治的军事条件。军队将领,如克伦威尔(Oliver Cromwell,1599—1658),可以依靠这支新模范军的军纪和宗教热忱与政治理想去建造新世界。

无可避免地,国会派与国会军之间出现了裂缝。查理就想利用这机会。他从国会军处逃脱(有说是被有意放走的),投往国会派的手中。他仍想以谈判方式解决问题。为讨好苏格兰,他答应把苏格兰国教的长老制度在英格兰试用（曾几何时，他还想把英国的制度加诸苏格兰呢）。弄巧成拙，反而激起英国保王派的反对，认为这代表放弃英国国教的传统。1648年，第二次内战再起。这次，苏格兰与英国保王派站在一起（查理仍在国会派囚禁中）。国会军先击败各地的保王军，然后再破苏格兰军。战事不长，但战情惨烈。由于这是为原则而战，家庭成员之间互相残杀有之，对异己者赶尽杀绝有之，对战败者杀无赦有之，大大加剧了英国人对这种为"原则"而战的恐惧。

查理仍不服气。国会派认为查理启动第一次内战或情有可原，但在囚禁中仍不知悔改，煽动第二次内战，罪无可恕，决定审讯国王。这是历史性的举动。他被控"叛国"（treason）。查理不认罪，坚持"君权神授"。在庭上他问："我想知道凭什么权力，什么合法的权力把我带到这里？"国会的回答是："英国国王不是某一个人，而是一个职位（office）。在位者被委托以有限的权力按国家的法律去统治。"查理被判死刑，于1649年1月30日斩首示众。临死时他说："我失去一个可腐朽的王冠，得来一个不会腐朽的王冠。"至今，很多人视他为保卫英国国教道统的"殉道者"。他是英国国教唯一被正式定位的"圣人"（不同天主教的许多"圣人"）。英国复杂综错的政治文化可见一斑。

这些宗教与政治之争有别于单纯的权力争夺。应注意其中的两点英国特色：1、在"成者为王，败者为寇"的现实下，仍要依法行事；2、反对王权的国会不是想创新，而是想复古，他们抗拒当时的绝对君权新理念，想恢复大宪章的传统理念[14]。这与宗教改革的复古（回复到奥古斯丁或更早的原始教义）是完全平行的。这两点，显示出英国政治体制的"保守"特色。

君主制度被推翻了。权力转落到由国会派领袖和国会军统帅组成的"国事委员会"（Council of State），英国进入"共和"时期（Commonwealth）。但战事仍未结束，战场在爱尔兰与苏格兰。

英国内战于1642年开始，属天主教的爱尔兰就一直动乱[15]，组成爱尔兰同盟（Irish Confederates）。1648年，由于深感国会军的威胁，爱尔兰同盟与英国保王派结盟。同盟军与保王军想夺回都柏林，但被国会军击败。克伦威尔大力镇压，屠杀保王派和爱尔兰人。新模范军的凶残、爱尔兰人的顽抗和伤亡惨重（估计30%人口死亡或流亡），深远地影响了此后三百多年的英国与爱尔兰、天主教与新教的关系。1653年，残余的爱尔兰同盟军和英国保王军投降。爱尔兰天主教徒的土地被没收，重新分配给国会派的债权人、国会军的战士和在内战前已移民爱尔兰的英国人。这也构成爱尔兰本土人穷、英国外来人富的现象，带来了日后南爱尔兰独立和北爱尔兰不稳的局面。

在苏格兰，查理一世之死改变了一切。苏格兰人不接受弑君（查理的斯图亚特王朝是来自苏格兰），更害怕英格兰的"共和"政府威胁苏格兰的独立和苏格兰国教的长老制度，于是与查理的儿子结盟，并请立他为王，为查理二世。1650年，他率军南下。克伦威尔从爱尔兰回师应战（但仍留下部分兵力镇压爱尔兰），攻陷爱丁堡。到了1651年，他的新模范军差不多扫清苏格兰军。但查理二世所率的一支军队却避过了新模范军的主力绕道进入英国，与英国的保王分子会兵。最后，克伦威尔赶到，于1651年击败联合军。查理二世逃往法国，内战结束。

1653年，克伦威尔强力取消议会制，自立为"护国公"(Lord Protector)，其实就是国王。他"登位"时还是坐在国王加冕的宝座上呢！1658年，克伦威尔去世，继位的儿子无能，军队对他不信任，军队内部派系互争，国会自动解散，英国进入无政府状态。当年克伦威尔派驻苏格兰的总督率军南下，于1660年召集新的国会，决定恢复君主制，迎立查理的儿子为查理二世（在位期1660—1685），史称"恢复期"(Restoration)。这次，君主制度是在国会同意下才得恢复的。从此，国会的权力凌驾国王。

这场内战虽然残酷，但也使未来的大不列颠（英格兰、苏格兰、爱尔兰、威尔士的联合王国）避开了日后欧陆式的血腥革命和完全推翻君主制。从17—19世纪的英国，君主自我约束，必要时国会会选择国王。国会派别逐渐演变成政党制度（见第三篇第十九章）。

查理二世"恢复"几年后，伦敦先有大瘟疫（1665），继有大火灾（1666）。那时国内外比较安定，除了助法攻荷的战事（1672年参战，1674年退出，见第三篇第十八章），英国致力海外贸易与殖民。查理二世于1685年去世，弟弟登位为詹姆士二世（这是他作为英王的称号，在苏格兰他是詹姆士七世）。他是天主教徒，英国人再也受不了，于1688年把他废掉，迎立来自荷兰新教的奥兰治·威廉（William of Orange，1650—1702）。英国人把这场废立称为"光荣革命"（Glorious Revolution）。

这是英国历史的关键。宗教理念之争、政治原则之争使英国多年动荡，最终还是釜底抽薪，请个外人来统治。但又要这外人接受权力的约束，目的就是在各种意识形态之中求妥协。威廉与国会订立《权利法案》（*Bill of Rights*），英国正式开始君主立宪。在这个坚持原则的历史时代中，"经验主义"开山祖师洛克现身，在互不相容的世界里找寻妥协和约束。

注：

1. 恺撒形容不列颠人像比利时人；也有罗马学者指出南不列颠的语言与欧洲北高卢人（Northern Gaul，也是现今的比利时一带）相似。

2. 天主教于7世纪初由西北的苏格兰、爱尔兰和东南的罗马传入盎格鲁-撒克逊人的英国。英国基督化从此扎根。8世纪，英国传教士东渡西欧传教。英国人从接受天主教变成传播天主教的尖兵。9世纪，差不多整个法兰克的帝国（即查理曼帝国，跨现今法、荷、德、奥，见第一篇第三章）都皈依天主教。

3. 诺曼人（Normans）来自诺曼底大公国，属维京人血统，占有诺曼底地区（现今法国东北），臣服于查理曼大帝的加洛林王朝。加洛林王朝于9世纪分裂出东、西、中法兰克三部分。西法兰克变成法国，诺曼底大公国是法王的属国。那时法国内部不稳，各世族、属国互争。向外侵略也是出路。因此，攻占英国是很自然的事情。

4. 理查一世强（1189—1199），约翰弱（1199—1216，大宪章是1215年被武士贵族迫签的），亨利三世弱（1216—1272，武士贵族与城镇代表建选举制度），爱德华一世强（1272—1307），爱德华二世弱（1307—1327），爱德华三世弱（1327—1377），理查二世弱（1377—1399），亨利四世强（1399—1413），亨利五世强（1413—1422），亨利六世弱（1422—1461，1470—1471）。

5. 此人才气纵横（相传著名的小调《绿袖子》是他为挑逗安妮·博林而写的。就算传说不实，也可见他的才子名气），但也充满矛盾。欧洲宗教改革初期，他对天主教虔诚，以保护者自居，甚至教皇也表扬他；后来又不愿遵守教规，要离婚别娶，脱离天主教；但稍后又镇压激进改革派。归根结底，他仍是以保存都铎世族王朝为国策原则，漠视宗教原则。这点与支配法国政治三十年的凯瑟琳·德·美第奇不顾一切去延继世族王朝同出一辙（第二篇第十一章）。

6. 其实教会有"婚姻无效"的休妻理由，但亨利与王后结婚已有26年，且生下女儿，"婚姻无效"理由很难成立。

7. 英国国教（Anglican Church）又名圣公会，也可意译为"盎格鲁人的教会"，它实际是把"罗马天主教"拆开处理，"罗马教皇"由"英国国王"取代，"天主教"的教义、仪式和组织形式则基本保留。但因为要抵消改革激进派的浪潮，国教稍后分为高、低两层。"高教会"（High Anglican Church 或 High Church）比较保守，接近天主教，组织上用主教制度，是王室和社会高层所属的教会。"低教会"（Low Anglican Church 或 Low Church）则比较接近其他激进改革派，仪式上比较简单，教会组织上用比较平等的长老制度，但仍以国王为首。

8. 玛丽视博林所生的同父异母妹妹伊丽莎白为篡夺者，很不尊重。1536年安妮·博林被杀后，伊丽莎白被贬为不合法女儿，被放逐。此时，玛丽与父亲恢复关系。

9. 她首先以叛国罪把格雷郡主处死，并囚禁伊丽莎白。她要与罗马教廷修好，废除爱德华六世所有的宗教改革，但由于亨利八世和爱德华六世时代已经把大量的天主教寺院土地封赐出去，玛丽不想开罪这些新贵，所以她虽然恢复了天主教的合法地位但未能恢复天主教寺院和天主教贵族们的失地。结果，所有人都不满。她的天主教信仰和与西班牙的亲近关系使得英国上上下下反感。她迁就丈夫，向法宣战（其实腓力娶她完全是政治考虑，对她很冷淡，但她对丈夫则情有独钟。1554年成婚时她已是35岁，而腓力不足26岁）。这场战争的结果是丧权辱国，失掉了英国在法国的属地加莱（Calais），国人更反感。她失望之余曾说："我死后，人会发现'腓力'和'加莱'二字刻在我心上。"

10. 英国的宗教改革和分裂跟法国不一样。法国一开始就是天主教与激进改革的胡格诺派对立。英国先是国教与天主教对立，然后从国教再分裂出正统国教与激进改革派的对立。局面变成国教、天主教和激进改革派的鼎足三分。

11. 原本，查理五世是西班牙之王，也是神圣罗马之帝。他于1556年因病让位给儿子腓力二世时也放弃了帝国帝位。因此，西班牙国王（那时是腓力四世）不再是神圣罗马皇帝，他与帝国的关系只是大家同属哈布斯堡世族而已。

12. 头一次称为"短国会"（Short Parliament），只开了一个月。这次称为"长国会"（Long Parliament），是从1640年开始，到1653年被克伦威尔（Oliver Cromwell）废除，然后到1659又短期复会，最后到1660年再被解散。

13. 其实，英国人并不都是站在国会这边的。支持查理对抗国会的大有人在。他们不一定是天主教，也包括那些不满国会过度偏激的英国国教保守人士。可是，当查理要筹备军费去对抗国会时，他的王后只求助于天主教教廷和属天主教的法国。这些看来媚外的行为，使得支持者不满。

14. 斯图亚特王朝之前，也就是绝对君权之前，土权是由宗法和传统来约束，由教会来制衡。宗教改革之后，教会的制衡被摧毁了，宗教性的道德约束也失效了。君王的自由度增加，但低级贵族和资产阶级们的自由度却没有相应增加，自然不满。他们想回复到宗教改革之前，也就是君王仍受传统约束的时代。但是他们同时又想摆脱传统中的教会约束和取消教会的特权。所以，他们不提宗教性的传统，转而强调政治性的传统，特别是先人在中古时争取得来的"古代权利"（Ancient Rights，主要还是低级贵族和资产阶级的权利），也就是"大宪章"。

15. 爱尔兰跟英国的关系很复杂，它包括爱尔兰本土的人、从英国过去而生根的"半本地人"和从英国过去发财或治理的外地人。亨利八世把爱尔兰正式纳入英国统治，但爱尔兰天主教拒绝亨利的宗教政策。英国大力镇压，把爱尔兰当作殖民地来统治。爱尔兰人没齿难忘。

第十四章　做官的洛克带出"天赋自由"

英国的洛克开创经验主义，否定笛卡尔的天赋理念求真心法，以官能经验为求真唯一途径，以人性自我、自私为伦理基础，以互相约束为政治基础。经验主义三杰是洛克、贝克莱、休谟。他们对人性悲观，对世事现实。

自亨利八世脱离天主教后，国内分裂：王朝之内和世族之间分为天主教与国教两派；子民之间又分裂为天主教、国教（温和改革）和清教（激进改革）；国王与国会产生分歧，再加上日后国会又分为国会派和国会军。权力与意识形态纠缠在一起，引发了英国惨酷的内战。这迷惘的环境中产生出一种悲观的思维，在各持己见、互不相容的世界里找寻妥协和约束。经验主义（Empiricism）浮出水面。

经验主义的三杰是洛克（John Locke，1632—1704）、贝克莱（George Berkeley，1685—1753）、休谟（David Hume，1711—1776），也是一个紧接着一个，反映时代背景的变化。洛克经历了内战后期的余波，共和时代的苛政、恢复期的安定、詹姆士二世的天主教复辟，以及他积极参与的光荣革命。贝克莱主教出生于英国国内农业革命、海外殖民扩张奠定大英帝国根基的时代。休谟经历的是英国取代法国开始登上第一强国的时代。可见，经验主义出于英国的忧患，磨炼于英法的竞争，成熟于大不列颠的称霸，无怪它被视为富国强邦的宝典，也被认为是英语民族送给世界的最伟大贡献，洛克参与的是英国政治史最动乱的时代，这个时代彻底地影响了他的治学与思想。在他的出生和成长期，泛欧洲（在当时就是泛世界）的三十年战争和英国内战一个紧接一个。成年后，英国的国内外形势引他走向以功利为导向、以官能为基础的求知方向。他的定位之作《人类理解论》（*Essay Concerning Human Understanding*, 1690）出版时他已经58岁了。这本书是累积了多年的经验、不少的变迁后写出的，甚至可以揣测，他可能先有政治观，然后才以知识论去支持他的政治论点。他的《政府论下卷》（*Second Treatise of Government*）也是1690年出版的，与他的《理解论》同年。

以下把经验主义的思维分为格物、致知、修身、治国几个方面来讨论，以洛克为主，再补充上贝克莱、休谟的贡献。

格物、致知

洛克的起点是个人（我）是一个"有意识的思想物（conscious thinking thing），可以有快感和痛感，可以知乐和苦，因此在它的意识的范围内，只会为自己打算"（这也将是洛克的政治自由与经济自由的起点；洛克的宇宙观、伦理观跟上古的享乐派是一脉相承）。对洛克来说，这个"我"可以是灵性或物质、简单或复杂，都无关紧要。这个"我"是一个有身体的自觉、自思意识。这点，他与笛卡尔相像。

但很快，他与笛卡尔走上相反的方向，甚至可以说，洛克的经验主义是针对理性主义而形成的。因此我们必须通过笛卡尔才可以明白洛克。首先，笛卡尔和洛克两人在心态上不一样，这反映在他们的求知上。笛卡尔要解决的是知识的不统一、不稳定；需要的是"无可置疑"的知，因此他摒弃那些来自官感的不可靠知识。他的动机（心态）是求真，是种为知而知的追求，有点中国道家出世的理想。经历不少风霜、不断修改自己意见的洛克所关注的是"用"（实用）。因此，他求的只是"可靠性高"和"足够应付需要"的知识（probability, not knowledge 和 certainty as great as our condition needs）。洛克式"学以致用"的心态有点中国儒家入世的情怀。

洛克登场之时，笛卡尔的理论已是主流，因此洛克要建立他以官能为基础的经验主义，必先否定笛卡尔的天赋理念，也即是否定内在真理的存在。洛克认为知识不是来自神的启示或人的内在理念。他的推理很简单：假如"天赋理念"存在，为什么没有所有人都同意的理念，比如神、人、蓝色？这个问题要日后到了18世纪的康德才能找出解决的苗头（见第四篇第二十五章）。

他认为只有通过官能才可以接触现实、认识世界。他把人的脑袋形容为"一张白板"（tabula rasa），经验将它塑造，不同经验塑造出不同思想。经验就是"官感"（sensation，也就是官能的感受），官能感觉外界事物的刺激，产生"感知"（perception），继而经反思产生理念（ideas）。反思（reflection）是脑袋对它内部运作的感知，例如做出组合、比较和抽象（也称"内在官感"，internal sense）。

在笛卡尔的宇宙观里，万物之间是息息相关的，它们之间的关系不是偶然而是必然的（necessary connection，也就是无可避免，必然存在的关系，有如a等于b，b等于c，则c必然等于a）。通过理性（也就是天赋理念），我们总有一天可以把这关系清楚分辨出来。洛克既不承认万物是息息相关，也不认为理性可以清楚分辨出这些关系。首先，他否定脑袋有能力去掌握万物之间的必然关系，因为我们的信息全部来自经验，而经验只可以来自官能，但官能不能感知宇宙间所有的必然关系，因为我们不可能感知万物中每一个物体的内部结构[1]。更重要的是，他根本否定必然关系的存在，尤其是物体的内部结构[2]和我们的经验之间的必然关系。

他举例，当人走近火时会觉得温暖，再近便会感觉痛，暖与痛是不同理念，但都是来自同一的火。也就是说，同一的火（同一的内部结构）会使我们产生不同的理念。那么，火跟暖或痛是没有必然关系的，也就是说，万物与我没有必然关系。他认为这种不稳定反映神（有人认为洛克的神是种泛神，也就是宇宙的神秘，而不是宗教的神）的"随意使然"（arbitrary，也可称之为偶然，有别于必然），因此没有什么必然关系的。他的结论是以官能经验为基础的科学不能带来真的无可置疑的知识[3]。这里，洛克为知识

（真知）下了一个非常严谨的定义：知识是对两个或多个理念之间的异或同、相连或相拒的理性察觉，例如黑异于白，黄与金相连等等。因此，知识是关乎理念之间的关系。理念既然只存在于脑袋，它们之间的关系就很难单靠官能经验去证实了[4]。

洛克虽然认为万物的本质难明，但万物的存在可证。有关存在，他与笛卡尔的想法差不多一样。洛克提出三种存在：个人的存在是最高的自明之理（self-evident）；神的存在（一个永恒、全能和全知的存在 [being]）是可证之理（demonstrable）；物质世界的存在要靠官能去感知。最后的一点是他的创新，也是经验主义的基础。洛克没有证明物质世界的存在，他是以经验（官感与反思）去推理外在世界存在的"可能性"（probability），这就是经官感而来的知识（sensitive knowledge）。洛克把差不多所有的科学（除了数学和伦理学）和一般日常经验放在这一栏：要靠"意见或判断"（opinion or judgment）来获取的知识，而不当它们是真的知识。真知识的基础是自明或可证；经意见或判断而得的知识的基础是它的"可能性"的高低而已。

最后，洛克把理性（reason）看作用来做判断和求知识的工具，也就是一种用来寻找理念之间的关系的工具。信仰（faith）是接受那些不能经理性去寻找，而是由神显示给人的真知。但我们必须用理性来分辨哪些是神所显示的真知，哪些是人所制造的伪知。为此，信仰不能违反理性。

洛克的结论是通过官能、经验而达到的知识（包括自然科学）只是"近真"，是一种"仿知识"或"仿真"（pseudo-knowledge），但他认为这仍是有意义、有价值的追求，因为这种追求会使我们越来越接近真的真[5]。

贝克莱把洛克的官感更推前一步。他的"无实质主义"（Immaterialism，也称"主观理想主义"[Subjective Idealism]）的主题是"存在即被感知"（To be is to be perceived）：我们以官能认识世界的存在。因此，人是直接地去知晓世界，没有抽象的理念。这点，他继承洛克，也修改洛克。贝克莱认为人不能知道一件东西是否存在，他只能知道这件东西被他感知而已。人不可能知道他所感知的东西背后有什么真或什么本质使他有如是的感知。也就是说，人不能知道感知与事物之间的因果关系。贝克莱是位主教。作为神职人员，他的神不像牛顿的神（牛顿的经典《自然哲学的数学原理》于 1687 年出版，当时已是科学界的主流思维，见第三篇第十七章）。贝克莱的神不是一个不介入人类世界的工程师，以不变的规律去支配宇宙的运作，就像一棵苹果树慢慢在校园中成长。贝克莱的神是人类所有经验的"因"（cause）。我能够感知一棵苹果树是因为神的思想在我的思想里产生的感知，就算完全没有人在校园里，这棵树仍是继续地存在，因为神的思想是无限的，祂的感知是包罗一切的。

休谟则完全走上"自然哲学"（naturalistic philosophy）的路线。他否定人的思想是神的思想的缩影，不相信人可以凭神给予人的理性和洞识去寻找真理和解释世界，他主张以"科学"态度[6]去研究人的思想。在《人性论》（*A Treatise of Human Nature*，1739）中，他开宗明义地指出，"研究人的科学是所有科学的唯一坚实基础"，而正确的研究方法是"体验与观察"。休谟的"致知"建立于归纳法，也就是把接连发生的事物联想在一起，构成因果的理念。这是他求真的关键。他从经验归纳，而不是从理性的演绎，得出的知识是世界是由不变的物理规律支配：万事都是必然的，万事之间的连接都有其可观察到的一贯性规律。但他也注意到这个推理有点特别：这些"必然"规律是我们通过观察和联想因与果而归纳出来的，因此我们所以为的必然其实不是客观的必然，只是我们按自然本能做出的判断而已；规律的一贯性并不代表大自然有任何目的，大自然的目的是我们的"想当然"而已。

综合三人的思路得出的结论是：在古典经验主义中，求知只可通过官能，因此真知难得；实用的知识只是种判断；宇宙是否息息相关意见不一，但是与否都不是凭理性可以分辨出来的。

修身

洛克认为人的权利应从无限智慧的神和有限智慧的人之间的适当关系中产生，也就是说，道德标准是先要符合神之法，然后要符合自然之法。道德规则把适当的赏罚加之于人的意志上,去约束人去做有利于自己的行为。洛克否定道德上有天赋理念[7]。他指出,经验告诉我们,人是趋吉(享乐)避凶(痛楚)的,享乐是道德的基础。人实在没有自由意志。当人考虑两件事的利弊后,他一定会选择对自己较有利的事。这点很像笛卡尔的论调。洛克的演绎是人一定按"享乐"来作出选择;笛卡尔的演绎是人一定按"真知"来作出选择。但两人都认为人有自由不去考虑,或考虑后不去实行。

洛克把人的道德观也看成"一张白板",经验塑造它,因此"教育"最重要。他说:"我们见到的人,他们对善与恶、有用抑或没用的判断,十居其九是由于教育。"他特别注意孩童的教育,强调"年少时,就算几乎不能察觉的印象都会留下重要和长远的影响"[8]。

休谟的伦理观是建在他的"人的科学"基础上。对他来说,"人"只不过是一堆由相类关系和因果关系相互联系起来的感知体,也可称是一堆"有内容的感知"(sense-contents)。因此,休谟对人的推动力和道德观有这样的形容:"理知(reason)是,也应该是欲望(passion)的奴隶,除了服从欲望和替欲望服务之外,并无别的任务。"相应地,欲望是人改变世界、改造环境的推动力。这就是休谟的伦理观的基础。

休谟是个"唯情论者"(Sentimentalism),他把情感(sentiments)、情欲(desires)、欲望(passions)看作同一的东西。道德或伦理的情感是具驱使性的,他认为,单是理知不能驱使人,必须要欲念。理知倾向适应世界,欲念倾向改变世界。"道德情绪刺激欲念去产生行动,与理知无关。因此,道德准则不是从理知得来的结论。"这点他与他的好友亚当·斯密是一致的,对现代的伦理影响极大。

关于意志自由与否,休谟做了如下演绎。经验告诉我们世界是由不变的物理规律支配,万事都是必然的。也就是,"宇宙可观察到的事物之间的连接有一贯性(conformity)"。人类的自由和宇宙的必然非但没有矛盾,而且必须是必然的宇宙才可解释人的自由——因为事物之间的连接有其一贯性,因此我们的行为、意志(动机、倾向)和处境之间的连接也应有其一贯性。不然的话,我们的行为只不过是"偶然之事"(matter of chance)。但在万事必然的宇宙中偶然是不存在的。他更进一步说,"所有行动都是暂时的和会消逝的,如果它们不是发自于(caused by)个人的意志,善行与恶行都与他无关"。因此,要我们负担我们行为的道德责任就需要承认我们的行为是"必然"地来自我们的意志。作为唯理主义者,笛卡尔要我们为我们的理性负责;作为唯情主义者,休谟要我们为我们的意志负责。

休谟更认为善行与恶行是没有理性原则的。理性使我们知道正、误(true and false),不是对、错(right and wrong)。道德不是一种正、误的东西,它受感知(perception,官能的察觉)和爱恶(appetite,欲念的倾向)支配,因此会因人、地、时而异,是主观性的。善行与恶行之别是看它给人的"印象"(impression)如何。如果印象使人"满意"(agreeable,也可称好感),它是善;如果不满意,它就是恶。因此,休谟的道德观里没有永恒和不变的道德标准,一切要看人的需要和处境。他以公义(justice)为例。他认为人类天性自私,而且每人想要的东西,别人都想要,永不足分配。但人类发觉,通过约法性的分工和互助而组织出来的社会有助于每个人保护他所拥有的东西,使他感到满意。于是"约法"(convention)就成为组织社会(政府)的手段,而约法的焦点是保护财产,和由此衍生出来的各种权利与责任。约法既定,公义的概念就成形。因此,公义不是来自公众利益(public interest),而是出自保护私人财产;也不是立足于理性,而是立足于印象。休谟指出,单看某一件公义之事,它往往有违公众利益和私人利益,但整体性公义的约法会对整个社会和每个私人都有好处[9]。他认为公义演变成为善行与恶行的标准是经过一个过程的。起初,个人因保护私利而接受公义的约法。跟着,个人看见公义带来给大众的好处,包括带来给他个人好处,就对它渐生好感(满意),进而对它的尊重。公义遂成为个人道德的准则。

综合以上,古典经验主义伦理观认为自私、自利是人性的必然;理智是欲望的奴隶;约法是为要保护个人。

治国

洛克时代的社会有两个不安因素：宗教与经济，而且往往是相连的。王位继承主要是国教与天主教之争，但激进新教有很大的左右力量。宗教与经济利益也是分不开的，尤其是土地。宗教改革前，土地为王室、天主教寺院和天主教贵族所有；宗教改革时期，政府（主要是王室）把天主教的土地充公，重新分配给信奉国教的权贵；但稍后国教又分裂为温和与激进两派，权贵们各有所属。属天主教的王朝世族几度复辟、温和派和激进派不断分裂、王室派和国会派不断斗争使土地产权与利益屡次易手。因此，宗教之争诉之暴力和战争固然影响人身安全，但就算没有暴力和战争，资产也不安全。

16世纪以来，工商业的发达加上海外贸易与殖民，以小贵族和非贵族为骨干的资产阶级迅速成长，成为政治力量。王室内斗需要拉拢他们，对外战争需要他们给钱。大宪章（1215）以来，英国的国会是他们参与国事的机制。随着宗教争执和他们经济势力成长，国会实权越来越大，对王室构成威胁。但国会必须由国王召开才可议事。查理一世明知国会不同意他对西班牙开战的征税，所以迟迟不召开，但税却照征。国会不满，决定不经国王而自发齐集开会，引发国王派与国会派之争，最后是内战，战情极惨。稍后，在宗教激进派当权的英国共和体制下，人身与资产更绝没有安全。因此，洛克反对君权过大不是因为怕君权，是因为怕民反，他特别害怕"官逼民反"。

洛克以经验为知识的唯一基础。在这基础上推理得出的结论是：人人经验不同，怎会有政治共识？我们不知这个悲观的政治观是来自他的个人经历还是来自他的知识理论。他的《人类理解论》是写于1683年之后，1690年出版。他的政治理论经典《政府论》则早在1678—1681年就开始写了，1690年出版，而且是匿名的。我们不确定他是否先有政治观，然后用知识论去支持，还是先有了知识论，然后在这基础上创出他的政治理论。但历史端倪好像是他的政治意见先于他的知识理论，也许他是创造知识理论去支撑他的政治意见。

他认为追求个人享乐乃天生人性，那么，怎会有自动为公？因此，人类和平共处只有依赖制度。在政治思想史上，他的名字代表自由和改革。但他关注的自由其实是人身和资产安全；他提出的改革是创新而不激进的君主立宪。他的理想政制是王权与民权互相约束：不能有高压政府，也不能没有政府。他的改革旨在求国家政权稳定，但最终还是个人安全和自由。他同时关心政府权力和个人自由，但对两者之间的孰轻孰重是随着他的个人经历而改变，分前后两个时期。

前期是牛津时期（1652—1666），那时，他属温和的保守派。洛克生于1632年。1660—1662两年间（查理二世即位恢复君主制，洛克不满30岁），他写了两本《论政府小册子》（*Tract on Government*），对君王查理二世表示效忠。他说他不能明白任何人"会因意见之争而危害和平与安定"。他坚持"一个人不可以同时放弃和拥有自由，把它交出给统治者但又保留给自己"。他的论点是，统治者没有责任去包容各种政见、各种宗教。那时，洛克肯定不是一个自由主义或个人主义者。他不能容忍的是在容忍之下，"狡狯和恶意之人制造纷争和战争"。洛克认为在一个君王下的和平、欢乐和统一远胜于因宗教容忍而产生的教争与政争。他的结论是，"政府的所有法律，宗教的或俗世的、敬奉神明用的或处理世事用的，都是正义和合法的"。他绝不赞成违法或抗命。

后期，他在政坛多年后，对权势略带犬儒，感到权势对个人自由和个人资产的威胁。最后，经过两个既属天主教又倾向于绝对君权的国王之后（玛丽一世、詹姆士二世），洛克就义无反顾地支持宗教容忍和个人权利。其转向可追溯到他在1665年首次跟英国使节团访问欧洲大陆，特别是德国，德国诸国当时的宗教容忍对他很有启发。1667年，他写了《论容忍》（*An Essay Concerning Toleration*），指出政府有责任维持社会的福利与和平，但个人良心可能与政府的法律有冲突，怎么办？他认为人要凭良心做事，但不能使用暴力，而且要接受法律的处分（也可以演绎为非暴力的不服从）。这有异于他较早时的《论政府小册子》时期的绝对服从论点。《论容忍》中他又主张政权不要干预哲学意见和宗教仪式。他把政府形容为一个人民的代理人（agent），人民的"福利"规限政府的权力。日后，在《政府论下卷》（1690）时他更把政府形容为人民的仆人，也就是，人民的"权利"（有别于"福利"）规限了政府的权力。

他的后段又称沙夫茨贝里时期（Shaftsbury Period, 1667—1684）。1667年开始，他跟上了沙夫茨贝里伯爵（1st Earl of Shaftsbury，是当时英国政坛大红人），成了他的私人秘书和挚友。此君是1660年舍弃共和、恢复王制和迎立查理二世的策划人，但后来又与查理二世闹翻。可见，洛克在1678—1681年左右开始写《政府论》时已看尽政治百态。

查理二世在位之初非常宽容，很得民心。他本人私生活很放纵，而且倾向无神，但在宗教上，他比国会（旧贵族居多，属英国国教）更容忍。后来他却倾向天主教。以沙夫茨贝里为首的自由派（Whigs，是英国日后自由党的滥觞）散布言论，劝告查理二世不要扰乱王制恢复之后赖以维持社会安宁的君主与国会之间的平衡。很多人相信这些言论是洛克参与或匿名撰写的。沙夫茨贝里于1675年被免职。由贵族主持的上议院（不同于小贵族与资产阶级组成的下议院）要追查这些言论的撰写人。洛克逃往法国，躲了四年。

1678年，有人告发天主教徒意图谋杀查理二世，以使苏格兰的查理的弟弟、奉天主教的詹姆士登上英国王位（他后来真的登位）。沙夫茨贝里看出这危机，请洛克马上回国。洛克的《政府论》就是那时开始写的（1678—1681）。那时，洛克和他所属的自由派的言论大体如下：向国王上言；暗示国王极权会引发民变；提醒国王，英国政治体制的特点是君民分权；指出国王与国会和解可带给国王（查理二世）好处。这些言论主要目的是要国王摆脱那些"自私和邪恶臣子"，与人民合拢，因为人民才是主权的基础，也称之为恢复英国的"古宪法"。当然，当时的"民"只包括小贵族和资产阶级。

1685年（洛克那时被流放荷兰），查理二世去世，死时改奉了天主教。他没有奉新教的后裔，按英国宗法由他的弟弟继位，为詹姆士二世。詹姆士二世初继位时很受欢迎，但他对天主教的坚持和对国王绝对权力的坚持使他与国会发生严重分歧。他利用哥哥查理二世开创的宗教容忍风气去委任天主教徒高职，并拉拢新教激进派（有异于温和的国教）。这些举动被国会视为对国会和国教的威胁，引起国会领袖和很多英国人的反感。稍后，他更与既是天主教又是绝对君权死硬派的法王路易十四结盟，英国更是朝野震撼。这引发了废立詹姆士二世和迎立荷兰威廉之举。

这些，都是洛克从拥护王权、控制宗教转向约束王权、容忍宗教的历史背景。这里，我们留意到一条主线：害怕。在个人层面，洛克害怕受政治迫害（他若干友人因发表激烈言论被杀），因此他力倡自由以确保人身安全和资产安全。在社会层面，他害怕暴力、不稳、战争，因此他反对任何可导致无政府或高压政府的过激言论和行为。

洛克政治思想影响力最深远的是他的《政府论下卷》（1690）[10]。它是政治哲学经典，可以说是现今西方世界政治思想的主流。洛克把政治权力定义为：立法、处罚、保护财产、以武力去执行法律和对抗外侮。最基本的一条是：个人私产。他提出两个论点：劳动力是私人拥有财产的源头和理据（justification）；约法或同意（consent）是政府权力的基础和界限。他的解释是这样的：在人类的"自然状态"（state of nature）中是没有政府的，人是受道德法规约束。这些道德法规是神的法规，包括人是天生自由，享有平等权利。当人把他的劳动力注入任何东西上，这件东西是归他所有。起码，在人类原始生活中有足够的东西去供人类使用时的情况是如此。当人口增加，土地开始短缺时，原始的天然道德法规不足用，就需要有更多的法规。

在自然状态下，所有人都有同等的权力去处分犯规的人。人类结社的动机和目的是为了"更好"地执行这些处分。结社是人类把他们天赋的处分犯规者的权力委给（delegate）某些官员去执行。因此，国家政权是通过"社会契约"（social contract）而成立。为此，政府的权力是有限的，而这些权力也有相应的义务。还有，这些权力可以被修改或收回。

要特别注意这书是在迎立威廉为王光荣革命的一刻出版的,完全反映出洛克在迎立之前考虑的迎立条件和目的:迎立威廉是为了确保英国不会有天主教复辟,目的是避免国家再乱,并保障在英国脱离天主教后重新分配财产的得益者可以保有财产;约束威廉和以后的君王去保证王权不会再次膨胀,以至侵犯个人自由与财产。

威廉登位,发布支配西方政治思想三百多年的"宝典"——《权利法案》(*Bill of Rights*,也称作"人权法案")[11],它的主要内容反映了洛克的理论和心态。"宣言"宣称子民(人民)以国会为他们的代表,拥有以下的民事和政治权利:

1、免于君王干预法律之自由。虽然君王是正义的泉源,他(她)不能单方面设立新的法庭或作为法官。

2、免于君王特权征税的自由。所有新税都要国会同意。

3、有向君王提出要求的自由。

4、免于和平期间当兵的自由。在非战争时,如果要动员军队对付民众,须得国会同意。

5、基督新教徒有按阶级,依法为自卫而携带武器的自由。

6、免于受君王干预选举国会议员的自由。

7、言论与辩论自由。国会内发言不会被弹劾,也不受法庭干预。

8、免于受残酷和非常刑罚以及超额保释的自由。

9、免于未经审判而要罚款或充公的自由。

洛克是个复杂的人[12],我们可从"实用"的角度去了解他,他的政治理性是一套实用的国家生存哲学:一个国家的生存(以至繁荣)有赖法律与秩序(law and order);法律与秩序有赖强势的政府;强势的政府有赖人民同意(同意越多,政府越强)和对反对者的容忍(但只是容忍诚实正直的反对者)。

经验主义的政治观主要出自洛克。但休谟也有一套不同、但兼容的政治观。他的政治理论完全来自他的伦理观,也就是人性基本是自私的。但是如果公义之事可以使个人和众人都产生好感（agreeable，见上有关休谟的伦理观），那就自然地成为道德标准。用诸于政治上，可作以下的推理。政府是社会约法的产品，约法就是大家同意遵守的法规；追求私利的人之所以会自动同意建立约束他们私利的政府，是因为政府以公义之名所做的事总会对某些人有直接的好处，例如对君王、裁判、长官等。这些人为他们的私利（包括政治利益）而修桥、开路，从人民的角度去看，这不一定给某一个人带来直接的好处，但对大多数人来说，总有些好处，那就是公利。当众人明白政府是个好事情，他们会聚在一起，挑选他们的领导，并承诺对领导服从。第一个政府的建立和第一次人民对政府服从的承诺发生在远古了。此后，"人民有服从政府的责任"就成为人类社会的一种约法。当初的约法是产生于同意，但一旦产生后就有其独立的权威[13]。个别政权的合法性仍是要建立在它能否维持社会的和平与秩序、维系人民的互赖与互信之上。

在政治上，休谟是保守派，有人甚至认为他是第一个保守的政治哲学家。跟洛克一样，他经历多年的动乱，力主"法治"。他认为一套概括的、不偏不倚的、合约式的法律系统是维持社会与政治稳定的不二法门。他不着重政治制度，着重公平执法（虽然他认为共和比君主更适合这理想）。他强调"温和"（moderation），因为他讨厌宗教狂热和政治斗争。因此，他不属于当时的保守党或自由党。他不放心对习惯和传统的彻底改革，不鼓吹人民对抗政府（暴政除外）。他相信自由与权力可以平衡，并支持普遍的民主[14]。

综合以上，古典经验主义政治观有一种基于对人性悲观而产生的现实、功利。人是自由，也是自私，组织政府是为了保护自己的人身和财产安全，但执政者也是人，会被私利腐化。因此，政府是生于被统治者的愿意，成于与统治者的约法。

到了这时刻，西方人有了出自理性主义和经验主义的两套不同的宇宙观、伦理观和政治观。西方人唯一真文化基因驱使他们一定要作出清楚的选择。何去何从？民族性格、时代心态、历史背景与历史契机的互动会使他们做出怎样的选择？

注：

1. 洛克特别受玻义耳（Robert Boyle，1627—1691，近代化学奠基人）的"微粒"理论影响——假设宇宙万物是由不可见的微粒（corpuscles）组成的，这些微粒的形状、大小和运动构成了我们可见的世界。但是，洛克认为我们感知到的不是外界物体的本身，而是外界物体在我们脑袋中引发的理念。他把理念定义为"脑袋本身感知到的东西"（whatever the mind perceives in itself）。外界的一棵树在我们的脑袋中产生一个"树的理念"。我们真正感知到的是这棵树的理念，不是这棵树的本身。在知识理论上，这叫"感知的面纱"（veil of perception），也就是我们的脑袋与外界事物中间的一层隔膜。

2. 为解决"微粒"论点带来的难题——有些理念来得比较直接和肯定，例如一个东西的形状和大小；有些理念来得比较间接和不肯定，例如一个东西的颜色和味道——洛克提出了"物体特性"的说法，即：外界物体能够使脑袋产生理念，这种"能力"就是该物体的"特性"（quality）。物体有其"直接或原始特性"（primary quality or original quality），如我们脑袋感知到的大小、形状和运动。同时，每一件物体都是由极小的、无嗅、无色、无味的微粒组成的，这些微粒的大小、形状和运动有"能力"刺激我们的官能，使我们的脑袋产生颜色、味道和声音的理念。微粒里的这些能力就是这件物体的"间接特性"（secondary quality）。洛克认为这两种特性都是出自一源的。

3. 这个谦虚的结论不是现今一般人对经验主义的理解。从洛克的角度去看，伽利略"日心论"缺乏无可置疑的证据而引出争议是完全合乎经验主义的科学原则。这个原则甚至可用于今天的"气候变化"的争论上。

4. 洛克认为人类绝大部分的知识只是可靠性相当高、但又不能证实的知识。在这一点，洛克与笛卡尔实在接近很，也就是官能经验不可信赖。笛卡尔的理由是它的无常，洛克的理由是它的有限。但洛克的结论是真知难有，因为官能经验是有限；笛卡尔的结论是真知可得，因为天赋理念由神赋。

5. 当然，笛卡尔或会认为这是"似是而非"——官能和经验永不会走到真，更危险的是它会"以假乱真"。

6. 在那个时代，"科学"是"系统知识"的代名词。但休谟的科学观既来自洛克和牛顿，就是代表官感与实证、理论与实践的结合，有别于笛卡尔的直觉与天赋理念。

7. 洛克的知识论中有"直觉"（self-evident）、"可证"（demonstrable）和"可感"（sensible）三类的知识。人的存在属"直觉"，数学与道德属"可证"。他把道德放在"可证"的一类，也就是有相当肯定性和准确性的知识，甚至高于属"可感"类的科学知识。他认为道德知识是"关系性理念"（idea of relations），是思想的产品，有别于"事实性理念"（ideas of facts）的科学知识。

8. 他提出"联想"（association of ideas）的论点：越空白的思想，越容易受感染。他举例，一个保姆对孩子讲夜半厉鬼，会使孩子把夜和鬼联想在一起，一生不能去除。在18世纪，这是教育界很流行的"联想主义"。

9. 这点与他的好友亚当·斯密的"追求私利可以创造公益"有不谋而合之处。

10. 全书十九章可分为四个主题（这些主题并不是洛克论述时的顺序。他将私产放在最后。在这里我将私产放在首位，因为这是洛克整个政治观的基础）：

    （一）私产是自由的基础

    这是洛克整套政治观的关键，讨论政府与私产的正确关系。他的理论基础如下：一个人首先是拥有自己（Every man has a property in his own person.），因此，他当然拥有自己的劳动力，也拥有他用劳动力去生产出来的东西。私产理念的道德基础是：一个自由人拥有自己和自己的劳动力。私产的实用意义是：激励人去生产。

在自然状态下，万物都是人类共有的，但神给人类理性和常识去使用万物来维持与延续生命。通过自己的劳动力，人把一些东西从自然状态中营造成他的财产。洛克认为这是自然和公正的，不需要等待其他人的同意（否则要饿死）。

(二) 保护自由与私产是政权的基础

洛克讨论为什么我们需要政府。他的论点是，在自然状态下人人自由、平等，但有少数不正之人会侵犯别人的身体和财产。按自然之法，他们脱离了人性，人人都可以处置他们。但有诸多"不便"（inconvenience），如对法律难有共识、个人乏力执法、个人执法者的判断往往有误。因此，政府其实是"替天行道"。政权的合法性也是建立在此基础上。

洛克认识到侵犯人身和财产的可能是外来人。为此，组织政府也是为了拒绝外侮。洛克把天主教的法国看作外侮。因此，对洛克来说，威廉对抗法国就使威廉成为英国的合法政权。但威廉本身也是外人，那又怎么辩说？外人入主岂不是最大的外侮？迎立外人岂不是最大的投降？虽然威廉的老婆玛丽是英国人，但当时仍有比他更正统的英国王位继承人，包括在位的父王詹姆士二世。唯一分别是詹姆士属天主教而已。可见洛克确实矛盾。是不是外国比外教好接受？更扑朔迷离的是，他的政治理论刚好发表在政权转换之际，天衣无缝地为威廉政权打造了道德光环。

(三) 政权与暴力

理性教导每个人要尊重别人的自由，并要按良心和理性去处罚侵犯者。洛克认为偷盗和谋杀都应被处死，因为两者都威胁到人的生存。每个人都有权消灭威胁他生存的人。

霍布斯的思路是每个人都有不可剥夺的自我保护权，就算是犯谋杀而被处死的也有逃跑权。洛克的思路是侵犯别人就是意图控制别人的生命与财产，也就是奴役别人。洛克认为没有任何理由可以支持"拿走任何人在自然状态下拥有的自由"。但他提醒我们要清楚这些侵犯是深思熟虑的，而非鲁莽和感情用事，才足以导入战争状态（state of war，这可以是人与人之战，而不一定是国与国）。洛克认为冲动的侵犯可以原谅。

洛克以"义"（justice）作为客观因素去分开侵略者和自卫者。这个"义"决定于谁"主动"用武。侵略者是不义，被侵略者是义。但是，打败之后再拖着打就不义了。洛克说要"认输"、忍耐，并向神上诉。他希望在光荣革命后，败方的天主教等人不要拖战下去，要接受失败、服从新主人。

(四) 国

洛克的国是由人民委任（commission）去保证他们的和平生活。因此，国是一个工具，它唯一的功用是保护人民生命、财产、自由的安全。不安全是出于恐惧，恐惧是出于没有明文和稳定的法律、没有独立的裁判官、没有执行判决的力量。这个典型的自由主义国家要不断获取人民的同意（consent，洛克在书中用了 109 次），并且一定不能破坏人民赖以获取人身与财产安全的最佳条件，否则就是毁约。国家只是人类聪明的设计，没有什么神圣本质。人有权力保护自己（第 18 章），而且不应等到被套上枷锁才去反抗（第 19 章）。

洛克的国是一个经人民同意而组成的最小规模、最少权力的机制。它不可以拥有任何对人民生命与财产的任意式（arbitrary）、绝对式（absolute）权力。它的使命是追求公众利益和保持民主（少数服从多数）。一个国家的立法权是最高权力。但这个权力不能超过人类在自然状态下的权力（也就是不能超过自然之法和神之法），而且订立的法律只可以为大众服务（以别于为个人服务），特别是政府不能未经人民同意拿走人民财产。洛克明白政府需要有财政，所以要收税，但他认为收税要先征得人民同意（这可以说是西方政权合法性的最基础原则）。洛克担心政客们的个人利益不同于大众利益，因此他们会从人民身上拿走权与利去增加自己的权与利（第 11 章）。行政权（在洛克时代是王权）不能限止议会立法，而行政权是来自人民的信任。洛克的观察是好的行政（国王）往往使人民对它信任，但他也认识到历史证明这是很危险的，因为这可能会导致下一任行政（国王）滥用权力（第 14 章）。

11. 《权利法案》的全名叫《公布子民权利与自由及王室继承安排的法案》（*An Act Declaring the Rights and Liberties of the Subject and Settling the Succession of the Crown*）。1689 年 2 月，英国国会向威廉进上《权利宣言》（*Declaration of Rights*），迎立他做英国国王。1689 年 12 月，英国国会正式立法为《权利法案》（美国立国的《权利法案》也源于此）。

12. 洛克被奉为西方第一位俗世（secular，摒弃宗教）政治理论家，实在是历史的嘲弄。他坚持他的理论是建立在神与《圣经》的基础上。他《政府论》的头一句就是将亚当与政治权力和天然法律相连。他认为人是属于神的；神赋人理性；理性是天然之法（law of nature）的本质；神把人造为合群的；人群居在一起时通过互相同意去组织社会和政府。因此，任何法律一定要符合天然之法，也就是神的旨意。通过人的理性和神的显示，人可知道神的旨意。人可以不服从不符合神的旨意的人为法律。

13. 这跟卢梭"民约论"的思路不同但结论如一。卢梭认为人以天赋的自由去交换保护与安全，这是人民与统治者之间的合约。统治者不能提供保护与安全就是毁约，有天赋自由的人就收回对统治者的服从。休谟从不同的思路去得出同一的结论。他认为人民对政府服从不是合约的承诺，而是人在追求私利中（休谟的重点放在私产）同意作出的安排。私利得不到，对政府的责任就停止了。政府是人发明出来去追求私利兼公利的。如果统治者罔顾人民的私利，就是自毁。人民可以合法地抗拒政府，无损"公义"。卢梭是典型的法式浪漫，休谟是典型的英式现实功利。

14. 休谟在美国宣布独立的那一年去世，他对美国的总统麦迪逊（James Madison，在任期 1809—1817）有很大影响，包括相信不同利益的竞争会使少数派得到保障、立法与行政权力的划分、权力下放、扩大选举（但仍限于资产阶级）和限制教会权力。

第十五章　理性主义与经验主义之争

　　理性主义与经验主义出处不同，方向也不同。但现代前的文化轨迹与宗教改革的互动产生出一个独特的时代背景，决定性地支配了理性主义与经验主义的走向。通过梳理宗教改革的百多年里西方人的宇宙观、伦理观和政治观的转变，我们可以探索这些转变如何影响了理性主义与经验主义的方向。

宗教改革百多年的历程为理性主义与经验主义的发展创立了条件，也定下了轨迹。先来看看宗教改革后西方文明在格物、致知、修身、治国几个方面的取向，然后再来看看理性主义与经验主义争的是什么。

格物、致知

　　现代的真和求真继承了现代前的文化累积——真是永恒的，宇宙是有秩序的，凡事有踪可寻。

　　柏拉图／奥古斯丁的思路是向往永恒，但力不能达，只有听天由命。亚里士多德／阿奎那的思路是认清目标，奋力前进，天助人助。要注意，柏拉图的"恒"和亚里士多德的"变"，并不对立，而是相辅。柏拉图的"恒"是独立于物质世界的真，是西方人向往的。但柏拉图求真的方法是洞识和回想，是好动的西方人难于掌握和照办的。相对地，亚里士多德的"变"，是由"潜质"走向"实现"，是一种有意识、有目的、靠观察、靠经验的"成形"过程,很适合好动的西方人的口味。

柏拉图为西方人形容了"真"是什么,从此,西方人向往的"真"都带着永恒的特征,无论是宗教上的全能、全知、唯一真神,还是科学上可以解释宇宙一切的"超理论"(meta-theory)。亚里士多德为西方人提供了"真"是怎样去追求的,从此,西方人对宇宙、人生和社会的认识,都是理性与经验并重、理论与实验并用。这些因素,使他们在自然科学上有很大的突破[1]。

宗教改革不是反宗教,是反教会。但是,一旦质疑,就要寻根问底;一旦不信任教会对神的演绎,就很自然地怀疑教会所奉的神是否存在。现代西方人对神的质疑,跟现代前的西方人对神的坚持同样彻底。

现代前的"真"使西方人不能没有信仰(对真与实的向往)。他们需要信一些东西:神、科学、主义,但他们不会随便信。中国的满天神佛、遇庙拜神,他们很不以为然。他们信的都是一些远远比自己大的力量或权威。基督圣经强调"对神敬畏是智慧的开端"(Fear of God is the beginning of wisdom)。我们可以把神改写为科学、自然、主义去概括现代西方人的信仰。这些浩然的信仰给现代西方人生命意义,使他们感觉生存在大善、大智、大能之中,他们不是否定个人,相反地,他们绝对肯定个人,但他们把个人套在一个宏大的境界里,作为其价值观和人生观的参照。

修身

柏拉图／奥古斯丁与亚里士多德／阿奎那都有重灵性、轻物欲的向往(特别强调性道德),强调超越个人的价值。这些价值观深深地植根于西方文明的泥土里。宗教改革的契机是教会的腐化,改革派强调的是返璞归真。由于他们反抗教会,所以对教会引为主流的阿奎那思路(对人性比较乐观,对善功比较重视)就有了潜意识的抗拒。加上标榜阿奎那的经院派学说已僵化成为八股,改革派就更加不感兴趣。为此,改革派倾向奥古斯丁的悲观(人性堕落,神恩莫测)。

改革派有强烈的道德观,也就是好坏分明。有了好坏的理念,就有了行为的准则——趋善避恶。这包括两个考虑:善、恶的定义;趋、避的办法。按奥古斯丁的思路,"原罪使人堕落"是避无可避的,要得到"救赎"才会回心向善,而"救赎"只可靠神恩。但神恩又是莫测的,奥古斯丁的解决之道是叫人相信教会是神指定的"救赎工程延续"的演绎者和代理人。改革派一方面接受了奥古斯丁对原罪与神恩的理念,另一方面却否定了教会作为演绎者和代理人的权威,于是要"发明"新的宗教组织。在这个层面上,改革派又分裂成两种派别。温和的派别仍维持"教会",但不是腐败的罗马天主教会,而是另起炉灶,以民族或历史维系的新教会,如圣公会(英国国教)、路德会(德国国教)。激进的派别(以加尔文派为主)坚持神恩莫测,但在万世之前已决定谁会得救,什么善行、祈福都改变不了;而且得救者也不知被救,但每个人都应认定他是在被救之列,都应敬神行善[2]。从此,西方国家基本上可按天主教(旧教)、温和改革(新教)、激进改革(新教)的修身准则加以区别。

1、激进改革派受温和改革派(特别是国教式的温和派)的迫害,殖民时代往外移徙[3]。一般来说,激进改革派比较强调自律,有一点自疑,具"少数派"的心理,有传道、卫道的热忱。最具代表性的是美国的浸信会(来自加尔文派)和长者会(来自清教徒)。他们有干劲,目标明确,但有点刚愎自用、激烈和"救世者"的倾向。

2、温和改革派对教义的改革要求不大,但要摆脱罗马天主教会支配。这派的凝聚力来自民族与历史。英国国教的圣公会和德国、北欧的路德会是典型。这种宗教理想与政治现实的结合成了"国家主义"的催化剂。在修身上,他们既要求自律,但更重视传统。他们的传道与卫道跟国家与民族往往是一致的。这种非正式但又是强烈的政教结合影响了欧洲政局与殖民竞争。

3、天主教会却保留和延续了阿奎那的乐观——意志自由,善行有功。1560年左右正式开始的反宗教改革(Counter-Reformation,一般以1545—

1563年的特兰托宗教会议为序幕，见第二篇第十章）是天主教会清理门户的开始：一方面坚持正统，特别是教会的传统和教皇的权威；一方面清除腐败，特别是神职与贵族之间的勾结；再一方面是注入生机，特别是提高神职人员的素质。天主教的修身准则比较中庸，注重传统。地中海诸国是典型。

治国

修身是趋善避恶，治国也如是。西方人本来就认为人性向恶易、向善难。阿奎那对人性，尤其对行善，比较乐观，再加上纳入希腊、罗马古哲的思想，应该是足够提供一套"趋善"的治国方针。但很可惜，这套思路刚碰上了14世纪的天灾、15世纪的人祸，西方人的人生观变得灰色，社会观变得现实。奥古斯丁对人性的悲观反映了当代的心态，顺理成章地成了西方现代思维的基本参照。

对人性悲观是因为人性堕落，难以信任。在这个悲观的社会里，尔虞我诈、弱肉强食是很自然的事，因此，人际（社会）关系就要步步为营。这是当时的现实——人民之间不信任、人民对统治者不信任、统治者对人民不信任、统治精英之间更互相不信任。礼教败坏、道德沦亡，就像中国的春秋之末、战国之初。为了避免变成人间地狱，民主、法治、人权的理念遂兴。道德教化没用了，退而思其次是法律制裁；爱人如己不成了，退而思其次是权力制衡；人人都要做主，退而思其次是少数服从多数。这些都是"避恶"的做法。从此，西方人停止了从希腊的古训和基督教义里摄取"趋善"的治国精髓。"性恶"的理念加上"反"的性格使现代西方人对任何上下有别、尊卑有序的政治有先天性抗拒[4]。

"神的国度"也不提了。这个支撑中古世纪近千年稳定，以模仿神爱世人为使命的治国理想被腐败的教会污染了，变成了一个空的口号，甚至是伪善的标志。现代前的道德观来自神的启示，再经教会的演绎，如今，教会的道德威信尽失。于是，产生出了宗教、道德与政治之间错综的三角关系。

原先，道德来自宗教，如今，宗教被反了，政治与宗教分家了，政治与道德（特别是经由宗教演绎的道德）也同时分家了。因此，西方的政治尽量避免谈道德，尤其是与宗教扯上关系的道德，例如性道德。但是，道德是个人修身的主题，而修身是治国的前提。因此，西方的治国就出现两个奇怪而相连的现象：个人道德与社会道德分家——我关起门来干的事，只要不影响大众，与大众无关；私人道德与公家道德分家——我私下干的事，只要不影响公职，与公事无关。看上是公私分明，实在是性格分裂。一个人怎可以明一套、暗一套而不失去心态平衡？试想想，如果是上行下效，就是人人各怀鬼胎，社会怎得安宁？就算安宁又怎能持久？如果上位公然不德，在下者虽不敢言，在上的已威信荡然。其实，现代的"反"，是反现代前的上位者的私德，例如教皇的贪与淫。如今，却硬说私德不要紧，这怎会增加上位者的威信，怎能维持社会的安宁？那么，又怎能说不影响大众、不影响公职？现代前的性恶理念加上现代的反权威心态使西方人放弃了"以身作则"的政治原则。其实，所谓上行下效并不一定是要求下位者学习上位者的榜样，而是通过下位者对上位者的观察约束了下位者本身的行为。这种"不言之治"比任何教化或制度更有影响力和效力。现代西方已丧失了能够产生这种政治行为的文化因素。

宗教改革把现代前的治国目的（神的国度）和方向（在世上建立基督王国）推翻了。因此，现代西方就要再去找目的、定方向。但宗教改革又制造了"反"的性格，并深深烙在了西方人的心里。因此，现代过程中，西方人不断地找目的、定方向，但又不断地去反刚找到的目的、刚定下的方向。世界变得诡异、无常。在社会层面上，阶级定位的标准不断改，但阶级差别依然在，是不公也。在经济层面上，资源运用的方式不断改，但资源垄断没有改，是不均也。在政治层面上，权力分配的模式不断改，但权力斗争没有停，是不义也。现代前也有不公、不均、不义，但并未有现代多。现代的不公、不均、不义而诉之于暴力的则反比现代前多。现代过程中，从全球的层面去看，饥荒的恐怖、战争的残酷、流徙的痛苦，有增无已。西方人的心态怎能不会变得更焦躁（不能定下来）、更迷惘（不知走向哪里）。

在某程度上，理性主义与经验主义的治国理想反映着柏拉图／奥古斯丁的明君与亚里士多德／阿奎那的民主之别。亚里士多德认为"人天生是政治动物"，政治的目的是"整体人民高贵的政治生活"，而这个高贵的政治生活是要有法理和公义的。阿奎那提出的自然之法（人类通过理解神的旨意而发现的人类社会的应有守则）和人为之法（在自然之法中可以通过人类政府施诸于人类社会的法规）原本可以为亚里士多德的法理和公义提供了实践的手段——法治与人权，可惜，宗教改革的浪潮和造反性格掩盖了亚里士多德／阿奎那的声音，再加上王侯与教会的权力之争，使西方要先尝尝绝对君权的滋味[5]才能回到法治与人权。

明君与民主之辩今天演变成为精英主义（elitism）与平民主义（populism）的辩论，以及效率（尤其是经济效率）与公平（尤其是社会公平）的取舍。这些都是动力十足的政治文化。西方难有"清静无为"，更难有"以水为法"。

前面已经谈过，宗教改革带出现代西方人动、反与极端的文化性格组合，是个"年轻人"的性格——创造力和破坏力都很强。这文化是现代前文化突变（mutation）而来的；这突变的契机是14、15世纪人类空前的灾难；这灾难使西方人对现存社会制度完全失去信心。这个动、反、极的文化性格又刚好遇上全球殖民和经济大扩张的时机，使它有了一个史无前例的发挥空间。现代西方对世界确实做了不少建设，但也做了不少破坏[6]。

16世纪以来，理性主义和经验主义先后出台，带来文化基因突变的契机。但是，突变中的不变是"唯一真"，也就是对真的坚持和彻底的求真，以及以浩然的信仰作为人生价值的参照。但宗教改革却引发出几组变数：强烈而流于悲观的伦理观；道德观的个人化、私人化；动、反、极的文化性格。这些因素决定了理性主义与经验主义必争，也预示了谁胜谁败。

理性主义首先现身。它的真和求真可以总结为两点：理性内在和理念天赋。前者使我们知道在哪里寻找真；后者使我们有信心可以找得到真。但是，理性之内敛引出思想与身体两元论之辩；理念之天赋则被指无中生有。的确，笛卡尔对官能感觉（官觉）的不信任使他以理念作为求真的方法。很容易地，批评者把他求真的方法演绎为对他对真（存在）的本质的认识，于是产生了"理念性的存在是否等于物质性的存在"和"思想（理念）与身体（物质）如何互动"的二元论争辩。思想与身体的分与合、理性与经验的轻与重都是古典理性主义与经验主义的战场，而且是几代参战的。笛卡尔被洛克批判，洛克被莱布尼兹质疑，莱布尼兹又被休谟更正。

洛克的经验主义知识论以官能（senses）为一切知识的基础。官感加上反思得出理念：外界事物刺激官能，带来感知；这些外部而来的感知刺激脑袋的内部官能，使它作出组合、比较、抽象等，带来理念。这与笛卡尔的求真方法不同，但没有根本的冲突。笛卡尔知道理念虽然独立于经验，但也是要由经验引发。笛卡尔并没有反对经验，他只是认为经验所得的真或伪，要经理性去分辨，而理性又是以直觉最可靠（洛克对直觉的定义与笛卡尔很相像）。也就是说，思想的能力加诸官能的觉察才能得出真知。这也就是笛卡尔"不断质疑"的方法。这方法使他战胜了他对官能所接触的事物的怀疑，给了他一个辨真的方法。相对的，如果没有思想的能力去处理官能的觉察，洛克的一张白板会永远是一张白板。正如洛克批判笛卡尔时说，孩童与白痴不能思想，难道他们不是人？其实洛克混淆了人的意义：笛卡尔的关注点是一个有真知识的人，而不是否定孩童和白痴是一个有价值、有尊严的人。在真知识的层面上，一个不去思想或不能思想的人将不会有真知识，无论他的官能给他多少的经验。其实，洛克除了强调官能感受外，还提出反思，而反思也要靠直觉呢！[7]莱布尼兹针对洛克，写了《新人类理解论》（*New Essays Concerning Human Understanding*）去回应洛克的《人类理解论》[8]。他试图和解笛卡尔的天赋理念与洛克的一张白板，以及笛卡尔的直觉知识和洛克的官能知识。

这些看起来是方法上的分歧，其实是出于双方对真的要求不同。理性主义要求必然、精准、肯定的真，认为这才是"真真"，是官能不可能提供的。这点，洛克同意。但他的解决方法是放弃纯、准、确的"真真"，改为追求可靠性高的"仿真"。真的定义不同，求真的方法自然不一样。在定义的层面上，经验主义把真的地位降低为仿真。但是，根深蒂固的唯一真文化基因使西方人认为"真真"与"仿真"不能同存，但又不愿意放弃其一，西方人思维因此分裂。在方法的层面，经验主义批判理性主义离开官感的认知越来越远，几近荒谬；理性主义批判经验主义对官感认知越来越依赖，几近牵强。奇妙的是，现代西方来个炒什锦，用上了理性主义的数学范式[9]和经验主义的致用导向，使求真变成了一项数据化的功利活动。这也是笛卡尔做梦也不会想到的。

笛卡尔与洛克对求真的差别也反映了两人不同的性格和经历。做梦的笛卡尔是浪漫和纯情的，他对真的追求近乎狂热，他的数学天才和认识使他向往自明之理的必然、精准和肯定。在求真之前，他已经为真下了定义，甚至可以说，他的天赋理念之说早已隐藏在他的真的定义里头了。做官的洛克饱经风霜，对人性有深切的认识[10]。他的个人经验使他明白不同经验会使人有不同理念——他自己就几度改变人生观，渐渐变得老练和实际。他不接受笛卡尔的泛人类天赋理念、不追求笛卡尔的真知。他的"致知"只是为了"致用"，去应付尘世的、日常的生存。

至于在伦理与政治方面，洛克就更加复杂和矛盾，有点像现今西方（他的思路也是现今西方的主流）。讨论洛克的"格物、致知"不能离开笛卡尔；讨论洛克的"治国"不能离开霍布斯。洛克也对人性不大信任，但有别于霍布斯，霍布斯的"自然状态"是人人为己，相互争夺，洛克的"自然状态"是人人为己，但人人公平。洛克与霍布斯的政治观同出于对人性的悲观，但霍布斯的世界里，人人自危，因而组织政府，以个人的自由换取保护；洛克的世界里，只有少数人不守规矩，威胁他人，组织政府是要对付这些不正之人。

洛克的复杂性格包括他那接近疯狂的"英国民族"意识。对洛克来说，不利英国的固然是坏事,但更重要的是他认为凡是英国的东西都是好东西:英国对外扩张已超过了英国国土安全的需要,但他仍支持;英国迎入威廉其实是非法政变,但他解释为恢复祖宗体制;他反对奴隶制度,但容忍英国在非洲的奴隶买卖,说西非奴隶是英国的战俘;他主张宗教容忍,但认为英国压迫爱尔兰天主教是对的,甚至爱尔兰新教激进派对天主教的凶残也是对的。百多年来的世界是英语文化思维支配的世界,接受了英语体系的经验主义,对洛克的瑕疵也宽容得多。

洛克的背景、际遇与性格缔造了他的"实证"思路,衍生出日后的"实用"立场。他本人的生死荣衰也是经验主义者的典型。无论是哲学上的休谟与穆勒,科学上的牛顿与达尔文,都是大不列颠人,都是一生荣光。相对的,欧洲的理性主义者,无论是笛卡尔、斯宾诺莎、莱布尼兹,都是生时处处碰壁,死时寂寂无闻,要过了若干时间才被"发现"、"发掘",发现和发掘他们的也往往是英语人士。可以说,从现代的开始至今,走经验路线的多拿到眼前利益;走理性路线就要等死后,最起码要等垂老,才有闻问。拿破仑战败至今近两百年的世界是英语文化的世界,英雄们都是说英语或受英式教育的。经验和实用变成了世界的共通文化。

注：

1. 这些因素也使他们对中国道家的"无名，天地之始；有名，万物之母……故常无，欲以观其妙；常有，欲以观其徼。此两者，同出而异名，同谓之玄。玄之又玄，众妙之门"的真和求真很不了解、很不耐烦、很没有共鸣。当然也有例外，"量子物理"的开山祖师波尔（Neils Bohr）就被中国的阴阳学说吸引得不得了，他家族的纹章图案就是取自道家的太极。

2. 这思想是韦伯（Max Weber）写的《基督教新教伦理和资本主义精神》的起点（见第五篇第三十一章）。原罪与救赎理念演变为西方资本主义的酵母。

3. 其中以英国的清教徒（Puritans）和法国、荷兰的胡格诺派（Huguenots）对今天的美国影响至大。清教徒的"五月花"抵达美洲之日，被定为美国开国之时。美国起码有8位总统，包括华盛顿和罗斯福，已证实是来自胡格诺派的后裔。

4. 西方人不会了解"在明明德，在亲民，在止于至善"的儒家政治理想。政治工作从使命变成职业，政治家变成政客。西方人也知这些是"退而思其次"的东西。在中国，有些人还以为这才是进步。

5. 最具代表性的是神圣罗马帝国解体后，普鲁士从一个小国发展成为欧洲强国的过程中产生的一连串"开明独裁"：腓特烈·威廉（Frederick William，在位期1640—1688）、腓特烈一世（在位期1688—1713）、腓特烈·威廉一世（在位期1713—1740）、腓特烈二世（也称腓特烈大帝，在位期1740—1786）。在当时的西方，普鲁士的政府是最清廉的，其官僚制度是最高效率的，人民是最团结的，军队是最犀利的，经济进展是最快速的。它不是个"民主"（of the people）的政府，而是个"为民"（for the people）的政府。虽是"开明独裁"，但总还是"绝对君权"。

6. 但这个划时代的历史阶段是独特的、不可重复的，我们不想再有像他们的大灾难，也不会再遇到像他们的大时机。但百多年来，中国吸收了西方文化，已经习惯以西方文化为参照。有些中国人甚至比西方人更西方，用西方作典范去研究，甚至批判中国文化。中西文化真正的交流和互补就因着中国的"现代化"（西化）而消失。这是世界文明的损失。

7. 有趣的是，洛克用来支撑官能认知理论所用的微粒假设是当时最先进的化学知识，洛克在这基础上建立物体的"间接特性"理论，说物体之间可以有长距离的互动能力。莱布尼兹针对性地指出："洛克从一个极端走到另外一个极端。有关灵魂（思想）的运作他的要求过分严格，只因为他不想承认有些事不是官感的；但对身体（物体）他就给予太多弹性，给予它一些远超过造物的能力和活动可达。他容许物体之间有长距离和无限制的相互运作。这些，都只是为了支持他难以解释的观点：物质可以思想。"但洛克也不甘示弱，反驳这批评："神可以随意增加物体本质的特性和完美程度。……某些人坚持物体的本质不包括思想与理性。但这并没证明什么，因为他们的物体本质也不包括运动和生命。他们又坚持他们不能想象物体能够思想；但我们不能用我们的想象能力去衡量神的力量。"

8. 书是1704年写完，但因尊重洛克刚死，要六十年后才出版。可是，到了那时，英国已在七年战争（1756—1763）中击败法国，开始攀登霸主地位，而英国体系的洛克理论也取代法国体系的理性主义，成为西方主流了。

9. 虽然笛卡尔在他的《沉思》中主要是用逻辑演绎而非数学论证，但他的确崇尚数学的纯、确、稳。理性主义发展下来，特别是经过莱布尼兹的强调，数据慢慢变成知识的衡量标准和表达范式。

10. 但他也不像早于他的霍布斯（Thomas Hobbes，1588—1679）那样悲观。霍布斯亲历内战的残酷，认为在没有约束的"自然状态"之下，"人类的生命会是孤独、贫穷、恶劣、野蛮和短暂"。

第十六章　西方第二组文化基因："人"与"个人"

　　求真需要有目的地（真的面貌）、地图（真的所在）和指南针（寻真的方法）。现代前的求真是先知道目的地，然后按图索骥。现代抱有反的心态，摒弃现代前的真，重新再来。因此，现代的求真是不管目的地，只用指南针。理性主义用的是"我思"，经验主义用的是"我感"，它们并没有找到"真"，但却发现了"我"。

　　现代西方失掉了"真"，换来了"我"。

　　柏拉图的真是"形"（Form），是独立存在、超越物质世界，是永恒不变；求真是通过"回想"我出生之前灵魂的真和善的理念。用在奥古斯丁的神学上，真就是神；求真就是通过"发掘"神早种植于我心的真理。因此，柏拉图／奥古斯丁的真与求真是分开的。用一个比喻来说，要到达目的地，我们需要三样东西：目的地（真的面貌）、地图（真的所在）、指南针（寻真的方法）。柏拉图／奥古斯丁分别给了我们。

　　亚里士多德也有真就是"形"的理念，但他从可以见到的世上"万物"出发。他认为"万物"是不断变化去越来越接近它的"形"。因此，"观察"万物的变化就可以归纳出"形"来。阿奎那用在神学上，把神立为最终的"形"；观察万物变化就可以归纳出神的本质。观察与归纳是个过程。亚里士多德／阿奎那给了我们地图和指南针，但目的地却说得不大清楚，只是说，当你找到时你会认得。

理性主义开始把真与求真的次序倒过来。先从求真的方法出发，建议我们通过直觉与演绎，以不断质疑去追求无可置疑的真。它给我们的指示是，天赋理念帮助我们辨认真。为此，理性主义以求真方法去显示真的本质。理性主义的方法虽出自柏拉图，但它只给了我们指南针，并没给我们地图。只是说，你拿着指南针选定一个方向走吧，或许会找到一些东西，到时候你内在的天赋理念会辨出这是不是真。

　　经验主义也是从求真的方法出发，通过观察与反思去归纳出真是什么。但它告诉我们，真是求不到的；应付生活的近真就足够了。为此，经验主义其实是否定了真的真。经验主义的方法虽来自亚里士多德，但它也是只给了我们指南针。然后跟我们说，地图是没有的，目的地更不用找，你选什么方向也不要紧，随便走走，如果沿途走得愉快，指南针会帮你保持方向，若是走得不愉快，指南针也可帮你转转方向。享受你的旅程吧！

　　柏拉图和亚里士多德时代，理性与信仰是分开的。希腊古哲思考的完全是处理人的事情（道德）、人际的关系（政治）和对自然界的认识（科学），因此没有理性与信仰的冲突。理性的生活是个人道德的最高标准；理性的统治是人类社会的最高理想。他们关心的是怎样去生活，如何去治理，关注点是"活"得怎样。基督信仰完全改变了这些。这个宗教关注的不是怎样去"活"，而是为什么"生"。它早期的信徒都是活得很苦的妇女、奴隶和士兵，这个宗教对他们的吸引力是他们可能活得不好，但生得有意义。基督教义里的神是人类（个人和整体）生命意义的基础，人生的目的是"敬唯一的神和救自己的灵魂"。从此，生命的意义（信仰）就成为人类要思考（理性）的东西。加上基督徒信仰的神的说话和行为（记载在《圣经》和教会传统中）往往与一般人的常理不合，不可思议，于是，信仰与理性之间的不吻合就需要解决。

　　西方历史上曾有过信仰与理性的结合。奥古斯丁纳入柏拉图、阿奎那纳入亚里士多德，都是把理性纳入信仰之内，把理性作为信仰的仆人或伙伴，意在证明理性非但没有与信仰冲突，还使人更清楚和深入地了解神。在奥古斯丁时代这是成功的,因为当时的人需要信仰,或者说,信仰能满足当代人的需要。他们在心态上对神(信仰)早已接受,找的是如何为这个已经接受的信仰提供一个理性基础。但到了阿奎那时代,信仰、宗教被世俗权力腐蚀,变得僵化和腐朽,理性的反思是必然的。但这个反思已是带有反对的心态,找的是如何为这个已抱了反对信仰的心态提供一个理性支持。

这个反思走上两个不同的方向,产生出理性主义和经验主义。它们出自不同的历史环境,来自不同的个人命运,自然产生不同的思维。

理性主义出自欧陆法国的内争。世族争权,全无原则,民为刍狗;创始人个个命运多蹇,激发出一种悲天悯人的情怀,对人性、对世事坚持乐观。对真的向往、对求真的积极、产生如下的思维:

· 格物致知:纯、确、稳的真是存在的、是可寻的。官能虚幻;理存我心。

· 修身:理性虽不是情感的主人,但可以用来明白、安抚,甚至升华情感。爱人是因为敬神。

· 治国:世事不一定完美,但是难免,不变为佳。保守中略带浪漫。

为此,理性主义着重精神的层面,追求生命的意义,兼有"君子求诸己"的味道。

经验主义出自岛国英伦的内战。各持己见的原则之争,导致生灵涂炭。创始人个个经历世态炎凉,但最终名成利就,看出生存之道有赖妥协、折中。对人性、对世事持有悲观;对真和求真持现实、功利态度。还有,它诞生于理性主义成为当代主流之后,有先天"反理性主义"的心理,产生如下的思维:

· 格物致知:官能是唯一求真的途径。真真难求;近真足用。

· 修身:理性是情感的仆人。爱人主要是为己。

· 治国:利己不损人是最高原则;权力制衡是最佳手段。求变中仍带保守。

为此,经验主义着重物质的层面,追求生活的素质,兼有"小人求诸人"的倾向。

它们的共同之处是"人"。较早登场的理性主义中,"人"包括个人与人人,可称"人的主义"(Humanism)。稍晚出台的经验主义中,"人"只是个人而已,是彻底的"个人主义"(Individualism)。

可见,现代与中古思维的最大分别是理性与信仰的分与合、真与求真的先与后。中古思维先直觉地肯定真的存在,然后在这基础上建立求真的方法——既可以从天赋的理念去演绎,也可以从观察的所得去归纳。因此古哲们都能够把理性和信仰结合。

可是,14世纪的灾难、15世纪的暴富把西方人的心理弄得很不平衡。教义的僵化和教会的腐败引发了宗教改革,动乱的百多年把西方人原本已经不平衡的心态冲击到崩溃。这是大气候,属于"天时"。绝无原则的法国世族内争,绝对原则的英国内战、共和、复辟和迎立,使人对什么是真感到疑惑、迷惘,于是西方人放弃了传统的真,对真先存疑,然后设计求真的方法,去找寻和证实。这是欧洲大气候中处于法国和英国的小环境,属于"地利"。

"人和"的因素是什么？首先是以笛卡尔为代表的理性主义,从万事质疑入手,去找寻无可置疑的真,得出来的是"我思,故我在"。"我思"肯定了"我"(self)和"思"(consciousness),加起来就是"自我意识"(self-awareness)。这支撑了"个人意识"(我思不同你思)和"相对意识"(我思跟你思有同样地位)。"我思"是17—18世纪欧洲教育中"思想自主"的基础,涵盖有两方面：绝对个人,否定经验。前者是拒抗权势（别人的思想）,后者是抗拒传统（前人的经验）。这瓦解了中古亚里士多德／阿奎那的哲学与神学的统一。阿奎那时代,文艺复兴带来的古籍和引发的新思使人发现在神学上和教义上有许多矛盾的地方,他努力想以哲学（科学,包括逻辑）去诠释和支持一套统一的神学。但笛卡尔的"我思"动摇了统一的可能性。用现代术语说,笛卡尔的哲学观可称为"主观主义"(Subjectivism),是建筑在"有思的个人"(thinking self)的理念上。他的"极度质疑"是用来追寻个人的存在，开启了以"意识"为基础的现代思维。在这个主观性极强的"我思"理论支持下，谁都可以寻找真知，而且谁都可以坚持自己的真知才是唯一真知。但是，不同的"我"自然有不同的"思"，而每个"思"都有同等的理性地位和价值。

笛卡尔提出的天赋理念原本可以平衡一下极端的"个人意识"，可是这机会失掉了，因为来了经验主义的挑战。以洛克为代表的经验主义率先否定天赋理念。这是可以理解的。英国内乱中，各方坚持己见，造成原则性的互不兼容，酿成大祸——可以想象，洛克会问，假如理念是真的是天赋，为什么这些相争的人会各自坚持不同的真？他认为天赋理念不可能存在。但是，如果真仍是存在，而真又不可能通过内在的天赋理念去找，那么就只能通过外在的事物去找。因此，他坚持知识（knowledge，也是真的代名词）只能通过官能去获得。不过，各人的官能认知能力不同，各人身历的经验也不同，因此各人从官能获得的知识自然不同。同时，我们又知道官能不可靠，不会给我们肯定的知识。那怎么办？洛克解决的办法是：越多人认同的知识越可能是真的知识（也就是"妥协"），越有用的知识就是越多人接受和越可靠的知识（也就是"功利"）。结果，同意率越高、可靠性越强的就算是真。洛克也明白这只可算是一种仿知（pseudo-knowledge，也可叫仿真），是退而思其次。但他以为，不断追求仿知（仿真）会使我们更走近真知（真真）。当然，这只是想当然而已。谁知道是越走越近还是越走越远？

理性主义确实无意间为个人主义和主观主义以至自由主义奠下了基础。这也可能是宗教虔诚的笛卡尔所意想不到的。理性主义确立了对世界认识的基础是思想，由思想判断真伪。所以，理性的自主权（autonomy）是绝对的。也就是说，人类知识是没有所谓权威的，无论是哲学权威还是传统权威。这个思维马上被用于批判宗教：宗教的教义既是来自神的启示就一定不是来自"我思"，因此信仰是没有理性的，也不能以理性去支持。

经验主义更肯定个人。不同的个人，或同一个人在不同的时、空，都有不同的观点，得出不同的经验。因此，在个人的基础上去衡量权威或传统就马上产生很多个人化的结论；这些个人化的结论诉诸行动，就会使权威不断被推倒，传统不断被替代，完全破坏了权威与传统安定社会的作用。这解释了为什么现代前的社会是稳，现代的社会是乱，而且越来越乱。千万年进化过程培植出来的人类的身体和心灵好像越来越吃不消。

现代西方人摒弃了传统的真，但仍用上了传统的求真方法。柏拉图的内省、亚里士多德的外观变成他们的指南针。但是，他们失去了地图，既没有柏拉图的不变之真，也没有亚里士多德的万物在变中不断显露出来之真。为此，他们只有求真的方法，而没有求真的方向。在理性与信仰统一的中古世纪，神是宇宙和人生的唯一解释，而且是满意的解释。一旦把神拿出去，就只剩下理性。而西方的理性又是被亚里士多德的唯一真逻辑支配，无论在精神领域与物质领域上都不容许矛盾、异同的共存。西方人在求真路上越走越迷惘。

当然，西方人摒弃了传统的真并不代表他们遗忘了传统的真，以及这些传统的真给予他们生命和生活的意义。理性当然充实他们的生活，但信仰曾经给予他们生命的慰藉，理性与信仰的一统更曾经给予他们和平与安定。西方人对传统中的理性与信仰一统又恨又爱，对现代的个人与功利追求又爱又恨。他们的亚里士多德逻辑使他们不知如何去处理人生中又爱又恨的矛盾。在传统与反传统、现代与反现代之间徘徊，西方人患上了性格分裂。

理性主义的笛卡尔以"我"为主体，创出个人的理念。随后，经验主义的洛克把个人的意识建立在经验上：个人像块白板，通过经验和教育而成形。这定义带出个人自由与权利、个人与个人之间的社会性契约关系，并开启盎格鲁－撒克逊式的个人主义——一种在道德、政治与社会层面上强调个人价值的意识形态。个人价值与个人自由将支配西方文明的轨迹。

第三篇

天择

经验主义与理性主义之别演变为英法民族之争。民族性格、时代心态、时代背景与历史契机的互动使英式经验主义、自由主义成为西方主流。个人意识开始膨胀。追求私利和自由竞争创造出空前的西方物质文明。美国接棒，青出于蓝，带领人类走上自由世界与全球资本之路。

第十七章　理性主义与经验主义
　　　　　从和解有望到和解绝望

　　　　　　经验主义者牛顿对理性主义者笛卡尔研究得认真、严肃、谦虚，似乎和解有望；法国文人崇英贬法，以伏尔泰最甚，和解难望；经验主义与理性主义变为英、法民族之争，最终和解绝望。

　　理性与信仰的纠缠、个人与群体的轻重、求真方法与真的定义之间的关系等等困扰着西方人，产生了文化上的性格分裂。追求真真还是仿真？依靠外观还是内省？唯一真文化基因的排他性驱使西方人硬作取舍，产生了文化上的思维分裂。

　　首先出现的是思想分工。自古以来，西方人把思考的对象分为两种：有关大自然的运作和有关人类的行为。自亚里士多德开始，知识分为两个领域：自然哲学（natural philosophy）和道德哲学（moral philosophy）。但是一般哲人[1]都不分自然哲学与道德哲学，因为他们认为大学问是统一的。自然世界的真跟人类社会的真都是同一样的东西：方向是神，结论也是神。后来，神的"代理人"——教会——被质疑，跟着是直接对神的质疑。宗教改革初期，西方人仍是把神与教会分开，这也是宗教改革的原意——清理教会，甚至打倒教会，去重新恢复与神的直接接触。但很快，对神的存在也开始质疑。先是从神的本质入手，把神的"实体的存在"降级为"理念性的存在"，然后，再质疑我们是否需要用这个神去解释、了解甚至支配世界。

首先被提出来做检验的是自然世界。结论是，自然现象不需用神来解释，起码不需要一个中世纪的照顾、保存和支配自然世界的神，代之是一个创造宇宙、赋予宇宙运作规律，然后就不再干预世界的神。神犹如一个钟表匠或机器设计师，一旦造好了时钟或机器，就任由这时钟和机器自己运作，不再干预，也不能干预。这就是当时知识界流行的"泛神"论调，也可以说是把自然界本身当作神。从此，自然哲学就与道德哲学分家，变成"科学"，有自身一套的方法和范式[2]，主要是来自经验主义的观察与实证，目的在研究自然现象和它们的规律。部分道德哲学也要跟上去走这条"科学"之路，先是经济学，继是社会学。到今天，科学又二分为自然科学与社会科学。

但是，来自自然哲学的自然科学仍念念不忘它的源头，也就是学问大一统，解释全宇宙的"真"。自然科学追求"统一理论"（unifying theory）。在这个追求上，它往往用上理性主义的直觉和宇宙息息相关的思路，但这个"统一理论"的追求越来越局限于自然世界，而不像现代前追求的自然世界与人类世界共同的真[3]。同时，自然科学或社会科学都越来越以"致用"作为它的价值基础。有人说，"科学的价值来自工程"（Science is justified by engineering. 这里，工程是广义的，包括社会性的工程），而工程的目的是"用"。越有用的科学越被重视，而"用"的定义是创造经济价值。科学遂与经济挂钩，追求知识的科学变成追求经济的科技，产生了"大科学"（Big Science）的理念，也就是需要很大经济投入并产出很大经济效益的科学（科技）。科学理性从思考宇宙的奥秘走上支配宇宙的工具之路，从一个人的天马行空变成一堆人的精打细算。

在这过程中，出现了一个关键人物：牛顿（Isaac Newton, 1643—1727）[4]。他与洛克、莱布尼兹同期，晚于笛卡尔。他对科学狂热，对宗教也狂热，既要从大自然窥探神的规律，也要从《圣经》里揣测神的启示。他发明了"科学方法"[5]，但又想发明炼金术。最重要的是，他虽然用上经验主义的求真方法，但对笛卡尔的理念研究得认真、严肃和谦虚，无人出其右。看起来，在他这里经验主义与理性主义和解有望。

牛顿自认是个经验主义者，以官能观察所得作为一切知识的基础。但他只是个狭义的经验主义者，因为他只集中于自然现象，特别是物理的现象，只容纳实验所得的特殊观察。他又是个不自觉的理性主义者，以直觉去开启理论的创新，以数学逻辑去演绎观察和实验。

洛克认识牛顿，但只是在他 1690 年出版《论知识》之前的几个月。那时牛顿已出版了他的《自然哲学的数学原理》(*Mathematical Principles of Natural Philosophy*, 1687，下简称《原理》)。这本书的成就使牛顿充满信心，一改以前的隐伏心态。加上洛克是政坛大红人，两人的兴趣又相同，之后他们保持紧密的联络。但他俩讨论的主要是宗教而非知识论或科学观。所以很难说牛顿的科学思维受了洛克影响，反之，笛卡尔对牛顿的影响就大得多了。

牛顿的《原理》晚于笛卡尔的《论方法》五十多年，标志着现代科学的成熟。自哥白尼以来，宇宙不再被视为由一个像父亲的神所创造，不再被祂深不可测的旨意来支配；而是由一个像钟表匠的神去设计，并按着它精确不变的规律来运作。这是一个对认识宇宙充满乐观的时代，也是现代科学的精神。这一点，现代科学与催生它的经验主义，尤其是经验主义的开山祖师洛克和休谟，有很大的分别。洛克、休谟之辈对人性悲观，从而走上依赖官能和趋于功利之路。牛顿用了官能求真的方法，但选择了自然现象作为求真的对象，在思路上确实是分裂了上古到中世纪的自然世界与人类社会同出一源的天人合一范式，但是在心态上就因为窥探到宇宙的规律而趋于乐观。

哥白尼播的种（1543 年的《天体运动论》），伽利略浇的水（1632 年的《有关两个主要宇宙系统的对话》），到牛顿就开花了（1687 年的《自然哲学的数学原理》）。在这个历程中，左有培根（1561—1626）的观察和归纳法，右有笛卡尔（1596—1650）的理性与演绎法，综合出一个既有具体实证又有系统理论的科学宇宙观。

笛卡尔对牛顿有极大的影响，尤其是笛卡尔推理的逻辑演绎法。笛卡尔本人并未用数学去寻找真理，但他把数学定位为唯一必然、精确和稳定的知识，使数学成为科学家们认识宇宙的不二路径。笛卡尔的解析几何原本只是他的《论方法》的附著，但解析几何解放了欧氏几何的平面和立面图的限制，方便了思考四维度甚至多维度的宇宙。同时，解析几何又为代数提供了几何的演绎，方便了思考抽象理念和实质事物之间的关系。于是数学就逐渐成为各不同科学领域之间的共通言语。牛顿聚焦于"数学原理"就是这道理。

但是，更重要的是笛卡尔的"形而上"[6]理念。牛顿以恭谨和认真的态度去处理笛卡尔提出的"无限"理念，从而建立他的"微分"（fluxion）的"形而上"的基础，并在这基础上演绎力学原理（恒动与恒静；动力与动量、动向的关系；作用力与反作用力），进而提出万有引力的理论。因此，这个"形而上"的讨论是牛顿微积分的基础，也是现代科学的转折点，反映出牛顿的真正科学家精神：热诚地、谦虚地求真（特别是"形而上"的理念）。这种精神在现代功利社会中越来越淡了。

牛顿的力学需要一个"实质的无限空间"来演绎他的物体运动规律，特别是物体的加速度。他需要演绎加速几何的轨迹（geometry of moving loci）。这也是他构思微积分的动机。牛顿所需的不是理念上的无限，而是真正存在于物质世界的无限。他要显示无限延展的空间是一个可以通过理性去明白的空间真实本质。牛顿很熟悉笛卡尔的理论。笛卡尔认为只有神才是无限的存在，所有受造物的存在都是有限，包括空间。他最多只能接受"无定限"（indefinite）的存在。但这不足牛顿力学之用。牛顿解决的办法是在"存在"与"非存在"之间加上一个"存在的条件"。他认为空间不是物体，是物体"存在的条件"；空间不是神所造，是神所散发（emanate）；空间的无限延展与神的无限是同时的（coeval）、实在的。牛顿还指出，虽然我们不能"想象"，但我们"明白"无限空间。

牛顿虽是个经验论者，也否定天赋理念，但他仍接受笛卡尔对神的本质的形容。牛顿在保留神的神性的前提下，开启"实体无限"的理念。牛顿与笛卡尔连接于数学,同样以数学为理性桥梁去连接神与物质世界。这与上古柏拉图、亚里士多德很相像。其实,科学早就兼容(接纳)或兼顾(考虑)理性主义和经验主义,只是在近二百年,以英语文明为主的科学观才离弃理性主义。但英语文明仍用理性主义所强调的理性工具——数学——来解释和支配这物质世界。其实理性主义(包括它的天赋理念和演绎法)仍是深深地藏在科学里,不时显露出来,尤其是在科学大师们追求"统一理论范式"(unified theory paradigm)的时刻。

笛卡尔其实是承认官能经验的存在,他只是认为它不可靠,不是他所追求的必然、精准、肯定的真。既不能从外找真,他就往内找,得出天赋理念的结论。笛卡尔对天赋理念的演绎是:"我对'无限',也即是对神的认识,是先于我对'有限',也就是对自身(self)的认识。理由是,(当思考神的存在时)我怎能知道我正在怀疑我好像缺少什么,或我好像期望些什么——也就是说,我怎能知道我觉得自己不够完美?——除非在我之内已有了'完美者'(perfect being)的理念。与这个理念相比较之下,我才能辨认出自己的缺陷。"因此,这个"完美者"是存在的,"完美者"的存在也就成为天赋理念的论据。牛顿虽然不接受天赋理念,但他仍恭谨地处理笛卡尔的"有限"与"无限"论点。

洛克其实也承认官能感觉不能达到真知,但他处理的办法是退而思其次。他把知分为三等:头等是自明之知,来自直觉(跟笛卡尔一样);次等是可证之知,来自推理;下等是可感之知,来自官能。洛克认为官能可以给我们"可能性极高"的"仿真"(但他把"仿真"看成"近真"),也就足够用了。笛卡尔与洛克面对同样的问题却走上不同的方向,主要是心态不同:前者是求真,后者是求用。而壁垒分明的"主义"是后人把他们的思想"意识形态化"之后才出现的。

不可否认,牛顿采取经验主义的思路去窥探自然世界的奥秘确实获得了伟大的成就。但他的成就也使后继的经验主义者越来越封闭、放弃,甚至鄙视理性主义的贡献。更有甚者同时越来越自大,认为他们拥有了知识的炼金术,忘记了祖师们的指示:真知难求,他们所得的只是"仿知"而已。后继者的不足更反映了牛顿的庄重。

牛顿继承了哥白尼、开普勒、伽利略和笛卡尔,打下理论物理和实验物理的基础,而物理学基础差不多等于现代科学的基础。《原理》一书写下力学经典定理和万有引力定律,并以数学论证替代当时惯用的"假设"(hypothesis)和"推测"(conjecture)。最后,再加上他的科学方法,定下了科学思维的典范。

《原理》一书几乎胎死腹中。其构思、写作和出版过程,反映了牛顿对科学的审慎和坚持。这书对力学原理的演绎是现代力学教科书的典范[7]。牛顿最伟大的发现是"引力按距离二次方递减"定律。他个人的笔记虽然显示他认为这定律来自"物"的结构[8],但在书中他没有提出这说法,只强调行星的运行与这二次方定律的一致性。他始终拒绝猜度"引力"的本质是什么[9]。他有经验主义的真正精神,即他追求的不是无可质疑的真理,只是最接近的"可能真理"(probable truth);他不是"证明"地心吸力和万有引力的存在,而是指出存在的可能性极高。这与早于他的伽利略、晚于他的爱因斯坦是一脉相承的。伽利略的不变引力(uniform gravity)只是牛顿的"引力按距离二次方递减"的理论中的一个特例;而牛顿的"引力按二次方递减"也只是爱因斯坦的"广义相对论"(Theory of General Relativity)中的一个特例。这些理论代表着这三大宗师在他们的时代可达到的"最高可能真理",这也是实验科学(经验主义)最纯真、诚实和宝贵的使命。在今天自我宣扬、急功近利的社会中,经验主义的真正精神往往被抛诸脑后。

牛顿也是个虔诚的基督徒,他坚信神的存在[10]。他说他只是显示了地心吸力和万有引力的运作,但从未有解释它们的来历[11]。由于《原理》引起对神的地位的争议,牛顿曾考虑取消出版(他早些时的《光学》中谈到光的本质时也是引起很大的争议)。最后,他在再版中申明整套力学系统是神所创造和支配的。他甚至舍掉"能量不灭"(conservation of energy)的原则去容纳一个主宰宇宙、照顾世人(providential)的神。

牛顿认为这个有秩序的动态宇宙只可靠一个活泼的理性去认识，也只可是活泼的理性才能认识它，因为这个完美的由神创造的宇宙一定是有规律性的。牛顿把一个由神直接干预的世界化成一个由神按理性和规律去设计的世界，而这些理性和规律是人人可以发现的[12]。牛顿从他的发现里看到神，也就是从受造物的奥妙中看到创造者的存在[13]。

但如果人可以看破宇宙的奥秘，那么，人就可以决定是否应该改造这世界，以及用什么方法去改造世界。这个机械宇宙的科学观引导了现代西方人的价值观，对西方的社会、经济和政治产生了极大的影响。从此，人对宇宙的探索偏重于"使用"（how to），轻于"存在"（what is）。人与宇宙的关系变成利用和支配宇宙去满足人的需要[14]。

牛顿的《原理》出版（1687）的同时，洛克出版《政府论》（1690）和《人类理解论》（1690）。两人交相辉映，经验主义和英语思维开始支配世界。牛顿的《原理》代表着理性与信仰的平等与和洽。但洛克的《人类理解论》和《论政府》显示出悲观的政治、功利的社会将要把理性从虔敬、纯朴诱上实用之路。信仰与理性的演绎开始狭义化。信仰萎缩为宗教，理性萎缩为科学。继之是宗教与科学分家，跟着是科学的求知再走向科技的求用。最后，全是技与术的场面了。

经启蒙运动的开明人士们大力鼓吹，大家都接受了这套源自洛克与牛顿的政治与科学意识形态。这里非但有历史背景也包括社会的转化。那么，理性主义与经验主义的和解难望，又是如何发生的？

17世纪英国的培根、霍布斯、洛克，都到过法国，大受影响。但到了18世纪，法国的哲学家和思想家却大受英式经验主义影响。孟德斯鸠（Montesquieu，1689—1755）受洛克的政治分权制衡影响，卢梭（Jean Jacques Rousseau，1712—1778）受休谟的情绪主义影响。他们回法大加宣传。这当然跟法国的绝对君权政制和七年战争败绩有关（第三篇第十九章），但推动英语体系最卖力和最成功的应算是伏尔泰（Voltaire，1694—1778）。他是法国人，但崇英贬法。他对笛卡尔和莱布尼兹的冷嘲热讽，比真知实学的论证更能挑动人心。他的英雄是洛克、休谟、牛顿,他的政治理想是英式自由。这与他的个人经历和性格有关。

  这里,我们首先要认识到当时的文化传播方式因印刷技术的进步而改变。以前靠抄写,识字率低,教会和权贵垄断信息的传递和思想的讨论,大众文化主要来自教士的讲道,以及行吟诗人之类的传播。印刷技术发展后,谁都可以写作和出版。当然当权者仍可以禁,但越是被禁,越多人想去看。从 17 世纪中叶开始,文人雅士之间结社、沙龙之风大盛,或互相标榜,或互相笔战。这个跨国界的"文人共和"(Republic of Letters,是法人 Pierre Bayle 1664 年首创之词)是启蒙运动的先驱。识字率提高了,读者数量增加了,文化"值钱"了。在某种程度上,文化的大众化也带来文化的商业化。文化的"生产者"良莠不齐,只要有人买,有人看,就有人生产。思考性低、娱乐性高的作品,受到大众欢迎。理性主义三杰都不及格。经验主义三杰比较好,最成功是休谟。他的成名不是写哲学,是写历史,其《大不列颠史》是本畅销书,他本人是法国贵妇沙龙的宠客。不过传播文化最有力的工具还是小说与戏剧。伏尔泰是高手中的高手。在他手中,理性主义被贬得一无是处;经验主义被捧得与天齐高。哲学家们的诠注都是子曰、子曰,艰深难明,谁要看明白就得花力花时。伏尔泰的作品半讽刺、半幽默、半赖皮、半认真。读者好像得到了智慧但没有费力,得到了刺激但没有内愧。不知道伏尔泰是有意或无意,但社会大众在不自觉中接受了他的意见:经验主义可取,理性主义可弃。

  伏尔泰以言论刁钻讽刺著名,多言多产[15]。对奈他不何的天主教会,他毫不客气;对仍具实权的法国王室,他阳奉阴违。最能反映他性格的是他超过 20,000 封大大小小的书信。信中可以看到他过人的精力、多面的知识、毫不脸红的拍马屁、毫不饶人的讥讽、狡狯的生意头脑、以及与敌人周旋的饰词和狡辩。

  1725—1727 年,他寄居英国。这近三年的经历深深地影响了他的思想,特别是英国的君主立宪,以及英国的言论自由与宗教自由。他特别欣赏莎士比亚，认为欧陆的剧作家应多多向他学习[16]。他崇拜牛顿，特别是光学和力学（伏尔泰的文章提到了牛顿从苹果落树找到的灵感）。回法后写文章力捧英国。因他特别推崇英式政治思想和制度，引起了很大争议，他的著作被焚，他被迫出走。但他的作品很好卖，一生都没遇到经济困难。

他学会了怎样去保护自己、推卸不便的责任。法国权贵和他之间关系微妙，对他既欣赏又讨厌又害怕[17]。他是个典型的精英主义者，他认为中产阶级人数太少、无能，资产阶级是腐败的寄生虫，老百姓无知迷信，教会僵化，但它对教徒的税捐助长了革命的成长。他不信任民主，认为这只会扩散老百姓的愚昧，只有由像他一样的哲学家协助的开明独裁者才可以带来改革。

应注意的是，到了他的时代，反宗教已开始变成时尚。批评王室可招祸，批评教会反被王室喜好（利用），但也会招老百姓的讨厌。他死后，法国革命视他为自由斗士，但在他生时，社会的想法却不是如此——伏尔泰死的那年，莫扎特给他父亲的信是这样写的："这个大恶棍伏尔泰终于一命归西了……"

伏尔泰刻薄地说，"我们的笛卡尔生来就是要揭发古人的错误，同时，代之以他自己的错误……"他以洛克的论点去批评笛卡尔的理性（特别是天赋理念），伏尔泰同意洛克，认为追求个人享乐是与生俱来的。有关人性，他认为笛卡尔写的是小说，洛克写的是历史，因为洛克解释了人文精神发展（development of human spirit）的起源和过程。他以牛顿的力学去批评笛卡尔的物理，认为笛卡尔把物理看作一种几何，因此未能真的解释物体的运动。他有名的《有关英国的书信》（或叫《哲学书信》）写道："这位名人牛顿，笛卡尔理论的摧毁者，于1727年3月去世。生时，英国人以他为荣耀；死后，英国人把他像一个备受爱戴的国王般下葬"[18]。

伏尔泰描述笛卡尔的生平时，也隐约地批评了法国的文化："笛卡尔很久以来都认为，如果要享受研究哲学的自由，需要离开他的同类，特别是他生长的国家。笛卡尔实在对得很，因为与他同时代的人不知进取，不会使他增加知识,只会给他烦恼。"伏尔泰描述牛顿的风光时,也隐约地颂扬了英国的文化:"这是他(牛顿)的幸运,不但生在一个自由国家,而且生在一个经院派的理论被全世界遗弃的时代。"伏尔泰总结他对笛卡尔和牛顿的看法,说前者是梦人(dreamer),后者是智者(sage);前者写的是论文(essay),后者写的是杰作(masterpiece)[19]。

伏尔泰对莱布尼兹的乐观宇宙观(特别是前定和谐)[20]批评得很严厉。莱布尼兹认为每一件恶事的发生都是为使一些大于它的好事可以发生,而每个人的好、坏行为一定有相应的赏、罚,不一定马上,但总会到来。伏尔泰指他荒谬。但假如你去细看伏尔泰为批评莱布尼兹而写的《老实人》(*Candide*, 1759),你不会找到他对前定和谐的理性反驳,你只会看到嘲讽挖苦、指桑骂槐的心理满足而已。事实上,故事的主人公和其他角色的遭遇确实是苦不堪言,而且往往与他们的心意和行为无关,但每一个大大小小的结局都是好的——苦尽甘来、恍然大悟、死里逃生……甚至可以说,这本书"证明"了前定和谐[21]。

不要忘记,《老实人》是个故事,发生的"事件"都是伏尔泰的虚构。书中人对事情的看法和解释完全是伏尔泰杜撰出来去支持他的论点的。伏尔泰成功之处是引起读者的共鸣:"这些人多么笨"(背后是他拍读者的马屁,令读者陶醉于"我这么聪明")。但是,如果没有虚构故事性的夸张和丑化[22],读者们当会明白这本书中人物的遭遇和心态其实与绝大多数人没有多大分别——面对费解和无奈的世界,乐观点而已。但伏尔泰的破坏力是他把那些最恶最笨的角色分配在教士和权贵的身上,把好人的角色分配给教会和政府认为是不良分子的娼妓、恶棍身上。相对于批评、指责、对抗,嘲弄当权者是颠覆政权的最犀利武器。

其实,伏尔泰不过是当时崇英贬法喊声最尖的一个。欧陆很多名人都有一样的倒法心态[23]。上面讲过,英国经验主义的政治思维始于众多原则互不相让的英国内战,成于众多原则达成平衡的光荣革命,一切都讲妥协,一般比较中庸。但一到法国,往往披上极端的演绎。这也许与法国绝对君权的国情和浪漫唯理的民族性有点关系。法国文化精英确是崇英贬法，但英、法的民族优越之争也许是理性主义与经验主义和解绝望的最主要原因。且看下面一个小故事。

　　经验主义问世之后，英语文明和欧陆文明的竞争渐趋白热。微积分之争是个小小的例子，发生的时间虽早于伏尔泰，但已显示出盎格鲁－撒克逊文明与欧陆文明一决雌雄在所难免。

　　牛顿在 1665—1666 年间已发明"微分"（fluxion），但他保密，并未即时发表。莱布尼兹在 1673—1676 年间发明"无限小"（infinitesimal）微积分。在 1675 年的笔记中，他首次记录了在 y=f（x）弧线下计算面积的方法突破。1676 年，他已经感觉到这是个重大的发现，于 1684 年发表微分法（differential calculus），1696 年发表积分法（integral calculus）。相对的，牛顿在 1687 年才发表部分的微分理论，1704 年才全部发表。争议遂启。

　　1711 年，一位开尔先生（John Keill）在英国皇家学会[24]的杂志上指控莱布尼兹抄袭牛顿（有说是牛顿事前同意的）。这争议牵动了整个科学界，影响科学特别是数学的发展超过一个世纪。有说莱布尼兹曾经看过牛顿的两篇手稿，从而获得灵感。事实上，牛顿也确实把手稿传阅给好几个人，其中包括与莱布尼兹有交情的人。而且，在争议未发生之前，牛顿与莱布尼兹也是经常书信往来，而且谈的多是数学，甚至谈及"微分"概念。莱布尼兹要求奥尼尔撤回指控他的文章。皇家学会展开调查（牛顿也非正式地参加了调查）。公开支持牛顿的人很多。支持莱布尼兹的只有一人，伯努利（Johann Bernoulli，1667—1748，瑞士数学家，曾写信质疑牛顿的可信度，但后来又反口说未有写过）。

　　莱布尼兹创了一套完整的微积分的符号（特别是微分的 d 和积分的 ∫），在当时很受欢迎，但他亦因此被指以新符号掩饰他抄袭牛顿。1716 年，皇家学会裁定微积分是牛顿发明，莱布尼兹是抄袭。翌年，莱布尼兹去世。但争议仍未有平息。牛顿与他的支持者甚至要求驻伦敦的外国使节团去审查他的旧手稿和信件，争取其对英国皇家学会裁定的认同。

牛顿虽然争回发明人的荣誉，但整个18世纪的欧洲都是用莱布尼兹的方法，只有英国才坚持用牛顿的方法。这使英国在数学发展上停滞了一个多世纪。直到19世纪20年代，也就是打败拿破仑之后，英国才承认其他国家的数学家的贡献。到了20世纪，微积分之争卒之翻案，公认牛顿与莱布尼兹两人同功，分别单独地发明微积分。其实，牛顿与莱布尼兹的微积分来自不同的背景。牛顿要解决物理上的力学问题，莱布尼兹要处理解析几何的面积问题。而且，他们的理论都是比较直觉和启示性的，与今天微积分的严谨程度相差很远，但他们开拓了思路，功不可没。

微积分之争反映了理性主义（莱布尼兹）和经验主义（牛顿）之争、英国与欧洲诸国之争、英语思维与大陆思维之争。民族的量度有时是很狭窄的。牛顿去世时，丰特奈尔（Bernard le Bovier de Fontenelle, 1657—1757, 法国作家）以哲学家的身份，在法国科学院宣读牛顿的挽词。英国人预想他一定会郑重宣布英国哲学优于法国哲学。当他们发觉这位先生把牛顿跟笛卡尔相提并论时，伦敦皇家学院很激愤。有几位英国绅士不满的理由，仅仅因为笛卡尔是个法国人。这场哲学思维之争反映出政治意识形态之争，这些与西方世界的政治史、经济史是分不开的，下几章会详细论述。

注：

1. 哲学（philosophy）处理的事情是知识。哲学的字源是"爱"（philo）"知识"（sophie），因此，哲学家就是"爱知识的人"。

2. 科学的字源是知识（knowledge），原本是指任何系统性和预知性的知识，但后来出现了科学方法（scientific method），就形成了一套独特的求知方法和方向。科学方法源自经验主义，因此也称经验科学（Empirical Science，也可叫实证科学）。这些理念，早在亚里士多德时已有，但真的革命是科学定律（scientific laws）的出现。先有伽利略，继有开普勒，然后是牛顿的"运动定律"（laws of motion）。他们量化的观察和实验，加上数学的论证和分析，形成一套"科学方法"。于是科学逐渐脱离自然哲学，自成一家。"科学家"（scientist）这称号1833年首次出现，科学方法在1870年后被广泛应用。但我们也要注意到，理论或定律的建立仍往往先出自某种直觉，然后才作观察和实验。所以，科学方法往往是用来证实或否定直觉。直觉的解释也往往指向古典理性主义。因此，科学其实是"直觉"与"实验"的组合，既有理性主义，也有经验主义。

3. 社会科学更没有"统一理论"的追求。虽然它的方法与范式来自自然科学（而且往往只是形式上的、零碎的抄袭），但它没有像自然科学对大自然万物规律一贯性的向往。更重要的是，现代个人主义之下怎容许有统一的"人的学问"？

4. 牛顿自少聪明、好学，终身未娶。在剑桥念书时已舍当时的亚里士多德学说而趋向笛卡尔、哥白尼、开普勒和伽利略。大学时成绩平平，大学的后两年居家（当时大学因瘟疫关闭）研究。这两年可算是现代科学思想最丰收的两年。刚过20岁的牛顿奠定了力学、光学、微积分的基础，并构思了日后科学研究典范的"科学方法"。

    他是现代力学的开山鼻祖。他的万有引力继承开普勒的行星定律，确定了哥白尼的日心说，清洗了伽利略的沉冤，完成了创建现代科学的使命。在力学方面，他创出动力不失的定律；在光学方面，他创出光谱的定律；在数学方面，他与莱布尼兹同时创出微积分。此外，他在热学和声学上还作出大大的贡献。同时，他宗教虔敬（虽然不属传统式），对《圣经》解释的作品远多于他的科学作品。他反映了他的时代：对宗教虔敬、对科学向往。

5. 《自然哲学的数学原理》第三卷载有牛顿的"理性思考"规则：(1) 对自然现象有了真确和充分的（true and sufficient）解释后，就无需其他解释（牛顿称这是哲学家们所用的"经济原则"，也就是说不画蛇添足）。(2) 因此，我们要尽量用同一的因去解释同一的果。(3) 如果在我们可以验证的范围内所有物体都拥有同一的、不能增减的特性，我们就应接受这些特性也将是全宇宙中所有物体的共有特性。(4) 在实验科学中，不管我们可以想象出任何反对的理由，由观察现象归纳出来的命题必应被视为准确与真实，直到有其他现象出现，把这些命题进一步证实或推翻。这四条革命性的规则，定下了现代实证科学的方法论。

6. 柏拉图和亚里士多德都有"形"与"物"之分。后人把亚里士多德的著作编修，把有关"物"的讨论放在一起，把"形"的讨论紧随后面。前者叫"物之理"（Physics，也叫物理），后者叫"物之理之理"（Metaphysics）。因此，"形而上"实应叫"物之理之理"，是有关"形"的讨论，集中在本体论（ontology，有关存在）、自然神学（natural theology，有关神、创世、神圣等）和普世知识（universal science，有关求知的基本原则，如逻辑）。所以，"形而上"学关注的是真谛、智慧、存在与终向。

7. 牛顿把"质量"（mass）定义为体积（magnitude）与密度（density）的积数，再把质量与其移动的速度的积数定义为"动量"（quantity of motion，现称 momentum）或"惯性"（inertia），以"动量"的改变去定义"动力"（force）。这套清晰的思路马上就被科学家们接纳，取代了笛卡尔的"内在动力"(intrinsic force)的理念。洛克虽然不是科学家，没有足够的数学基础，但他向数学朋友请教后也完全接受了牛顿的理论。此后，双方更成好友。但牛顿"引力"的理念却没有马上被接受。有些成名的科学家们如惠更斯（Christian Huygens，1629—1695，荷兰物理、天文、数学家）和莱布尼兹等指出长距离的引力有违笛卡尔的宇宙中"以太"（aether，也称"能媒"）的理念，也就是说牛顿的"引力"缺了一个物体无需接触但仍可以相互吸引的媒介。但由于可通过牛顿的数学原理去解释和推算的自然现象实在太多了，年轻一代的科学家们不久也用上牛顿的方法和观点。

8. 牛顿是指"形而上"的"物"（Matter，是种现象），相对于"形"（Form，是真正的存在）。

9. "我还未曾从可观察的现象中发现能解释引力特征的道理，我是不会装腔作势去作假设的（I feign no hypothesis）。任何不是从现象中演绎出来的只可以叫假设，无论是形而上或物理的，或来自星占学或力学的假设都不属实验哲学。在这哲学里，命题是要从现象推论出来，然后经归纳推而广之。"但一点可以肯定，牛顿把亚里士多德（与阿奎那相同）的"观察现象去印证某种真理"推广为"观察现象去建立广泛的理论"。

10. 牛顿对宗教热情，效忠新教，相信古代历史的启示，相信个人理性可掌握大自然的物质和精神领域。他个人把星占和炼金的研究放在科学研究之上。近代经济学家凯恩斯（J. M. Keynes）1936年购入牛顿的"点金术"手稿，多年研究后作出的评语是"牛顿不是理性时代的第一人，他是魔术时代的最后一人"（1942）。因此，把牛顿的宇宙观形容为"机械宇宙观"有点不尽其实。

牛顿的脸皮很薄，对别人的批评很抗拒。人所共知的就有与莱布尼兹的微积分事件和与前辈胡克（Robert Hooke，1635—1703）之争。他是完美主义者，不会发表未完全掌握的理念。因此，他的占星研究成果出版的很少。而且，他的实验室曾大火，烧掉了不少。有一段时间，牛顿精神崩溃，有人推测说他是"炼金"实验中毒。点金术在当时是被禁的（因为诈骗事件很多），而且处罚严厉（因为政府害怕影响国库）。但牛顿对"点金石"（philosopher stone，也译"哲学家之石"，有了就会点石成金）很有兴趣。推之，他对"活命水"（elixir of life，服了长生不死）也有研究。有趣的是，牛顿晚年任英国铸币局局长。

牛顿对《圣经》的章句很有研究，更著书立说。他的研究焦点是《圣经》中隐秘的信息。他对"世界末日"或称"第二来临"的预言特别感兴趣。他另外的一个兴趣是所罗门圣殿（公元前960年建成，公元前586年毁于巴比伦之手）。在牛顿时代这是个社会热门的话题。他从《圣经》中的形容模拟出圣殿的形状。当初，他的兴趣是圣殿建筑的几何。他以科学态度去用这些"证据"论证所罗门王隐藏的智慧：从圆周率到地球的面积，以及人在地球中的地位和比例。他更相信圣殿的建筑其实是希伯来民族的历史预言。他说，"神选所罗门为世界最伟大的哲学家"。

11. 牛顿："万有引力解释行星的运转，但不能解释谁启动行星去转。神支配万物，并知晓所有。"

12. 这观点比当时流行的泛神论（Pantheism）来得清晰和简单，很得"开明人士"的青睐，因为这套宇宙观使人觉得可以无须通过教会而找到目的、到达完美。后来连正统的教会和激进的宗教人士都能接受牛顿式的神（或热切或勉强）。起码在英国是如此。

13. 但莱布尼兹一针见血地指出这会对神的理念造成不可预见的后果。在牛顿的宇宙观里，神不单只是"不会"，而且是"不能"干预世界。理由是：如果神干预世界就意味着神创造的世界不够完美；但神本身是完美和全能的，所以这是"不能"发生的事。从前的观念是神恩莫测，世事不是我们凡人可知的，现今的观念是神以理性和规律创造世界，而这些理性和规律也是人可以通过数学去解释和表达的。那么，人就可以支配世界。神与人的有机性关系从此告终。

14. 但说也奇怪，有人通过牛顿的机械宇宙理念摆脱了宗教，但也有人通过这一理念进入了一套神秘的宇宙之谜的宗教（如"千禧年主义"，Millennialism，推算世界末日）。

15. 伏尔泰的父亲是小吏，母亲是望族。他就读于耶稣会学校（跟笛卡尔一样），精通好几国语言。父亲希望他当律师，他却醉心写作。他文风刁钻风趣，在时尚风雅的法国贵族圈子中颇受欢迎。但又因过分攻击天主教会和王室，屡次下狱和流亡，某贵族曾以国王名义未经审讯把他囚禁于巴士底监狱，继而放逐他。这使他对法国司法制度大大不满，深思改革。1718 年，选用伏尔泰为笔名，从此告别家庭和过去。

16. 当稍后莎士比亚的影响在法国逐渐扩大时，他又批评莎氏的风格和内容野蛮。

17. 他与已婚的才女沙特莱（Du Châtelet）侯爵夫人同居 15 年。1749 年返回法国后他修写了瑞典王查理十二世的传记，因而讨好了国王（路易十五），做了宫廷史官。他开罪了普鲁士的腓特烈大帝——这位著名的开明独裁君主原是伏尔泰的好朋友和欣赏者，曾以 1751 年以重金邀他到波茨坦（Potsdam）。他写了科幻讽刺小说《迈克罗梅加斯》（*Micromegas*），描述来自另外一个星球的使者看世人的愚昧，大帝开始不悦。他又与普鲁士柏林科学院的院长发生意见，人家要告他状，他又写文章嘲笑人家。大帝大怒，焚书、捉人。他想回巴黎，路易十五下令不准他进来。他转往日内瓦，买下大宅，很受当地欢迎。稍后，当局禁止他的剧本出版和上演。他又搬到法境的费内（Ferney），买下更大的豪宅，并开始写他的经典小说——《老实人》，嘲弄莱布尼兹的"前定和谐"乐观哲学。在费内的二十年中他接待的文人雅士无数，并写了他最主要的哲学作品《哲学词典》，内容主要是他为《百科全书》（*Encyclopédie*，"启蒙时期"的经典作品，由狄德罗（Denis Diderot, 1713—1784）和达朗贝尔（d'Alembert, 1717—1783）主编，投稿者包括伏尔泰、卢梭、孟德斯鸠等）写的文章，都是批评法国的政制、天主教会和他个人的敌人。

18. 伏尔泰甚至从性道德的角度去表达他对牛顿的偏爱："这两个伟人 [笛卡尔与牛顿] 的生命中有一个非常突出的分别，牛顿爵士的漫长人生中，从未陷于任何情欲，从未被人类最常见的弱点支配，也从未与女人有任何交易——这是他临终时的医生向我保证的。"

19. 伏尔泰的冷嘲热讽，连他崇拜至极的牛顿也不放过，但同时也反映了他个人的功利。"我年轻时以为牛顿的富贵荣华是因为他过人的才知。我绝不怀疑他当上铸币厂总管（牛顿晚年之事，俸禄很高）是朝廷与伦敦市商一致同意的委任。我错了。牛顿爵士有一位美丽的侄女，Conduitt 夫人，很得财相克利佛斯（Halifax）公爵的欢心。假如没有这个漂亮的侄女，他的地心引力和微积分对他一点用处也没有。即使他有这么大的才干可能还是要挨饿。"（伏尔泰所言与事实有出入。）

20. 莱布尼兹的前定和谐提出"宇宙论证"（cosmological argument）。他认为世上每一件事物的存在和发生都是"固然"（contingent），而非"必然"（necessary）。既是"固然"，就必须要有理由，而且是充分的理由，才是确保这些存在和发生。这个"充分理由"（sufficient reason）就是神。但是，神是无限好，因此他创造出来的世界当然是他可以创造出的无数世界之中最好的一个——也就是好事最多、恶事最少的一个。莱布尼兹把恶事（evil）定义为一种不完美（imperfection）。神是完美；完美的神只能创造"最优世界"（best of all possible worlds）。

21. 其实，莱布尼兹的"前定"不是代表世界不变，而是代表我们不一定知道它变得怎样，只需接受它是向好的方向变。伏尔泰憧憬和鼓吹的不也是向好的变？

22. 其中两点非常有代表性。1、"老实人"的名字叫坎迪特（Candide，又译"憨第德"），与"老实"同音。他的老师是书中代表莱布尼兹理论的笨蛋。伏尔泰描述这笨蛋是这样解释造物的："鼻子是造来承载眼镜的——因此我们有眼镜；腿分明是为穿袜的——因此我们有袜子；猪是造来被吃掉的——因此我们整年都吃猪肉。"2、伏尔泰把这位老师描写成淫虫，去嘲弄莱布尼兹的"充分理由"论点，也就是每一件事的发生有其充分的理由。老师与雇主男爵老婆的女仆在树林中白日宣淫，男爵的女儿看见这老师"给她妈妈那个肤色微棕、标志得很、驯服得很的女仆人讲解实验科学"。男爵女儿平素喜欢科学，她非常留心在她眼前展开的实验。她完全明白老师演绎因果道理的威力。她情迷意乱地跑回家，焦躁地渴求知识，幻想着她就是坎迪特的'充分理由'，而他又是她的'充分理由'"。

23. 开明人士之中,与伏尔泰同期的孟德斯鸠是个例子。他到过英国,很受洛克影响,特别是政府分权。他以地理(气候、土壤、大小等)和社会(民生、宗教、贫富、人口、历史、国民性等)条件去解释不同国家的政制,认为英国式君主立宪的推动力是荣誉,共和体制的推动力是道德。稍后,法国哲学家孔狄亚克(Etienne Bonnot de Condillac, 1715—1780)把洛克的经验主义推到极限。洛克虽然否定笛卡尔的天赋理念,代之以一张白板,但仍是受笛卡尔影响,例如他俩对直觉的定义和功用很相像。再者,洛克又把经验分成官感和反思前后两阶段,而后者只是被前者挑动,但却自成系统。这其实也是包容了笛卡尔。但孔狄亚克坚持反思也是来自官感。这远超过洛克的原意。

24. 英国最高权威的科学家组织,成立于 1662 年。牛顿于 1703—1726 年,也就是微积分之争的期间,任会长。

第十八章　法国从盛到衰：
理性主义藏身于浪漫卢梭的"天赋平等"

17世纪中叶到18世纪中叶，法国是欧洲霸主。长命的路易十四东征西讨，损耗国力。绝对君权堵塞了宣泄社会不满的通道；启蒙运动破坏了传统对社会的约束。对特权的抗争、对自由的幻想，引发出不可收拾的"反"。

笛卡尔的理性主义思维是在欧陆三十年战争期间成熟（《论方法》出版于1637年，《第一哲学沉思》出版于1641年）。战事于1648年结束，法国取代西班牙登上欧洲霸主之位。理性主义适逢其会，也成为欧洲主流学说。后来却被经验主义取而代之——除了伏尔泰之辈的扯后腿之外，跟法国的盛衰也有关系。

法国是在1635年才正式加入三十年战争的。那时，参战各国都疲惫万分，1643年罗克鲁瓦一役，法国彻底击溃西班牙，路易十三也于同年去世，他的宰相黎塞留枢机主教则早一年去世。他俩的接班人就是年仅5岁的路易十四和黎塞留培养出的另一位枢机主教马萨林，法国从这时走上称霸之路。理性主义开山祖师笛卡尔也是在那时现身。

路易十四初登位时，由母亲摄政[1]，但主要还是由马萨林策划。他维持黎塞留的方针，也就是对内集中王权，对外光荣法国。1648年，三十年战争结束，但与西班牙仍有战争。那时，法国国内也是不定，打了一场内战，投石党之战（War of Fronde，1648—1653）²。投石党人多是三十年战争的退伍军人，但受贵族们指挥，目的在恢复贵族丧失的封建权力并限制王权，特别是税权³。这批军纪差而又凶狠的队伍使老百姓如惊弓之鸟。说来奇怪，反王权却酿成扰民，结果使王权更巩固，更趋绝对。

内战之际，法、西之战仍继续进行。投石党的总指挥孔代将军竟投靠到西班牙军中，结果是法、西之战最后一役是法国将领对法国将领。法军大捷，西班牙求和。1659年签订《比利牛斯条约》（Treaty of Pyrenees），法国终成欧洲第一强国。

马萨林于1661年去世，23岁的路易十四决定自己执政，六年内改革财政、重整军队。从1667年到1715年去世，他打了三场大仗：法荷之战、英国继位之战、西班牙继位之战。领土虽然没有大增，但国威大扬。绝对君权成为欧洲统治者们的意识形态。英、普、俄、奥等国都以这位"太阳王"（Sun King）为榜样。他的名言是"朕就是国"。路易十四确实使法国强大起来。他对艺术很支持，创造了法国文艺复兴最辉煌的年代。1682年朝廷搬到凡尔赛宫时，是法国兴盛的最高峰，但跟上世纪西班牙一样，到头来招来诸国之忌，终至寡不敌众。

路易十四与欧洲诸国之战始于1667年法国入侵西班牙在荷兰的辖地。英国与瑞典惊动，它们与荷兰共和国结成三国同盟（Triple Alliance）阻挡法国的扩张。这是西方"势力均衡"国际关系的滥觞，一直延续到20世纪的两次世界大战。

1678年议和，法国拿到现今法国东部前勃艮第地区和部分西班牙在荷兰属地。1683年，法又与西班牙开战。但法军很快击败西班牙与神圣罗马帝国联军，这时法国国力最强。正当此时，路易十四决定肃清国内的宗教改革胡格诺派，遂于1685年撕毁有近百年历史、由创建波旁王朝的亨利四世颁布的《南特敕令》，拆毁所有改革派的教堂和学校。从此，大批改革派移居别地，大大影响了法国的兵源和财力。

就在这时候，亦敌亦友的英国发生大变化。天主教的国王詹姆士二世被赶走，英国国会迎立新教的荷兰威廉为国王，与詹姆士二世的新教女儿玛丽共治英国。这是对绝对君权的致命挑战。洛克的《政府论》就是为这个"革命"辩护，为君主立宪提供理论基础。路易十四怎能气平？其一，詹姆士二世的被逐代表英国国会可随意废立国王，绝对君权的路易十四怎能不管？其二，荷兰乃法国敌人，威廉来自荷兰，登上英国王位就是让敌人坐大，对法国威胁极大，路易十四怎能不理？战争遂启。这场英国继位之战也叫大联盟之战（War of Great Alliance），或称九年战争。参战的一方是法国与爱尔兰（英国废王詹姆士二世逃往爱尔兰，在那兴兵，意图复辟），另一方是大联盟的英国、荷兰、神圣罗马帝国、西班牙、葡萄牙、瑞典和部分意大利。战事长久而艰巨，到了1697年，战局也不明朗，各方休而不和，法国略有失地。但差不多马上又开启了西班牙继位之战。

这场战事要追溯到当年法国彻底击败西班牙，于1659年订立的比利牛斯条约，条约指定路易十四与西班牙腓力四世的女儿，也是法王路易十三妹妹的女儿玛丽·特蕾西亚（Maria Theresa）成亲，为法国继承西班牙王位铺路。西班牙国王卡洛斯二世于1700年去世，无嗣，临死前依约指定路易十四的孙子（这孩子的父亲是路易十四的太子，即卡洛斯二世的甥儿）承继西班牙王位。但是，由奥地利带头的哈布斯堡世族首先反对。西班牙一直都是他们的地盘，怎能让给法国的波旁世族？他们提出西班牙王位应属哈布斯堡世族的神圣罗马皇帝利奥波德一世（Leopold I, 1640—1705）。

这原本是法国跟西班牙的事情，但各国见法国国势强盛，又态度强横，遂决定联盟对抗。葡、奥、普、英、荷联手，与法、西一战，长达十二年（War of Spanish Succession, 1701—1713）。战事的杀伤力和破坏性极大。联军初胜，后来法军收复大部分失地。双方伤亡惨重。1713年议和。路易十四得偿所愿，他的孙子成为西班牙的腓力五世，把波旁世族捧上西班牙王位。但法国也为此付出了代价[4]。

打完这场仗，法国筋疲力尽，国库空虚。再加上1693年和1710年两次大饥荒，死掉二百多万人。路易十四就在这个扫兴的时刻去世（1715）。

他在位七十二年，是欧洲君主中统治最长的一个。晚年，他回复宗教虔诚，宫廷由灿烂转归平淡。他在位时，法国无人能敌，但由于他好大喜功，将亨利四世和路易十三辛苦经营的波旁王朝几乎挖空。法国外强中干，开始走下坡路。

路易十四长命的一个后果就是太子和长孙早他去世。1715 年登位的路易十五只有 5 岁。在摄政期内，法国王室生活奢靡，道德散漫，但战事不已。1718 年，法国加入"四国同盟"（Quadruple Alliance），进犯西班牙。路易十五成人后，慵懒无能，政事被情妇们左右，而且征战仍是不绝、又卷入欧洲争位之战。首先是 1733—1738 年的波兰继承之战，法国与西班牙对抗俄国和奥地利，法国略有所得。继是 1740 年的奥地利继承之战，法国与普鲁士对抗奥地利，战事延展到北美、印度；1748 年虽有和约，其实只是休战。到了 1756 年，更开展七年战争（Seven Years' War，1756—1763），这实是奥地利继位之战的延续。这场是真正的"世界大战"，全欧卷入。起因是普鲁士崛起，吞并了大幅奥地利土地，这刺激了法国与奥地利结盟（在这事上路易十五很受情妇蓬巴杜侯爵夫人［Marquise de Pompadour］的影响），又加上了俄国。普鲁士则与英国结盟。陆战上普鲁士告捷，海战上英国舰队重创法国舰队于西非海域。法国海陆两路惨败。1763 年和谈，法国尽失海外美洲属地。英国开始觊觎欧洲霸权，兼建立环球帝国[5]。普鲁士威名大震，开始考虑统一德国。路易十五 1774 年去世时，法国已是民穷财尽，王权衰微，绝对君权陷入危机。

在法国从荣到辱之时，思想家和哲学家如孟德斯鸠、伏尔泰、卢梭等讨论君与国的关系、分权而治、社会改革。其中，以卢梭对日后的"革命"影响最深。

卢梭（Jean-Jacques Rousseau，1712—1778）[6] 比伏尔泰稍晚，但同年去世。两人同是法国人，但思想和影响大不相同。卢梭认为人类有其自然和珍贵的内在情操（sentiments），但外在的"文化"（科学和艺术）扭曲了人类原本的天性。人类要回复自然，回到一个未有堕落的、纯洁的、天真的本性。这是他 37 岁时参加征文比赛的成名之作《论文学与科学》的主题（*Discourse on the Arts and Sciences*，1750）。他的名著《爱弥尔：或，有关教育》（*Emile: or, on Education*，1762）聚焦于自由和大自然，其中写道："所有从创造者手里来的东西都是好的，但一到了人手，所有东西都变坏。"[7]

卢梭非但批评文化，也批评社会和政治。他认为进步，特别是科技进步，壮大了政府，压抑了自由。他认为农业发展带来了私产的理念，经济分工制造出了不平等。他提倡一个没有阶级的"自然状态"社会，使人可以重新获得他天赋的自由与平等权利，并借此恢复他的真正面目。这个自然状态大异于霍布斯和洛克的悲观自然状态。他的《社会契约论》（*Social Contract*，1762）是西方历史中最具影响的政治经典之一。伏尔泰批评现存的政制、孟德斯鸠研究现存的政制，卢梭则关注理想的政制（"我们需要知道'应该是怎样'才可以判断'实在是怎样'"）。他认为统治权不是天赋给君王，也不是君王与子民的合同，而是人民用以建立国家的社会契约。通过社会契约立国之后再来选定国君，也就是人民让一个他们可信赖的人去治国。在第一个契约时，也就是国家诞生时，人民放弃他们原有的自由去换取政治的统一。

国家权力的最终源头是"共同意志"（the general will）——在思维上，这很接近笛卡尔提出的人所共有的天赋理念；在心态上，也与笛卡尔的乐观、浪漫相似；在情操上，很具笛卡尔的慷慨。在共同意志下，社会每个成员会丧失一些"天然自由"，但获得共同意志下的"公民自由"（civil freedom），也就是在法律保证下的安全和平等。共同意志来自全体，服从共同意志就是服从由全体定下的法律，保证了我们不需要服从任何其他人的意志。公民是权力的真正持有者；法律是共同意志的具体表现；共同意志的目标是建立和保障自由与平等。正如卢梭所说，在真正的公民社会里，"人会被迫自由"（也就是"被迫"服从"共同意志"借此获取"公民自由"）。

其实，卢梭是个平等主义者多于自由主义者。他的"社会契约"是建立在他的平等理念之上。早在1754年，他写了《论人类不平等的起源和基础》(*Discourse on the Origin and Basis of Inequality Among Men*，也称"第二论文"，是他继《论文学与科学》之后参赛、但未有获奖的文章），针对性地批评霍布斯和洛克的自由理念。他把人类的不平等分为天然与体能的不平等和伦理与政治的不平等，认为后者制造并维持着人类社会的权力和财富不均。他认为霍布斯对人性的看法太犬儒、太悲观。在自然状态之下，卢梭的"自由人"没有"畏死"的观念，他根本就像动物，只追求食物、性伴和睡眠，并不像霍布斯的"自由人"，时刻怀着恐惧和焦躁。与霍布斯相比较，卢梭的"自由人"有几个特性：有选择能力（可以选择发展的途径）、有同情心（可以与人共存）、有上进心（可以改良生存的环境）。

卢梭的结论是人与人的接触增加慢慢地扭曲了"自由人"的理性和他天然与天真的"自爱"(love of self)，逐渐依赖别人的观感和恩惠，并开始堕落，产生骄傲和嫉妒。人类脱离自然状态后带出四个后遗症：竞争、比较、憎恨、权欲。这就是卢梭给文明社会的写照。"野蛮人"(savage)是个自给自足的独行者，但当他有了财产的概念时，即是万恶之始。财产制造了主人与奴隶之别。

最原始的"社会"是有财有势者诱骗其他人去把不平等制度化。在《社会契约论》中，卢梭提出重新思考社会制度，去建立一个人人平等的社会。这思想早存于他的《论人类不平等的起源和基础》中，他写道："那个人率先以篱笆把地圈起来，说'这是我的'，而其他人也天真地相信了，这个第一人就是文明社会的创始人。你将把人类从不知多少的罪行、战争、谋杀中，不知多少的惨事、不幸中解救出来——如果你把圈地的地标拔起，把圈地的垄沟填满，并大声地跟你的同胞说：'提防啊！不要轻信这些骗子啊！如果你们一旦忘记了地球上的所有万物是属于所有人的，而地球本身是不属于任何人的，你们就完蛋了。'"

史学家公认，卢梭属浪漫主义和感性主义，但在他身上可看见笛卡尔多于洛克。卢梭的社会契约并没有洛克的实用和功利。洛克认为不能回复自然，卢梭却向往自然；洛克没有共同意志的浪漫理想，只有少数服从多数的机械民主（而且他根本就不信任这样的民主）。相比较而言，卢梭对感性的浪漫跟笛卡尔对理性的浪漫很有共通。但是，笛卡尔对纯、确、稳的真理的追求和卢梭对共同意志的追求也可用来解释日后法国大革命的"恐怖统治"（Reign of Terror）。

我们要注意，英国的经验主义肯定是随着英国称霸全球而成为全球文化的。但法国的理性主义并没有因其成为西方霸主而垄断西方文化，相反，它自始至终都未成为文化主流，只有在17世纪的学府里被重视。最重要的原因是它没有迎合或适应统治者而成为统治工具。相反的，在法国，它的理性浪漫挑战了绝对君权，它的悲天悯人控诉着恐怖统治。可以说，它的理想是个乐观的智者，它的际遇是个悲剧的英雄。几百年来功利现实当头，理性主义者被视为不识时务的懵人和不切实际的腐儒，就像挑战风车的堂·吉诃德——不识时务的人做没有成果的事。

法国大革命前《百科全书》主编之一达朗贝尔（d'Alembert, 1717—1783）对笛卡尔如此评价："他是'革命'的带头人，率先挑战独断独行和任意胡为的政权。虽然他未能亲眼看到，但他的确为建设一个正义和快乐政权的伟大革命奠下基础。"笛卡尔泉下有知，对这个评价会感到惊讶，甚至抗拒。我们现在回过头来看看这场革命。

法国大革命是人类追求自由与平等的一个精彩剖白。当时的法国是相当自由和容忍的，虽是绝对君权，但也算是"爱民"的。为什么在这样的环境里竟发生了史无前例的残酷革命？革命的理论虽是博爱，但革命的行为却是暴力。愤怒是革命的动力，而社会不公平是愤怒的因由。愤怒使人丧失了理性。法国人感性浓厚，但有两个层次，深的一层就是对不平等的仇恨[8]，无论如何都要扫光他们认为的不平等的根源——传统，然后重新建设一个真正平等的社会。较浅的一层是他们希望在平等的基础上追求自由。法国人相信人与人之间可以有平等的自由（equal in freedom）。革命第一代的愤怒与仇恨使整个革命事业走上任性、残暴、极权，使人对自由失去信心。当这一代消失或被消减之后，失落彷徨的法国人极需有力的领导者。正因如此，路易时代绝对王权的权力集中制度就被那些想延续革命理想但终又是毁减了革命理想的功利之士发现和利用，迅速地恢复过来。革命前，权力制度有传统来约束。现在，传统约束没了，新的权力制度就变得比绝对君权更绝对，更集中。大革命之后的几十年，法国不断革命，但都是一代替换一代的政权改变，中央集权的政制并没有变，只是换汤不换药地一次又一次地把自由之名套在一个只懂为极权服务的政制上。法国人对自由的追求好像总是不成熟，每次都是从对自由的渴求变成对自由的失望与恐惧，周而复始。

宗教改革以来，法国的民族性是情绪超于理智，而他们又有很强的不服从性。这组合使他们既会是任性胡为，也会有强烈的英雄崇拜。不平等使他们愤怒，愤怒使他们革命；革命让他们自由，但自由使他们任性，任性又制造了新的不平等。法国人大革命之后的很长时间就是困在这个恶性循环之中。

在"反"潮之中对宗教（天主教会）的暴力尤其突出。反教权主义（Anti-clericalism）是启蒙运动的主题，是法国大革命的主力[9]。启蒙运动最大的影响是制造犬儒，首先是对信仰的质疑。对宗教冷漠但追求时尚的当权者纵容刁钻的知识分子挖传统的墙角，揭教士的愚昧，以标榜自己的开明。结果是人民对一切传统、一切制度都失去尊重。对信仰的犬儒很快变成对任何权威的犬儒。政治当权者们对宗教的犬儒摧毁了教会，但也孤立了自己。教权首当其冲倒下去，但政权也跟着站不稳。

18世纪的西方，统治层和开明分子中早已经是宗教信念薄弱，但中产阶级与老百姓仍是虔诚的。法国是个例外。在法国，敌视天主教会成为强烈的情绪。宗教改革时代，新教教徒对天主教的敌视是可以理解的，但是在18世纪的法国，天主教仍是国教，新教根本没有实力。那时，欧洲各国都有知识分子批评宗教，法国天主教会比其他各国的天主教会更容忍批评，但唯独在法国这些批评和攻击却大大激动了老百姓的反教会情绪。何故？

绝对君权是也。绝对君权带来政治不满，但又破坏了维持权力平衡的参政构架，知识分子唯有以文字宣泄。有几个理由使教会成为他们攻击的对象：教会的权威来自传统，而当时的知识分子讨厌传统；教会坚持敬神，知识分子坚持理性；教会组织等级分明，知识分子想废除等级。因此，知识分子认为要推翻政权就先要推翻教权，因为政权是以教权作为它的合法性基础的。知识分子最讨厌教会"自动献身"地去做政权的帮凶，甚至扭曲教义和原则去迎合和奉承政权。这种伪善他们不能忍受[10]。

法国知识分子从来未有在自由社会里真正地生活过（他们也许到过英国，但未有真正投入），于是他们对自由的向往完全出自想象。他们不知道在英国虽有很多反对宗教的知识分子，但同时也有同样多的支持宗教的知识分子。两者之间对宗教的抨击与辩护互相抵消，因此英国的老百姓并未有反教权的运动[11]。在法国，反教权则成为一种反抗一切特权的象征，一种追求理性自由的浪漫，终于走上极端。

法国知识分子反宗教的言论和对信仰的犬儒使法国人民对教会失去信心。但为什么如此极端？托克维尔（Alexis de Tocqueville，1805—1859，法国政治学家、历史学家）在《旧制度与大革命》（*The Old Regime and the Revolution*，1856）中的解释是，法国知识分子攻击宗教，使法国人离弃他们原有的信仰，但空虚的心灵还是要填补的。在短暂的时刻里法国人相信了自己，相信人的完美、人的能力、人的道德，相信他们有天赋使命去改变社会、更新人类。这个新的"信仰"使他们勇敢、精忠，但这些宏大的理想也使他们忽略了人类生存所赖的琐碎的、微细的美德。

托克维尔对法国大革命的成因有很精彩的剖析。整个18世纪，特权阶级的专横和放肆有目共睹，从反特权中产生对平等的追求是可以理解的。当时，法国的知识分子对改革有千万不同的意见，但有一个共同之处，就是要按理性和自然之法去建立一套简单和基本的政治原则，以取代当时复杂的传统政治体制。知识分子们对传统弊病的极度反感产生了他们对理性的过度依赖。更关键的是，这些从来只生活在没有政治自由的社会里的政治哲学家们认识不到"自由"的口号对从未真正体验过自由生活的群众会产生什么心理影响。启蒙哲学家们高估了理性的能力，低估了现实的复杂。因此，他们的理论越来越激烈和富有创意，对前人的智慧越来越轻蔑和漠视。

但是，有闲阶级高谈阔论的抽象理论却在不断刺激群众的想象和憧憬。群众从未有过自由的政治生活，因此无法像英国人那样渐进地吸收自由的精神、体验自由的实践。他们不懂如何去衡量理论的好坏。知识分子的慷慨陈词使他们觉得这世界是黑白分明的：不彻底破坏传统体制就不可能得到任何自由。在彻底打破传统这一点上，精英的言论和群众的情绪是一致的。在怎样实践可行的改革上，精英和群众的脑袋都是空白的。特别是知识分子，他们以为理性是唯一的和足够的工具去打破传统和建立新政，谁也没想到这过程将会充满暴力和恐怖。

另一方面，贵族们非但对政事不关心，对政德更儿戏。他们把哲学家对传统（其实也就是贵族的权力基础）的批判视为一种文人雅士的清谈游戏，甚至还亲自加入，一面享受特权的实惠，一面自嘲特权的荒谬。更怪异者，贵族们视王权的扩张侵犯了他们传统的特权，竟然与哲学家同一阵线地批判王权，在自鸣得意中自掘坟墓。

法国革命酝酿已久。路易十四的好大喜功已伤了法国元气，路易十五更是无能，国事一片懒散呆滞。路易十六（在位期 1774—1792）带来点新气象。那时，中央政府是强势，但已不像路易十四、路易十五时代的强权。那时的法国上流社会是全欧最自由和开明的。他们摆脱了传统宗教对财富的歧视，于是人人拼命赚钱。国内工农业一片生机，人口、财富、贸易同步增加（比那时的英国还要快）。可是，法国越富，法国人的情绪越不稳定，对现存制度的不满越是加深。法国政府也在进行改革，特别是税制上增加透明、公开和公平。可是，改革越深的地区，日后在大革命中暴力越多、不稳的时间越长，好像越改革越使人不能忍受现状——因为改革带来憧憬，憧憬使人对已取得的成就感到不满足，对争取更多改革会引致的危险感到不惧。每一个被革命推倒的政权都是在改善中的政权，一个腐败政权的最危险一刻好像就是它开始改革之时。

路易十六是一国之君，大权独揽，但对"民意"很重视。当然，当时没有民意调查，有的是舆论，也就是知识分子的观察和发言。路易十六对这些民意害怕至极，天天咨询，事事讨好。为了争取民心（讨好舆论），中央与地方政府甚至互相攻击。例如，1772 年有关粮食贸易议案，图卢兹（Toulouse，在法国南部）的地方议会就指责"中央误用政策、饿死穷人"，中央则指责"地方议会的野心和富人的贪婪为人民带来痛苦。"无知和野心驱使为政者夸张民苦以争取民望，但到头来削弱了政权的合法性。自暴其丑的政权，怎得人民的信任？

在法国绝对君权之中，路易十六算是一个比较"爱民"的国王。但在错综复杂的利益关系下，他往往也是有心无力。[12] 更关键的是，在绝对君权下，"政府的行为"早就给人民作出"革命的榜样"。第一个榜样是"破坏"。路易十五于 1771 年废除巴黎议会。那时的国会权力不大，但是历史悠久（起于 1302）。国王的任意废除使人感觉所有的传统都是没有价值和权威的。路易十六更是整天谈改革，但他的实质改革却不持久，因此，给人的印象是任何制度都可随意兴废。第二个榜样是"强横"。政府的改革往往突然而来，毫不尊重既得利益，尤其是土地与产权。当然，这些改革也往往是为民而不是为己，但给人的印象是高贵的使命感可使暴力合法化。第三个榜样是"武断"。法国的刑事法律是极严峻的，尤其是对付示威与动乱，但刑罚则往往从轻。这种法外施恩给人武断的印象。大革命来临，没有政治经验的群众在没有政治经验的改革家领导下，在崇高而抽象的理论指引下，破坏、专横、武断。

大革命发生的过程是这样的。1787 年，路易十六召开"显贵会议"（Assembly of Notables，包括贵族、教士和资产阶级），讨论开征新的包括贵族与教会在内的财产税。这些"高级人士"当然反对，并要求国王召开包括各阶层的"三级会议"（Estate-General）。1788 年，路易十六同意翌年 5 月召开。但"三级会议"分裂[13] 改革人士组"国民议会"（National

Assembly），取消阶层之别，全体以"国民"（the People）资格参与，并宣誓奋斗到底，直到成立宪法。巴黎进入无政府状态，"国卫军"（National Guard）加入改革派。1789 年 7 月 14 日，改革派进攻巴士底狱，国卫军易帜，革命三色旗升起。

贵族们想引外兵镇压，政局混乱。7—8 月，法国政治进入暴力时期。8月，国民议会公布以《美国独立宣言》（United States Declaration of Independence）为蓝本的《人权与公民权宣言》（Declaration of the Rights of Man and Citizen），强调泛人类、泛时空的"天赋权利"，废除封建制度（包括贵族与教会特权，尤其是征税权），没收教会财产（并同时以此去解决国家财政危机），撕毁一切王室的象征，取消国王对外宣战权，取消一切商会、工会和禁止罢工。10 月，凡尔赛宫被袭，王室搬回巴黎。1790 年，国民议会迫使路易十六接受宪法。1791 年，他想逃离法国，被擒并软禁。国民议会分左右两派[14]，议会大部分人仍是倾向于君主立宪，定国王为象征性的国家元首，但仍有否决权和选拔权。可是路易十六与议会之间总不能达成妥协。革命活动不断冲击社会与民生。

此时，神圣罗马帝国的利奥波德二世（Leopold II）和普鲁士的威廉二世（William II）要挺路易十六，威胁以武力解散议会。法国人同仇敌忾抗外侮，互相在边境上备战。路易十六为争取民望，支持法国对奥地利（神圣罗马帝国）开战。历时十多年的法国大革命战争（French Revolutionary War）遂启。1792 年 7 月，普鲁士与奥地利誓师。路易十六被疑叛国，议会决议废除君主制（当时只有三分之一议员开会，很大部分是"激进革命派"），建立共和。1793 年 1 月，路易十六被送上断头台，绝对君权从此结束。

但随后革命党人内斗，先是恐怖统治，继是白色恐怖[15]。这时，拿破仑出现。他以法国光荣为名，个人光荣为实，东征西讨。法国回光返照一般，耀目的光芒一瞬即逝。英国的时刻来到了。

注：

1. 法国虽击败西班牙，但法后安娜乃是西班牙腓力三世的女儿，有亲西班牙和哈布斯堡王朝的倾向。这是封建转到君权过程中常有的复杂政治。

2. 投石党人向马萨林的支持者的住所窗户以弹弓投石，故得此名。到现代，这名词代表一切对权威的反抗。

3. 黎塞留发明了一套行政长官（intendants）制度，由国王直接委任非贵族的司法与行政官去取代世袭职位，特别是税收的官吏。这大大削弱了封建势力。再加上三十年战争带来的重税，贵族们当然抗拒。

4. 但波旁世族坐上西班牙宝座是有条件的。西班牙国王必须放弃将来承继法国王位，也就是法国和西班牙不能持续地由同一波旁世族的国王统治。而且，西班牙在欧洲的其他辖地，如荷兰（未独立的部分）尽归奥地利（也就是哈布斯堡世族），海外属地则归荷兰共和国。同时，法国也得放弃自己的部分海外属地。

5. 七年战争大部分是英国捣鬼（见下章有关英国崛起）。但法国后来也报了一败之仇。七年战争结束没几年，就发生了美国独立战争。法助美抗英，与西、荷联军在海陆两路打败英国。《巴黎和约》定于1783年，也就是七年战争法国尽失北美属地之后的第二十年。这一次英国尽失美洲殖民地。当然，法国协助美国独立也同时把独立与人权理念从美国带回来，引发法国大革命。这些，都是历史的异数。

6. 卢梭生于日内瓦，原属新教，后转奉天主教，但最终又回到新教。他终生有被迫害的恐惧感，工作从来做不长久。休谟曾助他在英国安居，但他仍潜回法国。他是广义的启蒙运动（如康德形容的"人类从加诸自己身上的童气（adolescence）跑出来"的那种广义"启蒙"）哲学家。他反对狭义的启蒙——一种对人类理性万能近乎盲目的信仰。他反对理性至尊，提倡回复自然，唤醒内在感受，是法国大革命"自由、平等和博爱"思想的哲学之父。

7. 爱弥尔的教育是大自然，而不是书本（少量的天文、地理、化学就足够了）。"在自然的秩序里，所有人都是平等，所有人的天职是做人（to be human）。"他要用手，如造木，这些已足够去训练理性。心灵的训练先是慈悲，然后是感恩，再然后是爱人。德行（也就是自制）也需要教育。宗教教育则等到长大后才需要。而且卢梭的所谓宗教是"自然宗教"："我在到处都见到神的工作，我感觉到祂在我身内，在我身外的所有东西我都看见祂，但当我想去思考祂、去找寻祂在哪儿、祂是什么、祂有哪些本质，祂就离我而去。"

8. 其实，法国老百姓所受的封建压迫比欧洲各国低，但压迫感却比人高。那时，法国农民更开始成为"地主"。革命前夕，法国一般耕地是农民私有。尽管如此，但拥有土地的法国农民仍要向没有实权的贵族纳税、服役。倘若土地不是农民私有，他们也许不会感到如此"不公平"。但是，他们千辛万苦地积蓄了少许金钱买下土地，在交田租、纳地税之余又要为这班饱食终日、无所事事的纸老虎服役交费，又看见这些寄生虫过着奢华无聊的生活，怎能不愤愤不平？

9. 其实，这也是有点物极必反的意味。宗教改革以来，西班牙、葡萄牙、法国、意大利诸国的统治者们都维持天主教为国教，力抗新教的扩张。正因如此，教会与政权更被视为一体。天主教教会虽然内部改革、清理腐败、重整教规，但对正统意识也更坚持，对攻击教义者更不容忍。另一方面，欧陆天主教国家的政权（特别是法国）走上绝对君权之路，一方面侵蚀教会的传统地位和权威，但同时也以护教自居，以争取民望。于是政府的劣行在人民的眼中变成教会的堕落无能，既未尽为民请命之责，更有为虎作伥之嫌。教会被视为伪善、神棍与帮凶。

10. 在绝对君权下，教会的俗世权力其实不多，但教会有一个小小的权力，是知识分子认为最卑鄙的——禁书。对他们来说，推翻教会非但是为国为民，更是为自己。另外，在法国的权力构架中教权也是最弱的一环，最无还手之力。教权在上古原是王权之上，但到了绝对君权时代沦为王权的仆人。更致命的是，教权并不是建立于武力和强制，是建立于信仰。君王们对教会确实尊重有加，但对教权的保护却很不卖力（因为保护教权就是削弱王权）。缺乏强制权力的教会去禁书只会令知识分子激愤，但不足以使他们害怕。教会的立场使他们不满，但教会的无能只会使他们更无顾忌。

11. 他们也反天主教会，但这是由政府发起，由国教支持，是一种巩固政权的活动，绝非颠覆政权的潮涌。

12. 路易十六特别关注穷人，力主减税、扶贫、救济。例如，1776 年他想废除国家无偿强征劳动，说："除了少数的道路外，几乎全国的路都是由最穷的子民无偿建造的。最穷的和最没有收益的人承担了全部的重压。真正得益的是地主，他们差不多全是特权阶级，道路使他们的土地增值。强迫穷人去用他们的时间和劳力无偿地维修这些路就是剥夺他们可以用来对抗贫穷和饥饿的唯一工具去替有钱人谋取更多的利润。"同年，路易十六也要废除商会对工人的剥削，说："工作的权利是所有产权中最神圣的；任何违反这条自然之法的律例必须作废；现在的商会是怪诞和专横的，是自大、贪婪和暴力的产品。"这都是义正辞严，并且带有对人民的歉意。但是，也暴露了王权底下的复杂利益关系（为什么地主和商会有这些特权？），更危险的是暴露了王权的无能。不到几个月，劳役制度和商会苛例就恢复过来了。

13. "三级会议"分三阶层：第一阶层是贵族，第二阶层是教会，第三阶层是平民。第三阶层的代表们要求并获得"双重代表"资格去平衡第一与第二阶层的联合票数。但第一与第二阶层成功改变投票程序，抵消"双重代表"的票数优势。于是，第三阶层脱离"三级会议"，与其他改革人士组"国民议会"（National Assembly）。

14. 坐在右面的（右派）是"保王民主派"（Royalist Democrats）有 165 人，主张英国模式的君主立宪；坐在左面的（左派）是比较激进的"国民派"（National Party），有 330 人，主张共和。左派又分为"自由共和派"（Liberal Republicans，也称"吉伦特派"[Girondists]）和"激进革命派"（Radical Revolutionaries，也称"雅各宾派"[Jacobins]）。此外，还有由国卫军和中产阶级组成的中间分子，约 250 人。

15. 当时，对外战事失利，国家破产，物价暴涨，处处暴乱，更有反革命活动出现。激进派趁机夺权，1793 年 9 月开始长达一年的"恐怖统治"（Reign of Terror）。罗伯斯庇尔（Maximilien Robespierre，1758—1794）的公众安全委员会（Committee of Public Safety）处决了至少 18,000 名反革命分子。到 1794 年，他甚至处决激进派分子，人心惶惶。7 月，罗伯斯庇尔被捕，处死。新政府由逃过恐怖统治幸存的较温和的"自由共和派"组成。掌权后，他们又开始处决激进派，称"白色恐怖"（White Terror）。

第十九章 大英崛起：斯密的"追求私利可达公益"

17世纪，英国光荣革命迎立荷兰威廉，壮大了英国军事和财经力量。18世纪，七年战争把法国拖下马。斯密的"追求私利可达公益"为马上展开的工业革命和由它引发的现代资本主义注入理论依据，并带上道德光环。法国大革命和随后的拿破仑大陆封锁政策最终使工业革命被英国垄断，奠定了英国霸业基础。

英语文明随着日不落的大英帝国和全球的资本扩张支配了世界。这段历史当然要追溯到光荣革命（见第二篇第十三章）。

光荣革命迎立的威廉和玛丽，都是查理一世的孙辈（孙女和外孙），因此可算维持了王位继承宗法的正统；他们俩都是新教温和派(迎立条件之一是荷兰的威廉要改奉英国国教)，因此避免了天主教复辟，可算保卫了百多年来辛苦建成的国教传统。血统与宗教合起来就是正统加传统。光荣革命实际是一场复杂的妥协去收拾亨利八世因私事脱离天主教而引发出的烂摊子。

迎立威廉当然是国会的决定，但也反映了国会当权派（乡绅，富人）的想法跟洛克的想法是一致的：天主教复辟固然不能接受，但新教的激进分子也很危险。英国人引以为荣的《权利法案》的内容确实反映当时的政治现实，也是处理这个现实的最佳办法。理由如下：1、创造新传统。王权的尊严有赖宗教传统。古老的传统是天主教，但不能用，因为英国已脱离了天主教。高举成立约百年的英国国教就是创造新传统去为新教的王权带上宗教光环。2、摧毁天主教。英国脱离天主教后，没收教会财产和权力，重新分配，制造新的利益所得者，尤其是乡绅、富豪。因此，必须彻底摧毁天主教才可以避免复辟的流血[1]。3、控制新教激进分子。激进分子（如清教徒）反对国教，不惜诉之武力。镇压他们是为了维持社会秩序，也为了维护新的既得利益者，避免激进分子夺权的流血。因此，说是"革命"，其实一切以稳定目前为基本原则。手段是以有限自由和有限民主去约制无限自由（如宗教激进）和绝对君权（如詹姆士一、二世者），以期达到在第一次宗教改革（英国脱离天主教，成立国教）中获得利益者（王室和温和新教的新贵）不会被第二次宗教改革（激进新教争取完全宗教自由）夺权。

光荣革命是英国人的说法，但威廉接受迎立，也有他的动机。詹姆士二世在位时，知道他天主教徒的身份肯定坐不稳英国的王位。那时，他仍未有儿子。他示意他的女儿玛丽（属英国国教）和女婿兼姨甥的威廉（荷兰新教，属激进派），二人若是改奉天主教，他会传位给他俩。威廉在当时是欧陆宗教改革派的领导人，力抗法国和天主教，自然不愿接受詹姆士的条件。而且，那时英、荷还是敌我两方[2]。

1687年，光荣革命前一年，威廉对英国人发表公开信，批评詹姆士二世的亲天主教政策，暴露了他对英国王位的野心。国会派人暗中联络他，示意迎立。他并未表态，但暗示如果登位，他会继续反对绝对君权。这点对英国国会派的人当然很中听。但他提的条件是，一旦登位他会使用英国海军对付法国。1688年初，法王路易十四与詹姆士二世签约，答应资助英海军舰队封锁英吉利海峡，共同对付荷兰。于是威廉开始备战。1688年6月，詹姆士二世得子，后继有人了。威廉知道机会要没了，不能等了，于是10月动兵，强渡英吉利海峡，称为"光荣横渡"（Glorious Crossing）[3]。因此，1688年是英国迎立还是荷兰进攻？是英国革命还是荷兰入侵？仍有争议。有人说是由于英国人的面子、荷兰人的宣传，整件事才被形容为英国内政。

威廉来英，主要想用英国军力来对付法国。英国国会不同意，只允支持军费。但卒之同意海军合并，条件是英荷联合舰队总指挥一定要是英国人，而且英、荷舰只比例维持在 5：3。可以想象，不过多时，荷兰舰队就被英国并吞了。迎立后，威廉以英国国王身份向法宣战，并加入反法联盟（也就是英国继位之战后多国加盟，变成大联盟之战，1689—1697，见上章）。对威廉来说，军力强大了，但同时军事冒险心也增加了。稍后他又率英荷介入西班牙继位之战（1701—1713），终使荷兰精疲力竭。在1712年，荷兰退出战团，英国海军从此唯我独尊。同时，从1688年开始，荷兰的贸易和金融组织转移到伦敦，世界贸易中心由荷兰转往英国。总的来说，强势的荷兰"自动献身"，终吃了大亏。英国迎立威廉原只是希望压制天主教和绝对君权的复辟，结果讨了大便宜。荷属的"新阿姆斯特丹"变成英属的"新约克"，也就是"纽约"。

玛丽女王死后无所出，威廉也没有续弦。合法继位的就只有被废的詹姆士二世的另外一个女儿，安妮。她属英国国教，所以没有宗教上的问题。但国会议定她登基的条件是，如无所出，王位就要交给德国的汉诺威（Hanover）世族，因为詹姆士一世的孙女索菲亚嫁给了汉诺威的布伦瑞克公爵。结果，他们两人所生的儿子被册立为乔治一世。英国的斯图亚特王朝结束（1603—1714），代之而起是汉诺威王朝（也称乔治王朝，1714—1837）。

乔治一世未登位之前是莱布尼兹的老板，汉诺威乔治公爵。在册立之事上莱布尼兹曾多作奔跑，但并未因此而得到机会在英国宣扬理性主义。相反，乔治一世不想刚登上宝座就开罪英国人，尤其是当时大红的牛顿，以致莱布尼兹在微积分一案中含冤而终（第三篇第十七章）。这与洛克策划光荣革命，迎立威廉，使经验主义政治思想被纳入英国宪法（权利法案），不可同日而语。个人遭遇也影响了西方文明的轨迹。

汉诺威王朝开始前英国合并了苏格兰（1707年），1800年又吞了爱尔兰。因此乔治时代是英国扩张的时期。非但如此，海外领土扩张和大英帝国奠定基础都发生在这朝内。经济上，农业革命开始，继而工业革命；政治上，国内出现政党制度，国外出现美国独立和法国革命；军事上，七年战争赢了法国，独立之战输掉美国，拿破仑战役脱颖而出。可以说，这是英国多姿多彩的时代,也是它从欧陆群雄中脱颖而出的起飞期。

首先是英国本土的扩张。早在1630年,斯图亚特王朝开始时,詹姆士一世本就是苏格兰国王。他以个人身份联合了英格兰和苏格兰的王位。但他去世后在王位继承中出现了天主教与英国国教之争,和日后的英国内战、共和、王权恢复等事情,事事都牵涉苏格兰。因此,英、苏的分分合合是很暧昧的。但光荣革命与权利法案之后,英国的政治开始稳定。1707年,英格兰王国与苏格兰王国终正式组合"联合王国"(United Kingdom),成立统一的议会,但两国有不同法律制度、国教制度和教育制度。安妮女王(在位期1702—1707,也就是源自苏格兰的斯图亚特王朝的最后一个君王)是第一个联合王国的国王。1800年,在乔治三世时期又并进了爱尔兰[4]。从此,英国称为"大不列颠与爱尔兰联合王国"。

乔治时代也是英国政党制度成形的时期。这里,要特别留意乔治二世对英国政党制度的影响。在政事上,他总是跟父亲唱对台,甚至被父亲禁锢。由于国王与太子各自拉拢国会的支持,国会内开始结党。同时,政党也争夺王室中人的"赏识",以增加其声势和实力。这逐渐形成政党制度与传统[5]。这些党派当初都是没有紧密组织的。到了1780年代,乔治三世时代才有正式政党。到18世纪末,托利党(Tony Party)联合了辉格党(Whig Party)中比较温和的分子去对抗法国革命的意识形态在英国扩散,终成为英国的保守党(Conservative Party),但党员现今仍称为"托利",当时的支持者多属小贵族(gentry)、地主和王室中人。辉格党则支持大贵族、支持汉诺威世族继承英国王位、容忍不信奉或不服从国教的新教教徒。党员是刚冒上来的工业家和富商。但到了19世纪,辉格党的政纲非但包括了国会高于王权,更包括支持自由贸易、对天主教解禁、解放奴隶和扩大投票权,终演变成自由党(Liberal Party)。至于工党(Labour Party),要等到19世纪末才出现。

乔治时代的第一件国际大事是七年战争(1756—1763)。这是第一次真正的"世界战争",牵涉欧洲、印度、北美、加勒比海、菲律宾和非洲沿岸。英(与普)胜,法败。1763年定《巴黎和约》,大英帝国开始成形。但普鲁士（日后的德国）也成为欧洲不可忽视的强国。

七年战争的起端是奥地利继位之战（1740—1748）。1740年，奥地利哈布斯堡世族的女公爵玛丽亚·特蕾西亚继承父亲的匈牙利王位，为继承父亲的神圣罗马帝位做部署（因为神圣罗马的皇帝必先要有自己直辖的属国）。法国以宗法理由抗议女性继承权，真正原因其实是强势的法国想压制哈布斯堡世族的重兴[6]。普鲁士介入则是因为想趁机抢夺奥地利的西里西亚地区（现今波兰南、捷克北和德国东南）。玛丽亚·特蕾西亚也是个厉害人物，她改善奥地利的财政、教育，鼓励农业商业，并重整军备。

那时，普鲁士刚登上国际舞台，人人以为它不是奥地利的对手[7]。1740年，刚登位的腓特烈二世[8]不宣而战，在奥地利还不及动员时就占领西里西亚[9]。普鲁士的人口马上倍增。法国见状，趁势与普鲁士正式结盟，以壮自己声势。由是，普鲁士侵占西里西亚事件因法国的介入演变为奥地利继位之战。法国派兵支持现今德国南部的巴伐利亚王去争夺神圣罗马帝位，并派兵"监视"汉诺威。普鲁士则派兵"监视"萨克森。

在继位之战中，英国站在奥地利一方[10]，但奥地利发觉这盟友不可靠。当奥地利军事失利被迫签和约时，英国对它大施压力，要它放弃很多领土给普鲁士。英国的观点是，强大的普鲁士最能牵制法国，牺牲一点奥地利来壮大和取悦普鲁士是上策（这也是日后德国坐大的伏线）。各怀鬼胎之际，来了一个"外交大兜转"（Diplomatic Revolution），也就是国际关系的大重组。首先，英国要围堵首敌法国，认为奥地利不中用，遂放弃奥地利，拉拢普鲁士。于是双方在1756年签约：英答应不会助奥抗普，但普要助汉诺威抗法。为什么汉诺威如此重要？当时英国是乔治二世（在位期1727—1760），而汉诺威（现今德国北部）乃是王室"祖业"，万不能失。因此，乔治二世当初加入奥地利继位之战不是真的想支持奥地利，而是想借奥地利去阻止法国侵占祖业汉诺威而已[11]。战事结束的和约中,英国迫使奥地利对普鲁士诸多让步，奥地利也不是草包，看见英国如此反复，暗地里决定换马。这就是外交大兜转的背景。

英普结盟的同年（1756），奥地利与法国化敌为友[12]，希望可以夺回西里西亚。其实，法国初还犹豫，但考虑到哈布斯堡世族的奥地利今非昔比，遂与它结盟。法国的算计是：多世纪来，哈布斯堡王朝势力包围法国，如今，反哈布斯堡的普鲁士崛起，哈布斯堡不再可怕，昨日的敌人可成为今日的盟友；另一方面，普鲁士的盟友英国正在北美和印度挑战法国利益，因此这个反复无常的盟友才是真正的敌人。于是路易十五决定与奥地利缔盟去维持均势，任何一方被攻，对方就会遣派军队援救。奥地利的算计是争取法国不干预它夺回西里西亚，好与其他国家组成反普鲁士的联盟。外交大兜转的意思就是原来是盟友的英与奥、法与普交换舞伴，变为新盟友的英与普、法与奥[13]。

英国与普鲁士结盟，原意是维持欧洲均势，特别是对抗法国，好有些太平日子。但事与愿违，因为普鲁士不想太平。普鲁士先发制人，攻打亲奥地利的萨克森[14]，七年战争遂启。普鲁士此举也是有意阻吓俄罗斯援助奥地利（俄、奥于1746年奥地利继位之战期间已结盟），谁料此举反激怒俄罗斯，马上派兵援奥。同时，法、奥也决定把它们之间的共同防卫条约改为共同进攻条约。

军事上，英、普是极佳配合：英国有全球最精海军，普鲁士有全欧最精陆军。其实，早在1754年战争还没有正式开启之际，英、法海外帝国在美洲和亚洲已处于战时状态。其中以争夺北美的俄亥俄地区最为剧烈[15]。七年战争开启时，法国的战略是集中在欧洲战场，原因是英国有制海权，法国对海外殖民地只能做有限的支持，所以，法国将海外属地视为差不多是必失之地。再者，在欧陆，法国与邻国接壤的边境线很长，需要全力保护。它希望陆战得利，那么在签和约时就可以用欧洲攻占的土地去交换海外属地。但结果是法国既丧失海外属地，在欧陆也失利。英国的战略是避开在欧陆的大型战事，为此它跟法国在欧陆的敌人普鲁士结盟，并以大量金钱资助普鲁士，去弥补英国在欧陆的弱势。它用海军去封锁和攻打法国海外殖民地，并利用英属殖民地的当地军力去袭击邻近的法属殖民地（这也培植了英属殖民地本身的军事力量,日后美国独立战争中很多美方将领都是经过这场战事磨炼的)。俄亥俄地区刚好在英属的北美东岸和法属的"路易斯安那地区"[16]的中间。法国在宾夕法尼亚西部建堡,以防英属殖民向西挺进,并拉拢印第安人合作抗英。所以,英国人把七年战争的北美战区称为"法印战争"(French and Indian War)。

1763年,战事结束,法国是大输家,《巴黎和约》重写欧洲和海外殖民地图。在北美,法国要把路易斯安那地区割给西班牙[17],把法属北美新法兰西(New France)的所有地区(现今加拿大中东部,除了东岸两个极小的小岛)割给英国[18]。法国在北美的殖民帝国尽失。英国拿到新法兰西和佛罗里达,加上原来的东岸13州,就控制了北美洲的整个东部。在亚洲,英国保有印度北部[19],其他攻占夺得的贸易港归还法国,但法国则要拆除所有防御工事,并大量削减驻军。法国在孟加拉的盟友转附英国。从此,法国在印度的势力很快就消失。英国开始支配整个南亚。

欧洲的国界则恢复了战前状况,也就是普鲁士可以保留西里西亚。这一战使普鲁士威名大震——它面对的是比自己大多倍的全欧联盟,有时甚至是四个前线。普军不打阵地战,但行军神速(拿破仑日后认真学习过),战果辉煌。统一德国的理念也在那时开始。面对连日后的拿破仑也自叹不如的普鲁士腓特烈大帝,奥地利仍可自保,虽败犹荣,国内还算安定。但法国就不一样了,陆战是一败涂地,海战也溃不成军。法国想重建海军,产生与西班牙海军联合对付英国的念头,终到拿破仑时期成形。日后英国消灭法国海军,迫使拿破仑采用"大陆封锁系统"抵制英国,以致俄罗斯因退出这系统而招致拿破仑的入侵从而带来法国的最后崩溃,都可以追溯到七年战争。

英国在北美得益最多,但马上就又生难题。英国虽然得胜,但北美的法裔居民和曾支持法国的印第安人仍是威胁,局势不稳。那时,发动七年战争的乔治二世去世,乔治三世继位(在位期1760—1820)[20]。他告谕英裔殖民不得往西推进。北美十三州的殖民地当初参战的主要原因是想从法国手中夺取这片土地，对此约束自然大大不满。同时，乔治三世也颁布《魁北克法案》，保护当地的法商。这也触怒了十三州的殖民者。1763 年的胜利反而触动了自己子民造反，引发出殖民地与祖家之争。

在另一个层面上，美国独立虽然是英国的损失，但失之东隅，收之桑榆。美国独立使英帝国视线从北美与中美转移到亚、太、非。史学家称此为"第一帝国"（First Empire）到"第二帝国"（Second Empire）的转移。此时，亚当·斯密的《国富论》登场。

要明白斯密的经济思想一定要先明白他的道德观，而他的道德观很受他的好友休谟的"理智是也应该是欲望的奴隶"和"道德情绪刺激欲念去产生行动，与理智无关"等道德理念的影响[21]。

1759 年，斯密出版了《道德情操论》（*The Theory of Moral Sentiments*），指出人类道德是基于追求"认可"（sympathy，可译为"同情"）。他本人对这本书比《国富论》更为重视，不断修改。书中他首次提出"无形之手"来解释由个人因素决定的人类行为往往对整个社会有好处[22]。他解释了人类如何在自利倾向下产生出道德判断的能力，提出了"良知来自社会关系"的理论。理论中心是"认可"，即通过观察别人的反应，我们感受到自己，和自己行为的道德意义[23]。因此，道德虽始于个人喜恶，但终于社会的喜恶。这点跟休谟的"善恶之别是看它给自己和别人的印象满意还是不满意而定"同出一辙。多年后（1776），在经济理论上斯密再次用上了"无形之手"去解释追求私利可达公益——追求私利是个人生产（经济行为）的动机；个人生产的成败有赖于别人（社会）对生产出来的东西的需求；因此，生产虽始于个人私利，但终于社会公益。

斯密以《国富论》留名，但《国富论》被称现代经济学之始是有其历史背景的。16 世纪，西班牙建立海外殖民帝国，以南美的金银作为帝国的基础。此后两个多世纪，西方经济主流思路是"重商主义"，它建立在两条腿上：金银是国富的衡量标准；推广出口（以换取金银）、保护进口（以制止金银外溢）是国富的不二法门。到了 17 世纪，法王路易十四以柯尔贝尔（Jean-Baptiste Colbert，1619—1683）为财相。前文说过，路易十四好大喜功，征战连年，挥霍无度，大兴土木。为满足朝廷需用，柯尔贝尔力行重商主义政策：一方面巩固海外殖民帝国与法国本土的贸易，另一方面加税。结果是税重，生产力弱，经济迟滞。斯密写《国富论》主要是针对法国的重商主义，也就是保护主义（Protectionism）。

但斯密不是第一个指出重商主义的弊端的人，早有人提出"重农主义"（Physiocracy）[24]。这个主义否定金银是国富的衡量，代之以生产力的理念，并认为真正的生产来自土地，主要是农、矿，而非工、商，因此提倡重农轻工、自由经济（laissez-faire，可译为政府不干预的"放任经济"）[25]。其实，斯密的思路有三个源头，休谟的个人自由、重农主义的经济自由、牛顿的自然定律（他引用牛顿对自然世界的解释来解释人类行为）。

《国富论》全名是《国家富强的本质和成因的探研》（An Inquiry into the Nature and Causes of the Wealth of Nations），1776 年出版。斯密的构思早在七年战争刚结束的 1763 已开始。这场战争是英胜法败，斯密就是要解释英强法弱的原因。但是，他是先有了结论然后去找证据。在他的竞争性的经济观里，优胜劣败既是个现象，但也是种理论：胜即是优。英国的胜代表英国的优；英国的经济特征就是它军事胜利的原因。斯密只不过是用已胜的英国去证明英国式经济的必优。

《国富论》分五卷[26]，第一卷是他有名的追求私利可带来公益："我们的晚餐不是来自屠户、酒贩和烘面包师傅的善心，而是来自他们对私利的追求。"[27] 在第四卷，他力指重商主义（其实应是保护主义）的弊端和政府干预的坏处。他特别关注殖民地对宗祖国的经济贡献。这里，在他论证国际自由贸易时，全书唯一一次提到"无形之手"。斯密想指出限制外国货进口不是好的政策，要国富就得让经济不分国界运作，这样才能发挥一国的优势。保护政策只会带来生产要素无效率分配。他这样说："每一个人都实在为增加社会的收入而努力。真的，他通常不是有心提升公众利益，也不知道自己的贡献有多大。他选择支持国内工业只是因为他考虑个人的安稳；

他采取方法去把产值提到最高只是因为他考虑个人的利益,就好像有一只无形之手引导着他在做这些或其他事情上,去达成他并没有特意去追求的东西。从社会的角度去看,社会的收益并没有因为个人不刻意追求社会利益而受影响。在追求个人利益之际,他往往比刻意追求社会利益更能有效地提升社会利益。我从未发觉那些刻意以贸易去提升社会利益的人做成了什么好事。"

的确,斯密理念中最使人迷惘、惊讶,甚至佩服的就是"无形之手"。他的书是在七年战争之后(英胜、法败)用了十三年写成,1776年美国独立那年出版,正赶上英国工业革命和经济霸权的开始,正好为英式自由贸易提供了理论的光环[28]。但是,我们要首先知道,斯密写这书时,工业革命尚在萌芽之际,只可以说是在农业革命成熟的阶段[29]。斯密绝对不会知道工业革命带来的生产力和生产方式改变,以及现代资本主义的运作模式,因此他只是自由贸易的推动者。他的理论启发来自他贬视的法国保护主义,而他的理论权威性则来自七年战争的英胜法败。这套理论对你的感召力取决于你的道德观,它的可靠性取决于你对历史的解读,也就是所谓见仁见智了。

斯密本人的宗教意识很强。无形之手是他形容全善之神支配这宇宙去使人类得到最大的幸福。无形之手运作所需的条件他说得非常清晰:产权制度与商业道德两不可缺。在他的社会观里,偷窃是最大罪(他甚至认为政府有责任特别保护富人,以免穷人起盗心)。他从洛克和休谟处拿到了两件东西。1、洛克的产权至上,因为它是自由的保证。斯密认为产权是市场交易的基础条件。两人都认为保护产权是政府的功用,甚至是唯一的功用。2、休谟认为人性是追求享乐的(洛克也有这倾向)的,理性非但不能约束人性,而且是人性的仆人。斯密认为人性驱使我们追求财富(虽然他同时认为富人不比穷人快乐),在这追求中,分工和交易增加人类快乐的总和。可见斯密非但继承了经验主义的传统,而且将其发扬在经济领域中,成为自由经济的支撑理论,稍后更被用作资本积累和资本垄断的辩白。

斯密的理念又称"开明的自利"(enlightened self-interest)——在自由

竞争的社会里，各人有理性地追求自利会带来社会的繁荣和福利。《国富论》是本易读的书（跟日后达尔文的《物种起源》同样普罗大众，是它们成功的因素之一）。现今大部分经济学家都把斯密的理论叫"古典经济"（Classical Economics），处理的是"政治经济"（political economy），也就是宏观经济政策，如就业、收入、效率等。19世纪开始的"新古典经济"（Neoclassical Economics）则聚焦在企业和市场的运作，特别是供求与价格的关系，以"边际分析"（marginal analysis）去处理市场供与求的变动。从此，不能实证的无形之手被提升为无可置疑的真理，而这只无形之手就是市场。追求私利从作为"达成公益"的手段变成一个"自身的价值"（intrinsic value）。这些都是经验主义的斯密始料不及的[30]。

亚当·斯密的《国富论》出版之日，恰是资本之国美国独立之时。七年战争在1763年结束，英国拿了法国在美洲的庞大殖民地，但要维持这些战利品就得要战败的法裔殖民者和曾帮助法国的印第安人放心做英国的子民，不要作乱。为此，英王乔治三世（其实主要是国会）颁布命令，十三州的殖民者不得轻举妄动去抢夺或欺侮法国人和印第安人。对十三州的"英国人"来说，心里很不愉快——往西开发土地既是他们心中的渴望，也是战前英国的国策；七年战争中他们也出了力，现在却吃不到战果，如何心服？加上，英国国会要弥补英军驻美的军费，认为驻军是为了十三州的安宁，十三州的居民应付这些军费，遂于1765年决定抽印花税（stamp duty）。但十三州觉得法国人和印第安人的威胁已经去除了，剩下来的"威胁"是英国。这威胁主要是经济利益。他们认为，英国国会统治十三州（包括抽税），但十三州却没有国会代表，这不合情理。从此，在美国人的政治意识里，"纳税人"（有经济能力）与"公民"（有政治权力）差不多成为同义词。

1773年的波士顿倾茶事件（Boston Tea Party）就是当时十三州居民最直接的反抗。英国与十三州的关系继续恶化[31]。十三州是在1775年开始叛变，一方面武力反叛英国，一方面加强政治团结。1776年7月4日，"大陆会议"（Continental Congress）在费城发表《独立宣言》（7月4日从此被定为美国国庆日；实质上，各州是分别宣告独立的），并起草宪法。宪法于1777年完成，但要等到1781年才被各州分别通过。延迟的主要原因是要协商解决在西部土地开发中各州的权益分配，这反映出独立的背后仍是当初七年战争战利品分配问题。1783年《巴黎和约》中英国正式承认美国独立，"美利坚合众国"成立。

失去美国，英国的视线转移到亚、太、非，部分是为了弥补失地，但更大原因是工业革命带出的经济急速膨胀引发的帝国扩张。来看看工业革命的进程。

农业革命为日后的工业革命打下了基础。18世纪上半期农业丰收频频，老百姓收入增加，对产品特别是纺织品的需求增加。因此工业革命起自纺织。先是1733年，约翰·凯（John Kay，1704—约1779）发明飞梭织布机（flying shuttle），使布匹生产量提高。布匹需求的增加也提高了对纱线的需求。1764年，哈格里夫斯（James Hargreaves，1720—1778）发明珍妮纺纱机（Spinning Jenny），大大提高了纱线的生产效率。初时仍是手摇生产，但1771年阿克莱特（Richard Arkwright，1732—1792）发明水力纺纱机（water frame）。从此，纺织由手工业演变成为工厂工业，这是工业革命的真正突破。阿克莱特成为英国第一位工业家。1779年，克朗普顿（Samuel Crompton，1753—1827）把水力与珍妮纺纱机结合成为"走锭纺纱机"（spinning mule）。稍后，还以铁制替代木制机器。

由于是利用水力，所以厂房都建在河边。这是工业村镇的开始，取代农村的技工手工业。跟着是工业动力的第二次革命。1769年，瓦特（James Watt，1736—1819）以水蒸汽替代水力，从此工业不用依赖天然水力地点。厂房选址按劳动力、市场和生产资源的集中地而定，于是工业城镇出现。水蒸汽需要煤，生产用的机器需要铁。输送本土的煤和进口的铁带来运输需要，首先是运河，继是铁路。不久，原材料供应追不上生产需求，美洲进口的棉替代了英国本土的羊毛。

生产量不断提升，渐渐超出国内的消费需求。但由于这场革命是英国带头，所以它的生产方式、产品和原材料都是"英国式"的，也就是配合了英国的环境和条件，例如以煤为主的能源是因为英国产煤，以棉为主的布料是因为英殖民地美洲适合产棉，等等。所以英国制品的质量和成本都不是任何国外竞争者可追其项背，占尽"第一优势"（first advantage）。

有了条件、环境和契机，也需要"动力"。这就是清教徒。17世纪的英国教争和内战（1642—1660）产生了几个经济因素。首先，天主教寺院被解散，土地和财产被重新分配，创造出新的经济利益和经济精英。他们多是新教教徒（以清教徒最为突出），但属少数激进派，很受英国国教歧视，因此他们的生存和发展空间有限，所以对经济发展机会特别敏感。其次，宗教改革，尤其是《圣经》的英语化，提高了识字率，有利于工业发展。再次，清教徒特有的"工作伦理观"有助于工业发展。长久以来，人类都视工作为苦事，可避则避，清教徒则认为工作是神给人的使命、人对神的奉献。这使他们努力工作与创新，培养了一批工业革命的骨干技工[32]。英国工业革命成功还有两个支撑：英国海外殖民帝国的兴起与扩充，英国海军控制了战略性海运通道。这些条件使英国制造品可以畅通无阻地出口到欧、亚、非和拉丁美洲各地。19世纪初，拿破仑对付英国的大陆封锁政策还白白把欧陆以外的全球资源和市场送给英国，使英国工商业的国际性变得越来越强，也使英国能够持续提升以煤为主导的工业化和科技化。当然，还要添上英式经济意识形态，也就是斯密的自由经济理论。

一般史学家称1780—1820年为工业革命期。在这段时间内，英国走向经济欣欣向荣，法国却一步步走向全面崩溃。

大革命后的法国宪法宣称要输出革命。欧洲诸国震惊，前后七次结盟围攻。这表明诸国反法的决心，也同时反映了法国的军事实力。英国在1803年加入。英法之战非但是国家民族之战，更是意识形态之战，也就是英国的君主立宪对抗法国拿破仑的专政（拿破仑虽然利用法国革命的自由、民主理念来激励军心民心，但他仍是称帝）。英国巧妙地把争霸之战形容为对抗拿破仑的极权（对内专政）、野心（对外攻占）、霸道（封锁大陆，断绝英国生路)。

1803年,拿破仑称帝,这是他最威风的时刻。英国是他唯一未能征服的大国,于同年加入对抗拿破仑的联盟——战场之广,战役之多,被史学家称为西方第二次真正世界大战(第一次是七年战争)。1805年,英国海军在纳尔逊(Horatio Nelson,1758—1805)的指挥下从直布罗陀海峡西面的特拉法加角(Cape Trafalgar)击败法西联合舰队(纳尔逊也阵亡),从此,拿破仑侵英计划搁浅。1806年,拿破仑启动大陆封锁系统(Continental System,1806—1814),主要来对付英国。

英陆军兵力最高时只有22万,而法陆军则超过150万,还未算几十万法国防卫军和附属国可提供的军队。但海军则英国占优,它可阻挡法军入侵,并威胁法国海外属地和贸易,对欧陆战事则无能为力。法国的人口和农业远超英国,但英国具有西方最大的工业实力。它的制海权保障了它本土和急速扩张的海外帝国贸易,从而不断扩大它的经济力量。为此,法国在欧陆的霸权不安稳,也干扰不了英国在海外势力的膨胀。但拿破仑相信大陆封锁会孤立英国,遏制英国在大陆的经济影响力。可是,英国的经济实力非但未受影响,通过西班牙和葡萄牙的走私,大量英国工业产品涌入大陆。有鉴于此,拿破仑大军驻在这里,而英国远征军也在这里拉拿破仑的后脚(称"半岛之战"[Peninsula War],1808—1814)。更要命的是,拿破仑的大陆封锁使欧洲诸国买不到英国工业革命的先进产品,也无法卖出其原材料给英国。加上拿破仑在欧洲大陆设置的关税制度只照顾法国的利益而其他诸国都吃亏,于是各国都阳奉阴违(特别是德国地区和瑞典)。最后,俄国吃不消,率先恢复与英贸易。拿破仑一怒之下攻俄(1812—1814),终尝败绩。全欧联军于1814年攻入巴黎,拿破仑被迫退位,被逐。1815年卷土重来,是年6月,再被英普联军在滑铁卢(Waterloo)一役击溃,流放大西洋小岛。英国晋升为全欧和全球第一强国。

可以说,拿破仑其实是帮了英国的工业革命,因为大陆封锁使欧洲没有一个国家跟得上英国的工业革命。英国货终于变得唯我独尊。

注：

1. 威廉本人信奉新教，而且是属激进派（荷兰改革教会，Dutch Reformed Church），他日后对天主教的容忍纯是政治考虑，因为他不希望英国国内天主教势力拖着他对抗天主教的法国。这点，英国国会跟他不一样。国会在 1689 年出台的《容忍法案》只容忍不信奉国教的新教徒（如清教徒，但他们已开始大量移居帝国的海外殖民地），但不包括天主教徒。天主教徒的解放还要多等 140 年，到 1829 年的《天主教解禁法案》。事实上，直到今天，北爱尔兰新教徒庆祝威廉击败逃往爱尔兰的詹姆士二世的奥兰治游行仍是新教徒和天主教徒之间的导火线。

2. 在法荷之战（1667—1678），英国曾加入法方。直至英法联合舰队被荷击败，英国才于 1674 年退出战团（见上一章有关法国的盛衰）。

3. 英国国会的阴谋派认为荷兰派遣象征性军力就足够，但威廉仍做足准备，投入大量兵力、船只。法国探知，警告威廉不要妄动，结果适得其反。荷兰议会害怕要与英、法同时作战，于是批准威廉立即向英国动手。威廉入侵兵力，四倍于当年西班牙的无敌舰队：5 千战马，5 万士兵。荷兰人称这为"光荣横渡"（Glorious Crossing）。詹姆士二世的支持者马上崩溃。

4. 由 1170 年开始，英国的诺曼贵族就开始入侵爱尔兰。多个世纪以来，英国国王们都想征服和掠夺它。17 世纪初，更有大批英国和苏格兰的新教徒移民那里，尤其是北部。爱尔兰本来的天主教徒被迫迁徙。爱尔兰人一直都有被英、苏欺侮的感觉。1641 年，爱尔兰暴动。被镇压后爱尔兰天主教徒（占 90% 人口）被禁止参加政治活动。18 世纪末，爱尔兰议会全是新教徒，政权对天主教徒，甚至不信奉国教的新教徒都很歧视。爱尔兰志愿军参与美国独立战争后，开始要求爱尔兰有更多的贸易和立法自主权。因受法国革命的鼓舞，南爱（天主教）与北爱（英国国教低教会，见第二篇第八章、第九章有关英国的宗教改革）1798 年联同叛乱，要建立独立与共和的爱尔兰。法国从旁支援。后动乱分子被英国屠杀。1800 年，英国威逼利诱爱尔兰议会与英国合并，成立"大不列颠与爱尔兰联合王国"，以伦敦为首都。合并方案原本是要解禁天主教，但遭到英王乔治三世反对，理由是自从查理一世被杀以来，英王加冕时的誓言中包括永禁天主教。这也是天主教徒占绝大多数的南爱日后独立的伏线。这个"联合王国"到了 20 世纪又解体，至少也是变得松散。1921 年，南爱尔兰脱离，成立爱尔兰共和国。英国改称为"大不列颠与北爱尔兰联合王国"。1997 年，苏格兰重设自己的议会；2007 年的选举中"苏格兰国家党"成为苏格兰议会的多数党，希望逐渐走向独立。

5. 英国政党派系要追溯到内战期的保王派和国会派。保王派变成托利党（Tory），支持君主制和宗教传统（国教的高教会），口号是"神、国王、国家"（God, King and Country）。当初，他们支持被国会废立的詹姆士二世（虽然他奉天主教，但托利党人认为王位的正统比国王宗教派别更能成为国家安定的基础）并坚持他的后裔才是王位正统，不赞成迎立汉诺威世家。国会派则变成辉格党（Whig），支持君主立宪。到 18 世纪末它们分别演变为保守党和自由党。

6. 玛丽亚·特蕾西亚是哈布斯堡世族仅存的血脉（她有 16 个儿女，两个日后是神圣罗马皇帝；路易十六的王后玛丽·安托瓦内特也是她女儿）。她父亲是神圣罗马皇帝查理六世，辖国是匈牙利。他想哈布斯堡世族继续保存帝位，所以他要修改宪法，使女儿可继承匈牙利王位，然后再登上神圣罗马帝位。1713 年，他取得欧洲诸国的"认可"（Pragmatic Sanction）。他于 1740 年去世。法国想捧非哈布斯堡的巴伐利亚王为神圣罗马皇帝，借此阻止玛丽亚·特蕾西亚经匈牙利王位登上神圣罗马帝位。

7. 普鲁士 1700 年才正式立国。但经过腓特烈一世（在位期 1700—1713）和腓特烈·威廉一世（在位期 1713—1740）的积极经营，国力渐强，腓特烈·威廉更有"战士国王"（Soldier-King）之称。

他节俭勤政,并把普鲁士军队训练成为欧洲劲旅。当时欧洲用"毛塞枪"(muskets),从装药、上弹、瞄准到发射,最快是每分钟 4 发;普军可达 6 发。但腓特烈·威廉并不好战,在位时只与波兰交锋,因此欧洲诸国并未察觉普鲁士的实力。

8. 即腓特烈大帝。此人是军事天才,年轻时热爱文学。父亲腓特烈·威廉对他管教极严。他 18 岁时想离国出走,被捉回,父亲将其好友在他眼前斩首,并把他囚禁。他父亲自幼便训练他的军事才能,6 岁就要他统率一支"儿童军"。他最擅长"行军"(marches),神出鬼没,以少胜多。拿破仑于 1807 年全盛之际,到他的波茨坦墓前瞻仰,说:"各位,此人若在世,我不会有今天。"

9. 当时,德国地区到处战场,但毫无军纪。不过普鲁士军纪极佳,老百姓对普军反易于接受。战事于 1748 年结束,奥地利丧失西里西亚,德语民族自此分为普鲁士和奥地利两区,影响日后的德国民族主义。

10. 奥地利与英国结盟是有原因的。1725 年,奥地利与西班牙结盟,援助西班牙向英国夺回直布罗陀。但在 1727 年西班牙动手时,英国说服奥地利不出手,西班牙遂被迫讲和。英国的亲奥派想两国结盟,以与法国抗衡。双方遂于 1731 年缔盟。继位之战时,英提供财政和军事援奥抗普。

11. 英国人对此很不满意,认为国王这样做只是为了汉诺威的利益,不是英国利益。

12. 奥地利答应把奥属荷兰之地让给法国,法国则答应把法属意大利之地让给奥地利,并提供 13 万法军和大量军费供奥地利之用,直到夺回西里西亚。

13. 重组的欧洲,英普对抗奥法俄,但底下的暗涌仍是普与奥、英与法的角力。这种政治、军事的动态平衡是西方在以后两个世纪中的国际关系模式。两国之争,通过连锁性的结盟,引发两组国家之战。第一次世界大战就是典型。

14. 因为它恼火萨克森在奥地利继位之战中先亲普,后亲奥。

15. 俄亥俄地区(Ohio Country)包括现今的俄亥俄州、印第安纳州东部、宾夕法尼亚州西部和西维吉尼亚州的西北部。这地区的开发是英、法之争的主因,也是日后美国独立之战的原因之一。

16. 包括整条密西西比河流域,面积极广,东起密西西比河,西至落基山脉,南起墨西哥,北至加拿大。

17. 1803 年,美国向西班牙以 1500 万美元购得。美国版图激增。

18. 当年,法国可以选择放弃整个北美洲还是加勒比海的几个海岛。但法国认为加勒比海岛产糖,利润丰厚,决定保留;北美是不毛之地,不值留恋,所以决定放弃。人类历史的偶然,不可思议。

19. 当初,也就是 16 世纪时,英国的东印度公司主要是做生意,而不是建设殖民帝国。到了 18 世纪,印度帝国(Mughal Empire)式微,英国东印度公司与法国东印度公司之间的贸易竞争转型为领土竞争。1740—1750 年,英军击败法国与印度土著的联军,英国东印度公司控制孟加拉地区,成为在印度的主要军事和政治力量,由它直接或间接控制(主要是经英国印度军 [Indian Army] 挟持的地方傀儡政权)的土地范围不断扩大。

20. 乔治三世时代是英国的多事之秋,也是英国辉煌的开始。七年战争胜了法国(1763)、北美十三州宣告独立(1776)、工业革命(1780—1820)、屡次与欧洲联盟抗拒拿破仑(1803—1815)都发生在这个时期,难怪他精神失常,最后十年要由太子摄政。

21. "现代经济学之父"亚当·斯密与休谟同是"苏格兰启蒙运动"(Scottish Enlightenment)的主力。他生于 1723 年,那时,苏格兰刚被英国兼并二十多年。苏格兰与英国多个世纪的不和并未影响斯密对英国的向心力。斯密是在 27 岁时认识了比自己年长十多岁的休谟的,被他影响一生。他俩在历史、哲学、经济和宗教上的观点都很有共通之处。

22. "富人……把他们的经济果实分给穷人。'无形之手'引导他们去把生活之所需分配给所有人,好像地球上的土地本来就是平均地分配给所有人一样。"

23. 有人演绎斯密的理论是,"在道德层面上,社会就像一面镜子,在镜子中我们看到自己"。

24. 字义是"自然而治",也就是按自然的规律去处理国事。创始人魁奈(Francois Quesnay,1694—1774)率先以理性和数学去处理经济问题,有人称他是经济学之祖。

25. 写《国富论》的期间,斯密经好友休谟的推荐,从大学教授转为年轻亨利公爵(Henry Scott, Duke of Buccleuch)的导师。他随公爵到法国住了一年半多,认识了伏尔泰和富兰克林等人。其中以重农主义理论的创始人魁奈对他的影响最大。1766年,他结束导师生涯,离开法国回祖居,专心写《国富论》。

26. 《国富论》第一卷谈致富之道,主要是劳动力分工(division of labour)、劳动力价值论(labour theory of value)、物价的构成、工资的升降、工资升降与资本利润升降的关系。第二卷谈资本的本质、形成和累积。第三卷分析各国,从古希腊、罗马到当时的欧陆经济历史,特别是城与乡、工与农的演变过程。第四卷谈经济系统,是全书点睛之处,是"国富"的基础,"无形之手"也出于此卷,第五卷谈税制。

27. 斯密的市场机制有以下功用:当每一个人都想发财,也就是当他为个人的利益考虑之际,他一定要将他的所拥有的或所生产的去跟那些认为这些东西是有价值的人去交易。通过分工和交易,公众利益提升了。斯密认为我们想获得他人帮助一般有两种办法:挑动人家的同情或满足人家的私利。他的名言是:"人类永远需要别人的帮忙。靠人家同情是妄想。较容易成功的是以利益打动别人的自私心,让人家明白你的要求会对他们有好处。任何的交易无不是以此为动机。每一个买卖都是意味着你给我想要的,我给你你想要的。我们大部分所需的都是这样子:互相从对方取得。我们的晚餐,不是来自屠户、酒贩或烘面包师傅的善心,而是来自他们对私利的追求……在社会意识上,我们的价值来自人家对我的所有、所能赋予什么经济价值。因此,自尊与工作直接相关。高薪工作代表人家对你的贡献珍重,愿以高薪与你交易。"斯密这套理论精简,说服力强。总结只有一句"自由交易"。

28. 即你不能干预国民去买英国的东西,因为英货比你本国的又好又便宜。19世纪英式"自由贸易"可以作如下的解读:在英国绝对优势下,你有"自由"让英国"自由"卖给你的国民。

29. 农业革命是18世纪初开始的。17世纪末期,插秧仍是用人手。1701年播种机发明,机器把种子沿直线按一定距离播下,并盖上泥土(以避鸟食);又发明了马匹拉耙在播了种子的垄两旁除杂草。交替种植的"轮作"(croprotation)开始替代耕地的"三年一休"(fallow)——"轮作"非但使地尽其用,还能更新土壤中的氮,使它更肥沃。又从荷兰引进翘摇(clover)和其他根类农作物(root crops,如小圆萝卜、胡萝卜和洋大头菜)去做乳牛冬天的饲料——以往在冬前宰牛因为冬天没有饲料,现在可以维持牛奶和牛油整年的供应。家畜配种改良也是那时开始的。这些都改善了人民生活和国家经济,但又同时带来了农业工业化,尤其是稍后的"圈地"(enclosure,把公地圈作私有)以提高农业效率。负面上,土地开始集中,引发了农业企业化和农民失业问题。农村劳动力过剩引发城市化和城市人口过多的问题,但又同时为工业革命准备了大量廉价劳动力。

30. 今天,无形之手就像自由经济(放任经济)的护身符,被祭起来批判政府或大众对市场作出的任何干预。"真正"的市场经济被形容为自由的、无意识的(不应干预)。但斯密从未认为市场是无意识的。他认为市场绝对是有意识的。神的意识是增加全社会福祉,无意识之处只是每一个参与者都不知道他的自利行为将会有什么公益效应。也就是,个人是没有公益的意图,但市场肯定有公益的意识。斯密的公益是指国家的财富,是"国富论"的原则。

31. 1774 年英国宣布《不容忍法案》(*Intoleration Act*)，十三州气愤之余，成立"大陆协会"(Continental Association，也就是日后"大陆会议"或"美国议会"的前身)。大陆协会于 1774 年召开大陆议会，决议抵制英国贸易，迫使英国处理十三州的申诉，尤其是要取消《不容忍法案》。而且，抵制英国进口货有助于大部分成员的个人经济利益，但十三州当时仍未有独立的意图。怎料英国非但不让步，还要进一步处分不服从的殖民地，并率先在麻省开刀，杀一儆百。十三州也不示弱，落实杯葛，双方贸易锐减。

32. 也就是马克斯·韦伯所说的"新教伦理观与资本主义精神"(*Protestant Ethic and the Spirit of Capitalism*)。他们很多移民到北美。这也解释了美国式资本主义的特色（见第五篇第三十章）。

第二十章　资本成形：
达尔文的"自由竞争"是天演原则

英国在乔治王朝击败法国，发动工业革命，维多利亚女王时代建成日不落环球帝国。自由经济是帝国的扩张手段，功利主义是帝国的道德外衣。达尔文的进化论把自由竞争提升为人类进步的不二法门。但是，物竞不能主动，天择没有目的。那么，进步代表什么？

宗教改革后的两百年，西班牙与法国先后坐上西方霸主宝座。这期间，惨痛的内战使英国人渴望人身与财产的安全，坚持原则的政争、教争使英国人走上妥协式的政治；不断的外侮加强了岛国民族的凝聚，海外帝国开始成形带来了市场与资源；君主立宪逐渐成熟避开了绝对君权。这些都为英国的资本主义提供了发展条件。跟着的乔治王朝（1714—1837）就是英国崛起的时刻。先有农业革命，跟着是工业革命；先打败了法国，但又丧失了美洲；终是拓展亚、太、非，击败拿破仑，成为第一个真正的环球霸主。同时，也把英式自由主义、资本主义扩散至全球。

农业革命发生在 18 世纪上半期，到 18 世纪中，打败法国后差不多马上就失掉美国。随后是亚、太、非的殖民扩张和工业革命的揭幕。工业革命改变了整个经济和社会，以燃煤动力为基础的工业引发出大型工厂的生产模式和往城市集中的工业群体。

农业革命的圈地运动使许多农民流离失所。对农民来说，圈地虽或有所补偿,但不足糊口,要靠救济。由于圈地是"依法行事",所以农民们投诉无门,很多人因此对法律失去信心。工业革命带来的混乱和不均再加上法国大革命的浪潮,引发不少动荡和暴乱[1]。虽然如此,与欧陆的大乱相比,社会还算稳定,美洲殖民地的丧失和法国大革命都未带来更大的动荡,有人解释是因为南亚殖民带来的财富维持了社会平稳,也有人解释是宗教的舒缓[2]。再者,17世纪的内战惨况仍记忆犹新,也有点阻吓作用。

乔治时代的特征原本是虔敬和保守,但到了摄政期[3],法国大革命和拿破仑战事使人开始失措——有人希望法国式革命会解放英国,有人害怕法国式革命会破坏英国。1805年,纳尔逊在特拉法加角击败拿破仑的法西联合舰队后,拿破仑对英国的直接威胁基本解除。再加上英国工业革命推动了英国贸易(包括走私)突破拿破仑的大陆封锁,英国财富日升。除了在西班牙、葡萄牙拖住拿破仑后腿的"半岛之战"外,英国放心地去发财。国内一片奢华,王室贵族们兴建宫室、殿堂,搞大型庆典,争妍斗丽。加上印刷业的发达,上流社会一举一动被传媒大大渲染。大家拼命挥霍,社会两极分化。伦敦人口激增,偷、赌、嫖、饮俱全。市内的贫民区肮脏不堪,喧嚣而又充满生气。

维多利亚女王时代(Victoria Era,在位期1837—1901)是大英帝国的巅峰期[4]。英国人口激升,从1851年的1700万到1901年3050万。帝国扩张,往外移民加速。估计在整个维多利亚时期,英、苏、爱三处往外移民(主要是美国、加拿大和澳大利亚)高达1500万。此外,英国在亚洲、非洲拥有庞大的殖民地和势力圈[5]。

维多利亚时代的英国社会发生了巨大的改变,影响全球。这段时期相对太平,是大英帝国的黄金期。虽然差不多每年都有战事,但大多是小规模的殖民地战事。较大型的只有对俄的克里米亚战争(Crimean War,1853—1856)和南非的布尔战争(Boer War,1899—1902)。英国的经济、殖民和工业力量在不断扩张。在国内,政治自由化推进,社会福利化萌芽。

20世纪的世界主要是维多利亚时代的延续和反应。最重要的是工业革命引发的自由贸易改变了人类的价值观。亚当·斯密的"追求私利可达公益"和"市场竞争会带来最高效率的经济分工"原本只是经济理论,但英国的富强使人感觉这些是人类行为和社会运作的金科玉律。于是,逐利被演绎为自由的实现,竞争被演绎为进步的机制。自由贸易究竟是怎么一回事?市场竞争怎样变成物竞天择的大道理?

先谈自由贸易。英国向全世界输出产品,又从全世界输入原材料和奢侈品,这是经济全球化的第一步。当时,直接拥有领土的重要性已开始下降,取而代之的是强大海军和自由贸易。当然,单有自由贸易就足使英国获得市场和资源而不用维持庞大的帝国疆土,但自由贸易却需要强大的海军去打开不愿跟英国进行贸易的国家之门(例如中国不愿意鸦片自由贸易,英国就得打开中国之门;这实际也是英国发动鸦片战争时在国会辩论中引用的理据),保护全球贸易的航道。

当年,美国的独立使英国失掉海外殖民人口最多的土地,同时也使英国懂得占领殖民地的成本实在不轻。相对来说,如果是自由贸易,而贸易对象国的政治和经济相对稳定[6]又比较乐意买英国货[7],那么英国就无须维持一个正式的帝国,只需发挥"影响力"就足够了[8]。加上美国独立后仍与英国贸易不断,英国更认为应给予殖民地多些"自主"(self-government),既可减轻驻军和管理成本,也无损贸易利益。

有人认为,英国力促自由贸易并不是亚当·斯密之流的经济理论驱使,而是英国的经济发展过程使然。无可否认,自由经济的理论与当时的现实是一致的。从击败拿破仑(1815年维也纳会议)到普法战争结束(1870年,普胜,法败)的半个世纪中,英国收获了率先工业革命的果实,成为世界唯一的现代化工业国家。这时,英国是"世界工厂"(workshop of the world,跟今天中国有点相像,但人家是"发明"工厂,我们是被人家"利用"做工厂)。与其他国家相比,它的工业制品的质和量都好,价钱也便宜,因此很受欢迎。法、德(前普)和美国的国内市场上,英国货占了一半。只要能够自由贸易,英国必能占领市场。因此,开发成本低的"非正式"殖地是英国当时大企业家和大资本家的共识，是英国国策[9]。

英国（包括其他工业国家）所鼓吹的自由贸易，是要落后国家自由买入附加值高的制成品（工业国家的所供），自由卖出还未有附加值的原材料（工业国家的所求），其实就是对落后国家的掠夺[10]。但这掠夺还有一个更深的层面：国际自由贸易往往不利于工业国家内部的农业和某些工业，英国当时的贸易政策其实也掠夺了本国的工、农，惠益了商、企。其中，以1815—1846年间一连串的关税政策去左右进口粮价（通称《粮食法案》，*Corn Laws*）最具争议 [附录6：英式自由贸易，粮食法案为例]。

1860年，英国是全球最大贸易国家，俨然全球霸主，称"大英太平"（Pax Britanica），媲美"罗马太平"（Pax Romana，见第一篇第二章）。帝国霸业自然需要披上道德的外衣。大英帝国的道德外衣是由两种衣料裁剪而成的：帝国带来经济繁荣，而只有帝国子民才可以享受此繁荣。前者需要显示经济繁荣是道德的，后者需要显示做帝国子民是幸福的。担此重任的是"功利主义"（Utilitarianism）。

《国富论》是在美国独立的1776年出版。那时，现代资本主义尚在萌芽。十多年后，功利主义开山祖师边沁（Jeremy Bentham, 1748—1832）的《道德与立法原理》（*Principles of Morals and Legislation*）则在法国大革命的1789年出版。此时，现代资本主义轮廓渐露。边沁的功利主义将斯密的物欲伦理观倾向推上政治理想的台阶。边沁为功利主义下此定义："大自然把人类放在两个绝对的主人之下：痛楚（pain）与享乐（pleasure）"[11]。只有这两个主人才可以指引我们应该（ought）做什么，会（shall）做些什么。也就是说，对与错的衡量、因与果的关联都以它们为依据。它们支配我们所有的行为、言语、思想。我们作出所有的努力去摆脱它们只不过是说明和证实了它们。一言蔽之，人类可以假装抗拒它们的统治，但事实上永远是它们的子民。功利（主义）就是明白这个'臣服'，并在此基础上通过理智与法律去建立一个可以增加我们快乐的系统。"[12] 半个世纪之后，英国从欧洲强国变成环球帝国，边沁的"最大多数人的最大快乐"自然被演绎为"帝国子民的最大快乐"。因此,提升大英帝国子民(无论是在英国本土或帝国属土)的最大快乐是大英帝国的使命和事实[13]。

斯密的"追求私利可达公益"与边沁的"最大多数人的最大快乐"差不多同一时代出现,也就是工业革命与现代资本主义在英国刚开始萌芽的时候。几十年之后,到了19世纪中叶,大英帝国走到巅峰,似乎证明了自由市场确实为人类(至少是帝国子民)带来最大的物欲满足。此时也是穆勒(John Stuart Mill,1806—1873)的《功利主义》(Utilitarianism,1863)和《论自由》(On Liberty,1859)出版之日。英式自由主义与功利主义被视为大英帝国霸业的道德依据和人类进步的引路明灯。

大英帝国的成就"证明"了自由贸易就是"神"。这位神给予人类(有幸作为帝国子民之人)美好与进步的世界。自由(追求享乐)会激励竞争(优胜劣汰);竞争会带来进步(更多人更大的享乐)。

同时,在自由贸易下经济的内涵也开始改变。工业革命的第一阶段是工业家取代商人。这是18世纪末到19世纪上半期的事情。到了19世纪下半期,金融家支配工业家,金融资本主义取代工业资本主义。工业的资产落入不直接生产的金融家手里。这现象也是英国带头,美国紧随。

第一次工业革命是1780—1820年间以煤为能源、蒸汽机为动力的生产方式革命。19世纪下半期开始以石油为能源、以内燃机为动力的第二次工业革命。跟着是电力与化工。在这些新能源与新科技的领域中,英国的第一优势没有了,德国、美国开始超越它。在竞争的压力下,英国把创新的筹码押在资本的组织上。为了消灭竞争对手和夺取市场,英国推出企业合并和联营。这一创新大大地增加了产量和降低了成本(美国稍后会青出于蓝),但产量也逐渐超过了国内和海外贸易势力范围区内的需求。19世纪中叶,经济开始不稳定。长时期的低价薄利开始把资本家的视线转移至海外投资。金融业渐成经济主导。

到了1870年代,金融业(也包括了银行、保险、航运等所谓"第三产业")对经济和政治产生了史无前例的支配力。英国政府越来越关注和保护英国的海外投资,特别是购买外国政府的国债、借给外国政府发展资金(发展铁路是当时最大的资金方向)。英国政府历来都支持资本家往海外投资,尤其是在60年代。但投资额的扩大和投资地区的不安定(例如埃及与苏伊士运河)越来越需要政府用实力保护投资者的利益。英国保守党党魁迪斯雷利(Benjamin Disraeli,1804—1881)[14]于1872年发表著名的"水晶宫演讲"(Crystal Palace Speech,水晶宫是为首届世界博览会而建,向全球展示大英帝国的强盛),正式宣布以武力保护帝国利益,主要是在海外投资者的利益,也就是有意识的"帝国主义"国策了[15]。

原先,英国的自由贸易口号是让工业进入市场,优胜劣败。当然,在工业革命开始时,它的效率确实最高(包括英国本土工业和英国投资在国外的工业),自然能赢。它推行的国际自由贸易,是叫别国拿还未发展起来的工业去跟英国已经成熟的工业竞争。况且,别国的工业模式也还都是仿效英国的!那么,英国鼓吹甚至是强迫别人接受的自由贸易,其实只是它"卖给人家"的自由,也就是要人家开放市场给它。它当然也答应开放自己的市场给人家。但人家卖给它什么东西呢?在占尽优势下,自由贸易只不过是要"人家让你打"的托词而已(从前如此,现在亦如此)。但到了1870年代,自由贸易中英国遇到了新兴工业国家强对手。英国来自煤与铁的第一优势也开始被电力、石油、钢材、化工等新兴工业模式超越。工业的第一优势没了,但代之以财经的第一优势。所以,自由贸易的口号不变,但经济内涵则从产品变成资金。英国到了此时已有点身不由己,因为别的国家也亦步亦趋。如果真的是人人自由(包括自由投资),英国可能很快就被比下去。为了保护龙头地位,英国一定要保住帝国。除非英国能确保帝国殖民地的市场和资源不被其他国家夺去,否则英国的经济和政治力量,甚至人民的生活水平就会更迅速地下降。因此,迪斯雷利的态度实际是反映了大部分英国人的心理。有人认为,这时英国采取"殖民帝国主义"是因为它的经济开始走向劣势,只是当时一片升平,使人看不透而已。事实证明,"水晶宫演讲"言犹在耳,欧、美经济于翌年就发生危机,进入所谓"长期萧条"(Long Depression),持续二十三年（1873—1896,一般以 1873 年维也纳股市崩溃以及同年美国银行挤兑为起点。期内,经济极端反复）。这场不景气纯是因为生产过剩,价格下降。可见,英国保住海外帝国是划算的主意。迪斯雷利于 1874 年当上首相（任期 1874—1880）,英国就毫不讳言地以帝国主义为国策[16]。

以上就是 19 世纪英式自由贸易的真相——在占尽优势之下强调自由贸易。自由当然意味着竞争。但竞争与进步又是怎样扯上关系的呢？正当资本主义从自由贸易走上自由投资之际[17],达尔文的进化论出台（1859）。他的"物竞天择"肯定了自由竞争的道德性；但他的"适者生存"却彻底颠覆了社会进步的意义。

中古的西方人都相信《创世记》的故事：神创造人与万物。这本来是神学的范畴,与一般人的日常生活没有切身的关系。到了宗教改革,改革派强调回复《圣经》的原义,同时又把《圣经》平民化和通俗化,于是,《圣经》的一言一语全无妥协地成为解释和规范人类行为和社会运作的金科玉律。反讽的是,宗教改革的部分原因就是天主教会多世纪以来累积的对《圣经》的演绎——这些传统演绎僵化,腐化了教义,因此要从头重新再来。改革派否定和抛弃了天主教会对《圣经》的传统演绎,重新回到《圣经》的原文和字面意义。但也产生另一种的僵化,迫使宗教与科学走上不得不战的局面,这也是宗教改革者意想不到的结果。

人文理念和理性思维本来是宗教改革的动力,非但带动了改革,也催生了科学。因此,改革与科学应是难兄难弟。但改革派的复古倾向使它走上原教旨主义（Fundamentalism）,这与现代科学却是水火不容。难兄难弟终变成阋墙兄弟。导火线是对人类起源的争议；点火的是出自经验主义、英语文明的达尔文。

达尔文（Charles Darwin, 1809—1882）生于 19 世纪的大英帝国。突飞猛进的科技,滚滚而来的财富,大大提升了英国人的支配欲,特别是以科技去驯服和改良社会的雄心。达尔文的物竞天择刚好给这个帝国提供了一个既道德又实用的经济、社会与政治范式。其中最关键是竞争的意义和运作。

达尔文曾细读马尔萨斯（Thomas Malthus，1766—1834）的《人口论》（*An Essay on the Principle of Population*，1798）。马尔萨斯指出，如果不加以控制，人口以几何级数增长而粮食供应则以算术级数增长，最终是粮食（资源）不足，带来"为生存而搏斗"（struggle for existence）。马尔萨斯从教会牧师的观点出发，认为这是神定下的规律，"使人发奋向上，动脑思考"。所以，"为生存而搏斗"虽然对人口增长是种约束，但对人类进步却是件好事。根据达尔文自己的记录，他 1838 年已读了《人口论》，"为生存而搏斗"跟他对自然界的构想很有共鸣。他写道："合适的演变会保存，不合适的演变会消减，结果是造成了新品种。"这使他觉得掌握了"搏斗"的真谛。另一方面，亚当·斯密的"追求私利可达公益"的经济理论也为达尔文对自然界的"搏斗"提供了一个参照[18]。

在达尔文开始研究进化的时候，化石记录、地质均变、生物绝种、物种演化等理念都已被科学界接受了[19]。那时，英国的自然历史是以神创世界为理论基础，以大灾难理论去解释化石记录（动植物的周期性被消灭，新物种被创造）。当时流行"拉马克学说"（Lamarckism）的"演化论"[20]，把生物的进化机制推广到人类的进化，视之为人类改变现状的一种动力。英国自由党中的激进派特别支持拉马克学说，把它解读为人类社会进步的动力。这也是日后达尔文理论政治化的伏线。

"小猎犬号"（Beagle）是艘探测船，1831 年达尔文以业余地质学家的身份上船，当时才 22 岁。他把所见的详细记录，并搜集标本。[21]1836 年回到英国后，发表游记，从此跻身著名地质学家、自然学家、作家行列。有人向他指出他在加拉帕戈斯群岛各岛所见的不同鸟类其实都是燕雀（finches），只不过是每个岛都有其特有的燕雀而已。这些观察成为他的进化论中"天择"的基础。

1838 年，他读了马尔萨斯的《人口论》，想把马尔萨斯的定律应用于动物上。当然，他仍相信他是在寻找神用来创造世界的定律。但在意识形态上,他已接近自由党的"不依赖他人的施舍而去搏斗求生"的社会观。他认为家畜饲养者会根据特征去选择某些家畜来试图改良,跟大自然在千万个出自"偶然"(by chance)的变化中作选择,以使每一个被选者的结构都完整合用,有异曲同工之妙。他指出这是他的"理论中最美妙的部分"[22]。

1844 年,有人出版了一本书叫《自然创造史的遗迹》(*Vestiges of the Natural History of Creation*),利用化石记录和胚胎学去解释生物从简单到复杂的演变过程。科学家对它的评价不高,但在社会上则引起很大争议。这本畅销书其实已为达尔文的进化论铺了路。1858 年,达尔文仍在埋头写书,比他年轻得多的华莱士(Alfred Russel Wallace,1823—1913,英国博物学家)写了一篇生物地理文章,指出化石记录的最佳演绎是新物种出现处附近一定已有类似的物种存在。达尔文的好友赖尔(Charles Lyell,1797—1875,英国地质学家)马上看出这篇文章的意义和它与进化论的关系。他催促达尔文要尽快发表[23]。

书在 1859 年写成,命名《论物种的起源》(*On the Origin of Species*),并在首页加上"在生命的搏斗中,大自然选择和保存其钟爱的物种"(by Means of Natural Selection or the Preservation of Favoured Races in the Struggle for Life)。从 1836 年"小猎犬号"回程开始构思到 1859 年出版,这本书花了达尔文 23 年的心血。书一出版马上卖光。在达尔文有生之年共出了 6 版。1869 年的第 5 版加上了斯宾塞(Herbert Spencer,1820—1903,英国哲学家、社会学家,把进化论引入了社会学)的"适者生存"(Survival of the Fittest)一句,从此多事。[24]

进化论最基础的理念是,最能适应环境的个体有最好的生存和繁殖机会[25]。其实,说大自然"保存"(preserve)合适的物种比大自然"选择"较为正确。一些看来个人的、微小的变异会决定整体的存在,而变异永远是个人而非群体的。于此,"个人"被带上最高台阶:个人的生存乃群体生存(延续)的先决条件,群体生存乃个人生存的保证。这有很大的社会和心理意义。达尔文的"适者"是个隐喻,是指那些"较会适应现时和当地环境者",而不是指"最佳状态者"或"强者"。适者生存一词虽是斯宾塞所创、达尔文所用,但在斯宾塞形容的人类社会中这理念马上变成了"没有约束的竞争"的基本原则。始于洛克的"个人"和休谟的"自由",经斯密演绎为"追求个人私利的自由",到了达尔文更推展为"个人竞争是整个人类生存的保证"。个人主义终于在个人自由的掩护下超越了群体,登上人类智慧的最高峰。资本主义终于拿到了它的道德意义和运作理论。

当时,英国社会上下都已接受了牛顿的自然定律。在生物界的讨论上,1844年的《自然创造史的遗迹》已使很多人接受了生物社会和人类社会都有其进化规律——关键是怎样的规律?"进化论"一出,马上有人提出"人是猴子来的"论点。赫胥黎(Thomas Huxley, 1825—1895,英国生物学家,教育改革家)马上抓住这点,并在由他主办的很受中下阶层欢迎的"大众讲座"(Workingmen's Lectures)上大肆宣扬,创出"达尔文主义"(Darwinism)一词。他把进化论看作自由主义的犀利武器,特别是以科学作为攻击神学的手段[26]。他把达尔文与哥白尼相提并论,并自称是"达尔文的斗牛犬"[27]。当然,达尔文讲的进化论是对生物生存和繁殖的一种解释性理论,而不是指导性理论。但它的自由主义倾向马上被指是歌颂放任经济、战争、殖民和种族歧视,衍生出"社会达尔文主义"(Social Darwinism)一词。

达尔文之后,孟德尔(Gregor Mendel, 1822—1884,奥地利籍神父)的遗传学重新肯定天择。跟着是遗传统计学的开展,更进一步描绘了进化过程和推演。多布然斯基(Theodosius Dobzhansky, 1900—1975,俄裔美籍生物学家)更提出"突变"(mutation)作为创造新基因的机制,也即是进化的原材料。如今进化的演绎是:突变是物竞的机制,天择是适者的衡量。

天择[28]解释了一个复杂的世界可以来自简单的原材料和简单的运作规律,挑战了全能全善的神、有目的和有设计的世界、人类在大自然里特有的地位。黑格尔说:"达尔文怎会知道当他指出经济学家们高度赞赏的自由精神和搏斗求存原来就是动物世界的正常现象,他实在是对人类写下了极度讽刺的一章。"万物之灵的人类终于悟出他的兽性;这个兽性原来就是物质"文明"的所赖。无怪我们的物质越进步我们越觉得活得不像人。寿命长了，但生命的意义好像少了；外出多了，但外面看到的好像越来越千篇一律；信息快了，但人与人之间好像越来越陌生。

进化论肯定个人，因为个人生存是人类生存的先决条件；肯定竞争，因为竞争是人类进化的动力。如果进化是好事情，自由竞争就是道德的。但是，进化是什么？达尔文聚焦于"适合环境"的物种，因为只有适者才可生存。19世纪大英帝国的物质文明使西方人雄心勃勃地要支配自然世界、改良人类社会，达尔文的进化被解读为进步，进化的机制被演绎为进步的工具。但是进化的衡量是天择，而天择是既没有目的，也没有方向。那么怎样衡量进步呢？

深层次的问题是，物竞所赖的突变是不能预测，更不能主动；天择是没有意识，更不知其目的。这也就是说，人类对进化不能主动，进化本身也是没有目的。在第二篇第十六章说了，在追求生命意义和生活素质上，柏拉图／奥古斯丁描述了目的地，也给了我们地图和指南针；亚里士多德／阿奎那没有说清楚目的地，但仍给了我们地图和指南针去找；理性主义既没有描述目的地，也没有地图，只给了我们指南针，但它仍指出一个方向叫我们去走，答应当找到目的地时我们自然会认出来；经验主义就只有一个指南针，连方向都没有。经验主义衍生出自由主义，附上了资本主义。这些西方现代文明的主流思想叫我们以个人至上，追求享乐，拼命搏斗，在这个没有目的、没有意识的世界漂流。如今，进化论当头一棒，指出人类的进化既不能预测，也无法主动。前路茫茫，怎么办？营营役役，干什么？这就是现代文明的信心危机。

中古的信仰与理性一统在宗教改革中分裂了。信仰降格为宗教，理性降格为科学。稍后，经验主义成为主流思维，（功利）成为真的价值，致用成为求真的目的。跟着，科学因致用而抬头，变成科技。到了达尔文，进化论对致用提出基本的质疑：如果人类对自身的生存既不能主宰又没有目的，什么叫致用？

注：

1. 最触目的是手工业工人捣毁机器设备来抗议失业，称"卢德分子"（Luddites，1811—1817）。

2. 最有影响的是"循道会"（Methodism，又称卫斯理教会）。始创人卫斯理（John Wesley，1703—1791）想改革国教的冷淡宗教情绪，以图更接近《圣经》的真义（跟一般激进派相似）。他们特别重视系统地查读《圣经》——"循道"也就是"按着系统方法"的意思（是反对者用的贬义词）。传道的对象主要是工人和罪犯（当时的罪犯绝大部分是穷人）；传道的地点走出教堂，还包括街道上、广场上；传道的方式近乎狂热。

3. 乔治三世精神失常，由其子摄政（在位期1811—1820），其后登基为乔治四世（在位期1820—1830）。乔治四世再传乔治三世之弟，威廉四世（在位期1830—1837）。前后二十六年。

4. 维多利亚是乔治三世的孙女，汉诺威世族的最后一位君主。应注意的是，自光荣革命后，王权日降，国会权力日增。到了维多利亚时代，国王参与政事已经差不多终止了。但国民对国王的"尊重"使国王仍具相当的间接权力，加上国会议员们绝大部分是上流社会，传统仍具权威。维多利亚女王就是传统的象征，因此备受尊重。帝国辉煌中唯一的遗憾是爱尔兰的不稳定。1845年，马铃薯歉收酿成大饥荒，因为英国崇尚自由贸易，政府不干涉，所以任由粮食出口，不加阻制。农民不是饿死就是移民美洲，爱尔兰人口减少大半。19世纪70年代，爱尔兰人广泛要求自治（Home Rule，有别于独立），但英国上议院反对，爱尔兰人从此离心。大英帝国日后的解体，在此先布下伏线。

5. 印度是大英帝国"皇冠之宝珠"（Jewel of the Crown），直到19世纪中期都是由东印度公司（商业组织）统治。1857年印度兵叛乱后，由英国政府直管。1877年，维多利亚更增添了"印度女皇"称号。1882年英国进攻苏伊士运河，埃及成为帝国附庸；19世纪末期，又占了非洲大部分。在亚洲，它拿下了缅甸和新加坡，但势力却覆盖整个东南亚。

6. 为此，英国会支持任何稳定的政权，不管这政权属哪种意识形态，只要这政权有意跟它交易就可以了。有人说它务实，有人说它毫无原则。一般来说，英国对原则的东西颇有弹性，美国则比较顾全自己的面子。部分解释是美国比英国强大，而且有"清教徒"的心态，所以有能力和倾向推行有原则（相对于利益）的外交政策。但随着资本的全球化，国家意识受到腐蚀，有钱赚也就不管谁的钱了。这个早在16世纪就在荷兰出现的"资本主义意识形态"逐渐支配世界。

7. 如果某个政权不愿意买英国货，英国政府就会以武力去"说服"它，例如当年英国对中国的鸦片战争和日后美国对中国的"打开门户"政策。

8. 到19世纪末、20世纪初，其他国家也冲了上去了，与英国竞争。英国选择以军事力量去保持它的"影响力"，开启西方军备竞赛。

9. 典型是中国。英国认为与非洲赤道区相比，中国（清朝政府）的政治比较稳定，但对西方贸易不太友善（尤其是鸦片）。以英国为首的西方诸国都想把中国纳入"势力范围"（sphere of influence）而不占为"殖民地"，也就是要拿到中国市场而不付出占领成本。印度有点例外。自1757年以来，印度差不多就是东印度公司的产业，但1857年，印度第一次独立战争（First Indian War of Independence）东印度公司雇用的印度兵叛变后，英国被迫把印度占领为正式殖民地。

10. 这种自由贸易其实跟重商主义（保护主义）没有大分别，目的都是扩大商业利益。不同之处是重商主义以扩充领土为手段，自由贸易以扩大"影响力"（使人家买你的东西、允许你的投资）为手段而已。自由贸易的旗帜下，英国对欧洲以外的出口从1840年的770万英镑增加到1880

年的 3840 万英镑，达五倍之多，同期进口的增加更是惊人的八倍。

11. 原先，边沁认为享乐就是享乐，是完全主观的，儿童的"抛针游戏"（pushpin）与雅士的"吟诗"（poetry）全无分别。大半个世纪后，穆勒则认为"做一个不满足的人比做一条满足的狗好，做一个不满足的苏格拉底比做一个满足的蠢人好"。他建议"享乐"分等，由体验过高等和低等享乐的有经验人士裁定。边沁的定义看似不合常理，但可以量化；穆勒的看似合乎常理，但不能量化。功利主义其实也是洛克经验主义所衍生出来的，因为享乐与苦楚都是直接或间接来自官能经验。正因如此，功利主义也像经验主义一样遇到主观定义与客观衡量不可兼得的局面。

12. 到了 19 世纪中，穆勒在《功利主义》一书中还把边沁的理论深化，提出"越是提升快乐（happiness）的行动越是正确，越产生不快乐的行动越是错误"。快乐是享乐（pleasure）和痛楚（pain）的消失；不快乐是痛楚和享乐的匮缺。

他又提出所谓"强原则功利"（Strong Rule Utilitarianism）和"弱原则功利"。他认为快乐不同享乐，例如欺侮人是享乐，但不是快乐。快乐来自德行（virtue）而非欲念（desires）。但是，这也使功利主义变得具有随意性。功利主义者现分为强原则派，也就是主张原则决定一切好坏，但会出现如"自卫时可否杀人"的难题。弱原则派则认为实际情况可修改原则，如允许"说谎去保护无辜"，但这又是回复到原则随意性的困局。

13. 功利主义对"快乐"的演绎很受人非议。1、享乐与痛楚既是主观的，怎可以把不同的人加起来？ 2、享乐的短期效果与长期效果截然不同。3、如何平衡很多人、很低的享乐和很少人、很大的痛楚？ 4、马克思的批判是："功利"的定义必然来自人性，而人性是历史的产品，边沁"头脑简单地以现代的小店主，特别是英国的小店主，作为正常的例子"。5、维特根斯坦（Ludwig Wittgenstein, 1889-1951）认为功利主义把享乐二字弄得全无言语上的意义："人想什么？想享乐。享乐是什么？是人所想的。"

14. 迪斯雷利日后当上了首相，此人是英国历史至今唯一的犹太人首相——他 13 岁时，父亲让他从犹太教转奉英国国教（但父亲则没有改教）。他为人比较功利，曾投机南美矿场失败，转以写作为生，后从政，娶了一位比自己大十多岁的财女为妻。他在保守党内人缘很差，当上首相是因为党内分裂，他脱颖而出，成为党魁，继为首相。他特别讨好维多利亚女王，奉她为帝国女皇。党内外对他都不大信任，部分是因为他功利，部分是因为他是犹太人。但是，他把大英帝国的版图和影响力推到了最高峰。

15. 迪斯雷利认为 19 世纪中期由自由党执政的英国政府只考虑维持殖民地所需的成本，并未考虑殖民帝国的政治和道德意义。他认为英国需要重整殖民帝国，以武力保卫帝国，也期望帝国子民热爱祖家——他把殖民帝国形容为英国的力量和骄傲："时候到了……英国要决定是国家还是帝国……在这帝国内，你的子孙登上崇高的地位，不单受同胞的景仰，而是受世人的尊敬……"

16. 这也是英德交恶的开始。这两国曾合力打败法国，从七年战争到拿破仑战争，两国都是"伙伴"。19 世纪中叶在新的经济现实和民族主义的影响下，两国开始在经济和军事上竞赛，以致交恶，引发出"一战"与"二战"。英国的第一强国地位先是被普鲁士扶起的，但后来也被由普鲁士统一的德国拖垮。

17. 西方经济学把自由贸易与自由投资看成同一意义，就是自由买卖。产品可以买卖，资金也可以买卖，关键是"自由"与"不自由"之别，而不是买卖的是什么东西。

18. 在达尔文的作品中，亚当·斯密的名字只出现过一次，而且只是《道德情操论》而不是《国富论》。但无可否认，在道德和科学构思上，达尔文对"竞争"赋予了正面的意义。

19. 17 世纪中，胡克（Robert Hooke, 1635-1703），已指出化石是绝种生物的记录。这位英国物理学家，发现"胡克定律"(也称弹性定律)、衍射现象、行星运行的速度规律,并首先采用"细胞"一词。到了 19 世纪,居维叶(Georges Cuvier, 1769—1832, 法国动物学家,创比较解剖学和古生物学)已确定了"绝种"的事实。但他的解释是天然大灾难。

在地质学上,18 世纪中,特别是赖尔(Charles Lyell, 1797—1875, 英国地质学家)已确定了"均变论"(Uniformitarianism),指出地质变化并非由突然的剧变引起,而是由慢慢的逐渐过程形成。在生物学上,18 世纪中的布丰(Georges Louis Leclere de Buffon, 1707—1788, 法国博物学家,著《自然史》)曾提出生物物种可以慢慢地演变,而且类似的动物可能来自同一祖先(世系)。稍后,达尔文的祖父(Erasmus Darwin, 1731—1802)更提出暖血动物的器官可以因外在的刺激而产生新的部分,而且可以遗传给后代。1809 年,拉马克(Jean-Baptiste de Lamarck, 1744—1829, 法国生物学家)提出了一套物种演化(transmutation)的理论(见下注)。

20. 1809 年,拉马克(Jean-Baptiste de Lamarck, 1744—1829, 法国生物学家,创"生物学"[Biology] 一词)提出一套完整的生物进化理论,称为"物种的演化"(transmutation),包含两套机制:1. 内在渐进的倾向促使生物从简单走上复杂;2. 为要适应外在环境,某些器官的使用或会增加、或会停止,这些后天而来的特征经遗传会留给下一代。拉马克学说并未提到"同一祖先"的理念,他的理论是不同的世系分别单线地从简单走向复杂。

21. "小猎犬"从 1831 年 12 月到 1836 年 10 月先后五年,经大西洋,沿南美洲绕道到太平洋,再经大溪地、澳大利亚回航。达尔文的主要发现是在太平洋赤道带的加拉帕戈斯群岛(Galapagos Islands)。

22. 他知道这理论对人类起源有重要的意义,也对他的名声和事业影响重大,稍一不慎就会招致亵渎神明之祸。因此,他秘密工作,小心求证,慎重考虑各种各样可能的异议。但他也想向同道中人请教。于是 1842 年他写信给赖尔(Charles Lyell, 地质学家,创"地质均变论"),向他提出自己的初步想法。赖尔对他走上拉马克的"演化论"的方向表示失望。达尔文决定把他整个构想完整写下来。那时,他的主要盟友是胡克(Joseph Dalton Hooker, 1817—1911, 英国植物、地理学家,后来是达尔文"进化论"的大力支持者)。同时,他又在岩石和船底附生的甲壳动物上找寻他理论的证据。

23. 达尔文感到为难,他不想在学术杂志上发表论文,把他认为仍未完善的理论曝光。他希望建立一个无懈可击的理论。1856 年,他决定还是要出版一本完整的专著,于是拼命工作。他写信鼓励年轻的华莱士继续做他的研究。华莱士受他的鼓舞也在拼命研究。1858 年一天,他收到一个包裹,是华莱士给他的回信,一份长达 20 页的进化机制的描述,并敦请他转给赖尔。达尔文写信给赖尔:"你的话对极了……我会马上写我的论文,而且在华莱士选择的任何杂志上发表,但我所有的所谓独创将被粉碎。"

赖尔和胡克决定把达尔文和华莱士的论文放在同一个题目内,《物种变种的倾向;大自然的选择作为物种和变种持续存在的手段》(*On the Tendency of Species to Form Varieties, and on the Perpetuation of Varieties and Species by Natural Means of Selection*),在林奈协会(Linnaeus Society, 是当时和现今世界最权威的博物协会,以瑞典博物学家 Carolus Linnaeus, 1707—1778, 为名)演读。可是,反应出奇地冷淡。达尔文决定出版专著。

24. 值得一提的是,达尔文与华莱士后来意见很不一致。华莱士比较热衷"适者生存"的理念,有异于达尔文倾向于"天予保存"的天择。二人之间闹得最不愉快的是对"人的意识"(human consciousness)是否也是来自进化的不同看法。达尔文有唯物的倾向。华莱士初是质疑,最终还是反对达尔文,走上"神秘主义"(Spiritualism)的方向。这有点像日后天主教会的立场。1950 年,教皇庇护十二(Pius XII)的教谕说:"教会并不禁止在人文科学和神学的研究和讨论上引用进化的理论去探讨人体源自较早的生物体……但信仰需要我们接受灵魂是'由神立时创造的'（immediately created by God）。"

25. 进化论的理论可综合如下：物种（species）有很大的生殖能力，它们生育大量子孙，但只有部分会长大成年（直到可以生殖）；种群（population）的大小通常的变化很少，食粮来源有限，但相对稳定；搏斗求生无可避免；通过两性交配繁殖的物种，一般没有两个完全相同的个体，它们之间存有"变异"（variations）；有些变异会直接影响个体在其特定生活环境中的生存能力；大部分的变异都是遗传性的（heritable）；不适应环境的个体的生存机会会低，因此，繁殖的机会也低，会适应环境的个体的生存机会会较高，而繁殖的机会也较高；存下来的个体有更大的机会把可遗传的特性留给后代；慢慢地，这个进程产生出适合环境的种群，然后，经过无休止的世代，这些变异经积累而产生新的变种，最终，产生新的物种。

26. 其实，达尔文跟牛顿一样，宗教观念浓厚（虽然不是当时社会的教统），都是走上由培根开启的治学方向：研究《圣经》里神的话语，研究在大自然里神的创造。很大程度上，这些都是阿奎那综合了基督教义和亚里士多德学说的方向，也就是一个理性的神。

27. Darwin's Bulldog。1860 年，英国科学促进协会（British Association for the Advancement of Science）就进化论在牛津公开辩论。牛津主教威尔伯福斯（Samuel Wilberforce, 1805—1873）在会上讽刺地问赫胥黎，他的猴子祖先是祖父还是祖母。赫胥黎听了答道："我情愿来自猴子也不想来自一个以他的文化和口才去袒护偏见及无知的雅士。"

28. 到达尔文去世时（1882），大部分知识界都接受了进化的理念，但天择则仍受争议。达尔文对选用天择（Natural Selection）这词也有点后悔，1860 年给赖尔的信中他提到想用"天予保存"（Natural Preservation）一词。有科学家认为达尔文"渐进式"的变异是个比较弱的机制，不能满意解释繁多物种的生物种类和生物特征，提出新物种应来自"跳跃式"的突变。也有人不同意进化论缺乏方向，认为不够"进步"（progressive），甚至有人说"不够进步"是进化论未被社会大众马上认可的一个主要"政治"原因。更有人强调拉马克的后天而来的特征才是进化的主要动力，而且进化往往来自物种内部自由的倾向而非天择。天择理念要等到 1930 年后遗传统计学开发后才得到科学界的普遍肯定。但到现今，生物学家都避开天择一词，因为它是个同义反复词——适者就是生存者，生存者就是适者。但达尔文的用意是个体的变异，经天择，再通过遗传，带来群体的生存延续，而非单是个体的生存。

第二十一章　英美交替：自由、资本交棒

英国资本家的生财之道，由生产转为投资，再到去海外投资；大英帝国先是鼓吹自由贸易，继而用武力支撑海外投资。各国争相效尤，引发帝国主义与全球军备竞赛。大英帝国终被德国拖倒，由美国接棒。从局限于北美东岸的英国殖民地到横跨美洲的庞然大国，美国是建立在盎格鲁－撒克逊民族的优越感和美国的天定命运使命感之上的。英式的个人自由和资本经济，经过美国的加工走上自由世界和全球资本之路。

自由贸易与自由竞争的代价有目共睹。工业革命不单是生产方式的转变，生产出来的产品和服务也改变了社会。工业革命使企业家发了大财，以土地为财富和权力基础的乡绅贵族身价下降。靠种田的农民更惨，因为他们非但要交田租，还要跟低价的进口农产品竞争。而城市穷人可能是最凄惨的一群。1801 年英国第一次人口普查显示城市人口占 20%，1851 年时则超过半数，1881 年时达三分之二。他们生活在狄更斯（Charles Dickens，1812—1870）描述的世界里，不见天日[1]。英国的阶级变得更复杂：新富与旧富，有技术的工人和没有特长的工人，城市人与农村人等。

维多利亚时代的工厂肮脏、危险，雇主对工人欺凌压迫，引发起工会运动[2]。起初被镇压，领袖被流放澳洲，直到 19 世纪中后期，工会才被法律承认，工作和工厂环境于 19 世纪下半期开始改善（这也是英国工党的开

始)。但同时,维多利亚时代的英国人,特别是经济和社会精英,很佩服科技的进步,认为社会也可以如同改良科技般去加以改良。他们通过环境规划、卫生设施和其他的教育、文娱设施去建设模范城镇;通过《公共健康法案》(*Public Health Acts*,1848,1866)去改善城市的居住环境和道路。他们兴办慈善和救济事业(如救世军 [the Salvation Army] 于1865年创立)、警察制度(皮尔 [Peel] 于1829年创立)和护士行业(南丁格尔 [Nightingale] 于1860年首创),推行小学义务教育。20世纪初,英国的社会改革加速[3]。与此同时,鼎盛的英帝国开始走下坡。

19世纪中期,英国是全球最富最强的国家,但其他国家也开始工业化,渐渐赶上,先是法、德、美,继是俄、瑞、意(北部)、日。这些国家开始挑战英国的地位。最后,英国还是被德国拖倒。

英国被德国拖倒,一半是自取,一半是命运。从1871年普法战事结束、德国统一,到1914年"一战"开始,全球土地面积的五分之一被纳入欧洲的殖民地版图。在此之前,英国对殖民地的态度是很宽松的,有点既来之则安之的心理。当然仍是以商业利益为主,但并没有"帝国"的野心。但随着生产经济的下滑、金融经济的抬头,英国资本家们开始关注海外投资。再加上统一的德国野心渐显,英国遂走上强势帝国之路。

统一的德国是个"军国",很想与别国比拼。法国有拿破仑三世(在位期1852—1870)的民族主义野心和稍后的第三共和(1870—1940)的稳定,它有动机也有力量挑战英国。新统一的意大利(1870)也积极工业化。大的形势是欧洲诸国内部稳定,纷纷踏上工业革命之途。抢夺海外市场和资源的竞争总要发生[4]。

虽然欧洲各国都以高关税等手段打击竞争对手(如德、美、法),英国仍强调自由贸易,因为它的贸易网和投资网络遍布全球。1870年代,各国学习英国扩张殖民帝国以确保产品市场、自然资源来源和海外投资。美国与德国开始大型的企业合并和联营,更与英国竞争往海外投资。各殖民帝国开始发生摩擦。擂台是非洲。

推动新帝国的动力除了资本利益之外,还有民族主义情绪和宗教热忱。新教的英国人和德国人有强烈的民族优越感,认为开发非洲是白人不可不承担的责任(白人的负荷 [white man's burden])。他们也有社会达尔文主义的倾向,也就是优胜劣败,先进国家有理由统治落后国家。天主教的法国人和意大利人则认为他们有像父母一样的责任去开化非洲。不管新教或天主教,现实的政客和企业家聪明地利用了国民的心态。

德国一方面在非洲扩充,一方面建设海军,直接威胁英国在非洲的势力范围和在全球的经济利益[5]。欧洲诸国开始壁垒分明,主要是英法跟德奥匈的对垒。1914 年终归"一战"。

对英国来说,撒哈拉沙漠以南的非洲仍具备扩充势力的条件。1、这片地区矿产丰富,尚未开发,开发所需的资本,正是英国海外投资的最佳落足点。作为一个跑在最前面的"后工业国家",金融业是经济主力。这个"无形出口"(invisible export)是维持英国收支平衡的主要原因。利用海外投资去开发白人的殖民区是既安全又赚钱的上策。2、拿破仑战争结束后(1815)英国开始逐步走上自由贸易,但总是逆差(不包括"无形出口"的投资回报。这跟今天的美国有些类似)。到了 1870 年代,各国的保护政策加强,欧洲市场的空间越来越小。非洲是个大空白,正好可以在那里开发新市场(当然,这些理由也适用于英国维持在中东、南亚、东亚和南太平洋的属地和半殖民地)。

英国的政治和工商精英互相利用。当时,庞大的工、商、金融垄断集团在国内被指操纵市场、剥削劳工,它们要避开国内的政治压力,就想依附帝国的实力去海外投资(正如今天的美国)。政府内部的文官们想借帝国事业去扩大官僚势力,武官们想借军功升职。传统的(但已开始萎缩)地主、乡绅们想借帝国的扩充弄点官衔爵位。政治精英特别关注国内的工人运动、社会主义和其他的群众抗议,想借帝国主义浪漫化所引发出的军事和民族荣誉感去转移贫民和工人的不满,甚至诱使他们加入帝国主义的行列。

其实,到了 1870 年代,英国已不再扩充属地,而在巩固帝国。它特别关注战略性地点，例如苏伊士运河是欧亚商业要道，英国于 1878 年就购入大量股权，并于 1882 年派兵"保护"；阿富汗是俄国向中亚扩张的必经之路，可以威胁英属印度，英国就于 1878 年入侵；埃及是大英帝国，尤其是南非的钻石和矿业巨子罗德斯（Cecil Rhodes, 1853—1902）打通"开普敦到开罗"的帝国事业的重要基地，英国就于 1882 年把它纳入附庸。但这时，欧洲其他国家正在追赶英国，怎会让英国独霸天下？第一次世界大战终于爆发。

"一战"中，英国动员了 500 万正规军（1914 年战争刚开始时只有 25 万），死伤人数高达 300 万。起初双方都以为战事会很快结束，结果打了四年多（1914.8—1918.11）。大约有 6500 万人参战，1000 万左右的人丧生。四个帝国（德、俄、奥匈、奥斯曼）战败，其中两个消失（奥匈、俄）。俄国革命，苏联建立；中欧国界全部变样，小国充斥，民族意识抬头；德国战败，侮辱性的《凡尔赛条约》完全解决不了问题，埋下二十多年后第二次世界大战的种子。其实，"二战"只是"一战"的延续。宗教改革以来的西方现代文明带来人类亘古未有的人为大灾难。

为什么会打起来？除了经济竞赛以外，也反映了 19 世纪国际关系中"均势平衡"（Balance of Power）的复杂结盟引发的连锁反应[6]。归根结底是德国（普鲁士）的崛起牵动整个欧洲（以至欧洲诸国的殖民世界）的权力平衡。

1871 年，普鲁士统一德国。统一过程中，德、法结怨。（见附录 8：德国统一）铁血宰相俾斯麦提出德、俄与奥结三皇联盟（League of the Three Emperors），目的想拉拢俄国，以免德国在法、俄中间两面受敌[7]。但因俄与奥匈在巴尔干半岛互相竞争扩张势力，结盟不成[8]。结果只有德与奥匈结"两国联盟"（Dual Alliance, 1879），共同应付俄国在巴尔干的势力扩张。到 1882 年，又加入了意大利，变成了德、奥、意三国联盟（Triple Alliance）。这就是日后"一战"的一方。

德国建国后能有一段较长的安宁去建立经济和军事力量，主要是因为俾斯麦的外交手段。他以一连串的条约去牵制着俄国,使它站在德国的一方。但德皇威廉二世(Kaiser Wilhelm Ⅱ,在位期1888—1918)登位后,俾斯麦设计的连锁条约逐渐被忽视,最后俾斯麦被威廉免职。法国趁机把俄国拉拢过来,于1892年结法俄之盟以对抗三国联盟。在另外一端,英国对德国的实力和野心的上升,早怀介心 [9],决定与多世纪以来的竞争对手法国重新修好,联手对付共同的敌人德国,于1904年订"挚诚协定"(Entente Cordiale)。1907年,英法挚诚协定与法俄之盟联起,变成英、法、俄的"三方联盟"(Triple Entente),成为"一战"的另一方。这些不同的联盟就是当时欧洲的"均势"。连锁结盟终引发全面战争。

1890年代中期,德国认为经济基础已稳,遂开始建设海军,挑战英国的全球制海权。于是双方开始进行军事竞赛,尤其是主力舰的兴建。其他各国也纷纷建军,有的想扩张(如俄、法),也有的想自保(如奥匈、意)。1908—1913年的五年间,全欧军备开支增长50%。引发"一战"的导火线有两个:奥匈与俄争夺巴尔干半岛,英与德抢夺非洲。

奥斯曼帝国衰落,退出巴尔干半岛,产生政治真空。稍前,拿破仑失败后的《维也纳公约》(1815)的用意是在维护欧洲各大国的政权平稳,免受经拿破仑扩散的法国革命思想影响。但诸战胜国忽略了民族情绪澎湃,国家主义呼之欲出。巴尔干半岛的民族和宗教特别复杂,冲突不断(差不多一个世纪后,南斯拉夫解体引发的民族冲突跟当年一样)。奥匈帝国想兼并波斯尼亚-黑塞哥维那(Bosnia-Herzegovina,下简称波黑),塞尔维亚(Serbia)要干预。俄国支持塞尔维亚,因为大家同是斯拉夫民族,而且两国同属罗曼诺夫(Romanov)世族统治。1912—1913年发生了两场巴尔干半岛战争(Balkan War),[10] 奥匈与俄的直接冲突看来无法避免。

1914年6月24日,奥匈帝国王位继承人斐迪南大公夫妇在波黑的萨拉热窝(Sarajevo)被波斯尼亚的塞尔维亚革命青年行刺,国际局势马上紧张起来。首先是一连串的外交活动。奥匈要借此机会彻底了结塞尔维亚(也就是包括塞尔维亚的后台,俄国)对波黑的干预,于是向塞尔维亚递交最后通牒，条件苛刻，明知塞尔维亚无法接受，目的就是要挑起战事。不出所料，塞尔维亚只接受部分条件，奥匈马上向塞尔维亚宣战（1914 年 7 月 28 日）。俄国见此，在次日（7 月 29 日）下动员令抗奥匈。德国在翌日（7 月 30 日）也宣布抗俄。法国念念不忘 1870 年普法战争丧地辱国之仇（特别是割让阿尔萨斯—洛林，Alsace-Lorraine，法人誓要"复仇"），在两天后（8 月 2 日）向德宣战。同日，德国向俄宣战。"一战"序幕揭开。

另一导火线是英德之争。德国拥有当时欧洲最强的陆军，但英国的全球霸权是建立在它的海军实力上，德国要与英国争霸就得建设海军，特别在欧洲诸国"瓜分非洲"中（Scramble for Africa）[11]与英国一比高下。

其实，最初在非洲争得最激烈的不是英、德，而是英、法。那时，英国人的口号是要打通南北，从开普敦到开罗；法国人的口号是要横贯东西，从尼日尔河到尼罗河。两国在南北与东西交会的苏丹差不多打起来了。这是 1898 年的事。但后来两国达成和解去协调双方利益。德国认为英、法在 1904 年签的协定（Entente Cordiale）改变了欧洲诸国在非洲的势力范围和在欧陆的均势。1905 年，它首先挑衅法国。德王访问在法国北非势力范围内的摩洛哥王国，致辞支持摩洛哥独立。德、法双方摩拳擦掌，陈兵境上。但国际上所有国家都表态站在法国一边，德国暂退。1911 年，德国卷土重来，派炮舰进驻摩洛哥港口。英国认为这是挑战它的大西洋制海权，反应强烈。僵持好几个月，德国终承认法国在北非的势力圈。但在两次事件中英法的共同进退使德国感到被排挤和受威胁，敌意增加。虽然 1899 年和 1907 年都有裁军会议（海牙），但军备竞赛不停，直至"一战"。"抢夺非洲"非但有其经济意义，同时也培植了欧洲诸国的帝国和军国意识。

大战无可避免。英国是在 1914 年 8 月 4 日（也就是法国向德国宣战后两天）向德宣战，并派遣远征军往法。德军挺进，但到了 9 月就被挡住。双方僵持，战壕战开始，一打就是四年。当然，也有新的武器和战术，如坦克、潜艇，但双方仍是以 19 世纪的战术对抗 20 世纪的武器，是场惨酷的消耗战。德国的武器和战术都比较先进，但独力难持。面对庞大的俄国、拥有丰富海外兵种和资源的英国,再加上美国 1918 年的介入[12],终于精疲力竭。"一战"在 1918 年 11 月 11 日停火(Armistice,不是和约)。除美国外,没有一个参战国不是焦头烂额。"一战"结果是德国惨败,英国惨胜,连爱尔兰也输掉[13]。战争把社会权力(组织和法制)和资源(税收和支出)大大集中在政府手里。国民生产虽然增加,但却消耗在战争中。英国战后要施行配给,肉、油、糖等样样短缺。

"一战"扫清了 19 世纪维多利亚时代的乐观。战争的一代叫"失落的一代"(Lost Generation)。大规模的战事和大量的死伤对社会产生极大冲击。征兵制召集整个帝国子民。敌人炮火前的人人平等加剧了社会的变化。退伍回来的人带着恐怖和惨痛的伤痕与记忆(当时叫"炮弹震撼"[Shell Shock])。社会趋于极端:和平主义、军国主义、社会主义、法西斯主义,林林总总。那时,整个欧洲弥漫着一种怪异气氛。战后经济萎缩,但社会的中上阶级却出现极端放任的寻欢作乐。在美国叫"兴旺的 20 年代"(Roaring Twenties),以爵士音乐和"装饰派艺术"(Art Deco)为代表。传到欧洲,就叫"黄金的 20 年代"(Golden Twenties)。正是"朱门酒肉臭,路有冻死骨"。这些都反映了西方文明的失措。跟着就是"大萧条"(Great Depression)。

英美两国在意识形态上都是资本主义的堡垒,在政制上都是立宪与分权,在民族血缘上同属盎格鲁—撒克逊。与其说是取代,美国其实是接棒(但也有背后一刀之嫌,见第四篇第二十二章)。19 世纪与 20 世纪其实主要是英美文明的世界。"一战"后,英国疲惫不堪,"二战"终于把它拖垮。但"一战"时仍仅是初露头角的美国,到"二战"时终于脱颖而出。

美国与欧洲诸国不同,是个新兴的多元的国家。但它的新兴其实是在欧陆诸强互争中催生出来的;它的多元更是欧洲文明的重新组合和延续。

哥伦布在 1492 年"发现"北美(现今的波多黎各)。北美的印第安人是卢梭浪漫化的"高贵蛮人"(Noble Savage)的蓝本[14]。最早来北美的是西班牙人,跟着是荷兰人、法国人[15]。英国殖民者是最后来的,到 17 世纪才开始,主要在东部沿岸。

西、荷、法，都是以最少的人去占最多的土地，目的在贸易和资源。英国的殖民则重开垦，落地生根。英国的清教徒有如法国的胡格诺派，都是在故国受迫害，没有发展机会，甚至没有生存空间，才来美洲重组家园，重组宗教团体。因此，他们是实实在在的移民，完全没有打算再回祖家。他们的独立性很强。甚至可以说，他们在故国受当权派迫害，因此对政治不信任，进而对一切当权派不信任，他们跑到美洲是想获得宗教自由，不想受政治干预。但他们在美洲建立殖民地时却出现两种并存的政治构想：一方面是容忍别的宗教，因为他们曾是受迫害者，明白受宗教迫害的痛苦；另一方面是坚持自己宗教的纯一，因为他们知道不同宗教在一起往往引出纠纷。两者中，他们更大的目的是保卫自己的宗教：起于宗教容忍的情操，终于宗教排他的行为。美国政治所标榜的政教分家的意识形态起源于此。

英国在北美殖民地的特色是：(1) 劳动力极为短缺，因此产生了合约劳工和奴隶制的需求；(2) 英国政府采取放任政策，让移民自生自灭，也同时让他们自由发挥。从欧洲来美的殖民超过一半是以合约劳工的身份来的，他们的勤奋和创业精神是美国文化的典型。他们创出的美国文明就是突出个人、崇尚自由、鼓励竞争，但同时也制造了奴隶和其他社会不公的问题。

最早的英国殖民地是 1607 年建立的詹姆斯镇 (Jamestown)，但过了近百年到了农业企业化时才开始发达[16]。稍后，罪犯流放到北美的也不少（从 1610—1776 年美国独立，估计约 5 万名）。清教徒是 1620 年代就开始来美的，主要聚居在现今的"新英伦"地区。18 世纪中的移民大部分属新教中比较激进的循道派。到了美国独立前夕，英国共有十三个殖民区 (Thirteen Colonies)，即十三州，北与加拿大接壤，南到现今的乔治亚州。

殖民过程反映了欧洲诸强国势力的兴替。欧洲七年战争在北美被称为法印之战（这是从英国观点去看，是英国与法国及法国盟友印第安族人之战），非但是英国转盛、法国转衰的转折点，更是美国国家理念形成的关键时期。七年战争削弱了法国和法国印第安盟友的势力，团结并加强了英属殖民地和英裔民族的势力，但却产生出意想不到的后果。英国刚赶走了法印，保住了英属十三块殖民区，但是他们却要起来反英。

美国赢得独立，有赖西、荷、法的支持[17]。法国早就暗地里帮助十三州反叛。1777年，更公开与"叛州"连手。1781年，美法联军，再加上法国舰队，大败英军。英国知道武力解决无望，于1783年签订《巴黎条约》，承认独立的"美利坚合众国"[18]。

立国后，宪法数度修改，政制重点放在个人自由，并以分权而治来约束政府权力（差不多全来自洛克的理论）。新政权是以选举和代议作为立法基础，再加上弱势行政（以别于当时的君主制）。1791年又公布《人权法案》(*Bill of Rights*) 以保证言论和宗教自由（是立国初期政教分家的原意）。

1789年（也就是法国大革命的一年），"合众制"(confederation) 变成"联邦制"(federation)。这非常关键。美国的联邦政府与州政府之间的关系是美国政制上最基本的议题。合众制比联邦制更强调州的主权。美国立国是13州自愿结合而成，而非武力的征服（当然，日后也有很多州是打来的和买来的），各州都非常关注本身的权力不被联邦政府篡夺。

这里要特别指出两套涉及联邦权力的理论。一般人把美国政治理想分两派："杰克逊民主"(Jacksonian Democracy，以美国第七任总统杰克逊 [Andrew Jackson] 定名）的纲要包括：扩大投票权、"天定命运"、扩张领土、扩张总统行政权、自由贸易；"杰斐逊民主"(Jeffersonian Democracy，以美国第三任总统杰斐逊 [Thomas Jefferson] 定名）的纲要包括：代议是最好的政制、农民是最好的公民（相对于银行、企业、财经）、美国有责任向全球扩散自由意识、联邦政制不能避免但具危险性、政与教分离是保障宗教自由的上策、联邦政府不可侵犯个人自由、联邦政府不可侵犯州自由、言论与传媒自由是反暴政的最好保障、常备军队会局限国民自由。杰斐逊民主是美国人最津津乐道的政治理想。这两套政治理论，一个功利，一个浪漫。但在政治现实里，讲的一套往往是浪漫，做的一套一般是功利。在野党批评强势联邦，执政党维持强势联邦[19]。

美国一开国就扩充领土，大量向西移民。这当然是经济利益推动，是典型的美式经济自由意识，与它跟英国闹独立的原因是一致的。1803 年购买路易斯安那（拿破仑在欧战事正浓，认为难兼顾北美洲，决定卖给美国），并开发密西西比河以西地区。美国的第五任总统门罗（James Monroe，1758—1831，任期 1817—1825）于 1823 年在国会发表的国情咨文推出"门罗主义"（Monroe Doctrine）："美洲属美洲人"（America to the Americans，也可译作"美洲属美国人"），声称"美国将把欧洲诸国在中、南、北美洲占地、殖民或干预任何其他国家看作是对美国的敌对行为，并会作出反应"。这成为此后两百年美国国际关系的基本原则[20]。

其实，门罗主义只不过是"天定命运"（Manifest Destiny，也可称"美国天命"）的一部分，而天定命运是美国在 19 世纪前半期，也就是 1812 年与英战争到 1860 年代南北战争之间的半个多世纪富国强兵、建立基业的国策[附录 7：天定命运]。它恰当地反映了美国文化的救世情怀和扩张本性。

1812 年的英美之战，英国看作是欧洲拿破仑战事的小插曲，美国人看作是第二次独立战争。美国国家凝聚力开始彰显，崇尚自由、刚愎浪漫的民族性格突出表现出来。那年，英海军炮轰巴尔的摩的麦克亨利堡（Fort McHenry）。一位业余诗人目睹当时情景，奋而作诗，日后配上音乐，成为美国国歌《星条旗永不落》，淋漓尽致地表现出美国性格：

噢，说吧！在曙光中你们看到那在暮色消失之前，
那面我们曾经骄傲地迎来的宽条亮星旗帜
在我们从战壕上看见的危机四伏的战斗中
英勇地飘扬吗？
火箭红光耀目，炸弹空中爆炸，
证实了整个晚上我们的旗帜仍屹立不倒，
噢，说吧！在这个自由的土地、勇者的家园，
那星条旗仍在飘扬吗？
（全曲四节，各节结尾都是"自由的土地、勇者的家园"。）

天定命运有三个层面：美国国民和制度（经济、社会与政治）的道德性；宣传以上制度去拯救世界和按美国模式去更新世界的使命；完成这项工作是神许下的必然。这些层面含有三个文化因素："美国与众不同论"（American Exceptionalism）；"浪漫国家主义"（Romantic Nationalism）；盎格鲁—撒克逊民族的天然优越（Anglo-Saxon Superiority）[21]。

美国人相信民主共和制（republican democracy）是个"有关自由的伟大实验"（the great experiment of liberty），而天定命运是美国人的至高道德行为，势在必行，而且行必有成。跟门罗主义一样，天定命运被视为"新世界"与"旧世界"的分水岭。而"美国与众不同"就追溯到美国的清教徒传统，特别是有名神学家温斯罗普（John Winthrop，带领清教徒移民北美，后任马萨诸塞湾殖民区总督）在1630年"山上之城"（City upon a Hill，现宗教唱诗中常见之词）讲道中号召建立一个"道德的社会"（virtuous community）作为给"旧世界"的光辉榜样[22]。

天定命运的实践却是首先用来对付同文同种的英国，包括在1837年解放英属加拿大的魁北克地区和1840年代与英国抢夺西面的俄勒冈地区（结果就是美国、加拿大的国界定于北纬49度）。至于1846—1848年与墨西哥因德克萨斯（Texas）的独立而战，1840—1850年代初期对古巴的野心等都是由天定命运意识推动。当然，天定命运的另一个对象是印第安人。华盛顿时代的国策是以条约"购买"印第安人的土地，并"开化"他们。当然，卖方往往是非自愿，或不明所以地跟美国政府做了交易。开化的意思是要印第安人放弃游牧，这样，开化了的印第安人就不需要这么多的土地，那么白人就可以开垦"新土地"了。就算民主理念极强的杰斐逊总统也放弃白人与印第安人共同归属一个国家的理想，相信印第安人还是要"自成一国"。自从1803年美国购入路易斯安那地区，印第安人就开始迁徙到密西西比河的西面。在天定命运的年代，印第安人被视为蛮人，是美国扩充的路障。美国人相信印第安人有一天会消失。1872年左右，美国名画家贾斯特（John Gast）画了一幅叫《美利坚向前行》的画（*American Progress*），显示天定命运：哥伦比亚女神（代表美国）带领文明往西走，她一手持着学校教科书，另一手拖着电报缆，大批移民、火车紧随着她；她前面的印第安人和野兽向西逃跑。

大致上说，民主党比较热衷天定命运，自由党（也就是日后的共和党）就没有那么热衷。但天定命运却因奴隶问题越来越有争议。很多北方人认为领土扩张是南方奴隶主和他们的北方同路人的一种阴谋，目的是扩大和巩固奴隶制度（"Slave Power" Conspiracy）。天定命运把奴隶问题以及南北经济模式的分歧和竞争尖锐化，终引发美国内战。

美国早在 1808 年就禁止从非洲"进口"奴隶，但每一个"自愿"加入美国或被美国兼并的州都没有禁止奴隶"进口"[23]。这产生了一个怪异的现象：自由、民主的扩散与奴隶的增加成了正比。有些美国人开始反思天定命运的意义。

南北战争（Civil War，1860—1865）也称美国内战，是美国建国后唯一在本土发生的战争。兄弟阋墙，牵涉之广、影响之大、战情之惨，远远超过独立战争。在某种程度上，这场战争与英国内战很类似，都是"原则之战"。北方坚持解放奴隶，南方坚持地方自决（各州的自主权）。父子、兄弟各站一方，绝不妥协，以鲜血去保卫原则。英国内战的结果是舍弃原则之争，走上妥协、法治之途。美国内战却产生三种结果：妥协、极端、犬儒。

南北战争是场消耗战，北胜南败差不多是不可避免[24]。这场战争也反映了美国自由资本主义的内在矛盾，这些矛盾至今也没有真正解决。在政治、经济、文化，以致奴隶问题上南北分歧很大。南方以农业为主，特别是以黑奴为生产力的棉花。南方依赖北部的工业（棉纺）和其他产品及资金，但它知道要保障经济利益和生活方式就得控制联邦政府，从而维持奴隶制度。南北战争表面是黑奴问题，实质是南北经济之争，亦是南方争取自主权之争。甚至可说是杰斐逊式民主与强势联邦政府之争，因此这场战争也叫作"脱离联邦之战"（War of Secession）。更深层次是"以自决之名去脱离自己控制不了的联邦"。假如南方能够成功控制联邦政府，它肯定不会脱离。

1850年，自由党（Whig Party）和民主党就加利福尼亚进入联邦达成"妥协"（Compromise of 1850）——加利福尼亚原属墨西哥，1846年美国与墨西哥因德克萨斯要脱离墨西哥去加入美国而开战，战后墨西哥割让加利福尼亚。上述的"妥协"允许州内的奴隶主抓回逃跑的奴隶。到了1854年，两党（那年，共和党成立，取代自由党）又改变初衷，容许每一个新加入的州各自决定奴隶问题。此时，北方是共和党的基地，南方是民主党的基地。1860年大选，民主党内部因黑奴问题分裂，共和党胜出，林肯上任，宣布停止黑奴制度。南北战争遂起。南方十一州宣布脱离联邦，自组政府，称"联邦"（Confederate States of America）；北方各州称"合众"（Union）。

南军首先开火，胜后挥师北上，于1862年被阻。1864年初，林肯阵前易帅，委任格兰特将军（Ulysses S. Grant，日后成为总统）统领全部北军，大败南军。南军统帅李将军（Robert E. Lee）于1865年4月投降。南北双方死亡人数近62万，美国历史上对外战争中从未有如此惨痛记忆。美国内战比英国内战的伤亡和破坏还要严重。

内战后的南方残破不堪，重建（Reconstruction）也是光怪陆离。这段约十年的时光，政府大大扩大美国黑人民权、立法禁止奴隶、赐予所有在美国出生或入籍的人以公民权、设立全民（男）投票权、禁止公共服务种族歧视等等，但南方很多地区仍是按战时的军事统治。解放了黑奴，也同时产生了一批新贵。很多黑人、白人投机分子利用这大好机会敛财、渎职，腐败得很。贪污也是空前的。后来，美国最高法院裁定若干政府重建政策不合宪法。与此同时，南方顽固分子组建3K党，鼓吹白人至上，反对黑人民权。到了1870年，因行动过激，被列入恐怖组织。南北问题、黑白问题，至今仍困扰美国。但这与美国人天定命运的自傲和资本主义的成就是不可分割的。整个过程清晰地反映了美国的复杂文化：英式的妥协、清教徒的极端、资本主义的犬儒。

南北战争时代，天定命运销声匿迹[25]。但到了19世纪末，却有一段短时期卷土重来，是门罗主义与天定命运的组合。1896年，共和党开始当政，持续16年之多。天定命运是美国海外发展的口号。1898年，麦金莱总统（William, McKinley，在任期1897—1901，也是对中国提出门户开放政策的那位）主张吞并夏威夷，说"我们对夏威夷的需要比当年对加利福尼亚的需要还迫切。这是天定命运。"同年，一艘美舰在哈瓦那港沉没，美国乘机插手援助古巴叛军，开启美西之战。半世纪前（1840），美国曾想并吞古巴，但现今却宣称古巴是个"自由和独立"的国家，美国非但无意兼并，更要协助它对抗西班牙。战后，古巴成为独立国家——美国确实未有兼并，只是"保护"而已；当然，这"保护"是不遗余力的，直到卡斯特罗（Fidel Castro, 1926— ）在1959年推翻傀儡政权而独立才终止。但美国对西班牙的其他殖民地就没有这样客气了。1899年，关岛、波多黎各和菲律宾相继变成美国"殖民地"[26]。这个新的天定命运是彻底的帝国主义。当然，美国也有它的解释，据称麦金莱总统曾说过："我们唯一可做的是把整个（菲律宾）拿过来，教育菲律宾人，提升、开化和基督化他们……"[27]

到了20世纪，天定命运不再提了，但它的孪生兄弟门罗主义仍是美国国策。1904年，老罗斯福总统（Theodore Roosevelt，任期1901—1909）引用它来支持美国准备以武力对付在拉丁美洲的欧洲势力，称为"门罗主义的罗斯福引申"（Roosevelt Corollary to the Monroe Doctrine）。但罗斯福的清楚立场是美国不再作领土扩张，代之以"干预"（intervention）。这也是20世纪美式的"经济帝国"以扩张经济影响力去替代扩张领土的先声。威尔逊总统（Woodrow Wilson，任期1913—1921）把美国推入"一战"的道理就是"为了维护世界民主"。战后，1920年他向国会发表国情咨文，说："我想大家认识到民主的最后考验时刻来到了。旧世界正在痛苦地忍受着民主原则被遗弃，被没有民众授权的独裁原则取代。现在是最重要的一刻。民主要证明它的纯洁和精神感召力，才能战胜。领导这个精神力量去取得胜利就是真正的美国的天定命运。"这是美国总统们引用天定命运名词的最后一次。传播自由的口号从此取代了扩张领土。美国的使命是保护并宣扬"自由世界"（Free World，自由世界首先是自由经济）。这是它在"二战"之后的国策，也有人把它看作为"美帝国主义"的特色。（其实英国在19世纪下半期就发现经济占领比领土占领划算得多，见上章）。

再回到南北战争。尘埃落定后，美国资本主义借着天定命运，通过扩张领土而创造出来的极佳条件（市场、资源、人口），经济马上起飞。马克·吐温（Mark Twain，1835—1910）把19世纪后期突飞猛进的工业发展形容为美国的"镀金时期"（Gilded Age）：一方面是前所未有的自由竞争，发挥了前所未有的经济活力；一方面是前所未有的弱肉强食，制造了前所未有的投机（尤其是土地开发）、政治腐败、商业失德。这些，我们要从头来看看由英国开创、由美国继续打造的资本世界是如何成形的。

注：

1. 维多利亚时代的"童工"最惨，狄更斯本人在 12 岁时因父亲欠债入狱，要当童工。有些孩子 3 岁就要当工,工作时间有的高达每天 16 小时,有些还要下矿。直到 19 世纪中叶才有点法律保障。狄更斯在其 1838 年出版的《雾都孤儿》(*Oliver Twist*) 一书中对当时的社会问题有所描述。

2. 奴隶制度虽然废除了，但订约当仆役或半奴隶性质的劳工非但流行帝国海外属地，也存在于帝国本土。劳动阶级对工业革命的抗拒仍不断发生，卢德分子的反失业暴乱仍常出现，要军队镇压；也有组织工会去争取权益的。这些"工运"都是英国带头的。

3. 1902 年开始提供免费小学教育（上流社会的孩子上"公立学校"[public school]；中产阶级的孩子上要收费的"文法学校"[grammar school]）；1906 年，小学提供免费早、午餐；1907 年，小学提供体检；1908 年，矿工工作规定不超 8 小时，养老金制度也在此时开始；1909 年，最低工资法案出台；1911 年，失业保险开始。

4. 早在普法战争时（也就是德国统一之日），英国已不是唯一的现代化工业国家。它的产品不一定比欧洲诸国的好或便宜。1880 年英国占世界贸易比重四分之一，到了 1913 年跌到六分之一，1948 年则只有八分之一。从 1870 年左右开始，英国的经济力量开始落后，甚至在自己的殖民区（如印度）和势力范围区（如中国）也受到别国的挑战，英国的第一优势遭遇真正的竞争对手，德国的纺织和冶金甚至入侵英国本土市场。英国不至于出现赤字的主因来自对海外的投资，于是保护海外投资成为国策，也成为大英帝国与别的帝国的冲突点。

5. 1885 年，德国首相俾斯麦（Otto Von Bismarck）发起"柏林会议"(Congress of Berlin)，意图"有秩序"地瓜分非洲。自德皇威廉二世登位把俾斯麦免职后，德国野心更大：一方面在巴尔干半岛兴波作浪，一方面在非洲挑战英国（先是南非，继是摩洛哥）。英国恐怕德国（普鲁士）在打败法国后（德国统一的关键是 1870 年普鲁士击败法国）会接收法国海外殖民帝国，那样的话英国海外属地将被德国包围。

6. 其实这些以结盟去创造和维持政治与军事的均势在七年战争时已经开始（见第三篇第十九章有关"外交大兜转"），每次都引发出不可收拾的连锁反应，战事按各国的联防或联攻条约迅速扩大。可惜人类仍未从中吸取教训，"二战"也是如此。

7. 早在 1815 年，普鲁士已与俄、奥匈结神圣之盟（Holy Alliance）。发起人是沙皇亚历山大一世，但策划人主要是奥匈帝国宰相梅特涅（Metternich，1773—1859）。他想压制由法国大革命引发和经拿破仑输出的革命思想散播欧洲。最后，除英国、教廷和奥图曼以外，全欧加入。

8. 原因是俄与奥不能达成"巴尔干政策"(Balkan Policy)，也就是如何处理奥斯曼帝国因萎缩而出现的多元民族、多元宗教、多元文化的巴尔干半岛的政治真空。

9. 特别是英国在南非的布尔战争中失利，德王竟致电南非布尔人，祝贺他们抗英胜利。英国人当然大大不满。

10. 1908—1909 年，奥地利（奥匈帝国）正式吞并从奥斯曼出来的波黑。波黑在塞尔维亚王国的旁边，住了很多塞尔维亚人，因此塞尔维亚很不满意奥地利。塞尔维亚人属斯拉夫民族，而俄国也属斯拉夫民族，并自认是斯拉夫民族的老大哥。而且，塞尔维亚王国也属俄国罗曼诺夫王朝的世族，因此俄国蠢蠢欲动。当时，巴尔干半岛被称为"欧洲的火药库"。政治真空下，民族和宗教（天主教，东正教和伊斯兰教）的冲突不断。俄国的政治干预是火上加油，终至不可收拾。1912—1913 年是第一次巴尔干战争（First Balkan War），是巴尔干诸国联手对付疲弱的奥斯曼。结果建立了独立的阿尔巴尼亚(Albania)，扩大了保加利亚、塞尔维亚和希腊。但这些结盟完全是功利的，绝不稳定。1913 年，保加利亚又进攻塞尔维亚和希腊，是为第二次巴尔干战争（Second Balkan War），结果保加利亚输了，要把马其顿（Macedonia）割让给塞尔维亚和希腊，也要割地给罗马尼亚。互相攻伐到了这地步，局势坏透了。

11. 经过近百年的工业革命，欧洲人在武器、医药、运输、通讯上都有了大大的进步。工业产品要找市场，工业生产要找资源，特别是 1870 年代，欧洲经济增长放缓，海外市场开拓变得更重要。再者，大家都担心别国在非洲捷足先登从而影响欧陆的政治均势，国家荣誉也有赖在非洲的成败。还有，宗教热情，特别受苏格兰探险家传教士利文斯通（David Livingston, 1813—1873）的影响，驱使欧洲人想拯救"野蛮和落后"的非洲人的灵魂。"抢夺"遂启。到了 1912 年，差不多整个非洲（除了利比里亚和埃塞俄比亚）都落入欧洲人手里，要到 1950 和 1960 年代才重新独立。

12. 美国的介入有几个理由。1、1915 年，德国潜艇用鱼雷击沉邮轮卢西塔尼亚号（Lusitania），百多名美国人丧生，民情汹涌。但美国没有立时参战，直到 1917 年德国宣告全面开展潜艇战争美国才采取行动。2、美国财团大量贷款给英、法，如果它们战败，美财团血本无归，美国经济也将大受影响。3、墨西哥革命战争中（1913—1916），美国派兵入墨西哥，但美国人民不支持。德国于 1917 年提出与墨西哥结盟，美国决定参战。4、在意识形态上，威尔逊亦高举"维护世界民主"（make the world safe for democracy）。

13. 爱尔兰的问题于"一战"期间渐趋尖锐。1912 年开始，北爱、南爱互组志愿军，准备内战。1916 年，都柏林发生"复活节起义"（Easter Uprising），成立"爱尔兰共和国"，英国军队在六天内将其镇压下去，并处决起事者。爱尔兰人同仇敌忾，团结抗英。1919 年，爱尔兰宣告独立，共和军与英军开战。1921 年签约，南部成立爱尔兰自治邦（Irish Free State，跟当时的南非和加拿大同等），北爱留在联合王国之内。南爱尔兰于"二战"之后的 1949 年完全独立。但北爱的新教与天主教之争至今仍未解决。

14. 卢梭是这样形容的："（北美印第安人）的社会组织的唯一目的是天然的自由。他们之中唯一的统治者是大自然和气候……（北美印第安人）维持他们的自由，并得到充足的供养……他们的生活没有法律、没有警察、没有宗教。"

15. 1513 年，西班牙人先到佛罗里达，不到三十年，他们的足迹已遍布阿巴拉契亚（Appalachian 山区，现今的弗吉尼亚州）、密西西比河和大峡谷、亚利桑那、堪萨斯、墨西哥和加利福尼亚。跟着就是 17 世纪的荷兰殖民者，主要在东岸，即现今的新泽西、纽约、康涅狄格、特拉华和宾西法尼亚州一带，首府在新阿姆斯特丹（现今纽约）。接下来就是法国人。他们先在 16 世纪开发圣罗兰河流域（现今加拿大），到了 17 世纪初是巅峰。那时的"新法兰西"（New France）东西从纽芬兰到落基山脉，南北从墨西哥湾到哈逊湾，分五个殖民区：加拿大、阿卡迪亚（Acadia）、哈逊湾、纽芬兰和路易斯安那。从 1562 年开始，法国胡格诺派的移民者首先落脚在现今的南卡罗来纳和佛罗里达。

16. 英国的农业革命发生于 18 世纪初，但马上输入到美国，首先就是烟草种植（有人讽刺说，欧洲人传入各种疾病，摧毁了印第安人，但印第安人却教会欧洲人吸烟，贻害至今）。跟着就是棉花，很快就取代了英国本土的羊毛。

17. 其中，法国是最大的后台。也可以说，当年七年战争，法国败于英国手上丧失了北美的"新法兰西"，不到二十年就报了仇。可是民主意识也随之流入法国，间接引发了法国大革命。

18. 后来，美英又打了一仗。拿破仑期间，英国强征美籍海员入伍，以补充海军兵员。1812 年，美国向英国宣战（其实也有对法国当年协助独立战争投桃报李之意）。双方苦战三年，1815 年（也就是拿破仑被最后打败时）停火。北美的疆土界线差不多完全不变。

19. 美国建立国家银行的过程是个很好的例子。国家银行是某一形式的经济"独裁"，象征强势联邦政府。汉密尔顿（Alexander Hamilton, 1755—1804, 美国第一任财政部长，任期 1789—1795）是华盛顿总统任内的要员，虽早于杰克逊，但政治理想则属"杰克逊民主"，相信联邦权力要大。在经济上，他主张国家通过进口税收和国债去建立国家银行，并于 1791 年成立"美国第一银行"（First Bank of the United States），为期二十年，到 1811 年为止。相反，杰斐逊反对强势联邦政府，他于 1801 年当上总统（任期 1801—1809）却没有采取任何行动。他的解释是，这银行是国会批准成立的，取消会很费力。跟着，杰斐逊的同道中人麦迪逊继任为总统（James Madison, 任期 1809—1817）。任内，银行的期限到了（1811），麦迪逊原想让它到期消失，但由于 1812 年的英美战事开启，政府很需要有国家银行来筹集战费，遂改变初衷，于 1816 年重新成立"美国第二银行"（Second Bank of the United States），为期又是二十年。可见，谁当上联邦总统谁就想建立强势联邦政府，起码不想放弃联邦已有的权力。

20. 门罗的原意是表明"新世界"（New World, 美洲）与"旧世界"（Old World, 欧洲）实在有很大分别：美洲是是由殖民地演变出来的新国家，欧洲不应干扰。这"主义"主要是支持拉丁美洲的独立运动，也当然是抗拒欧洲诸国在美洲立足。这成为美国两百年对外政策中最持久的原则。

21. 这解释了英国的经验主义（相对欧陆，尤其法国的理性主义）为什么会很自然地被美国文化接受和推广，以及英国衰落后美国登上世界第一强国的过程中为什么没有敌对和战争（有别于法国接替西班牙和英国接替法国的战争过程）。

22. "山上之城"来自圣经《马太福音》第 5 章第 14 节："你是世界之光，城造在山上，是不能隐藏的。"温斯罗普带领清教徒移民美洲，在船上讲道时这样说："我们一定要把我们当作山上之城。所有人的视线会集中在我们身上。如果我们在这里的所作所为是欺神的话，全世界的人都会把我们当作笑柄。"

23. 英国 1833 年废除奴隶制，美国要到 1865 年南北战争后才结束。到了 1860 年，美国有 400 万奴隶，是 1790 年工业革命刚开始时的 8 倍。棉花业是奴隶制度的经济基础。1860 年，美国产棉是每年 100 万吨，是 1790 年的一千倍。

24. 且看一些数字。人口方面，南方有 910 万，北方有 2210 万，这还未考虑南方人口中有超过三分之一是黑奴，白人只有 500 多万。因此南军兵员实在短缺（北方人口中黑奴占不到 1%，北军更有被解放的黑奴组成的黑人兵种，南军就绝无可能让黑奴参军）。军力方面，南军有 106 万，北军 210 万。军火生产更是差得太远了，北方占 97%，南方只生产 3%——其实这也可以理解，因为在战前北方已占工业生产量的 90% 了。有人说，南方不用战胜，只要僵持着就可以，北方会因代价太大而停战，那么南方就自然而然独立了。

25. 但就算内战期间，美国也曾以门罗主义为由，抗议法国拿破仑三世 1863 年进占墨西哥。拿破仑三世要把墨西哥送给奥匈帝国，美国于内战结束后要派兵干涉，但墨西哥人自己成功反抗法国与奥匈的统治，重新建立独立国家，美国因而作罢。

26. 土地属美国，但当地居民没有美国国民资格。菲律宾要到 1946 年才独立，关岛与波多黎今天仍是特区，但居民是美国公民。

27. 有名的"白人至上主义者"诗人吉卜林（Rudyard Kipling）的名诗"白人的负累"（The White Man's Burden）的小标题就是"美国与菲律宾群岛"（The United States and the Philippine Islands）以美国的民主、基督教的价值去教化人类是美国天定命运的使命。当然，菲律宾人不一定同意需要美国人来"提升"和"开化"他们。于是，他们在 1899 年发动菲、美之战。面对强大的美帝国，当然也是注定失败。

第四篇

适者?

美国是自由世界的盟主,全球资本的尖兵。自由主义、资本主义的经济掠夺与社会不公引发出无产阶级的反抗,西方以诱人的消费分化之;引发出民族情绪的反常,西方以强大的武力压抑之;引发出对生命意义的反思,西方以功利的容忍吸纳之。

第二十二章 资本世界：功利文明全球化

美国从英国手中接过资本主义，加上清教徒的强烈的自由和个人意识，使资本主义有充分发展的空间。美式工业革命于南北战争后起步，突飞猛进。19世纪末到"一战"期间，美国国内整顿经济秩序，国外扩张经济势力，奠定大业基础。"二战"是欧陆（包括英国）与美国此消彼长的关键时刻。"二战"后美国接替英国成为"自由世界"的盟主，20世纪80年代后开始担任全球资本的尖兵。

美国的经济发展与英国一样，同是资本主义模式，但青出于蓝，或可以说变本加厉。

直到17世纪，英属北美十三殖民区还是个小小的农业经济体，但终发展成为世界经济霸主，原因很多，如自然资源（包括土地）得天独厚；政治平稳，除了那场残酷的内战；国内市场庞大而统一，州与州之间并无贸易限制和关税；再加上喜欢创业和冒险的美国人。但最主要原因仍是它那套来自英国的功利文化。以维护传统阶级为经，以妥协各方利益为纬的政治模式与经济文化移植到美洲的个人世界和自由泥土上，的确带来过夺目的光芒，但它的可持续性如今开始受到质疑。究竟自由与传统、个人与妥协能否在唯一真的文化里恒久地和谐共存？究竟功利的文化能否永远满足人类对精神生活和自由理想的追求？

最早的移民有两类：逃避迫害的新教激进派和追求厚利的投机商人。这是个很特别的组合：保守的"工作伦理"（work ethics）加上冒险的"赚钱意识"（entrepreneurship）。自哥伦布于1492年"发现"新大陆开始，英、西、葡、荷和法的探险者不断来此，或寻宝，或求名，但成功的少，留下来的更少。英国本土最早的移居地是1607年的詹姆士镇，以英王詹姆士一世命名，是个生意性的殖民区。早期的殖民区都是以"特许公司"（chartered companies）的方式开拓的，也就是从国王（即政府）处拿得"执照"去开发和管理殖民区。来的都是有钱的商人和地主，为赚钱或为求名（为国、为家、为己增光）。政府批给他们经济、政治和司法权。但是，大多数的公司都赚不到钱，后来把执照转让给留在当地的移民。为此，这些留下来的移民要自力更生，他们建立自己的家园、社区和经济，自己管理自己。这跟他们离开祖家去追求宗教自由是同样的理想。那时，北方主要是自给自足的小农庄，南方则有较大的种植园，产烟草和稻米。这种自由和自主精神完全不同于英国本土的阶级观念。

美国早期的工业都是用来支持农业的，如磨房、碾坊，再加上小小的造船（渔业）。大多数殖民地居民的生活都比英国本土的居民安定富足（奴隶除外）。由于来自英国的"公司"早已退出，"土产"的企业家出现。英国17世纪的政治变迁，特别是反对詹姆斯一世和查理一世的绝对君权和由此引发出的内战，以及内战中的强势国会、共和政体以至光荣革命，对美国人来说（也就身在美国的英国人）有很大的启发。他们都想拥有像英国本土人的权利，也就是有政治发言权和决定权，特别是税收上的决议。由于英国坚决拒绝这些要求才引发了独立战争。美国独立的动机完全是中产阶级追求洛克在17世纪提出的"不可剥夺的生命、自由和财产的权利"。

美国立国后不久，棉业兴起。主要是因为惠特尼（Eli Whitney, 1765—1825）1793年发明了轧棉机，可以高效地把棉花与种子分开。美国南部，东起卡罗来纳，西至德克萨斯（稍后才加入美国）都成为产棉区，以黑奴劳动力为主。同时，大量移民涌往中西部开发。铁路、运河、海港等基建迅速发展，其中，铁路对美国经济发展影响最大，非但开发面积庞大的中西部地区，带动美国走上工业化和城市化，还催生了金融和企业管理——铁路的建设和运营需要创新的融资（包括以沿线土地开发作为投资的回报）和现代管理系统，还要处理复杂的劳资关系、平衡垄断与竞争的对持。这些都是日后美国大企业发展的摇篮和蓝本。

北部的工业化、南部的棉产、中西部的开发，都是随着"天定命运"的领土扩张而开展。19 世纪 30、40 年代是发展最急剧的时期，俄勒冈、德克萨斯、新墨西哥、加利福尼亚等都是那时加入联邦的。工业革命于 18 世纪末、19 世纪初在英国开始，很快就到达美国。到了 1860 年，也就是内战前夕，城市人口已占 16%，工业制成品（以棉纺为主，还有毛布、造鞋、机器）占国民生产的三分之一，主要在东北沿岸。欧陆移民大量涌入。大移民潮始于 1815 年拿破仑战争结束，约 900 万，大部分来自英格兰、爱尔兰和德国地区，都聚集在东部城市。运输网随之扩大，先是运河，继是铁路。市场也跟着扩大。长期的人口增长，新的耕地、牧地，新的工厂，加上新的发明、新的投资（尤其是投资在海外的铁路开发）使美国经济蓬勃。正当此时，内战来临。

北方战胜也决定了美国以后的政治与经济走向。黑奴制度被废，南方的种棉也一落千丈[1]。相对来说，北方的工业经南北战争更加发达。林肯在战争期内已大力推动工商业。战前的出口，南方占了 70%。林肯的保护关税对北方工业特别有利，而外国反保护政策却打击了南方的出口。此消彼长之下，南方经济从此落后于北方（直到 20 世纪末期后工业时代，南方的空白反成为它重获生机的优势），工业家（相对地主和农业）开始支配美国的社会和政治。

南北战争结束，美国的工业化才算真正的起步。经过马克·吐温称的"镀金时代"[2]，到了 1880 年开始超越英国[3]。这是美国爆炸性的遽升时期。铁路网发达，铁路运输量上升和成本下降，开始有冷藏火车卡、电报、打字机、电灯等，稍后更有汽车。英国是从手工业走上水动力的工业化，然后走上煤动力的工业化。美国是在英国的基础上，走上以电和石油为动力的工业化。英国的发展是建立在英国的天赋资源上（水力和煤），美国的发展也是建立在美国的天赋资源上：阿巴拉契亚山脉（宾夕法尼亚到肯塔基）的煤、西宾夕法尼亚的石油（之后再发现多处油田）、苏必利尔湖区（Lake Superior）和中西部靠北地区的铁矿等等，都被美国人好好利用了。看来似乎资源就是工业的基础，决定着产业模式。其中又以能源最为重要。英与美皆如此。关键在不需依赖他人，"就地取材"就是最佳的优势。

19世纪末、20世纪初的美国工业产量和人均收入仅次于英国。但同时，农民的负债和农产的贬值也成问题。稍后，空前的移民潮[4]大大增加了美国的劳动力，但债主的刻薄、工人的暴动也开始了美国的工运。这个经济抢掠的时代出现了所谓"强盗资本家"（Robber Barons），洛克菲勒、摩根等是代表人物。这些大企业家、大财阀代表着"美国精神"[5]：不断的竞争，无止境的追求，而且往往是只顾目的，决不考虑别的人和别的事。当时的商业道德观念松弛得很，暴力、贿赂、欺诈，比比皆是。但当时的美国人对这批人却崇拜得很，因为在这个移民的国家里，这代表人人都有机会发大财。这批人物财雄势大，支配着政府。在阶级流动比较慢的欧洲，知识分子一般看不起商人，但在阶级流动性强的美国，大部分人都拥护"赚钱"，认同商业风险和刺激，赞许商业成功带来的名利和生活享受。

19世纪末到"一战"结束是美国的"进步期"（Progressive Era）。这是个颇复杂的时代：对内整顿经济秩序，对外扩充美国疆土。19世纪末之前，美国一直都采取经济放任政策。除了在关键的铁路建设外，政府绝少干预（当然战争期的财政、关税、物价除外）。但暴发期也实在产生许多不公平和无效率的经济情况，例如芝加哥屠场的黑幕和"标准石油公司"的垄断，都是人所共知的。此时，小商人、农民和劳工开始组织起来，对政府有所要求。另一方面，经济发展制造了中产阶级，他们对商业精英和极端分子抱同样的介心。这些"进步分子"要求政府管制商业以维护真正的竞争和自由经济。《州际商业法》（*Interstate Commerce Act*，1887）、《反托拉斯》（*Antitrust*，1890）都是这时出台。但仍要等几年后"进步派"总统如老罗斯福和威尔逊上台,才得到真正执行。现在美国的商业管理机制(如联邦贸易委员会 [Federal Trade Commission] 和食品与药品管理局 [Food and Drug Administration])都是那时建立的。联邦储备银行和入息税也是那时开始的。国内是"进步",但国外却走上"帝国"之路。首先是美西之战(1898),抢夺西班牙的殖民地,包括古巴、波多黎各和菲律宾。继是在1900年国会通过"门户开放政策"(Open Door Policy)向中国施压,要求自由贸易。这段时期其实是美国霸业的奠基时期。强盗资本家时代为美国创造了强大的国力。

美国介入"一战",投入大量物资,是盟国战胜的关键。欧洲战事的残酷、政治的愚昧(相对于美国资本主义的"务实")、诸国之间的历史和民族恩怨、社会制度的保守,都是美国人难明和难忍的。要牺牲美国利益和美国人生命去处理欧洲"理还乱"的国际关系,美国既没有兴趣也没有能力。美国国会甚至拒绝加入由美国总统威尔逊亲自倡议的"国联"(League of Nations)。美国进入"自闭"阶段(Isolationism,又译孤立主义)。但同时,美国的经济与军事力量却不断增长。对外关税,对内减税,以每年巨额盈余大幅度偿还国债。1920—1929年是"兴旺的20年代",特别是汽车业的发展刺激石油、玻璃、筑路等工业,并带动以小汽车为主导的旅游和购物。大小城镇高速发展,建筑业蓬勃旺盛。除了农业外,一片好景,直到股市崩溃。

1929年10月9日,股市大泻。美国乃至全世界都进入"大萧条"(Great Depression)。联邦储备并没有"救市",反而收缩货币供应,收紧银行贷款。这是经济"缺氧"。另一方面,政府因为税收少了就在国内大幅度加税,对国际贸易则采保护政策,招致别国的回击(特别是加拿大、英国和德国)。这是经济"自杀"。双重打击之下,失业率增至1932年的23.6%。灾情最惨是重工业、林业、农业和矿业。轻工业和白领稍好。罗斯福登场,要扭转颓势,打出"新政"(New Deal):增加政府投资(包括赤字投资),发动大量基础建设[6]。基础建设在日后为美国的经济腾飞创造了条件,但就业问题就要等到"二战"征兵1200万人入伍时才得到解决。

美国参战晚。那时，欧亚已是战火弥漫。美国首先是非军事介入，在亚洲对日本采取石油和其他战略资源供应禁运，又同时增加对中国的军事和经济援助。1941年12月7日，日本以美禁运为由，偷袭美国太平洋舰队基地珍珠港。翌日，美国对日宣战。四天后，德国向美宣战，美国面向两个战场。美国与盟国的战略是先击败希特勒[7]。1944年6月6日，联军从英国发动攻势，登陆诺曼底[8]。不到一年，1945年5月8日，德国无条件投降。在太平洋战场，美国初采守势，日本席卷东南亚（速度比德国初期的闪电战 [Blitzkrieg] 还要快），进犯澳洲。1942年，中途岛一役扭转形势，美国击破日本的制空、制海权，并开始越岛反攻。1945年8月6日和9日，原子弹分别投落广岛、长崎。8月15日，日本投降，"二战"结束。美国接替英国成为世界第一强国。

当初"一战"开始时，英国仍是大的国际债权国，伦敦仍是世界金融中心。但到了"一战"结束，英国经济绝对性的衰退。当时，政府采取的仍是传统的"经济放任政策"。战后，全世界都有一段短时期的蓬勃，英国也不例外。但1929年的大萧条开始，英国被迫放弃黄金本位的货币，又放弃自由贸易，采取保护政策（这也是当时各国的政策），经济从此一蹶不振。有人认为这个经济和社会背景是英国对希特勒采取"绥靖政策"（Appeasement）的原因之一，也就是把战争尽量推迟去争取动员所需的时间。

1939年，纳粹德国攻入波兰，"二战"开始。英国实行外汇管制，又决定花掉其黄金和美元储备向美国购入军火、物资和工业机器。到1940年中期，英国的出口比1935年低三分之一还多，国库濒临枯竭，就要破产。美国于1941年初通过《租借法案》（*Lend-Lease*）供应英国物质，战后归还（下面要注意这点）。但英国要答应不出口相类货品（就算是英国自己制造的也不能出口），并由美国派官员到英国监管。

美国在战时已开始注意战后发展，决定打开从前自己没有份儿的市场，尤其是"英镑贸易区"。《大西洋公约》（*Atlantic Charter*）在1941年签订，布雷顿森林体系于 1944 年成立。在这些国际机构中美国占的股份和发言权最大。美国要部署正式取代英国的霸权了。

"二战"刚结束,美国马上终止《租借法案》,这一招使英国措手不及——英国原先以为美国会把法案维持到它经济开始复苏。但这也不完全是美国的"阴谋",英国国情也影响美国的决定。"二战"后英国工党上台[9],进行经济与社会改革,包括全民保险、开拓公共住房,并把若干主要工业国有化。那时的共产苏联气势如虹,席卷东欧,资本主义阵营深感威胁。1946 年 3 月,在野的丘吉尔发表他著名的"铁幕"演说。在这样的气氛下,左倾的英国政府怎会得到资本主义老大美国的满意?

那时,英国财政紧张,物资短缺,实行配给制,要靠美债来重建"二战"破坏的基础设施。英国政府派经济学家凯恩斯(John Maynard Keynes, 1883—1946)跟美国谈判借款。美国大萧条时期,罗斯福总统的"新政"都是以凯恩斯的经济理论为依据,理应受美方尊重。可是在 1945 年 12 月达成的《华盛顿贷款协议》(*Washington Loan Agreement*)的效果极差。英国希望得到 50 亿美元"拨款"(grant-in-aid),实际得到的是 37.5 亿美元的"贷款"(loan),而且是为期 50 年的赊购限额(limit of credit),其中五分之一还要用来偿还《租借法案》下的债项。但更要命的是附加条件的苛刻:英国要在一年内解散"英镑贸易区"(Sterling Bloc),开放给美国进入,两年内完成英镑的自由兑换(这些是美国力求的自由贸易条件,当时美方代表很多来自华尔街)。1946—1947 年的冬天格外寒冷,煤供应又不足,英国人真是凄凉,遑论经济复苏了。1947 年 8 月,英镑自由兑换期到了,市场大量抛售英镑去兑换美元,英国经济受损严重。几周后,英国停止自由兑换,但英镑受的压力未减,终在 1949 年贬值。从此,英国的国势日缩[10],美元成为最有力和最安全的世界货币。

"二战"后,美国不再"自闭",参加联合国(并提供纽约作其总部),登上世界第一强国宝座。但马上"冷战"(Cold War)开启,美苏竞争势力扩张,展开军备竞赛,以核战的"同归于尽"[11]作为互相阻吓的战略原则,代表性事件包括朝鲜战争（1950—1953）、古巴危机、太空竞赛和越战。但同时，在美洲仍是用换汤不换药的"天定命运"，包括对危地马拉、巴拿马、格林纳达、萨尔瓦多等地的军事行动。

"二战"后，美国经济突飞猛进，间有低迷[12]。全球向美国消费文化看齐。当然，美国人自己也是带头消费。1961年，肯尼迪总统大减税，加上"二战"的国债到期，政府向国民还债，于是中产阶级暴增，国民生产总值突飞。那时，工会力量成长，工人工资也跟着高涨。接着的约翰逊总统（Lyndon Johnson，任期1963—1969）想建设"伟大社会"（Great Society）去处理贫富和黑白的不均，社会福利、大型科研都是那时出台。消费经济带来相应的社会运动。从50年代开始，反传统、妇女解放[13]、民权运动，一波接一波，绝大部分的反抗都被资本主义成功化解（第五篇第三十二章有关资本主义的剑和盾）。但越战的阴霾、年轻一代的失落也加剧了社会的转型。

20世纪70年代开始，因国民过度消费和越战过度消耗，经济巨轮有慢下来的迹象。1971年8月15日，尼克松总统下令管制工资和物价90天，并停止以黄金支持美元，1944年布雷顿森林会议有关稳定货币的协议到此时实质崩溃[14]。贸易逆差从此成为常例，也可以说美国以"卖美元"度日。美元是不用本钱的生产，只要维持别人对美元作为通货和储值的信心，理论上美国可以无限"生产"和"出售"美元。1973年石油危机一波接一波（1979年又来），经济衰退与通货膨胀同时出现。1974年石油危机之后，美国生产萎缩1.5%，贷款利率上升，到1981年最高达年息20%。

80年代美国开始走回自由经济，取消新政时代的工商管制（能源、通信、运输、银行等）。但也带来新问题。商营的"储蓄与借贷"公司因为管制放宽了就随便放款，引发"储蓄与借贷"危机（Savings and Loan Crisis），甚至要政府救市（这与三十年后的"金融海啸"如出一辙）。这个新经济方向是美国两党的共识。到了里根1981年上台后，更是排山倒海的国有企业私有化、政府功能外包、财经管制撤除。里根完全相信放任经济，这时也改称为"供应经济"（supply-side economics）——以减税、放宽管制去刺激投资和赚钱，借此带动经济（生产与消费）增长。在这段期间，经济和就业确实增长，但经济周期转剧，贫富差距加深[15]。政府赤字与贸易逆差成为常见。

"二战"后三十多年，美国的朝鲜战争、越南战争虽都是无功而返，但国力消耗得很。在美苏核弹对峙、战则"同归于尽"的形势下，美国终于发现若要维持霸业，军事力量可能是必需条件，但肯定不是充分条件。经济力量才是关键。结果，美国还是以经济为武器拖垮了苏联（见下章）。1991年，苏联解体，美国唯我独尊，"天定命运"不提了，但实质仍是不遗余力地向全球推广美式自由、民主，一方面为自身的经济利益，一方面为拯救世界，美国当上"世界警察"。

美国取代了英国的西方霸主地位，延续了英国的资本主义并将其提升为全球资本，但美国的霸主形式和力量跟西班牙、法国和英国的霸权大有分别。可以说，美国的文化和经济越来越反映出（也反映在）全球资本的意识形态——自由、竞争、消费、效率。美国称霸其实是资本主义称霸。但随着资本全球化，国家的意义也渐被没有国界的全球资本意识形态支配，甚至取代。随着资本制度的深化和全球化，"资本家"不再是从前的财阀，而是职业的"资本管理者"。财阀们会受其个人的爱恶左右，不一定按资本主义的逻辑行事，但资本管理者就只是"打工"，他们在打工中忠于抽象的资本主义意识形态。他们忠于他们的"职业"而非他们的"顾主"。全球几千个最高层的资本管理者，其世界观和伦理观比他们同文同种的同胞国人更加一致。他们不自觉地定义着全球人类的生命意义，支配着全球人类的生活素质。当然，这不是发生于一朝一夕，而是百多年来资本主义成功地腐蚀共产主义、击败国家主义、吸纳存在主义而达成的。

"一战"与"二战"之间，欧洲处在精神亢奋与休克的两个极端之中，有点像中世纪结束、现代来临前夕的景象，同样地出现三种心态：现实功利、悲天悯人、犬儒冷漠（见第二篇第八章）。不同之处在于：经过几百年不断质疑"传统"的价值、不断肯定"变"的意识形态,西方人变得世故、老练、虚伪。此时出现三种选择:共产主义是以阶级来划分的悲天悯人,国家主义是以民族为中心的现实功利,存在主义是在空虚无奈中的犬儒冷漠;但都被自由、功利的资本主义征服。

注：

1. 这跟世界局势有关。南北战争之前，英国是美国棉花的最大主顾，南方也曾想借此把英国拖入南北战争。但英国却因美国内战转向印度和埃及开发棉花种植，因此棉花价格涨不上去，英国也不再考虑协助南方。

2. 这称呼来自马克·吐温于1873年出版的同名小说《镀金时代：今天的故事》(*The Gilded Age: A Tale of Today*)，是负面的表述，尤其讽刺当时的物质主义和官场腐败。但无可否认，当时的经济也在迅速发展。

3. 这刚好是英国为确保大英帝国独霸而抢夺非洲的开始（见上章）。可见光辉的表面下，英国已走向低迷。这些，当代人要留心才能看出来。

4. 估计1875—1920年期间，来自东欧和南欧移民达2100万。

5. 摩根(J.P. Morgan, 1837—1915)是典型。他的私生活和做生意方式都是令人触目的。他豪赌、奢侈，但同时又是主教制教会（Episcopalian，是英国国教"高教会"在美国的流派，有"贵族"气味）的热心教友，也是世界知名的艺术品收藏者。相对的有洛克菲勒（John D. Rockefeller, 1839—1937）和福特（Henry Ford, 1863—1947）。他俩则完全是清教徒本色。虽是富可敌国，但仍有小镇居民的价值观和生活方式：上教堂，做善事，相信事业成就与个人道德有关。他们的后人建立了美国最大的私人慈善机构。

6. 罗斯福政策是功是过，至今仍有议论纷纷。有人说它拖延了复苏，有人说它为日后发展打下了基础。如果单看GDP，1934年已回升，1936年已完全恢复。但罗斯福关心的是"全国三分之一吃不饱、穿不暖、住不稳"。国民生产总值于1932—1940年增长58%，但到"二战"时，失业率仍在9%。

7. 战略上是在欧陆采攻，在太平洋采守。首先，在英国建空军基地，轰炸德国。陆战则是在北非初试啼声，与英国、澳大利亚、新西兰联手驱逐隆美尔的非洲兵团。美海军主要用来保卫大西洋供应线——其实，这是美国的主要贡献。间接地，但更重要地，战场上的需要带来史无前例的后勤生产，美国"大萧条"的失业问题从此解决。

8. 差不多一千年前，欧陆诺曼人登陆英伦，现今英国反方向登陆欧陆。

9. "二战"期间，英国由"联合政府"执政，也就是各党联合、以丘吉尔为首共赴国难。1945年7月，丘吉尔以救国英雄领导保守党竞选，结果出乎意料，工党以压倒性票数当选，理由有下：工党的口号是"面对未来"，答应全民就业、全民保险和福利社会，配合了对战争厌倦、对大萧条害怕的英国老百姓的心态；工党领导人在战时的联合政府表现颇佳，很得民望；战前的保守党首相张伯伦（Arthur Neville Chamberlain，任期1937—1940）对纳粹德国的绥靖政策使英国老百姓对保守党很不信任。

10. 战后殖民地的独立运动也不断开展。印度于1947年独立。殖民帝国的萎缩影响经济的结构。从前大英帝国属地之间的贸易和经济，被独立的国家各自订立的地区性双边或多边协约替代。英国在上世纪的第一优势（包括工业和金融）被其他复原比它快的国家取代，特别是美国大力协助下的德国和日本。英国自身的经济结构也在重组，由制造工业走上第三产业（特别是银行、保险、航运）。从前的工业地区变成贫困地区。

1960—1970年代全球经济好转，但英国的增长速度只及德、法的一半。再加上通胀加剧，英镑于1967年再度贬值。1960年代经济不断下滑，而且不停有罢工，英国的视线从世界转回欧洲，1945—1965年间，英国与英联邦国家(前属地)的贸易减了一半，而与欧洲诸国的贸易却增了一倍。

英国决定加入欧洲共同市场。这是1973年之事。但马上是"石油危机"（Oil Crisis），全世界陷入不景气，既是经济萎缩，同时又是通胀（称 stagflation，是 stagnation 和 inflation 合成的名词）。英国受的影响最大，失业大增、经济大跌、通胀大起，被人称为"欧洲病夫"（Sick Man of Europe）。稍后，北海发现大油田，情况稍为好转。铁娘子撒切尔夫人（Margaret Thatcher，任期1979—1990）于1979年上任首相，马上转舵：减低国家干预经济、削弱工会力量。1984年，煤矿工人大罢工一役，她取得决定性的胜利，同时削减公共支出（包括把国有企业私有化和政府裁员）、控制货币以对付通胀。她虽属保守党但日后无论工党或保守党政府或多或少都跟随了她的路线。但社会张力也增加，无论是贫富问题、无家可归者问题、工人罢工、种族暴动等等。

11. Mutually Assured Destruction，英文简写是 MAD，是"疯狂"与"神经病"的意思。

12. 要注意的是在"二战"开始时，美国肯定不是市场经济。那时大量民用生产改成军用生产，为避免因国民收入增加及民用物资供应不足而会产生的通货膨胀，美国实行物价（包括房租）管制和物资分配（包括糖、汽油等）。这些措施制造了战后的需求突飞，特别是住房的需求。近郊住房的发展带动美国战后五十多年来的经济。"二战"结束到"石油危机"（1945—1973）是美式资本主义（有别于全球资本）的黄金期，中间有些衰退，如1953—1954年间。处理办法是罗斯福时代的典型手法——政府大量投资公共设施、放宽信贷、减税。这些手法到今天也没有改变。

13. "二战"时男人打仗，女人打工。战后女权意识高涨与此有关。女权主义对社会的稳定有很大的冲击。来自经济（有异于来自宗教或意识形态）的女权主义冲击家族、家庭制度。作为传统社会稳定因素的家庭规模、分工和分权开始转型。这过程中自然带出很多矛盾和纷争。

14. 这就是有名的"尼克松冲击"（Nixon Shock）。"二战"后美元以黄金为本位（每盎司35美元），但由于美国打越战的花费大，加上越来越依赖石油进口，因此大量美元外流，"石油美元"（petrodollars）远超美国黄金存量（当时黄金储备只有发行的钞票价值的0.5%，非钞票的债务和信贷还未包括在内），这是尼克松决定取消定价兑换的主要理由。

15. 1968年美国的基尼系数是0.386（日本是0.381、英国0.368、加拿大0.331）。但经过多年的放宽约束、经济全球化、生产外包（海外国家），2005年猛升到0.469，接近马来西亚和菲律宾，高出中国的0.440。

第二十三章　自由、功利压倒平等意识：
资本主义腐蚀共产主义

共产主义与资本主义都有"全球性"倾向。资本主义的龙头美国先是恐共，继是反共。它以军备竞赛和阿富汗战事拖住苏联，以消费经济腐蚀苏联。苏联的"经济改革"起不了作用，"政治开放"更是加速了它的解体。

资本主义与共产主义天生不能共存。两个都是具有全球扩张性的意识形态。无国界的资本自由运作跟全世界劳动人民团结起来是同一个现实的两个相反面，一方坚持自由是唯一真，另一方坚持平等是唯一真，一山不能容二虎，难免一战。但资本主义夺得先机。战场是它选的——经济，武器也是它选的——消费。消费文化经西方传媒渗入共产主义国家，先是腐蚀了精英，继是撩动起百姓。在消费文化的大气候里，个人自由主义终于肢解了以苏联为首的共产主义阵营。

共产主义是20世纪的主要意识形态之一。20世纪中期，全球三分之一的人生活在共产制度之下。要明白共产主义，首先要明白资本主义。资本主义没有什么宣言或政治纲领，只是一种弥漫整个社会的现实。当然，学者往往将亚当·斯密作为资本主义的发明者。其实，斯密没有发明资本主义，资本主义也无须被发明，它是人类占有掠夺、弱肉强食的原始欲望的具体表现。不同者是在有些文化里这些欲望被批判，但在西方近代两百多年的个人主义文化里这些欲望被表扬而已。

资本主义其实就是 19 世纪欧美经济的写照。从批判者的角度去看，这个现实有两个特征：财富是人的价值的衡量标准，是个笑贫不笑娼的无耻社会；竞争是致富的唯一途径，是个弱肉强食的掠夺社会。那时代，政治为财富服务，因此富者越富，贫富两极分化；那时代，财富也支配政治，因此改革困难，改革者沮丧绝望。共产主义是对这个以掠夺和财富支配一切的社会的反抗。法国的普鲁东（Proudhon, 1809—1865）在 1860 年首先用了"资本主义"一词。他的名句"财产是盗窃"（Property is theft），充分表现出一种阶级性的敌视——把社会分成资产和无产两个阶级，并把资产阶级视为盗匪。

马克思（Karl Marx, 1818—1883）的共产主义是针对当时社会弊病的一套系统性改革思路，有三个基本特征。唯物历史观——以生产关系去解释人类社会的进化，结论是人类社会从封建到资本主义再到共产主义是必然的历史过程；对资本社会的批判——以资产私有制去解释资本家对工人的剥削，结论是在私有制下人类社会不能有更高的发展；提倡无产阶级革命——工人阶级要通过全球性的革命去夺取政权，生产要素归集体所有，阶级便会消失，不公也会消失，共产社会将是一个没有阶级、没有异化、没有国界、没有压迫、没有匮乏的民主社会。

其实，共产制度并不是新意[1]，但马克思认为其他属"空想"而他的是"科学"。他的唯物历史观是参照当时的科学方法（也就是经验主义开发出来的归纳辩证法），从历史的证据中归纳出人类社会进化的轨迹，进而推论出一个阶段式的社会进化模式。无可否认，他观察到的社会正是工业革命（1780—1820）带来最严重的社会不均和工人苦境的一刻。他与恩格斯（Friedrich Engels, 1820—1895）发表《共产党宣言》（the Communist Manifesto）的 1848 年正是全欧闹革命的一年[2]。

工业革命带来社会的不平等和不安宁在 19 世纪开始涌现。一般西方人把反抗资本主义的运动分成改革性的社会主义（Socialism）和革命性的共产主义（Communism）。当然，社会主义也被看作从资本主义到共产主义的过渡阶段。一般人同意法国的圣西门（Henri de Saint-Simon，1760—1825）首先使用"社会主义"这名词。他特别认为科技进步可以推动社会发展。他主张用知识分子和实业家领导的社会主义改革去清除资本主义社会的弊病，以达到"各尽所能，按劳分配"的社会。欧文、傅立叶等都是走的这个略带"精英领导"意味的改革。相对的，共产主义一开始就走上了"工人领导"的革命[3]。

共产主义的另一特征是它的国际性。《共产党宣言》的第一句就是"一个幽灵，共产主义的幽灵，在欧洲游荡。"最后一句也是"全世界无产者，联合起来！"

第一国际(First International,1864—1876,也称国际工人联合会, International Workingmen's Association) 于1864年在伦敦成立。马克思以德国工人代表的身份被邀参加。1869年，德国的社会民主工人党成立。跟着，在奥地利、法国，类似的组织相继成立。当时的工人组织包括激进改革的工会运动、革命性的共产党、无政府主义者。1871年，普法战争结束，法国战败，国内一片混乱。巴黎暴动，成立"巴黎公社"，但数周后就被政府残酷镇压下去。马克思和恩格斯认为这短短几周的巴黎公社显现出一个社会主义社会的面貌：大型企业由工人组织接管，政府职位由全民投票选出，政府官员收入与工人同等，并可随时经民主程序罢免。恩格斯称之为"无产阶级专政"，而现存的"国家"（State）只不过是阶级压迫的工具而已。巴黎公社之后，共产党与无政府主义者的鸿沟扩大。1872年，无政府主义者被逐出"国际"，而第一国际也于1876年解散。

第二国际（1889—1916）包括20个国家[4]。但1914年"一战"爆发，绝大部分成员都舍弃"全世界无产者，联合起来"，转而支持自己国家的政府参战。列宁（Vladimir Ilyich Lenin,1870—1924）谴责"一战"是"帝国之战"，并鼓励全世界无产者利用这战争去进行革命。反战分子继续在瑞士开会。但革命派与改革派未能达到共识，第二国际解体。从此，革命性的共产主义者与改革性的社会民主派（Social Democrats）分道扬镳，走上了东欧共产主义国家与西欧社会民主福利国家的不同路线（见第五篇第二十九章有关资本主义如何分化民主党派）。

1917年初，俄国革命，沙皇退位；临时政府无能。德国极想俄国退出"一战"，于是从瑞士秘密把列宁送回俄国。10月，布尔什维克革命成功，世界第一个共产主义国家苏联诞生[5]。1918年11月，德国将败之际，国内兵变，德皇退位，建立共和。1919年1月以共产党为骨干的斯巴达克同盟（Spartacus League，创办人就是有名的罗莎·卢森堡 [Rosa Luxemburg]）起义，但被镇压下去。同时，匈牙利、奥地利、意大利各地都有起义。

在仍是农业经济的俄国，共产革命成功；在资本经济的西欧，共产革命却未成功。这引发出对马克思唯物历史观的争辩：共产社会能否出现在资本社会的前面？列宁认为共产主义的发展不能单靠俄国革命，他相信除非全欧革命，否则俄国革命会像当年的"巴黎公社"，很快就被全球资本镇压下去。他坚持最后胜利要靠发动资本主义国家的工人革命。他反对国家主义，特别是"俄罗斯民族主义"（Russian Nationalism），认为这不利于无产阶级专政。列宁认为组织共产国际是必需的。

1919年俄国内战之际，第三国际（1919—1943，也称共产国际）在莫斯科召开，目的是鼓吹世界革命。那时，革命浪潮覆盖整个欧洲，但各国政府也大力镇压。1922年，第三国际推行"统一战线"政策，鼓励共产党人与各社会民主派系合作。但西欧各国的社会民主党派对苏联在1917—1920年间的内战和党争，以及各国共产党的强势姿态，很有介心。1920年，英国工党就拒绝接受英国共产党的加盟申请。1924年，列宁去世，斯大林（Joseph Stalin，1879—1953）的影响力日增。德国与匈牙利的共产革命失败，加上意大利激进国家主义（法西斯主义）抬头，使保卫苏联逐渐替代世界革命。稍后，欧洲诸国共产党拉拢社会民主党派的"统一战线"政策也改为"划清界限"的对抗（主要是在欧洲国家，亚、非地区有别）。到了1930年代中期，对抗法西斯主义成为最主要斗争。但同时，苏联的清党运动也大大影响了共产国际。"二战"早期，共产国际采取不参与立场。1941年，希特勒入侵苏联，共产国际于是改为支持盟国（这跟第二国际当年的景象差不多一模一样）。共产国际也于1943年解散。

西方国家对没有国界的共产主义实在害怕得很。我们可以从美国的两次"红色恐惧"（Red Scare）去看看当年先进资本主义社会对共产主义的反应。第一次"红色恐惧"是1917—1920年，反映美国对工人革命和政治极端化的恐惧。20世纪初是美国经济突飞期，也是"强盗资本家"时代，社会与政治张力很大，无政府主义和社会主义有很大吸引力，很多社会与政治改革也是在那时发生的。那时，欧洲移民大量涌到美国，他们很多都有革命思想，而且当时社会实在有很多的不均和不公，加上1916年、1917年期间的罢工工潮被传媒大肆渲染为"左派蠢动"、"外国煽动"，很多人认为在美国马上要发生像俄国那样的革命，美国人所珍惜的私产、宗教、家庭、婚姻、文明，将会被完全破坏。

早于1918年，威尔逊总统以维持战时士气为由，迫使国会通过《叛乱法案》（Sedition Act），允许政府递解激进政治分子出境。1919年4月，警方破获炸弹案，作案者的36个目标都是政界要人和财经巨子，包括摩根、洛克菲勒、最高法院法官、移民局高官、司法部部长帕默（Alexander Mitchell Palmer）。6月2日，8个炸弹同时在8个城市爆炸，其中一个在帕默的住所。事后，帕默下令大搜捕（1919—1921），由胡佛（J. Edgar Hoover，1895—1972，后来是首任联邦调查局局长）主持其事[6]。这场"红色恐惧"特别针对"外来"（foreign，指欧洲）意识形态。从此，"非美"（un-American）变成了美国"恐外"（xenophobic）的特征。

到了"一战"与"二战"期间，苏联工业化的进展使人感觉到资本主义不是唯一的发展途径。加上"二战"中苏联击败希特勒，红军席卷东欧，更使人感觉到共产主义的威力。此时，资本主义与共产主义直接角力。美国的第二次"红色恐惧"长达十年（1947—1957），反映了美国对自身安危的恐惧。

20世纪30年代,美国很多知识分子对共产主义都有好感。政治保守分子很不满意,也很担心。"二战"一开始,美国国会通过《外籍人士登记法案》(*Alien Registration Act*, 1940),管制"外籍"人士的任何反美言论、集会和行动。主要是对付共产党,但也用来对付右翼的亲德分子和被怀疑不够精忠的美籍日本人。1941年,纳粹德国入侵苏联,美国共产党持主战立场,口号是"共产主义就是20世纪的美国主义"(Communism is Twentieth-Century Americanism),鼓励其党人参与主流政治活动[7]。"二战"结束,"铁幕"下垂,冷战展开。1949年,苏联核爆成功;1950年,联邦调查局揭发美国共产党员和共产党同情者的原子弹间谍案,同年又爆发以美苏对抗为主的朝鲜战争。美国人既惊且怒:一方面是苏联的威胁,一方面是美共的内乱。那时美国朝野都认定美国共产党完全是由莫斯科操纵的。

从1947年杜鲁门总统签署行政命令要审查公务员对美国"精忠"开始,经众议院的"非美活动"委员会、参议院的国内安全调查会等,扰攘了十多年,史称"麦卡锡时代"(McCarthy Era,以反共最为激烈的麦卡锡参议员命名)。

美国近代史学家对"麦卡锡主义"的评价毁多于誉,主要是针对当时政府和政客在反共的旗帜下滥用权力。但当时的民意的确是恐共。1950年,由民主党控制的国会通过了专门用来对付间谍和颠覆活动的《国内安全法案》。身为民主党人的杜鲁门总统欲行使否决权,认为该法案只是针对某些人的意识形态,而不是针对这些人的实质行为有没有触犯法律。但国会以大多数票否决了总统的否决。这反映出当时的民意倾向。1954年的《控制共产党法案》(*Communist Control Act*,其实是把美共打成非法组织)是《国内安全法案》的延伸,参、众两院以绝大多数通过。1954年1月的盖洛普民意调查显示,50%的美国人支持麦卡锡,只有29%的人反对或有所保留。当时很多美国人反对美国参与国际事务,尤其是联合国,认为这些都是受共产党支配的。他们也反对社会福利项目(特别是30年代罗斯福新政传下来的福利项目),认为这些是共产意识的东西。更有极端分子认为防疫介苗、精神病院、饮用水加氟（防蛀牙）等都是共产党毒害美国人或给美国人洗脑的阴谋。

美国高度恐共的同时，西欧国家则以建设社会民主福利体制作为安定社会的力量。以英国为例，1945年工党大选得胜，可见当时民意的左转[8]。西欧诸国一方面恐惧共产，但另一方面也认定蹂躏世界的法西斯主义也是资本主义的不公和不均滋生出来的。对英国工党政策极具影响的社会改革家贝弗里奇（William Beveridge, 1879—1963）指出"二战"前劳动阶级有"五大巨魔"（Giant Evils）：匮乏（因为贫穷）、疾病（因为缺卫生）、无知（因为缺教育）、邋遢（因为缺住房）、懒散（因为缺工作）。解决这些问题是1950—1970年代英国政府（无论工党或保守党）的基本政策方向——失业救济、低租住房、免费教育、免费医疗，并推动若干程度的企业国有化（包括土地开发权国有化）。可见共产主义对西欧的直接和间接影响。

共产主义是资本主义社会弊病的反应，是对资本主义专横的反抗。可以说，是资本社会激发出共产主义。但共产主义也代表一种理想——弱肉强食世界中一种乐观态度的悲天悯人。它虽然强调阶级斗争，但仍认为有一天会世界大同。它包藏着唯一真文化基因：从封建到资本到共产的唯物解释是唯一真的历史；超越国家利益的全世界无产阶级大团结是唯一真的革命。在这唯一真基因下，对历史过程的不同解释和对革命手段的不同演绎产生了正统和异端之争，分裂了共产运动。不同派别之争有时比对资本主义之争要更惨烈。

但是，共产主义阵营最后还是被资本主义瓦解。何故？因为资本主义，特别是消费经济，实在太诱人了。

资本主义的美国主要是靠经济手段击败共产主义的苏联。1970年代，西方踏上"消费经济"，也就是从满足消费走上创造消费的道路，特别是高科技的电子产品。以重工业为主的苏联经济追不上西方日新月异的消费品，越来越依赖进口。到了80年代，美国里根总统巧妙利用西方的经济优势拖倒苏联。首先，他诱导沙特阿拉伯增产石油，去压低世界油价来打击苏联赖以赚取外汇的石油出口，使苏联缺乏外汇去购买老百姓所需的消费品以及军备竞赛所需的高科技。第二，他发动"星球大战"计划（Star Wars，也称战略防御计划 [Strategic Defense Initiative]），迫使苏联在军备竞赛上脱不了身。第三，他资助阿富汗的游击战，拖住苏联庞大的驻军。最聪明的一招是他的笑脸。他以"老友"的姿态对待苏共领袖戈尔巴乔夫（Mikhail Gorbachev，任期1985—1991），使苏联人摸不清自己的领袖与美国的关系究竟是怎样子的。这个含糊加强了国内改革分子的信心和野心，也加深了国内保守分子的不安和不满。苏联就在多方面、多层面的矛盾下被资本主义瓦解。我们来看看故事的始末。

苏联本身的天然资源、能源很丰富。从1930—1970年代，苏联经济以重工业与军工业为主力。1957年发射世界第一颗人造卫星，1961年运载世界第一个太空人。当时，赫鲁晓夫（Nikita Khrushchev，苏共总书记，任期1953—1964，于1964年被解除职务）声称苏联的经济会于二十年内超越西方。但事实上，相对于欧美，苏联的经济是在倒退。在1938年"二战"开始前夕，它占世界商品总量的18%（相对于美国的29%）。但到1960年，它只占12.5%（相对美国的26%和欧共体的26%）。

在1960年代的勃列日涅夫时代（Leonid Brezhnev，苏共总书记，任期1964—1982），苏联经济转型，消费品生产增加，但经济增长率却在下降[9]。相比之下，欧美各国的经济增长有增无减（全球增长率在1973年是6.2%）。苏联的铁、钢、水泥、石油产量仍可与欧美相比，但消费生产所需的电子和轻工业就完全赶不上了。

这一期间，西方的"消费经济"（consumer economy，可译为"消费者经济"）却在成长。当然，消费经济不是资本主义设计出来去颠覆共产阵营的，它是资本主义自身发展的逻辑。资本积累是资本主义的终向，而资本积累来自生产，生产来自需求，需求来自消费。最初的资本主义是"满足"消费。消费经济是进一步去"刺激"消费。消费需求增加了就需要增加生产，增加生产就会增加资本积累。消费经济的意义就是跳出被动性的满足消费，走上主动性的刺激消费。消费经济的特征是：日新月异；奢侈品马上变必需品；不能维修，只能更换；不能重用，必须弃掉。由此而来的就是消费文化：追求时尚；追求方便；崇尚炫耀；精英领导潮流，百姓一窝蜂跟随。最后是消费文明：价格越高的消费品越有经济价值，消费能力越高的人越有社会价值。西方传媒既是消费文化的产品，也是消费文化的先锋。共产主义国家里的百姓们无法到西方去，但西方的传媒则到处可达；他们看见或听见西方的消费和休闲产品五光十色，自然着迷，自然也想要。

苏联的计划经济的灵活性低，在科技创新和产品创新上都比不上西方，走上一个恶性循环——产品不提升，自然难找市场，"顾客"就只剩军队和政府（包括政府资助的福利和社会项目）；有了这些跑不掉的顾客哪还用竞争？没有竞争，产品质量怎会提升？于是，整个经济就越来越落后，生产者（工人）的士气下降，消费者（也是工人）的怨气上升。国家培养出的高科技、高学历人才也无用武之地。就连农业也受影响。"二战"之前的苏联是世界最大的农产品出口国之一，如今变成最大的进口国之一。廉价能源（石油）逐渐耗尽，开采的成本也不断提高。石油输出下降，粮食进口上升，导致黄金与外汇储备流失，卢布贬值。经济停滞，官员腐化，人民大大不满。外面也不宁静：一方面在冷战中与美国搞"缓和"（Détente），另一方面则在1968年镇压捷克、1979年进兵阿富汗（1979—1988）。

"缓和"的高峰是"第二轮限制战略武器谈判"在1979年达成的协议（SALT II, Strategic Arms Limitation Talk II；第一轮谈判是在1972年达成协议）。但马上苏联就进兵阿富汗。此时正好英国的撒切尔夫人和美国的里根总统上台。两人都是资本主义的忠实信徒，坚决反共。里根把苏联形容为"邪恶帝国"（Evil Empire），并预言共产主义会被遗弃在"历史的废灰堆里"（ash heap of history）。

勃列日涅夫于1982年去世，那时苏联经济已陷入困境，安德罗波夫（Yuri Andropov，在任期1982—1984）继任。他以高压政策去清理社会的腐化，但苏联的官僚腐败已达到最高层，连勃列日涅夫的女儿也不例外。

他认为酗酒是提高生产效率的路障，于是严令禁止工作时间喝酒，并考虑通过激励手段和下放决策权去推动经济。下一任的契尔年科（Konstantin Chernenko，在任期1984—1985）也同样想恢复经济，但都没有成效。那时，苏联在阿富汗泥足深陷。里根与撒切尔共同进退，对苏联禁运粮食与科技产品，并大量增加军费，企图最后拖垮苏联。

在勃列日涅夫时代，苏联的军事开支逐渐升至国民生产总值的25%，军队人数和武器种类占全球首位。同时，巨额军事开支也制造了庞大的利益集团，根深蒂固地嵌在政府与党的组织之内。20世纪80年代开始时，苏联的军力已超越美国。美国当初想以武器的优势去抵消军力的劣势，但苏联也开始在武器上赶上去。里根1981年上任后马上整军。他进行了美国有史以来在非战争情况下最大的军备扩充，包括重建远程轰炸机队、在欧洲部署巡航导弹、准备建立"战略防御计划"。特别是在1983年9月，苏联击落南韩客机，里根称之为"屠杀"，更积极备战。两个月后，北大西洋公约组织军事演习，模拟核战，苏联领导层大为紧张。面对美欧的挑战，苏联的军备投入无力招架，一方面国内经济已经是捉襟见肘，另一方面主要出口的石油价格大跌[10]。在这种经济低迷的情况下，维持庞大的军备支出确实吃力。

更要命的是阿富汗。勃列日涅夫在1979年进军时的想法是以一场短暂的战争去巩固亲苏政权，但结果是要到1988年胜算无望的情况下撤军。美国带头支持的游击战吸纳了苏联长达10年、人数近10万的驻军，终把苏联拖垮。

1985年，戈尔巴乔夫上台。那时，苏联国民生产已是负增长，经济不断萎缩。他认为政治与经济同时改革才可解决苏联的严重问题。"经济改革"（Perestroika）包括提升质量管理、下放国企决策权力、允许生产合作社运作、放宽外资合营、提供农民土地自由生产、提高技术人员工资。但这些都是自上而下的"计划性"开放，人民没有积极性，结果只是建立了新的官僚机构，加重了政府开支，经济仍上不去。1986年4月，位于乌克兰的切尔诺贝利核电站（Chernobyl）发生爆炸，除了人员伤亡与物质损失惨重外，人民对核能失去信心。以廉价核能推动经济的计划告吹。1986 与 1987 两年丰收，粮食进口压力下降，但并未带来好景。戈尔巴乔夫跟前任安德罗波夫一样认为苏联人酗酒是祸根，一定要打击。他提高酒价，削减供应，并缩短酒铺营业时间。结果是私酒大盛，政府酒税收入减少（1982 年的酒税占政府收入的 12%）。同时，由于石油出口下降，政府削减消费品进口。但工人工资却因经济开放政策提升了，购买力强了，供应不足就引发出物价上升。结果一方面地下经济大盛，一方面政府税收减少。政府只好印行更多钞票，卢布变相贬值。

1987 年出台的"政治开放"（Glasnost）是戈尔巴乔夫改革的第二条腿[11]。他认为经济改革需要民众大量参与、提高士气、发挥创新。他把领导层的腐化归咎于政治不够透明。他开始释放政治犯（其中，最著名的有"苏联氢弹之父"之称的萨哈罗夫 [Andrei Sakharov, 1921—1989]，他因反对派军阿富汗而被流放），并开放传媒。传媒争先恐后地去"揭发"政治迫害、官员腐败、社会病态。戈尔巴乔夫的民望虽然提升了，但到了 1988 年经济仍未有好转。他认为这是党内和地方的阻力所致，于是削减党中央的权力，尤其是经济的决策权，并将权力下放到地方。到了此刻，对政权的不满开始转变为政治改革的要求。1989 年春，苏联有 6 万个非正式的独立的政治会社，主要是知识分子。3 月份的全国人民代表大会选举中，改革派大胜。千百万苏联人开始接受甚至向往西方的"自由、民主"意识形态和价值观。改革开始转变为革命。

政治开放制造了一批"敢说话"的人，如苏联氢弹之父的萨哈罗夫之辈，被传媒形容为"苏联的良心"。在政治开放下，传媒暴露了政府的"谎言"。这不单是腐蚀了苏联政权的合法性，更建立了批评者的合法性，使他们提出的任何改革思想都变得合理。这些改革思想大都是西方"自由、民主"意识形态和价值观。这些改革者对实际政治工作缺乏经验，对西方政制的文化因素和物质条件也缺乏认识。他们改革心切，但完全忽视改革的成本。群众当然也没有政治经验，但政治开放使他们对政事敏感而冲动。以盲导盲，遗祸可大了。这点，跟法国大革命前夕相似——启蒙运动知识分子对自由的片面了解推动了老百姓对自由的浪漫憧憬（第三篇第十八章）。

1989年5月，萨哈罗夫和支持者们在戈尔巴乔夫亲自主持的人民代表大会上表示对改革失望，呼吁中止一党专政并恢复民族自决。这些都经由电视转播。萨哈罗夫虽是少数，但对苏共的直接挑战仍是震撼性的。1989年12月萨哈罗夫去世，全国哀悼四天。如按当时的民意调查[12]，他是20世纪全苏民望最高者。此时，戈尔巴乔夫已从阿富汗撤军；国内每个苏维埃有各自的议会和主席。但政局很不安定，出现了工人罢工和民族暴乱。波罗的海的拉脱维亚、立陶宛和爱沙尼亚走向独立。

当苏联开始解体之际，里根却一改他1981年刚上任时的强硬姿态，展开笑脸外交。回溯1983年3月8日，他首次以"邪恶帝国"形容苏联，两星期后（3月23日）又公布"星球大战"防御系统。这是美苏冷战的最尖锐时期。勃列日涅夫刚去世后，继任的安德罗波夫和契尔年科都保持强硬外交路线，里根也咄咄逼人[13]。到了1985年，戈尔巴乔夫上台，开始搞经济改革和政治开放，苏联败象已露，于是里根顺水推舟。一方面，他并不放松军备，这非但榨干苏联经济，更加深戈尔巴乔夫（主裁军）与军方（主竞赛）的矛盾。另一方面，他以"老友"的姿态与戈尔巴乔夫交往，使他对美国放心；又以"鸽派"姿态摆出裁军方案，方便戈尔巴乔夫在苏联国内进行改革。到了1988年，里根任期将满，有人问他苏联是否还是"邪恶帝国"，他说："此一时，彼一时"（That was another time, another era）。苏联解体之前，以苏联为首的"华沙条约组织"先崩溃了[14]。1989年8月，首先是波兰"团结联盟"（Solidarity）组联合政府；10月，匈牙利成立新共和国；11月，柏林墙开始拆除；12月，捷克"天鹅绒革命"（Velvet Revolution）成功，成立新议会。1990年12月，戈尔巴乔夫获诺贝尔和平奖。在西方，他的声望如日中天，怎想到几个月后苏联就完蛋。

在苏联，经济环境和民族意识驱使各苏维埃走上分裂之路。1990年1

月，阿塞拜疆独立分子暴动，最高苏维埃调兵 2.6 万进入首府巴库（Baku）镇压，死伤逾千。阿塞拜疆苏维埃称这是入侵。2月，苏共放弃垄断权力，八周内苏联的 15 个成员国各自举行选举，改革派和民族派大胜，开始争取自主权，拒绝执行中央法令，并夺取地方经济和地方税收的控制权。率先脱离的是波罗的海三国。3 月，立陶宛宣布独立，苏军镇压，并实施经济封锁；同月，爱沙尼亚也宣布独立；5 月，拉脱维亚也开始独立程序。

1991 年，苏联正式解体。1月，苏军袭击立陶宛首府维尔纽斯（Vilnius）的电视广播塔，死伤多人。稍后，格鲁吉亚首府第比利斯（Tbilisi）民众示威，声援立陶宛独立。3月，全苏公民投票（波罗的海三国、格鲁吉亚、亚美尼亚、摩尔多瓦抵制），投票结果是 76% 想保留苏联体制，但需要改革。6月，叶利钦（Boris Yeltsin，1931—2007，原被戈尔巴乔夫看重，但在 1987 年因反对戈尔巴乔夫妻子干政而被解除职位）以亲西方、反共产的姿态击败戈尔巴乔夫支持的候选人，以 57% 票数当选俄罗斯总统。那时，苏联经济继续下滑。叶利钦批评"中央独裁"，7月说服俄罗斯最高苏维埃去争取经济自主权（实质就是经济脱离苏联）。其他苏联组成国也步其后尘。

戈尔巴乔夫仍想维持苏联一统。他特别考虑居住在各苏维埃的俄人处境。1991 年 7 月，他提出"独立苏维埃共和国联盟"（Union of Soviet Sovereign Republics），把苏联改为一个组合政体，有独立的组成国，但是一个总统、一套外交政策、一支军队，并定于 8 月 20 日举行签约仪式。改革派认为要尽快转向市场经济，不惜苏联解体；保守派则坚决反对削减任何中央权力。两个阵营都认为戈尔巴乔夫立场摇摆。他两面不讨好，很多人认为他软弱无能。华沙条约组织的崩溃、德国的统一，都使苏联人不安不满。那时，戈尔巴乔夫示意保守分子（包括军方）可采取任何行动去保护苏联的统一。8月 19 日，也就是签约的前一天，副总统、首相、国防部部长等人成立"国家紧急委员会"，发动政变，软禁戈尔巴乔夫（当时正在克里米亚度假），宣布紧急命令，禁止政治集会和报刊出版。

这场"政变"有支持者，但在各大城市和成员国之间，反对者占大多数。人民上街游行示威,声称保卫"白宫"(White House,俄罗斯议会所在地)。叶利钦站在民众一方,谴责政变。政变发起者想逮捕叶利钦,未遂。特种部队"保卫"白宫,但未有攻击群众。如是僵持了三天。到了8月21日,政变彻底失败。发动者被扣,戈尔巴乔夫"被释",返回莫斯科。但他的政治生命已受致命伤。叶利钦成为卫国英雄。他马上(8月26日)下令在俄罗斯境内禁止苏联共产党活动,并没收财产。年底,其他各国先后独立,戈尔巴乔夫"失业",七十多年作为世界共产主义阵营龙头的苏联烟消云散。

但是,对资本主义的批判并未因此而平息,反全球资本之声仍是不绝。资本主义的自由体现在资本掠夺,共产主义的平等体现在阶级斗争。掠夺与斗争都威胁人类的共存。如何满足人类对自由与平等的向往仍是西方文明延续的最大挑战。

注：

1. 中古时代西方很多修道院都是实行公产制的。但它们的"共产"是因为不想修道者因牵挂私产而分散了他对敬神和爱人的专注。16 世纪，托马斯·莫尔（Thomas More，1478—1535）的《乌托邦》(1516) 形容的就是一个共产和理性的社会。17 世纪中英国内战期间激进新教的"掘土派"（Diggers）也曾实行土地共有的农业社会；18 世纪的卢梭也批判私产；法国大革命早期的巴贝夫（Noël Babeuf, 1760—1797）也鼓吹土地共有和经济与政治平等（他是革命组织"平等会"的领导人）。到了 19 世纪，更有 20 年代英国的欧文（Robert Owen，1771—1858）在美国印第安纳州试办"新和谐"社区（New Harmony）、40 年代法国的傅立叶（Charles Fourier, 1772—1837）的信徒在美国麻省办农业公社。

2. 只有英国、荷兰、俄国和奥斯曼例外。英国的相对平稳有赖 1846 年取消《粮食法案》从而粮价下降，城市工人情绪稍降。

3. 据称，恩格斯曾指出，"在欧陆，社会主义是个体面的名词，共产主义却不然"。欧文与傅立叶之流是体面的社会主义者，而声称要全盘改革社会的工人阶级就自称为共产主义者。有人认为，就算在"名字"上也有文化姿态之别。在欧陆，共产主义带有"无神"的意味。在新教（英国国教）的英国，共产主义（Communism）的文义和发音跟天主教的"圣体礼仪"（Communion rite）很相近，因此英国的无神论共产主义者就自称为社会主义者，以免被人误解。

4. 英国工党也是这时候成立的。1888 年火柴女工罢工成功，跟着成立了船坞工人、煤气工人等工会。1906 年，自由党(Liberal Party，也就是最初的辉格党[Whig Party]见第三篇第十九章有关英国政党)内部的工会运动分子分裂出来，成立工党。

5. 在大陆，苏联支持政府行动，但稍后有知名人士联名指责搜捕不合宪法，而且警方滥用暴力。帕默发出警告，说左派分子会于 1920 年 5 月 1 日国际劳动日发动革命。革命未发生，帕默也丧失了民主党总统候选人的希望。这场"红色恐惧"（再加上若干州禁止鼓吹暴力改革的法令）使美国的左翼党派（包括共产党）损失大量党员。

6. 主流舆论一直被认为是"社会主义国家"，而"共产主义"是从未被实践过的理念，但在西方，苏联被明确界定为共产主义国家（Communism），其内涵与社会主义（Socialism）大相径庭，后文中会谈到。

7. 相对地，托派的社会主义工人党（Socialist Workers Party）就反对美国参战，并鼓励工人罢工。工人党领导曾被美政府引用"外籍人士登记法案"判刑。

8. 英国战时是联合政府，在保守党的丘吉尔（Winston Churchill，1874—1965）领导下击败希特勒，"拯救"了英国。他是坚决的保守党，对共产主义甚至社会民主，都没有好感，"铁幕"一词是他创的。但以他的声望仍未能使保守党执政。

9. 国民生产增长率从 1966—1970 的每年 5.3% 降至 1971—1975 年的 3.7%，再降至 1976—1980 的 2.7%。

10. 里根说服沙特阿拉伯大量增加产油，条件是供应沙特军备，特别是"机载警报和控制系统"（AWACS）。

11. 美国右派评论家 Leon Aaron 对苏联政治开放的观察如下。戈尔巴乔夫上台，推出政治开放是戈尔巴乔夫用来推进经济改革的战术手段。政治开放，俄文"Glasnost"的"Glas"字义是"声音"，非单是"知道"，更是"发言"。戈尔巴乔夫把推动政治开放的宣传重任交给雅科夫列夫（Alexander

Yakovlev, 1923—2005)。他认为过去整个苏联社会是建立在"谎言"之上。他盼咐报章、杂志的编辑们:"任何东西都可以写,但不要说谎。政治开放是民主的心脏。不要问我什么可以出版、什么不可以出版。你们自己去负责!"

12. 政治开放一开始就带出民意调查这玩意儿。当然,这些调查结果是反映当时人民的心态,但另一方面经过媒体的传播和渲染,这些调查结果也在制造并助长心态。民意调查非单追踪了苏联解体的轨迹,其实也在引导它的走势。

13. 这段时期苏联的最高领导者都是年老体弱,很多时间是卧床或住院。当年有人问里根为什么没有跟苏联的领导人搞直接谈判,里根的回答是:"他们总是死掉。"

14. 这是苏联与其他七个东欧国家(波兰、东德、捷克、匈牙利、罗马尼亚、保加利亚、阿尔巴尼亚)组成的共同防卫协定,以对抗北大西洋公约组织(简称"北约")。1955 年 5 月,西德加入"北约"。同月,"华沙条约组织"成立。可以说是苏联的卫星国,是苏联与西欧的缓冲。1988 年底至 1989 年初,华沙条约国差不多在同一时期脱离共产党统治,包括匈牙利、捷克、波兰、东德。

1988 年 12 月,戈尔巴乔夫在联合国大会上发言,称 1991 年前会从东德、捷克斯洛伐克、匈牙利撤军。匈牙利是华沙条约国之中经济最好的国家,而且国民出境比较自由。早在 1988 年初,匈牙利已开始有示威,要求更多的民主和人权。1989 年初,匈共重组,改名为社会党(Socialist Party),允许多党制和自由选举;戈尔巴乔夫表示苏联不会干预。5 月,匈牙利开始拆除沿奥地利边境的有刺铁丝网;7 月,美国老布什总统到访,答应经济援助;9 月,匈牙利宣布不阻止东德人经匈前往西方;10 月,成立"共和国"(从前是"人民共和国")。

1989 年初,捷克共产党政府镇压并逮捕异议分子,其中包括剧作家哈维尔(Václav Havel, 1936—2011)。由于民情汹涌,政府 5 月将其释放。8 月 21 日是 1968 年苏联坦克开入捷克镇压"布拉格之春"的二十一周年纪念日,布拉格市民举行示威游行,"布拉格之春"之父的杜布切克(Alexander Dubček, 1921—1992)与哈维尔共同出现,支持群众。11 月中(那时柏林墙正被拆毁),当局仍采取镇压姿态。经四天示威后,警察开始攻击示威者,多人受伤,示威人数急增,数日后达 50 万,要求结束共产党专政。跟着是全国总罢工,支持政治改革。捷共答应一年内举行自由选举,结果 12 月初改为马上选举。12 月底,新议会成立,哈维尔为总统,杜布切克为议会主席。这也被称作"天鹅绒革命"(Velvet Revolution,也称"温柔的革命",取其"非暴力"之意)。

波兰的"独立自治工会"(Solidarity,也称"团结工会")1980 年成立,是"华沙条约组织"里第一个非共产党工会。波兰持续的经济萎缩与通货膨胀使"团结工会"运动日益壮大,担任上了"半官式"反对党的角色。政府起初大力镇压,但最终还是主动以谈判方式解决问题。1989 年 2 月到 4 月,政府发起一连串的"圆桌会议",意图把"团结工会"及其他反对派纳入波兰政制。通过这些会议,波兰走上了"多党制",4 月 5 日达成协议,决定成立多党、两院制。6 月份大选结果出人意料,"团结工会"拿到差不多全部议席;7 月,戈尔巴乔夫答允不干预;8 月底,"团结工会"组联合政府。

东德的情形比较戏剧化。1988 年 12 月,戈尔巴乔夫宣布从东德撤军(也包括捷克和匈牙利)。德共对戈尔巴乔夫在苏联的改革一直颇具戒心,在国内对改革声音大力镇压。1989 年 5 月地方选举,改革分子不满政府操纵,学生到处示威。过去,东德人总是以两条腿来抗议政府——逃到西方,所以早在 1961 年,为制止流亡潮,东德政府建起柏林墙。但是东德人旅行于其他华沙条约国是没有限制的,东德人开始经匈牙利投奔奥地利。单 9 月份就有 13000 人经此路线逃到西方。东德政府反应慢,并未限制东德人去匈牙利(从那处可转奥地利)和捷克(从那处可转往西德)。大量东德人涌入西德驻奥、驻捷的使馆,要求前往西德。东德政府最后还是出动特别火车,把这些"难民"送往西德(东德政府称是"驱逐不负责任、反社会的叛徒和罪犯")。各地示威有增无减。10 月 7 日国庆阅兵当晚,东柏林大示威,要求言论自由。10 月 18 日,政治局改组，但动乱未能平静。10月25日，戈尔巴乔夫宣布华沙国家"各自为政"，也就是苏联不会干预改革。11月9日，由于东德政府误传消息，东柏林民众相信可以自由进入西柏林，于是，大批人群集结在边防站，要涌入西柏林。边防警卫没有收到任何指令，手足无措，挡不住人潮。西德政府每人发100马克，作为欢迎礼物。当晚，民众开始拆除柏林墙（主要是为了拿纪念品；正式拆除是1990年6月）。德共再次改组，改名为"民主社会主义改革党"（Reformed Party of Democratic Socialism），答应来年5月大选。但大势已去，12月1日东德议会表决取消宪法中德共的领导地位，大选提前到1990年3月。"民主社会主义改革党"大败，新政府上台，东、西德开始合并。1990年10月，德国再度统一。

第二十四章　自由、功利战胜民族意识：
　　　　　资本主义击败国家主义

　　　　随着德国与意大利的武力统一、"一战"前夕的政治混乱和经济危机，欧洲诸国民族情绪高涨。"一战"结束后，极端国家主义威胁个人自由和资本自由，终引发第二次世界大战。资本主义与共产主义联手击败国家主义。

资本社会撩动了共产主义，也引发出国家主义。相对于共产主义的乐观和悲天悯人，国家主义就比较现实功利，对人性也比较悲观。它不满没有国界的全球资本对国家主权的支配，但也恐惧国际化的共产革命对国家存亡的威胁。它想控制资本又镇压共产，实在是对全球资本和国际共产的一种挑战。为此，全球资本和国际共产都容不了它。

　　国家主义的意念包括国家利益至上、保卫民族和领土、排斥其他种族和文化。有时是"反动性"的，如恢复某些过去的理想或驱逐某些外来的人种；有时是"革命性"的，如民族独立运动。一般史学家认为国家主义滥觞于美国独立和法国大革命。美国的"天定命运"有着浓厚的国家主义意味（第三篇第二十一章），但国家的理念早在14、15世纪英法百年战争就已萌芽，16世纪成形。宗教改革其实是德语民族自主运动的开始。17世纪三十年战争的宗教冲突下，实际是国家主义与封建主义的斗争。但是出来的结果却是绝对君权，也就是君主权力与国家主权的结合，出现了路易十四的名句,"朕即是国"。这些,都在第三篇中交代过。19 世纪,俾斯麦策划统一德国 [附录 8:德国统一],加富尔(Count of Cavour,1810—1861)策划统一意大利,这也是民族情绪走向极端的开始。这些统一都是生于革命思想,由"开明人士"带头,追求个人自由与民族自主,然后有强人出现,以武力与权谋去实现大业。因此,从一开始国家主义就是非常情绪化并带有暴力倾向。到了 20 世纪,在资本主义与共产主义的夹缝中,出现了破坏性极强的极端国家主义——法西斯主义和纳粹主义。这里我们要特别看看纳粹德国。

"纳粹"是"国家社会主义"(National Socialism)的德文简称。顾名思义,它是国家主义(民族至上)和社会主义(反资本主义)的结合。但它的民族至上有强烈的排外性,它的反资本主义有狡狯的功利作用。它是彻底的德语民族沙文主义。

"一战"结束时(1918 年 11 月 11 日是"停火"[Armistice],并不是和约),战场都是在德境之外的法国和比利时,协约国军队从未踏入德境,柏林与最近的前线距离超过 450 公里,而且德军撤退有条不紊。德国虽然战败,但德国老百姓败得很不服气。于是,就出现了"背后插一刀"(stabbed in the back)[1] 的传言。德国人认为战败是因为后方不争气,未能供应前线,更有人暗中破坏,出卖国家。其中犹太人是罪魁祸首,有的发国难财,有的做间谍,有的煽动工潮,有的暴乱造反。短视的《凡尔赛条约》彻底地侮辱了德国人:德国需要赔款偿还七十年、莱茵河区解除武装、协约国驻军德境,并要德国承担战争的全部责任。德国老百姓怨气冲天。由于这条约是德皇威廉二世退位后的魏玛共和政府(Weimar Government,1919—1933,因国民议会是在德国西南的魏玛城召开而得名,其实即是德意志共和国)签署,因此德国老百姓都谴责共和政府无能。

在这个经济低迷、政治沸腾的环境中,希特勒出现了。他是个军曹,《凡尔赛条约》之际,他正因战场受伤在医院疗养。德国受辱令他义愤填膺,坚信德国是被"背后插一刀"。1919 年 1 月,有人成立了一个小小的德国工人党（German Workers' Party, DAP），政府情报部门派希特勒去调查。在与工人党的争辩中，希特勒的口才使他们佩服不已并邀他入党。他9月加入，专责宣传。1920年，该党改名为"德国国家社会主义工人党"（National Socialist German Workers' Party，即NSDAP），德文简写就是"纳粹"（NAZI，National Socialist 的缩写）。翌年，希特勒晋升为党魁。

希特勒的国家主义（也就是纳粹主义）是以他所著的《我的奋斗》（德文名是 *Mein Kampf*，1925）为蓝本，最基础的理念是雅利安人种（Aryans，原指北欧日耳曼人，但按纳粹的演绎包括整个德语民族）是最优秀的人种。希特勒曾居于维也纳（1908—1913），亲历奥匈帝国的没落，认为帝国多民族、多语言是其没落的原因。多元社会削弱了中央权力，制造了社会分歧。他认为民主体制只会增加不稳，因为民主制度下的权力竞争只会增加民族之间的分裂。他的结论是人种、宗教和文化是可以分等的。希特勒认为"国家"是民族创造出来的，"强大的国家"出自"强大的民族"，这些国家的文化是由一个纯净、健康、聪明、进取和勇敢的民族创造出来的。软弱的国家出自不纯净或混杂的民族，它们分裂、争吵，因而产生出懦弱的文化。最低等的民族是寄生的"次人类"（Sub-humans），如犹太人、吉普赛人。他们非但有缺陷、低劣，而且到处流窜和侵夺。他们越有钱代表他们寄生能力越狠毒。因此，清除这些寄生虫会使一个民族兴旺。

同样的，宗教也可以分等。希特勒批评天主教，因为它不属于某一个民族，而且还提倡博爱和容忍。他认为博爱与容忍是不合实情的教义，是属于奴隶的宗教。聪明的奴隶会利用这些宗教去困扰和阻碍他们的"征服者"（Master，可译作"主人"）。"天生的征服者"会看出真相。不承认这真相的是"天生的奴隶"。纳粹党把德国传统的路德教（新教）混上一些原始宗教的仪式，创造出了一套富有浓厚军国色彩的属于"征服者"的宗教[2]。

希特勒认为需要有一个强大的、集中的政府去保卫德国和德语民族，以对抗共产主义的威胁和犹太人的颠覆。他的历史观是种族竞争：德国人民要在英明领袖之下团结、守纪和牺牲，去抗拒犹太/布尔什维克的阴谋，并扩大生存空间（living space，德文 Lebensraum，特别指德国以东的土地，如波兰）。口号是"一个民族、一个帝国、一个领袖"。

纳粹主义的心态是"反"，一方面它反自由主义，另一方面反共产主义。这两个"反"融和于仇犹情绪和排犹行动（Anti-Semitism），认为犹太人是一切问题的根源（这其实在俾斯麦统一德国时代已存在）。在自由主义的西欧和北美资本主义社会里，犹太人支配着政治与财经；在共产主义的国家和党派中，他们也占了大比重。纳粹主义的基础是优秀民族的理念，但优秀民族要与低劣民族对比才能成立。这个低劣民族就是犹太。那时，流行一个犹太人密谋主宰世界的说法，最主要的"证据"就是所谓《锡安山长老议定书》（The Protocols of the Elders of Zion; Zion 也可译作"郇山"，耶路撒冷山名，代表犹太民族），谈的是犹太人如何通过传媒和财经去操纵世界[3]。《我的奋斗》中也谈到它[4]。它共有二十四条议决，主要包括：权利来自权力；通过经济战争和经济解体去创立世界政府；收购土地与鼓励投机；无所不包的宣传；控制财经与传媒；扭转一般人的思想，从关注重要的东西转到关注无关重要的东西；摧毁宗教去为犹太教的兴起铺路；推动社会的失控；鼓励不服从；宣传犹太统治的好处等等。纳粹时期，这书是学校的必修课本。

纳粹口号是反资本主义，特别是金融资本主义。希特勒声称犹太人的阴谋是通过支持民主政党的自由经济政策去保护资本主义。在这个层面上，纳粹是穿上社会主义的外衣，也就是它的全名"德国国家社会主义工人党"中的"社会"这一端。但希特勒非常清楚地指出纳粹的"社会主义"不是马克思主义："马克思主义是反私产；真正的社会主义不是如此。"他的手下戈培尔（Joseph Goebbels，1897—1945）更说，"纳粹党是工人的党"，"站在劳工一方与资本对立"。演绎纳粹的反资本要看两方面。一方面是政治现实，为的是争取群众支持。1920—1930 年代德国有许多强调国家主义的党派，为了脱颖而出，纳粹强调它代表的是受经济压迫的中下层阶级和被资本家剥削的工人阶级。另一方面是仇犹心态。纳粹相信大萧条是由一个犹太人组织的国际金融秘密集团引发的,目的在主宰世界。因此,反资本跟反犹太是完全一致的。

但口号归口号,纳粹实际上的经济政策是完全功利的。它视私有财产为政策的棋子,有助于达成政治目标的可以保留,不然就恐吓收归国有,以此来要挟资本家跟着它走。希特勒有浓厚的"社会达尔文主义"思想,他的优秀民族理念完全是建立于优胜劣败的民族竞争历史观上,其中私产是竞争效率的保证和竞争成败的证据。

纳粹也反共产主义。最大原因不在意识形态,而是因为共产党在德国有很大的影响,是纳粹的政治对手。当时的魏玛共和政府很不稳定,纳粹的成长部分是利用那时很多德国人对共产革命的反应,特别是1919年的"斯巴达克同盟"起义和同年的巴伐利亚苏维埃。那时,很多"一战"退役军人对平民生活不适应,又没有工作可选,加上对"不明不白"的战败充满了怨气和怒气,便组织了"准军事部队"(paramilitary,德文称 Freikorps)。政府利用他们去镇压起义。这支组织涣散的军力是日后纳粹武装的基础。

1922年,意大利墨索里尼夺得政权。这给欧洲国家主义带来很大的激励,认为夺权有望。加上墨索里尼击破意大利的共产党和无政府主义者,把政局稳定下来,于是反共和反无政府就成为国家主义者的成功榜样。纳粹的反共也是功利的,一方面它要显示它是抵挡共产党在德国夺权的中流砥柱。当然,它还强调共产党与犹太人的关系——对抗共产党就是抗拒犹太人主宰德国(但这并未有阻止纳粹德国日后与共产苏联瓜分波兰)。另一方面,它却借用了很多社会主义的口号,甚至手段,去吸引群众的支持,例如管制利润、废除地租、增加福利等等,但又同时避谈阶级斗争与无产当政。

在某种程度上,纳粹其实是一种投机的"平民主义"(Populism)。它反资本,但又利用资本力量去壮大国家;他反共产,但又抄袭共产手段去满足国民。唯一一致的是仇犹和排犹。但仇犹和排犹也是出自优秀民族与低劣民族的理念。因此,纳粹是名副其实的国家(民族)主义:国家是民族集体意识的实现,国民的责任是为国家服务。

1932 年，德国大选，纳粹大胜。1933 年，希特勒被任为总理，开始集中权力，并宣称这是"第三帝国"的开始（Third Reich，也称"千年帝国"[Thousand Years' Empire]，继承神圣罗马帝国和德意志帝国）。2 月 27 日晚，国会大厦被人纵火[5]，希特勒以此为借口，说服兴登堡总统（Paul von Hindenburg, 1847—1934）签署紧急令，暂时取消公民权利、剥夺德国各州的权力，并开始收禁反对者。稍后，国会通过法案，授予希特勒独裁权力。他关闭工会、政党。消减了党外的势力后接着是铲除党内异己。1934 年 8 月，兴登堡去世，希特勒大权独揽。1935 年，纽伦堡纳粹集会，他颁布《纽伦堡法案》（*Nuremberg Law*），取消犹太人的国民身份，开始系统地排犹。

当时，纳粹很得民望。在经济上它创造就业，加速军备，压抑通胀，满足消费。这些都是当务之急，是上任魏玛政权的短处。1933—1936 年，德国国民生产总值每年平均增长 10%；四年间，由大量失业到全民就业；外债利息减半，通胀停止，消费上升。大萧条中，德国的经济复苏比西方任何国家都快。因此纳粹政权大受欢迎。在国外，虽然有人批评纳粹排犹，但英法政府都采取容忍态度，部分原因是想让德国挡着共产党，甚至暗地支持自己国人参与德国的军队[6]。稍后，德国军威重振，英法却仍军备不整，唯有继续拖延和妥协。

1936 年，德、日结盟对付共产国际。稍后，加上意大利，变成"轴心势力"（Axis Powers）。德国决心恢复《凡尔赛条约》之前的领土，并建立强大的德语民族势力范围。首先，他想吞并东面波兰的但泽（Danzig）[7]。德国先与苏联签《互不侵犯条约》，苏联答应如果德国与波兰开战，会支援德国。1939 年 9 月，德国进攻波兰[8]，英、法向德宣战。苏联从东面开入波兰，"二战"遂启。1940 年，德国击败英法联军，法国沦陷。不列颠之战开启，英国固守。希特勒认为如能击溃苏联，英国定会就范。于是，在 1941 年开展东面战线，先胜后败——斯大林格勒一役扭转战局，苏联反攻，直扑德境。1944 年，盟军登陆诺曼底，德国两面受敌，只有投降。纳粹政权崩溃，纳粹战犯判刑，纳粹组织与纳粹主义沦为非法。

当年德国的统一跟意大利一样，有几个因素：强势的龙头之国、雄才伟略之君、足智多谋之臣、可利用的国际关系、由下至上的民族情绪。前四个因素会随统一的完成而消散，最后一个因素却会随着统一的过程而膨胀，再经功利现实的政客煽动，就成为纳粹与法西斯的政治本钱。这种强烈的国家主义对人性是悲观的，含有极重的"社会达尔文主义"，认为在弱肉强食的人类竞争中，民族间、国际间没有正义，不强大就一定被欺侮。推到极端，就是要先发制人。国家主义是以民族、言语为核心的运动，它的最大威胁来自没有国界的全球资本和共产国际。在纳粹的意识形态中，这些威胁表现在犹太人支配的国际金融垄断资本主义和犹太人占大比重的布尔什维克共产主义。国家主义功利地利用资本主义和社会主义的手法去建立和巩固以民族为本的政权，但在深层次中它是反资本主义和反社会主义（共产主义）的。当然，资本主义与共产主义也容不了它。

资本主义有两个唯一真：个人自由和资本自由，洛克与经验主义的身影可见。相对的，国家主义也有两个唯一真：国家意志与国家自主，出自卢梭的"共同意志"（general will）与黑格尔的"国家"（state）理念，笛卡尔与理性主义的身影可见。

且看个人自由与国家主义的矛盾。这牵涉到卢梭、黑格尔、尼采对自由的演绎。浪漫乐观的卢梭提出共同意志作为国家权力的源头，共同意志是"全体"的意志（有点中国"大我"的意味），独立和不同于任何个人或小群体的意志，是至高无上、不会有错、不容违背的（有点雅典民主的意味，有别于强调个人自由的英式民主）。它的道德性来自于社会契约（social contact）。在它下面，个人会丧失"天然自由"（natural freedom），但获得"公民自由"（civil freedom）——一种由智与善指引的法律保证下的安全与平等。在形式上，法律是精英的立法者（个人或小群），以他（他们）的智慧与洞识提出精准的动议，并以他（他们）的道德与魅力引导全民公投而成。

黑格尔（Friedrich Hegel，1770—1831）把卢梭唯情（sentimentalist）的共同意志进一步演绎出一个唯心的（idealist）国家理念。黑格尔相信宇宙中存有一个"灵性"（Spirit），它的本质是"理性"（Reason）。"灵性"利用人作为一种材料（material），也就是通过人对理性的认识（knowing）和意愿（willing），去把理性灌诸于世。世界历史是不同民族建设不同国家的历史，因为国家是一个民族"理性本质"（Rational Essence）的直接体现。因此，在某种程度上国家比人更"真"（本质的存在）。国家，作为一个民族的伦理与文化整体，结合着人的主观意志（subjective will，向往个人自由）和理性意志（rational will，向往普世理性）。在这个结合中，每个人的自由度与他对普世理性的认识成正比。对普世理性认识越多，他会认识到按理性产生的法律会赋给他更多的自由（理性中的自由，freedom in Reason）。为此，国家的建设有其历史进程，随着人民对理性的认识而推进。

从个人自由的角度去看，卢梭的共同意识和黑格尔的国家理念象征着个人自由的消失。卢梭的共同意志至高无上，不容违背。他指的自由是"被迫的自由"（forced to the free），这肯定不是洛克式的个人自由。但卢梭的"被迫的自由"起码还要经过一个社会契约的民主程序。黑格尔就连这个形式上的民主也废弃了，代之以一个抽象的、唯心的"理性"。在它之下，个人自由非但没有地位，连生存的空间也没有了。

黑格尔的"国家"是有历史属性的，随着人类对理性的认识而演进。在这里，20世纪的国家主义引入了尼采的"权力意志"（Will to Power）。尼采认为在启蒙运动与科学革命之后，以神学为基础的道德枷锁开始破裂，人被迫面对自己。在这种虚无面前，弱者会失望沮丧，但强者会得到解放的机会，做一个以现世为中心、超越传统道德、创造世界新秩序的"超人"。这个权力意志的体现是：强人出现，以其超人的洞悉、智慧、道德、魅力去表达一个民族的共同意志，成为这个民族的伦理与文化整体的化身。从个人自由的角度去看，这就是独裁、专制，怎能被接受、被容忍？

但是在当时的欧洲兴起了国家主义是完全可以理解的。20世纪上半期，人类陷入自我毁灭的危机。惨绝人寰的"一战"、纸醉金迷的"兴旺的20年代"、沮丧绝望的大萧条，都是荒唐的时代。存在主义者海德格尔（Martin

Heidegger，1889—1976，见下章）加入纳粹是人所共知的，他以他个人和德国人民的"历史时刻"作为解释。人的存在是"历史性"的，有其"历史时刻"。完整的存在需要我们在每一刻的决定都是基于完整的历史性：从已完成的事情（过去）和要实现的潜质（未来）去做出目前应做的事情（现在）。在这个意识形态中，德国魏玛政权是个"不真"，纳粹运动把德国人民重新召集起来去发挥他们的最大"潜质"，建设一个"真"的德国。这个思维就是卢梭的共同意志、黑格尔的国家理念及其历史进程、尼采的超人意识，在一个充满危机而又荒唐的时代互相交媾而生的怪胎。

以上是个人自由与国家主义的矛盾。资本自由与国家主义也有矛盾。资本主义与国家主义之间是功利的尴尬关系：政府与资本相互利用。强势政府对个人产权与资本运作操生杀大权，于是投机取巧的资本家就依附强势的政府去谋求厚利。但最关键的是资本自由与国家自主之间的逻辑性冲突。资本自由的条件是资本运作超越国界，追逐最高回报。爱国的资本家或有，爱国的资本是不可能的。但从资本自由的角度去看，国家自主就是控制资本的进出，那资本怎会有自由运作的空间？怎能有效率的分配与利用？又怎能接受国家主义？

以上，我们可以看出资本主义与国家主义的矛盾体现在个人自由与国家意志的冲突、资本自由与国家自主的冲突。接下来再看看共产主义与国家主义的矛盾。

共产主义有两个唯一真：唯物史观与阶级斗争。首先，唯物史观与国家主义存在矛盾。国家主义的历史观出自黑格尔——他认为，国家作为一个民族的伦理与文化整体，会按着这个民族对理性（Reason）认识的增加而演进。他指出，西方人"对自由的理性自觉"（rationally self-actualizing freedom）驱使他们肯定"自我性"（individuality），而这种肯定使君主政制走向立宪政体。从唯物历史的角度去看，这是典型的唯心论，缺乏科学性。更危险的是，由于缺乏科学性，国家主义的历史观往往是错误的，而且它的功利倾向会使它随波逐流，非但有碍历史的科学进程，更可能变为反动。

海德格尔以"历史时刻"去为纳粹辩护就是个典型例子。因此，从唯物史观角度去看，国家主义是反动。

　　再看阶级斗争与国家主义的矛盾。共产主义的阶级斗争出自它的历史观。劳动人民是唯一真的阶级，包括全世界的劳动人民，不分国籍与国界，这是马克思与列宁所坚持的。相对的，国家主义以民族为本，这约束和阻碍了全世界劳动人民的团结——"一战"爆发，共产第二国际解体就是因为各国共产党各自支持本国参战，甚至处于敌对阵营。可见，共产主义对国家主义早有戒心。在德国、意大利统一的过程中也会发现，统一运动都是先由"开明人士"利用劳动人民去争取国家自主和个人自由，特别是开明人士的个人自由。但开明人士对劳动人民其实是不信任的，特别认为全民民主会影响有产阶级的利益（这是洛克时代已有的典型自由主义思想）。有了这样的历史教训，共产主义对国家主义怎会信任？

　　资本主义与共产主义联手击败国家主义，但并不表示国家与民族意识消失。相反，"二战"后的几十年间，几乎所有大大小小的战争都带着浓厚的国家与民族色彩，东南亚、中东、非洲、欧洲都如是。这也说明了"血缘"仍是解释人类行为和社会关系的重要因素。

注：

1. 这句话来自德国神话中屠龙英雄齐格飞（Siegfried）被人"背后插一刀"的故事。战事初期，形势大好，民心一致，大家认为战事会很快地胜利结束。而且，德国人民认为他们是站在正义的一方——对方的俄国有扩张斯拉夫民族势力的野心，法国有普法战争战败复仇之心，英国则想垄断海外帝国的经济。稍后，战事胶着，伤亡人数和经济代价激增，战前的国内分歧再现，特别是议会中的民主社会派人士不支持增加战费。他们有很多是犹太人，于是犹太人的爱国情绪受怀疑。1916年，最高统帅部调查犹太人，发现他们有发国难财和做间谍的嫌疑，犹太裔军官亦有反战态度。同时，商人的暴利和操纵、工人的怠工和罢工也大受社会批评。战事结束后，保守分子、国家主义分子和退役将官开始批评魏玛政府在谈判中的无能，怀疑是魏玛政客、社会主义分子、共产党分子和犹太人漠视甚至出卖国家利益。那时，工潮不绝，而发动者往往是犹太人。加上德国南部的巴伐利亚起义，组织苏维埃政府，领导层以犹太人居多（两星期内被退役军人组织的准军队镇压下去），更使保守派和国家主义者坚信他们的怀疑是正确的。战争后期，德国其实已经是个军队专政的国家，由最高统帅部（Supreme High Command）的兴登堡元帅（Paul von Hindenburg, 1847—1934）主政。1918年，德国的春季攻势失败，战况日劣。最高统帅部安排德皇把政权移交临时平民政府。当时，总参谋长鲁登道夫将军（Erich Ludendorff, 1865—1937）与英国的马尔科姆将军（Sir Neil Malcolm）午膳，谈及德国为何战败时鲁登道夫罗列种种理由，马尔科姆说："听来你们好像被'背后插一刀'。"鲁登道夫觉得这个说法很中听，从此在坊间流传。保守分子更用其来攻击魏玛政府（当初主要是由左派的社会民主党组成）。1919年底，魏玛国会调查德国战败原因，兴登堡做供，也用上了类似的话。魏玛政权的不稳，跟它摆不脱这个传言有关。对希特勒个人来说，这个战败解释至为重要。他当时在前线被毒气弄瞎眼睛，正在疗伤。《我的奋斗》描述他突有所悟，决定参政。他的一生中不断提醒国人这些在德国"背后插一刀"的罪人。

2. 这里有一个有趣的史实。路德教创始人马丁·路德写过一本极端反犹的书《有关犹太人和他们的谎言》（On the Jews and Their Lies），纳粹将其大大宣传。

3. 这书1903年已开始在德国流传。1917年布尔什维克十月革命后，更被认为是犹太人阴谋策动共产革命的"证据"。20世纪二三十年代此书在西方广泛流传。一般说法是这"议定书"是从一个秘密的犹太组织偷出去的。十月革命后逃往西方的俄罗斯人不希望西方国家承认新的苏联，于是拿出《议决书》作为"证据"，揭发革命是犹太人搞的鬼。他们指出布尔什维克派中犹太人占了大部分，而革命是犹太人主宰世界的大计划中的一部分。那时恰逢美国第一次"红色恐怖"时期（1917—1920），《议定书》火上浇油。有史学家认为这是伪造文件。

4. 希特勒如是说："犹太人痛恨的《锡安山长老议定书》就是强力的证据，证明这批人的存在完全是建立在一个谎言之上。法兰克福报纸每星期都申诉、高呼，说这些是伪造的，这岂不就是它们的真实性的最好证据……重要的是，这些议决以惊人的主张显示了犹太人的本质和行动，暴露出他们的内部背景和最终目的。"

5. 当场捉住的是一名荷兰共产党员。纳粹说这是共产国际的行动，后来还抓了三个共产国际的保加利亚成员。但另一说法是纳粹阴谋策划了此事件。

6. 如法国外籍军团的"反布尔什维克志愿军"（Legion of French Volunteers Against Bolshevism）整编为德国陆军638步兵团（Infantry Regiment 638）。

7. 但泽从前是普鲁士的城市，但是在"一战"后依《凡尔赛条约》划归国联托管（但当地仍设独立议会）。陆地上它被波兰围绕，波兰有权使用它的海港。波兰当然想吞并它，但当地近四成的德裔人则想让其回归德国。

8. 进攻前几个月,德国不断挑衅,提出一连串波兰不可能接受的有关但泽的要求,例如建设穿过波兰境内的德国直通但泽的公路和铁路走廊,1939 年 8 月 29 日更要求在这条波兰走廊地区进行公民表决,两日后,德国动兵。

第二十五章　自由、功利取代生命意义：
　　　　　资本主义吸纳存在主义

理性主义与经验主义寻求存在的本质；存在主义寻求存在的意义。两次世界大战之间的荒唐时代使人对生命意义犬儒冷漠。"二战"后的西方物质发达，但精神空虚。个人自由打破了传统道德的枷锁，但自由的个人也有无家可归之感。追求生命的意义被追求生活的灿烂取代，正中强调享受与消费的资本主义下怀。

存在主义（Existentialism）其实是"反存在"，至少是反古典理性主义和经验主义的存在观。理性主义和经验主义追求的"真"是客观性的存在，最基本的问题是"我是否存在"。理性主义的答案是：我的理性告诉我我是存在的；经验主义的答案是：我的经验告诉我我是存在的。一直有人努力尝试去和解理性主义与经验主义在宇宙观和伦理观上的分歧，其中最积极的是康德（Kant，1724—1804）[1]，他想通过探讨人类知识的来源与知识的范围去重新评价理性主义与经验主义的异同与互补。他的结论是：官能帮助我们观察外在世界的事物，思想帮助我们整理这世界提供的信息，赋之以规律（秩序），使我们明白（comprehend, understand）；思想把时间、空间、类别等理念加诸我们官能观察到的事物，使我们对它们的认识得以整合和统一；所谓明白，就是我们的思想整合了内在的理念和外在的观察。人类思想有这种无须经过经验就可作出的"整合性判断力"（synthetic judgment），亦可称为"先验"（a priori）。先验本身不是知识，而是我们能够从官能经验中获取知识的"思想结构条件"。这些条件包括时间的理念、空间的理念、分类的理念等。就这样，康德协调了理性主义的"我思"和经验主义的"我感"［附录9：康德的先验］。

康德公认是18世纪以来最伟大的哲学家，大大影响了英语体系的"分析哲学"（Analytical Philosophy）和欧洲的"大陆哲学"（Continental Philosophy）。但他是典型的学院派，在职业哲学家中，他属泰斗辈；在社会层面上，知他的很少。更关键的是，在《纯粹理性批判》于1781年出版后的十多年间，康德耐心地建设一套完整的思想去调解理性主义与经验主义之间的分歧的同时，西方世界正处于一种亢奋焦躁的革命与反革命状态之中。法国大革命与拿破仑战争是一个极怪异的时代，理性主义的浪漫乐观与革命的悲天悯人竟然变得极端，衍生出令人寒心的恐怖统治和宗教迫害。欧陆各国的反动政权反而成为维护社会安宁和人身安全的保障。此时，英国异军突起，功利现实的英国政制与经济大放光芒。西方人把宪政体制归功于经验主义的洛克，把工业革命归功于经验主义的牛顿。重英贬法成为大气候。因此，康德未能带来理性主义与经验主义的和解，英语体系的经验主义开始支配世界，而且越来越偏激。

理性主义和经验主义肯定了"人的自觉"（self-consciousness），进而肯定了人的价值。理性主义的天赋理念使它倾向于泛人类的价值，经验主义的官能求真使它倾向于个人的价值，进而产生了个人主义。两者的求真方向不同，但提出的问题则是一致的：存在的本质是什么？什么东西真的存在？在某程度上，它们得出相同的答案"我存在"。存在主义出于乱世，它并不关心"我存在"与否，但提出了"我存在有没有意义"，这跟乱世时代的心态有密切关系。

法国的萨特（Jean Paul Sartre，1905—1980）首先使用"存在"来形容他的哲学，但真正的开山祖师要回溯到丹麦的克尔凯郭尔（SΦren Kierkegaard，1813—1855）和德国的尼采（Friedrich Wilhelm Nietzsche，1844—1900），

再经海德格尔（Martin Heidegger，1889—1976）发扬光大。当然，他们都没有自称存在主义者，海德格尔甚至否认自己是个存在主义者。他们的时代已是康德之后理性主义与经验主义和解无望，功利现实的英语文明走上主流之际。要明白近代的西方思维，包括"后现代主义"，必须参考存在主义的发展历程，因为这些都反映了西方现代人的心态失衡和近代史的坎坷，从中可以看出西方人性格分裂的轨迹和迷失方向的原因。附生于个人主义的资本主义完全异化了人性，带出强烈的反应；国家主义和共产主义对资本主义的挑战引发了两次世界大战以及冷战，给人类带来前所未有的灾难。存在主义是人类对这些人为灾难的控诉。

存在主义本身很复杂，如果把不同的分支收集起来，会发觉它是反资本主义、反共产主义[2]、反国家主义，更可以说是反理性主义、反经验主义[3]。它当然肯定个人，特别是个人自由——绝对的自由，但肯定是犬儒冷漠的，因为存在主义下的个人是没有意义的，个人自由是种负累。在绝对自由下，一切对人对己的道德准绳都由自己决定。认真老实地去"存在"，会是使人窒息的负荷。每个人无助地去作出所有决定，孤独地承担所有决定的全部责任。正如萨特所说，"自由是我们的谴责"（We are condemned to be free）。自由解放了我们，也把重重的责任枷锁加诸我们身上，这就是存在主义所表达的。

当然，不是一开始就是这样。19世纪上半期，特别是在拿破仑时代结束之后，是个充满希望的时代。大家都期待着工业革命与宪政体制会带来繁荣与安定。19世纪下半期，资本主义的掠夺逻辑一发不可收拾。社会确实繁荣，但绝不安定。共产主义与国家主义相继挑战资本主义的经济与政治模式。但存在主义更彻底地质疑了人类生存的意义。

克尔凯郭尔和尼采同是开山祖师，但却是完全不同的思路。他俩的出发点都是"单独的个人"（the single individual）：我永远是个"独特"（singular）的"我"（me），包括感觉、思想、历史和处境。他俩都发觉存在的意义不能单靠直觉的倾向或客观的道德定律去解释。克尔凯郭尔生于工业革命生机勃勃的 19 世纪上半期，他从有神论者的观点出发，抱着乐观的心态，把存在的意义放在"信仰的热忱"上[4]。尼采生于资本主义大展宏图但资本社会弊病百出的 19 世纪下半期。他从无神论者的观点出发，抱着悲观但又浪漫的心态，去提出"神已死"（God is dead，一般译作"上帝死了"）的"虚无主义"（Nihilism）方向[5]。但是他二人都未有把"单独的个人"和"我的独特性"建成一套完整的思维体系，历史巨轮还是先要把人类带到生存的绝地去触发其对"存在"的反思。

20 世纪上半期，人类走上自我毁灭的危机：两次世界大战和中间的大萧条，对比着纸醉金迷的"兴旺的 20 年代"和战争期的醉生梦死，于是对存在的反思往往带上浓厚的悲观色彩。早在 1927 年，海德格尔的《存在与时间》（*Being and Time*）已包括了存在主义的主要内容[6]：

1、指出个人与众人之间的张力。

2、强调人类思想和理性的"处境性"（situatedness）。

3、对忧惧、死亡、虚无和"无有"（the "nothing"）[7]的着迷。

4、拒绝接受科学（特别是因果关系）有足够的解释力去弄明白人（human being）是什么。

5、以"自真"（authenticity）作为"自定身份"（self-identity）的准则，也就是说，通过个人的自由、选择和承诺去定义"我"。

海德格尔的思路来自胡塞尔（Edmund Husserl，1859—1938）现象学的方法论，主要是对"意识"（consciousness）的研究。胡塞尔认为意识不是心理学研究的一种客观性的东西，而是来自我们直接向世界打开自己，不受因果考虑的支配。因此，我们"如何"地去"体验"（experience）这世界，本身是具有意义的。意识不是去追寻形而上的本质或因果渊源，而是追寻意义。胡塞尔以此去研究我们对大自然、社会关系、逻辑、数学等的体验。海德格尔把这套方法推到最基础一层的研究，也就是"存在的意义"（meaning of being 或 what it means to be）。

"存在先于本质"（Existence precedes essence.）是萨特的名句，它把以

前所有的哲学理论倒过来了。人的本质不是来自哲学或科学的定义，不是来自大自然的创造或文化的塑造，而是一个人通过他的意识去创造出自己的价值，决定他生命的意义。因此，存在就是"在具体的处境中创造自己"（self-making-in-a-situation）。海德格尔提出，"我"是一个个体，它的唯一本质就是"存在"（to be）。在存在主义中，人的定义来自他的具体行动和他对这行动的绝对负责。

因为人是自己为自己的存在定义，因此他是绝对自由的；也因为他有绝对的自由，因此他会产生一种深深的"忧惧"（angst，也有译焦虑）。就如一个人单独地站在悬崖之上，他非但恐惧会掉下去；更深一层，他会恐惧他会跳下去，因为他知道没有什么天的注定或人的注定使他站着不动，或往前一跳，没有谁能阻止他。这一刻，他体验到他的自由。就是因为他有绝对的自由，所以这种忧惧无法去除，因为他面对的是"无有"（the nothing）。忧惧来自自由，而不是来自某些事情、某些环境。

但是，自由并不是任性的想当然。真的自由来自真的自己，也叫"自真"[8]（authenticity），是"自己选择的真"，有别于用别人选择的真作为自己的真。因此，自真的大敌是"他者"（the Other）和这个他者的"看法"（the Look 或 the Gaze）。在存在主义中，这两个词是很技术性的。萨特举出一个很恰当的例子：有一个人正在聚精会神地从钥孔中观看房间里的情况。突然他听见身后传来咯吱声，觉得有人看见，他被认为是"偷窥者"，羞愧之心油然而起；其实，可能他身后并没有人，楼板咯吱响只是因为这是栋老房子。这个"他者"不是真的另外一个人，而是他自己的投射；这个"看法"是他"投射的自己"对"真的自己"的批判。因此，我的自由的最大敌人是我自己——是我认为别人将会怎样看我。

存在主义贬低理性（rationality），高举意义（meaning），认为人是按意义去作出决定，而非按理性。它甚至认为理性是人用来应付生存忧惧的一种武器[9]。存在主义要指出这是个没有道德、没有公平的世界（跟达尔文的世界一模一样），发生的事情就发生，不管是发生在好人身上还是坏人身上；

任何事情会发生在任何人身上。那一刻，人就面对"荒谬"。卡夫卡的《变形记》(the Metamorphosis，1915)、萨特的《恶心》(Nausea，1938)、加缪的《西西弗斯的神话》(The Myth of Sisyphus，1942)都是以此为主题。

就是因为自由会引起忧惧，而无常的世界又往往是荒谬的，"失望"与"死亡"也就成了存在主义的常客。通过我自真的生存，世界有了意义，但客观的世界本身仍然是没有道德意义的，因此，我不能感觉到这个世界是我的"家"（海德格尔用的德文是"Heim"，即英文的 home），而我也不属于这个世界。非但如此，我生活在这个世界上，我对自己的认识（也就是我给自己在这世上生存的意义）必是取自这世界，即取自我生活中的社会和传统。因此，我与这个世界的接触支配并局限了我寻找自真的可能性。我不能有完全的自真，因为我有两个自己："真的自己"和"投射的自己"。存在主义称之为"异化"（alienation）[10]。自真是无法达到的，因此失望是必然的。这里，失望不是一种情绪，而是一种人生的事实。

我们可以从海德格尔和萨特的不同政治取向看出存在主义如何反映 20 世纪西方人的性格分裂。海德格尔从历史的角度出发，认为每个人的存在意义是"历史性的"（historical），有其"历史时刻"。完整的存在需要我们每一刻的决定都是基于完整的历史性。也就是说，我们每一刻的决定都在创造历史。上面说过，我们既生存在这个客观的世界里，异化无可避免；我有"真的自己"和"投射的自己"（别人）。关键在我选择一个什么"投射的自己"，也就是说"我选择谁做我的英雄"（Choose my hero，当然，也选择谁做我的坏蛋）。这可以是某个人物、某个思维、某个制度。但是，这个英雄必然来自历史，而且，被我选择后就成为我的规范（norms）。海德格尔称之为"命运"（fate，德文是 Schicksal）[11]。当我选择这个命运时，我与作出同样选择的人结合在一起，我们就有了同一的英雄、同一的尺度，共同创造历史，因此这个选择是具有社会性的。我与他们选择同样的命运时，他们与我就同属于一个团体（community），共同回应一个历史的使命（destiny）。这个使命就是历史时刻中的"未来"（要实现的潜质），它指引着我的"现在"（目前应做的事）。每个人的选择都不是无限的。一个自真的选择必须回应历史时刻对他所属团体的召唤，必须抓紧历史的使命。海德格尔加入纳粹，就是以他个人和德国人民的历史时刻作为解释。他指出当时德国魏玛政权是摇摆和"不真"（inauthentic）的，纳粹运动把德国人民重新召集起来从而发挥他们的最大潜质，建设一个"真"的德国，借此提供一个相对于苏联和美国的政治模式。他形容他和当时德国人选择的英雄是柏拉图的"哲学家君王"（philosopher-king）。当然，关键在于我们怎样看出历史正处于什么时刻，以及这个时刻对我的存在有什么意义。

　　萨特就有完全不同的政治取向。他从"他者"的"看法"出发。上面已经说过，"他者"属于这世界，取自这世界。在我建立存在意义和价值时，"真的自己"和"投射的自己"不断争斗。那么，我把我的价值建立在什么基础上？萨特坚持有一个稳固的普世价值："自由，为自己的存在定义的自由"。这个坚持使他走向马克思主义。萨特自认为"行动者"（activist），而行动不能离开他所建立的存在意义的历史处境。这点，他跟海德格尔是一致的（"现在"的意义来自"未来"和"过去"）。但是，他认为他所在的历史处境中，存在主义只不过是马克思的深层次社会与历史辩证分析里的一个"意识形态时刻"（ideological moment）。存在主义的焦点是，在物质世界中如何定义存在，而马克思对资本的批判就是针对这个物质世界中最关键的一环：物质匮乏下的经济关系。萨特认为没有任何理论可以比马克思主义更清晰地分析"不自由"，更实际地指导怎样去战胜"不自由"。但是，他认为当时[12]的马克思"主义"已从社会现实的辩证走上抽象的教条化，他想通过存在主义的自由和选择（责任）去为马克思主义重新注入活力。

　　"二战"后的五六十年代，存在主义盛极一时，也可以说是第一个由传媒吹捧的哲学与文化运动。海德格尔、萨特、加缪成为法国甚至全球的首席思想家。"公共知识分子"（public intellectuals）这名词也可能是从那时开始流行。存在主义可以算是"后现代"（Postmodern）的第一炮。它的特色不是对资本主义社会的批判（共产主义，国家主义都批判资本主义），而是它提出的"自真"思路。这个反经验主义、反工具理性的思路开拓了新局面。我们不应把存在主义当作一种哲学理论去看,尤其不要把它当作学院里学者们所教的东西去看。通过文学、戏剧、电影、建筑、宗教等等大众媒介,它深刻地影响了整个西方文明。萨特和加缪都是诺贝尔文学奖的得主(1964与1957),萨特拒绝领奖更使存在主义身价提升。

存在主义是多姿多彩的,但最后还是落在一个死结上:人是想自由的,但人又是不可以自由的。这也许是西方现代个人主义走到最终的发现。理性主义寻找存在的本质,也就是寻真;它的结论非常肯定:是思想(我思,故我在)。经验主义的结论比较犹豫:是官感(官能的感觉)。存在主义声称"存在先于本质"。它认为本质只是宗教信仰或形而上的东西,所以摒弃寻找存在的本质,改为创造存在的意义。要创造,就要自真地去行使我的绝对自由。但是,自真是不能达到的,因为我的意识中既有"真的自己"也有"投射的自己",还有客观的世界(历史处境)。我为自己的生命创造意义,只能令我意识到世界是荒谬的,存在是没有意义的。面对这些荒谬,存在主义给我们什么指引?波伏娃(Simone de Beauvoir, 1908—1986)告诉我们仍要不断与世界搏斗;蒂利希(Paul Tillich, 1886—1965)告诉我们交托给一个绝对的信仰;加缪让我们以轻蔑去克服荒谬。

波伏娃与萨特同居多年,对萨特有很大影响,她的《第二性》(*The Second Sex*, 1949)指出,男人把女人神秘化,为女人定了型。以存在主义的术语去说,就是男人选择了"神秘化的女人"作为他的"他者(the Other)",以她作为他的"投射的自己"、他的"英雄"或他的"敌人",并以此作为他行为的规范。男人以这个定型为借口,忽视、贬低女人,创造了以男人为中心的社会。她采取"存在先于本质"的立场,坚持"女人"不是天生的(born),而是变成的(become)。因此男性社会制造出来的"女人"是女人受压迫的最根本原因,因为它使女人被认为和自认为是畸形和不正常的。博瓦尔坚持女人要打破这个由男人制造的"他者"才能获得真正的解放。本书被奉为女性主义的宝典。

蒂利希的《存在的勇气》(*The Courage To Be*, 1952) 针对"焦虑的时代"(age of anxiety) 而作。他指出历史上西方文明曾经历三种威胁。第一种是实体上受威胁。我们或多或少地觉得被命运捉弄，但绝对地恐惧死亡，这在上古文明告终时最为显著。第二种是道德上受威胁。我们或多或少地觉得内疚，但绝对地觉得被谴责，这在中世纪文明结束时最为显著。第三种是精神上受威胁。我们或多或少地觉得空虚，但绝对地觉得没有意义，这在现代文明要结束之际最为显著。这些威胁使我们焦虑，但不是因为我们是神经质，而是因为这些威胁跟我们的存在不能分割。

在现代文明要告终的一刻，我们感觉到精神受威胁而焦虑是有道理的。绝对权力消失、自由民主抬头、科技文明胜利但又开始解体，使我们感到存在是空虚和没有意义的。我们面临"精神不存在"(spiritual nonbeing) 的威胁，因为我们失去了终极信念 (ultimate concern, 又译终极关怀) ——一个为所有意义带来意义的意义 (a meaning which gives meaning to all meanings)。蒂利希提出"绝对信仰"(absolute faith) 作为"存在"(being) 的最后基础，使我们有勇气去面对"无意义"(insignificance)，去抗拒失望。"绝对信仰"有三个元素：1、"存在"的生命力和意志力使我们在"意义的毁灭中"仍能认识到它背后还有一个隐藏着的意义，使我们能够战胜失望。2、体验"不存在"有赖我们体验过"存在"；体验"无意义"有赖我们体验过"意义"。就算我们在失望中，我们仍保存足够的"存在"去体验失望。3、体验"无意义"其实是体验不出什么内容的，我们体验到的是"'无意义'的被接受"。如果我们接受这种体验，我们就体验到"接受被接受"(acceptance of being accepted)。其中，"被接受"的是一个没有内容的虚无。这就是"绝对信仰"给人的勇气。只有"绝对信仰"才能给人勇气去接受"无意义"，只有这种有勇气的人才能存在于无意义的世界。因此，蒂利希的"绝对信仰"是一个不需内容、只需"接受被接受"的信仰。这与克尔凯郭尔的"信仰的热忱"很有共通之处。蒂利希给予"得救全凭神恩"一个存在主义的透视，在宗教和神学中极具影响力。

加缪的《西西弗斯的神话》(*The Myth of Sisyphus*, 1942) 是存在主义的经典，主题是"荒谬"。书分四章，第一章"荒谬思维"，讨论他认为是哲学上唯一的题目：当我们认识到生命的无意义和荒谬时，我们要不要自杀？生命的意义往往来自明天的希望，但每一个明天都在把我们带近死亡。我们追求绝对与统一，但由于世事不能归纳成理性原则，遂产生荒谬。我们不应该放弃理性而走向有神论，又不应提升理性走上抽象的形而上。自杀也无须。没有人，哪有荒谬？人与世界的矛盾要在生活中面对。但不能接受荒谬，要不断反抗，在实际生活中争取自由——没有未来就没有希望来缚拴，没有目的就没有意义来驱使。"重要的不是最好的生活，而是最多的生活"(not the best living but the most living)。第二章谈"荒谬的人"：传奇中的浪子唐璜（Don Juan）追求短暂但非凡的爱情，一个演员浓缩现实去追求短暂的赞誉，一个征服者选择不断行动，因为他知道没有最后胜利这回事。第三章谈"荒谬创作"：世界是不能解释的，只可以描述。"假若世界是清晰的，艺术就不会存在。"加缪认为陀思妥耶夫斯基和卡夫卡都未能创出荒谬，因为他们的作品到最后仍带点"希望"。最后一章是点睛之处。古希腊神话中的西西弗斯诡计多端，他违抗众神之命，把死神锁起来，人就不用死了。但众神们却放走了死神。西西弗斯死后施计从死神的地府走出来，但又被众神擒着。惩罚是要他把巨石从山坡下推上山顶，但每次到了顶处石头就滚下来，重新再推，永远如此。加缪以这无止境和无意义的劳累作为世事荒谬和人生无奈的隐喻，尤其是现代人在现代工厂和办公楼中无聊的工作。他指出，我们一般不会知道这是荒谬，但当我们的意识察觉到这荒谬的一刻，才是悲剧。加缪很想知道西西弗斯每一次下山重新推巨石时，脑子里是怎样想的。这是悲剧的一刻，因为西西弗斯绝无希望。但加缪也说，"没有命运不可以被轻蔑来克服"(There is no fate that cannot be surmounted by scorn)。承认事实就是征服事实。西西弗斯有自由去认清这荒谬的处境，并处之坦然。加缪的结语是，"我们总是想象西西弗斯是快乐的"。

宗教改革前的"唯一真"与宗教改革后的"个人",是支配西方现代文明的两个文化基因。唯一真基因倾向于一统社会,个人基因倾向于多元社会。现代的四百多年中,两者不断地纠缠,带来了西方文化性格的分裂。共产主义以阶级观念去提升个人走向一统,国家主义以民族观念去凝聚个人走向一统。到了存在主义,个人主义达到最高峰,但也把个人与唯一真之间的张力显露无遗。存在主义强调个人自由,坚持只有个人自由才能创造存在的意义,才能使人成为真正的人,因此个人自由就是唯一真[13]。但个人自由也必使人离群、孤独、焦虑、恐惧。

现代西方文化史就好像是一个家庭悲剧。现代前夕,唯一真神是这个家庭的父亲,教会是母亲。父亲高不可攀,母亲啰嗦失德,家庭就像一把枷锁,孩子又怨又怒,向往自由。一天,离家出走,但是离家后才发觉,世道艰难,无处是乐土。最后,终明白这是孤儿的命运。孤儿有自由,但也注定漂泊天涯。他也许事业有成,但永远没有被爱的幸福。

就像加缪的名句,"重要的不是最好的生活,是最多的生活"(not the best living but the most living)。现代人的生活绝对丰富,但又绝对空虚;绝对多姿多彩,但绝对没有意义。

最后,总结一下资本主义与共产主义、国家主义、存在主义的瓜葛。资本主义容不下共产主义,因为资本主义必走上全球资本化,而共产主义则是全球的劳动人民团结起来对抗资本主义。于是资本主义要腐蚀共产主义,使全世界劳动人民无法联合起来对付它,而是动员全世界人民消费它的东西(无论有用、没用,无论是消费品还是金融产品)。它成功了。

资本主义容不下国家主义,因为它的民族自决、国家自主大大限制了资本的全球化。更严重的是,浪漫的国家主义引发出尼采式的超人,大权独揽,而且完全没有制衡的机制,资本主义所赖的个人自由也就完全没有了保障。资本主义怎能不想把它彻底击垮?

存在主义的一端是尼采的超人,资本主义受不了(但超人很少,想做超人的也不多);另一端是加缪式的"最多的生活",也就是活得丰富多彩。

这可能是行尸走肉，但是，这些行尸走肉是需要吃喝玩乐，那就是消费、消费、消费。有消费就有生产，有生产就有资本累积。岂不是正中资本主义下怀？因此，尼采式的超人要防，甚至要打，但加缪式的"最多的生活"要吸纳过来，并演绎为"最多消费的生活"。至于波伏娃式的"不断与世界搏斗"就要给她一些渠道去宣泄[14]，蒂利希式的"交托给一个绝对信仰"就要给他一点空间去休息，加缪式的"轻蔑"不要紧，最要紧是人人加紧消费。

注：

1. 康德一生可以说是出奇的平淡，就在百多公里的范围内度过。他生于当时普鲁士首都科尼斯堡（Königsberg，现今俄国波罗的海一角的加里宁格勒 [Kaliningrad]）的一个宗教虔诚家庭，家教严谨。康德一生的生活都极度规律化，传说他的邻居每天都按他出门散步的时间去调钟。他不是一开始就搞哲学，曾在天文学（他提出星云假说 [nebular hypothesis]）和力学（他讨论地球上潮汐带来的摩擦力对地球自转速度的影响）上有一定的建树。他对莱布尼兹和牛顿的理论都有深度的认识。30 岁以后开始专攻哲学，45 岁成为科尼斯堡大学的逻辑学与形而上学教授，上任的首篇论文就预示了他日后有关思想与官能的分与合的讨论的突破。跟着就是十年的沉默，在这期间，他差不多完全断绝与外界的交往。十年后，他于 1781 年出版了《纯粹理性批判》（*Critique of Pure Reason*）长达八百多页，艰涩难懂，引起不了大众的注意，有异于他早期大受欢迎的浅白文章。《纯粹理性批判》成为经典，纯属偶然——那个时代有"泛神论"（Pantheism，也就是"大自然就是神"之类的理论）的争议，被指有"无神论"之嫌疑，并引发了对"理性"和"启蒙"的价值争论。卡尔·雷茵霍尔德（Karl Reinhold, 1757—1823, 奥地利哲学家）于 1786 年发表了一系列公开信，指康德在《纯粹理性批判》中对理性的分析有助于解决这争论，从此该书名满天下。康德于 1788 年出版《实践理性批判》（*Critique of Practical Reason*），1790 年出版《判断力批判》（*Critique of Judgment*），1793 年出版《纯粹理性界限内的宗教》（*Religion within the Limits of Reason*），1797 年出版《道德形而上学基础》（*Foundations of the Metaphysics of Morals*）。至此，他的道德哲学基本完成，并奠定了他 18 世纪最伟大哲学家的地位。

2. 但萨特对马克思主义的推崇是人所共知的。

3. 出人意料的是，存在主义的结论与从达尔文主义（经验主义）推理出的"突变式的物竞"和"无意识的天择"有不谋而合之处：人生是无奈何的，宇宙是无意义的。

4. 克尔凯郭尔走的是有神论的方向。他指出，我的"独特性"将会突出于伦理与信仰发生冲突的一刻。他指出，在哲学上，生命产生意义的一刻，是当我把个人提升到宇宙的一刻，也就是当我把自己的欲念和倾向对证于道德恒律的一刻；对信神者来说，生命的意义就必须来自服从神的法律，因为神的法律一定是恒律。在此，克尔凯郭尔提出了一个悖论。《圣经》里有一个故事：选民（Chosen People）之祖亚伯拉罕老来无子，神赐他的老妻怀孕，得一男，取名以撒（Isaac），神命他将还是孩童的以撒带上山，杀他做祭献。杀无辜之人，而且是自己的儿子，当然有违伦理恒律；但亚伯拉罕无动于衷，好像认为这是应做的事。从哲学上看，这是费解的，因此从来都被人批判（圣经的故事说，当亚伯拉罕把孩子绑在临时祭台上要动手之际，神叫他停止；同时有一只小羊出现，神命亚伯拉罕杀羊代献，"代罪羔羊"一词典出于此）。

   克尔凯郭尔认为神对亚伯拉罕的命令不可看作神的道德恒律，这命令是针对亚伯拉罕的"独特性"（singularity），在哲学上的演绎就是"信仰使'单独的个人'高于道德的恒律"。但是，如果一个人可以过着有意义的生命，但又不必遵守道德恒律，那么，生命的意义有哪些标准？克尔凯郭尔认为这些标准只可以来自"我"的"独特"。他提出"主观就是真理"（Subjectivity is the truth）的理念，后来在"存在主义"中推演为"自真"（authenticity，可演绎为自己选择的真，而非拿他人的选择作为选择）。在以上的故事里，亚伯拉罕没有客观的理由去相信杀子是神的命令，他听命的唯一解释是"信仰的热忱"（passion of faith, 宗教上称为"信德"）。在理性上，这是荒谬的，是一种非理性的"信仰跳跃"（leap of faith, 这是西方常用的一个词，就是非理性的、凭信念、凭热望做出的决定或行动）。这种"主观"就是以"信仰的热忱"去拥抱这个荒谬，而不是以各种"客观"的解释（如历史理由、背景、条件等）去逃避这个荒谬。

   "主观就是真理"把焦点放在"是"（being, 也可看作"生存"），而不是放在"知"（knowing,

也可看作"求知")。"真"的衡量,是看我心中是以什么态度(热忱)去把一个客观上不可靠的东西(例如"神的声音")作为我行动的指南。相对于"独特的我"是"众人"(the crowd),特别代表社会标准和法规。"众人"是"非真"(untruth),因为它会在不知不觉中构成了我对自己的认识,解除了我做真正的我的责任;那么,我就永远跟着"众人"走,永远没有"真"的"我"。

5. 尼采的时代里,作为传统道德准绳的《圣经》的权威性受到科学(特别是达尔文的进化论)的冲击。尼采想创出一套"神已死"之后的道德观。他从历史的角度去看,得出"权力意志"("Will to Power")的理论。他认为犹太/基督的道德是弱者对强者的一种捆绑工具,久而久之内化(internalized)为"良心",人类变成"病态的动物":意志与本能处于对抗状态。因此,尼采也有类似克尔凯郭尔的"众人是非真"的理念。尼采认为"众人"都是驯兽,长久驯服于道德恒律之下。道德标准的作用是制造越来越多的驯兽。但这个"病态的动物"是很有潜质、很有前途的。因为科学打倒了神,以神为基础的道德枷锁也开始破裂,人被迫面对自己。在这种虚无面前,弱者会失望沮丧,但强者会得到解放的机会,找到新的意义,创造新的价值,也即尼采的"超人"。因此,虚无的假道德(众人的道德)的终点也可以是真道德(超越"众人"认为的善与恶 [beyond good and evil]) 的起点。

但是,这个真道德不可能是没有规律的个人任意或冲动的行为,必须有好、坏的标准。尼采倾向用"美"(aesthetics),因为它最能反映"存在"的"独特性"(singularity of existence)。他的名言是"世界只可以作为一个美的现象来解释"(The world can only be explained as an aesthetic phenomenon.)。他强调美的"风格"(style),但"风格"不是一套普遍性的规律,而是一件"美术品"独特的内在规律。风格,作为"存在"的衡量,要求(1)在一个摆脱了致用和功利考虑的世界里,创造意义和价值就是给予自己直接的倾向、激动和热情以一个独特的造型;(2)按着一种强烈追求万事一致的敏感和直觉去演绎、裁剪、提升所有的东西去得出一个万事吻合、归属和恰的整体去满足非概念性的"美"的标准。

6. 尽管他会在1946年(也就是"二战"后)拒绝接受人家把他的早期著作列为存在主义。

7. 这是一件叫"无有"的东西,并不是"没有东西"的意思。

8. 自真的理解如下。每一个人都有他的"事实"(facticity):自然的事实如身高、体重;社会的事实如种族、国籍;心理的事实如信念、欲望;历史的事实如过往所为、家庭背景。这些都是可以客观地建立的。但我是不能以这些来定义自己的,必须加上我对这些客观事实所采的立场和姿态,而立场和姿态就包含了选择。自真的要求就是要作出真正出于(忠于)自己的选择,有别于拿他人(包括自己信赖的或想象的人)的选择来作为自己的选择(这当然不排除我自己的选择会与别人相同)。也就是,自真要求我对生命作出绝对的承诺和负责。(自真的我不能以自己的史实去解释或宽恕自己的行动或决定,因为我的行动和决定完全是我的选择。)自真就是把自己的价值纳入自己的选择中。只有自真才有真的自由,不然我们就是虚伪、宿命,或模仿。

9. 克尔凯郭尔这样说:"如果我可以相信我是理性的,其他所有人也是理性的,我就一无所畏。我对我的自由就无需心存忧惧。"萨特叫理性做一种"坏的信仰"(bad faith),是我们强把一个结构加诸一个没有意识、没有秩序的世界之上,理性只会妨碍我们在自由中找寻生存的意义。为了逃避生存带来的忧惧和焦虑,我们放弃了自由,把自己寄托在"别人"的"看法"中。加缪(Albert Camus, 1913—1960)更认为人渴望规律,当他与没有规律的世界和没有规律的"别人看法"发生碰撞时,世界就变得荒谬(absurd)。

10. 这个由两个自己产生的"异化"是来自"现象学"的"主体间性"(intersubjectivity)理念。

11. 这个并非是宿命,而是某些来自我的历史处境而又是对我有所支配的人物、思维、制度。

12. "二战"前后。他主要的政治与历史观点发表在1943年的《存在与虚无》(Being and Nothingness)中。

13. 自从英式经验主义成为主流以来，哲学家们对理性主义，尤其是笛卡尔的二元和天赋理念的指责抨击也成主流。当然，他们总是针对笛卡尔对真的定义和求真的方法，并未着眼于笛卡尔从对真的热切、对求真的认真而衍生出来的慷慨社会观。但存在主义的源头之一"现象学"却与理性主义颇有类似之处。两者都把注意力放在"里面"。笛卡尔理念是内在的；胡塞尔的"意识"也是从内到外开放的。胡塞尔甚至把笛卡尔视为现象学的真正源头，说现象学是"新的 20 世纪的笛卡尔主义（Cartesianism）"。他还说哲学唯一有意义的"复兴"应是再次唤起笛卡尔的《哲学沉思》。当然，他的真传弟子海德格尔就持相反意见。海德格尔日后支持纳粹也可能是并未领悟师傅的心意，未掌获祖师爷的大慈大悲社会观。

14. 见第五篇第三十章有关资本主义的剑与盾。

第五篇

生存？

西方以自由、民主、法治、人权、资本定位自己，衡量别人。这些理念都可追溯到泛人与个人的文化基因、自我保存和与人共存的普世价值。但是，在唯一真意识之下，它们的互不相容使西方人跄踉了几百年，现今的自由主义与资本主义势难持续。中国可有什么贡献？

第二十六章　个人：小我与大我，公众与公共

个人意识生出个人主义；个人主义生出自由主义。个人主义有两个死结：自由与平等之间的必然矛盾，人与人之间的难有公平。西方的"公众利益"出自私人利益之间的妥协，是个政治性的东西。反之，"公共利益"则是私人利益的超越，是理性与政治的结合。

理性主义的笛卡尔以主体的"我"区别于客体的"世界"，开启现代西方主客二元的宇宙观[1]，创出个人意识。随后，经验主义的洛克把个人意识建立在"经验"上：开始时个人像张"白板"，通过经验和教育而成形。这定义引申出个人自由与个人权利的理念、个人与个人之间的社会性契约关系，并开启盎格鲁—撒克逊式的个人主义意识形态[2]。这些，在第二篇的第十二章、第十四章已详细讨论过。

当初，个人主义是个贬多于褒的词，被视为狠辣剥削、无法无天、怪诞歪行的代名词。要到19世纪40年代，个人主义才沾上了正面的意义，被用来支持个人累积财富去追求个人幸福[3]。

个人主义强调"个人价值"，也就是把"个人"看作"唯一真"的意识形态。为此，它以天然权力和个人自由为中心，以个人最能明白个人为依据，去鼓吹追求个人的目的和欲望，也就是独立与自足。从历史角度去探索，个人价值其实扎根于人人平等。最初的演绎是人人是神的儿女，因此人人平等，各享自由——在神面前每个人有同样的价值，没有人应该奴役别

人、支配别人[4]。宗教改革与启蒙运动把基督宗教的神废掉,代之以没有善恶意识、不会赏善罚恶的"大自然"。一方面,个人自由与人人平等的逻辑链带断了,但另一方面,个人自由与人人平等被奉为"自然之法"。但是,这套自然之法与阿奎那的自然之法截然不同,它们没有逻辑解释、没有科学论证,其实也是一种"信仰"——非宗教性的信仰。经验主义的洛克如是,唯情主义的卢梭如是,唯心主义的黑格尔如是。他们按他们的"主义"的需要来把个人自由和(或)人人平等解释为自然之法,结果是自然之法变得随意和神秘,就像基督宗教的神一样。不同的是基督之神充满道德感,而现代的自然之法则毫无道德观。

在哲学层面上,个人主义包括了强调个人享乐的享乐主义(Hedonism)、强调个人尊严的人文主义(Humanism)、强调个人利益的个人至上主义(Egoism)、强调个人创造生命意义的存在主义(Existentialism)。有人观察[5],在个人主义的社会里,个人行为比较倾向以"自身为参照"(self-regarding),也就是以内在标准(internal reference standard)去衡量个人的行为,有异于以"别人为参照"(other-regarding),也就是以外在标准(external reference standard)去衡量个人行为。西方属前者,称为"内疚型社会"(guilt societies,以内疚约束行为);东方属后者,称为"羞耻型社会"(shame society,以羞耻约束行为)。

在政治层面上,个人主义的意义即政府(国家或任何政治团体)的唯一功能是保护每个人在不影响别人的自由下的自由。应用在政治生活上就是保护个人的自主权免受社会(国家)干扰,特别是政治与经济自由。他们相信,只有允许甚至鼓励每个国民积极追求自身利益的国家才会"健康",就像身体的生命力来自它的每个细胞。在日常政治生活中,这往往表现在保护少数人的自由免受大多数人的干扰(因为最少的少数就是个人)。个人主义者反对没有宪法保护少数权益的民主制度[6],衍生了西方特色的身份政治(identity politics),也就是按个人身份(工人、商人、妇女、老人、同性恋者、环保者……林林总总)结合起来去争取权益的政治团体。

个人主义对自由的追求衍生出自由主义（Liberalism）和无政府主义（Anarchism），现在分开来谈。

自由主义是现今西方主流。原先的重心在"对不同宗教信仰和不同生活方式的容忍"，一般以洛克为祖师："没有人应该伤害别人的生命、健康、自由或财富"（《政府论》）。17世纪欧洲的荷兰、瑞士和英国政权都有自由主义倾向，但君权、教权仍与之抗衡。18世纪，美国建国才创立第一个没有君王和世袭的现代政权，它的《独立宣言》中就这样说："……所有人都是平等地被创造出来，创造者赋予他们若干不可被剥夺的权利，此中有生命、自由与追求幸福——为保护这些权利，人类建立政府，政府的合法权力来自被统治者的同意……"在经济层面上，自由主义坚持经济决定应由个人自主（这里，个人包括公司法人），政府不得干预，特别是产权私有。公认现代资本主义源于此，特别是"放任资本主义"（Laissez-faire Capitalism）。

无政府主义比较激进，认为国家是不必的、有害的，至少是无益的。它甚至认为没有国家的社会最好。无政府主义有多种："个人无政府主义"（Individualist Anarchism）特别强调个人意志大于任何外在支配，包括团体、社会、传统和意识形态[7]；"哲学性无政府主义"（Philosophical Anarchism）认为国家没有合法的道德基础，我们没有责任服从国家，它也没有权命令我们[8]；"革命性无政府主义"（Revolutionary Anarchism）主张以暴力推翻国家。

自由主义和无政府主义都极度向往个人自由，但后者不赞同自由主义的掠夺性经济竞争，因此，互相视为异端。个人主义产生了互不相容的自由主义和无政府主义是不可避免的，也是完全符合逻辑的。个人主义出自宗教改革，放弃以神（教义、教会）为社会行为的中心，代之以人。先是人性，也就是人文主义的"以人为本"，但马上就变成"以个人为本"的个人主义。神是"唯一"的，恭敬唯一真神的社会有很大的向心力；个人是"不一"的，追求个人满足的社会有很大的离心力。因此，个人主义有先天的分裂性格。

首先，是自由与平等的分裂，也可说是个人与泛人的分裂。在个人主义下，也就是个人利益至上的意识形态里，自由越大，不平等越大，因为自由是个人的事，而平等是众人的事。要追求众人平等就得约束个人自由。众人越平等，个人越不自由；个人越自由，众人越不平等。个人自由至上的意义当然是尽自己个人的天赋与能力去追求个人的社会和（或）经济利益。但天赋与能力人人不同，怎得平等？有人提出，只要机会平等就足够了。但平等的机会也必须有合适的天赋和能力才用得上，所以尽管机会平等，机会的使用是不可能平等的。

接着是个人与个人的分裂。个人主义下的自由主义强调不影响别人自由，这是个理论上和实践上的大难题。个人主义以个人价值作为一切价值的基础和衡量标准，因此个人一定要有自由去追求自己的利益。不过，个人主义出自经验主义，而经验主义则坚持人人经验有别，处境不一，因此人人的意见和判断不同，那么，在各持己见的情况下，某些强者的意见肯定会支配别人。同时，个人主义又强调人人追求私利，那么在僧多粥少的情况下，某些强者的逐利肯定会损害别人。因此，追求个人自由怎能不影响别人自由？

个人主义的另一个死结是世上不可能有公平。在"以个人为本"的世界里，人再没有超越自己利益的理由和契机。人与人之间的关系都是从个人的角度去看、去处理。人与人之间最棘手的关系是公平。公平有两类：分配与赏罚。前者比较复杂，因为要衡量每个人的贡献和需要，既有客观因素，也有主观因素。后者比较简单，公平就是赏善罚恶。从个人观点出发，善恶肯定是主观的，也是绝对的。我做的事是好是坏当然只可以由我定义（我可以参考别人或社会的善恶标准，但是我选择我的标准）。赏罚也是主观的、绝对的：我认为是赏才算赏；我认为是罚才算罚。那么，公平是什么意思？我做了坏事受罚，做了好事得赏，是公平。我做了坏事反而得赏，是不公平，但这种不公平我也许能够接受。我做了好事却受罚，那就真的不公平了。在个人主义的社会里，这是个不可能解决的死结。善恶是我定的，赏罚是人授的，因此每个人的善恶标准、赏罚定义与别人的标准及定义有逻辑性的分歧。这是出自个人主义的定义。教育不可解开这个结，因为个人主义下的教育原则是发挥个人智力去实现个人自由，强调的是各自定义善恶、赏罚，没有统一和共同的定义。政治也无法解开这个结，因为个人主义下的政治原则是保护个人自由，妥协可以，但死结依然。俗谚有云，"好人做坏事"。每个人都会有过如此的经验：做了好事还要被人（家庭、朋友、社会）误解、责备、处罚。俗谚也云，"恶有恶报，善有善报，若还未报，时辰未到"。这是安慰的话。在个人自由至上的世界里，"抱恨终身"是人的命运。

现代前的神给予人很强的超越性：人生只是个过渡，一切在生时的不公平都会死后在天堂、地狱摆平。非但如此，它还积极地教化西方人"公平"。"敬神"指令人要超越个人；"爱人"指导人如何去超越个人。不管称它为鸦片或是奴役，西方宗教确起了安慰人心、安定社会的作用。现代个人主义怎能超越个人？

现代西方当然有人认识到个人主义不理想，但个人自由确实吸引人。有人"希望"个人自由会带来对大众的好处（如休谟对功利主义的解读，见第五篇第二十七章）；也有各种各样的"主义"去激励人牺牲点个人自由去维护种族利益、社会公平、环境生态等等；残留的基督宗教和其他引入的宗教也可中和一下个人自由对社会的分化和分裂。但无可否认，个人主义一方面驱使西方人聚焦于社会不公平，但另一方面又障碍西方人找寻解决的办法。

在个人主义的社会里，人与人之间的不公平只可以通过政治妥协来处理。最明显就是"公众利益"（public interest）的理念。西方的公众利益有以下假设。1、它是相对于"私人利益"（private interest）的，为此，公众利益与私人利益的矛盾是逻辑性的、不可避免的。这不是指凡私人利益必与公众利益有矛盾，而是指凡有矛盾之处，必是本质上的矛盾，不可能有本质上的化解，只可能有紧张的共存。2、它的意义和定义是主观的，也就是从个人观点着眼，从个人利益出发。为此，对公众利益的定义各人有不同的演绎；这些演绎之间的矛盾也是逻辑性的、不可避免的。这不是指人人对公众利益的演绎都不同，而是指凡有不同之处，必是观点上的不同，不可能有彻底的统一，只可能有紧张的共存。

　　从这两个假设得出的结论是：客观的公众利益不可求，无损私人利益的公众利益不可得。因此，西方公众利益的定义是个纯政治性的，它的实践是纯制度化的。公众利益是不同的私利竞争产生出来的东西，只要竞争的方式合理，竞争出来的结果也应该被接受。因此公众利益的焦点是竞争权力与利益的机制，也就是政治体制。这个体制就是竞争的擂台：种种步骤、规矩、形式组成的"游戏规则"下，产生的"游戏结果"就是公众利益了。因此，西方的公众利益只可算是个消极的政治产品。首先，它没有客观的存在，就像追逐自己的影子。其次，它的存在只是反映了私利之间的不能妥协。不能妥协是个负面的东西；妥协了的私利不等于正面的公益。最后，它既是私利的妥协，就会因人的变动而解体，不能稳定和长久。这样的公众利益怎可以是和谐社会的支柱？更多时候，它被利用成争权的名目，那就更与和谐社会理想背道而驰了。

　　"公众"是很多人的集合（assembly），是小我理念；"公共"是很多人的综合（integration），是大我理念。共享、共有、共同的公共利益（common good）是否存在？ 在西方，文艺复兴引发的宗教改革肯定了个人价值，启蒙运动继而肯定了个人主权，到现今的后资本社会更肯定了个人利益。几百年来，小我利益的理念不断膨胀。公众利益是对立于私人利益，是私人利益妥协性的集合。它们之间的矛盾从未解决，只是紧张地共存。相对而言，公共利益就不是私利的妥协，而是"独立"于私利（但不一定"对立"于私利）和"超越"私利的整体性综合利益。也就是中国的小我、大我之别。

　　大我、小我同是我。当我只考虑自己的利益时，我就是从小我着想。小我利益肯定是存在的,虽然并不是每个人都一定清楚自己的小我利益。但当我只考虑我所属的群体的利益时,我才是从大我着想。你自己可以做个爱因斯坦式的思想实验(thought experiment)。随便选一个与你有切身关系但又有争议并需要做出决定的事情——你先完全从你个人和你关心的人的利益出发,不考虑别人或整体,这样你会得出一个决定,就先叫它 A 吧；然后你完全放开个人,从整体利益（整体利益由你自己来定义）去着想,一点儿也不迁就个人好恶,你也会得出一个决定,就叫它 B。如果 B 跟 A 不同,你就证明了 B 是存在的,而且是独立于 A。如果你可以这样去思考,就证明了你同时是小我和大我,同时你也可以分辨出什么是你的小我、你的大我。如果你的小我利益跟你的大我利益不吻合,你就要选择。这个选择就在衡量你能否超越个人。"认识"什么是公共利益并不表示会"选择"它。完全选择小我利益就是完全自私,完全选择大我利益就是完全超越。

当然,绝大多数人在绝大多数情况下不会完全自私,也不会完全超越。为此,牺牲小我成全大我才那么可贵。这个大我是什么？最终的大我是超越所有的群体的一种泛人类的良知,也就是人类的感性与理性的汇合点。为此,它会是绝对客观、绝对共有的。这是理想,是终点,但中途有很多阶段与层次。绝大多数人在绝大多数情况下都会维护自己利益,但也会顾及到整体利益。其实,自我保存和与人共存是普世价值,关键是在某一个特定历史时刻中它们应有的比重。就像一个天平,那边多放一些,就会向那边倾斜,先是慢慢的,然后越来越快。小我当道之际,要扭转小我与私利支配的社会关系只有两种选择：一是约束小我,二是鼓励大我。

几百年来,西方文明肯定个人、肯定私利,甚至把它提升到成为公利的基础。到了今天,更干脆地把公利扭曲成为私利竞争的产品（公众利益）。当然,完全私利争夺的社会绝不和谐；而且,公利仍存于人心,无法完全将其抹杀。聪明的后资本主义社会就发明了政治制度去保证私利有一定的约束,公利有一定满足,以求社会有起码的安宁。这也就是上面说的"妥协的私利"。为了师出有名,私利往往被装饰成公利——或是争正义,或是为公平,或是求效率,或是反歧视,都是济世为怀、为民请命的高尚情操。事实上，人是向往高尚情操的。哪有人会说私利万岁？甚至全球资本掠夺分子，他们虽然毫不讳言要私要贪，但也要解释说私和贪可以带来物质进步。哪有人会说任性是好？他会把任性装饰为自由。在被主观与私利蒙蔽了的理性和扭曲了的良知下，西方的公众利益其实是一套自编、自导、自演的闹剧。热闹底下是对人性的悲观与犬儒。

大我理念在西方已经差不多全部淹没，起码在他们的经济与政治机制里再没有发挥的空间。天平向小我倾斜，不断加速。大我反击非但没有可能，守亦难。原则上，公共利益肯定整体（大我），坚持小我的超越，强调社会利益的客观性；公众利益肯定个体（小我），坚持个体的主权，强调社会利益的主观性。运作上，公共利益着眼于求同，公众利益着眼于存异。今天的中国，私利追求已超出了经济范围，逐渐支配所有的社会关系。中国传统的公共利益理想不可再得，西方传来的公众利益构架不能全用。折中的办法是保留公共利益的基本理性原则，但在运作上以求同（公利）为本，存异（私利）为用。

出自经验主义的个人主义是现代西方的主流意识形态，衍生出具有西方特色的自由、民主、法治、人权、资本主义。西方以这些理念定义自己，衡量别人。且看看这些理念发展的历史背景、时代心态、理论基础和实际运作。

注：

1. 笛卡尔的二元有两个不同层面：我与外界、思想与身体。这里只是指我与外界的二元观。

2. 相对于盎格鲁—撒克逊的个人主义文化，西方也有些"大我"文化。如黑格尔把人类历史看作人的"思想"（Mind 或 Reason，也可叫"理性"，而"理性"就是人的基本特性）渐进式的演化过程：思想不断把自己的"理念"（concept）与外在世界对质，每当思想将其理念加诸世界，便会发觉它们只可以在特定情况下反映出部分的"真相"（truth 或 reality），因此思想会不断地修正它那些不完整或不充分的想法，使它们能够更完整或更充分地反映真相（这就是辩证法）。逐渐地，人就从他特定的、有限的眼光跳出来，认识到他原来是隶属于大于个人的整体的，如家庭、社团、政体（political order）。马克思将黑格尔的历史辩证法套上唯物的观点，创出历史唯物论，成为共产主义的理论基础。在某意识上，我们可以说个人主义培植了资本主义。但同时，它也辩证地激发了与资本主义对峙的共产主义。

3. 最先用的包括史密斯（James Elishama Smith，1801—1857）和麦考尔（William MacCall）。他俩都是"禧年主义"（Millenarianism）的宗教狂热者，但肯定受了自由主义的穆勒的影响。值得一提的是史密斯后来转为社会主义者。

4. 要注意的是神关注的是人的意图，而不是人类行为和社会制度。奴隶社会的奴隶主会拥有奴隶、使用奴隶，但只要他没有奴役和支配的理念和意图，就是所谓"不知者不罪"。

5. 如 Ruth Benedict（1887—1948，美国人类学家）。

6. 所谓"个人主义方法论"（Methodological Individualism），认为"社会"不是一个独立的存在体，只是很多的个人聚在一起而已。虽然民主政府是代表"人民"（the people），但它的决定不是"人民"的决定，只可以说是选举中胜方的决定。"社会"（从国家到任何社团）不可能作出"行动"（action），因为行动是需要有"意图"（intension），而意图只可以是个人的事。一个政府的任何行动其实也只是其中某些人的个人意图、个人行动而已。

7. 19 世纪美国作家塔克（Benjamin R.Tucker，1854—1939）在《国家社会主义与无政府主义：它们的同与异》中就说："假如个人有权统治自己，所有外在政权都是暴政。"

8. 比较有名的哲学性无政府主义者包括印度的甘地（Mohandas Gandhi，1869—1948）、法国的蒲鲁东（Pierre Joseph Proudhon，1809—1865）、英国的斯宾塞（Herbert Spencer，1820—1903）、美国的梭罗（Henry David Thoreau，1817—1862）。

第二十七章 "不损害别人自由的个人自由"是不可能的

英式经验主义生出个人主义；个人主义生出自由主义。自由可分为四大类：政治、道德、经济、社会。自由主义者对政治与道德自由的共识很一致，但对经济与社会自由的分歧颇大。经济自由引进了资本主义；社会自由吸纳了社会主义。从此，社会自由主义与经济自由主义就成为西方"自由社会"里的左、右两派。百多年来，两派势力此消彼长，但总不离开个人自由。无论在经济、社会还是伦理层面上，"不损害别人自由的个人自由"都有解不开的死结。

"不自由，毋宁死！"壮哉！

1775年3月23日，英属美洲殖民区的代表在弗吉尼亚会议上，争论应否北上援助波士顿对抗英军，主战派的亨利（Patrick Henry, 1736—1799）慷慨陈词："……生命是那么珍贵，和平是那么可爱，要以被锁着做奴隶的代价去买回来吗？神啊，我不知道别人会怎么做，但是我，不自由，毋宁死！"当时在场的美国开国元勋杰斐逊这样回忆："当亨利发言后，很难说出他讲了什么，但当他发言时，却好像一针见血。他的意见跟我的相反，但他的陈词对我有很大影响，我被深深地激励和感动。他讲完了，我问自己：'他说的是什么鬼话？'到现在也找不到答案。"

自由就是这么感人，这么抽象，人人都可以在里头找到一点自己的理想、自己的感受。耶稣说,"真理使你自由"[1];美国中情局的大堂也写着"真理使你自由"。恐怕,没有人会相信这是同样的自由。

"自由"是西方人用来形容自己文明的关键词,也可能是最受争议的名词。这里谈的自由,是行动与行为的自由[2]。现代前,意志自由是信仰的基础,因为如果没有自由意志就没有真的选择,那么信仰是没有意义的。宗教改革激进分子强调人性堕落、没有意志自由,得救全靠神恩,以此来"证明"无须教会作为中介,从而颠覆当时腐败的教会的合法性。宗教改革后,理性主义与经验主义相继肯定以人为中心的认识论和伦理观,产生出个人主义,以个人自主与自由为最基本道德价值。与此同时,英国的经验主义"证明"了人的行为完全受个人求享乐、避痛楚、逐私利支配,也就是,个人行为背后的动机实在没有自由可言。因此,在个人价值至上和个人不能控制自己意志的前提下,保证不损害别人自由的个人自由就成了合情合理的政治原则。这种对人性的悲观随着英国称霸与英式文化蔓延全球而成为"理所当然"。从此,保护个人行为与行动的自由成为西方伦理与政治的主题。

史学家把自由理念追溯到 4000 多年前幼发拉底河下游的苏美尔(Sumeria)城邦。那里有保护百姓不受有财有势者欺侮的法规[3]。可见,从一开始自由就包含着拒抗权势的意识。一般认为现代自由理念始于 1215 年英国大宪章[4],再发展下去就是 1689 年英国光荣革命后出台的《权利法案》。大宪章与《权利法案》之间的 400 多年是现代自由理念成长过程的前半段,主要在英国。后半段就是美国独立、法国大革命,直到现在。

先看看前半段发生了些什么。文艺复兴时期的意大利城邦,随着工商业的发展、资产阶级的成长,开始了对政治权力分配的反思。非贵族的精英们,包括经济精英和应运而生的文化精英,都想保护和扩充个人利益,开始对限制个人利益的传统和体制产生反感。当然,他们也明白这些传统和体制也是使他们获取和维持既得利益的因素。这个充满内在张力的平衡——对传统和体制既不满意但又依赖——被宗教改革带来的社会动荡打乱。精英们发觉维持现状既不可能也没有必要,于是,他们开始探索新的制度。出自文艺复兴与宗教改革的人文思想开始从关注全人类转到关注个人，个人自由的理念应运而生。

说来奇怪，但其实也可以理解，最先接受和利用这些理念的是王侯们。他们想利用宗教自由的口号去从他们的"上头"（也就是封建制度中的"主"）——教会和（或）帝国——夺权。夺权成功倒还要多谢经济与文化精英们给他们的道义声援和实质支持。他们得到的不仅是决定辖地子民要信奉什么宗教的权力，还包括土地、财产和税收。但是，拿到了这些权利之后，这些权贵阶级却把自由留为己用，开始了绝对君权。"发明"自由的经济与文化精英们怎肯罢休？为了利益，也为了理想，他们要从绝对君权手中夺权。君侯们利用了自由口号拿到利益，但误用了自由去独占这些利益，驱使经济与文化精英们开始思考并争取他们的自由。

不出所料，绝对君权逐渐堕落，变成腐败特权。那时，经济与文化精英的自由理念已从上层社会流向中层，甚至百姓。这是精英带头的"启蒙运动"的动机和后果。"以人为本"的人文主义唤起了人的价值，"以个人为本"的个人主义激励了所有人争取个人利益的热情。争取自由变成既是道德，也有实际好处，于是人人都以自由斗士自居，或起码以同情者姿态出现。革命爆发，先是美国，继是法国，之后是全欧，主题是"反"。之前宗教改革是反皇权、反教权，这回是反绝对君权。反人者被人反之。真正"发明"自由的英国倒比较安宁。而且，在别人扰攘、自己安稳之际，产生了工业革命。人家的混乱变成了自己发财的好机会，这可能是英国人自己也意想不到的。

自由主义可以说是英国人一手炮制，霍布斯、洛克、休谟、斯密、穆勒依次登场。

霍布斯首先提出"自由人"的理念："一个自由人是一个可以不被限制，按他的力量与聪明去干他想做的事的人。"也就是，在个人能力所及的条件下，可以"按自己所想去做"[5]。但一般人仍以稍后的洛克为分水岭[6]。洛克首先提出"自由的个人"（free individuals）作为一个稳定社会的基础政治理念——可见，个人、自由的个人原先都是个政治理念，而非伦理观点。在《政府论》中洛克提到自由的两个基本特征：拥有和使用私产，按良心选择宗教（天主教除外）。其中，"拥有和使用私产"非但是自由的特征，更是自由的保证。洛克谈的自由主要是宗教自由，日后由此产生出道德自由和生活方式的自由。他也开启了经济自由，日后生出两个极端：右派的个人发财有理，左派的人人应有同等谋生机会。洛克还提出"天赋权利"（natural rights）[7]，主要是"生命、自由与财产"，日后成为"人权"（human rights）的基础。

私产是洛克式自由的重心。保护私产差不多是人类结社、建国的唯一理由。他并不赞成民主，理由是在民主政体中，没有财产的人（人数一定会比有财产的多）会支配政事，那就会危及私产。为此，有人认为他是斯密自由经济主义的先驱。但他的自由理念，经光荣革命成为英式自由范式，直接深切地影响了美国独立与法国大革命，但在英国、法国、美国得出很不同的结果。

先谈英国。英式自由的雏形始于 1688 年的光荣革命，也就是洛克时代。离美国独立与法国大革命还有近百年。最初聚焦在政治层面，中间出了休谟与斯密。他们将自由理念不断开拓，集中在道德与经济两个层面。在道德层面，休谟的《人性论》坚持人类行为由人性支配，任何控制人类行为的意图必被人性冲破。而最基本的人性是自我保存。但休谟是典型的经验主义者，认为个人的认知来自个人的经验，因此，每个人对自我保存的道德意义有不同的判断。所以道德是相对的。这是自由主义的道德观：人人有选择道德的自由，只要不损害别人。这原是洛克的主张，经 19 世纪穆勒发扬，成为今天自由主义的基本信条。在经济层面，斯密认为自由市场是无形之手，保证人人追求私利会带来公众利益[8]。因此，他主张自由经济，认为这是分配生产资源的最佳机制。这里，自由的意义是政府少干预私人的经济行为，但应该打击欺诈和强买强卖。他反对保护政策，认为国家财富应以生产活力来衡量，而非黄金与白银，更非专利与垄断。他提倡进步税制，认为应按私人或企业的收入去决定它们应交多少税。

稍后，穆勒更为个人自由戴上另一个光环。那时候已是 19 世纪中，法国大革命已是明日黄花，欧美各国的统治阶层也逐渐消解了法国革命理想的威胁。此刻，英国正在以自由贸易征服世界，揭开大英最辉煌的一页。穆勒是功利主义者，也是自由主义者[9]。功利主义是追求"最大多数人的最大快乐"，自由主义是追求"个人快乐"，穆勒将看似冲突的两者统一于"快乐"之内[10]。他把自由主义的快乐（功利主义的功用）作为所有伦理价值的衡量标准，认为履行自由主义提出的个人天赋自由（他所强调的是思想、言论、道德、结社等自由）会增加社会快乐（功用）的总和[11]。他坚持，在自由社会里，就算错误的意见也可以对社会有益，因为如果有了言论自由，持有错误意见的人就可能在开明的交流下修改错误。再者，公开辩论使人不断检验意见，不致沦为教条。洛克把自由看作天赋权利，穆勒赋予它一种功利价值。加起来，自由非但天赋，而且有用于社会。

从洛克到休谟、斯密，再到穆勒，英式自由的特色是它的有机性（与既存制度共存）和渐进性（把既存制度略改）。美国独立和法国革命所提出的自由则没有经过这样的"成长"过程。它俩都是突变，但变化的性质却有大大分别。美国独立是英式自由的延展。这延展是逻辑的，但对现存体制仍有很大的冲击，因此产生美国独立的暴力。法国革命是抄袭英式自由，但它一点自由的经验也没有，加上它的自由与英式自由出于两套不同的思维与心态，是硬生生加上去的，终酿至法国革命的大流血。

法国革命的口号是"自由、平等、博爱"，其中，自由与平等的定义列在 1789 年的《人权和公民权宣言》上："自由是可以做任何不损害别人的事的权利，为此，除了不能损害别人享有同等权利的限制外，个人权利是没有限制……"（第四条）。"……无论是赏或罚，法律对所有人是一致的。因为在法律眼中人人平等，所以人人都有资格凭德行与才华任公职、得官位，无分贵贱……"（第六条）。

追溯历史，法国革命主要是反特权和专制，也就是反不平等。无论是民众还是激励民众的启蒙精英,他们对时弊的观察和感受是很清晰的,但是对革命的方向和方法却是憧憬多于认识。而法国的知识分子们特别鼓吹英式自由。他们有些还在英国居住过,但其实从来没有真实地"生活"在自由社会中,不知道自由社会是怎么一回事。他们把自由看作灵丹。这也难怪,因为他们实在没有改革的参照,而又不想从历史去找灵感[12]。他们将英式自由作为引路明灯,但可惜未有追溯英式自由的历史,也没有推断英式自由的终向。英式自由来自17世纪内战的惨痛经验,因此妥协成为日后的政治原则。英式立宪(划定君权、民权的界线)就是把妥协制度化;英式分权就是把约束和制衡具体化。这些都缩减了每个人的自由范围,但又同时保护了每个人在范围内的自由。法国人不知道他们羡慕的英式自由后面有一座坝,控制着洪水的流速和流量。但更要命的是,法国人只知道国家生病,只觉得英国人的药方很好,不知英国人的药无法治法国人的病。英国的药方是通过约束无限制的自由去保证有限度的自由,因为无限制的自由在英国出了事。法国人没有自由生活的经验,不知道无限制的自由本身就是问题。更甚,法国人以无限制的自由(虽然也要体谅他们实在不知怎样去定限制)去处理与自由实在不大相关的不平等,能不坏事?

也有很多史学家说,法国人帮助美国独立战争,把美国独立思想带回来,燃点起法国革命的火炬。在法国人的眼里,美国独立不就是追求自由的最具体表现吗?可是,假如当年法国人看清楚美国独立的真正意义,他们也许会有不同的想法。美国是1776年由13个殖民区从英国独立出来,其实是英裔殖民者脱离祖国,甚至可以说是反叛[13]。这些殖民者大部分是宗教改革的激进派,也就是非英国国教教徒,他们来美洲是为了宗教自由,在美洲也确实得到了宗教自由。所以,虽然独立宣言说"生命、自由和幸福",独立的核心考虑实在不是自由[14],而是经济利益。英法七年战争中,英裔殖民者帮祖家英国出了很大力,主要动机是希望打败法国后可以夺取法国的美洲属地。仗打赢了,殖民者非但拿不到好处,还要多交税。不满之余,他们擎起英国祖家的政治原则:统治权的合法与否全看被统治者的同意与否。于是,美国独立宣言提出"生命、自由、幸福"为天赋不可剥夺的人权,而追求这些权利是建立政府的理由。也就是说,美洲人民"不同意"英国政府的统治,要脱离英国去建立独立的美国;脱离的原因是英国政府未能保障美洲人民的个人自由,特别是经济自由;脱离的法据是因为英国失去美洲人民的同意,变成不合法政府。因此,美国独立宣言强调自由是对症下药。独立宣言不提平等是可以理解的。如果独立是为了追求平等,那美国早就应该解放黑奴,哪还需要日后打场内战?

法国人看不清美国独立是为了追求经济自由,而法国革命是反抗社会不平。法国革命家将自由与平等并列,结果产生了个人自由与众人平等的矛盾。加上法国民族的浪漫性格,自由与平等都走上极端:追求自由变成任性,追求平等变得强横。任性而强横,终成大祸。

法国大革命(1789)发生于美国独立后十三年。法国路易政权支持美国独立,派兵助战。若干法国革命的策动者都曾参与美国独立战争,最著名的是日后在1789—1792年统领巴黎国民自卫军的拉法耶特(Lafayette,1757—1834)。他们把美国的独立精神带回法国。但是法国大革命的思想主要还是来自法国的公共知识分子[15]。他们是17—18世纪启蒙运动的主角,与创立英式自由的苏格兰启蒙运动(Scottish Enlightenment)的休谟、斯密们隔海呼应。他们互相往还、互相表扬,形成一种庞大的舆论力量。上至君王贵族,下至平民百姓,对他们的活跃思维和生动文笔,或好奇或感动,都是趋之若鹜。这也是西方社会首次出现的大众化文化活动。对时弊的批判,针针见血;对理想的描绘,栩栩如生。其中,以伏尔泰和卢梭最具影响力。他俩都是在法国大革命前十一年去世,同是革命的催生妇。一个犬儒冷讽,彻底破坏路易政权的基础;一个悲天悯人,完全支配革命思想的方向。

比卢梭出生早的伏尔泰成功地破坏了路易政权的合法性(第三篇第十七章)。卢梭补上一套以契约形式来组织社会的理论(第三篇第十八章)。他的理论基础是自然状态(state of nature)下人有天赋自由,每个人对政权的服从与否完全出自个人的意愿。但是卢梭是个浪漫者,把国家想象为一种意志——一个反映与代表人民"整体意志"(general will)的结构。这个抽象的整体意志是个有机性、整体性的综合,而非众人意志的总和。它驱动独立自主的个体(公民)以契约方式参与并结合于一个整体(国家)。这是一个政治理论上的基本性突破——国家的一统来自人民积极的意愿(consent,也可称"同意"),成为"国家意志"(national will)。从此,国家的合法性就跟现存社会制度分开,也就是说,取得人民积极的同意就可以建国。这岂不就是革命有理[16]？卢梭的思想大大影响了美国的杰斐逊与富兰克林,更是法国革命宣言的主题。

美国独立并未破坏社会制度,法国大革命则是天翻地覆——全盘改变、绝无妥协。正因如此,从动乱过渡到稳定就困难得多。英国改革也带来动乱,但相对于法国的革命,是政治手段多于革命手段。自由思想催生和推动了法国革命,但卢梭的浪漫憧憬成为法国革命的心态,变得极端。法国革命不是改朝换代,是彻底改变政府的意义和政权合法性的标准。法国革命的理论中,个人自由聚焦于政治自由,政治自由被演绎为政治自主；结合起来就是自由的个人有权去服从或不服从政府。全体人民的个人政治自主就是民主(democracy),也就是任何政权的合法性只能建立于人民的积极同意(just consent)。如果政府的合法性要靠民主,君主的地位何存？因此,在法国革命的意识形态里头,君主与民主绝不能妥协,绝不能有英式君主立宪的空间。这些极端的立场非但解释了法国革命的暴力和恐怖(特别是革命分子对开明分子的狠辣,以及革命分子中激进派与温和派的互相残杀),更解释了欧陆诸国君主们为何会对法国革命思想竭力围堵。

从1776年美国独立到1848年《共产党宣言》的几十年间,西方有几度自由革命浪潮,都是拿破仑大力扩散法国革命思想而引发的[17]。但同时,法式少数服从多数的"民主"思想(1793年宪法)却令自由人士深怀惧意[18]。从一开始,西方自由人士就有精英意识。他们对人民作主不大信任,特别认为无产阶级的民主会威胁有产阶级。因此,他们想把民主局限于有产阶级。

这带出一个特异的历史发展轨迹。在封建庄园制度仍坚固的地区如东欧、南欧，自由分子特别支持当时如火如荼的国家统一运动（有别于民主运动），因为这些统一运动往往由某些强势而独裁的"开明"统治者带动（如普鲁士带动德国统一，撒丁带动意大利统一），这最合自由人士的心意——在封建庄园制度之下的主属关系是以家庭为本位，而非个人为本位，这局限了个人自由的追求和社会契约的发展，要打开这局面就得打倒封建庄园制度，因此自由人士支持开明君主带头的统一运动。打倒封建庄园制度后，精英们的个人自由（特别是经济自由）肯定会增加。但假若统一产生出来的政制不是开明独裁，而是民主，自由人士的政治自由或有保证，但在"少数服从多数"的民主社会里，自由人士就比较难获离经叛道的自由或取巧发财的自由。为此，自由分子怎会不支持开明独裁多于民主政制？这也是自由与民主的矛盾（第五篇第二十九章）。

以上是自由主义发展的前半段。自由主义者主要追求政治与道德自由，包括宗教、言论、思想、良心、新闻、集会、艺术、生活方式等自由。[19] 英式自由是功利与妥协：统治者与被统治者双方缩减自由的范围，但同时确保在范围内的自由。美式自由是功利的原则化：保护被统治者的经济自由是废立统治者的合法理由。法式自由是种浪漫的误解：个人自由会解决社会不公。

自由主义发展的下半段发生在工业革命之后，一直持续到今天。工业革命后，西方的经济发展与社会不公同时加速、加深，经济自由与社会自由之间的矛盾日渐突出。两者虽然都衍生于政治与道德自由理念，但却超出了政治与道德自由的范围。唯一真文化基因驱使西方人要做出斩钉截铁的选择——经济效率还是社会公平？结果互视为异端，困扰西方人至今。

自工业革命以来，经济自由与社会自由的对立是西方文明的基本矛盾。经济自由主义（Economic Liberalism）是19世纪的主流，认为如果没有私人产权和私人间的契约自由，其他任何自由都不能实现。经济自由主义者接受在真正自由竞争下因各人能力强弱不同而产生出的经济不均，他们鼓吹自由资本主义。这派的理论源头是洛克的"私产乃人权和自由的保障"以及斯密的"追求私利可达公益"。这其实是较早期的政治自由加上自由市场——通过法律与制度（包括取消法律和缩小政府）去保卫私产和保证竞争。比较著名的人物有19世纪法国的萨伊、英国的马尔萨斯和李嘉图、20世纪前期奥地利的哈耶克、20世纪后期美国的费里德曼（第五篇第三十章）。

社会自由主义（Social Liberalism，也称改革自由主义 [Reform Liberalism] 和自由派社会主义 [Libertarian Socialism]）于19世纪后期出现。有说是受卢梭、康德甚至黑格尔的"正面自由"[20]影响，也有说是受到边沁和穆勒的功利主义思想影响。一般说来，社会自由主义者都支持自由贸易和市场经济，但认为这些自由必须是能够满足所有人的基本需要。他们有一种"社会进步"（social progress）的意识，认为社会行为可以并应该不断更新去提升整体的社会福利，借此调节在经济层面上个人自由产生的社会不均[21]。所以说，社会自由主义者意图地包容个人自由与资源共享，特别认为天然资源是人类共有，不应变为私产。在此基础上，他们主张"收入再分配"（income redistribution）。在他们手里，穆勒的"功利主义自由"开始染上社会主义色彩。他们认为个人是社会的基础，因此每个人都应有个人发展的自由，这往往需要他人（包括社会）去创造和提供条件。因此，社会自由主义者主张以法律和制度规范经济竞争（如反托拉斯、物价管制、最低工资等），支持公办或补贴的教育、医疗、养老、住房、失业救济等社会福利措施，甚至保护少数、弱势群体。更极端的甚至不相信市场经济、私人投资、按工论酬。他们差不多放弃了其他自由主义者的典型"小政府"意识。

　　自由主义分裂出经济自由主义和社会自由主义其实只是反映了自由主义内部的矛盾。社会自由主义是个人自由与社会意识的结合。个人自由强调利己，社会意识强调利他。究竟社会自由主义是社会主义还是自由主义？无论怎样解读，在个人（小我）至上的前提下，个人利益与他人利益一定有矛盾，个人利益与整体利益更不可统一。[22]

　　整个19世纪都有很明显的经济自由主义倾向。维多利亚时代的大英帝国更可以说是建在国内自由经济、国外自由贸易的两个支柱之上。工业革命壮大了中产阶级，但也引发他们对低下层生活苦状的同情、对自己生活富裕的内疚、对"强盗资本家"的反感与恐惧。经济繁荣使他们对未来充满希望，对应走的方向充满信心，他们有经济实力去实践愿望。中产阶级的"进步"意识有三方面：对低下阶层同情，给予援助；对资本家反感，加以约束；对美好未来有信心，愿意出钱出力去改造社会。

到了19世纪末，经济反复。失业、贫穷、城市脏乱、工运蠢动，经作家如狄更斯的透彻描述，大大震动当代社会（第三篇第二十一章）。首先是保守人士关注社会失控，跟着是开明人士推动社会改革。可见当时的保守与开明分子都不满现状。开明人士想从古典自由主义的词汇中找出应对社会不均与不安的办法。他们强调个人自由需要机会均等，政府合法性需要有生活安定和知事明理的人民的积极同意，于是走上"政府干预"的方向，即西方"资本主义福利国家"的滥觞。他们认为需要一个强力的、干预性的、有社会福利倾向的政府才可处理有碍个人自由和个性发展的贫穷、无知和脏乱。在英国，"一战"前的自由党政府（1905—1915）建立起英国福利国家的基础（特别是1909年时任财政大臣的劳合·乔治提出的《人民的财政预算案》[*People's Budget*]），"二战"后由工党全面实施。那时的经济理论主要来自凯恩斯（John Maynard Keynes，1883—1946），福利制度设计主要来自贝弗里奇（William Beveridge，1879—1963）。差不多同一时期，美国正处于它的"进步时代"（Progressive Era，1890—1920年代），包括政治层面的反腐败和经济层面的反托拉斯，以及社会层面的禁酒令，是全面的改革。这些改革的理想和行动，与传统的自由主义，特别是经济自由主义的"小政府"、"少干预"意识背道而驰。究竟福利国家是不是自由国家，争端至今未息。

"一战"结束，西方进入疯狂经济、疯狂享乐的"咆哮的20年代"。但转眼而来的就是大萧条。当时主流的说法是经济自由主义的放任政策造成经济泡沫，没有节制的市场经济既不能带来持续的繁荣也不能真正消除贫穷[23]。那时，西方很多自由主义者认为一个国家的政治动荡和人民自由被压制（针对当时的法西斯、纳粹与共产苏联）是因为贫富差距日趋严重而触发的。杜威、凯恩斯、罗斯福等都主张增强政府权力去制约自由经济，以保卫个人自由和维持资本主义经济，以免走上社会主义之路，也就是以制约小部分人的自由去保存大部分人的自由。这就是"新自由主义"（New Liberalism，其实就是"社会自由主义"，有别于1970年代出现的"新自由派主义"[Neoliberalism]）。一方面是压抑任性的资本主义，一方面是对抗革命性的社会主义。英国的凯恩斯是代表人物。他主张政府干预经济运作去维持就业与经济的平稳。这思路是美国罗斯福总统用以处理大萧条的"新政"的理论蓝本。但是，危机过后，修正理论马上出现，特别是经济自由主义者如哈耶克和费里德曼。他们坚持大萧条不是放任经济的后遗，而正是政府干预的结果[24]。

20世纪中段的1930—1970年代，自由主义者把自己定义为抗拒极权主义（Anti-totalitarianism）。对他们来说，极权有两种，先是法西斯、纳粹，继是共产。虽然国家主义与共产主义也互不相容，但对自由主义者来说，两者都威胁着个人自由。此时出现两个派别。凯恩斯派认为极权国家出现是由于生活在水深火热中的老百姓希望在独裁领导下可以改善生活，所以为避免被独裁夺权，自由主义者应支持政府保障国民的经济生活。他们属左派，针对的是法西斯和纳粹主义。哈耶克派则认为政府过分干预经济自由会侵蚀人民的政治自由，最终会出现极权政府。他们属右派，认为法西斯、纳粹和共产没有分别。

1970年后期，钟摆开始往右转。此时，英国已成为"欧洲病夫"，美国在过度消费与越战庞大开支的双重压力下也开始吃不消。1973年的石油危机触发全球的经济低迷，出现"滞胀"（stagflation，经济停滞、通货膨胀同时出现）。1979年，英国的撒切尔首相上台（在任期1979—1990）；1981年，美国的里根总统上台（在任期1981—1989）。经济自由主义再度抬头，费里德曼理论成为主流。以美国为例，从19世纪末"进步时代"开始，在

1930 年代罗斯福总统的"新政时代"成形，到 1960 年代约翰逊总统的"伟大社会"（Great Society）时代[25]达到最高峰的左倾社会自由主义，又转回到右倾经济自由主义。

撒切尔以强硬手段打击煤炭工人罢工、压抑通胀、废除政府对经济的管制。里根同样一开始就以强硬手段打击空中交通管制员罢工（美国工运从此一蹶不振），跟着是对高收入人士减税（理论是高收入人士会因减税而增加投资和消费，带动经济，效益从上往下流，惠及平民），并积极撤销经济管制。这些经济方向一直维持到 2008 年的金融危机。1980 年代西方经济开始复苏，加上 1990 年代共产苏联解体，经济自由主义者更有凯旋之感。

右倾经济自由主义也称"新自由派主义"（Neoliberalism），包括以下特征：政府以削减开支和增税去维持盈余；以市场供求定货币汇率；自由贸易（撤销关税、补贴、贸易约束）；国营、国有变民营、私有；撤销所有影响市场价格的公共政策；限制政府干预经济活动，特别是资本流动和商业管理（教育、基建、部分出口协助除外）；打击工会。到了 2008 年金融危机出现，大家都归咎于新自由派主义的"放任"经济。全球各国政府大力"救市"，左倾的凯恩斯理论重现。

从以上可以看出，百多年来，西方诸国对自由的处理左摇右摆。基本上，大家都同意每个人在"不损害别人自由下追求个人自由"是最高原则。但是，"不损害别人自由"是个很不精确的标准，很难衡量。这也是自由主义的强处与弱处。"自由主义"这帽子谁都可以戴上或摘去。西方自称"自由社会"，但"自由"二字太宽泛了。西方文化"反"的心态使自由二字容纳了所有不满现状的人；"妥协"的立场使自由二字包罗了所有接受现状的人。因此，自由主义自然声势浩大，也自然内容飘忽。就像"机会主义"，弹性很强，意义却很薄。

其实，这跟自由理念出生的时、地有关。英国的自由理念生于恐惧：既恐惧丧失自由，又恐惧自由引发暴力。在既要大众平安也要个人自由之下，典型的英式妥协是结合传统与自由，以维护传统来保障自由。但这个所谓"传统"其实是从众多的传统成分中刻意挑选出来的——包括 13 世纪的大宪章,但不包括几百年来的中断;包括国王与国会分权,但不包括近百年的绝对君权倾向;包括国教,但不包括比国教还传统的天主教。可以说,英国创造出一个"新传统"(大宪章、分权、国教)去保障自由,但又借这传统去制约和疏导过分的自由。结果是平稳过渡。法国是浪漫的自由。它出自对现状的不满和对未来的憧憬。法国人看见的现状是特权与不平等,罪魁是传统,他们要将其完全粉碎;未来是什么却不太清楚。但精英们往西面看,看见了英国的繁荣与稳定,看见了美国的活跃与朝气,于是决定照抄。法国革命是反传统,追求的是平等,自由是加上去的(英国与美国都没有提到平等,只强调自由)。在完全毁灭传统(坏的部分与好的部分)之后,在完全没有自由经验的情况下,法国人真的如卢梭所说,"被迫自由"。后果是动乱几十年。美式自由有英式的功利动机,但目的不同。英式是政治功利,美式是经济功利。独立前的美洲殖民地已有很大程度的宗教自由和政治自由,所谓独立其实就是脱离英国祖家去追求经济自由,纯是功利,但又覆之以民主的外衣。稍后,"山上之城"、"天定命运"的浪漫(第三篇第二十一章)驱使美国人自动担负起自由世界(政治、宗教、经济)龙头大哥的使命。

现今的英美式自由主义是西方主流的伦理观和政治观,包括了以下众多理念:个人自由、个人尊严、个人隐私、言论自由、宗教容忍、普世人权;私人财产、自由经济、自由贸易;透明政府、限权政府、开明政策、理性政策;全民选举、民族自决;法治、平等……应有尽有。有些理念被广泛接受。获得最高共识的是法治,特别是法律面前人人平等、政府权力经立法制定、司法独立、刑罚文明。次之是道德自由,强调道德是个人价值观,政府在道德问题上,如堕胎、同性恋等,应采取中立态度(其实就是接受)。跟着是民主,认为代议制的"自由民主"(liberal democracy)是最佳政制,包括民选代表按法治原则参政、宪法限制政府权力、多党政制、鼓励国民参政、培养多元社会、保护个人自由、限制多数欺压少数等。其他的自由理念就争议不休了，特别是人权、平等、经济自由、社会自由。

自由主义的理论和实践之间的矛盾不仅反映在经济层面（上面已谈了），也反映在社会层面和伦理层面。在社会层面上，自由主义的最基本原则是不损害别人自由。首先，个人自由的定义是"按自己所想去做"，但是在个人主义的定义下，每个人想的都不同。我只知道我自己想的是什么。因此我永远不会知道我做的事情有没有损害别人。个人自由有两条界线——如果我不能损害任何别人的自由，我的自由范围肯定最小，这是下限；如果我不用考虑别人，我的个人自由范围肯定最大，这是上限。但是，如果我是真正的个人主义者，我必须承认真正的界线不是我能够定的，因为：我知道我的上限肯定会损害某些人（出自个人主义的定义），这我不该做；我也知道如果我的自由界线是由那些可能被我损害的人去决定，我肯定损失自己的自由，这我不会接受。这是逻辑。实际中，个人自由的上、下限都是社会定的。最大的个人自由是从天赋权利中演绎出来的，属人权的讨论；最小的个人自由是约定俗成的最大容忍度，属民主（正式或非正式）的决定。约定俗成，或民主，就是大多数人的决定。从被限制者的个人观点去看，这就是"大多数人的独裁"，穆勒称之为"软独裁"（sofe-tyranny），正是自由主义最抗拒的。因此，在个人主义下，"不损害别人的个人自由"的界线是不能实践的（实践就是大多数人对个人的独裁），但又是不能不实践的（不实践就是个人自由损害别人自由）[26]。这是自由主义者的死门。一方面他们需要发动群众去打倒专制，一方面他们害怕群众的独裁。穆勒主张精英民主，由高教育水平的人支配；洛克更老实，根本不赞同民主，认为无产者不宜支配政事，因为会危及私产与自由。

在伦理层面上，现代的"不损害别人自由"与传统的"爱人如己"有很大的差别。爱人如己是现代前、宗教一统之下的基本伦理观，是建立于"爱神之所爱"之上。爱人如己既是私德，也是公义。爱人如己是唯一真[27]。但是，自由主义的"不损害别人自由"容不了爱人如己。道理如下。在个人主义下，每个人对善恶的定义都不同[28]。但爱人如己就是把自己所爱的加诸别人，把自己所恶的从别人那儿拿走。从个人主义的观点去看，这样的一厢情愿肯定会损害别人的自由。自由主义者非常坚持不能勉强别人，就算是为别人好、别人必需，也不能强加。你可以爱人，但人不一定想被爱。穆勒的"个人自主是绝对的"原则是西方法治的基础。因此，西方的两个文化基因，唯一真和个人，就永远处于对立的状态。唯一真是完全绝对，个人是完全相对。自由主义与爱人如己变成对立的伦理观。

现代前，公义与私德是一致的。现代的个人主义在伦理理论上摧毁了绝对的公义，代之以相对的私德；在政治机制上放弃了大我的追求，代之以小我的争锋。但是，在凡事相对与个人自由的大潮流下，西方人仍没有放弃向往绝对和公义。这注定他们会苦恼。

注：

1. The truth will set you free。

2. 西方现代前经常谈到"意志"自由，从奥古斯丁时代开始就有"人性堕落"的观点，认为人性向恶，不可自拔，要靠神恩。到了阿奎那时代，引入了亚里士多德的宇宙观：万物不断变化，去向真、善、美。那时代西方人对人性向善比较乐观。后来指导社会道德的教会与俗世权力亲近，逐渐腐败，去上伪善、神棍之路，甚至成了俗世权势的帮凶。宗教改革爆发，新教出现，回复到旧日的人性堕落、意志不能自由、得救要靠神恩的思路。新、旧教之争百多年，宗教的凝聚力和道德影响力自此下降，西方人的视线从天上转到人间。人文思想关注此生此世之事。从前，人与神的关系是行为的基础，是上天堂、下地狱的事；如今，人与人的关系是行为的基础，是乱与治的事。

3. 有如强买工地、诬告无辜等条款。稍后有公元前18世纪巴比伦国王汉谟拉比（前1792—前1750）的《汉谟拉比法典》(*The Code of Hammurabi*) 和公元前6世纪波斯阿契美尼德王朝开国的居鲁士大帝（前599—前530）的居鲁士圆柱（Cyrus Cylinder）。罗马法也赋予公民若干权利，包括自由契约、婚约、上诉、免刑等等。中世纪西方袭用罗马法，但这些权利都是君侯们赏赐给有功下属的，达不到庶民。

4. 这其实是约翰王与不听号令的小贵族们的约法，里面包括很多现代的内容，如人身保护、司法程序、司法独立。

5. 霍布斯的理论基础是自由人"有权去追求自己的利益，并有权去判定这利益是什么"。这是"个人道德绝对论"和"众人道德相对论"。

6. 继承和发扬洛克思想的包括以他的理论为基本党纲的英国辉格党（也是日后的自由党）、法国启蒙时期的"公共知识分子"、美国独立时期的"革命家"。

7. 洛克并没有"证明"天赋权利是天赋的。单凭经验主义的知识论也很难证明任何天赋的东西。我们只可以说洛克认为这些是自明之理。假若如此，他就非常危险地走近他极度反对的笛卡尔天赋理念（见第二篇第十二章）。这里，洛克的知识论（人没有天赋理念）与他的政治观（人有天赋权利）出现矛盾。他的心态（对人性悲观，对战争恐惧）和意识形态（反天主教、反绝对君权）可能扭曲了他的思维逻辑。

8. 他也把无形之手用在道德层面上，认为"希望获取别人的赞赏"是个人行为的动机。这些动机保证了自由的个人行为会产生公众道德。

9. 他于1861年出版了《功利主义》(*Utilitarianism*)，于1859年出版了《论自由》(*On Liberty*)。

10. 一般人用"幸福"一词。其实不贴切。幸福有超然的味道，而穆勒很清楚地指出，"快乐（happiness）是享乐（pleasure）和痛楚消失（absence of pain），不快乐是痛楚和享乐匮缺"。他还说，"越是提升快乐的行动越是正确，越是产生不快乐的行动越错误"。

11. 这跟穆勒的精英功利主义意识形态有关系。他继承了边沁的功利主义，又加上了自己的特色。边沁所指的"快乐"是不分美丑贵贱的，只要给人享受的就有同样价值，即儿童的"推针游戏"（pushpin）与雅士的"吟诗"（poetry）有同样的快乐价值。但穆勒则把享乐分等，认为理性高于物欲——"做一个不满足的人比做一条满足的猪好，做一个不满足的苏格拉底比做一个满足的蠢人好。如果这个蠢人或这头猪有不同意见，那只是因为它们只知道问题的一面。对方知道问题的两面。"在这基础上，穆勒认为精英们的理性享乐会随其自由度增加而大大提升整个社会的快乐。穆勒不赞成民主，这点他跟洛克一致。他的功利主义是以精英利益来衡量的，他甚至认为大学生应有加倍的投票权。 穆勒的思想很复杂。一方面他支持工会、合作社，另一方面他反对按收入纳税，认为这是处罚勤力和节俭。但是，在政治与道德层面上他肯定是个绝对的自由主义者。

12. 西方现代由宗教改革开启，宗教改革是从历史去找方向，结果是回复到公元初的原始基督徒生活与教义。启蒙运动对新、旧教同样反感。

13. 这跟美国日后内战的情形一样。南方要"独立"，由林肯领导的北方不容许，打了一场，称"脱离之战"（War of Secession）。由于历史是属于战胜者的，南方就被形容为搞脱离，而不是求独立。至于北美殖民地脱离祖家就被形容为独立，甚至是高贵的革命。

14. 自由理想确是美国宪法所强调的，杰斐逊的个人自由理念更是美国《权利法案》的基础。但是，十三个殖民地的居民在独立前已有很大的自由度，立宪的主要目的是要在新的联邦政制下保护这些已有的自由。有人把美国个人主义意识形态总结为二：个人是一切社会现实的基础；个人的定义是他不接受未经合法程序订立的法律约束，也不接受历史先例或传统的约束。这些就是美国人标榜的"粗犷个人主义"（Rugged Individualism）。但这些只是形容民族性格，不是当年争取独立的原因。

15. 法语称他们为 philosophé，但他们大部分都不是哲学家。他们针砭时弊，鼓吹革命，强调进步与宽容，反对宗教与封建，喜欢互相辩论、推捧。但在法国大革命于 1793 年左右转入恐怖和暴力时期销声匿迹。

16. 卢梭这理念有点像中国的"天命就是民心"，但有一个基本的分别。他的"人民同意"是积极性和行动性的，主要用来解释（或可说指导）在不受百姓欢迎的政权下产生新政权的契机。这反映了法国大革命前的形势，肯定了革命的合法性。中国的"天命就是民心"是让统治者警惕百姓的反意，以免他们造反（革命）。

17. 经拿破仑东征西讨，革命思想四处扩散。欧洲革命浪潮包括塞尔维亚（1804—1835）、葡萄牙（1820—1826）、瑞士（部分地区，包括苏黎世，1830）。当然，还有法国的第二次革命——1830 年 7 月，法国人废波旁王族的查理十世（Charles X, 在位 1824—1830），立路易·菲利普（Louis Philippe，在位期 1830—1848）。这是法国首次以民意选立国王。名画家德拉克罗瓦（Eugene Delacroix, 1798—1863）的《自由引导人民》就是以自由女神高举三色旗纪念这件事。在南美洲，前西班牙属地也有大规模的革命，持续 20 年（1808—1829），包括阿根廷、智利、墨西哥、秘鲁、玻利维亚等多处。以上的革命都是以自由主义为旗帜。稍后，1848 年的《共产党宣言》唤起社会主义革命。

18. 这也可以解释自由意识的法国启蒙开明人士跟平等意识的法国革命者是如何格格不入。

19. 政治自由主义（Political Liberalism）把政治自由作为最基本的自由。政治自由主义者认为社会与法律的基础是个人，而国家的功用是协助每个人追求他的利益。相应的，每个国民积极追求个人利益会使国家"健康"。"一个自由人在一个以法治来维持稳定的国家之中会获得最大的自由。"但同时，自由主义者又不大信任国家，这是典型洛克思维。一般史学家以英国大宪章作为政治自由的开端，特别标榜它对统治者权力的限制。社会契约的伦理基础是：个人最清楚自己想要的是什么，因此法律应由国民所立、由国民同意遵守。政治参与权应普及，无分性别、种族和经济能力。具体的自由领域主要包括宗教、言论、思想、良心、新闻、集会、结社、教育、流动、持械。政治自由主义者认为法治与民主是保卫自由的工具。

道德自由主义（Cultural Liberalism，也可译作文化自由主义）的焦点落在个人追随自己良心、选择自己生活方式的自由，特别是宗教自由、良心自由和私生活自由。穆勒在《论自由》中这样说："人类，无论是全体或个体，去干扰任何人的行动自由的唯一理由是保护自己（self-protection）。一个文明社会强制任何一个成员的行动自由的唯一理由是禁止他伤害别人。提升这个人的物质生活或道德水平都不足构成干扰或强制他的理由。不能因为某件事对他有好处，或会使他快乐，或因为其他人认为这件事是明智的，甚至是正确的，就强迫他去做或承受……他对社会唯一要负责的是与别人有关的行为。在这些与他有关的事情上，他的独立权是绝对的。有关他自己、他自己的身体和思想，他个人就是主宰。"可见，自由与个人是分不开的。道德自由主义者会反对政府立法规范文艺、学术、赌博、性行为、娼妓、堕胎、自杀、酗酒、吸毒等。

相对于约定俗成的社会道德标准，道德自由主义者往往被视为离经叛道。王尔德（Oscar Wilde，1854—1900，爱尔兰唯美主义作家、诗人）是这类的典型。他说："艺术就是个人主义，而个人主义是种扰乱性和分裂性的力量。这就是它的价值所在。它肆意去扰乱形式的单调、传统的奴役、习惯的专制和人类的机械化。"道德自由主义者强调自我创作和实验，特别是个人的行为、举止和言论。鼓吹个人自由的穆勒认为人类历史最突出的是自由与权势的斗争。因此，他特别关注当权者、社会，以及"大多数人"的独裁。他说："如果除了一个人之外，全人类都是同一意见，而这个人持的是相反意见，全人类也没有足够的道理去镇压这一个人；正如这一个人，如果他有权，也没有足够的道理去镇压全人类。"为此，道德自由主义者鼓吹言论自由，反对任何审查制度。

20. 以研究自由主义著名的柏林（Isaiah Berlin，1909—1997）提出负面自由（negative freedom）与正面自由（positive freedom）的分别。负面自由是有关"可免"（freedom from，"免祸"）的，也就是免受别人支配的自由。以霍布斯式自由为代表。(1) 我们需要处理的是因受别人支配而产生的不自由，而不是因大自然的规律所限、个人的运气不好或个人的能力不足而产生的不自由。(2) 在实践上，自由的范围强调"法律的沉默"（silence of the law），也就是说凡是法律没有明文规定之处，个人可以自由去干。正面自由是有关"可得"（freedom to，"得福"）的，比较接近自由主义的左派思路（社会自由主义），接受政府使用权力去"提升"自由，特别是教育与就业（包括男女平等就业）。有人会说这些"提升"就是干预个人的选择权（包括选择不念书、不工作）。柏林本人对正面自由充满戒心，认为会被民族主义和共产主义利用而坠入极权。哈耶克更说极权国家以自由之名去限制自由。当然，也有人指出，负面、正面实在难分："免于饥寒"可不就是"可得饱暖"？因此正、负自由是种类划分方法，没有实在的社会与伦理意义。

21. 代表人物包括 20 世纪上半期的杜威（John Dewey，1859—1952，美国哲学家、教育家、实用主义者，曾于 1919—1921 到中国）和 20 世纪下半期的阿德勒（Mortimer J. Adler，1902—2001，美国哲学家、教育家）。

22. 著名的"阿罗不可能定理"（Arrow's Impossibility Theorem，其创立者 Kenneth Arrow 于 1972 年获得诺贝尔奖）指出，在没有选择限制的社会里、在没有独裁的支配下，如果每个人都独立作出选择，就不可能出现一个肯定的、能够给"最多数人最大快乐"的社会。也就是说，在经济层面上，一个可以平衡个人自由和社会公平的"自由社会"（liberal society）是不可能存在的。

23. 当然，经济自由主义者从来没有宣称可消除贫穷，他们坚持的是经济自由乃天赋权利而已，至于说自由可以产生和维持经济繁荣与社会稳定，只是穆勒式的功利主义者的一厢情愿罢了。

24. 哈耶克的《通往奴役之路》（*The Road to Serfdom*）在 1944 年出版，他是经济学奥地利学派（Austrian School）的代表；费里德曼的《资本主义与自由》（*Capitalism and Freedom*）在 1962 年出版，他是经济学芝加哥学派（Chicago School）的代表（见第五篇第三十章）。费里德曼特别指责大萧条之前的银行贷款管制大大限制了银行在大萧条期间所发挥的积极作用。再者，中央银行盯死货币与黄金兑换率导致大萧条之前美元市价过高，人人存美元弃黄金，国库黄金储备过剩。到了大萧条，美元市价下泻，人人存黄金弃美元，国库黄金大量外流。加上为应付大萧条，政府先加税，然后大印钞票，卒把人民的储蓄吃光。结论就是大萧条的成因和持续都是因为政府干预。

第五篇 生存？

25. 约翰逊总统在 1964 年推出"伟大社会"目标：解决贫穷与种族不公，继承了肯尼迪总统的"新领域"政策（New Frontier）。随后的尼克松和福特总统再加以扩大，规模可比拟 30 年代的罗斯福"新政"，但方向不同，主要是医疗、教育、城市和运输。到里根总统时代大致结束。

26. 假如把"不损害别人的自由"修改成"不损害别人追求同样的自由"，以上的逻辑也还是一样。

27. 爱人如己的标准是明确的、绝对的。现代前虽是宗教一统，也有自由的理念。圣保罗（St.Paul，也译保禄）的《加拉太书》（Letter to the Galatians）就说得很清楚："基督解放我们，使我们获得自由；你们要坚定不移，不要再戴上奴隶的枷锁……兄弟们，你们是被召而获自由，但不要利用自由去满足肉欲，反之，要以爱去互相服务。所有的法律可以归纳为一句，就是'你要爱你的邻人，如同你爱自己一样'。"

28. 按个人主义的逻辑，善恶定义如果相同是属偶然，不同是必然；否则，个人主义就没有意义了。

第二十八章　自由与平等

　　自由主义出生与成长的历史背景刚好配合了西方人"反"的时代心态，形成凝聚力弱、分裂性强的政治文化。个人自由的理论基础是人人平等。但人人平等会酿成"大多数人的独裁"，打压个人自由。自由主义者利用平等，但恐惧平等。

　　"自由就是自由，不是平等、或公平、或公义、或人类幸福、或良心平静。"——柏林（Isaiah Berlin，1907—1997）

　　个人自由与社会不公是现代西方的独有组合。不公现象是人类社会的常态，但自由主义却是西方特色。现代前的西方社会也有不公，不公也引出变乱，但这些变乱没有举起自由的旗帜[1]。

　　现代前没有个人（自由）的理念。在"唯一真神的子女"的理念下，每个人都是神所创造（God's creature），因此，彼此之间有天赋的神圣的平等。当时的政治与社会阶级分明，但"神面前人人平等"的理念使当时的人承受了政治与社会的不平等，因为神会把世上一切不公平在人死后以升天堂、落地狱来摆平。因此，有人说唯一真神的基督教义是奴隶的宗教：奴隶在"人人同是神的子女，而神才是最终的主宰"的理念下，接受现世中奴隶主的主宰。基督宗教也被批判为"鸦片"，使吸食者安于世上的不平等。文艺复兴以至宗教改革，出现了以人为中心的伦理观，启蒙时期更产生以个人为中心的个人主义和由它衍生出的自由主义。以天堂、地狱来摆平世上不公平的理想幻灭。世上的不公平要在世上解决；解决的办法就是保卫个人自由。个人主义唤醒了沉睡或被骗的奴隶，觉醒了的奴隶就要摆脱枷锁，争取自由。

从一开始，自由就被定义为自明之理、天赋权利，或是一种不能控制、不可抗拒的冲动（impulse）——霍布斯称"自然状态"，洛克称"天赋权利"，休谟称"人性"。奇怪的是，自由主义所强调的个人价值原先却是扎根在"神面前人人平等"的价值观上。到了启蒙时代，大自然替代了神，自然之法替代了《圣经》的教训，启蒙大师们说：自然之法就是人人有天赋自由。他们指的不是意志自由，而是行动自由。但他们又补充上，个人行动自由不能损害别人的自由。从此，个人自由与人人平等同属唯一真，烦恼不断。

西方现代文明摆不脱自由与平等的纠缠。历史因素使它选择了妥协性的英式自由，但唯一真文化基因使它不能安于妥协。人文思想萌芽于文艺复兴期间，但人的意识和价值要到笛卡尔才正式成形。他的"我思，故我在"把人的地位与价值放在"思"上。"思"是我存在的证明，也是我追寻万物存在真相的指南。最可靠的"思"是天赋理念，也就是自明之理。既然这些理念是天赋，那就是人人可得，人人一样。因此，笛卡尔的人就是"泛人"，带有非常浓厚的人人平等意识[2]。洛克否定天赋理念，以官能经验为求真的唯一途径。虽然他也知道官能不可靠，但他认为在实用的层面上，最多人同意的解释、最可能发生的推测，也可算是一种可靠的知识（一种不同于"真知"的"仿知"）。这种以人的官能得来的经验肯定是因人而异，因此洛克的知识论带有浓厚的"个人"意识。他的政治观思维更把个人意识提升到天赋的台阶上[3]。

按洛克的思路，个人意识加上天赋自由就得出天赋个人自由。至于如何保障个人自由，洛克提出人民同意作为政府合法性的基础——既然个人自由是人人追求的东西，因此只有保护个人自由的政府才会取得人民的同意[4]。当洛克说自由是天赋的时候，他完全是站在政治道德的层面上。也就是说，在众人一起生活的社会里，个人应有自由去做他想做的事。这个政治道德是建立在他对人性认识的基础上。洛克以新教对人性的悲观，认为人是没有意志自由的，一定会追求享乐。那么，社会又怎么能够去禁止他呢？只要他不损害别人追求享乐就可以了[5]。从此，政治道德就是要好好地治理一个人人追求个人享乐的社会，不要怀疑人人是否真的只懂追求个人享乐，更不应怀疑人人追求个人享乐的社会是不是一个好的社会。洛克对个人自由的向往、对政治妥协的倾向使他的思路迂回曲折，弄出了人人平等与个人自由之间的逻辑性矛盾。

相对的，理性主义思路就清晰多了。笛卡尔没有新教的悲观，他乐观地把赌注押在理性上。神是最高理性，因此，神按自己肖像创造出来的人也当然是理性的。来自神的天赋理念烙于我心，通过"我思"可以发掘出这些天赋理念去洞悉神的奥秘。他相信人有自由意志，但他的理性至上思路使他坚持人会跟着理性走。理性的顶峰是天赋理念。天赋理念能使我们对神的奥秘有所洞悉——万物息息相关，而且这些相关是必然的。莱布尼兹更把笛卡尔的洞悉往前推了一步，指出万物息息相关产生出来的是和谐，而这和谐是前定的。斯宾诺莎则赋之一个心理层面的演绎：人类感觉到自己的欲念，但不明这些欲念与因其而生的行动其实是基于某些必然的因果链条，因而有意志不自由的虚像。但当你的理性洞悉这些因果的必然性，就会从这个虚像解脱出来，得到真正的"自由"，就像佛家的大彻大悟（般若）。综合以上，可以得出：神给你理性使你认识祂的意志，你就会自愿地、必然地跟着神的意志走，再没有不自由的感觉。神的意志就是万物的终向，也就是天道、真理。当你的理性洞悉神的意志时，你就是认识真理，那时你会明白自由的真义，因为"真理使你自由"（the truth will set you free）。这里，自由是一种"解放"。从此，你会自由地、必然地跟随万事相关、前定和谐的指引。这比洛克出自对人性悲观，重个人意识的自由符合逻辑得多、老实得多。而且，这套出自对人性乐观，有泛人类意识的自由，很自然地包含着平等：天赋理念人人拥有，前定和谐人人共享，那么每个人会自然地认识、必然地接受人人平等。自由与平等不再矛盾。

洛克、休谟的自由与平等是个双头怪物。他们把自由建立在追求个人享乐的基础上,并把追求个人享乐的负面意义抹去,将其"正常化"。在这基础上,"保护不损害别人自由的个人自由"成为政治的基本原则和核心任务。这样,个人道德与政治道德就分开了,但是,这并没有帮助政治妥协。道理很明显。如果个人自由就是追求个人享乐,那么,它肯定受个人道德观支配,因为只有个人的道德观才可以决定他会追求哪些享乐、追求多少享乐。但是,由于人人的个人道德观都不同(这也是自由主义背后的个人主义的基本假设),"不损害别人自由的个人自由"不会有共识。把个人道德的争议渗进并隐藏在政治里,只会把政治弄成一趟浑水。例如,在堕胎合法化的争议中把生命价值(个人道德)隐藏于个人自由(政治道德);在同性恋合法化的争议中把性观念(个人道德)隐藏于基本人权(政治道德)。这些其实都是个人道德之争,但大家都不说实话,都在诡辩,最后还是诉诸政治权力,使政治变得虚伪和犬儒,理性丧失。

相对来说,理性主义的政治中唯一的权力是理性,唯一的工具是教育。通过教育,人会更懂得发掘早藏心内的天赋理念,探索世界万物的息息相关。这不一定会马上实现人人平等、人人自由的社会,但这些理想可以作为政治指南,引导大家去追求真正的和谐社会,而不是尔虞我诈的妥协政治和弱肉强食的自由社会[6]。

物竞天择,西方选择洛克。先是英国,随后于启蒙时期扩散欧洲。英国自由化的特征是它的渐进形式,英国先是从权力分散的封建转向权力集中的王权,继是国会立法与国王行政分权,最后是立法、行政两权集于国会。每个阶段都有它的特权阶级。但因为是渐进过渡,中间虽有暴力,很快就平定下来。英国的自由化有两个特征:1、反特权但不过激,因此传统仍可发挥稳定社会的作用;2、对人性悲观但处理上较为现实,因此产生妥协性和渐进性的权力制衡。加上得到历史与机缘的厚待[7],有比较平稳的过渡和成长。虽然充满社会矛盾,但并未有酿出大祸。

法国就没有这样幸运了。法国人有的是抽象理念,缺的是实践经验。加上浪漫如卢梭的憧憬,以为人人自由是个理想天堂,而这天堂又可以通过彻底摧毁现有的政权后马上即达,结果是大革命、大流血、大恐怖、大战争,天翻地覆地乱了四分之一个世纪,倒造就了英国的帝国功业。

　　近两百年,英语文明支配世界,英、美式自由是主流。但西方人很早就看出自由主义(个人自由是唯一真)的问题。保守主义者(conservativists)批判自由主义的冷漠、自私和败德,英国的伯克(Edmund Burke, 1729—1797)是代表人物。一方面,他赞同自由贸易,放任经济,[8]但另一方面,他崇尚中古的传统道德和骑士精神:"没有德行的自由是什么?它是最大的邪恶——没有节制的疯狂。"他认为人类应享有的政治自由程度应与他们愿意把道德枷锁加诸他们的欲念的倾向成正比[9]。此外,集体主义者(collectivists)也批判自由主义的自我和不公。法国的圣西门把法国大革命后期的社会大混乱形容为"现代社会中人对人的无情剥削"。他主张建设和谐社会。他的弟子孔德更坚决地反对极端个人权利的意识,提出"利他主义"(Altruism)。到了涂尔干(Emile Durkheim, 1858—1917),更认为由于现代的个人意识替代了现代前的集体意识(collective consciousness),社会行为和信仰丧失了准则,带出种种"失范"行为(他特别研究自杀)。

　　其实,西方人也明白和体验过许多以自由之名而犯的错误和罪行,吃过不少苦头。但他们对自由的情有独钟跟当年的历史背景与时代心态很有关系。自由是西方人在他们宗教改革的反传统心态下被"发现"的,在启蒙运动的反特权心态之下被"发扬"的。因此,西方自由主义有浓厚的"反"意识。自由是反特权、反宗教、反传统、反任何东西的符咒,重点在"反"。可以说,自由是发现和发扬于西方独有的历史过程和文化土壤中。"反"的意识引发了对自由的追求;一波又一波的追求养成了"反"的意识形态。在自由主义下,追求自由与反抗压迫是同一件事的两个面:不自由就是被压迫。一个追求自由者一定有一个相应的压迫者(可以是人、制度、传统),追求自由就是反抗压迫。各自追求自由推动着整个社会不断地反,因为永远有不服气的少数、不服输的弱势。少数与多数、强势与弱势不断交替，产生一种"反，反反，反反反"的政治文化，一种凝聚力弱、分裂性强、极度消耗经济与社会资源的政治文化。交替过程中不一定有暴力（虽往往难免），但必有张力。

其实，自由有点像呼吸空气，是不自觉的。如果空气不足，我们就会有窒息感。窒息感使我们发觉空气不足，但是空气是否充足也要看我们正在做什么。静止时足够的，活动时就不够。宗教改革以前，人们没有自由的自觉，可以有两个解释：1、他们没有被窒息的感觉，因为空气充足；2、空气充足，因为他们是在静止状态。唯一真神下的大一统使他们各安本分，因为大家的共识是每个人的本分是由一个全善的神刻意安排的，层次分明的社会结构使他们明白什么是各自的本分。但唯一真神下的大一统意识和社会结构被宗教改革推倒了，秩序荡然。理性主义和经验主义继续推出"以人为本"和"以个人为本"的意识形态。静态社会不复存在，代之的非但是动态社会，而且是激动的社会。人非但不安分，更不知什么是自己的本分。在社会突变中，新特权阶级（绝对君权和资产阶级）崛起，旧利益（教会和失势贵族的利益）重新分配。在社会活动（各人、各阶层争夺权益）加速的一刻，社会资源（协调与稳定社会与经济权益分配的机制和规则）却在萎缩。就如要一个原来是睡着的人一跃而起，起而跑，而且越跑越快，但同时，空气供给却不断减少，他怎能没有窒息的感觉？自由的最原始定义是"按自己所想的去做"。如果想做的多，做成的难，自然觉得很不自由。人人拼命追求自己的自由，就像在空气不足的房间里做剧烈运动，怎能没有窒息的感觉？

追求个人自由肯定会抵触别人自由。怎样才算公平？越多人追，追得越紧，公平的问题越大。自由与公平不是相辅，但也不相对。自由永远是个人的事，而公平永远是众人的事。追求与维护自由，跟追求与维护公平需要有不同的甚至是冲突的条件和机制。两百多年来，西方是在个人自由的前提下维持公平，而不是在公平的前提下容纳个人自由。今天，西方人也看出自由（尤其是经济自由）是不可持续的，他们国内社会的不均再不能以国外的无限度扩大和掠夺去疏散，环境和自然资源的消耗再不能靠科技与开发去补充。

现今西方政治的核心课题是如何处理个人自由与人人平等[10]。人类天生有强弱；在现代政治里，自由是强者之矛，平等是弱者之盾。西方的"自由民主"以追求个人自由为重，人人平等难有生存空间（除非作为强者的附庸，但这样的生存也是不平等的）。相对的，"民主自由"就转以追求人人平等为重，但个人自由仍会有生存空间，因为在弱者建立的集体保护伞下，强者仍会找到机会。下一章要看看西方民主理念是怎样产生的。

注：

1. 其实，自由这一词在英语中是略带贬义的（如"口不择言"，liberal tongue）。牛津字典指出，自由一词的正面意义来自法文的 libéral，在 1801 年开始在英语中使用，起初仍带有"无法无天"（lawlessness）的意味。

2. 其实这也是基本的基督教义。神按自己的肖像创造人。神既是最高的"形"（Form）、最高的"思"（Thought），按其肖像而做的人也应具与神一致的"思"。因此，所有人都有同样的"思"的能力、"思"的方向。因此，以"思"来定义的人都应该是平等的。笛卡尔本人对传统宗教（天主教）也是极虔敬的（见第二篇第十二章）。

3. 这里有点反讽。洛克在他的知识论中否定笛卡尔的天赋理念，但在政治论中，他提出天赋人权。天赋人权主要是生命、自由与财产，其中自由最关键，因为洛克把自由演绎为个人生命和个人财产的保障，他最后把个人财产的保障定为个人自由的试金石（见第二篇第十四章）。

4. 在这个点子上，洛克不自觉地引入了人人平等的理念——政府的合法性出自人民的同意。相比较之下，以笛卡尔为代表的法国思维有泛人的意识和人人平等的倾向；以洛克为代表的英国思维有个人意识和个人自由的倾向，但又要依赖人人平等（同意）的政权去保障个人自由。

5. 洛克的意志不自由理念来自新教的人性悲观——人出生就带有"原罪"，所以人性是堕落的，不能自拔，必需神恩。但是，他却要把新教的堕落人性正常化。在中古以神为本的道德观里，追求个人享乐带有负面意义。洛克把追求个人享乐形容为"正常"人性、为无需讨论的"自明之理"。

6. 当然，有人会批评这是不切实际，不能落实在现今的政治文化里。但是现今的政治文化和现今的实际不是成于一夕，是经过几百年炮制出来的。正如今天我们不能想象一个对人性乐观的政治局面，中世纪的前人也无法想象他们身后会出现一个对人性如此悲观的局面。经验主义是基于对人性悲观的一套功利现实的行动指南；理性主义是基于人性乐观的一套悲天悯人的向往。历史因缘，西方用了前者。可惜的不是他们没有选上后者，而是我们尚未好好细探历史因缘，细看眼前光景，细思未来契机。

7. 那个时代英国的社会和经济都正在发生大变化。被拿掉权益的（清教、天主教）、想拿别人权益的（当代权贵、新兴资产阶级），甚至夺权失败的，都有一条出路——海外。先是殖民开发，继是抢夺别国的海外属地（特别是 18 世纪七年战争之后的法国属地），或掠夺与剥削海外属地的原住居民。这些，英国都比别国抢先一步。

8. 与他同一年代的斯密就这样说，"伯克是我所知道唯一与我没有通过信，而跟我在经济学思想上完全一致的人。"

9. 伯克的经济自由和道德保守倾向使他一方面主张英国与北美殖民和解，另一方面抨击法国革命。马克思批判他被英国的财阀和北美殖民的精英收买了；但丘吉尔就赞赏他在美国独立上反对英王的独裁和英政府的腐败，而在法国革命上则反对残暴的乱民和邪恶的政党。

10. 伯林提出"价值多元主义"（value pluralism）。他指出，某些价值，如个人自由，是基于人的本性（nature of mankind），所以是普世的。他认这些普世道德价值可以是同等而不能相容（如自由与平等），必须按实际情况去决定取舍。他认为"价值冲撞是价值的本质，也是人的本性"（These collisions of values are of the essence of what they are and what we are.）。本书把价值与人性分开。价值包含选择，人性则是没有选择、自然而然的，正如聪明的人不能选择不聪明。"自由像空气"的意思是指追求自由是人的本性，没有选择，与道德无关。自由与公平的冲撞则不是来自人的本性，是来自个人的选择，是有道德性的。

第二十九章　民主："是人民的、由人民的、为人民的政府"可能吗？

> 雅典民主是完全、绝对、真正的民主。西方的自由民主是精英民主、虚像民主。自由主义以民主为工具去争取更大的个人自由，但又恐惧民主会约束个人自由，遂产生一种不自然、不安稳的妥协。自由主义与资本主义总是设法支配民主。

西方人谈民主一定会说起祖宗雅典。我们先看看雅典民主是怎样的。

从公元前6世纪到公元前322年被马其顿（Macedonia）征服为止的两百年间，雅典的民主制度与帝国功业确是盛极。"民主"二字来自于希腊文"人民"（demos）与"统治"（kratein），也就是由人民统治之意，即人民是政治的主人。在体制上，雅典民主设有公民大会（Assembly）、国务院（Council）、法院（Court）。公民大会是全民直接参与（约30000人），负责颁布法令、制定法律、委任高官、审讯政犯。国务院由全民轮流当值，负责行政，特别是监督和协调各政府部门。法院处理民事与政事，由德高望重的公民参与。多年演变后，法院权力上升，可以复议和否决公民大会的议决。雅典民主的特色是全民参与、敌对式互辩、绝对的民主决定。

希腊民主的动力完全在民：人民是自己的主人，不但是议事、表决，更重要的，动议、提案都是每一个公民的权利和义务。雅典人民参政的积极性非常高[1]，正因如此，谁都可以发动或被涉及政治风波。所以雅典文明是政治气息非常浓厚的古文明。无怪亚里士多德说"人是政治的动物"。

实际的治理和行政官员绝大部分是抽签出来的，但都是要自愿（自己提名）。雅典人认为抽签最民主，因为竞选会有利于有钱的、有名的和有口才的人。这会污染政治和腐化权力。抽签最平等，并保证所有公民都可以参与行政工作，给予他们实际的民主经验（如亚里士多德所说的"轮流地治理和被治理"）。当然，这个制度的结果是大部分工作都是由无经验或无专才的人去做。但雅典人认为参与政治活动重于行政效率。他们很看不起"专家"，相信参与行政工作会直接提升政治能力。但是，为保证一定效率，每一个行政管理部门都是由一个十人组成的委员会主理，理由是十人中总会有人有经验或才干。委任的职位只占所有公职的十分之一左右，如需要特别才能的高级官员[2]。作为人民，每个官员都是公民；作为官员，他们就是公仆。他们是人民的代理，不是代表。雅典民主没有人民代表的理念。

雅典民主是先贤们特别是克里斯提尼[3]设计，来维持社会安定，避免独裁重现、篡夺政权的。它的特色是：

- 完全的：所有政治（众人）的事由众人决定，没有例外。
- 绝对的：人民表决是终决，绝不能改。
- 真正的：人民直接、亲自参与，不设代表。

雅典帝国兴起于公元前478年。来自东面的波斯压力使希腊各城邦组成"提洛同联盟"（Delian League，取自爱琴海的一个岛名）来对抗，推举最强的雅典为首领。雅典集结各邦财力，兴建海军，于公元前468年击退波斯。但雅典并没有解散同盟，而是开始建立海上帝国。当时反对最力的是斯巴达（Sparta），指责雅典是个"独裁"城邦。雅典的反辩是：雅典帝国带给整个希腊"自由"，免于恐慌、免于匮乏的自由。当然，一山不能藏二虎，公元前431年，以雅典为首的联盟跟以斯巴达为首的联盟爆发伯罗奔尼撒战争（Peloponnesian War，前431—前404）。

雅典的海上帝国使雅典政府财源广进，使雅典人民通过参加海军和担任海外官职而生活无忧。对雅典民主的评价都不能离开这个经济背景。但有一点可以肯定，这个民主制度雅典人只是留为己用，对别人却很不民主。雅典的沙文和犬儒在它侵略小国米洛斯（Milos）的誓师檄文中表露无遗："我们相信天上、人间的自然之律是强者永远是统治者。这条规律不是我们造出来的，我们也不是第一个去实行的。我们发现，它早已存在，在我们之后，也会永远存在；而且我们知道你，或者任何人，如果跟我们一样是强者，也会同样去做……"当然，雅典打赢，杀光米洛斯岛上的所有男丁，妇女与儿童贩卖为奴。史学家称之为雅典帝国的最大污点。

公元前421年，斯巴达与雅典谈和，但到了公元前415年雅典卷土重来。这回，它进攻西西里岛的舰队被斯巴达与波斯合力击溃。公元前404年，雅典投降，被解除武装，进入无政府状态。强势的斯巴达支持雅典的寡头政府。在雅典政治混乱经济低迷之际，北面新崛起的马其顿腓力二世（Philip Ⅱ of Macedonia，在位期前359—前336）乘机南下，于公元前338年击败雅典及其盟国。腓力二世之子亚历山大（前356—前323）继承父王遗志，征讨波斯，建立史无前例的大帝国。公元前323年，亚历山大去世，雅典乘机造反，但被镇压。马其顿直接统治雅典，民主制度被打压。柏拉图和亚里士多德就生于这个年代，亚里士多德更是亚历山大的老师。且看这两位哲人如何评价雅典民主。

柏拉图生于雅典转衰至被灭的一段从余晖以至黑暗的时期，对雅典式民主并无好感。他把治国（城邦之国）与修身相比。人有肉欲、荣辱、正误之念，国有百姓、战士、领导之分，各掌握生产、捍卫、管治之责。正如一个人的灵魂同时拥有欲念、意志、理性，一个理想国（城邦）就是三者之间道德性的和谐组合。他的理想国是"智慧之治"。"智慧"（wisdom）就是对善的认识，善就是"各适其所、各安本分"，也就是百姓、战士与领导之间，生产、捍卫与管治之间保持适当的关系。对柏拉图来说，一个明君（philosopher king）会追求智慧，并有勇气按智慧的指引行事。柏拉图认为"智慧之治"只可来自"英杰政制"（aristocracy）[4]。这是最理想的，因为统治者是智者，会追求智慧。次是"权贵政制"（timocracy），统治者是有地位者，会追求荣耀。跟着是"寡头政制"（oligarchy），统治者是有财富者，会追求财富。再跟着是"民主政制"（democracy），统治者要靠群众拥护，会追求爱戴。最后是"暴君政制"（tyranny），统治者是靠暴力，会追求权力。这些不仅是政制形式，也是政治阶段。人类的愚昧会使政治从理想走上堕落，每况愈下。柏拉图时代，雅典民主失去活力，在寡头、民主之间反复。柏拉图对不可知的未来充满恐惧，对理想化的过去充满怀念。但是，他不相信混乱无章的雅典民主会带来和谐。

亚里士多德在世之日也是雅典民主被马其顿镇压之时。他一生所见的是雅典的没落与马其顿的兴起。身为马其顿亚历山大大帝的老师，他对雅典民主的评价跟他自己的老师柏拉图不一样，他对国家（城邦）和政治有一个非常积极的心态[5]。他认为人聚居成国（城邦）不是为了避祸，也不是为了致富，而是为了活得更高贵、更像人[6]。他认为一个理想国家是应该以全体人民的美好生活（good life，就是幸福 [happiness]）为职责。他提出以下逻辑：生命是有目的的，这目的就是要活得像人[7]；享乐、财富、荣耀、德行等都不能突出人的独特之处[8]；人与其他受造物的唯一不同是人有理性思想能力，这就是人的独特之处；因此，人的美好生活是一种积极运用他理性思想能力的生活；而一个理想国为全体人民提供积极的、理性的生活。

亚里士多德观察古今政制，发现有三类：一、一人统治，包括追求整体福利的君主政制（kingship）及其变质的（perverted）追求个人利益的暴君政制（tyranny）。二、少数人统治，包括追求整体福利的英杰政制（aristocracy）及其变质的追求有钱人利益的寡头政制（oligarachy）。三、多数人统治，包括追求整体福利的群体政制（polity，由不太富、不太穷的中产公民主持），以及其变质的、追求穷人利益的民主政制（democracy）。

亚里士多德认为国家只是个工具——一个权力分配的机制。它的最高境界是帮助国民认识和追求德行。但如果一个国家还要为国民追求财富和平等，就得考虑混合政制。亚里士多德有平等的倾向，但他不以为民主（偏重穷人利益）会带来平等（因为富人会损失），只会带来不安分。同时，他又观察到富（人数少）贫（人数多）的不均是社会安稳的最大威胁。

社会不安稳不利于追求理性与德行，因此，对亚里士多德来说，一个以德行为主，但兼顾财富与平等的政制是合理的。他提出"执中"（moderation）为原则，也就是无过分，无不足。英杰政制虽是理想，但难达到。混合政制（mixed constitution）是综合英杰、寡头与民主。这样，也许能保证所有人都有机会参政而又没有一个阶级会专政。亚里士多德称之为"轮流地治理和被治理"（ruling and being ruled by turns）。

柏拉图与亚里士多德对民主的评价都不高。柏拉图从政治理想去看，认为民主政制下统治者追求爱戴，而非智慧。亚里士多德从政治现实去看，看出民主政制偏袒人数多的穷人，会制造不公。他俩关注的是，"谁应该当主人？"[9]。同时，他们两人的理想政治是和谐之治：柏拉图是百姓、战士、领导之间的和谐；亚里士多德是政治制度与运作的执中。他们的结论是只有智者才有这些素质，才可以是一国的好主人。在他们心目中，民主不能达此理想。事实上，柏拉图甚至认为暴君政制比民主还要好，因为暴君只是一人做坏事，民主可能是全体人做坏事。

如今，西方的主流思路是民主政权才是唯一合法政权，如何解释？西方对民主制度的完美与否一般以民主的范围大小来衡量——越多人有投票权的民主越好，这又如何解释？

西方主流的英美式民主是自由主义的工具。民主本身只有工具价值。自由主义者擎起政权合法性有赖人民同意（民主）去推倒或左右现存政权，借以扩大个人自由[10]。民主政制的开山祖师爷克里斯提尼就是以答应群众分享权力去发动群众夺到政权的。这有重大的历史意义。在他之前，权力之争是贵族、家族内部的事，是以神或天命之名去夺权。从他开始，群众变成政治工具[11]。争权者以民主之名夺权，但同时群众也从此掌获废立之权。西方人谈民主，会先讲雅典，然后一跳就一千多年[12]，由1215年英国大宪章再开始。然后又跳几百年到1689的《权利法案》，跟着就是洛克、卢梭的理论，继是 1776 年的美国《独立宣言》、1789 年的法国《人权和公民权宣言》。其实，这些理论和宣言主要的重心仍是自由，民主是陪衬和工具。

从民主是自由的工具的角度分析，现代民主的进化过程中，最突出的地方是扩大民主。柏拉图、亚里士多德认为雅典民主不够精英，沦为乱民之治。现代西方人反批评雅典民主太过精英。启蒙之后，民主参与不断扩大，先是把选民的财产资格取消，继是妇女选举权，然后是降低选举年龄。民主范围也在扩大，包括了由政府建立但又独立于政府的各种监督、审核、调查机构和代表各种利益的非政府组织，以至民间志愿团体。简而言之，就是"制造"民众。政治精英往往发动民众去扩大民主，借此增加他们的政治本钱。发动民众的惯用手段是"取宠"：或答应其利益，或煽动其情绪。在物质和社会资源丰富的西方，最常用的还是答应个人更大的自由，无论是性自由、种族自由、信仰自由，以至生活方式自由。但是自由主义者也知道民主是双刃剑——可以扩大自由，也可以约束自由。自由主义者常常批判雅典民主如何容不了苏格拉底、德国民主如何弄出个希特勒。自由主义者既需要民主，也害怕民主[13]。他们的法治、人权就是牵制民主的武器（第五篇第三十二章）。

洛克谈自由，认为通过自由人同意的政府才是合法政府。更深层次的理解是一个政权要维持它的合法性（当然也是维持它的权力）就要争取自由人的同意，也就要维护自由人的个人自由。这是工具性的民主。卢梭谈契约，认为个人是自由，人与人是平等。自由人平等地通过契约去建立政府，真正的民主政权会反映人民的整体意志。这是浪漫的民主[14]。但是洛克民主或卢梭民主都不是柏拉图或亚里士多德的雅典民主，因为现代民主理念中的"民"不是"主"，只可以说是"顾客"（他们买的是自由）、是"买方"（或是合同契约的一方）。越能满足顾客或买方的政治，越多人同意或签约。但顾客始终是顾客，买方始终是买方，他们都不是主人。

现代西方对民主理念最精彩的演绎是林肯有名的葛底斯堡演说[15]。"……此国度，于神佑之下，当享有自由之新生——民有、民治、民享的政府不会在世上消灭。"这样的民主定义应该是：是人民组成的政府（of the people），由人民支配的政府（by the people），为人民服务的政府（for the people）。其中，只有由人民支配这条才真正代表着主人的意味。但是，由人民支配的政府并不须是人民组成的政府，正如股东们支配公司的行政人员，但行政人员不须是来自股东。由人民支配也不一定代表为人民服务，正如公司行政人员往往先为自身利益着想，特别是当股东们也不知道他们的真正利益是什么的时候。因此，关键的选择是，人民想做主人还是想做受益人？

现今的西方，由人民支配的政府是通过代议制度，人民的支配是间接的、有限的。为人民服务更不是民主政治的事。理论上，什么政制都可以为人民服务。在实际中，经过几百年个人主义、一切为己思想的熏陶，西方人对别人（甚至对自己）都不大信任，因此对真的为人民服务政府也只会半信半疑。这样的政治文化自然产生出各怀鬼胎的自由民主政制。柏拉图、亚里士多德指出"民主之治"中，统治者追求爱戴（也就是取宠），因为只有这样他们才可以维持权力。这其实也是今天西方政治的写照。这样的统治一定会竭力满足顾客和股东的需求。但这些是否就是人民的整体需要、真正需要、长远需要呢？林肯之言是美国最高贵的理想，但他的话也包含了西方政治的最基本性矛盾：自由与民主。

最早期的自由主义者（洛克、休谟时代）根本不信赖民主。到了美国独立、法国大革命时，精英的自由主义者要从传统的特权阶级手里夺权，于是发动人数众多的老百姓来建立政治力量和武装力量去对抗，甚至取代人数少的专制统治。那时的自由主义者同时以两种口号去发动群众：自由与平等。在群众眼中，统治者自由得很，包括言论、宗教、生活方式等等，群众早就羡慕，但也习惯了接受。自由主义者向群众说，这些自由不应只是统治层或特权阶级专有，而是天赋人权。这个自由意识的普及使群众对不自由的消极接受转为对自由的积极追求。在群众心中，上下之别，社会阶级是自然不过的事。自由主义者向群众说，人是天生平等的，社会契约是统治者权力的唯一合法基础，是来自人民的同意。于是，老百姓或子民变成"人民"，变成国家的主人。这个平等意识的普及使群众对传统统治阶级的消极接受转为对废立统治阶级的积极参与。

这是几百年前的局面。那时，雅典民主刚被发掘出来，现代民主制度仍未建成，因此自由主义的精英就可以按他们夺取权力的用心去塑造民主的意义。但是，当旧制推翻、大权夺得之后，问题就出来了。以当家做"主"的号召去激励"民"的支持，夺到了权，到了该兑现的时候自由主义精英们就按自己维持权力的用心去塑造了一套自由民主制度（liberal democracy）。

自由民主制度的最大特色是代议民主取代直接民主（也有极少数的例外，如瑞士）。人民的身份从清楚的、直接的"主人"变成模糊的、间接的"选民"。我们可以想象以下一段辩白。"你看，雅典民主最大规模不过3万人，现代国家的几十万到几千万的国民怎能全体直接参与？况且代议也有先例。你看，英国议会制度不就是有了几百年的历史，不就是很成功的民主代议吗？"自18世纪末开始，代议民主就成为西方主流政制，从此人民是名义上的国家主人，人民代表才是真正的主人。那就是精英政治。

精英包括所有在朝在野的政客、官员，以及半官方和非官方机构。精英是民主中的"主"，但他们不一定是统治者，也可以是把持者、支配者。可是他们又同时被选民以选举制度羁绊住。他们的政治生命很不稳定。辛辛苦苦地当上代表（雅典是没有代表，而且官员也是抽签的），无论是真的为人民或是为自己，总想有一段稳定的时间去做点事。但是，人民代表是有任期的。自由主义的社会根本不相信民主，所以人民代表的任期不可能长。但是，几乎所有的人民代表都想连任。维持精英政治的制度遂出现。

首先要认识到，精英本身是一个阶级；这个阶级的唯一共通点是追求政治权力。他们在自由主义下的民主制度中，无论是被选的、被委的、自委的都以人民代表或代理自居。在代议民主的精英政治中，人民的理念是既缩小，也扩大。首先，人民是指正规的选民，而选民只是全体人民的一部分（因为有选举资格、选举年龄等限制）。被选的精英只需向选民交待。

从这个角度去看，"人民"的理念是缩小了。但是，在民主制度中有很多的半官方、非官方，甚至民间组织都以"公众参与"的形式参政。这些数不清的利益团体也有它们的"选民"。每个组织的代表、代理、代言精英都是经这些"选民"选举、推举、委派、赞助。从这个角度去看，"人民"的理念是扩大了。精英们以玩弄民主的范围去制造政治机会和政治本钱。

政治精英阶级的最切身利益是他们作为人民代表身份的合法和巩固。要达到这目的，精英阶级必须把自己塑造成社会不可缺少的阶级，并操纵哪些人可以加入这个阶级，也就是制造"天然垄断"。最精彩的发明是多党政治（起码两党），轮流执政。多党政治有民主的面貌（也就是亚里士多德的"轮流地治理和被治理"），又迎合自由主义的意识形态（社会与政治多元化），自然地垄断了政治制度的市场。对精英们来说，有了多党政治，无论在朝在野，人民代表的身份是名正言顺了，作为人民代表应拿的权与利也就顺理成章了。看看西方各国的人民代表（包括正规与非正规）就知道。他们在互相辩论时慷慨激昂、针锋相对，真是狠狠地为人民利益跟政敌周旋。精英政治还有附生的传媒、专家、学者，他们的评论、分析都是义正辞严。表面上，确实自由（可以随便说话），也平等（人人可以说话），但他们的基本意识形态是一致的。大家都奉行资本主义、市场经济、代议民主，再加上一点福利分配。当然，总还有些聚焦上或比重上的分别。但只需看看登上政治舞台所需的经费，再看经费的来源，就知道真正的主人是资本。政府只是管家，由大同小异的政党轮流当值，由各种利益团体插科打诨。下班了，大家同属一个俱乐部、同一个高尔夫球会，把酒言欢。今天在朝，明天在野，后天又在朝，但总有公粮吃。私人恩怨肯定有，但阶级利益是一致的。

这个阶级的会员资格也非常严格，虽然通通是不成文的规矩。你的后台多大，你的上级是谁，将决定你政治生涯的起点、终点与进度。政治就变成"职业"，有它的入行资格、规矩和程序。不管你搞政治是为了个人私利或是为民请命，这个阶级对你都是一视同仁，只要你遵守行规。因此，随着民主的扩大，"政治家"（statesman）一词越来越少用，吃政治饭意味的"政客"（politician）一词却越来越普遍。

精英民主中，人民由主人变成了选民。精英们实质上把持了政治，但他们的职位与身份却是要看选民的爱恶，争取选民是精英民主的最基本工作，也就是取宠与争宠。大多数的选民们都很实际，想拿实惠。人民代表要取宠就要想尽办法把国家公帑用在自己的选民身上。这也可以叫"顺从民意"，但这些民意都是私心很重的。结果，代议民主的实质就成了选民和代表的"勾结"去从国家的口袋里掏钱。

也要注意精英民主对精英们的心理影响以及这些心理对政治的影响。两百多年的代议民主使西方老百姓也变得老练。他们明知精英们把持和支配政治，但每隔几年，精英们就要求他们投下"神圣的一票"。作为老百姓，政客、官员或会对你不理不睬，但作为选民的一刻，他们对你倒体贴周到。遇到什么大小节日、什么游行，总见地方上的大小政客站在花车上向民众笑脸招手，但民众们其实是来看花车的，不是来看这些政客们曝光的。有什么社团聚餐也会见到这些政客穿插其间，但一般赴宴者总不想坐在他们旁边，因为不想跟他们应酬（当然，有政治诉求的是例外，因为他们已经属这个阶级了）。此外，媒体的无理攻击、政敌的恶毒批评，除非权力欲大到不得了，准能忍受？在美国，不时有人叹息真正有才能的人都去做生意了，不去干公职。做生意赚钱在资本主义的美国是极光彩的事情，没有铜臭一说；而在职业尊重的排名里，政客永远是垫底的[16]。靠脸皮厚拿到权力的多是刚愎自用或居心叵测的。最典型的政客视政治为职业，视取宠争宠为职业要求，上班时好像台上做戏，下班后才是本来面目，完全是两面人。西方政治文化把修身与治国分开，容易弄出整个政坛的性格分裂。这不仅是说一套做一套的欺人；而是说一套时是真心诚恳，做另一套时也是同样的真心诚恳的自欺。欺人是个人坏事，自欺则是国家祸事。当然有例外，但例外只证明了常规。

上面说过，雅典民主是完全的、绝对的、真正的。现代民主也是完全的（所有政事由民主程序决定，没有例外）、绝对的。民主决定是终决，不能有改动，要改也要经过民主程序。唯一分别是现代民主不是真正的。人民不是直接、亲自参与政事。除了极少数的公决外，民主只是定期选举代表，由代表们议事表决，而且绝少人民代表得票会超过合格选民的半数（民主政制下的其他官方、非官方，以及民间团体的运作也大致如此）。

西方民主可以说是个怪物，它非生于自然，而是人工受孕。原先，自由主义为要生存、延续和扩展，硬与平等交配，生出一个一身二首的民主：一边保护个人自由，一边约束个人自由。个人自由依靠人人平等之"名"取得合法地位；但个人自由又顾忌人人平等之"实"，会产生出"大多数人独裁"。精英民主为这个怪物戴上一个民主代议的面具，把它的两个头遮住了。在实质上，精英们通过代议制度把持和支配了民主去推行自由主义，特别是他们自己或所属群体的自由。美其名曰自由民主。但在这种政制里头，多党制度、法律面前平等、官员问责的重重把关处处制衡，都是因为害怕真正民主会损害个人自由。

两百多年来，西方人已经把虚的民主看作真的民主，但这并不代表自由与平等的矛盾解决了。最明显的是西方仍保留着有别于自由民主、以平等为重的"社会民主"（social democracy）。回溯至 19 世纪中期，社会运动如火如荼，都是反对附生于自由主义的资本主义。其中有改革性也有革命性，但都叫社会主义。改革性的社会主义慢慢演变成为社会民主派。他们主张渐进式改革，兼容自由主义与社会主义，但反对马克思主义。其中，德国的伯恩斯坦（Eduard Bernstein，1850—1932）是典型。他早期是马克思主义者，后来批判马克思的"势不两立阶级冲突"理念，转而走向自由民主与社会民主的兼容。他反对无产阶级专政，相信通过法律改革和经济改革，资产阶级与无产阶级的差距可以逐渐拉平。所以说，社会民主派想渐进地把资本经济改造为社会经济。他们当初仍声称支持马克思主义。但到了共产第二国际（1889—1916）后期，"一战"爆发，社会民主派舍弃"全世界无产者，联合起来"的《共产党宣言》口号，转而支持自己国家的政府参战。1917年，俄国革命成功，社会主义的改革派和革命派正式分裂，改革派称社会民主人士，革命派称共产党人。

"二战"结束，社会民主人士于1951年组成"社会党国际"（Socialist International），发表《法兰克福宣言》（Frankfurt Declaration），谴责资本主义和共产主义。稍后，社会民主本身又分裂为二系：一系主张通过民主议会制度"废除"资本主义，另建社会主义社会（可称之为"废资派"）；一系相信可以"保留"资本主义，但要通过大企业国有化、免费教育、全民保健、公平税制，以及部分财富重新分配去建立持久的福利社会（可称之为"保资派"）。那时是"二战"后的经济发展期，自由主义的资本社会有本钱、有需要、有先例[17]去建立福利制度，以保资本社会的安稳。另一方面，分裂后的"保资派"与"废资派"互视为异端，加上"真正"的社会主义（共产）对这些"修正"派系很敌视，使"保资派"有动机、有心理、有目标[18]去投入自由主义资本社会的怀抱。

1951年，"社会党国际"宣言的三大原则清楚显露社会民主保资派的立场。1、自由：非但是个人自由，还要加上免受歧视的自由、免于依赖资本的自由、免于暴政支配的自由。2、平等与社会正义：非但是法律前的平等，还要加上经济、社会、文化的平等，以及各类残废人士的机会均等。3、团结（solidarity）：对受到不公正、不平等待遇人群同情和帮助。这三条都是西方国家民主党派的核心党纲，除了反对经济自由主义之外，就是彻底的自由主义。可以说是向自由主义的半投降。

我们不妨做这样一个简单的"美人计"类比。自由主义和社会主义像两个对立的家庭。自由主义的家训是追求个人自由，收养了经济自由主义（即资本主义）做干女儿。这个干女儿很有姿色（资本主义颇能生财，资本社会里的竞争也颇为刺激），但品德不大好（资本主义的生财靠剥削，资本主义的竞争制造不平等）。社会主义是另外一个家庭，家训是追求人人平等，特别不满自由主义收了资本主义为干女儿。社会主义家里有三个孩子。老大是忠于家训的共产主义，性格比较强。老二、老三走社会民主路线，性格比较弱。自由主义要分化社会主义，训练干女儿施展美人计。首先，她对老二欲擒先纵。老二是社会主义"废资派"，想改造这女孩（废除资本主义）。老头子避重就轻，也不维护干女儿，但对老二说，要改造这女孩子，最好还是找位管教严谨的老师（议会制度）去教导她。老二哪想到这位老师其实也是老头子的门生（议会制度亦即精英民主，出于自由主义），为人拘谨迂腐（议会制度的多党形式、分权制衡、复杂程序）。这样的老师怎管得住刁钻的女孩？老二想跟这位老师合作制住那女孩子，但却被老师的之乎者也、子曰子曰弄得头昏脑胀。女孩子接着向老三抛媚眼。入世未深的老三对这女孩摸不清。他听人家说，这女孩品德不大好，但对她的姿色却实在有点着迷。老头子叫干女儿嫁给老三，条件是老三要在社会主义大家庭里暗中保护她。她还答应改过自新（减少资本剥削、减少经济不均），并带来大笔嫁妆（以金钱资助社会民主人士的社会福利计划），还把老三服侍得妥妥帖帖（在精英经济和精英政治里有使人激情的名利竞争、使人陶醉的名利诱惑）。老三已经神魂颠倒，愿拜倒石榴裙下，做个社会民主"保资派"。老三还以为自己在履行社会主义的家训——追求人人平等，其实他已经被这个他原本想改造的女孩子（资本主义）改变了，并被她的干爹（自由主义）利用了去对抗大哥（共产主义）、拖住二哥（社会民主"废资派"），分化了社会主义的大家庭。

　　鉴于个人自由有赖人人平等为理据，又鉴于人人真正平等（真民主）会钳制个人自由的扩充，自由主义创出精英民主去扭曲民主，又利用资本经济去收买民主。这些手段其实很消耗资源和摧残人性。西方好运（也可以说别人衰运），捷足先登，抢占了世界80%的资源，加上残留着的传统宗教仍具相当的社会凝聚力，因此，丰富的经济与社会资源暂时保住了它。但当全世界都跟着它走的时候，就再没有那么多的经济与社会资源去维持全球的安稳。西方如何从个人自由与人人平等纠缠的困境中走出来，将会决定世界的命运。

注:

1. "白痴"（idiot）一词来自于希腊文，指一个对政治没有兴趣的"私人"。雅典民主全盛期的统治者兼政治家伯里克利（Pericles，前495—前429）就这样说："这类人是可耻的，他们非但缺乏上进心，而且一无是处。"

2. 他们有军权，但他们的职位主要是靠在公民大会上的口才和人民的爱戴。所有官员（抽签与委任）都要在上任前被审核（原本只是简单的审核公民资格，但后来审核政治倾向，用意是防止不热衷民主的寡头政治或独裁政治支持分子渗入），卸任后被评价。失职的处分很重，最著名的例子是公元前5世纪希腊帝国由盛转衰时，进攻西西里舰队被击败，追究责任。十个司库员被控失职，审一个杀一个，到第十个要开审之际，发觉财政核算失误，杀错了人，才把他释放。

3. 雅典民主的起源可追溯到梭伦（Solon，前638—558）。之前，雅典的政治是由贵族组成的司法院（Areopagus）每年委任九名执政官（Archon）来运作。梭伦是诗人政治家，擅长排难解纷。由于他成功、和平与公正地调解了各族间、各地域间的分歧，各方授予他临时性的全权统治。他利用这机会定下法则去矫正当时政治、经济与道德的颓风——主要是扩大人民参政，（通过降低参政者的财产资格），特别是委任官员和审核政绩。但对雅典民主制度成形影响最大的是克里斯提尼（Cleisthenes，前570—前508）。他出身贵族。公元前508年，暴君当政，克里斯提尼发动群众推翻暴君，答应功成之日与民众共享治权，称民众为伙伴（Companion）。他被当权者放逐，但民众逼宫，驱逐当权者，迎立他为统治者。他重组政制，首先把雅典四大家族解散，以消除暴君寡头政制重现。然后，按人口分布，把雅典与邻近地区分成十个族。他制定全民议事并建立公职抽签制度。又创陶片放逐制度（Ostracism），由公民把他们认为会危害国家安定分子的名字写在陶片上，进行投票。票数超过半数的就被放逐五至十年，以避免政争带来国家动荡。但被驱逐者仍保留身份、职位和财产。当时这些制度没有民主之名，只称"政治权利平等"。今人一般称克里斯提尼为"民主之父"。

4. 按现代一般译法，aristocracy是"贵族"，但用在柏拉图与亚里士多德的政治哲学上会引出误解。希腊原文出自"aristos，是"最优秀"的意思。"英杰之治"代表最有智慧和德行的人被人民公选为统治者（由于智慧是人生的最高享受，所以真的智者是不会愿意参与政治的，要由懂得这个道理的人民强迫他出来做统治者。因此，被英杰统治的人民也要有一定的政治智慧）。英杰统治会推使所有人民走向智慧和高贵。到了中世纪，王权世袭，出现"贵族"的说法，也就是开国之君的德行与智慧是可以遗传给子孙。为此，王族后裔有天生的道德和智慧。所以aristocracy也称nobility，同译作"贵族"。前一个名词代表阶级，后一个名词代表德行。世袭阶级含着承袭德行之意，做成西方的"特权阶级"。对世袭特权阶级的不满和反抗引出现代的平等理念。柏拉图与亚里士多德的"英杰之治"也不应被视为精英政制（elitist），因为现在一般的用词上，"精英"的重点放在能力和成就上，而不是智慧和德行上。

5. 在这点上，亚里士多德跟中国的孟子有点相像。他俩都是生于乱世，理应对世界悲观，甚至犬儒（他俩的时代，在希腊和中国，都是道德沦亡、邪说充斥）。但孟子却提性善之说，力挽颓风。亚里士多德则提政善之说，把政制扎根在带领全体人民向善的基础之上。这点，他比老师柏拉图的求真更道德、更人性。

6. "人天生是政治动物，天生想聚居……城邦把他们集中在一起，好使他们每个人都能生活得高贵。对全体和个别来说，这就是（城邦的）最终目的。"（《政治》）

7. 这一点与亚里士多德的宇宙观完全一致（见第一篇第四章）。万物（being）在"变"（becoming）。在变中，万物的潜质（potentiality）逐步实现（actuality），最终到达它的终向，也就是它最完美的"形"

(Form)，可称为"成形"。从"个人"到"国"的"成形"过程中，"个人"是起点，"国"是终向。

8. 首先，追寻享乐不一定带来美好生活，因为追寻者往往找错地方，或者旁骛太多。其次，财富则只能是种工具，但美好生活不是工具，是目的。再次，荣耀是外在的，是人家怎样看你，美好生活是你自己怎样生活。最后，德行是美好生活的重要元素，但不等于美好生活，因为一个充满德行的生命往往是消极的、吃苦的。另一方面，一个没有德行的人也可以由别人指使或命令去做德行的事。德行不是情绪，不关能力，真正的德行包括对德行的真正认识、对德行的自愿选择。更重要是要出自一个坚定不移的操守（character）。只有理性、有操守的人才能过着美好生活。

9. 亚里士多德的《政治》是以一家之主应该怎样去生活，怎样去处理家事，怎样对待妻子、孩子、下人进而去思考一国之主。修身与治国是一致的——亚里士多德的《伦理》与《政治》两部著作一前一后，互相呼应。政治家与道德家（公与私）是一致的。"国是康乐家庭组成的团体，目的是使人过上完美和自足的生活。"

10. 这跟柏拉图、亚里士多德的思路一样，也就是以效果来衡量工具的好坏（Consequentialism，也叫"效果论"）。但柏拉图与亚里士多德所关心的后果是一国之善，他们的结论是民主政制不是个好工具。西方个人主义下的自由主义关心的是个人自由，认为民主政制是保护个人自由的不二法门。

11. 在此之前，争权者会把群众作为军事工具（兵源）与生产工具（军需），但不是政治工具（政权合法性的依据）。之后，群众升级为人民，除作为军事与生产工具外，更是政治本钱，是争权者的取宠对象。

12. 西方人谈民主偶也会提及罗马的贵族元老院（Senate）与平民议会（Assembly），以及中古封建的庄园法庭（manorial courts），但都不当是真的民主精神。

13. 柏拉图与亚里士多德早就担心民主容易被别有用心者利用去制造独裁（他们称之为民主的堕落）。在现代，这些别有用心者就是以煽动众人的民主行动来替自己夺取权力，借此实现自己的个人追求，包括破坏真正的民主。希特勒如是，很多以代表人民利益为己任的精英都如是。

14. 卢梭的民主国家是人民"整体意志"的表现，跟亚里士多德的国家是个人的"潜质"（potentiality）逐步走上"实现"（actuality）的终向，有异曲同工之处。

15. 1863年底，南北战争中北军战事曙光初露，11月19日，林肯在宾夕法尼亚州的葛底斯堡国家公墓揭幕仪式上发表演说，短短两三分钟，却成为美国历史最有名的演说，为美利坚合众国代表的普世价值定义。如今刻在华盛顿的林肯纪念堂上，作为美国精神的指导。

16. 当然总有例外，如美国的罗斯福、英国的丘吉尔。我们还要考虑美国的"明星文化"。它特别看重名气和成就，而不是个人修养和贡献。其实，这也是自由主义逻辑性的延伸。只要生活丰富，生命有没有意义则是见仁见智。因此，《纽约时报》会大篇幅采访色情电影明星，卡特总统在竞选时也会接受色情杂志《花花公子》采访。

17. 这三方面体现在：战后经济发达；要围堵以苏联为首的共产扩张；罗斯福的"新政"和其他西方国家的相类政策言犹在耳，或仍在进行中。

18. 这三方面体现在：跟有实力的资本主义结盟以保证福利社会理想可以实现；要证明保资是正确取向；认为争取经济公平、社会福利是道德的，而资本社会最有实力去实现这些目标。

第三十章　资本主义与自由经济

　　资本主义有四个门派：古典派为自由经济奠基；奥地利学派为资本剥削辩护；凯恩斯学派为资本危机补镬；芝加哥学派为资本欲望戴上光环。这些理论反映了也制造了历史。其实，资本主义与自由经济有着逻辑性矛盾。

资本主义不是自由经济，它颠覆自由经济。

西方人谈自由经济都是以斯密1776年出版的《国富论》为起点。一般认为斯密的自由经济理念来自重农主义（Physiocracy）的启发，以及他对重商主义（Mercantilism）的抗拒。的确，他把七年战争的英胜法败解读为英式经济优于法式经济。当时的法式经济就是重商主义，其两个支柱是：政府鼓励出口和保护国内市场；以金银为国家财富的衡量。书中，斯密认为国家财富不能用金银衡量，应以经济活力（生产力、消费力）来衡量，而经济活力产生于自由竞争。因此，他最反对政府干预，主张自由经济。

简言之，斯密的理论是"追求私利可达公益"。这个发自个人主义的经济理论为"私利"戴上了两个光环。第一个是"理性光环"：追求私利会发挥经济效率，因为人人追求私利会带来竞争，竞争中人人会各尽所能，人人各尽所能就是发挥最高经济活力。但是，这经济效率是有条件的：竞争要自由。第二个是"道德光环"：追求私利会使大众得到好处。斯密的名言就是："我们的晚餐不是来自屠夫、酒贩或烘面包师傅的善心，而是来自他们对自利的追求。"但是，这些公益也是有条件的：你要买得起肉、买得起酒、买得起面包，不然你就只有饿着肚子看人家享受了。

先来看看斯密的言与行的差异。英国式的政治（洛克）和经济（斯密）都是非常功利现实的。斯密确实批评关税、专利等措施，但他又支持当年英国政府强硬的贸易保护政策，特别是保护性极强的《航海法案》（*Navigation Acts*，1651—1849），不准其他国家的船只运载英国货以保护英国的海外贸易，终导致与荷兰开战[1]。这跟重商主义的保护政策有什么分别？可见自由经济是口号，实际利益才是关键。

斯密写《国富论》时英国的农业革命已经成熟，但工业革命仍未开始。尽管斯密扬英贬法，英国当时也不全是自由经济。但不到几年，工业革命揭幕，英国一跃成为工业品生产大国[2]。到了 1830 年左右，英国的生产活力超越各国，为扩大并持续这些活力，它开始实行真的自由经济，尤其是国与国之间的自由贸易。这时，功利务实的英国人就把斯密捧出来。斯密的经济自由理论刚好契合了英国工业革命，成为经济发展理论主流，变成一种"主义"，披上"唯一真"的光环。随着大英帝国崛起，稍后自然地成为世界主流。

当时的代表人物是集金融家、投机商和国会议员于一身的大卫·李嘉图（David Ricardo，1772—1823）。他提出"比较优势"（comparative advantage），认为任何情况下自由贸易总是好事。就算所有产品上自己的生产效率都比别人高，买入别人的某些产品则可更集中生产自己最具优势的产品。另外一个代表人物是法国企业家兼经济学家萨伊（Jean-Baptiste Say，1767—1832）。他提出供求自动平衡的理念，认为生产会创造消费，通过自由竞争这会保证最高就业水平，被称为"萨伊定律"。还有马尔萨斯（Thomas Malthus，1766—1834）。他的《人口论》指出物质匮乏无可避免，导致人人竞争、优胜劣败。经济学被称为"凄凉的科学"（Dismal Science）也源于此。这对达尔文的物竞天择理念很有影响（第三篇第二十章）。斯密和这些人的理论被称为"古典经济自由主义"（classical economic liberalism），都是经常被用来支撑经济自由、政府少管的理论依据。

那时，英国工业产品占尽优势，国际间的自由贸易对英国绝对有利，甚至是英国持续发展的必需条件。于是，自由贸易摇身一变就成为英国货打入其他国家的道德依据。国际自由贸易既是道德的事情，英国自然理直气壮地要人家打开门户，甚至以武力去打开人家的门户。当然，当英国的工业革命被人家模仿并赶上的时候，它就采取保护主义了。这是后话。

19世纪是英国的天下，但欧美也开始跟上。自由竞争、弱肉强食引发出严重的贫富不均和社会不安。社会主义形成一股反经济暴力的浪潮，挑战自由竞争，呼吁经济平等。此刻，"奥地利学派"（Austrian School，也称维也纳学派 [Vienna School]）出现，为自由经济的破坏力辩护。其开山祖师是门格尔（Carl Menger，1840—1921）。他以心理学为基础去解释市场的供与求只不过是集结千千万万人的个人决定而产生出来的，而不是任何操纵[3]。更进一步，它以这千千万万人各自按其信息所作出的决定去解释商业周期的形成，借此为当时大起大落的经济及其对社会民生的负面影响辩护[4]。当时，社会主义浪潮汹涌，马克思从历史唯物的角度，以黑格尔的辩证法去分析和批判自由经济。古典派对马克思的分析不懂，也不感兴趣，它不与马克思直接交锋，而是以心理学或人性辩护自由经济的合情合理，说自由经济引发的经济波动及其对社会的影响非但不可避免，而且是社会进步的动力。

当然，辩论不会平息经济不公所引出的怒火，但它的理论给予当权者（国家主义者和资本主义者）一种道德支持，认为自由经济还是正确的，自由经济的负面影响还是可以理解和接受的，从而也加强了当权者打压社会主义的决心。19世纪末到20世纪初是一段拉锯时期，社会主义不断成长和发挥影响，自由经济也在不断自我修改适应，奥地利学派是当时西方面对社会主义挑战的回应。论战的战场在欧陆。

20世纪初，共产苏联立国，不到二十年，以计划经济建造了经济奇迹。虽然西方对共产主义仍深具戒心，但计划经济的成就也是动人的。当苏联欣欣向荣之际，西方却被大萧条的悲观气候笼罩。这时出现两种反应，一是顽抗，衍生出奥地利学派；一是弥补，衍生出凯恩斯学派。

奥地利学派的代表人物是哈耶克（Friedrick Hayek, 1899—1992）和熊彼特（Joseph Schumpeter, 1883—1950）[5]。哈耶克的《通往奴役之路》（*The Road to Serfdom*, 1944）和熊彼特的《资本主义、社会主义与民主》（*Capitalism, Socialism and Democracy*, 1942）都是"二战"内共产苏联生产力激增时出版的，反映了资本主义对共产主义经济成就的恐慌。1930—1940年代西方经济大不景气，大多数人都认为是放任经济所致，虽然有奥地利学派的辩护，但西方政府对放任经济确是半信半疑[6]。

凯恩斯学派一方面维护自由经济原则，一方面弥补自由经济的失效。凯恩斯是马歇尔（Alfred Marshall, 1842—1924）的入室弟子。马歇尔把古典派和奥地利学派捻合，构成一个完整的经济分析系统：以奥地利学派的"边际"理念为基础，利用数学方程式来研究动态的供求平衡。凯恩斯则在供求动态平衡的理念下，针对大萧条的经济环境去设计政府政策（利率、货币、物价、工资等），把低水平的供求平衡（未动用所有生产资源，包括就业率偏低）推向高水平（有效使用全部生产资源，包括全民就业）。

凯恩斯[7]的经典之作是《就业、利息和货币通论》（*The General Theory of Employment, Interest and Money*, 1936）。他可以说是宏观经济学的创始人[8]，把焦点放在"总量"上（aggregate，包括总生产量，总消费量，总就业量等等）。古典派认为在自由经济下，供求的自动平衡会保证全民就业（"萨伊定律"，也就是所有想做工的人都有工做）。凯恩斯指出，价格与工资既然是完全弹性的（这是市场经济的基础假设），一个经济实体里的总供求一定会平衡，但这个平衡点并不一定代表全部生产资源已经投入生产，并被最有效率使用，更不保证全民就业。他认为这就是大萧条背后的真正问题。他的解释是，微观经济里千万消费者和生产者的个别行为（表现在市场的供和求上）的总和不一定带来最效率的宏观经济（就业、增长等等）。这叫"市场失效"（market failure）[9]。政府有两个理由要弥补市场失效：经济理由是提高整个经济体的生产资源使用效率；政治的理由是维持社会安定，特别是解决失业问题。两者是关联的,因此所用的手段也有连锁作用。问题的关键既然是总需求量不够,因此政府政策应针对提高总需求量。凯恩斯把重点放在投资,因为投资既可以增加短期的总需求量,也可以提升长期的生产潜力。但是,在生产过剩的环境里,私人投资肯定萎缩[10],因此政府要带头投资,凯恩斯主张投资在基建。同时,政府也要激励私人投资,凯恩斯主张对贷款减息。他的逻辑是,投资总量增加就增加人民收入,这会增加总消费量,进而刺激生产和更多的私人投资,带来更多的收入和消费。更重要的是,这会把总生产和总消费带上更高的平衡点,也就是更成功地、有效地使用整个经济体的生产资源,包括劳动力(就业)[11]。

凯恩斯理论大大影响了罗斯福总统的"新政",更深远地影响了"二战"后世界经济结构的重整。1944年7月布雷顿森林会议上成立了世界银行(World Bank)和国际货币基金组织(International Monetary Fund),并以一盎司黄金兑35美元的固定兑换率[12]去稳定战后的经济,以避免疯狂通胀和大萧条。

世行和货币基金两个组织的运作很相似,都是由会员国(1944年是45个国家,现今175个)集资,个别国家有需要时向组织申请贷款。区别在于它俩的目的:世行主要是协助战后重建,日后改为协助经济发展,贷款是长期的;货币基金主要是协助会员国平衡收支、稳定汇率,贷款是短期的。1947年,"马歇尔计划"(The Marshall Plan)成立,推动欧洲重建。世行和货币基金把目标转移到欧洲以外,特别是那时纷纷独立的前殖民地国家。但是,世行与货币基金的运作原则依然是自由经济。凯恩斯学派认为:这些国家的病状是经济低迷(也就等于供求平衡偏低),病因是需求量不足,药方是以投资去推动需求量。但是,发展中国家哪有余力投资?可以从世行或货币基金贷款。条件是发展中国家要走自由经济方向。世行与货币基金的大老板是美国(虽然传统是美国人任世行总裁,欧洲人任货币基金总裁,但美国的投入最大,话语权也最大),自由经济(资本主义)也经此推向全球,特别是发展中国家。它们先是引进西方贷款,继是引进西方经济体制，最后是引进西方经济文化。

"二战"结束后，大萧条带来给美国的最大难题——"失业"——终因战时动员与战后复苏而得到解决。但以美、苏为首的东西对垒局面出现，两种意识形态争锋。西方补上大量福利保障以稳定社会，以免人心转向。1950—1970年代是凯恩斯派的时代。美国约翰逊总统（Lyndon Baines Johnson，任期1963—1969）"伟大社会"政策前前后后二十多年，政府大量投资社会建设，加上越战开支庞大，渐感吃力。此刻，芝加哥学派开始从边缘走上主流。

芝加哥学派（Chicago School，代表新古典派 [neoclassical economics]）源于芝加哥大学经济系（也包括商学院和法学院），代表人物是费里德曼（Milton Friedman，1912—2006）。他认为市场经济本身是很稳定的，不稳定是因为政府插手。他对大萧条的分析与凯恩斯刚好相反，认为原因不是投资不足，而是政府收缩通货流量，以致银行没法贷款给企业去投资。芝加哥学派是纯粹货币主义者（monetarist），相信货币供应量的变动是物价水平和经济活动的根本原因（见第五篇第三十一章有关金钱市场）。芝加哥学派是彻底的个人主义者，认为价值是完全主观的，人人不同，时时不同，与奥地利学派一脉相承[13]——哈耶克还在芝加哥当了十多年（1950—1962）的教师呢！此派主张政府应该"中立"，认为只需保证产权神圣（不管谁是主人）、劳工自由（相对于工人组织）、企业自管（相对于政府监督）、财经自主（相对于政府参与），其他不要管。这一派毫不讳言资本家是经济的动力，而资本家发财是天公地道的：资本家牺牲眼前消费，把钱放在投资上；他们冒大风险去组织生产；他们是为社会创造财富，应得最高报酬。

其实，古典也好，新古典也好，奥地利也好，凯恩斯也好，都是同声同气的，都奉自由经济为经济发展的唯一真理。古典派树立起"私利可达公益"和"自由竞争是最佳手段"两个理念。前者是自由经济的道德基础，后者是自由经济的运作模式，为自由经济奠基。奥地利学派指出经济周期无可避免，而且是经济动力的表现，并更进一步推出"创造性破坏"去美化市场波动的负面影响,为自由经济的破坏辩护。凯恩斯学派指出自由经济有时不能完全有效利用所有生产资源,以致经济停滞,需要政府帮一把,积极地为自由经济的失效补镬。芝加哥学派视自由经济为个人自由的工具与目的,出自奥地利派的企业家精神到了芝加哥的新古典学派手里变为自由经济的化身,资本家变成自由经济的英雄。

1970 年代末期,经济迟滞、通胀失控,芝加哥学派批判凯恩斯学派向社会主义计划经济低头,使西方(特别是美国)丧失自由经济的活力。它认为要恢复自由经济的本来面貌,不要与社会主义妥协,要发挥企业家精神,要鼓励他们求财,帮助他们发财。

1979 年,英国首相撒切尔夫人上台;1981 年,美国里根总统上台,他俩都以自由世界的斗士自居。芝加哥学派适逢其会,大展身手。20 世纪 90 年代出现所谓"华盛顿共识"(Washington Consensus),包括收紧国家财政支出(减少公共服务)、修改福利政策(放弃穷人)、更改税制去鼓励投资(补贴富人)、国企私有化(廉价出售国家资产)、放宽工商业管理(放任经济)。时势逆转,苏联解体,世界共产主义成为明日黄花。芝加哥学派认为这是自由经济的最终胜利。

芝加哥学派的费里德曼说,很多人误解资本主义的特征是资本累积,其实更重要的是自由经济[14]。可是,顾名思义,资本主义一定要包含一些有关"资本"的内容,才可以叫"资本主义",否则,叫自由经济不就够了?

先从"经济"说起。西方主流经济学的基础假设是:人类对物质的追求是无限的,而生产资源是有限的。自由经济的基础理论是:市场自由竞争是分配和利用有限的生产资源去满足人类无限的物质追求最有效率的方法。自由经济下的市场是一个产权私有(私产)、各自为己(自由)、优胜劣汰(竞争)的经济体制;生产者之间的竞争会提高生产效率[15],相应的,消费者之间的竞争会提高消费效率,最后,生产者与消费者的互动会提升消费选择[16]。这就是市场经济(私产、自由、竞争)乃最佳经济模式的理据。为此,整个自由经济的发展重点就在提升私产、自由、竞争。

生产资源有三类：自然资源（包括土地）、劳动力（包括体力劳动和脑力劳动）和资本（包括机器、工具、厂房等实质资本，也包括可以用来买机器、工具、厂房的资金）。资本主义是一种特殊的组织和运用资本的方式。它使非自觉的市场运作披上一个鲜明的意识形态——资本是最重要、最需要保护、最值得支持的生产资源，逻辑如下。有效分配和利用生产资源固然重要，但同样重要的是增加生产资源的投入量[17]。要鼓励生产资源的投入就得提高这些生产资源的回报。自然资源的回报是租金和使用费。但提高租金和使用费不会增加它的总量，因为它是有限和固定的。提高租金和使用费只会改变短期的开采量和使用模式。劳动力的回报是工资。在全民就业情况下，提高工资不会增加劳动力总量，只会改变它的部署。劳动力的真正增加只可来自人口增加，是长线的。资本的回报是利润。提高利润一定会吸引更多资本投入生产。资本的量是无限的，可以不断地创造。而且，不同于其他的生产资源，资本可以无限地累积[18]。在以上三个选择中，资本最有弹性，最能回应回报的增减。因此，提高资本回报、鼓励资本累积是增加资本投入生产的最佳办法，也因此同时成为增加总生产的最佳办法。

资本主义的经济意义就是在三个生产资源中独尊资本。在这样的经济模式下，每一种产品生产过程中的资本比重（指相对于自然资源和劳动力的比重）一定会越来越高。这样，生产就越来越依赖资本，越来越迁就资本的使用效率，忽视劳动力或自然资源的使用效率。同时，资本累积会越来越集中。尤其是通过资本的"资金化"（证券化），资本累积不再受时空限制，更能集中在资本家（资金拥有者或管理者）手里。这种现象在资本主义社会里是有目共睹的，也即资本的胜利。在生产资源的运用上，资本的回报和比重压倒劳动力与自然资源；在生产资源的分配中，资本家和资本管理者的利益压倒劳动人民和生态环境的考虑。

资本主义自由经济就是把资本主义与自由经济放在一起——既然自由经济是最有效率的生产资源分配制度，资本主义又是最强劲的生产资源创造机制，两个应该是最佳的搭配，加起来应得出最优的经济成果。可惜，这个组合里头存在不可解决的内在矛盾。资本会垄断生产模式,资本家会支配生产决定,何来竞争?市场的供求逻辑如何发挥作用?自由经济变成虚有其表,里面是资本的天地[19]。资本主义自由经济就像是一个不平坦的球场,资本永远占据上风:产品中的资本比重永远在增加,劳动力和自然资源的比重不断在削减。在这个不平坦的球场上,资本比重较高的制造业永远压倒资本比重较低的农业;资本集中的城市永远压倒资本分散的农村。这样,劳动力和自然资源如何能有效利用?农业怎能与制造业竞争?农村怎能与城市竞争?市场经济的作用是通过优胜劣汰的竞争去芜存菁,以最高效率的生产资源分配去满足生产和消费的需求。如果竞争的场地是歪斜的,怎会有合理的结果?

不合理的经济当然不能持续。但更可惜的是,生产资源的潜力也不能得到发挥;劳动力和自然资源固然被浪费,资本的力量也不能被好好利用——站在上方的球队肯定要赢,怎还会全力以赴?市场经济的生命力有赖于竞争,但资本主义的最终方向是垄断。这岂不矛盾?

或许有人会指出,资本垄断可能是历史的过程,现今开始成形的"新经济"强调科技和信息,劳动力素质不断提高,高素质劳动力的回报率也不断提高,资本也不再是唯我独尊了,起码有高素质劳动力与之抗衡。这种看法轻视了资本主义的厉害。它已经把劳动力,特别是高素质劳动力成功地资本化了。"知识产权"就是劳动力成果的产权化,进而是证券化。西方经济学家把劳动力叫做"人力资本"(human capital)不是没有原因的。

同时,资本主义的动力是资本的增加与累积,这带出一个怪异的经济模式。经济的实体是人类的衣、食、住、行。在这个实体经济(物质经济)里要增加和累积资本就要增加消费。资本主义的生产和延续需要一个强调消费的经济,如何加速和扩大消费?产品日新月异,转眼过时;少数人的奢侈品马上变成人人的必需品;产品损坏不能修整,必须更换;产品用旧不能翻新……这些都是消费经济的特色。消费经济带来消费文化:追求时尚、贪新厌旧、用完即扔、崇尚奢华。消费力成为个人价值的衡量——有钱人就有社会地位，不管钱是怎样得来的。价钱成为货品质量的衡量——贵的东西一定好，不管合用不合用。结果成了个笑贫不笑娼的功利世界，一个骄奢淫逸的浅薄社会。自古以来，人的经济地位来自生产，如今，来自消费。

尽管芝加哥学派的龙头大哥费里德曼避重就轻地说资本主义就是自由经济，但资本与自由肯定是两回事。自由经济是指自由竞争，是种经济运作模式，是种程序。资本主义是指资本至上，是经济活动的目的，是个方向。为达到目的，资本主义颠覆了自由经济。资本主义的目的是资本累积，而资本累积是无需自由经济的。其实，无论在工业革命之前还是在今天的金融经济之中，资本累积就是以钱赚钱，它可以寄生于上古的庄园经济，也可以寄生于工业革命后的自由经济。

注：

1. 法案主要针对荷兰。17世纪中，以阿姆斯特丹为基地的荷兰船队差不多占领全球海运贸易，英国海运接近破产。英国决定封锁英国和苏格兰（英、苏要到1707年才合一）市场，不让荷兰进来。英、荷战事爆发后，英国的海军只能巡逻英国沿岸海域，荷兰的海军在波罗的海与地中海逞强。1654年定和约，但没有真的解决。1663年，英国又出新法案，让所有运往英属地，特别是美洲的货品必须经英国转运（卸货、验货、收税、再上货），从英国海外属地运往欧洲各国的货品也同样要在英国转运。法案一出，英、荷战事再起，英国大败。1688年的光荣革命后，来自荷兰的威廉把荷兰海军并入英国海军，并把英、荷海军舰比例限为5比3，英海军一跃为世界最强（虽然如此，荷兰仍维持商业地位，直到18世纪）。但是，美洲殖民者对这些法案极度反感，特别是1733年开始的一连串《食糖法案》（*Sugar Acts*），加重殖民地的糖价、加剧殖民走私，也促动了日后美国独立。法案于1849年全部取消，主要原因是英国工业革命成功，占领了贸易优势。它不再需要保护自己，而是要打进别人的市场，于是鼓吹自由经济（斯密理论要等到那时才成主流）。

2. 到了拿破仑时代，英国已是最先进工业国。拿破仑的"大陆封锁"主要是针对来自英国的进口货。

3. 这派把经济理论建立于个人主义心理学上，用的是个人主义方法论（Methodological Individualism），认为经济的基础是个人行为与心理，尤其是这些行为与心理在时间上的表现。门格尔提出了两个理念："边际分析"（marginal analysis）和"个人主观选择"（individual subjective preferences，也可译作"个人主观偏好"）。

4. 奥地利学派指出，在经济边际，当每个人（个体）决定怎样去利用自己的资源时，他一定会考虑机会成本（opportunity cost），就是考虑现在投资还是稍后投资会收益更多，现在消费还是稍后消费会享受更多。这些取舍需要有市场信息（价格）才可以正确衡量。可是，未来的信息一定受现在的行为影响。由于市场是由千万人组成，这些人的市场行为是不可能协调的。于是，就出现了商业周期（business cycle）：有时供过于求，有时供大于求。推而广之，千万的个人（个体）在经济边缘作出的决定和行为使整体经济有着无休止的动力和不稳定性。

5. 哈耶克推崇放任经济，反对计划经济，认为计划经济必然带来独裁政权。对他来说，计划经济代表放弃个人主义、自由主义，必引至社会主义、法西斯主义。熊彼特推出"创造性破坏"（creative destruction）的理念，指出进步与创新是不可分割的。每次重大的创新（科技、组织、体制、经济模式）都需要破坏上一次创新留下来的企业与工人的既得利益。"企业家精神"（entrepreneurial spirit）是创新的动力。

6. 若干年后，奥地利派借尸还魂，哈耶克还于1974年拿得诺贝尔奖。此是后话。

7. 凯恩斯聪明过人，能言善辩。在剑桥先念数学，后受马歇尔的影响改念经济。英国哲学家兼数学家罗素说他每次跟凯恩斯辩论时都心惊肉跳，发觉自己好像愚昧无知。罗斯福的新政虽用上凯恩斯的理论，但他对凯恩斯的评价是："他是个数学家，不是搞政治经济的。"

8. 经济的讨论一般分微观经济学（microeconomics）和宏观经济学（macroeconomics）。前者研究消费者和生产者（企业）如何分配资源来追求最佳的消费和生产效率，借此去了解市场供求与市场价格的相互关系。后者是研究整个经济体的结构和行为表现，如增长、就业、通胀等，以及经济政策的成效。两者会互相影响，不同政治意识形态也会选择不同经济理论，例如共产经济、合作经济、重商经济、资本经济。研究这些的统称政治经济学（political economy）。本书的讨论属此类。

9. 从宏观经济的角度看，市场失效代表市场未能成功地、有效地使用整个经济体的生产资源。市场失效不一定表现在个别企业或个别经济领域上。个别企业或经济领域可能很蓬勃，但宏观经济上却是停滞或退后的状态。一直以来经济学家认为生产过剩是宏观经济不景气的原因，凯恩斯倒过来演绎：生产过剩是宏观经济不景气的后果，生产过剩是因为总需求量不够（也就是消费量不足）。

10. 这也是微观经济中个别企业追求私利与宏观经济中政府追求公利的分别。在经济周期中企业与政府的行为相反。企业考虑私利，一定跟风，它的投资决策一定会加剧周期的波动。政府考虑公利，它的政策一定想缓和波动。

11. 凯恩斯认为古典派的供求自动平衡理论是对的，但这只是一个特殊情况，只发生于市场完美运作之时。在实际中，市场运作不会完美（市场失效），因此供求平衡不是在最高水平，所以需要政府政策来弥补。为此，凯恩斯称他的理论为"通论"（general theory），而古典派的完美市场假设为特论（special theory）。

12. 这个黄金为本位的货币措施以黄金衡量经济力，实在是非常浓厚的重商主义意识。

13. 两者的分别是奥地利学派重逻辑、轻数据，而芝加哥学派则非常注重数据和模型。

14. 这出自费里德曼一篇比较特别的文章《资本主义与犹太人》（1972）。他以犹太人身份去分析为什么这么多资本主义得益者是犹太人，而这么多资本主义批评者也是犹太人。他的论点会在下一章介绍。

15．卖家（生产者）的竞争对手是其他卖家，竞争对象是买家（消费者）。竞争中肯定是低价者卖出。成功卖家的卖价代表他的生产成本比竞争对手低。生产成本低代表生产效率高。在竞争性强的市场里，其他卖家会向这成功卖家学习，改进生产效率，使成本更低。因此，卖家们不断竞争就会不断提升这种产品的生产效率。推而广之，就是提升整个经济的生产效率。

16．买家（消费者）的竞争对手是其他买家，竞争对象是卖家（生产者）。竞争中肯定是价高者买得。成功买家的买价代表他对这产品的需求和愿意付出的代价比竞争对手高。每个买家都只可用他有限的购买力去争取最高的消费满足（消费效率），因此他要作出取舍：买多少这些产品？出多少价？这就是他的消费模式。在竞争性强的市场里，其他买家会参考这成功买家的消费模式，检讨自己的消费模式，改进对这种产品的消费（买多少？出多少价？），也就是通过修改消费模式去提升他们的消费效率（消费满足）。因此，买家们的竞争会不断提升这种产品的消费效率。推而广之，就是提升整个经济的消费效率。

17. 虽然西方经济理论的假设是生产资源有限、人类追求无限，但这些有限与无限是相对的、时刻性的。虽然生产资源有限，但这并不是说资源不能增加，只是说在每一刻里资源量不足以满足需求量。人类对物质的无限追求，也不是说追求永不能达到的东西，只是说追求永无止境而已。事实上，人类的追求是渐进的，马车时代，人类会追求更好更快的马车，而不是小汽车。不过，每分钟人类都在追求比目前更高的物质享受，而这种追求是永无止境的。同时，人类也在不断增加资源供应，但这些供应也是永远不足的。

18. 自然资源可以垄断，但不能累积。劳动力可以增加，但不能累积，今天不用的劳动力不能留到明天用。

19. 西方国家政府自然明白这一点，但骑虎难下，因为政府也被资本支配。解决办法就是以法律来"约束"资本的垄断和累积（《反托拉斯法》），但整个经济体系基本上还是向资本倾斜，造成了其他两种生产资源的低效率使用和不平衡分配——劳动力被轻视，自然资源被滥用。今天西方国家的高物质水平是用超量的生产资源创造出来的。有学者早就指出，西方国家人口占世界的20%，但是使用了占总量80%的自然资源，累积了占总量80%的资本。这种建立在其他国家的廉价劳动力和自然资源基础之上的不效率和不平衡的经济模式，已持续了差不多两个世纪。

第五篇　生存？

第三十一章 资本主义是以钱赚钱

资本主义的真谛是以钱赚钱。宗教改革前后,产权私有、买卖自由、放款收息、资本累积逐渐成形。工业革命后的生产与消费模式突出融资的重要;融资衍生出资金市场,再衍生出金钱市场。实体经济被金融经济支配;物质需求被心理需求扭曲。经济波动日趋严重。

"贪婪是好事,是对的。贪婪有用……它捕捉了进化的精神。对于生命、金钱、爱情、知识的贪婪,标志着人类正向前推进。"
——好莱坞电影《华尔街》(*Wall Street*, 1987)

说穿了,资本主义就是以钱赚钱。

中世纪的庄园经济建立于互惠(reciprocity)的主属关系上,以"家庭"为制度蓝本,以正义(justice)和仁爱(charity)为行为准则。虽有产权的理念,但不是私人产权,资产属家族(包括王室)、教会、工商团体。在神创万物供人使用和支配的理念下,产权有浓厚的"托管"(custodian)意识,就是说,不是用来生财致富的,更不应敛财聚积。中古的基督社会对生财和聚积没有好感[1]。

宗教改革以来,社会动荡,个人意识抬头。洛克把个人产权政治化,视为政治自由的基础,更把保护个人产权作为政府合法化的基础。17世纪的英国仍有浓厚的传统宗教意识,把资产累积视为敛财,很不赞同。但洛克是以农业经济的背景去构思产权,认为农产品难保存,因此难累积。当然,他也明白17世纪的实际情况是资产已不再单纯是农产品,但他相信"基督道德"会约束资产过分累积。功利现实、对人性悲观的洛克竟有如此"浪漫"的构思,可见他的复杂[2]。

用来生财,钱是资本;用来储值,钱是资产。钱赚钱就是以钱图利:可以是放款收息,可以是投资取利。中古以前,投资的机会很少,农业经济的生产主要靠土地。土地是抢、打、封、赠得来的,不是以钱赚来。所以,以钱赚钱的唯一途径是放款收息。我们可以从"收息"这理念的演变看出以钱赚钱(资本主义)怎样从地下走上地面、从涓流变成洪流、从被人鄙视到被人艳羡。

宗教改革之前,放款收息有两个困难:钱是金银,携带、兑换都不容易,流通量有限;收息违法。贷款不能收息,谁干?这是资本主义未兴起的主要原因。但是法律是人创造的,人可以改变它。资本主义发展的关键在此[3]。那时整个社会的经济意识形态对赚钱没有好感,对以钱赚钱鄙视更甚。日后资本主义的突破也是先打破放款收息的法律限制和道德约束。攻破这点后,以钱赚钱就名正言顺了。

放款收息自古已有[4],但到了天主教成为罗马帝国国教之时就被禁止,理由是:贷款是救人燃眉之急,譬如禾麦仍未收割但家有急事需要用钱,因此收息就是不仁,有违基督教义[5]。当然仍然有人需钱急用,仍然有人有余钱可贷,双方私下借贷,如果利息不太高[6],当局与教会都不会干涉[7]。当然,王侯、贵族出征或办事,都要筹饷或集资,也要借钱,也是借贷双方协商定议。但这是"当局"的事,教会也不大会干涉。

放款收息有违教义,一般人不干,除了犹太人。犹太人的古经教训也是不能收息的,但他们的弹性解释是犹太人之间不收,借钱给非犹太人就可以收[8]。在天主教的欧洲,犹太人被视为教外,没有什么生计。刚好天主教会对累积金钱和以钱生钱都很鄙视,于是放款生财、替贵族们收租收税

（没钱交租交税就要借钱）很自然地就成为犹太人的专业和专利。但同时，犹太人也被一般老百姓憎厌和敌视，被当局和教会迫害勒索[9]。

犹太人很懂理财[10]，而且团结。罗马帝国于公元70年消灭以色列，放逐所有犹太人。被逐各地的犹太团体构成一个无远弗届的经济网络。同时，他们很自然地将放款或典当生意得来的金银珠宝去开首饰店、金铺、银铺、找换铺，这就是日后的银行[11]。

犹太人可以算是第一批资本主义者（以钱赚钱），但是日后反对资本主义最激烈的也是犹太人。芝加哥学派的代表人物费里德曼身为犹太人，指出犹太人的宗教与文化很有资本主义气息，加上中古天主教会既歧视以钱赚钱（因此教徒们绝少干这行业），又歧视犹太人（因此犹太人只可以干别人不干的行业），制造了犹太人以钱赚钱的契机，在资本主义先走一步。到了整个西方变成资本世界，犹太人就更如鱼得水[12]。他又指出犹太人反资本主义是因为19世纪的左倾政治有强烈的反基督宗教倾向，使被基督教歧视的犹太人有被接受和被拥抱的感觉，所以加入左倾反资本主义行列。[13]可见资本主义既有新教伦理，也有反宗教的意味。要了解西方社会，不能不看它的宗教意识（无论信奉还是反对）。

从11世纪开始的三个世纪里，十字军东征、丝绸之路东来、文艺复兴，欧洲一片繁荣。军事、商业和建设都要用钱，因此货币流量大增，经商信贷也大增。那时，除了犹太人外，文艺复兴中心意大利北部伦巴第地区（Lombardy）的伦巴人（Lombards）也做放款和典当生意。当时欧洲人的宗教虔诚是史无前例的。9世纪时欧洲才刚从黑暗中走出，西欧、北欧的蛮族刚刚皈依天主教，建立全世界"基督王国"的理想推动着十字军，教会权威正迈上高峰，显圣、显灵的圣地吸引着大批朝圣者。在朝圣路网上就是这些伦巴人[14]。他们与意大利文艺复兴几个城市的大家族，以及遍布整个欧洲的犹太人，占据了欧洲金融的龙头地位。

甚至教会也加入这行业。十字军出征开支浩大，君侯、贵族们会先向"银行"借钱，然后增加税收去还钱。这些"银行"不是任何人可以干的，都是大家族（特别是意大利城邦的豪族，如佛罗伦萨的美第奇族）或大修道院和教会团体（如西多会和圣殿骑士团[15]）。他们非但贷款给君侯们，也代君侯们收税去还钱。所以这些"银行"其实是君侯们的财务总管，势力很大。说来奇怪，最成功的银行家是 14 世纪借钱给教廷的意大利佛罗伦萨的归尔甫豪族（Guelph）。他们借钱给教皇，并代教皇在全欧洲收教会税。当然，那时也正是腐败至极的阿维尼翁教廷时代（第一篇第六章）。

但是，这仍未代表放款收息、以钱赚钱是种受人尊重的行业。一方面，社会与当权者利用它；一方面，道德与宗教鄙视它。一有不满或一有机会，政治精英们就拿它开刀，以示警戒或趁机敛财。因此，这些"财主"的生计与生命很没保障——1401 年，阿拉贡（Aragon）逐他们；1403 年，英国禁他们；1409 年，佛兰德（Flanders）囚他们；1410 年，巴黎赶他们。

从 11 世纪到 14 世纪初的三百年间，是封建庄园制度的成熟期：社会稳定、人口增长、文艺复苏、科技跃进。因此，庄园式的经济理念和结构要适应新兴工商政治的需要和愿望；封建式的政治理念和体制要应付人文思想的质疑和挑战。在 15 世纪末，也就是宗教改革的前夕，西方的经济思维仍以阿奎那为首的经院派（见第一篇第四章）理论为依据，仍是重农轻商，更轻金融。经院派的开山祖师圣安塞姆（St. Anselm of Canterbury, 1033—1109）就把收息视为盗窃，比不仁更重罪。当时的最高经济道德原则是交易要公平，即完全对等的交易，借贷也如此。放款收息就是收取超过贷出的金额，是不对等的交易，因此是不公平的。[16] 阿奎那还认为收息就是"贩卖光阴"，因为利息是按照钱放在借款人手里的时间来算的。阿奎那指出，光阴是不能贩卖的，因为它是属于神的。

这不是说教会不容许投资取利。投资有风险，取利是合理。但是要真正的合资，共同承担风险，共同开发事业，而不是以钱赚钱。其实，经院派承认投资生利合理就已经间接地打开了放款收息的门。经院派的逻辑是，放款者把钱贷出就不能用这笔钱做投资，也就是不能生利，因此他可以收息去抵偿因贷款而损失的投资利润（这点很像现代的"机会成本"概念）。但总的调子仍是认为赚钱与敬神爱人格格不入。那时经济道德仍着眼于公平，因为经院派多是行脚僧，他们沿门托钵，看尽世态炎凉，对赚钱和有钱人有心态上的抗拒。他们的理论依据来自《圣经》和古训，以及亚里士多德的伦理观（见第一篇第四章）。他们也察觉到俗世与教会的法庭开始腐化，法庭判定与良心判断差距扩大，于是把公平的重点在"同意"（consent，这也开启了日后的"政权合法化要基于被统治者同意"的理念）。他们认识到完全对等的交易几乎是不可能的，因此通过互相讨价还价而达成的互惠交易是很正常的，所以，双方同意是公平的试金石[17]。

有人认为经院派已经开启了自由经济的思维[18]。但其中一个重大的分歧是有关经济价值的定义。价格，作为经济价值的衡量，有两个不同的基础：劳动力价值和使用价值。基督教义以至马克思都是走劳动力价值的方向。但是自由经济则建立在有限资源与无限需求的两条腿上，所以价格是按需求者看待货品的使用价值，和需求者之间的竞争而产生出来的。再深一层去想，这就是"匮乏价值"（scarcity value）。自由经济的思路是"匮乏是经济运作的自然规律"；但中古经院派的思路却是"匮乏是不公平交易的人为现象"。他们最恨商人勾结垄断、囤积居奇去制造匮乏。当然，这些也是以钱赚钱的最好机会。

阿奎那时代（13世纪）是庄园经济的全盛期。但接下来的14世纪是西方的大灾难时代，先有饥荒，继是瘟疫，欧洲人死了一半。加上教会腐败、政治纷扰，传统制度与思想的根基出现不稳。15世纪有三件大事：（1）百年战争结束，英法国家理念成形，开始脱离封建；（2）君士坦丁堡沦陷，东路不通，葡萄牙、西班牙往西发展，欧洲人的世界与眼界突然扩大；（3）活字印刷出现，理念与思想的传播加速，打破了贵族与教会对"真理"的垄断。16世纪一开始就是宗教改革和西班牙的帝国大业。这两件事将西方人的经济道德观完全翻转过来。

新教教义与天主教教义对赚钱有不同看法，特别是激进新教如加尔文派。他们把赚钱看做神对人的眷顾和人对神的赞美。韦伯的《新教伦理和资本主义精神》将资本主义精神定义为"理性地追求经济利益",有别于贪婪、敛财或积谷防饥。他指出一个现象:从前少数人有这种资本主义精神,为什么后来会蔓延整个社会?他的答案是:这种以理性规划和自我克制去追求经济利益是新教(特别是加尔文派)的教义与文化的逻辑性延伸。

天主教(旧教)的文化是只要你服从教会和教义,就"保证"得救。宗教改革把得救看作个人与神之间的事,与教会无关。人确是自由了,但也"失落"了。因为得救却失去了"保证",于是出现信心危机,韦伯的解释如下。新教徒特别坚持"得救预定"(predestination)[19],也就是神一早就定下谁能得救、谁不会得救,因此得救与否全赖神恩,谁也不知何人会得救。但是,如果你怀疑自己是否得救,你就是信心不足,而信心不足乃是不得救的迹象。因此,你的自信就是得救与否的"试金石"。"得救全赖神恩"的信仰很微妙地就被"得救全凭自信"的心态取代。最能鼓舞自信的是成就,特别是经济上的成就。这里还要先补充一点。天主教时代,所有职业都不如神职,因为出家就是追随神的召唤,是最高的使命。马丁·路德认为在神面前所有的职业都有价值。在宗教改革之后,这理念被天主教与新教接受,但一到了比较激进的加尔文派教徒眼里,这理念就变成一种宗教狂热——一种把工作勤奋当成得救"保证"的狂热。工作勤奋自然收入多。新教很反对个人挥霍,认为挥霍是罪过[20];也不赞成过度捐献给教会,认为教会太有钱就会腐败;也不认同多放救济,认为救济过宽会鼓励惰性。那么,赚来的钱怎么用?投资[21],也就是以钱赚钱。这就是新教伦理与资本主义精神的交会点[22]。

随着新教激进派(特别是加尔文派)和犹太人被当权者迫害流放,以钱赚钱的意识也就扩散开来。与此同时,天主教经院派的经济道德观也开始放宽。天主教的自身改革(反改革)带出新气象,新兴的耶稣会是当时欧洲最开明的思想界(见第二篇第十章)。他们声称做教皇的尖兵,但他们却是源于当时最强盛的西班牙,而不是天主教的根据地意大利或坚持天主教的法国。这是有道理的,西班牙有当时最庞大的帝国,并以天主教保护者自居。这些耶稣会士主持了西班牙的萨拉曼卡学派（School of Salamanca，也称为后期经院派），研究和解决新时代的问题。日后，奥地利学派的熊彼特称他们为现代经济理论的开山始祖。他们的主要论点是：价值来自功用，而功用是主观性的，人人不同；价格来自供求，供求生于匮乏[23]；收息合理[24]，理据如下。首先，贷款投资具有风险，利息是风险的代价；其次，放款者要付出机会成本；再次，钱是一种货品，利息是利润（这是新意，反映 16 世纪的处处商机）；最后，手上的钱比未来的钱更值钱，因此放钱收息、借钱纳息都是合理的。

可见，到了 16 世纪末，资本主义成形的大气候已存在。无论新教、旧教都接受产权私有、买卖自由、累积资本既合法也合理。在这气候里只要把资本解读为资金（也就是钱），然后把以钱赚钱变得合法合理，那就是资本主义了。我们接着看这是怎样发生的。

天时有了，地利则落在荷兰。那里是当时欧洲贸易最自由的地方。14 世纪时，它的腌鲱鱼已是销售全欧。它有得天独厚的地理优势：北临北海，同时也是欧洲心脏区莱茵河和默兹河的入海口，自然地成为欧洲商业的集散地。到 15 世纪末 16 世纪初，西、葡帝国兴起，造就了荷兰。它从西、葡载上来自亚、非、美的香料、丝绸、黄金，销售全欧，成为欧洲的"海上马车夫"（Coachman of Europe）。16 世纪后期，它脱离西班牙统治，并与西班牙开战，更以经济手段暗夺西班牙的海外商业网络，摇身一变成为远洋贸易帝国。它相继创出三张资本主义王牌：1602 年成立西方第一家公开股份公司（荷兰联合东印度公司），1609 年成立西方第一个股票市场（阿姆斯特丹股票交易所），并同时发明以银行信用作后盾的"虚钱"（想象中的货币，imaginary money）。荷兰人完全赚钱至上，不分彼此，跟西班牙打仗，但又跟西班牙做生意。荷兰商人顶爱国，凡是西班牙的敌人他们都资助，但荷兰的商业则绝无国界，完全自由。

以钱赚钱的天时存在了（产权私有、买卖自由、聚积资本的合理与合法），地利也有了（荷兰开启了股份公司、股票市场和银行信贷），人和又是怎样出现的？宗教改革以来，各地因避难而涌入新教荷兰的犹太人、英国清教徒、法国胡格诺派、德国再洗礼派等带来大量资本、技术，以及更重要的"新教伦理与资本主义精神"。荷兰本来就是个在商言商的功利城邦联盟，现在，大展拳脚的时候来了。

1688年英国光荣革命时，荷兰把资本主义的精神和方法带到了英国（见第三篇第十九章有关光荣革命）。洛克的政治观——把保护私产放在政治的中心——是前所未有的。私产观念从古就有，但从来没有被视为如此神圣。个人自由也不是新的理念，但从未有过天赋的地位。洛克把这些资本主义成长的因素一一注入西方文化的血液里。到了斯密点着经济自由的火种，加上工业革命的柴薪，资本主义就乘着自由经济的风势，一发燎原。

上一章说了，在实体经济中，资本的增加仍赖实体的生产，累积下来的资本仍是实体的资本，如厂房、机器。这做法仍不是资本主义的最高境界——以钱赚钱，尤其是以别人的钱赚钱。工业革命带来新契机。最初，资本主要是机器、工具、设施和厂房。但是，由于在生产资源中最容易增添的是资本——因为它既没有天然的限制，又容易回应市场的刺激，于是资本也就逐渐成为最活跃的生产资源（第五篇第三十章）。可是，资本是从何而生的呢？西方经济学的解释是，资本来自储蓄[25]。储蓄的媒介是金钱（其他媒介如粮食、珠宝等既不方便储藏，又容易被损毁）。因此，吸引资本就要吸引储蓄（金钱），称之为融资。"融"就是筹措，"资"就是资金。于是出现资金市场（capital market）。

这个市场是"资金供应者"与"资金需求者"做买卖的地方。他们买卖的不是实体资本（机器、工具、设施和厂房），而是资金（债券、股票等一切与金钱有关的证券）。今天的经济全球化其实主要是资金全球化：它成功地把实实在在的机器、工具、设施和厂房，甚至土地和自然资源，不动声色地融入这个无国界的、即时的、无从监督的资本家累积资金和支配经济的机制中。其实，资本主义应该改称为"资金主义"（很值得注意的是在英语里它们是同一个名词）。现回过头看看这是怎样发生的。

第五篇 生存？

工业经济的特色是规模经济，需要大量资本。于是融资（筹钱）业应运而生。投资者把自己的钱"投资"给别人（生产者）运作而赚钱。融资者是个中介，他筹措别人的钱去供生产者使用从而赚钱。成功的融资者有了业绩，自然有人自动给他钱去找投资机会。成功的融资者建立了信用，拿个信贷账户就可以"生"钱了。这就是最高档的以钱赚钱，它衍生了、壮大了金融业。可见，资本主义的发展过程有几个方面。在技术上，资本从生产资源之一变成支配生产的主要因素；又从实质的机械、厂房变成资金与证券。在道德上，以钱赚钱从被鄙视到被接受，再到被膜拜。在模式上，农业社会的放款收息发展成为工业社会的融资赚钱；金钱从交易媒介转变为有价货品，进而衍生出金融经济。

当然，物质经济仍然存在，人仍有衣、食、住、行的需要。但物质的生产和消费已被金融的逻辑支配了。原先，钱是货品交易的媒介和财富储值的媒介。放款收息是最原始的以钱赚钱，但这有革命性的意义——原本没有自身价值的交易媒介，钱，摇身一变成为有自身价值的货品。从此，出现金钱市场（money market，大陆也译为货币市场）。在这个市场里，钱的价格也是按供求逻辑而涨落。

在金钱市场里，买卖的货品是金钱及其代用品、衍生品。金钱当然包括货币、银行里的活期存款、旅行支票等显而易见的"钱"，但还有那些庞大千万倍的金钱市场基金（money market funds，大陆也译为货币市场基金）之类的"金融产品"（financial products）[26]。金钱市场的主要作用是维持整个经济运作的资金畅通流转，也就是所谓的"银根"[27]。

金钱市场加上资金市场就通称为金融市场（financial market）。其中，金钱市场处理短期的资金周转，资金市场以股票（以招股来融资）和债券（以借钱来融资）去处理长期经济发展所需的资金。整个金融市场的作用是筹措生产资金、转移投资风险、方便贸易运作。其中，转移风险已成为最关键的作用。做任何生意都有风险，最关键的是风险与利润之间的取舍。不同的投资者有不同的取舍衡量。金融市场就是投资者们买卖风险的场所，尤其是短期风险（即投机）。为此，买卖短期风险的金钱市场已支配了买卖长期风险的资金市场。

今天的经济其实已分裂为二：实体经济是衣、食、住、行用品的生产与消费；金融经济（financial economy）是金融产品的生产和消费，这些产品包括买卖金钱、买卖资金、买卖风险的各种金融工具（货币、票据、证券、协议）以及由它们之间的组合、分割、变化出来的金融衍生品。实体经济已被金融经济支配。长期的生产要靠在资金市场发行股票、债券；短期的生产要靠在金钱市场借钱周转。但是，生产者最关注的是短期资金周转（cash flow）；消费者最关注的是银行短期消费贷款的松紧（从信用卡到卖房抵押），特别是金钱市场的动态。因此，实体经济的生产（长、短期）和消费（主要是短期）所需的钱都要依靠金融经济。而金融经济支配着实体经济，带来严重的后果。

实体经济的供求规律与金融经济的供求规律有所不同。金融经济的逻辑扭曲了实体经济：

1、产品畅销，消费者愿意付款消费，包括贷款消费。金融中介自然乐意多借，间接夸大了需求。

2、产品畅销，生产者想融资增产。金融中介见市道好，自然乐意多借，甚至投资入股，间接助长了供给。

3、消费饱和，消费者踌躇不前，生产者降价吸引消费。金融中介降息吸引消费贷款，隐瞒了市场供求的真相，延长了好市的虚象。

4、稍后，市道不好，产品积压。金融中介担心生产者无力还款，一方面收紧尚未借出的钱，一方面催还已借出去的钱，于是加剧了生产者的困难，也加速了他们的崩溃。

5、生产者破产。金融中介按合同接收产品。但金融中介并不是做生产的，得物无用，贱价变卖，于是加深了市场不景和社会不稳，并浪费了投入的生产资源。

可见，在供不应求的时刻，金融中介追求回报的行为使供和求都超高，并延长了好市的虚象。在供过于求的时刻，金融中介保护自己投资的行为加速了生产的崩溃，延长了市场的不景。金融中介的投机性强，是制造经济泡沫的能手和刺破经济泡沫的杀手。无论是有意还是无意，金融中介阻碍了消费与生产之间供求信息的沟通。它推波助澜，加速了供求周期的频率，加大了供求升降的幅度。

金融经济是金融产品的生产与消费，有它本身的累积逻辑。怎样去累积金融（钱）？答案跟实体经济一样——增加消费。增加金融产品（金钱、信贷、金融衍生品）的消费自然会增加金融产品的生产（增加金钱供应量、扩大信贷范围、创造金融衍生品），生产与操作金融产品所带来的利润就会累积起来。因此，资本主义金融经济的生产与延续需要，也创造了消费型金融经济（类似上一章谈的"消费型实体经济"）。

在实体经济中，金融中介的经济职能是为生产者与消费者融资，因此叫做中介（market facilitator）。但在金融经济中，这些中介变成金融产品的生产者（market maker）。很多产品都是"无中生有"。首先是在有价资产如股票、债券、借据中东拉西扯，把风险大小不同、资产厚薄不一的混在一起，组成一件件的"新产品"。谁都不知道这些不断"衍生"的产品究竟风险多大、资产多少。当然，生产者会请评风险、评资产的专家（有时候生产者自任评估）去"证明"产品可靠。从金融产品消费者的角度去看，这些生产者、评估者都是有头有脸之辈，定然可靠。产品一出台就好像有升无降，什么风险都放诸脑后，跟风的唯恐失机，于是一片热潮（当然，一旦下跌也是人心惶惶，唯恐逃得慢）。从金融产品生产者的角度去看，这像一个取之不竭的聚宝盆，因此会不断出台新产品、开拓新市场。金融经济渐渐成为经济的支柱。当然，一旦供过于求，市场一定下滑；但生产者都是巨子，而金融业又是经济支柱，政府唯有救市。结果损失的还是纳税人。个别生产者或会有损失，但作为一个经济阶层，金融产品生产者可以安枕无忧。这样的生意怎会不吸引人。

人类早有求财之心，只是因传统与宗教约束才隐伏千年。宗教改革之后开始释放。但还是等到工业革命之后,实体经济飞速发展,融资业务逐渐发达,才开始发现这条新财路。如何加速和扩大金融产品的消费只是近百年的事,到近几十年才成洪流。这是怎样发生的?全赖金融产品的大众化、普及化。通过产品价格零售化,谁都可以玩得起,参加的人自然就多了。通过产品式样简单化,谁都可以明白(虽然绝大多数人不是真懂),参加的人自然信心十足。产品的吸引力强,本少利大,而且赢钱的机会不断,一玩自然上瘾了。一下子,金融产品的消费上升了千万倍,生产者怎能不盆满钵满!

但是金融经济的消费与实体经济的消费有一个关键分别。实体经济的消费是衣、食、住、行用品,是物质性的,消费形式和数量与人类的生存有直接关系。到了物质比较充裕时,消费就带上心理上的需求,衣食住行变成了享受,自己的喜好、与人的比较等等逐渐成为消费类别和消费数量的考虑。但仍不能完全脱离人类生存的实质需要。金融经济则不然,它消费的是金融产品,是以钱赚钱的产品。消费什么、消费多少,差不多完全是由心理推动。人人都想赚钱,但真正赚钱的人能有多少?有多少人能够把赢来的钱安稳地放在口袋里而不是继续玩下去?就算作为生产者的大庄家都要输,比如雷曼兄弟(Lehman Brothers)、高盛(Goldman Sachs)等等。2008年的金融危机,显露出它们不是真的在金融市场赢了钱,而是在纳税人口袋里掏了钱。真的大赢家是资本主义。它利用了人类的奇妙心理。

金融经济的消费绝大部分是心理消费,消费者大多数都知道在长期内是输多赢少。但是,在短期内,甚至在片刻里,那种赢钱的满足、等待揭晓的亢奋、好胜逞强的爽意都给人难以形容的快感,令人上瘾、迷恋。资本主义的金融市场确是西方自由主义的俏女儿,在它的拥抱中你觉得自由极了。而且,奇妙得很,金融市场的反复无常[28]是它最大的吸引力,倾倒众生。输掉的马上忘却,翻身之念马上涌起,对赢的憧憬永不消失。难怪这么多人拜倒在其石榴裙下,做不易之臣。

个人自由的意识、经济自由的契机把西方人隐伏千年的发财欲望解放了出来,而且变本加厉,非但要赚钱,还要以钱赚钱,特别是以别人的钱去赚钱。这是西方的主流经济意识形态。众矢之的的金融界,其贪婪无厌只不过是反映了上至达官贵人、下至贩夫走卒,人人贪财的普世现象而已。上古哲人早知人人追求财富的社会一定有不均不公、一定有不安不稳,所以有道德与制度之设,去约束人性,中外皆然。生活简单、节奏缓慢的农业时代已有此问题,崇尚竞争、贪得无厌、以钱赚钱的现代资本主义社会怎会安宁?

"贪"附生在自由经济身上,衍生出现代资本主义。英式自由经济凭着工业革命契机被奉为唯一真理,再经大英帝国霸业传遍全球。资本主义附生于它,也利用了它去征服全球,成为现代的俗世宗教。谁是最热心的教徒?谁是最积极的传教士?不是资本拥有者。他们虽有钱,但也有个人的私欲偏情,甚至或有传统的重义轻财的道德观。最纯正、最专一的资本主义者是资本管理阶级。他们不是老板,他们是司祭——资本主义的司祭。他们的宗教只有一个追求:赚钱效率。最高的效率是最大比例利用别人的钱去赚到最高的回报。钱不是他们的天堂,赚钱本身才是最大的人间享受。他们是完全工具理性的。他们不一定是新教徒,但完全走上新教伦理观所启示的天堂之路——赚钱。他们为自己、为别人打造了一个韦伯所形容的"由理性支配,以法规组成的铁笼。生活其中就像生活在北极夜里、冰一般的黑暗之中"。

在实体经济中,资本主义的司祭是大企业的总裁、经理;在金融经济中,是银行、基金的高层。资本主义只有一条教义:追求赚钱效率,这就是"得救"。每一个宗教的信徒都想窥探神的奥秘。资本主义的开山祖师爷斯密的洞悉是"这位神祇是无形之手",他所用的手段是"市场里千万人的自由竞争"。如斯密一般,资本主义的司祭们相信经济世界也会有像自然世界的恒律。所以,他们对金融市场的现象、走势,都是煞有介事地去研究分析,花很多的钱雇很多的专家去预卜无形之手的旨意。今天的主流"科学"理念是金融市场按"连续时间布朗运动随机过程"的恒律运作(Continuous-time Brownian Motion Stochastic Process)[29]。

正如所有宗教，一般信徒对神职人员的宣谕和讲道有不同的反应。有些全心相信，有些半信半疑，有些认为自己可以与神直接通话。事实上，神职界中也是良莠不齐。越隐蔽、越偶像化的宗教，如资本主义的无形之手之类，越多神棍。这些专家神棍不是在金融市场上赚钱，而是从信徒们口袋中掏钱（撰写专栏、著书立说、演讲亮相等等）。其实，纵观所有的评论和预测，总有人说对的、估中的，但没有人在事前能够知道谁会说对、谁会估中。资本主义最吸引人之处就是：追求者众，得尝青睐者少。信徒们无从捉摸，唯有求诸占卜。做生意的人总带迷信，玩金融的最甚。

在实体经济中，资本累积引发消费经济，带来消费文化和消费文明。消费文明不能持续，因为生产资源的开发终会追不上消耗。结果有两个可能：消费放缓（也就是累积放缓）或生产力竭（也就是资源短缺）。这是物质上的干枯[30]。在金融经济中，资本累积（以钱赚钱）仍有赖消费经济（但消费的是金融产品）。扩大金融产品消费就是把复杂、隐晦的金融产品大众化，用贪婪、亢奋和逞强的心理推动市场，但这些心理也导致市场的无常。反复不定的心情、行险激幸的心态遍及整个社会。这是心理上的疯狂。物质干枯加上心理疯狂，就是人类沉迷资本主义的代价。

经济的主体是物质（有别于精神），原本是生理的需要，资本主义成功地把生理需要转型成心理追求，借此达到资本主义的最高境界：无中生有，以钱赚钱。出自个人主义的自由主义推倒了千多年来的传统和宗教对人类欲望的约束，借工业革命的契机，培植了现代资本主义，把人类物质享受带上高峰。但同时也摧毁了人类寄居的地球生态，消耗人类生存所赖的天然资源，颠覆人类安宁所倚的社会公义，捣坏人类维持理智所需的心态平衡。国家主义、社会主义、存在主义相继出现，这些都是抗议之声、不安之兆。但都被自由与资本一一击破、一一吸纳（见第四篇）。假如现今的走向不变、速度不减，人类终会走向自毁。但自毁之前会是一片璀璨，就像一个星球在毁灭之前会发出短暂而夺目的光芒。

注：

1. 两段《圣经》教训是常用的："您不能侍奉两个主人。您会爱一个,憎一个。您不能侍奉神和钱。"(《马太福音》第6章第24节)"骆驼穿针孔易于富人登天堂。"(针孔是指耶路撒冷城的一座小门,《马太福音》第19章第24节)

2. 洛克时的光荣革命是荷兰威廉入主英国。当时的荷兰已是"资本主义"国家,资产累积程度史无前例。1602年开设世界第一间"上市"的股份公司——荷兰联合东印度公司;1609年成立阿姆斯特丹证券交易所。英国的东印度公司也于1600年成立。洛克怎会不知道资本累积早已超离农业时代的条件限制。但他既把产权与自由连在一起,就不得不避重就轻,把资产累积淡化,有点骑虎难下。

3. 至于金钱流量的技术问题,只要法律容许以钱赚钱,自有解决办法。例如日后的货币、信贷甚至证券都是为方便金钱流动而发明的。

4. 罗马帝国时代的利率相当高,年息可达48%。那时的习惯是12进(12%、24%、36%、48%),而且是按月收。但收高利自古以来就被视为不道德。罗马政治家老加图(Cato,前234—前149)就视高利贷为谋杀。

5. 从宗教道德去论证,收息有三个问题：收息者不劳动,因此收息是贪婪、取巧、操纵；收息是一种求利手段,使人与人之间产生分歧,有违基督博爱之教；收息是按时限的,先贷后收,也就是以时间生财。但时间是属神的,是神圣的,无人有权买卖。而且,收息者是在有生之年把金钱考虑放在了得救考虑之上。

6. 公元325年,尼西亚宗教会议决议神职人员放款收月息不能超过1‰；稍后,所有教徒(差不多是全欧洲人,犹太人是例外之一)都不能多收。1179年,拉特兰宗教会议决议处罚收息。1311年,教皇克雷芒五世把高利贷列入异端,违者要驱逐出教——当然,这位把教廷从罗马迁往法属阿维尼翁城的教皇本身也不很清白(见第一篇第六章)。他把清规极严的方济各会会士打为异端,把拥有庞大资财但被怀疑放高利贷的圣殿骑士团取缔,以使法王可以没收其财产。宗教改革后,教皇西克斯图斯五世(Sixtus V,在位期1585—1590)谴责收息,指是"人神所憎,教义所谴,并有违基督徒的爱德"。

7. 宗教处罚是相当严重的,如不能领受圣事和不能以宗教仪式下葬。对当时的人来说就等于被判下地狱。

8. 《出埃及记》(Exodus)和《利禾记》(Leviticus)都有提到,特别是旧约《申命记》(Deuteronomy)这样说："您不应贷给弟兄去收息：贷款收息、贷粮收息、贷任何东西收息。"不过也说："您可以向外方人收息,但不可以向弟兄收息。这样,您的神会祝福您所做的事和您所拥有的土地。"

9. 就英国而言,1189—1190年十字军出发,送行群众中很多是欠债的,他们在沿途的伦敦和约克郡大肆屠杀犹太人。1275年,爱德华一世颁布"犹太规则"(Statute of Jewry),禁高利贷、拘捕犹太人、没收其财产。1290年,爱德华再下诏驱逐所有犹太人出境,主要也是高利贷的问题(以致很多犹太人改奉天主教来保命)。驱逐令要等到1656年克伦威尔共和时期才取消,那时清教当政,以钱赚钱已开始变成体面的事。

10. 他们发明了会计。识写、识读是理财之必备,因此犹太人的教育水平比当时欧洲人高得多。他们理财精明,只有16世纪的耶稣会会士才可以跟他们比较(见下有关萨拉曼卡学派的讨论)。

11. 罗马帝国时代有些犹太人已经富可敌国。犹太教经典Talmud载有一位叫"犹太王子"(Prince

of Judah, 135—217）的经师，极富有也极有学问。皇帝安东尼·庇护（Antoninus Pius 在位期 138—161，罗马太平时期的"五帝"之一）经常向他请教宗教与俗务。

12. 费里德曼在他《资本主义与犹太人》(Capitalism and the Jews, 1972) 演讲中是这样解释的。犹太人自视为神的选民，与周围的世界格格不入。受尽歧视的犹太人一早就发觉"市场"是最没有歧视的。市场里人人追求私利，钱就是原则；买方、卖方按赚钱的原则运作，不分宗教、种族。其中，以买卖金钱的"银行业"最不歧视犹太人。当然，天主教会的反利息立场限制了基督徒加入这行业，间接把这行业送给犹太人垄断。商业气息越浓，政治权力越不集中的地方，犹太人和银行业就有越大的活动空间——那就是16、17世纪的荷兰，19、20世纪的英、美。

    有人把自由经济的基础运作条件——合约——形容为犹太人的特色。犹太人与神的整个关系是个合约。整部旧约圣经就是描述神怎样矫正犹太人，要他们遵守神与他们定下的合约（犹太人演绎合约、斟酌文字的功夫是举世无双的）。更有人比较新、旧约，指出旧约把财富形容为神的眷顾，而新约就把财富形容为罪过。因此，中古的基督徒歧视赚钱，赚钱的机会就拱手让给犹太人了。

13. 费里德曼在他《资本主义与犹太人》(Capitalism and the Jews, 1972) 演讲中有以下说法——有人说犹太人反资本主义是出自犹太宗教与文化的社会公义意识；也有人说是启蒙运动以来知识分子反权势、反现状的延伸，而犹太人中知识分子特别多；又有人说，人天生有反现状的倾向，而犹太人在这方面可能过敏。费里德曼则认为以上的理由未能真正解释犹太人反资本主义的倾向，他指出了一个更基本的解释。

    法国大革命以后，19世纪欧洲的政治分左右两派。右派是保守，倾向君主制，鼓吹国立宗教。左派是自由、民主和激进世俗主义（secularism）。凡参与政治的犹太人自然倾左，因为他们会感觉获得"解放"（也就是不再像以前因宗教而被歧视），并可以与西方人平起平坐。左派又分两类：一类是知识分子，一类是革命分子。知识分子仍略有基督宗教的参照（虽然他们不一定信仰基督宗教，但有神与无神的辩论对他们来说仍是个有意义的探索）。革命分子就完全否定了基督宗教的参照，代之以无神的社会主义新宗教。作为左派知识分子，犹太人有被接受的感觉；但作为左派革命分子，犹太人有被拥抱的感觉。这解释了犹太人为何超比例地参与民主社会主义的反资本主义革命行列。

14. 虽然伦巴人先是来自伦巴第地区，但日后散布各地经营类似生意的犹太人也被笼统地被称为伦巴人。这些金银铺、当铺都是聚集在一起的，几百年后都变了银行。如今很多银行区都有条"伦巴街"（Lombard Street）。

15. 圣殿骑士团（Knights Templars）既是僧人也是军人，以保护耶路撒冷的圣殿为使命，因此得名。他们自建的城堡遍布欧洲各地。因此，他们兼做兑汇业务，大大扩充金钱的流动。因累积的财资富可敌国，辛招教廷之忌。教皇克雷芒五世于1307年默许法王腓力四世一夜间把他们一网打尽。很多传奇小说都以此为题材。

16. 阿奎那在《神学大全》（见第一篇第四章）中说："收利息是不公平的，因为这代表出卖一些不存在的东西……有些东西的用途在于它的消耗。当我们喝酒的时候我们消耗酒，当我们吃面包的时候我们消耗麦。这些东西的用途就是东西的本体，不可分割。让谁使用这些东西就是让他拥有这东西。借出去就是转让物权。如果一个人想分开酒的本身和酒的使用去卖，他就是把同样的东西卖两次，或者可以说他卖的是不存在的东西。那他就是犯了不公平之罪。同样地，一个人如果把酒或麦借出去，但要人家双份归还，一份是归还同量的酒或麦，一份是支付使用这些酒或麦的代价，这就是不公平。收息就是如此。（阿奎那也指出有些东西可以分开本身和使用，例如出租房子供人住，自己保留产权。）……哲人（指亚里士多德）指出人类发明钱作为交易媒介，所以，钱的主要用途是在交易中消耗或转手。因此借钱给别人用而要收取利息是根本不合法的……"

第五篇 生存？

17. 经院派的贡献是精细定义了什么是欺骗、作伪、胁迫、歧视（尤其是对外方人的歧视）。

18. 经院派本身是个哲学与神学的思想系统，主题不在经济理论。但后人想把它演绎为中古到现代经济理论的转折点。英国历史学家托尼（R.H.Tawney, 1880—1962）说经院派的劳动力价值观延伸出了马克思，"马克思是最后的一个经院派"。熊彼特则说经院派的产权和自由交易理念是自由经济理论的先驱，经院派学说"万事俱备，只欠'边际分析'理念"。但熊彼特所指的是经院派体系最后的萨拉曼卡学派（School of Salamanca）。那时已经是 16 世纪，与阿奎那时代的经院派已大大不同。

19. 其实，新、旧教都有"得救预定"的理念，但是，"如果得救是预定，人的努力岂不是白费？神给人的自由岂不是废话？"天主教（旧教）教义比较宽容。它用的是阿奎那的思路，也即亚里士多德的思路：万物不断变化，万物的潜质不断去向实现。阿奎那以神作为这些变化的方向和目的，最终当然是得救（到达神那里，见第一篇第四章）。因此，在某种程度上人对自己的得救还有点掌握，还可以做出努力。再加上天主教有炼狱的理念——得救是有"级数"的，生前做得不好就要去炼狱锻炼一番，但最后还是会上天堂。新教就没有这种乐观心态。而且它对得救与否也是斩钉截铁的，没有炼狱（宗教改革爆发的近因就是反对天主教的赎罪卷，而赎罪卷就是来自炼狱这理念，见第一篇第四章）。

20. 新教有浓烈的禁欲倾向。宗教改革的一个推动力就是反对当年天主教会的奢华享乐。反奢华也产生了一个现象：生活用品变得单调和统一。但产品统一却开启了现代流水作业大量生产的经济模式。

21. 韦伯认为这是资本主义在新教社会扩张的主要原因。其他原因还包括科学理性的普遍化、法律与学术的发达、政府与企业的系统化。但他批判这些"工具理性"对社会和人性的摧残。他的名句是，资本主义打造了一个"由理性支配，以法规组成的铁笼（Iron cage）。生活在其中就像生活在北极夜里，冰一般的黑暗之中"。

22. 赚钱不是追求生计，而更是一种个人"内在意志力"的衡量，用以肯定个人的道德价值。美国著名小说家珀西（Walker Percy, 1916—1990）如此观察："只要我在不断赚钱，我就会觉得安乐。这是我的长老会血液。"这里还有件小趣事，珀西出生于新教长老会（属激进派）的家庭，但日后改奉乐观得多的天主教。

23. 早于斯密二百多年的萨莱曼卡学派已有"匮乏价值"的观念，比斯密的"劳动力价值"更接近现代经济理论的主流。

24. 经过几百年的工商发展，贷款创业、扩充成为正常和必需，海外殖民与资源开放也急需投资，所以道德上也比较容易接受利息。早在 1517 年，在荷兰安特卫普经商的西班牙商人就已曾请教萨拉曼卡学派开山祖师之一维多利亚（Francisco de Vitoria, 1492—1546）有关经商致富的道德合法性。

25. 如果一个人、企业或社会的生产超过其生存所需就会产生盈余，盈余有两个走向：一是提高消费，二是变成储蓄（在经济学上，储蓄的定义是"押后消费"），把这些储蓄投入生产就是投资。自己没有储蓄可以借用别人的储蓄，那就是融资。

26. 以资本主义龙头大哥美国为例，金钱供应包括：(1) M1 是银行钱库之外的货币、旅行支票、活期存款，以及中央银行的流动货币；(2) M2 是 M1 加上银行和金融公司客户的储蓄存款、低额定期存款（不超过 10 万美元）、退休金存款；(3) M3 是 M2 加上高额定期存款、欧元存款、美国银行海外分行的美元存款，以及"金钱市场基金"。M3 是个巨无霸，尤其是那些形形色色的"金钱市场基金"，包括商业票据（commercial papers：银行或大企业为偿还当前债务或应付短期开支，以银行或企业的信誉保证的借钱证书，保证定期内本利清还）、回购协议（repurchase

agreement：借方以资产 [有价证券或其他资产] 作为抵押品去借钱，协议期满之日以议定的价钱赎回抵押品，是由典当交易演变出来的理念）、短期债券（short-term bond：通常不超过一年的短期抵押贷款和资产担保证券）、金钱市场基金（money funds：投资大户，特别是退休基金、公积金之类的组织集合多种金钱市场证券而成之基金，是最大笔的"金钱"）。

27. 银根就是金钱供应量。它会随着两个因素而松紧：政府的货币政策和金融政策。货币政策是政府控制钞票发行量。金融政策是调整商业银行放款与储备的比例和金融业务管制与监管的宽紧。近年的经济危机可上溯到 20 世纪 70 年代金钱市场基金的崛起。因为基金的放款无须储备作后盾，工商业（生产者）融资易极，以致生产失控，出现生产泡沫。80 年代自里根总统上任后，放宽金融管制和监督，银行放款的储备一度降为零。消费者借钱易极，以致消费失控，出现消费泡沫。大部分观察家都认为 2008 年金融危机的主因在此。美国政府 2006 年取消公布 M3 的总量，有人认为这是因为美国贸易赤字太大，外债过多，政府只好停止公布数据以隐瞒真相。直到 2008 年金融危机爆发，民情难泄，政府才又重新公布 M3 数据，以取回民信。

28. 在实体经济的市场里，衣、食、住、行的消费都含有一定分量的生存所需、生理要求，因此供求的循环还有一点蛛丝马迹可供探索。但是金融经济这个"赌场"里，千万人不断下注，每个人都有不同的心理状态和心理要求，而且这些心理状态和要求也在随时变化。再加上不同人对市场又有不同的认识、不同的经历。因此金融产品的供求与价格根本没有恒律。表面看来还有所谓蓝筹、热门，但瞬间会因为某些"消息"、"流言"而大涨大跌。

29. 这套理论来自生物学家布朗（Robert Brown，1773—1858）在 1827 年所观察到花粉在液体里浮游时粒震动的现象。1900 年开始，这个理念被应用于金融市场的分析。市场就像一缸油，油分子就是千千万万的消费者和生产者。它们各自在动。把一撮粉撒在油缸里，每一粒粉会被千万的油分子碰撞而震动。每个金融产品就像油缸里的一粒粉，被生产者、消费者的供求活动影响而产生价格震动，布朗运动的理论就是用来分析和预测这些震动的轨迹和振幅，也就是金融产品价格升降的方向和幅度。整套理论建立在这些震动有其"可预测的行动程序"（process-predictable action），当然也有随意的因素（random elements）。用在金融市场中，还要加上两个假设：没有交易成本、没有价格突变。单看这两个假设就可知这套"科学"的作用有限。掷毫游戏的猜中率就是一半一半，这些"科学"的猜中率不会高多少。

30. 马尔萨斯以来，很多人对人口与资源的问题持悲观态度，认为人类持续生存就要控制人口增加。这两百年的证据并不支持这个理论。但是，在讨论人口的时候，我们往往只谈人数。中文的"人口"两字，比英文的"population"更有意义。"人口"问题是"人"与"口"两个不同的问题。人数多自然消耗多，但这两百多年的证据也显示"口"的大小更是关键。个人平均消费的增加比人数的增加对地球有更大的压力。消费经济的危险、资本主义对人类持续生存的威胁也在此。控制人数而不约束消费只是转移视线、舍本逐末。但在资本意识横流的社会中，经济精英的统治下，唯恐消费不力，谁会提出约束消费？

第三十二章　法治、人权是资本主义之盾

　　法治是指法律面前人人平等；人权是指自我保存乃天赋权利。两者都引用自然之法为基础。从自由主义的角度去演绎，法治是为了保障自由，因为个人自由是基本人权。资本主义成功地利用自由主义作剑，利用法治、人权作盾。

　　"雅典的国民、听审的判官，这是你们第一次以审讯方式处理谋杀。听我的指示！从今以后，直到永远，你们要采用这个由听审判官组成的法庭……我设立这个听审团，永不腐朽，永远光辉，警恶惩奸……它高于你，是国家的保护者……"

——雅典娜女神[1]

　　希腊哲人借雅典娜女神去教育雅典人民法治精神，以听审团的判决去取代原始社会的血仇。法治的基础是"法律面前人人低头"，也可以称"没有人高于法律"（No one is above the law）或"法律面前人人平等"。为什么法律有这种权威？法学家一般的演绎是：高于任何人的法律出自真理；这些真理产出某些基本原则；这些基本原则是绝对的，不会因某些人的意念而更改。因此，没有人高于法律。

　　可是，无论哪个年代的法律都有其基本原则。古罗马法律的原则是贵族与平民之间的公平，中世纪欧洲法律的原则是统治者与被统治者之间的

父慈子孝，现今的法律原则是保护人身和财产。这些不同原则岂不是反映了法律之下的真理也是相对的？

　　罗马法是"罗马太平"的结晶，是西方法治的典范。直到 18 世纪末（也就是英语文化未成主流之前）都是西方的主流。自从罗马共和时代开始，贵族（patrician）与平民（plebeian）之间的斗争与制衡不断（见第一篇第二章有关罗马太平），平民不满贵族们司法武断、不公，要求有明文公布的法律。公元前 450 年，十名罗马公民奉命到希腊学法，几番奔波，终在公元前 449 年制定十二铜表法，主要内容是"私法"（private law），是保护个人权益的法律，包括人身与财产、民事与刑事（相对于保护国家利益的"公法"[public law]）。到了共和后期（前 201—前 27），时移势转，罗马的疆土与财富大增，为适应扩张时期的需要，法律的弹性增加，法律的原则重于法律的文字。官员们演绎法律的责任越来越重，尤其是司法官（Praetor，又译裁判官）。他们没有立法权力，但每个司法官在任期开始时会颁布执政敕令（edict），说明他对每项法律的立场，例如他会受理什么样的案件、容许什么样的证供等等。当然，这只是他的个人立场，但继位的司法官往往以上任的敕令和判决作为参照。经多年累积就得出一套"司法官之法"，也就是司法官们对"私法"的补充和修改。最后，明文的法律和司法官的修改合并为一。可以说，这是英国式普通法（Common Law，也称先例法）的滥觞[2]。到了公元 3 世纪，罗马帝国由盛转衰，政治与经济局势日趋不稳，皇帝权力扩张，法律逐渐成为当权者的统治工具。罗马法制随帝国的崩溃而式微。总的来说，罗马法生于保护平民权益免受贵族干扰，重点落在保护人身与财产。这些，是日后英式法治与人权的范本。

　　罗马帝国灭亡，欧洲四分五裂，天主教会承担了延续欧洲文明的使命。当时的法律主要是维持社会秩序（有别于保护个人财产）。在基督教义里，神与人的关系是父亲与儿女；教会是神在世的代理，因此也兼母亲的责任（有"慈母圣教会"之称）；王侯、贵族是神的儿女中的兄长。中古的政制与法律就是以"家庭"为蓝本，父亲与兄长为权力中心，公义与仁爱为他们的行为准则，人与人之间的社会与经济关系按等级处理。这就是中古的法律基础，维持了近千年。那时的法律可以说是"不平等"的。但这些"不平等"也是"对等"的：上位者的权利多，但义务也重；下位者的权利少，但义务也轻。直到教会腐败、俗世当权者滥权，这个以家庭为蓝本的政治与法律制度就站不住脚了。个人意识兴起、自由理念萌芽、保护人身和私产的古罗马法治精神重现。典型的解释是，法治是为了制衡人治，因为人治是不可捉摸的，人治下的个人安危是没有保障的[3]。

现代的法治意识来自几个方面：不满宗教改革前的滥权枉法；恐惧宗教改革后的绝对君权；弥补道德制裁（自律）和社会制裁（互律）的失效。对人性悲观的洛克起草英国光荣革命后的《权利法案》也是为要制衡独裁的君主和失控的暴民。法律有绝对权威，法庭要绝对公正。美国立国时著名政治家潘恩（Thomas Paine，1737—1809）如是说："在美国，法律就是国王。正如在极权国家里国王就是法律，在自由国家里法律就应该是国王。除它外不应再有其他国王。"在英语世界里，法治原则包括独立的司法、肯定的法律、可知的后果、平等的待遇。实践的形式是明文法律、公开宣布、确立程序。其中特别强调在罪名成立之前，便是无辜[4]；今天的法不管昨天的事；开脱之后，不能再入罪；不同人等，同一法律；候审者有足够的人身保护和合理待遇。

严格来说，法治本身只是种"形式"，是个维护法律的系统，也就是"依法行事"[5]。它并不保证正义。法治也被视为民主与自由的先决条件。民主人士会指出，只有法治才可以保证民主，避免少数人的专制。自由人士会指出，只有法治才可以保障自由，避免多数人的独裁。

英式法治是现今主流。它出于人人坚持己见（自主）以至兄弟厮杀的历史背景。因此，节制无度的自主（自由）以保证有度的自主（自由）是它的原则。也就是法律前人人平等，法律下各享自由。英国安定繁荣以后，英式法治成了西方典范。这典范建立在个人自由的大前提下，有以下特征：政治自由需要法治去保障人身与财产安全；道德自由需要法治去保障良心选择与生活方式选择；经济自由需要法治去保障竞争不被干扰；社会自由需要法治去保障每个人都有均等的经济机会。

从自由主义者的角度去看，保障自由是法律的基本原则。要支撑这个论点，个人自由必须被视为绝对真理。为此，自由主义者掣起人权。西方人权泛指人类的个人权利，基础理念是"每一个人"（也就是泛人类）都拥有必须被"其他人"尊重的基本和绝对尊严。这基本和绝对尊严就是人权[6]。辨别和确定人权是通过政治；保障和提升人权是通过法治。从1948年联合国的《全球人权宣言》（*Universal Declaration of Human Rights*）开始，这些泛人类的个人权利成为西方衡量别人的标准。

前文说了，人人要在它面前低头的法律必须建立在一些牢不可破的真理之上。人权是不是这样的真理？西方主流思路认为：天赋人权出于自然之法[7]，自然之法是内在的（immanent），只可以被发掘、被发现，不可能被创造，但可以随着人类处理人与人之间的纷争而"呈现"（emerge）出来。

上古希腊的斯多葛学派已提出"大自然的基本之法"的理念。他们的"大自然"相对于"神定"和"人立"，他们认为宇宙是有秩序的，而这些秩序是有理性和目的的，人类行为的道德性应以这些秩序来衡量。这个理念影响了日后罗马的法学。斯多葛学派坚持自然之法是每个人都可以通过理性去认识的，但由于大多数人都重情欲、轻理性，因此他们既不快乐又堕落。罗马共和时代的斯多葛学派（特别是西塞罗 [Cicero]，前106—前43）又把自然之法的理念延伸至包括所有人，不分彼此、不分厚薄都应取得公义的"权"（ius，英语是 rights）。到了帝国时代，权的理念被用来支撑法律的约束性和强制性。在此理念下，每个人都拥有一些来自法律、经法律指定、人人一样的权。这些权往往含有"神的判决"（divine judgment）的意味[8]。这是西方最早按自然之法衍生出的人权理念。

到了罗马衰亡、欧洲基督化之后，人权与自然之法的理念隐藏了近千年。那时的西方文明以神为中心，在以家庭为蓝本的社会与经济制度下，人与人之间的关系是互给互换（reciprocal），没有独立个人的理念，更没有以个人自由为中心的人权。同时，早期教会的奥古斯丁认为人类的始祖亚当和夏娃犯了"原罪"之后，被赶出伊甸园，人性就堕落了，"自然"已不存在，自然之法也当然不存在，只有神圣之法才可以帮助人类处理七情六欲之困。要到13世纪，阿奎那才再引入亚里士多德的自然之法理念。这里，"自然"是相对于人为之法、传统和习惯。亚里士多德的自然公义（natural justice）是种政治理念。他认为，最好的政治团体（政制）会有公道的分配和赏罚。因此，公道的分配和赏罚（自然公义）就是政治上的自然之法（有人指出，这样的政治团体也不需要法了）。

演绎自然之法最权威的是阿奎那。他的自然之法的范围比亚里士多德的更广，但地位却较低。阿奎那的自然之法出自神的永恒之法（第一篇第四章）。人类理性可以摸得着神的永恒之法，但不会完全明白。我们可以明白的部分叫自然之法。自然之法还需要神圣之法（就是神通过《圣经》显示给人的法）来补充。在自然之法之中，阿奎那强调"趋善避恶"，但他的善完全以行为的动机去衡量(有别于霍布斯与边沁等以行为的后果作为衡量)。阿奎那认为只有具备善的动机的行为才会使人真正快乐。因此，政府必须按这个以"善的动机"为基础的自然之法去统治。他坚持人有分辨善恶的能力，而趋善避恶就是自然之法的核心，也是快乐的泉源。他的善主要包括生命(life)、生育（procreation）、知识（knowldge）、理性行为（rational conduct）、社会生活（social life）。概括起来，就是"自我保存"和"与人同存"。

阿奎那指出，在我们的理性中，这些自然之法都可以是非常清楚的，但在具体和独特的行为上我们的理性会受到情欲、邪说、恶习等干扰，需要"法律"（rules）去帮助我们趋善避恶。例如，为什么要有法律禁止酗酒？因为酗酒伤害身体，扰乱理性，而没有理性的人不算是人，因此法律禁止酗酒是扎根于人类"自我保存"的自然之法。为什么要有法律禁止盗窃？因为盗窃破坏社会关系，而人是社会动物，因此法律禁止盗窃是扎根于人类"与人同存"的自然之法。可以说，阿奎那的自然之法就是"普世价值观"，人可以凭理性去掌握。但由普世价值产生出来的行为则不然。任何行为一定有它的时、空、人、事特征，不会普世。上面谈到的酗酒和盗窃例子就是比较接近普世。至于言论自由、市场经济、多党政治、独立司法等等虽然都可以出自普世价值，但肯定不是普世价值行为了。

当然，阿奎那关心的自然之法不是为了探讨个人权利，而是针对政府责任。可以说，中世纪的"教会法"（Canon Law）以及经院派所强调的不是权利，而是义务。当然，他们认为凡人都是神的儿女，都享有同等的生存和生活权利。但他们的重点并不在人权，而是在神权的延伸和演绎。也就是，神按自己的肖像创造人，人人都是神的儿女，神授权人类支配万物，因此人人都有生存与生活的权利与义务。要注意的是，不管自然之法是有关人的权利或政府的责任，希腊、罗马的自然之法是建立在理性上，基督宗教的自然之法是建立在信仰上。两个基础都是超越个人的，因此，是非主观的。

宗教改革前夕出现两个现象：人文思想抬头，西方人开始思考个人权利，主观性的人权理念萌芽；西方世界扩张，特别是西班牙与葡萄牙的海外发展，使西方人要面对美洲与非洲土著的人权。真正泛人类的人权理念是在那时萌芽的。这两个人权理念其实有点走向相反方向：人文思想使西方人走向主观性的人权；全球扩张使西方人去向客观性的人权。日后，英语文明使个人主义与自由主义成为主流，西方人用客观性的人权的言语（自然之法、天赋人权）去推行他们的主观性的个人权利。

宗教改革引出旧教与新教对峙，以及新教中的温和派（如英国国教、德国路德派）与激进派（如英国清教、法国胡格诺派）互争。它们之间的教义分别或多或少，但在现实里总包含着少数派与多数派之争的意味。现代的人权理念也就是生于这个少数派自我保护的政治与历史背景，突出了少数派心理的极端性、排他性、扩张性。其中，以法国的胡格诺派为典型[9]。胡格诺派在法国经过多年的经营，势力渐强，挑战以保卫天主教为己任的王室。1572年的"圣巴泰勒米大屠杀"（第二篇第十一章）差不多把胡格诺派赶尽杀绝，使他们走向更极端。领袖莫尔奈（Philippe de Mornay，1549—1623，日后是法国国王亨利四世的顾问）提出个人自由是政治组织的先决条件。胡格诺派坚持这自由是天赋和不能剥夺的，政府必须经这原则诞生，并按这原则统治。胡格诺教徒们可以合法地反抗剥夺他们自由（包括宗教自由和良心自由）的政府。天赋自由是少数派自保的关键理念。

天主教的自身改革也带来新的人权解释。经院派后期出现萨拉曼卡学派开始脱离经院派早期的非主观性人权理念，从"神按自己的肖像创造出人"引申出人有保存个人与群体生命的生存权，进而引申出人有反抗暴政的政治权。

除了带有宗教意识的人权观念外，也有人文思想的人权思考。荷兰的格劳秀斯（Hugo Grotius，1583—1645，法学家、诗人）以自我保存乃人类的共通性为基础，把个人利益放在人类行为的中心。他把神的意识从自然之法中排除掉，坚持"就算我们做出一个绝无可能的假定——神不存在，或神不顾人类的幸福——自然之法还是有它客观性的存在"。在此前提下，他认为为了追求个人利益，人有权支配他生存所赖的财货，因此，私人产权是人权。同时，他反对亚里士多德"人天生是政治动物"的说法，认为任何社会秩序都是要自愿的，而人参与政治完全是为了自我保存。因此，人权非但不能被剥夺，甚至不能被放弃。并且，人有权反抗任何侵犯他人权的政府或政府官员。英国的塞尔登（John Selden，1584—1654，法学家、文学家）更撇开希腊的人权生于理性的思路，认为人权与天赋自由是一致的。为此，把任何义务加诸任何人身上必须由他自愿同意，且一旦同意了就不能摆脱义务。对塞尔登来说，人权甚至包括自动放弃天赋自由的权利。到此，人权差不多是完全主观性的了。

以上是上古与中古时代的人权演绎。在这些前人的演绎上，现代（也称古典）人权理念成形，主要来自霍布斯与洛克。霍布斯走的是塞尔登方向，但他悲观多了。他的《利维坦》1651年出版，是残酷内战中查理一世被杀头后的两年。霍布斯极度强调自我保存，并以此作为人权的核心。他认识到人类天赋的自由与平等使人类社会纷争不断。这种"自然状态"使人类的生命变得"孤独、贫穷、恶劣、野蛮和短暂"。为避免这些痛苦，人类授权（可以自愿、可以被迫、可以被骗）给统治者去维护和平，以天赋的个人自由去交换政府强制维持的社会秩序[10]。这个交换是通过社会契约方式，人人交出他的天赋自由（当然不包括自我保存权）并自愿服从统治者的命令。为此，霍布斯跟塞尔登同样是支持绝对君权，又同时支持自我保存。

洛克过滤了以上的构思，归纳出现代的人权理念。他比霍布斯晚，看尽英国政坛的变幻，他的人权理念相当清晰：人权是天赋的，是保存生命和拥有为了保存生命所需的财货的绝对权力。洛克的自然状态跟霍布斯的很不一样。在他的自然状态里，人人可以把自己的劳动力加诸于物质世界，无限制地为自己创造财富。

他否定君权神授，认为人是自由的、平等的，并有足够的理性去按天然的道德来自治，包括尊重别人的权利。在这样的自然状态下，人是应该没有压力去组织政府的，组织政府只不过是为了避免某些经济上和社会上的"不便"而已（inconvenience，或可说是不效率）。为此，人更无必要放弃人权去组织政府。甚至可以说，唯一值得花精神去组织的政府，是一个单纯用来维护人权的政府。任何威胁到个人的生命、自由和财产的政府，就是跟个人开战，个人可以放弃效忠这个政府。当然，如果其他人也如此做，这个政府等于被解散了。有人把这个思路演绎为"保护人权，造反有理"。1689 年，洛克构思的《权利法案》出台，确定了以个人自由为核心的人权地位。至于洛克描述的"人类社会的自然状态"是否属实、以"不便"作为建立政府的依据是否合理，在英语文明成为世界主流后也没有人深究了。

启蒙运动把洛克的人权观念继续往前推。人有自主权，有制定和执行法律的自治能力，这个自主和自治之权是自然之法。因此，政府的权力只可来自人民的首肯[11]。到了 18 世纪，洛克的人权理论再被延伸、提炼。美国《独立宣言》就特别强调人权是"自明之理"。法国大革命的《人权和公民权宣言》更直言政治生活的目标就是"保存天然和不可剥夺的人权"。人权的范围也从反抗暴政扩大到政治、经济、社会、宗教和文化的各种自由。

19 世纪开始，人权理念被批判。功利主义的边沁就认为天赋权利的理念是胡闹，不可剥夺的理念更加胡闹。他目睹法国大革命的暴力行为都是高举着绝对人权的旗帜，特别是以平等的口号去剥夺个人自由[12]。边沁的功利主义有民主的倾向（最大多数人的最大利益），而边沁本人则偏近自由主义。他对平等与自由的矛盾也是左右为难。因此他认为法治（而非人权）是唯一可保证个人自由的工具。但他的法治完全是"人为之法"（positive law），是人类建立的政府施诸于人类社会的法律，而非自然之法或神圣之法。他认为"形而上学"的人权理念限制了个人对自己利益的计算和追求[13]。

另一方面，社会保守主义者也谴责天赋人权。代表人物伯克（Edmund Burke, 1729—1797）批判法国大革命的暴力行为，认为这些暴行都是因为革命者意图以抽象的人权理念去建立社会和政治新秩序。他指出革命者以这些抽象理念为依据去摧毁传统（教会、阶级、政府），而传统其实就是人类共性和社会团结的泉源，是人权真正的、实质的基础。他在1790年出版的《对法国革命的反思》（*Reflections on the Revolution in France*）中就预料到革命者以这些抽象的人权理念激励了法国人民，但又未能创造一个合适的环境去贯彻人权的实践，迟早会导致法国人民去找寻一个雄才伟略的独裁者带领他们走向人权的天堂。日后，拿破仑就是当上这角色。

偏左的社会主义（包括共产主义）和无政府主义对人权理念也大有戒心。普鲁东就认为人权是经济强盗的理论，产权是经济强盗的实践。马克思也指出所谓人权只代表资产阶级的权利，抽象和没有历史背景的人权掩饰了资产阶级的支配，使他们的支配变得合理、合法。

在英语文明成为主流的两百年里，洛克式的人权确实是西方法治的基本原则，1215年的大宪章被捧为法治与人权的开山，西方主流以此来衡量和评价别的国家、别的文明。1948年联合国的世界人权宣言确定了它的全球性地位。除了个人、政治、法律和经济的基本人权外，还加上了社会性的福利、教育和生活保障。（这些其实也反映了经济自由主义与社会自由主义之争，见第五篇第二十七章）。同时，"权力"（power）的意味也在加浓。"二战"后，西方政治界和司法界逐渐把人权的演绎从保护推向伸张，例如，从保护政治言论自由推向出版色情书刊自由、从保护同性恋者的人身安全推向认许同性恋者的婚姻合法。至于人权是天赋还是人为的争辩则从未停止过。有人坚持泛时空、泛文化的终极人权；也有人坚持由时、空、人决定的相对人权。但在西方的政治与司法辩论里，确实是人权之声不绝。原本是凝聚的力量，越来越变为分裂的因素。

反讽的是，同是由洛克的个人自由带出的资本主义却制造了许多人权问题。优胜劣败、弱肉强食的自由与资本社会激起数不清的为民请命斗士，高举人权、高唱反资本主义。但资本主义成功之处是"分化"了这些精英，继而"利用"他们去扩展资本主义。

资本主义以市场竞争去分化阶级斗争。资本社会里竞争的刺激、成功的诱惑牢牢地吸住最聪明、最有斗志的人，把他们困在名利圈里，不再出来作乱，这是"分化"的成功[14]。更厉害的是，资本主义成功地"利用"了政治精英。以美国为例。"二战"后，美国政治精英有左、右派之分。偏左的倾向反现存制度、反传统价值、不满资本社会的不公与不均。他们有内疚的心态，认为美国富有是剥削了人家，美国强大是欺负了人家。他们既不能放弃资本社会带给他们的成就和享受，但又有改革社会、为民请命的冲动。他们热衷人权、民权、环保、工运和妇女解放。偏右的可不同。他们对美国的成就非但感到骄傲，更认为是天定命运。心态上有点自傲——我个人的成功是因为我的努力和聪明，美国的成功是因为美国道德高尚和制度完善。他们热衷于资本主义制度，崇尚自由竞争。机缘巧合，资本全球化给美国国内的左、右两派提供了一个互惠的出路。资本（资金）全球化有赖于、也有助于美国资本机制和文化的对外输出。于是，右派义不容辞做了资本全球化的剑，毫不讳言要输出为资本服务的机制，如自由贸易和精英政治。左派却在对抗资本剥削和为贫请命的虚像下，不自觉地做了资本全球化的盾，输出为资本侵略缓冲的美式人权、妇女解放和工运。在美式自由民主旗帜下，左、右不谋而合，各得其所。内部矛盾通过美式自由民主的外销获得疏解。一个是剑，一个是盾，但都是资本全球化的尖兵。

美式资本主义成功之处是它分化对手——不搞对抗，但设置安抚的机制和宣泄的渠道，还把这些机制和渠道纳入它的政治体制里，使对手在不自觉中成为它向外扩张的助手和屏障，一箭双雕地宣泄了国内的不满、分化了国外的对抗。确实是"资本无敌"。

在崇尚个人与自由的资本社会里，法治与人权是得力的工具，用以谋求个人自由、保护资本的扩散与累积。在真正平等和民主的社会里，法治与人权可以有其高贵的自身价值和政治使命。雅典民主最动人的一幕也即本章开头的《怒鬼》。埃斯库罗斯用它将法治与人权的理念介绍给雅典人，雅典人以它来体现民主与平等的理想。公元前5世纪直到雅典灭亡，每年都上演这一幕，并以剧终供奉"怒鬼"为雅典保护神的全民大游行为高潮。这就是有名的"泛雅典游行"（Panathenaic Procession），每四年更是大行铺张。游行和游行的路线与雅典城的发展有密切关系。这条路既是雅典城工商业和政治活动的主街，也是雅典居民从小就向往的每年游行盛会必经之路。这游行深入雅典人的集体意识。最后一幕，演员与观众共同"演出"，由山上雅典娜女神庙出发，沿"泛雅典大道"（Panathenaic Way）下城。古希腊戏剧与宗教的关系密切。看戏不是娱乐，而是公民必须参加的一种宗教仪式。演戏的费用由国家负担，看戏也不用买票。古希腊戏剧的辉煌成就和古希腊的公民精神都与此有关。游行的目的并不只是制造热闹场面，更是提供一个公民参与的机会。公民既是观众也是演员，既渲染了场面，也被场面所感染。游行路线经过的都是雅典人每天走的路，有神庙、商店、市集、广场、民居、衙门等等。在这每年一度多姿多彩的游行里，官能和灵性的感受深深地嵌在每一个人心里，久之就成了"集体自觉"（collective consciousness），是雅典城发展的指导。地产商、开发商、建筑师们都是这"集体自觉"的创造者和受造者。沿途每一幢建筑、每一处景点、每一个视野都是游行路线的标点符号：有感叹号，有句号，有引号；或长句，或诗歌，或叙事，各显风骚，但又都互相补充，是大我中的小我，是个体又是整体。法治、人权与民主、平等构成了活生生的政治生活。

注:

1. 出自埃斯库罗斯（Aeschylus，前525—前456）《怒鬼》一剧（*Eumenides*，又译《欧墨尼得斯》，公元前458年）。该剧是埃斯库罗斯悲剧三部曲的最后一部，讲述杀母为父报仇的俄瑞斯忒斯（Orestes）被怒鬼追杀，跑到雅典娜女神肖像前哭诉。此时女神雅典娜出现，让控辩双方各诉冤屈，并在雅典城中挑选十名市民做听审判官，召集全体雅典人去听审，要雅典人好好观察依法判案的程序与精神。阿波罗代表辩方，怒鬼们代表控方，辩后由听审判官不记名投票，结果是五对五。雅典娜女神决定释放，显示正义之上还要有慈悲（现今西方差不多所有的表决，无论民事、政事，如果双方平票就代表被控者无罪）。怒鬼们不服，雅典娜女神劝它们要慈悲，并赐它们为雅典城的保护神，无需再流离失所。怒鬼依从女神，皆大欢喜。全体从山上雅典娜神庙歌唱着游行下山，把怒鬼们安奉在雅典城下，全剧告终。剧名"欧墨尼得斯"的意译是"慈悲者"。

2. 今天的英国是从1066年来自法国诺曼底的威廉大帝征服和统一英格兰开始的（见第二篇第十三章）。在此之前，英国各郡（也就是大贵族的辖地）自设法庭，由当地的主教和郡长（sheriff）主理。审案、判案都是以教会法和当地习俗、惯例为基础。因各地都不一致，而且因人而异。当时称为"平民法"（Common Law），处理与王室没有直接关系的"民间"案件。1154年，雄才伟略的亨利二世为巩固金雀花王朝建立了一套全国通用的"普通法"（Common Law，英语中与"平民法"同一称呼）。他终止地方性的习惯和随意式的判决，遣派法官到各处巡回审案。这些法官们回到王庭后互相交流、讨论各种案件，把资料记录和储存下来，成为下一任法官的先例。这就是英国"普通法"、"判例法"的起源。亨利二世最大的考虑是要消除教会对王权的左右，特别是有关神职的委任（这是中世纪政教摩擦的主因，见第一篇第三章）。他的好友贝克特（Thomas Becket，1118—1170）是他的枢密大臣，后任英国坎特伯雷大主教，因反对亨利二世控制教会事务遭杀害，全国哗然。亨利二世当众自鞭、忏悔，风波才得平息。可见"法治"其实也缺不了人的因素。

   一般来说，英式普通法较利商业发展。因为判案要靠先例，所以它的预知性比较高，商人们就可以知道他们合法活动的范围，甚至通过一个个延伸下去的案例去一步步拓展活动范围。再者，有了先例可援，商业合同的稳定性也就加强了。这些都有利自由经济的发展。

3. 其实，西方中古社会的人治是很受教义、宗法和传统约束的，个别的任意胡为并不影响整个社会的安宁。

4. 这可能是英式法治的最基础理念，加上在法庭上控辩双方采取敌对形式，并且控方要承担罪证之责。这些都有宁纵无枉的意味。宁纵无枉也是个人自由（相对于公共利益）的有力保障。

5. 对人性极度悲观的霍布斯与及以最大多数人的最大快乐为目的的边沁都认为法律形式和程序比法律内容和本质更重要。严谨形式化的依法行事可能对某人、某事未能公道，但对大多数人来说还是足以维持社会秩序并提升多数人的快乐。法律的尊严性是法治重要的先决条件。

6. 在逻辑上，基本和绝对人权否定了道德的相对性。实际上，坚持道德相对性的个人主义者（自由主义者）却往往以人权的口号要求别人"接受"他们自己的主观道德，变相地将其主观道德变成绝对人权。这也是西方政治的一种反讽现象。

7. 并非所有人都同意有自然之法，功利主义的开山祖师边沁就认为这是一派胡言。当然，功利主义既是以"后果"作为一切道德的衡量标准，怎可能接受带有"先验"意味的自然之法？但同时，功利主义又被用作支持个人自由（尤其是经济自由）的理论基础（第五篇第二十七章），可见自由主义（尤其是附生于它的资本主义）是很投机的。它用追求平等的民主来保护制造不平等的自由；用以后果来衡量一切的功利主义来"证明"追求个人自由可提升整个社会的幸福；用超越个人主观的自然之法来支持绝对主观的个人自由。

8. 要注意,罗马人的神不同于基督的神。基督的神是唯一的,罗马的神是众多的,包括皇帝。因此"神的判决"虽然比人的判决高,但仍不是绝对和唯一的。

9. 英国的清教也是被压迫的少数派。美国建国理想具很重的清教与胡格诺派的影响。美国的人权理念也是含有很重的少数派求存意识。但是,当宗教少数派变成政治当权派的时候,而当权者还是以少数派的心态去行使强大的权力的话,就容易变得狂妄和霸道了。

10. 霍布斯是典型的后果主义者(consequentialist),以后果的好坏去衡量善恶。他的法治与人权观念有经验主义和功利主义的味道,也就是越多人接受和同意的意见越是好的、善的意见——在他的"自然状态"里,人人都害怕死于他人的暴力之下,因此自然之法就是"一个有理性的人,为了生存和富足应采的行动",采取这些行动就是人的天赋权利(人权)。可以说,"人权是自然之法的基础",有别于他之前的"自然之法是人权的基础"。那么,霍布斯的天赋权利(人权)包括些什么? 1、先寻求和平,求和不成就拼命打;2、人怎样打你,你就同样反打;3、遵守合约,但只要不是不公平的事,你都可以当是公平的事去做;4、不要忘恩负义;5、合群,不要固执或倔强;6、原谅有悔意的人;7、可以报复,但不可怀恶意;8、不要侮慢;9、承认别人与你平等;10、媾和时不要傲居;11、作不偏袒的判断;12、慷慨分摊。

11. 当初还包括"神的授予",但很快地,神被拿走,人民首肯成为政府合法性的唯一基础。

12. 这里我们也可以发现绝对自由与绝对平等之间的矛盾。但这也是出于自由主义者和平等主义者双方对自己意识形态的坚持,反映了西方"唯一真"(坚持)与"个人"(主观)两组文化基因互相纠缠而产生的死结。

13. 这反映出功利主义是完全的道德相对论——唯一的道德是此时、此地、此辈的最大利益,但也同时暴露出它在逻辑和实践上的矛盾——最大多数人的最大利益来自对个人自由的保障。那么,"个人"的实质意义岂不就是"大多数人中的一分子"?"个人自由"还有什么真正意义?

14. 以黑人民权为例。资本主义成功地颠覆了民权运动的政治斗争形式。压迫者与被压迫者的"斗争"转型为在民权运动中既得利益的精英(黑人、白人皆有之)与想得利益的精英(也是黑白皆有之)的"竞争"。"为黑人请命"的精英做了黑人的代表。"代表"的名堂越来越多,绝大部分由政府和大基金直接或间接支持经费。民权运动越来越与黑人群众脱节,成了一种"事业",靠它吃饭的人越来越多。这个办法聪明地既包围又安抚了精英,为他们提供事业发展的机会和情绪宣泄的渠道。可以明显地看到,近四五十年来,黑人精英的经济地位确实提高了,但他们的民权斗志却也被消磨或转向了。与此同时,黑白种族之间的经济差异非但没有缩减,反而不断加深,经济与社会不平等并未真正解决。奥巴马当选并不代表黑人斗争成功,只代表资本主义分化成功。

第三十三章 "唯一、真"、"人、个人"两组文化基因的纠缠:民族性格、时代心态、历史背景与契机的互动

> 西方文明以利己为主流,但又有感人的利他;对人性悲观是主流,但又有奋人的乐观。主流文明的形成来自文化基因、民族性格、时代心态、历史背景、历史契机的互动。"人"与"个人"两种不同基因衍生出多种不同的意识形态,但都自视是唯一真。它们之间的纠缠使西方人跟跄了几百年。

前面几章谈到了自由、民主、资本、法治、人权,可以看到,在主流的个人自由至上的意识形态支配下,西方文明逐渐倾斜。但人是顶复杂和矛盾的,既有主流倾向,也有暗流、支流不断的碰撞。人生问题的答案往往不是简单的"是或不是",而是"既是又不是;既不是又是"。无论是爱与恨的斗争、恩与仇的纠缠、鱼与熊掌的取舍,人的信念、情感和态度都是纵横交错在一起的,剪不断,理还乱。利己为主流,但又有感人的利他;对人性悲观是主流,但又有奋人的乐观。

在绝大多数情况下,绝大多数人不会完全自私,也不会完全超越。为此,牺牲小我,成全大我显得那么的可贵。西方世界最畅销的杂志《读者文摘》总在表扬这类行为。我选了个动人的小故事:

> 美国密西西比州的一个小镇,坐落在密西西比支流的河边。有

一条小小的火车桥连接着河的两岸，每天只有几班车。水路的运输却很繁忙。桥板平常是升起来的，以便船从下面通过，火车过桥时再把桥板放下来。铁路局请了一个本地人兼职负责。这一天正是盛夏，大清早闲来无事，他就带着刚满5岁的孩子来到河边，拣了一个鱼群聚集的桥墩坐下，拿着鱼竿钓鱼。父子两人有说有笑，鱼虽然钓得不多，但其乐融融。陶醉中，远处传来几声呼啸，他看看手表，可能是天气好，火车非但没有晚点，还比平时早了一些，就对孩子说："我要关桥，你坐在这里，不要乱跑。"说完就跳上岸往机楼走。上楼、关门、按铃、扳机，桥板轧轧而下，火车的呼呼声也越来越近。他心想着火车过后还有个把钟头可以钓鱼、可以享受，视线不期然望向桥墩，心却一跳：孩子跑哪去了？再一望，糟糕！孩子可能想跟着爸爸，但跳上岸时滑倒了，掉进桥板与桥墩的夹缝中。板桥慢慢下降，夹缝慢慢收窄，孩子慌了，叫着"爸爸，爸爸！"爸爸看看孩子，刚要扳机升桥，火车已从山背转过来了，刹车来不及了。不扳机孩子就没命；扳机，车上几百人没命。天！他紧握着扳机的手慢慢地松软下来，孩子的尖叫声被火车的隆隆声掩盖。爸爸眼中泪水也溢出来了。火车上，睡的还在睡，吵的还在吵，吃的还在吃，浑然不知道有人牺牲了比自己生命还宝贵的孩子，去保全了与自己绝无关系的乘客。将来，他甚至会被谴责为不负责任的父亲。

另一个是人所共知的史实：

1941年7月31日，奥斯威辛纳粹集中营的警铃大作，有人逃脱。黄昏点名时发现14号楼少了一个人（后来发现倒毙在茅厕）。管营官大发雷霆，要在14号楼的囚犯中抽出十个处罚。全体在广场集合，一个一个地拉出来，排队。跟着管营官宣判他们全部关进地下室饿死。立时，有人呼天抢地，有人绝望发抖，其中一个痛哭："我的妻子，我的孩子，再看不到你们了！"就在此刻，人群中有一个站了出来，对管营官说，"让我来顶替他！"管营官以为听错了，瞪眼望着他。他又说："他有妻有儿，我无家无室，请让我顶替他。"此人是第 16670 号囚犯，波兰籍的圣国柏神父（St. Maximilian Kolbe, 1894—1941），因庇护犹太人和批评纳粹党被判入集中营。管营官一语不发，把那个痛唤妻儿的囚犯放了，其他九个人，再加上圣国柏神父，全部关进地下室，没有食物，也没有水，一个个地饿死。体弱多病，而且只有一个肺的圣国柏神父挨得最久。他跪在囚室中央，不断祈祷，并安慰其他死囚。两星期过去，只剩他一个。纳粹管营官要腾空地下室作他用，命医官将碳酸注射入神父的手臂。他伸出左臂，接受毒剂，死时一脸安详。

密西西比州的父亲是在无可避开的情况下作出利他的选择，奥斯威辛营的神父是在自发自动的情况下作出利他的选择。他们的行为背后有没有利他的动机？所谓"人心隔肚皮"，行为背后的动机是不能客观地"证明"的。利他行为不代表利他动机。19 世纪末、20 世纪初的法国哲学家柏格森[1]（Henri Bergson, 1859—1941）提出了一个相当精炼的演绎。他说，证明是没有的，但端倪却非常清楚。想象你站在急流的岸边，看见水中有人在挣扎。突然，你身边有一个人跳进水里，游向挣扎者。那一刻你心里会觉得救人者真是奋不顾身的利他（altruistic）。柏格森说，你有这种油然而生的感觉是因为你心里早存利他，别人的行为触动你的内心，引发共鸣。在实际中，水中挣扎的人可能不是挣扎，是嬉戏；跳水救人的人可能不是想救人，是想去趁水打劫。但柏格森说，这些都不是问题的关键，关键是在你的心，你油然而起的、泛人类的共鸣。这个理解与笛卡尔的天赋理念，甚至孟子的"恻隐之心"，异曲同工。但是在经验主义和对人性悲观的英式文明里就比较复杂。对利他行为的典型演绎会是休谟式的"利他是为了得到别人的爱戴和感激，所以其实是利己"。但面对柏格森以"旁观者"的共鸣去推理利他的存在，经验主义者也许会接受这个"大多数人同意"和"可能性极高"的共鸣作为利他的"证明"。

事实上,虽然西方主流文化对人性悲观,但只要你听听贝多芬的第九交响乐"欢乐颂"(*Ode to Joy*),你会不期然被乐曲中的友爱、博爱、神之爱之音所振奋。当德国仍分东、西之际,他们在奥运会同用此曲为国歌;1985年,欧盟选它为"盟歌"。高唱自由的英式文明仍不能掩盖西方人渴望平等、友爱之心。

谁会读雨果的《悲惨世界》(*Les Miserables*,1862)而不被故事主人翁冉阿让(Jean Valjean)的人格所感动?更深一层次,谁不被雨果对人性的乐观而鼓舞?冉阿让因小罪入苦狱十九年,被释之日还被社会唾弃,无地容身。一位善心主教收容他过夜,他那充满怨恨的心,以怨报德,偷走银器;被警察捉着,人赃并获,带回主教住所对质。主教以德报怨,说银器是送给他的礼品,冉阿让才被释放。主教再送他两件名贵银烛台,要他改过自新,发奋做人,并祝福他早获神恩。冉阿让说:"我不相信神。"主教说:"但神相信你。"之后,整个故事就是讲冉阿让的坚守原则、助人为本。书中,雨果把生存在悲惨世界中的人性向善描述得淋漓尽致。西方社会有写不尽的乐观人性,说不完的利他行为。

利己不是坏事。两千年前,犹太哲人希勒尔(Hillel,前110—前10)就有著名的三句:"若是我不为自己,谁来为我?若是我只为自己,我是什么东西?若是我知道应该怎做,还不马上去实行?"[2] 但当利己成为一个绝对的意识形态就出问题了。同样,个人、自由等都有其本身价值,都回应着人类的基本愿望。但当它们成为个人主义、自由主义时就走上了极端、排他和扩张。为什么现代西方文明会出现这些主义?为什么它们会成为主流?

我们可以用做菜来比喻。做菜需要主料、佐料、厨具、厨房、厨师。不同组合炮制出不同菜色。文化基因是文明的基本材料(主料)。主料支配菜色,但不决定菜色。西方有两组文化基因,共四个:真与唯一真、人与个人。佐料是民族性格:浪漫、现实、刚愎等。厨具是时代心态:乐观、悲观、犬儒、功利等。厨房是历史背景:乱、治、稳、变、起、落。厨师是历史契机；可以是人物，可以是事件。供选用的材料是固定的，但实际用上就要看契机和条件。文化基因是材料；契机是关键的人物或催化的事件；条件包括天时（历史背景）、地利（时代心态）、人和（民族性格）。当然，它们之间也有互动，例如，关键人物的思维也是时代的产品，他们成为关键人物也有时代的因素。历史不会重复，我们只可以通过对历史的认识和演绎去找端倪、寻启发。

首先要清楚的是，真与唯一真是现代前已有的文化基因，牢牢地嵌在西方人心底，难以动摇——对真的向往、对真的坚持。这组文化基因使西方人对他所接受的"真"忠贞、勇毅和慷慨。相应的，这种文化性格也使西方人变得极端、霸道、扩张。唯一真文化基因源自希腊文明对真的追求，经基督信仰的过滤，产生出"唯一真神"。宗教改革以至启蒙运动，基督的神被剔除，希腊的理被质疑，剩下"唯一真×"。这个×带来西方人几百年的跟跄。神没了，西方人就用科学、历史、主义取代，变成"唯一真科学"、"唯一真历史"、"唯一真主义"。无论科学、历史、主义，西方人有三个方向选择：以人类为本、以个人为本、把神拿回来。理性主义走的方向是心法求真、服务人类；经验主义走的方向是官能求真、服务个人；绝大部分西方人会保留一点空间给信仰，但"神"就变得多样化了。

可是，无论选择哪个方向，唯一真基因渗透一切。正因如此，众多的科学观、历史观、主义观才会各自视为唯一真，互不相容、互不相让，几百年间从未有停止过争。西方人对现代前的传统和一统又恨又爱，对现代的个人与功利又爱又恨。在传统与反传统、现代与反现代之间徘徊，在神与人、泛人与个人之间跟跄。西方文明患上了性格分裂（第二篇第十六章）。

真正支配现代文明的取向是第二组文化基因：人和个人。前者有"人类共性"的意识，倾向求同；后者有"个人特性"的意识，倾向存异。几百年来，西方人以自由与民主为自己定位。上几章讨论自由与民主时已指出，法式民主自由思维有泛人类意识和人人平等的倾向；英式自由民主思维有个人意识和个人自由的倾向，但又要倚赖人人平等的民主去保障个人自由。历史背景、时代心态、民族性格使自由与平等两条线有交叉，有分歧，也有互变。

先说英国。洛克思维发自乱世，而且是各方坚持原则互相攻伐的内战。时代的心态是对人性悲观，无论是新教徒的原罪感或霍布斯的自然状态都如是。英国独特的岛国民族性格是经上千年的内外战争磨炼凝聚而成：功利现实、阴柔深虑，很自然的是求稳为纲、妥协为用。保障个人自由是目的；民主制度是手段。英国的议会制度传统就是代议民主与精英政治的滥觞。借用林肯的民主定义，英式民主是人民间接组成、精英直接支配、为个人自由（理念性的个人，而不是某具体的个人）服务的民主。因此英式民主是工具性的民主。个人自由与人人平等纠缠不清，但偏重自由。

在这里，厨师是洛克。他的经验主义理论使他可以名正言顺地放宽对理性和纯真的坚持，代之以妥协；他的人生经历使他倡议保护个人自由和私人产权。他以"个人"基因为主材料，炮制出他的菜色。

- 厨房（历史背景）：乱世，特别是内战和弑君。
- 厨具（时代心态）：悲观，认为人性不会自发向善，反映新教伦理和乱世现实。
- 佐料（民族性格）：现实，以妥协取代原则，以私产保障自由。
- 菜色：英式自由民主（liberal democracy），以民主手段去扩大个人自由，以法治手段去约束民主以免威胁自由。

当然，也可以倒过来说，当时的乱世、悲观、现实使洛克的自由民主思路得在17世纪的英国成为主流。

到18世纪中期，英国开始挑战法国。那时，休谟成为自由主义的掌门。他的《人性论》在1739年出版，十多年后就是英法七年战争。英国的海军与普鲁士的陆军联手击败法国，踏上称霸的第一步（第三篇第十九章）。英式自由民主开始影响整个西方，特别是通过美国独立（1776）和法国大革命（1789）。到19世纪，英国霸权扩张至全球。那时，穆勒成为自由主义的掌门，他的《论自由》在1859年出版之日正是工业革命为英国带来最光辉的年代：国旗无落日，"大英太平"媲美罗马太平。英式自由民主更被视为人类社会组织的最高成就。现实功利的英国绅士如丘吉尔会假谦虚、真骄傲地说："我们的制度当然不是最理想，但优于其他任何制度。"

英式自由民主诞生、成长的故事是帮助我们了解西方现代文明的钥匙。首先，现代前的思维是先肯定真的存在然后以不同方式求真。柏拉图是从内心世界去发掘，亚里士多德是从外面世界去发现。现代的思维把真与求真的次序倒过来，以求真的方法去决定什么是真（第二篇第十六章）。笛卡尔是以柏拉图的理性心法去寻找，结论是天赋理念乃真的试金石。洛克是以亚里士多德的官能体验去寻找，结论是我们对真的认识极为有限，绝大部分的知识都只是判断与意见而已，因此我们可知的只是一种"仿真"。仿真理念有很大的空间，使他可以放宽对唯一真的坚持、接受微妙的差别、模棱的解释。这种妥协、缓冲的思维确实很配合当时的英国国情。但唯一真文化基因深入西方文明，很快就使建立在仿真之上的英式自由民主变成在任何时刻、任何地方、任何背景都合适的唯一真政体。18世纪后期开始，财大气粗的英国人就认定英式自由民主是金科玉律；理想浪漫的法国人一知半解地把它拿过来作为革命理想；清教徒心态的美国开国元勋们把它拿过来作为立国原则。出自仿真的政治思维变成唯一真的政治信条，困扰西方人几百年。

再来看看法国。它的民主思维发自反特权、求平等。追溯笛卡尔的思想，也是发于乱世，先有法国内部的宗教战争，继是全欧的宗教战争。但是这些战争都是以宗教为名，争权为实；没有立场，只有利益；没有原则，只有权术。在这种历史背景下产生出笛卡尔悲天悯人的泛人理念和人人平等的种子。百多年过去，法国由盛转衰，王权集中削弱了贵族、僧侣阶级的实力，但却保留下他们的特权，使他们成为纸老虎与寄生虫的组合。王权过度集中、中央与地方脱节，以至上令不能下达、下情不能上达。启蒙运动的冷嘲热讽激发了平民百姓对特权阶级的反感；启蒙运动引入的英式个人自由思想激发了法国人对自由的向往。相对的，法国人经过路易王朝百多年的光辉与雍雅，生出豪情浪漫的性格；强烈的天主教传统滋养了法国人的博爱理想。这些都使法国革命带上一种浪漫的救世情怀。自由、平等与博爱三者之中，平等才是关键。平等支撑自由，延伸出博爱。革命初期，"反"的激情引发出失控的自由，造成了恐怖统治。拿破仑的个人野心使法国人吃尽苦头，但也开启了法国人的视野和豪情。这些经历使法国人尝遍了极端行为带来的苦楚。但是法国人的浪漫性格、乐观心态与泛爱情怀又常使他们不自觉地走上极端。法式民主不是自由的工具，是追求真正的平等。因此，虽然自由主义是全球的大气候，但在法国，经济自由（放任资本）与社会自由（约束资本）之争仍不绝。法式民主中，人人平等略先于个人自由，有社会民主的倾向，但时有反复。

这里，厨师是卢梭与伏尔泰。两人思路截然不同，但共同下厨，用不同材料。卢梭是浪漫的平等主义者，用的主料是"人"（泛人类的平等）；伏尔泰是犬儒的自由主义者，用的主料是"个人"（个人的自由）。

・厨房（历史背景）：政制腐败、人心思变，绝对君权是纸老虎，特权阶级是寄生虫。

・厨具（时代心态）：乐观与悲观交杂，七年战争之败使人思痛、美国独立与英式自由令人鼓舞。

・佐料（民族性格）：浪漫，思昔日的光辉、抱大国的豪情。

・菜色：法式自由与平等（liberty and equality），也就是理想化的人人平等和美化的个人自由。

当然，倒过来可以说，法国人对腐败政权的失望厌恶、对美国独立精神和英国自由社会的艳羡，使他们接受卢梭理想化的天赋平等（有浓厚的笛卡尔影子）和伏尔泰美化的英式自由（有很重的经验主义意识）。

英国是自由下搞民主，法国是自由与民主并重。法国大革命是场彻底性的突变。一下子，赖以维持社会稳定的传统和制度被完全推翻，代之以单凭理性设计的新制度、新传统（第三篇第十八章），结果酿出无法控制的暴民干政和没有节制的个人野心。先有恐怖统治，继是拿破仑夺权与专制。

浪漫的理想与残酷的现实折腾了法国人几十年。但拿破仑的帝国却把理想的平等和美化的自由传遍欧陆，继是全球。从此，世人混淆了现实的英国政治产生的"自由民主政制"与浪漫的法国革命启发的"自由与平等理想"。

最后看看美国。美国是移民国家，理应是平等至上。但美国的"民族"性格具极浓清教意味。1、清教教义比较极端，在英国受迫害而迁徙美洲，追求宗教自由。因此，自由最重要。但清教徒追求的不是个人自由，而是宗教团体的自由。事实上，团体的自由与团体内的个人自由往往有很大冲突。2、清教徒有少数派心态：一方面恐惧当权者迫害，一方面自觉是神的特选，有责任拯救世人。3、清教徒来美是开荒，因此自立性很强，特别是个人的自由与独立，不喜欢受人掣肘，对权势有先天性不敬。以上三点构成很矛盾的心理，但基本上是个人自由的意识融在刚愎自用的性格里。随后而来的千万移民，都经这个以清教的性格和心理烧红的美国熔锅（American melting pot）修炼，染上清教颜色。美国的独立情绪酝酿于英法七年战争后的几年间。原先，美洲殖民者认为这是大好良机去抢夺法属北美土地，他们积极参战，想分得战利品。仗打赢了，但祖家政府下令不得乱抢，并派兵进驻。唯独驻军美洲需要粮饷，于是向当地殖民者抽税。殖民者分不到战利，反要加税，自然火光。美国独立的口号是英国国会未经美洲殖民同意而抽税，罪不可恕。可见，独立的理由是经济，特别是经济自由。独立成功，立国建制，采取的政制当然以保护个人的自由、个别州（团体）的自由为原则。联邦与各州分权，立法、行政、司法分权都是为了保护自由。因此，美式民主只是工具性民主，实质是经济精英与政治精英支配的民主，个人自由高于人人平等。同时，美国人相信美国立国犹如建设新的"耶路撒冷"，一个作为世界明灯的"山上之城"（第三篇第二十一章）。他们有天定命运向全世界宣扬他们的样本，拯救世人。

这里的文化基因是"个人"，特别是洛克与休谟式的个人自由，厨师是清教思维。清教是新教的激进派，不相信人性可以向善，认为得救只可靠神恩，是神与个人之间的事情。因此，个人信仰自由是基本政治原则。反讽的是，当共同信仰的人组成宗教团体，这团体内就不可能有个人信仰自由。这是清教徒的少数派微妙心理：既要自由，又会排异。他们自视为神的特选、山上之城、世界之光，对团体效忠，对异己敌视，对权势抗拒。美式自由民主就是这套思维炮制出来的：

・厨房（历史背景）：人心思变。美洲殖民者视英国为腐败的旧世界，缺乏道德和实力统治美洲。七年战争结束，英国吞下大片法属土地，美洲殖民者视之为千载难逢的开发机会，但遭英国政府处处约束。

・厨具（时代心态）：乐观而功利。美国是新世界，美国人要在美洲大展拳脚。

・佐料（民族性格）：浪漫。美国是山上之城、道德之邦，亟待向世界展示、宣扬。

・菜色：美式自由民主。以民主手段去扩大个人自由；以分权而治、互相制衡去约束民主，以免它威胁个人自由、个体自由。英式自由民主仅以法治约束民主，但美式自由民主对自由的保护、对民主的戒心超过英国。英国是在绝对君权的阴影下无奈地实行英式自由民主；美国是在山上之城的鼓舞下兴奋地推行美式自由民主。

当然，倒过来可以说，思变的历史背景和功利的时代心态使美国人在立国建制上采用了权力制衡的自由民主。这出自清教对权势的抗拒，对人性的不信任。但浪漫的民族性格和乐观的时代心态却使美国人想把他们的制度传诸四海，这是清教徒自视为神之特选和山上之城的思维。久而久之，清教思想渗透美国民族性，支配美国人的政治行为和性格。美国的发展吸纳多民族，终成庞然大物。但清教式的少数派心理却支配着这个大国的行为，美国人对国家极度效忠，对异己极端敌视，往往忽略客观事实。

到了 20 世纪，美国自由民主已外销全球。在美式自由民主制度庇荫下成长的资本主义成功击退共产主义的挑战（第四篇第二十三章），吸纳存在主义的质疑（第四篇第二十五章）。自由民主制度下的政治精英和资本社会里的经济精英互通声气，政治越来越被财势把持。相应地，这也激起了美国清教性格的反权势心理,社会张力遂增。但资本主义仍是成功地利用自由民主的"公众参与"去化解和吸纳了不满的精英(第五篇第三十二章)。20世纪末是美国全球霸权的顶峰,有人甚至说美式自由民主是人类最终极的社会模式,无以过之[3]。

西方自由与民主有两个样板:英式来自光荣革命的"保自由",法式来自法国革命的"求平等"。英式自由西传美国,变得更精英化。法式民主东传欧洲,变得更社会化。宗教与社会传统的厚薄、民族组合的繁简都会影响一个国家政制中自由与平等的比重。在传统比较深、民族组合比较单纯的天主教或东正教国家,反特权(反传统)的意识较重,求平等的愿望较强。但同时,这些传统、宗教、民族的一统意识也节制与调和了个人自由的过度膨胀。相对的,宗教与社会传统比较淡薄、民族组合比较复杂的国家,如美国、加拿大,求自由(个人自由与团体自由)的意识比较强,也没有传统、宗教、民族一统的意识去制约社会分裂。

可以想象一幅今天的地图:西端是美国,东端是俄国。追求个人自由的强度呈西高东低的倾斜;追求人人平等的强度呈东高西低的倾斜。交叉点在英、法之间。过去百年来,西风逐渐压倒东风,自由压倒平等。这幅图当然非常粗略,但泛观各国在自由与平等启蒙时刻和日后发展的过程中的历史背景、时代心态与民族性格,东西之别并不是没有道理。

文化基因与客观条件的互动也可用来解释资本主义的成长。资本主义有两个面:自由经济、以钱赚钱。自由经济的基因当然是"个人",厨师是斯密。但斯密炮制的菜要若干年后才能上桌。当《国富论》1776年出版之日,自由经济的天时、地利、人和条件尚未齐全[4],一直要等到工业革命成功,英国捷足先登。以维护地主利益为己任的托利党(保守党前身)不惜"出卖"阶级利益,放弃保护粮食价格,以自由贸易之名开放廉价外国粮食进口,借以压低工资,减低工业产品成本,提高工业产品出口竞争力。这就是著名的"粮食法案"之争(Corn Laws,1815—1846)。1846年,托利党组成的政府撤销法案,高举自由经济。

- 厨房（历史背景）：形势大好，工业革命成功。
- 厨具（时代心态）：乐观而功利，意图进军全球市场。
- 佐料（民族性格）：现实——其他国家已有赶上之势，因此要尽快攻占市场。
- 菜色：自由经济——占优势时才谈的自由经济。

到了1870年代，各国工业化赶上英国，英国于是转舵，从贸易自由转到投资自由，以建立新的优势，并不惜以武力去"保护"这新自由（第三篇第二十章）。

再看看以钱赚钱。主料基因仍是"个人"。最先的厨师是16世纪末荷兰的商人。随后，宗教战争和迫害使新教激进派和犹太商人投奔到商业意识重、宗教自由度高的荷兰城邦。

- 厨房（历史背景）：大起大落的时刻。西班牙封锁荷兰，荷兰向海外发展。
- 厨具（时代心态）：悲观与乐观交杂。在荷兰与西班牙的八十年战争中，此时正值"十二年休战期"（1609—1621），荷兰海外商业帝国和海军乘机扩张（第二篇第九章）。
- 佐料（民族性格）：现实、刚愎。荷兰人一方面是赚钱为上，一方面独立性强。
- 菜色：以钱赚钱。创出股份公司、股票交易所、银行信用贷款制度。

到了19世纪，工业革命带来的融资需求大大推动了金融业。此后，以钱赚钱逐渐脱离生产融资；金融经济逐渐脱离实体经济。在金融市场中，金钱市场逐渐大于资金市场；金融管理者逐渐超越资本家，支配整个经济（第五篇第三十一章）。到了20世纪80年代，自由经济派压倒凯恩斯派，出现"贪婪是好的"的大气候，终在2008年爆发西方大萧条以来最严重的经济危机。值得注意的是，无论自由经济还是以钱赚钱，都是在形势大好的时刻涌现，又往往种下日后危机。"机会主义"就是对资本主义的恰当形容。

契机人物（厨师）、历史背景（厨房）、时代心态（厨具）、民族性格

（佐料）、文化基因（主料）之间的互动炮制出不同的主义（真理）。多姿多彩的现代西方文明其实可归纳为一句话：在真理只有一个的大前提之下（唯一真），"人"与"个人"两个基因争夺唯一真的地位，产生了张力和变化。[5] 唯一真的大前提使"以人为本"的意识形态（重理性与人性）与"以个人为本"的意识形态（重经验与个性）产生矛盾和张力；张力的发泄产生变化。历史背景、时代心态、民族性格决定这些张力的大小、发泄的渠道、变化的形式。

西方有自然之法和普世价值理念，其中，以自我保存和与人同存为最基本。前者意味自由，后者意味平等。除了在最匮乏和最残酷的环境下，两者其实可以共存[6]。但是，个人主义与自由主义却把自我保存放在与人同存之上，把与人同存的普世价值挤了出去，甚至把它视为工具。这种极端性的自我保存成为文化主流就窒息了人类与人同存的普世价值，引发出对与人同存的极端渴望，产生出同样极端的平等主义、共产主义。这几百年，西方人就是在极端的主义之间徘徊。

西方文化把自由与平等、人与个人的分歧视为矛盾，其实这些"矛盾"是先天性存在的。它们的关系有点像中国老子的"有无相生，难易相成，长短相形，高下相倾"：有与无同时存在显露出生命，难与易同时存在显露出成败，长与短同时存在显露出形状，高与下同时存在显露出倾斜。老子接着说："是以圣人处无为之事，行不言之教。"圣人既洞悉有无相生，难易相成，长短相形，高下相倾，他还需要"为"什么、"言"什么、"解决"什么？在某种程度上，西方文化较重知识（求真），中国传统文化较重人性（求善）。追求知识，尤其是以机械性的逻辑去演绎并不逻辑的人性，往往钻入死胡同。

注：

1. 柏格森是现代有名的哲学家，曾获 1927 年诺贝尔文学奖。他的哲学焦点在"创造"（creativity），特别是自由意志（free will）和因果关系（causality）之间的矛盾。他要处理理性与经验之间的壕沟。他把物理性的"时间"和非物理性的"意识"（consciousness）重新组合，提出三个理念。"绵延"（duration）是时间与意识的组合，此中，因与果是不能分割的。"直觉"（intuition）是掌握"绵延"的唯一法门。他认为所有概念都是有界线的（包括因与果），只有直觉才可以超越概念，但又同时是绝对的——以城市为例，无论多少照片或模型都不能给予我们城市的"全貌"，但在城市中走路却会使我们直觉地认识城市。"生命冲动"（elan vital）是一种生命进化的动力，它与"绵延"是唯一的实在，而且只有通过直觉才可以认识它俩。

2. 以英语表达更有力：If I am not for myself, who is for me? If I am only for myself, what am I? If not now, when?

3. 其中最惹人注目的是美国的福山（Francis Fukuyama）的《历史的终结和最后之人》（*The End of History and the Last Man*），主题是自由民主乃人类组织进化过程的最后阶段，1992 年出版时正值苏联解体。

4. 事实上，虽然斯密谈的是自由经济，支持的却是当时极度保护主义的《航运法案》（*Navigation Acts*，1651—1849，专用来抵制荷兰的竞争，见第五篇第三十章）。

5. 这其实也包括"后现代"（Postmodern）思维。后现代主义放弃绝对真理（absolute truths），代之以凡事相对（relative truths）；放弃普世真理（universal truths），代之以局部真理（local truths）；放弃泛演绎（meta-narratives），代之以解构主义（Deconstructionism，也就是自我拆解所有叙事的意思）。但是，后现代的凡事相对是所有的事情都是相对的；局部真理是所有的真理都是局部的；自我拆解是所有的拆解都是自我的。因此，后现代也是被唯一真基因（所有的事情、所有的真理、所有的拆解）支配。更可以说，它其实是经验主义和个人主义的引申或分支。

6. 就算在自我保存受到极大威胁的时刻，与人同存的价值仍可以是强烈的。一个明显的例子就是飞机的安全提示，叫人在缺氧时先为自己戴上氧气罩再去帮助别人，理由是往往有人奋不顾身，忘了自己的安全。

第三十四章　大国盛衰的逻辑

　　　　从西班牙到法国，到英国，再到美国的霸权交替，都是约130年的周期，可分起、承、转、衰四个阶段。除英、美是交棒之外，其他都是诉诸战争。这是为什么？美国之后霸权归谁？人类未来有赖于平衡自我保存和与人同存两个普世价值。中国传统的中庸、性善和大我思维，可以兼容自我保存和与人同存吗？

谁都知道牛顿是个科学家，但有谁知道他也是个神算子？他解读《圣经》的奥秘，预言世界末日将在公元2060年或稍后来临。牛顿的世界末日不是恐怖的事情，而是个解脱。他从《圣经》文字里算出基督信徒会有一千两百六十年的苦难[1]，正如当年犹太人亡国后流徙巴比伦（前597—前538）。但苦难过后，耶稣会再降临。那时，他要洗涤世界邪恶，建立人间天堂，正如犹太人复国，重建耶路撒冷。牛顿视公元800年圣诞日教皇加冕查理曼大帝（第一篇第三章）为教会与俗世权势交媾，被俗世权势腐化的开始[2]。从此，教会脱离神，走向堕落。真正的基督信徒被堕落的教会和与神为敌的俗世迫害，受难一千两百六十年，要到公元2060年才得解放。

　　牛顿的预言，姑妄听之。但纵观西方历史的大国盛衰，却也发觉有些巧合。

　　先从西班牙说起。从封建过渡到现代的百多年中，它是西方最大最强的霸权。西班牙是16世纪西方第一强国（第二篇第九章）。西班牙国王卡洛斯一世于 1516 年登位。那时，西班牙在欧洲与英、法同是大国，在海外与葡萄牙平分地球。1519 年，卡洛斯取得神圣罗马帝国（主要是德国）帝位，改称查理五世，加上他所属的哈布斯堡世族在各处的领土（如奥地利、意大利、荷兰等地），理所当然成为第一霸权。1546 年，在墨西哥和秘鲁发现大量金银，国家财富大增。1556 年查理五世让位给儿子腓力二世时，国力达到顶峰。腓力二世以天主教卫道者、哈布斯堡世族领导人自居。为压制新教在荷兰的发展，挑起劳民伤财的八十年战争（1568—1648），犀利的西班牙陆军战无不胜。1580 年更意外地统领葡萄牙（1580—1598）。为惩戒英国助荷抗西，1588 年发动无敌舰队进犯英伦，断翼而归。但西班牙仍然到处树敌，以卫道自居，终引发全欧介入的三十年战争（1618—1648）。蛰伏已久的法国奇兵出击，于 1643 年罗克鲁瓦一役彻底击溃西班牙。筋疲力尽的西班牙 1648 年签下丧权辱国的《威斯特伐利亚和约》，结束霸主地位。

法国登台（第二篇第十一章与第三篇第十八章）。路易十三于 1610 年 8 岁登基。他知人善用，任黎塞留枢机主教为相，在 1643 年罗克鲁瓦一役奠定基业，同年去世。路易十四于 1643 年 5 岁登基，扶助他的是黎塞留特选的继任人马萨林枢机主教。两人合力经营，巩固霸主地位。好大喜功的路易十四在马萨林死后发动了三场大仗：法荷战争（1667—1678）、英国继位之战（1688—1697）、西班牙继位之战（1701—1713）。他 1715 年去世之日，法国国威大盛，但外强中干之象渐露。路易十五登基时也只有 5 岁，此君长大后才干不高，野心却大。自路易十四开始，绝对君权强化了中央，但也截断了中央与地方之间的政治与权力链条，以至上令不能下达，下情不能上达。但路易十五不长进，国外招摇生事（特别容易被情妇们唆使），国内挥霍无度。七年战争（1756—1763）更是丧权辱国。路易十六 1774 年登位时，继承的是个烂摊子。他力图改革，虽然有点成绩，但路易王朝已病入膏肓，1789 年响起革命号角。

此后的二十多年是法国的大抽搐以至欧洲的大抽搐。先是恐怖统治，继是拿破仑。他一方面是专制皇帝，一方面向全欧高举革命旗帜。欧洲诸国七次围攻,终在1815年滑铁卢一役把他击溃并流放。

英国的霸业就在此时开启(第四章第十九章)。工业革命因拿破仑的大陆封锁政策使英国得以一枝独秀,先拔头筹。1815年击败拿破仑之后,英国的经济与军事力量是全球之冠,霸主地位非它莫属。一直到1850年代,欧洲诸国才继续赶上,竞争转烈。资本主义的英国把经济增长的手段从生产转向投资,特别是海外投资。从1870年代中期(特别是迪斯雷利任首相的1874—1880年)更开始以军力维持庞大的海外帝国。全欧进入军事竞赛,刚统一的德国(1871年)更想在国际舞台上扬名立万。抢夺巴尔干、抢夺非洲是"一战"(1914—1919)的导火线(第三篇第二十一章)。英国虽属胜方但国力大损。《凡尔赛和约》非但没有解决问题,更使德国有被屈辱之感。希特勒乘虚而入,德国人拥抱纳粹的极端国家主义。战火再起。英国其实乏力再战,但在德国不停挑衅、美国极力支援的情况下,开启"二战"(1939—1945)。德国惨败,英国惨胜。世界霸主地位旁落美国。

美国在19世纪末期已举足轻重,但称霸则要等到"二战"结束(第四篇第二十二章)。美国虽也参战,但战场不在境内。别人颓垣败瓦,战债累累,美国却发了大财。大萧条以来一直拖延着的失业问题也因生产军需而获解决。布雷顿森林会议、美元取代英镑成为国际通货,使美国一跃而为"自由世界"盟主。资本主义与共产主义的对抗引发一连串的地区性战争,特别是朝鲜战争(1950—1953)与越南战争(1955—1975)。美国发现在军事上难占优势,做"世界警察"很不划算,于是改变策略,1980年代里根总统登台后,开始发挥资本主义的绝对优势:钱和消费。一方面给共产国家的人民介绍西方消费模式,一方面破坏共产国家政府赚取外汇去满足国民消费。人民不满与政府无能卒拖垮苏联。1990年是资本主义胜利年。但鼓励消费与赚钱是把双刃剑。共产苏联解体之日也是美国与西方进入疯狂赚钱、疯狂消费的年代(当然,鼓励消费是资本主义的逻辑,并没有什么阴谋,但破坏共产国家政府赚取外汇则是政策)。2008年,金融风暴暴露了资本主义的不可持续性。金融风暴是美国自大萧条以来的最大经济危机;

处理危机的奥巴马是美国第一位非战后"婴儿潮"(Baby-Boomer)的总统，美国可能从此进入另一个时代。

分析以上，可以得出大国盛衰的年表：

· 西班牙：1519年取得神圣罗马帝位到1648年威斯特伐利亚和约，共129年。

· 法国：1648年威斯特伐利亚和约到1789年法国大革命，共141年。

· 英国：1815年击败拿破仑到1945年"二战"结束，共130年。

都是130年左右。

再进一步看看每国从盛到衰的具体段落。

先是西班牙。从1519年夺得神圣罗马帝位到1556年查理五世逊位给儿子腓力二世是国力充实期，为时37年。腓力二世在1556年登基，在1580年兼领葡萄牙，到1588年发动无敌舰队是国力巅峰期，为时32年。1588年无敌舰队断翼而归到1618年开启全欧三十年战争是逆转期，为时30年。三十年战争耗尽国力，是衰落期，为时也是30年。

再看法国。从1648年的威斯特伐利亚和约，路易十四仍属稚龄之际，到他长大成人，要发动战争（首先是1667—1678的法荷战争）宣示国威，是国力充实期，为时19年。路易十四三战三胜，战事在1713年结束，是法国霸权的巅峰期，为时46年。路易十五糊涂奢华、好大喜功，终于七年战争一败涂地；从1713到1756年七年战争开启是逆转期，为时43年。路易十五丧权辱国，路易十六挽救乏力；从七年战争到1789年大革命，是法国衰落期，为时33年。

英国自1815年击败拿破仑到1850年代工业革命有所成是国力充实期，为期约35年。自1850年代到1880年间扩大海外投资、扩大军事力量、扩大帝国版图是英国霸权的巅峰期，为时约30年。英国霸权引发全欧军事竞赛，瓜分巴尔干、抢夺非洲，终于1914年爆发"一战"，这是逆转期，为时约35年。"一战"而衰，"二战"而竭，这是英国的衰落期，为时约30年。

美国在1945年"二战"结束后取代英国，成为西方盟主，经济实力称冠全球，但朝战与越战都没占到便宜，直到 1970 年代末期都在兢兢业业摸索，为时约 35 年。1980 年代开始，里根大力推行资本主义，并一举击败共产苏联，由美国带领的资本主义社会与自由世界被视为人类最高成就，直到 2008 年的金融风暴。这是美国霸权的巅峰期，为时约 28 年。无节制的资本主义引发出经济危机，再加上第一个完全脱离"二战"经验的民主党总统登场，是否意味美国霸权进入逆转期？单看过去，美国对外战争都是在民主党总统领导下，"一战"、"二战"、朝战、越战皆如是。共和党比较现实，处处按利益决定国策；民主党比较浪漫，对意识形态比较敏感，甚至有时会不惜一战。这是否意味美国霸权会进入冲动期以至逆转期？

综上所述，大国的盛衰似乎可分四个阶段：起（崛起）、承（顶峰）、转（逆转）、衰（衰落），每个阶段约在 30—35 年，也就是差不多一代人。第一代兢兢业业，第二代气势如虹，第三代好大喜功，第四代消耗殆尽。

假若大国盛衰的周期真的是 130 年，那么美国的周期应是 1945 年到 2075 年。假若牛顿的世界末日与美国霸权的最终衰落是同一回事，那么他的"预言"与这一历史周期很一致[3]。

当然，这只是巧合，本属无稽。

西班牙的盛衰其实是近千年的传统与一统被人文思想质疑和冲击，一统宗教、封建制度、庄园经济与多元宗教、民族意识、商业经济的角力，产生出信仰一致下的宗教多元[4]、绝对君权下的国家自立[5]、保护主义下的市场经济[6]。现代前是争领土、争荣誉；如今，在领土、荣誉之上，还加上意识形态之争。现代前是王侯世族为个人、为家族而战；如今，王侯世族仍在战，但国家、民族也被牵进去了。意识形态、国家民族都有唯一真的意味，都带有极端、排他倾向，因此战争无可避免。法国取代西班牙是绝对君权取代封建制度、重商主义取代庄园经济、宗教多元取代宗教一统[7]。百多年之后，路易王朝的绝对君权顶不住法国人对平等的追求，法国的保护主义顶不住英国货的引诱。先是法国内部的大革命，赶走绝对君权，代之以更绝对的拿破仑帝制，招来全欧围攻。法国倒下去，但法国革命的平等理想却扩散全欧。从此，英式自由、法式平等成为主流意识形态，而英式政制则成为主流样板。英、法的交替其实是宪政取代君权、自由经济取代保护主义。更深层次是自由主义与资本主义的崛起，是意识形态的取代。这也是要流血的。但跟着来的美国取代英国则未产生战乱[8]，因为英国与美国同是宪政与资本国家。西与法、法与英之间是交战；英与美之间只是交棒。两者之间没有意识形态的冲突。可见，凡意识形态之争都是"唯一真"主义之争，务必会极端、务必会打。

概括起来，西班牙霸权转移到法国手里，是欧洲从政治与宗教一统的局面，经宗教改革的冲击，转向民族自主、君权绝对的过程。法国霸权转移到英国手里，是绝对君权经启蒙运动的冲击，转向以资产阶级为中心的立宪和民主的过程。但英国霸权转移到美国手里却是资本主义成长和资本累积方式变化的过程。政治制度和意识形态没有基本的分别，只是资本主义的深化和扩大，因此没有暴力改制的动因[9]。

这里，还有一个环节值得留意。每一个霸权被下一个取代之前，都已是筋疲力尽，一推即倒。拖垮霸权的都未能成为新的霸主，只是成全他人。拖垮西班牙的是荷兰，拖垮法国的是普鲁士，拖垮英国的是德国。那么，拖垮美国的会是谁？

美国有自由主义、资本主义意识形态，非但有排他性，更有美国清教本色的扩张性。现代资本主义（自由经济与以钱赚钱）于在商言商的荷兰发芽，经英国工业革命的灌溉和美国金融市场的滋润，走向全球资本是完全符合逻辑的。现今，资本走向全球化是事实，但全球走向资本化则言之尚早。美国的未来、全球的未来，要看全球资本化的进程。

上面说过，历代大国的霸权交替都有战争。这个"霸"字可圈可点，每个霸权代表一个意识形态：在政治层面上包括封建制度、绝对君权、君主立宪，在经济层面上包括庄园经济、重商主义、资本主义。在西方文化中，凡意识形态必自视为唯一真，有先天性的"霸"气。因此，改朝换代怎能不打？英与美的霸权交替没有打是因为它们意识形态相同。美国更可以说是青出于蓝，也可称之变本加厉。无怪崇美者称美国的政治与经济模式是历史的终点。若是如此，美式文明将会千秋万载——其实应该说英式文明，因为美国是从英国接棒的。以往两百多年确是英语世界，世人所谈的自由、民主、法治、人权、资本，无一不是源自英国。现检讨一下这些生长在英国泥土中的意识形态对人类未来有什么意义。

首先是英式经验主义。它认为官能经验是唯一的知识来源。祖师爷洛克知道官能所知极其有限，大部分的所谓知识是判断与意见而已，是种"仿真"。既然我们的知识只是种仿真，只是出自人的判断与意见，那么，真与伪是完全可以妥协的，只要大多数人同意就成了。这套知识论支撑了洛克妥协式的自由民主政制，再发展为精英政治（第二篇第十四章与第五篇第二十九章）。可是，西方人受唯一真文化基因支配，他们把官能经验得出的判断与意见提升为"唯一真理"，把洛克式的精英政治提升为"唯一真政制"。这是祸端。第一，官能经验必然是个人的；如果个人的官能经验是唯一真，个人就是唯一真；也就是说，由个人演绎的个人经验就是唯一真理，个人至上就是个人主义。第二，如果只有个人是唯一真，个人自由就是神圣不可侵犯的（唯一的保留是个人自由不应损害别人自由，这当然也是不可能的事，见第五篇第二十七章）；个人自由至上就是（个人）自由主义。第三，个人自由的基础是个人拥有自己的身体和劳力；拥有自己劳力包括拥有自己劳力的成果，就是私产；私产是资本主义的伦理基础。从此，自由主义（由政治精英演绎）与资本主义（由经济精英支配）连体于精英把持的自由民主政制内，定义西方文明，支配世界文明。

今后发展下去有两种可能：要么全世界都接受这套意识形态，要么另一种意识形态取而代之。

我们先看看，假如全世界都实行自由主义和资本主义会是怎样。

先谈自由主义。在西方唯一真基因下，个人自由与人人平等永远冲突。就算在美国，不平、不均仍是社会不安的主要因素。无论是一国之内或国际之间，自由主义（也就是以自由为唯一真）或可带来繁荣、活力，但也会是民不安、国不泰。唯一不能肯定的是这些不安、不泰会在什么时候爆出动乱和战争。从法国大革命到国家主义，再到共产主义，西方两百多年来的大流血都离不开自由与平等之争（第三篇第十八章、第五篇第二十七章与第二十八章）。

资本主义可分为物质经济与金融经济去看。在物质经济层面上，资本累积与消费经济是分不开的（第五篇第三十章）。两百多年来不断鼓励消费确实提升了人类的生活享受。且不说这些享受究竟为人类带来多少真正的幸福，人类生存所赖的地球就首先承受不了。为了享受而失去生命的依靠是本末倒置，有如大夫对病人家属说："手术成功了，但病人死掉了"，同样荒谬。当然，在还未到地球资源全部用竭、地球生态完全崩溃之前，必然是暴乱和战争。这怎能算持续？在金融经济层面上，赌博式的金融市场使人疯狂，人类的心理实难平衡，心理失衡怎会幸福？因此，自由主义与资本主义，及其衍生的精英自由民主政制不可能全球奉行。越多人奉行越会加速它的崩溃，越加剧崩溃前的抽搐。

六十多年前，英国把自由主义、资本主义的棒交给美国。美国会把棒交给谁？全球资本已开始支配全球政治。资本主义的逻辑与国家自主是不相容的（第四篇第二十四章）。恐怕下一回不是大国霸权的交替，而是全球资本霸权的扩张，全世界的政治精英、经济精英都在争先恐后地归顺，一个没有国界，甚至没有组织的自由主义、资本主义"文明"统治世界，完全支配人类的心灵，不断冲击地球的生态，牛顿会不会不幸言中？

在危机面前，其他意识形态也许出现。但西方历史的见证是，在唯一真文化基因支配下，意识形态之别一定会引发意识形态之争。过去，自由主义与资本主义成功地腐蚀共产主义、击败国家主义、吸纳存在主义（第四篇），但大部分是诉诸战争。假若自由主义与资本主义会带来安定和幸福，人类接受它们、奉行它们倒无所谓，甚至是应该的。但历史证据和逻辑推理都显示它们并未带来长治久安。但是，哪个国家可以不用这套，另起炉灶呢？假如这是个小小的国家，如不丹[10]，美式文明不觉是威胁，反会认为是趣事，是点缀，甚至会渲染一番，以宣示自由民主的风范。假如是个稍大的国家就万万不成。唯一真文化基因既使西方人不能容忍异己的招摇，也使他们害怕异端的扩散。唯一真文化基因的死门就是不能"中庸"。

站在今天中国的立场去看，以民主为工具的自由主义是套不可持续的意识形态。中国需要一套与自由主义、资本主义"不同"的思维去带给我们国泰民安和可持续发展；但这也必须是一套与自由主义、资本主义"不争"的思维，去兼容中西。我对中国文化基因没有什么研究，但在一些浅显的中西对比中，尤其是相对于唯一真的"中庸"、相对于个人的"大我"、相对于性恶的"性善"，露出了一些线索。

首先，西方文化的唯一真基因是他们最大强项，也是最大牵制。对真的追求使他们在哲学上和科学上都有极高成就，造福人类。但对唯一真的坚持也使他们容不了异己，限制了视野。中国传统的"中庸"或会有较大的包容性，也善于处理同异的矛盾。中国人特别强调的适度与和谐，老子的"有无相生，难易相成，长短相形"更是化矛盾为新意、契机，是更大的智慧。相对于西方的唯一真，中国文化更丰厚，包容，我们要发挥这个强项。

西方有自我保存和与人同存的普世价值观。但在自由主义与资本主义的大气候下，自我保存的膨胀把与人同存挤出去。西方有识之士也明白这是不可持续的局面，极想找到一套可以平衡自我保存与和人同存的文明。但在唯一真文化里，自由与平等的矛盾是个"戈尔迪之结"[11]。在逻辑层面上，中国的大我、小我对等而不对立，两者同时独立与统一于"我"（第五篇第二十六章）。小我是我，大我也是我，各有其自身价值，也有其相应义务：人人为我，我为人人。自由主义之下的"公众利益"也只是私人利益之间斗争的结果，其矛盾从未解决，只是紧张地共存。大我意识里可以有"公共利益"的存在——一个属于每一个人和所有人、"独立"于私利（但不一定对立于私利）和"超越"私利的整体综合利益。至少在理论上，这也许有较大的互存空间。

中、西文化的另一个基本区别是对人性的评价：中国比较乐观，西方比较悲观。西方走上个人自由之路大部分原因也是基于对人性悲观，也就是认为人天生不会自动向善。这反映在西方人两千多年的原罪心态(第一篇第一章、第二篇第八章)，再加上英式自由主义的悲观历史（第二篇第十三章）。因此，西方以法治去约束人性。中国有的是孔、孟思想。它诞生于春秋战国乱世，理应也是对人性没有信心的。但孔、孟的伟大就是在人性有善有恶的认识下，提倡仁政，以道德去教化人，因此，有性善、民贵之说。西方文化选择了"抑恶"，中国文化选择了"扬善"。西方倚赖小我与小我的互相监督，强调法制；中国相信大我是小我的超越，强调教化。也许，两者缺一不可。

西方现代文化是从他们现代前的文化演化出来的，带着现代前的唯一真文化基因。我们学习（抄袭）西方现代文化，但却没有唯一真基因。中国现代文化是个混血儿：一半是半遗忘和半舍弃的中国传统文化，一半是没有根的西方文化。这是个事实，但也可能是个机会。美国肯定会交棒，但接棒的不一定是中国。中国的传统和民族性格若是好好发挥，也许会在资本主义泛滥的世界中有小小的机会。但若是盲目追从，以己之短去搏人之长，肯定没有什么出路。

中国是个大国，无可置疑。它可以做个强大的国家：国富兵强，威慑四邻；也可以做个伟大的国家：扶持弱小，包容别人，也就是海纳百川、惠泽八方。强大使人畏；伟大令人敬。

国运选择，就在此刻。

注：

1. 牛顿是从旧约圣经的《但以理书》(*Book of Daniel*, 写于犹太人流徙巴比伦时期) 和新约圣经的《启示录》(*Revelation*) 里算出来的。这些书里提到为期"一年、两年加半年"的苦难期，总算起来就是三年半。按一年为 12 个月，每个月为 30 天来算，三年半就是 1260 天。牛顿时代的人相信一天代表一年。因此，苦难期就是 1260 年。

2. 那时的教会是天主教，日后宗教改革从天主教分裂出来的改革派（新教）称天主教（旧教）的教皇为"巴比伦的妓女"(whore of Babylon)，指责天主教会出卖贞操。如今仍有人用这个贬义词。

3. 牛顿以三年半为期，按一年为 12 个月，每个月为 30 天，得出 1260 天；一天代表一年，就是 1260 年；以公元 800 年开始算，得出公元 2060 年。假若他以每年 365 日去算，三年半应是 1278 日。那么，他的世界末日会是 2078 年。这与历史周期 2075 年几乎完全一致。

4. 新旧教之间，新教各派之间的分歧不在基本信仰，如神的本质、神与人的关系等，而是在组织和仪式，如主教制度或长老制度、婴儿洗礼或成人洗礼。

5. 封建制度的松散权力分配开始集中到国君身上。教会与帝国对独立邦国君主的约束权力下降，邦国君主权力上升。但邦国子民的自由度（包括宗教自由）就因教会与帝国权力枯萎而失去依靠，从而下降。

6. 宗教传统对经商赚钱的约束力下降。绝对君权激励国家自主。国与国之间的经济鸿沟加深，经济保护主义加强。

7. 但绝对君权是最高原则，超于宗教容忍。路易十四在 1685 年撕毁有近百年历史、由创建波旁王朝的亨利四世颁布的"南特敕令"（第二篇第十一章），拆毁了所有改革派的教堂和学校（第三篇第十八章）。

8. 英国霸权被"一战"与"二战"拖垮，但对手是德国。自由民主、资本主义的英国联手美国，对抗国家主义的德国。当然，美国也趁英国在"二战"消耗疲惫之际，以经济手段夺取霸权（第四篇第二十二章）。

9. 在英国霸权转移到美国期间，"一战"、"二战"以至各国"革命"，都只是反映某些国家（如德、日）要从英、美手里分一杯羹，以及某些国家（如俄、中）对资本洪流的反应。这些由资本主义狂潮带出的现象，跟西与法、法与英的霸权交替的意义和过程不一样。英、美没有胜败之分。美是英的继承。真正的胜利者是资本主义。

10. 不丹国王于 1972 年宣布不丹要现代化，要以佛教精神建设现代经济，决定以"国民幸福总值"(Gross National Happiness, GNH) 去取代"国民生产总值"(Gross National Product, GNP)，作为国家发展的指标。其中变量包括心理卫生、教育、时间分配、生态、文化、团体活动、健康、生活水平、政制等，大部分是不可量化的主观感受。西方支持者绝大部分是学者，特别是心理学家。最近几年，西方政府好像对"国民幸福总值"的概念兴趣颇大，有人犬儒地指出这是因为经济低迷，政客或想将难以量化但惹人好感的"幸福增长"来取代难以提升的"经济增长"，以转移大众视线，缓和政治压力。

11. Gordian Knot。希腊神话如此记载。弗里吉亚 (Phrygia) 王位悬空，有神谕说驾牛车进城者是真命君王。农夫戈尔迪 (Gordius) 因此被举为王，国都以他命名。他的儿子迈达斯 (Midas, 就是贪恋财富，能点物成金的那位) 为酬谢神恩，把父亲那辆牛车用绳拴在皇宫门口的柱子旁，绳结极其复杂。稍后，弗里吉亚沦为波斯帝国的臣属，有神谕说谁能够打开这绳结谁就会入主亚洲（征服波斯）。公元前 333 年，亚历山大大帝的大军在戈尔迪城过冬。闲来无事，也想试试打开绳结，但总找不到绳头。他不耐烦，拔剑一挥，绳结立断，神谕应验。

第五篇 生存？

后 记

旅鼠（lemming）是一种奇怪的动物。它们的行为可以作为人类社会的隐喻。旅鼠挪威文原名的意思是"破坏"或"毁灭"，其繁殖率会周期性地突然升高，把周围的植物全吃光（破坏）。那时，旅鼠就会大规模地迁徙。迁徙是没有方向的，四面八方地往前窜，但是一旦上路，就方向不改，一直向前，也不会停下来。个别的、小群的跟着大群走，越聚越多，浩浩荡荡。由于方向不改,总有一天走到水里，结果是绝大多数都被淹死（毁灭）。只有极少数，因种种限制留在原地没有跟上大伙儿迁徙，保存下来，继续繁殖，直到下一次的人口爆炸。

现代西方的发展模式带来了高度的物质水平，但是不可持续。可是，要改变方向几乎是不可能的，就像旅鼠上了路，方向是改变不了的。况且追求舒适、享受是人类天性；对这种追求的认同是政治生存要素。今日的西方文化、西方资金和西方科技的确可以解决当前很多问题，也能应允美好的明天，面对这声势浩大的诱人憧憬谁可抗拒？正如个别和小群的旅鼠总会跟着大群走；既被大群吸引住，也增加了大群的声势。明眼人都已看出来，西方的发展模式不能持续，至少不能作为全人类持续发展的模式，就如旅鼠的旅程结局是悲剧，是集体自杀。在这进退两难之间怎么办？

我假想自己是旅鼠（一个想发展的国家也可假想自己是一群旅鼠），既不能离群独处，也不愿意盲从跟风，因此，理性的选择只有一个：跑得后些，跑得慢些。大伙儿都往前奔，我走反方向，一定被踏死。更何况，我也不知要去哪个方向才是正确,只知道现在的方向不对路。我希望不会太早奔入大海被淹掉,若是有一天大家发觉前面是死路,要回头时,我便跑在前面。最好是可以找个高处去看看形势,找些时间去想想办法。西方的确有很多令人艳羡的成就,但抄袭(尤其是一窝蜂地模仿)不是出路。观察、反思,然后创新,或可找条生路。

附 录

1. 神圣罗马帝国（第一篇第三章）

东法兰克分裂出来以后，最早的几十年都是加诺林王朝的后人当皇帝；这些"皇帝"只是因为有点加诺林血统而被选立的。好几个是意大利北部小国的公侯，他们的"朝廷"实在帝国属土之外，既没有实权，也没有实力去争权。东法兰克境内的千百个大小公侯，各自为政。他们是顶自由的，因为没人管治；但又是顶危险的，因为没人保护。到了911年，"选帝侯"们推出一个非加诺林血统的皇帝，从此帝位的推选成为欧洲政治权力斗争的"战场"。三传之后（这三人是法兰克族人康拉德一世、撒克逊族人亨利一世和亨利的儿子奥托一世），奥托一世就建立了奥托王朝。他取得西法兰克（即法国，那时仍是由加诺林王朝统治）的同意，正式成立"东法兰克王国"（East Frankish Kingdom）。稍后，他又娶了意大利的寡妇皇后，把意大利列入版图。962年，由教皇加冕，正式开始了神圣罗马帝国（当初不称罗马，因为那时仍有拜占庭的东罗马。直到1027年东、西宗教大分裂才正式起名）。同时，也开始了帝国帝位合法性需要由教皇认许的政治传统。

虽是奥托王朝，但实质上仍是一个从前日耳曼各族组合的"联邦"（Confederation），没有什么清楚的"宪法"，要有雄才伟略的皇帝才能驾驭。理由很简单。各公侯怎会把辖地的权益自动献给皇帝？皇帝的实权只可行使于他自己的"辖国"里头，于是，"朝廷"也就只好设置在"皇帝的辖国内"，皇帝也只会利用皇帝的身份去与欧洲的权贵家族（尤其是帝国以外的权贵家族）结亲或结盟，以扩张自己的土地或权益。

但奥托王朝的皇帝们却想出了另一条妙计，他们利用教会的组织系统。在管理上，教会设立很多"主教区"（bishoprics），每个区都有主管主教；主教区范围往往跟俗世公侯国的范围一样。奥托王朝的妙计就是在各个主教区内设立一个一个的"临时朝廷"，再把自己的亲信委任为主教，然后通过教会的赋税和征役权，直接从公侯们手中把地方的权益拿走。公侯们自然对皇帝不满，也对教会不满。他们原来就不愿意与教会分享地方的赋税，现在更视教会为敌人。同时，罗马教廷也不满意，因为这样就是皇帝篡夺了教会的赋税、征役权，更篡夺了教会任命主教的权力。有了这些利益争夺，帝国的政治局面就变得千头万绪，既是政与教之争，也是皇帝与公侯之争，后来又演变成国与国之争，甚至成了日后宗教改革的导火线。

11世纪，教皇格里高利七世发动改革，要求皇帝停止委任神职。当时，帝国下的公侯贵族要倒皇帝的台，就趁机另选一个皇帝。于是内战爆发，打了三年才平息。但奥托王朝的威望（包括帝国的"神圣"神话）却被破坏了。更关键的是，教会的俗世政治势力上升，扩大并加深了日后政教矛盾的局面。

奥托工朝于1138年被霍亨斯陶芬（Hohenstaufen）王朝替代，出了一个魄力非凡的"红胡子"腓特烈一世。他立了一套"宪法"，意图通过加强皇帝在各公侯国的权力来统一各公侯国，内容包括修路、课税、铸币、罚款、委任神职、委任和罢免公职等。他又建立了一套"刑法"，意图约束公侯间的私人战争，并借此增加其对帝国朝廷的向心力。这些都是欧洲"法治"的滥觞。

由于强势教会的掣肘，皇帝不能任命神职，于是腓特烈创出一套"借地"制度去绕过教会的约束。他把土地（这些土地包括皇帝自己直辖国内属于他自己或家族的土地，但也有通过没收或征伐拿来的，也有开创出来的，如商业城镇）"借"给（替代"封"给）对他效忠的子民。这样，他就没有触犯政权（包括封地）合法性需要教会允许的传统了。这些分得土地的"子民"都是有军功的，而且往往是公侯们的下"属"（封建制度下的"属"）。这是一举两得的妙招。有战事时，皇帝不用再依靠公侯们去动员；更重要的是，这制度间接削减了公侯们的势力。同时，这制度也创造了一个新阶级——效忠皇室的武士。日后帝国的大混乱，包括宗教改革后带出的大战，都与这批好战的武士有关。此外，腓特烈还建立了新的城镇去容纳日增的人口和日盛的商业（例如弗莱堡和慕尼黑），一方面增加了朝廷收入，一方面抵消了公侯势力。这些城镇在日后西方踏上现代化过程中成为左右欧洲大局的势力，也是欧洲政治混乱成因之一。

2. 雇佣兵（第一篇第六章）

雇佣兵历史悠久。波斯帝国雇佣希腊兵，罗马帝国后期更雇佣大批蛮族（地中海以北诸族，日后的欧洲诸国）。帝国分裂，东罗马设有禁宫侍卫团，从 10 到 11 世纪成员主要是斯堪的纳维亚人（瑞典、丹麦和挪威），规模之大甚至令瑞典立法禁止瑞典人在东罗马做雇佣兵期间继承在瑞典的土地。稍后又包括盎格鲁-撒克逊民族——原先是保护东罗马皇帝，但后来越来越像帝国的正规军，在意大利等地作战。11 世纪开始，北欧雇佣兵也有到俄罗斯和英国效力。威廉大帝征服英国时（1066），军中也有大批来自法兰德斯（Flanders，现今比利时）的雇佣兵。从此，英国内争中也多用雇佣兵。

欧洲中世纪没有常备军。每有战事就要雇兵（封建制度中的"属"有义务为"主"打仗，但除了守疆护土之外，"属"不想为"主"到处攻伐；况且，动员往往需要时间，倒不如雇兵，或起码以雇佣兵去增加或补充兵源）。战事结束，战士往往无家可归，因此就自发组织兵团，供人雇佣。英法百年战争多利用这些兵团。意大利半岛的城邦也常用雇佣兵，特别是瑞士兵。

瑞士雇佣兵以凶狠著称：长矛枪、紧队形、杀无赦。当初，瑞士各省为抗拒来自奥地利的哈布斯堡世族势力入侵，组成"瑞士同盟"（Swiss Confederacy）。从 13 世纪后期开始组织自卫军团。这些保卫家乡的军团作战勇猛。稍后，更为扩张瑞士势力，入侵北意，逐渐名闻欧洲。到了 15 世纪下半期，勃艮第战役中更有"常胜军"之称（第一篇第七章）。其他国家遂争相雇佣。瑞士各省政府以合同方式提供兵源；当然也有私下个人或小团体的雇佣方式。马基雅维利在《君主论》中详述了他们的作战方式。百年战争以来的法国国王都认为它们是不可缺的兵种。欧洲战事总缺不了这些为钱而战的勇士（其他原因是家乡务农太穷、冒险精神、瑞士军的名声和两个多世纪的战斗文化）。1515 年，法国入侵意大利，是法国与西班牙的"第一次意大利战争"（第二篇第九章）。有些省份不愿派兵到意大利参战，有些省份则因有雇佣合同在先，遂与法军开战，结果失败。瑞士人反思战败原因，归咎于本身未能团结。那时，"瑞士同盟"实质上已独立于神圣罗马帝国和哈布斯堡世族[1]，而且更往外扩张（特别是在意大利），此外还有其他城邦加入，应该是可以更强的。可是各省未有共同意识和决策体制，于是"瑞士同盟"决定中立（但到1815年，巴黎和约时才正式立法为中立国）。虽是中立，但仍保留为法国的主要兵种，以保卫法王为首任。宗教改革后，瑞士各省也分裂为改革派与天主教。天主教的省份为西班牙提供雇佣兵。

一直到1490年代，长矛军仍是瑞士雇佣兵的特色。但稍后，德国（特别是西南部的士瓦本 [Swabia]）也学会了。德国雇佣兵开始充斥欧洲战场，价高者得，谁都可以是主人。从此，德国雇佣兵与瑞士雇佣兵互相仇视，尤其是在16世纪初的意大利战场上。1522年法、西第二次意大利战争中（第二篇第九章），瑞士军终于败在西班牙与德国雇佣兵的联军手上。

那时又出现新的雇佣兵团：北海地区的弗里斯兰人（Frisians），南欧的塞尔维亚人（Serbs，他们全民是雇佣兵），以及苏格兰人和爱尔兰人。由于谁都可以是主人，同族的雇佣兵有时会互相对打。从15世纪后期到17世纪前期，雇佣兵的主要兵源还是德国。但整体来说，雇佣兵的纪律越来越散漫，唯一例外的是瑞士。

注：

1. 哈布斯堡世族发源于瑞士，但在奥地利发展成功，遂把重心移离瑞士。相应的，瑞士其他各省也因害怕其势力过大，而把它逐出瑞士。哈布斯堡的重心搬到奥地利后，一跃成为神圣罗马帝位的垄断者，并以帝国身份回过头来压制瑞士各省。但各省反抗成功。

3. 宗教改革时代各教派教义的分别（第二篇第八章）

各教派的最大分歧是在得救与神恩的关系，如下：

	天主教 (1世纪开始)	路德派 (16世纪开始)	加尔文派 (16世纪开始)	阿米尼乌斯派 (Arminianism, 16世纪开始，但经19世纪英国"循道会"[Methodist]发扬光大)
意志自由 (Freedom)	神给人意志自由，不会收回。	人性完全堕落，没有自由意志。	人性完全堕落，没有自由意志。	人性堕落，但人有自由意志。
得救 (Election, 可译"被选")	1、神决定谁得救。 2、所有人可以得救。 3、神没有预定谁会失落。 4、人性堕落，有赖神恩"召唤"。	1、得救由神无条件给予。 2、只有部分人会得救。 3、神预定谁得救。	1、得救由神无条件给予。 2、得救与失落都是预定。	1、得救不是前定的。 2、神预知谁会选择信或不信，从而定下谁会得救。
成义 (Justification, 得救的理由)	耶稣之死是为所有人的得救。	耶稣之死是为所有人的得救。	耶稣之死只是为前定得救的人（只有部分人成义）。	耶稣之死是为所有人的得救，但必须信仰耶稣才可得救。
信奉 (Conversion)	人自由选择接受耶稣。	全是神恩，但人可抗拒神恩。	全是神恩，人不能抗拒神恩。	人自由选择，但可抗拒。
坚持 (Preserverance 得救的保证)	人要与神"合作"才可得救。	人可以失去信仰，但神对坚持者会作出保证。	神选谁得救。选后永不失落。被选者会自动坚持。	人可以坚持，但仍有可能因犯罪而失落。

加尔文派有他们的五个信条（别名"郁金香"，因为英文是 T.U.L.I.P.）：

1、T. (Total depravity)：完全堕落（身怀原罪，不能自拔）。

2、U. (Unlimited election)：无条件被选（得救）。

3、L. (Limited atonement)：耶稣以死赎罪只是为了部分的人。

4、I. (Irresistible grace)：神恩不可抗拒。

5、P. (Perseverance of the saints)：一旦得救，永远得救（神会保佑，会使魔鬼的力量不超越人能够抗魔的力量）。

4. 荷兰崛起（第二篇第九章）

西班牙在荷兰地区属地（现今的荷兰、比利时、卢森堡、法国北部与德国西部小部分）分 17 省。南部省份（现今比利时，也称法兰德斯 [Flanders]）的人口比较密，工商业比较发达。北部 7 省（现今荷兰，也称尼德兰 [Netherlands]，当初独立时称"联合省份"）在之前比较落后和穷困，但在 16—17 世纪一跃成为欧洲最富的地方。

中古时代，南部省份已是欧洲布业重心，从英国输入羊毛，向整个欧洲输出毛织品，以安特卫普为中心。到了 15 世纪末，英国开始直接输出毛织品，法兰德斯地区的布业开始衰退。但安特卫普港仍是英国布匹转口站。到 16 世纪初，葡萄牙人开始利用安特卫普作为来自亚洲的香料和胡椒的转口站。安特卫普港遂一直为北欧的贸易中心。西班牙与荷兰八十年战争从 1568 年打打停停，一直到 1648 年。1585 年，安特卫普被西班牙占领，当地大部分商人和技工是属激进改革派和犹太人。他们纷纷逃往北部省份。刚开始工商化和城市化的北部人口剧增。

北部几省原先的经济基础在渔、农、牧（牛），稍后加上菜蔬。人口增加也带来粮食需求增加。从波罗的海沿岸国家的粮食进口引发了粮食贸易和海运。北荷兰的渔业主要是在北海，包括捕鱼、海上腌制，并出口到南部和波罗的海地区（但到了 17 世纪后期就有了英格兰的竞争）。这些渔粮进出口是荷兰航运贸易和制造业的最早基础。

宗教战争驱使南部省份的纺织技术和资本往北迁移。莱顿市（Leiden）受益最大，特别是从较重身的羊毛纺织转到较轻身的羊毛和其他毛料或棉料混合的制品（是英国首先发明的），产品远销地中海地区（直到 18 世纪才因外来竞争而逐渐衰退）。

荷兰的海外殖民也刺激北部各省的工业发展。16 世纪，安特卫普是欧洲炼糖中心（从大西洋进口的糖替代地中海进口的糖，因此安特卫普替代了威尼斯），但被西班牙攻占后，阿姆斯特丹取而代之。资本主要来自海外殖民帝国葡萄牙，原材料则来自英属和法属西印度群岛。可见在荷兰对抗西班牙中，英、法、葡的商业利益是站在荷兰一面的。同时，荷兰也从西印度群岛进口烟草，制烟业中心也在阿姆斯特丹。航运也逐渐成为荷兰经济的支柱。之前，主要出口鱼、盐、酒、布，进口粮食；主要活动范围是波罗的海地区。但随着人口增加和转口增加（往英、西、葡），阿姆斯特丹成为波罗的海地区首要转口港和造船业重镇，并启动了其他工业，如造砖、造瓦（波罗的海地区出口到荷兰后，船只回航时作压仓之用）。

这个航海国家从波罗的海往外扩张，东到俄罗斯，南到地中海，以至西亚。到了17世纪初，也是与西班牙八十年战争演变为全欧的三十年战争之际，荷兰商人和舰队开始觊觎西、葡在美洲和亚洲的市场。由于荷兰是半独立城邦组成，所以没有像其他国家重重叠叠的政治构架，例如神圣罗马帝国属下的城邦就受到上层政府诸多干扰。又由于每个城邦的政治单元不大，内部矛盾就较少（例如在较大的政治体中常会有商业自由贸易与农业保护主义的对峙），所以它们在贸易发展上轻盈多了，终成世界贸易盟主。

首先，它们向大西洋挺进。从安特卫普北迁而来的商人是尖兵。先是在西非开拓（称几内亚贸易 [Guinea trade]），他们不与葡萄牙争夺奴隶买卖，转而集中到黄金、象牙和糖的贸易。起初，大小公司竞争，但到1621年，组成了"荷兰西印度公司"——部分理由是西班牙对荷兰禁运，因此荷兰物资短缺（如盐），遂另找来源。由于西、葡的海外势力强大，荷兰商人的战略是避开西、葡据点，转而纵深式去开发委内瑞拉、圭亚那和巴西内陆。葡萄牙首先是驱赶荷兰，先在巴西，继在加勒比海。荷兰商人先是武装抗拒，但不久发觉海上抢劫西班牙和葡萄牙船只才是最好的"买卖"。要到1630年之后，荷兰人才在南美建城堡、开庄园。其中，以种糖最发达。

在亚洲的开发上，葡萄牙是对手。荷兰的航运虽是比较便宜，但要到16世纪末才探测到安全航线。为调解商人的互相竞争，终在1602年组成"联合东印度公司"（United East India Company，VOC），荷兰开始垄断亚洲贸易。实质上，这个公司形同一个独立的"政府"。英、法看见这"公司"

的成功，既想模仿，也要对付。但荷兰人还是保持捷足先登的优势，要到18世纪后，才被英国的东印度公司赶超[1]。

荷兰的金融业在十六七世纪经济发展中担任最主要的角色。阿姆斯特丹证券交易所是世界上第一所交易所[2]，创于1602年，主要是买卖东印度公司的股票和债券，大大方便了存款、转账和跨国债务，大受欢迎。17世纪下半期，很多荷兰富商、豪族已从对外贸易转到大规模的投机，包括期货、股票、货币和保险。

荷兰经济的黄金时代应从1585年安特卫普失陷算起，经抗西班牙的胜利，到1670年代英、法的海外活动增强而结束。

注：

1. 1688年,英国光荣革命,引入奥兰治世族的威廉为王。威廉把荷兰舰队大部分归入英国海军指挥,从此英国开始吸纳荷兰的实力。此消彼长,英国终成海上第一强国。荷兰徒有送羊入虎口之憾。

2. 14世纪,意大利商人开始想取消非常不方便的长距离贸易现金支付,创出"证券"理念,作为买卖双方借与贷的工具。随后,这些"证券"变成买卖的对象。荷兰要到16世纪才流行这种贸易,也是始于安特卫普,然后北上。

5. 理性主义三杰与经验主义三杰的主要思路（第二篇第十五章）

	笛卡尔（1596—1650）	斯宾诺莎（1632—1672）	莱布尼兹（1646—1716）
生平	• 理性主义之祖。 • 反经院派。 • 郁郁不得志。	• 哲学家的哲学家。 • 隐志。 • "一元论"之祖。	• 通才（数、理、医、哲）。 • 比较近经院派。 • 当过官，但更爱读书，创"单子论"。 • 不得志。生前因微积分与牛顿争，死后被伏尔泰嘲笑。
真	• 接近数学的必然（necessary）、准确（precise）、肯定（certain），不可置疑、四海皆准的真（存在）。	• 宇宙的因果链锁。	• 宇宙的本质和人在宇宙中的地位。
求真	• 不信任官感；极度质疑。 • 以直觉判断，以逻辑演绎，得出"我思，故我在"、故神在、故万物在。 • 直觉来自一个清晰而留心的思维，产生出清楚而分明的理念。 • 内在的天赋理念是辨真的试金石。	• 理性使我们渴求真（宇宙的必然因果链锁），但官能不足暴露真相。 • 知识分直觉（上）、理解（中）、意见（下）。	• 官感（官能的感知）是必需因素，不是充分因素。外在事物作用在挑起内在理念。 • 理念由简到繁；简单的理念好像"思想的字母"，组合而成复杂的理念。 • 理性可以数据化；不同意见可诉诸数学。
神	• 神存在，是万物存在之源。	• 神与自然同义。 • 万物是神的某一种形态或变化。	• 神是创造者，以理性维持宇宙秩序，不停把创造推向完美。
宇宙观	• 万物息息相关，互相关系是"必然"的。 • 最有用的真理只有几条：神存在、灵魂不灭、宇宙无定限、我是群体的一分子。	• 宇宙万物是同一个"真"，受同一套因果关系支配。 • 宇宙是有秩序与统一的。神（自然系统）决定万物存在及其因果。没有偶然。	• 前定和谐：这世界是可能存在的各种世界中最佳的一个。 • 万物按其本质存在，独立运作，互不相干。 • 任何事情发生，必有理由；但往往只有神才知。
伦理观	• 意志有一定自由：理性可以清楚分辨的，意志"必然"同意；但意志范围超过我们判断力可及，因此犯"错"难免（但神不会使我们做"坏事"）。 • 道德的衡量是理性："罪恶"来自生病的思想。 • "爱生命，但不怕死亡"。 • 真伪的判断要绝对理性；善恶的行为只需尽量理性。 • 控制自己，不求控制环境。 • 栽培理性，力求真知。 • 快乐之最是安宁，不受情绪困扰。 • 慷慨是个人和社会道德的理想。慷慨使人知道他并不真的拥有任何东西，他有的只是"自由"去使用他有的东西（这是来自理性）；又使人感到要一贯地按理性判断来使用所有的东西（这是来自德行）。一个慷慨的人相信任何人都可以跟他同样的慷慨。	• 意志自由是虚假：感觉到自己的欲念而不知欲念的必然因素，因此产生好像是自由的感觉，因而产生情绪。理性可助人认识欲念成因，人就多点"自由"。 • 理知不可以克服情绪。 • 德行是如何理性地去做到保存人的本质。最高德行是对神（自然、宇宙）的认识和爱，因为如果认识宇宙，我们的存在就更完美和幸福（不受情绪困扰）。 • 万事必然；神是完美的，因此，万事完美。善、恶只是"看来如此"而已。	• 意志自由不存在，神也不自由。 • 人类最高权利（快乐之源）首先是敬神，其次是公平（不损别人、公平分配）。 • 从对别人好是为了自己的利益到对别人好等于自己好（这只可从敬神中找到）。
政治观	• 不谈政治，只谈知识上的革命（理知平等）。 • 属保守，接受已在的权威。 • 反对改革（政治习惯比政治智慧更能避免犯错）。 • 法律越少越好，因可免邪恶的人找到借口。		• 反对革命，但又不支持绝对君权和君主立宪。 • 国家的责任是把公平演绎为法律；普世公平只可从敬神中找到。

洛克（1630—1704）	贝克莱（1685—1753）	休谟（1711—1776）
• 政治活跃，结交名人，但又饱经风霜。 • 立场多次改变（特别有关宗教容忍和王权）。 • 自由派英雄，经验主义之祖。	• 平易近人。 • 新教主教。 • "主观主义"之始。	• 聪明过人。 • 受洛克、牛顿影响。 • 被亚当·斯密推崇。 • 被上流社会、尤其法国崇拜。 • 曾因反国教被排挤。 • "自然哲学"之始。
• 可靠性非常高的实用知识。	• "存在即被感知" (To be is to be perceived)	
• 脑袋像白板，经验塑造它；经验是官感加反思。 • 知识只可来自官能。但官能不能感知宇宙之间的"必然关系"，因此，靠官能的科学很难找出真知，但除官能之外求知并无他途。 • 所有"科学"（数学和伦理除外）都是属"意见或判断"，而非真知，是种"仿知"、"近真"。但追求"近真"使我们更接近"真真"。	• "存在即被感知"。感知背后的"真"或"本质"（必然关系）是不可知的。 • 科学的终向是摒弃思考"本质"、摒弃发明"概念"，以净化人的感知。	• 以"科学"态度（体验、观察、归纳）去研究"人的思想"。结论是人乃一堆相类和因果关系联合起来的感知体。
• 神的存在不是自明之理，但是可证之理。 • 信仰是接受不能经理性、只由神显示的真知，但信仰不能违反理性。	• 神是我们的经验的因：我的感知其实是神在我内感知。	• 神、自然、宇宙同名。 • 近"无神论"，有反宗教狂热。
• 宇宙不是息息相关的，也不是理性可辨的。"必然"关系是官能不能知的，但"可能性高"的判断是可以接受的。	• 从与人的交往中体验出各人的感知是很一致的，因此，别人存在，世界存在。 • "必然"与否是不可知的。	• 世界是由不变的物理规律支配，万事必然（事物之间的连接的一贯性）。 • 宇宙规律有其一贯性，但其证明不在理性而出自人的"自然本能"的"想当然"。
• 享乐是道德基础，因此人实无意志自由。考虑利弊之后，人一定会选较有利之事，但人有自由不去考虑，或考虑之后不实行。 • 人有快感与痛楚，可以知苦乐，只会为自己打算。经验告诉我们人是趋吉（享乐）避凶（痛楚）的。		• 理知是欲念的奴隶，为欲念服务。欲念是人的推动力，是道德基础。 • 善与恶要看它给人的"印象"是好或坏，因此，道德没有永恒，要看人的需要和处境。
• 天然状态是人人为己、人人平等，但少数人不守规矩带来众人"不便"，因此众人组织政府来处理（保护人身安全和私人产权）。 • 分两期。牛津期：保守（反映内战后心态），认为政府是人民的代理人（人民的福利规限政府权力）。沙夫茨贝里期：是倡自由中略带审慎，认为政府是人民的仆人（人民的权利规限政府权力）。 • 对人性不信任：反对王权过大，因为怕危害个人自由；反对宗教容忍，因为怕危害国家统一。 • 小政府、宪政、分权。		• 财产是人类组织社会的动力。保护财产是政府的起源、是正义的定义。组织政府要通过"约法"。 • "法治"是维持安定的不二法门，公平执法比政治制度重要。 • 反对宗教狂热和政治派系斗争。 • 相信可以平衡个人自由与政府权力。 • 相信贸易会带来社会进步（开放、公平、安宁、文明）。

6. 英式自由贸易，粮食法案为例（第三篇第二十章）

我们可以从英国在粮食政策上的反复，看出它如何从保护主义走向自由贸易（也包括它的政党和政治的演变）。

英国的粮食法案（主要是小麦和燕麦）1815年出台，1846年撤销，过程如下。1813年是英国与拿破仑战争的艰难时期，国会决定保护国内农民，限制国外进口，直到粮价达到一定水平。那时，有两种观点。马尔萨斯认为英国不应依赖从外国进口粮食，因为低价粮食会压低所有工人工资，而工人和地主的购买力下降会影响制造业的发展（当时正是工业革命突破期）。另一位经济学家李嘉图认为自由贸易会使英国更有效利用它的资本和劳动力去发挥它们的比较优势。在1814年辩论之际，拿破仑败象已成，和平有望，国际粮价大跌。于是托利党（保守党前身）政府通过"1815年粮食法案"，对进口粮食抽重关税，以维持粮价。这是保护政策。

伦敦与曼彻斯特工人因粮价高（也可以说是工资低）暴动，英国政治越来越趋激进。到了1820年，商人组织反关税，要求自由贸易。1822年，政府修改粮食法案，按粮价涨落调整关税。辉格党（自由党前身）在1830—1941年主政，但粮食法案依旧。到了1841年，保守党再度成为执政党，但却把关税率再度放宽，行其自由贸易政策（早些时的保护政策和如今的自由贸易同出于保守党政府，可见英式政治的功利现实）。地主们抗议，认为工业家想维持低粮价是因为低粮价可使工业家有理由削减工人的工资，增加工业家的利润（马克思在《资本论》中写道："取消粮食法案的运动开始，需要工人支持，于是鼓吹者答应工人们'大面包'[Big Loaf]和'减工时'"[10小时工作法案]。）

"反粮食法案联盟"（Anti-Corn Law League）1838年成立，以"考察和证明"低粮价会带来高工资——粮价高，工人没余钱买衣服；工厂制造的衣服卖不掉，就出现供过于求；供过于求就会压低衣服价钱；衣服价钱低就会降低制衣工人工资；工资低就削减购买力，于是工厂会关门、生意会倒闭、不景气就会蔓延全国。但是，如果工人袋有余钱，他会买衣服和其他消费品；需求量提高后，价格也随之升高，高价就会带来高工资和高利润（当然，农民的收入就不管了）。现在著名的《经济学家》(*The Economist*)杂志，也是1843年由"反粮食法案联盟"资助开办的，一个多世纪以来它的宗旨始终是鼓吹自由贸易。

1844年，唱对台戏的"反联盟"（Anti-League）[1]成立，支持粮食法案。1845年，英国失收，爱尔兰甚至闹饥荒，保守党政府的皮尔首相（Robert Peel，任期1834—1835年、1841—1846年）想马上取消进口关税，也就是自由贸易。但刚逢国会已休会，他想先以政府名义（也就是未经国会同意单独行事。在英式政制上这是容许的，但要在日后国会开会时追认，否则就会变成不合宪法）取消关税，然后再通过国会正式废除粮食法案。虽然部分内阁同僚反对（保守党的传统主要支持者是地主，而地主是保护主义者），但反对党（辉格党，主要支持者是工商界）的党魁却宣布支持首相。《泰晤士报》登上告示，说政府决定要紧急召回国会准备废除粮食法案。内阁的反对派马上辞职抗议。第二天，皮尔向女王请辞，因为他认为如果内阁不支持，他没有足够多的政治实力去废除法案[2]。女王邀请辉格党党魁John Russell（也就是原先支持皮尔取消关税的那一位）组政府，但他也没有成功。最后，皮尔还是留下，继续首相职位。那时已是1845年年底。

国会于1846年1月召开。在开会期间，"反联盟"力抗废除粮食法案。他们在全国各选区的保守党党部兴风作浪，其中以独立小地主的抗议最烈。皮尔首相坚持，决议分三年逐步废除粮食法案。他的同僚中以迪斯雷利（Benjamin Disreali，1804—1881，日后当上首相，在任期1868，1874—1880）反对最为激烈，指出废除法案是通过增强工商业的利益去削弱传统地主阶级的社会和政治地位，以至破坏英国以地域为核心的宪制（传统的国会选区划分是重农村，轻城镇）。最后，国会还是以大多数票通过了废除粮食法案[3]。

这是保守党意识形态的转折点，从为贵族与地主阶级利益服务的保护主义走上为工商业和金融界利益服务的自由贸易。当然，这里有两个随时代发展的不同历史背景。第一，19世纪中，英国在当时世界工业生产上占尽优势，自由贸易绝对有利。第二，19世纪末，英国的口号虽是自由贸易，实质却是变相的保护，但受保护的不是一般的国内工业，而是在国外投资地区的利益。这些都反映了英国从工业霸权走上金融帝国的功利现实、弹性原则。

注：

1. 两个组织的名字容易混淆。"反粮食法案联盟"是反对粮食法案，主张自由进口低价粮食。"反联盟"其实应该是"反反粮食法案联盟"，是支持对进口粮食抽重税以维持国内高粮价。

2. 英国政制中，政府提出有关财政的议案（也包括其他非财政的重要议案）如不获国会通过，就表示政府失去国会的信任，必须下台。一般情况是举行大选，但国王可以"邀请"他人组织新政府，无需大选。

3. 但同一个晚上，保守党中反对废除粮食法案的派系（也就是保护主义者）来个窝里反，与激进党（Radicals）和辉格党联手，挫败皮尔首相的另外一个动议，使他颜面无光。不久，他就辞职。保守党分裂，女王命辉格党组织政府。保守党下野，变成反对党，党内对皮尔效忠的自成一派，称"皮尔分子"(Peelites)。1859年，"皮尔分子"与辉格党和激进党合组新党，名为自由党(Liberals)。到了1868年，迪斯雷利终成首相，但他也不再提保护主义了。从此，英国各政党的政治共识是自由贸易。在粮食上，英国也从此依赖进口（1820年的进口粮食只占2%，1860年是24%，1880年是45%）。

7. 天定命运（第三篇第二十一章）

美国独立运动时期著名政治思想家潘恩（Thomas Paine，1737—1809）早在1776年发表了一个极具影响力的小册子《常识》（*Common Sense*），指出美国革命是创造新社会的时机，他写道："我们有能力去重新创造世界。自'诺亚方舟'时代至今，未有出现过像现今的情况。一个新世界的诞生在即……"美国人坚信他们的自由与民主是历史性的重要创新。林肯坚持美国是"地球上最后、最好的希望"（the last, best hope on Earth）。他著名的葛底斯堡演说就指出南北战争的目的是为了证明这个美国理想终会最后胜利。

"天定命运"这个理念，美国民主党（当时美国的民主党 [Democrats] 比较热衷于扩充；自由党 [Whigs] 也是日后的共和党，比较温和）的奥沙利文（John L. O'Sullivan，1813—1895）于1839年已引用。正式名词经他在1845年采用后，马上得到几乎全美国的认同。其实，这理念早就种植在美国人的心底。奥沙利文认为美国的平等、良知、自由等价值观是上天有意让美国"在世上建立道德的尊严和人类的得救"。但当时，奥沙利文并未有领土扩张的想法。他预测"许多拥有同样价值观"的共和国会结合起来（Union of many Republics），美国的扩充无须美国政府或军队参与其事。他认为当"盎格鲁-撒克逊人"移植到新的地区，他们就会建立新的民主政府，然后就会想加入美国。这是19世纪上半期的主流思想。1845年，美国对得克萨斯共和国（Texas Republic）的加入，以及稍后美国与英国在俄勒冈地区（Oregon Country）的纷争，都用上了这个名词。奥沙利文写道："我们要求（获取）整个俄勒冈地区是我们天定命运的权利，也就是去遍布和拥有整个神赐给我们的美洲，去开展神委托给我们去做的自由与联邦自主制度的实验。"奥沙利文还预料到加利福尼亚和加拿大都会走这条路，加入美国。

其实，门罗主义的真正起草人、门罗总统的国务卿亚当斯（John Quincy

Adams,1767—1848,日后当美国第六任总统,任期1825—1829),早在1811年就有类似天定命运的想法。他给父亲的信中这样写道:"神好像指定北美洲会是个同一民族的土地、说同一语言、奉同一宗教和政治原则、行同一社会制度和风俗。为了他们共同的快乐、安宁与富裕,我相信他们不可能不结合为一个联邦。"日后,他这些思想支配了他主持的各项美国领土扩充:1818年与英国谈判俄勒冈地区的分配,1819年向西班牙购买佛罗里达和向西班牙属地墨西哥挺进,以及1823年的门罗主义宣言。

美国人相信天定命运是上天显示给美国人去扩充美洲领土的使命。这使命是道德的、不可推卸的,而且是一定成功的。当然,不是人人同意。有人认为(特别是当时的美国自由党分子,即共和党的前身)美国的使命是做个好榜样。如果美国是个光辉的"山上之城"(City on a Hill),其他国家也会效仿建立民主共和。杰斐逊不相信美国需要扩张领土;他相信在北美其他地方会出现共和国,然后各国会联合组成一个"为自由而设的帝国"(Empire for Liberty)。但在1803年,在他主持下,美国买下路易斯安那地区。美国面积一下子增加一倍,触动了美国人向整个美洲大陆的扩充。但接下来几十年的"自由地区的延展"(extending the area of freedom)也同时意味着奴隶制度的延展,冲击着美国天定命运的道德观。

有人说,天定命运是门罗主义的延伸。门罗主义虽然不谈领土扩张,但它的实践必然扩张领土——1830年代,美国领土扩张就是一种以攻为守的战略,以防止欧陆诸国干预北美。这有点似是而非的天真。门罗主义时代的美国(1820年代),实在没有军事力量去实践这主义,主要还是要靠英国的海军力量。英国当然不管什么门罗不门罗,它用它的制海权去阻止其他欧洲国家觊觎美洲,为的是英国利益,而英国利益在当时刚好与美国门罗主义不谋而合。但稍后(1830—1840年代),美国国力渐强,可以自己执行自己的国策。到此时,天定命运正要大力推行,门罗主义也从自保变成扩张的理据了。

"天定命运"原本是支持美国向非盎格鲁-撒克逊地区推进的理论基

础,却首先应用于同文同种的英国身上。独立战争时,美国就想把英国赶出北美,但在独立战争和稍后的1812年战争中,美国都未能如愿以偿,英国仍有势力在加拿大。美国对英国在北美仍拥有基地颇具戒心,它屡次尝试吞并加拿大,作为美国一州[1]。1837年,加拿大内部发生叛乱(主要是在"下加拿大"[Lower Canada]即现今的魁北克省,法裔人反英的动乱),有些美国人,尤其是美加边境的,想乘机赶走英国[2],但美国政府却没有采取具体行动,部分是因为叛乱很快平息。不过仍有一小撮"志愿军"(filibusters)以天定命运之名,要北上"解放"加拿大。他们试图发动小规模的"爱国战争"(Patriot War),但美国政府禁止任何人参战。

天定命运真正的意义倒是发挥在"俄勒冈事件"上(现美国西北地区)。英、美在1818年订约合管俄勒冈。到了1840年代,大量美国人涌入。英方拒绝美国的建议在北纬49度划界,分管南、北。相反,英方坚持界线应往南移到哥伦比亚河(也就是把现今美国的华盛顿州纳入英国版图)。天定命运分子抗议,认为界线应往北移到阿拉斯加,包括加拿大西部,也就是把当时整个俄勒冈地区划归美国。民主党总统候选人波尔克(Polk)以此为竞选的纲领。但他在1845年当上了总统后(任期1845—1849)就改口,返回以北纬49度为界的立场。英国起初仍拒绝,美国有人想动武,最后英国还是接受了(这也就是今天加拿大与美国的国界所在)。美国当时没有太大的坚持有两个原因。一是大部分美国人认为加拿大各省总有一天会加入美国,也就是不用动武的天定命运。但更重要的是美国正在跟墨西哥开仗,天定命运的焦点移到西南。

当时,西南的形势是如此。1836年,得克萨斯宣告独立,脱离墨西哥建立共和国,并想加入美国。这是天定命运的理想——一个新建立的民主国家自动要求加入美国,而不是美国把政权加诸别人身上。但得克萨斯加入带来一个问题,因为它容许蓄奴。结果还是决定合并。但由于墨西哥仍坚持要保留得克萨斯部分地区的主权,美墨战争(1846—1848)遂启。美军得利。于是有人建议(主要是东岸的民主党人士)乘机把整个墨西哥拿过来。这颇有问题：首先，天定命运的理想是不把美国政制强加别人身上；更重要的是，如果吞了墨西哥就得让千百万墨西哥人变成美国公民。这个"种族"考虑也显示了天定命运的白种民族优秀主义，甚至是盎格鲁—撒克逊民族优秀主义[3]。天定命运起于种族优越，终于种族歧视。但是在19世纪，这是主流思想。

当时还出现了非正规甚至非法的"志愿军"。他们的后台老板是有钱的"扩充主义者"（主要基地在新奥尔良），目标是"解放"墨西哥和古巴，而他们的作为更被传媒渲染和浪漫化。美国对古巴早有野心，因为西班牙海外帝国的没落，美国害怕古巴掉入英国手里（这也就是门罗主义。处理得克萨斯、俄勒冈、加利福尼亚等都是根据同样理由）。1848年，民主党的波尔克总统想从西班牙手里购买古巴，但又担心志愿军误了大事，于是暗地里通知西班牙有关志愿军的动态。随后的两个美国总统都是自由党，都想压制志愿军行动。到了1852年，民主党再当政，志愿军蠢蠢欲动。此时，天定命运运动已因奴隶问题丧失了吸引力。购买或攻占古巴的计划搁置。

南北战争以后，天定命运不提了，因为牵涉到奴隶问题。但它的孪生兄弟，门罗主义却由北美范围扩大到包括中、南美洲甚至太平洋去了。

注：

1. 当初它希望法裔加拿大会加入美国独立，曾邀请加拿大派代表参加"大陆会议"。富兰克林在巴黎和约与英国谈判中，还想说服英国把加拿大割让。1812年战争中，美国占不了便宜，之后，美国也就接受了加拿大属英的事实。
2. 天定命运论的创始者，奥沙利文当时就写道："假若自由是一个国家的最大福气，假若自决是一个国家的最先权利……我们肯定同情加拿大叛变的理由。"
3. 当时，力主反对吞并墨西哥的参议员卡尔霍恩（John Calhoun，曾任副总统，极力维护奴隶制度）在国会上是这样说的："（我们）从未想过除了白种人，自由的白种人之外会接受任何其他人加入联邦。让墨西哥加入将会是首次接受一个印第安种族，因为半数墨西哥人是印第安人，而另外一半主要是混合种族。我抗议这种结合！我们是个白种人政府……我们积极想把自由政府加诸所有人身上……我们这个国家的使命是向全世界，特别是向美洲，推广政治与宗教自由。这（让墨西哥加入）会是个大错误"。最后，美国还是只拿走了人口比较稀疏的新墨西哥和部分加利福尼亚。

8. 德国统一（第四篇第二十四章）

19世纪开始时，神圣罗马帝国范围内有超过200个大大小小的德语民族政体（王国、侯国、城邦、教会领地等），其中以普鲁士最强。历代帝国皇帝都来自以奥地利为根据地的哈布斯堡世族（只有8年例外）。拿破仑于1803年建立法兰西帝国后取消了神圣罗马帝国中的教会领地和自由城邦，把神圣罗马帝国政制简化，集中在王国、侯国身上。到了1806年，他入侵普鲁士，并击败普俄联军，索性就解散神圣罗马帝国，把整片地区纳入法兰西帝国范围。德语民族很反感，遂生统一之念。驱逐法国成为统一德国的动力，这也成了日后法、德结仇的主因。

1815年，拿破仑逃脱禁锢，重整江山。但滑铁卢一役，被英普联军彻底击溃。普鲁士军威重振。拿破仑败后的维也纳会议把欧洲分成几个"势力范围"（英、法、奥、俄），却忽视了民族情绪，特别是德、意。普鲁士与38个邦国被合成一个松散的联邦体系（1815—1866），归奥地利的势力范围之内。奥王是联邦议会（Federal Diet）的挂名主席（Titular President）。这个安排自然不能满足日强的普鲁士。

德国统一运动最早是追求英美式的自由、民主，并以学生为先锋，发动学潮、工潮。奥地利首相梅特涅（Metternich，1773—1859）组织保守派力量去镇压，学运转到地下活动。同时，普鲁士则通过统一普鲁士的霍亨索伦世族（Hohenzollern）所率领的诸王侯国的关税制度和铁路开发去建立一个实体的经济联盟。1848—1849年（也就是《共产党宣言》发表的时候）欧洲涌起革命潮。在德语地区，统一与宪政是革命的动力。左翼分子想以普鲁士为中心统一；右翼分子希望一个联邦式的统一。

1849年，联邦议会请普鲁士王腓特烈·威廉四世称帝（帝号Kaiser，来自拉丁文的恺撒），威廉拒绝了这个"泥造的帝冠"，说只会接受诸国王、侯们的直接恳请。私底下，他其实是害怕这些王、侯们的反对，以及奥、俄的军事干预。到了1859年，他的弟弟（日后的威廉一世）摄政，普鲁士统一德国的事业向前迈了一大步。他任命三位名臣，分管建军、国防和外交（毛奇 [Helmuth von Moltke]、罗恩 [Albrecht von Roon] 和俾斯麦 [Otto von Bismarck]），其中以俾斯麦最为有名。1862 年，他刚担大任时就说，"当前的大问题，不能用演讲和投票去解决——这是 1848 年和 1849 年时的大错——要用铁和血"。因此俾斯麦有"铁血宰相"之称。他以保守的原则、务实的手段去统一德国，也就是功利的"现实政治"（real politik）。

俾斯麦设计三步棋去激励德语民族的齐心和他们对普鲁士的向心，他巧妙地利用了国际间的矛盾关系和普鲁士的军事实力。第一步棋是建立德语民族的齐心。机会来了。1863 年，丹麦王要把石勒苏益格公爵国（Duchy of Schleswig）划入丹麦版图。当地人大多说德语，于是普鲁士与奥地利借口维护石勒苏益格公爵国的独立，组联军攻丹麦，打了胜仗。这一仗建立了德语民族的齐心。

第二步棋是建立德语民族对普鲁士的向心，也就是撇开奥地利。俾斯麦要挑起事端。1866 年，在联邦议会上，普、奥争做全体德语诸国的代言人。暗地里，普鲁士与意大利密约去对付奥地利（意大利在 1861 年实际上已经统一，只剩下威尼斯仍在奥地利手里，因此很想借机收复），双方决议与奥地利一战。奥地利原以为若干说德语的王、侯国会支持它，法国也会相助。但来自德境的援军都被普鲁士截断，法国的援助又不足，而且太迟，更被普鲁士击败。奥地利对普、意两面作战，普鲁士大胜，法国调停。自此，北部的德语诸国全加入由普鲁士主持的"北德联邦"（North Germany Confederation），奥地利被赶出局。这件事有很多后遗症。第一，奥地利把目光转向巴尔干半岛，建立奥匈帝国（1867），成为日后"一战"的伏线。其次，属天主教的莱茵河区，尤其是科隆和人口稠密的鲁尔地区支持奥地利（大家同属天主教），因此并未表示对普鲁士（路德教）的向心；日后纳粹德国怀疑天主教徒的爱国心，大量加以迫害。第三，法国看见普鲁士的胜利，既羡且惧，是日后普法战争的伏线。

俾斯麦的第三步棋是杀着：以外侮去巩固德语民族的齐心和对普鲁士

的向心，进而建立一个以普鲁士为中心的统一德国（当时的理念是"小德国"，也就是奥地利除外的统一德国。将来希特勒的野心是"大德国"，包括波兰和奥匈）。那时，"北德联邦"已是个有实体的"国家"（有宪法、政府甚至国旗）。原先反对普鲁士专权的中小王、侯国也逐渐接受这个现实。俾斯麦要制造"外侮"，设计法国扮演"侵略者"的角色。

天赐良机，法国自投罗网。1868年，西班牙革命，废立女王伊莎贝拉二世（Isabella II），王位悬空。西班牙是天主教国家，摄政政府想迎立一个属天主教世族的人继承大统。但提名三人都被自命老大的法帝拿破仑三世否决。1870年，摄政政府提霍亨索伦世族的利奥波德王子（Prince Leopold）。霍亨索伦世族跟普鲁士国王同出一源（虽然普鲁士国王的族系则是属新教），俾斯麦鼓励利奥波德王子接受。拿破仑三世当然看出如果俾斯麦得逞，霍亨索伦世族就坐上西班牙王位，法国的东面和南面将会被霍亨索伦世族围堵，自然极力反对。他下令外交部发最后通牒给作为霍亨索伦一族之长的普王威廉一世（Wilhelm I，在位期1861—1888），要他表态，不会容许他的任何族人接受西班牙王位，否则法国会做出反应（但却未有说明哪些反应）。利奥波德王子见状推辞王位，危机本来可以就此解决，但法国却不罢休。驻柏林的法国大使亲自找正在度假的普王，要他发表声明，不干预西班牙事。威廉一世当然不会同意，并发电报告知俾斯麦。俾斯麦决定以此挑起事端。他把国王给他的电报缩短、修改，然后公布给传媒。法国报纸转载，全国哗然，要与普鲁士一战。再加上几年前在普奥战争中，法国派去援助奥地利的军队被普鲁士击败，于是复仇情绪高涨。这正中俾斯麦下怀。此时，普鲁士铁路网发挥作用，动员神速，法国措手不及，兵败如山倒。普军消灭整个法国陆军，俘虏法帝拿破仑三世，包围巴黎（法国再回复共和，称第三共和）。1871年1月，各王、侯与高级将领在凡尔赛宫拥立威廉一世为"德帝"。和约中，法国割地（割让法国东北的阿尔萨斯-洛林德语区[Alsace-Lorraine]，也就是著名的"最后的一课"的主题）、赔款（完全按1807年拿破仑一世战败普鲁士后立的条件），德国接管巴黎和法国北部，直到赔款交清。德国报了当年普鲁士被拿破仑击败之仇，也大大羞辱了法国。这是"一战"后法国侮辱德国（凡尔赛条约）、"二战"中德国又再羞辱法国（凡尔赛受降）的伏线。凡尔赛宫见证了欧洲国家主义引发出的攻伐。

德帝国成立，南部诸国也正式纳入帝国版图。这马上又产生两个问题。南部诸邦属天主教的居多，俾斯麦意图约束天主教对政治的影响，于是控制神职的委任，关闭修道院等。但南部是工业地区，大量由农村涌入的劳工，加上人种复杂（法、波），天主教的博爱理想和救贫工作很得民望。这是日后强烈国家主义的纳粹对天主教怀疑和迫害的远因。再就是"犹太"问题。1780年，神圣罗马帝国皇帝约瑟夫二世（Joseph II，在位期1765—1790）解放了帝国内哈布斯堡世族辖地里的犹太人，给予他们与帝国子民同等的经济和法律权利。拿破仑更解除了全法帝国内对犹太人的禁制。德国统一运动的知识分子中，犹太人也占了大比重。但在1880—1890年代，俄国驱逐犹太人，大部分流入德国北部。他们比较穷，受教育水平比较低，与德国人和当地犹太人格格不入，矛盾加大。俾斯麦对犹太人持敌视态度。这也是日后纳粹对犹太问题看法的远因。

9. 康德的先验（第四章第二十五章）

康德的基本问题是：在未经体验（experience）某事物（object，也就是独立于我的东西）之前，我们可否知道这事物的任何本质（properties，nature）。他的答案是：凡我们的思想（mind，跟笛卡尔的"思"一样，也可叫灵魂）能想到（think）的事物必须符合（conform）我们思想的模式（manner of thought）[1]。

康德希望在理性主义和经验主义中寻求和解。他的论点是，没有经验验证的理性是虚的（illusory），没有理性约制的经验是妄的（subjective）。康德聚焦在"思想的哲学"（the philosophy of mind）。在他那个年代，实验科学已能清楚显示脑部处理外间信息的运作程序。比如，当阳光落在花瓣上，光线就按着花瓣的外形（颜色、质地等）作出不同的反射，构定一个反射的光线图；这些反射的光通过我们的瞳孔抵达我们的视网膜；视网膜的感光细胞按光线把电磁脉冲经视觉神经线传送到脑部；脑部出现这花瓣的视觉图。脑部的视觉图当然不是花瓣的光线图。但我们相信脑部视觉图与花的光线图有一定的关系。为什么我们有这个信念？康德坚持我们的脑袋不可能是一个只会接受信息的空的容器（如经验主义所坚持）。他相信某些东西在指导脑袋去处理信息，例如保持信息的先后和远近次序，也就是处理时与空。

古典经验主义的休谟对因果理念的解释如下：我们所谓的因果理念其实只是我们从观察到事物的前后相联而做出的结论而已。也就是说，观察与联想使我们悟出因果，归纳因果使我们悟出"必然"，但这些都是我们把判断事物的"自然本能"加诸我们的经验之上，并没有证明什么"必然"的道理。康德的解读是，假若如此，任何事物之间是否存在因果关系就不能有定论了。这会给知识学和哲学带来巨大危机。在哲学史中，这就是康德有名的"从教条的沉睡中震醒"（Awakened from dogmatic slumber）。康德的震醒是可以理解的。假如因果理念只是一种观察的归纳，而不是有真实的、独立的存在,那么,牛顿的力学就没有恒律了,科学也就完了;其他形而上学的理念,如单体(unity)、群体(plurality)、整体(totality)等也只是想当然,站不住脚了;道德理念如神(God)、自由(freedom)、不灭(immortality),甚至基础的理念,如自身(self)、世界(world)等都完全不能以理性去掌握了。为此,康德要彻底处理休谟理论引出的问题,并建立一套可以清楚分辨出什么是可知、什么是不可知,以及如何把可知的知识分门别类。

康德想找知识的基础(来自古典理性主义的启发)和知识的范围(来自古典经验主义的启发)。其实,他要找的是"理性的理性",分为两面:用来思想(think)和体验(experience)的"纯粹理性"(pure reason),用来做事(make)和行动(do)的"实际理性"(practical reason)。此外,他还探讨"判断"(judgment),因为他认为凡"认识"(know)都涉及"作出判断"(making judgments)。

首先,他指出某些判断不能,也不会来自经验。他把判断分成"分析性的判断"(analytic judgments)和"整合性的判断"(synthetic judgments)。前者没有传达新信息,例如,"所有物体都有体积",因为"物体"的词义包括"体积"。后者传达了新信息,例如"所有物体都有重量",因为"物体"的词义并没有包括"重量",除非有人告诉我们某些物体的重量,我们必须经过经验(也就是官能的感觉,简称"官感")才可以知道这件物体有没有重量。

康德之前,理性主义者如莱布尼兹,经验主义者如休谟都以为我们必须经过经验才可作出整合性的判断。康德不同意。他指出,"算术判断"就是无需经验而作出的整合性判断。假如我们掌握了加、减、乘、除的概念,我们无需经验就可知"5+7=12"。"5"的理念和"7"的理念都没有包括"12"的理念。因此,"5+7=12"是个整合性的判断,因为"12"是个新信息。但是,12可以来自5+7,也可以来自1728的立方根。两个命题都有"12"在它们的结论里,但两个命题的意义完全不同。因此,这个"5+7=12"的算数判断非但是个整合性的判断，而且是个无需经验的判断，也称"自明之理"（self-evident）。康德证明了"无需经验的整合性判断"，他称之为"先验"（a priori）。

笛卡尔的天赋理念来自他的心法——"从清晰与留心的思想得出的清楚与分明的理念"。这些都是逻辑性的理念，无需经验。因此，古典理性主义完全可以接受康德的先验。但古典经验主义就有困难，因为它坚持知识的来源除经验之外并无他途。当初，洛克还依赖"神的显示"和"从简单理念到复杂理念"等手段，笼统地去解释那些看来与经验无关的理念，例如自身、神、不灭、因果等。但比洛克更坚持经验的休谟就不能接受。他坚持因果理念完全来自经验（观察的归纳）。康德马上看出这是条死路，他震醒了。他的解决办法如下。外在世界的事物是我们可观察到的。思想整理这世界提供的信息，赋之以规律（秩序），使我们得以明白（comprehend, understand）。思想把时间与空间等理念加诸观察的事物，使我们对它们的认识得以整体和统一。所谓明白就是我们的思想整合了内在的理念和外在的观察。

先验本身不是知识，而是使我们能够从经验中取得知识的"思想结构条件"。这些条件包括时间理念、空间理念、分类理念。康德称这些先验的理念为"超越性"（transcendental），也就是超越我们的经验[2]。有了这些超越经验的先验，康德就成功地协调了笛卡尔的天赋理念和经验主义的官能求真：前者提供思想的结构，后者提供思想的材料。还有，先验是天赋，人人可得，人人相同。

康德的道德观也是令人景仰的。他要把人们日常的道德理性作为他道德理论的基础，也就是他称的"实际理性"。他提出"绝对命令"（categorical imperative）的理论。这些命令有其内在价值和自身价值（也就是不是来自经验或功利），无分人、地、时，必须遵守。道德是种"责任"，与个人喜恶、情绪无关，与任何目的无关。道德与否是决定于行动那一刻的动机，与后果无关。这些绝对命令的基础是"普遍法则"（Universal Law）：我们要永远按着一个你能够自己遵守，也同时希望全人类都遵守的格律去做事。康德的演绎如下：一、"格律"（maxim）是行动的理由，包括行动和行动背后的动机。例如，"我要说谎去得利"是个格律。其中，说谎是行动，得利是动机。二、假想一个世界。在这世界里，全人类，包括自己，都按着格律做事。三、思考在这假想的世界中，有没有产生矛盾和不理性的事。四、如果有，这格律就不能用于现实世界。五、如果没有，这格律就可以接受，甚至必须接受。

这套伦理观跟笛卡尔的"慷慨"（第二篇第十二章）很相似，都是对人性乐观，又没有经验主义的妥协和仿真的意味（第二篇第十四章）。当时，德国也出现一位到现在仍被公认为最伟大的文学家，歌德，他著名的《浮士德》（*Faust*, 1808, 1832）的主题也是知识与信仰的纠缠。浮士德为求知识，不惜把灵魂卖给魔鬼。但是，他原本已失落的灵魂却因为他一小点的慈悲而获救。可见，"普遍法则"、慷慨与慈悲的确是人类心底里的渴望与情操。

注：

1. 这答案可以有两种演绎。一、只有我"可以"思想的事物才可以在我的思想中存在。二、只有在我"思想"中存在的事物我才可以思想到它们。假如我们的思想只可以用因果关系去思想，那么，在体验任何事物之前我们就接受了这事物一定是一个因或是一个果。从这个思路出发，我们就得承认我们不能体验的事物就是我们思想不可能用因果原则去认识的事物。例如，我们不可能知道宇宙是否从永远就存在，或它是否有它的成因。

2. 他提出以"超越经验的美学"（Transcendental Aesthetic）作为数学的基础，如下。先验的空间理念使我们可以把观察所得的信息、按远、近作有秩序的排列；我们对空间理念作纯净与系统的反思，得出几何。先验的时间理念使我们把观察所得的信息按先、后作有秩序的排列；我们对时间理念作纯净和系统的反思，得出算术。他又提出"超越经验的分析学"（Transcendental Analytic）作为自然科学的基础，如下。先验的分类理念使我们可以把一个思想结构加诸我们观察到的事物上，使我们能够"明白"这些事物；我们把得来的"明白"作系统的分析，得出自然科学最纯的恒律，比单凭归纳经验得出的恒律更为坚固。

10. 英国大宪章（第五篇第二十九章）

大宪章（*Magna Carta*）于 1215 年首次颁布，被誉为"古今最伟大的宪章；个人自由对抗独裁暴政的基石"。实际上，一直到 17 世纪中的英国内战，大宪章并没怎么限制君权。但作为一个象征，它经常被拿来挑战王权，特别是在英国内战期间。英国光荣革命的权利法案、美国立国的宪法都说是以它为参照。大宪章确是英语世界的法治与人权宝典。

当时是约翰王时代（在位期 1199—1216）。他是明君亨利二世之子，"狮心王"理查一世之弟。但他也称"失土王"（Lackland）和"软剑王"（Softsword），是现今公认英国历史上最差的一个国王。在他之后，再没有任何一个国王以约翰为号。

约翰年轻时就彰显好色和享乐，勾引臣下和贵族们的妻子。还未当上国王前，他哥哥理查一世率领第三次十字军东征（1190—1194）。约翰拉拢伦敦市民，答应给他们自治权，但条件是得承认他是理查的合法继承人，并囚禁理查离国东征前指定的摄政大臣（这些都是"侠盗罗宾逊"故事的历史背景）。当时，理查在东征回程中被神圣罗马皇帝亨利六世扣留，勒索赎金。约翰非但不交赎金，还与法王联名写信给亨利，请他不要释放理查。最后，母后连王冠也典当了，才筹得赎金。理查归来，约翰请哥哥原谅，理查也未追究。1199 年，理查去世，临终时宣布约翰为继位人。但问题来了。早在 1191 年的时候，理查已把王位许给另外一个弟弟（比理查早去世）的儿子亚瑟（Arthur，1187—1203）。但理查见他才 12 岁，恐怕不能担重任，才在临终时改变了主意，遂引出大祸。

约翰登位，很多人不满。约翰取得法王腓力二世的支持（条件是约翰成为腓力的封建下属）。其实，腓力二世也自有打算，他与约翰结盟主要是觊觎英国在法属地。1202 年，他借口约翰不听诏令，没收英国在法的属地，并支持亚瑟争位。1203 年，亚瑟被擒，随后失踪，盛传是被约翰杀害。约翰又囚禁了亚瑟的姐姐。

约翰与法国的战事并未因亚瑟失踪而结束。打仗是要钱的，要钱就要收税。再加上他生活挥霍，税就越来越重。还有，在法的属地既失，税荷就要靠英国的子民承担，于是怨声载道。他在位十七年，小贵族和地主们以税金来代替服役的"军税"就增加八次（相当于在他之前三个国王近九十年的总和）。人民要伐木来烧饭、取暖（做炭是中古重要经济活动），要打猎来补充副食，约翰却说树林是他的产业，以严刑、重税来榨取民膏。他又与教廷搞对抗，因坎特伯雷大主教一职的委任与教廷闹翻（在这点上，英国的主教和贵族们倒是支持约翰的），又要关闭教堂、没收教产。当时是教皇英诺森三世，是教会俗世权势的最高峰期（第一篇第三章）。他在1209年把约翰"逐出教会"（excommunicate），1213年5月，约翰向教皇代表宣布服从，并把英国奉献给神，自愿成为教皇的"下属"。与教廷修好后，他就要收复在法的失地。但战事失利，1214年被迫向法国求和。当时谣传他为想得到摩洛哥王助他攻法，答应皈依伊斯兰教。这更使他声名扫地。

以上就是小贵族叛变、大宪章出台的背景。1214年，也就是在法战事惨败后，约翰想再加征税。小贵族们坚决拒绝。其实，在英国历史中，拒绝交税往往反映了贵族们想换个国王。但这一次，除了约翰之外，确实没有谁可换。出自英国的亚瑟已失踪，把王位送给法国又确实没有意思。于是，小贵族们唯有针对约翰政权，出现逼宫的局面。

1215年，贵族们集体宣誓向国王和教会效忠，但要求国王重申保证1100年亨利一世登位时颁布的《自由宪章》（*Charter of Liberties*，主要是约束王权，特别是收税和神职委任）。从1月到6月，贵族们先后提出多个草案，约翰犹豫不决。5月，他建议把事情交给教皇诉裁，贵族们不肯。6月10日，四十名贵族宣布终止对国王效忠，以"神之军"（The Army of God）的名义进入伦敦，伦敦市民开门迎接。6月15日，在伦敦近郊 Rummymede 草场上，约翰在《小贵族条款》（*Article of the Barons*）上盖章，是为大宪章。

宪章内容是国王不能乱加税、不干预教会、不损害人身。但最要命的是贵族们会选出二十五人去监督国王是否按章行事，必要时有权扣押王室财产。这是日后有名的第 61 条款（当时的宪章是不分条款的，都是日后重编才加上去的），实际是等于剥夺王权。其实，双方各怀鬼胎。小贵族们主要是想除掉约翰，约翰当然想坐稳宝座。等小贵族们一离开伦敦，约翰马上反悔。教皇支持他，因为大宪章公然把贵族的地位放在王权之上。教皇英诺森三世坚持只有教权才可驾驭王权，贵族们行使教会的权就是逾越。约翰与小贵族动武，是为"第一次小贵族之战"（First Barons' War, 1215—1217），苏格兰和法国相继参加。小贵族们甚至把王位送给法国。约翰也不甘示弱，北上征讨苏格兰。1216 年 5 月，法国大军压境，约翰众叛亲离。不到几个月，法国已占领英国三分之一的土地，并获得三分之二的小贵族支持。约翰撤兵，但辎重（包括王室珠宝）却因误入沼地，淹而尽失。他心灰意冷，加之染上痢疾，于 10 月去世。他的死解决了贵族换王之愿。但大宪章则成为既成事实，影响英国政制至今，影响西方法治与人权概念的发展至今。

约翰的 9 岁幼子继位为亨利三世（在位期 1216—1272）。法国仍想坐上宝座。亨利三世的摄政大臣们釜底抽薪，以亨利三世名义颁布"自由宪章"去拉拢小贵族。它的内容与大宪章大同小异，最大的分别是拿掉第 61 条款，稍后又添上有关树林管理的条款。人心归向，小贵族们向新王效忠，法国也于 1217 年退回。1225 年，亨利三世成年，又重新颁布一遍，表示这次是国王自愿而非年幼时被迫的。此后，三令五申，最后一次是 1423 年。先后共 45 次，反映了强君、弱君与贵族们之间的权力拉锯。

随后的三百多年，大宪章从来没有占重要的政治地位，只是权力斗争的一个口实。15 世纪开始的都铎王朝时代，主流社会对大宪章中当年叛变的小贵族的评价低，对约翰王对抗教廷的评价高，反映了亨利八世脱离罗马天主教会时的政治气候。但是，伊丽莎白女王时期开始，国会制度逐渐成形，主流人物如培根、塞尔登等都想从历史中找到一些高贵的种子，大宪章就开始被演绎为"所有法律的根基"、"自由的呼声"，而小贵族的自由更被演绎为"个人自由"。

到了 1628 年，英国内战的前夕，国会向查理一世提交的《权利请愿书》（第二篇第十三章），引用大宪章作为限制王权的依据。那时候开始，大宪章被披上"古宪法"（ancient constitution）的外衣，好像英国的议会制度是一种从远古就有的政治理想。当然，查理一世看到国会交给他的"权利请愿书"时，就像当年约翰看到小贵族交给他的"小贵族条款"一样，心里要说："反了、反了"。历史重演，查理一世与国会之争引出 1642—1649 年的内战。就算到了 1688 年的光荣革命，威廉登基，被废的詹姆士二世也认为自己的王位是被篡的，举兵复辟。可见，大宪章只是个夺权口实。据称共和时期的克伦威尔曾称它为"大屁章"（Magna Farta）。共和时代清教徒的激进派（如主张土地公有的"掘地派"[Diggers]）也有"教士和绅士们拿到了自由，老百姓们始终是他们的仆人"之说。

光荣革命改变一切。洛克思维成为主政的辉格党的宝典。他们相信英国的宪制思想与大宪章、权利请愿书、权利法案是一脉相承的。随着英语文明支配世界，两百年来大宪章更被视为一切自由、法治与人权的起步。

Simplified Chinese Copyright © 2014 SDX Joint Publishing Company.
All rights reserved.

本作品中文简体版权由生活·读书·新知三联书店所有。
未经许可,不得翻印。

图书在版编目(CIP)数据

西方文明的文化基因/(加)梁鹤年著.—北京:生活·读书·新知三联书店,2014.3(2023.12重印)
ISBN 978-7-108-04532-4

Ⅰ.①西… Ⅱ.①梁… Ⅲ.①西方文化-文化史 Ⅳ.①K500.3

中国版本图书馆CIP数据核字(2013)第099213号

西方文明的文化基因
[加拿大] 梁鹤年 著

责任编辑	张 荷 王 竞
装帧设计	陆智昌
责任印制	李思佳
出版发行	生活·讀書·新知 三联书店
	北京市东城区美术馆东街22号
邮 编	100010
网 址	www.sdxjpc.com
经 销	新华书店
印 刷	北京隆昌伟业印刷有限公司
版 次	2014年3月北京第1版
	2023年12月北京第8次印刷
开 本	720毫米×1000毫米 1/16 印张33
字 数	437千字
定 价	65.00元

策划:一石文化
印装查询:01064002715;邮购查询:01084010542